中国社会科学院文库
国际问题研究系列
The Selected Works of CASS
International Studies

中国社会科学院创新工程学术出版资助项目

中国社会科学院文库 · 国际问题研究系列
The Selected Works of CASS · International Studies

美国能源安全政策与美国对外战略

THE U.S. ENERGY SECURITY POLICY AND ITS FOREIGN STRATEGY

周琪 等著

中国社会科学出版社

图书在版编目(CIP)数据

美国能源安全政策与美国对外战略/周琪等著. —北京：中国社会科学出版社，2012.12
ISBN 978-7-5161-1938-9

Ⅰ.①美… Ⅱ.①周… Ⅲ.①能源政策—美国对外政策—研究 Ⅳ.①F471.262②D871.20

中国版本图书馆 CIP 数据核字(2012)第 307958 号

出 版 人	赵剑英
责任编辑	周晓慧
责任校对	林福国
责任印制	李 建

出　版	中国社会科学出版社
社　址	北京鼓楼西大街甲 158 号（邮编 100720）
网　址	http://www.csspw.com.cn
	中文域名：中国社科网　010-64070619
发 行 部	010-84083685
门 市 部	010-84029450
经　销	新华书店及其他书店

印刷装订	北京一二零一印刷厂
版　次	2012 年 12 月第 1 版
印　次	2012 年 12 月第 1 次印刷

开　本	710×1000　1/16
印　张	29
插　页	2
字　数	485 千字
定　价	75.00 元

凡购买中国社会科学出版社图书，如有质量问题请与本社联系调换
电话：010-64009791
版权所有　侵权必究

《中国社会科学院文库》出版说明

《中国社会科学院文库》（全称为《中国社会科学院重点研究课题成果文库》）是中国社会科学院组织出版的系列学术丛书。组织出版《中国社会科学院文库》，是我院进一步加强课题成果管理和学术成果出版的规范化、制度化建设的重要举措。

建院以来，我院广大科研人员坚持以马克思主义为指导，在中国特色社会主义理论和实践的双重探索中做出了重要贡献，在推进马克思主义理论创新、为建设中国特色社会主义提供智力支持和各学科基础建设方面，推出了大量的研究成果，其中每年完成的专著类成果就有三四百种之多。从现在起，我们经过一定的鉴定、结项、评审程序，逐年从中选出一批通过各类别课题研究工作而完成的具有较高学术水平和一定代表性的著作，编入《中国社会科学院文库》集中出版。我们希望这能够从一个侧面展示我院整体科研状况和学术成就，同时为优秀学术成果的面世创造更好的条件。

《中国社会科学院文库》分设马克思主义研究、文学语言研究、历史考古研究、哲学宗教研究、经济研究、法学社会学研究、国际问题研究七个系列，选收范围包括专著、研究报告集、学术资料、古籍整理、译著、工具书等。

中国社会科学院科研局
2006 年 11 月

目 录

前言 ……………………………………………………… (1)

第一章 能源安全与国际关系 ………………………… (1)
  一 能源在国际关系中的重要性 ……………………… (1)
  二 能源地缘政治的现实 ……………………………… (8)
  三 能源资源与新的国际权力 ………………………… (16)
  四 对能源安全的不同定义 …………………………… (21)
  五 国际能源治理及其困难 …………………………… (31)

第二章 美国在国际能源市场上的需求与供应 ……… (36)
  一 全球化石能源储量与供给 ………………………… (36)
  二 世界能源需求的基本形势与特点 ………………… (45)
  三 世界石油贸易的基本形势、地理格局及未来趋势 … (54)
  四 美国的能源生产与消费 …………………………… (59)

第三章 美国能源安全政策的演变 …………………… (76)
  一 二战后至1973年石油危机美国的能源政策 ……… (76)
  二 1973年石油危机后的美国能源安全政策 ………… (80)
  三 冷战结束以来美国的能源安全政策 ……………… (101)

第四章 美国能源政策决策过程 ……………………… (127)
  一 美国能源决策过程的演变 ………………………… (128)
  二 参与美国能源政策制定的政府部门 ……………… (133)
  三 能源决策中的国会与政党因素 …………………… (148)

四　利益集团、公共舆论与美国能源政策……………………（156）

第五章　能源安全与美国的波斯湾地区战略……………………（166）
　　一　20世纪70年代至21世纪初美国在海湾地区的核心
　　　　战略目标………………………………………………（168）
　　二　"海湾守护者"与手段的选择和运用……………………（181）
　　三　美国在波斯湾卷入的军事冲突……………………………（191）
　　四　"9·11"后能源安全在美国波斯湾地区战略目标中的
　　　　地位………………………………………………………（195）
　　五　"海湾守护者"或是"海湾改造者"……………………（206）

第六章　美国对俄罗斯的能源安全政策…………………………（223）
　　一　背景：冷战时期美国在能源领域对苏联的遏制…………（224）
　　二　冷战后美俄能源战略的变化及能源合作的发展…………（230）
　　三　美俄能源关系中存在的主要问题…………………………（238）

第七章　美国对加、墨、委的能源安全战略……………………（258）
　　一　美国的西半球能源安全战略………………………………（258）
　　二　美国对加拿大的能源安全战略……………………………（261）
　　三　美国对墨西哥的能源安全战略……………………………（271）
　　四　美国对委内瑞拉的能源安全战略…………………………（276）
　　五　加拿大、墨西哥和委内瑞拉在美国能源安全中的地位…（289）

第八章　美国在中亚的能源政策及其中亚战略…………………（292）
　　一　中亚能源的现状……………………………………………（292）
　　二　美国在中亚的能源政策……………………………………（299）
　　三　美国中亚战略的演变………………………………………（318）
　　四　美国在中亚的能源安全政策与中亚战略的关系…………（328）

第九章　非洲石油：美国的新目标………………………………（336）
　　一　美国政府为什么看重非洲石油……………………………（337）
　　二　"9·11"事件后非洲石油在美国能源战略中的地位………（346）

三　美国非洲司令部的建立 …………………………………… (356)
　四　美国对苏丹达尔富尔问题的政策与石油 ………………… (362)

第十章　中美关系中的能源问题 ………………………………… (367)
　一　从合作开发到相互关注 …………………………………… (367)
　二　演变成为冲突 ……………………………………………… (376)
　三　能源对话与中美经贸关系 ………………………………… (384)
　四　能源合作：挑战与机遇并存 ……………………………… (393)

主要参考文献 …………………………………………………… (406)

前　　言

　　大约七八年以前，作为一名国际关系的多年研究者，除了对美国中东政策与美国保障能源供应的关切之间的关联性有一定的了解之外，我对能源安全问题与其同国际关系的关联知之甚少，也从来没有对它有过特别的关注。最初使我认识到能源问题在国际关系中的重要性的，是在美国发动伊拉克战争后不久，小布什政府把能源安全问题提到了一个新的高度，明确表示，为了确保美国的能源安全，美国必须使能源来源多元化，减少对政局动荡的中东的石油的依赖。也几乎是在同时，在美国，国际能源问题成为一个热门议题，不仅成为众多学者的研究题目，而且成为许多大学中引起学生们极大兴趣的一门独立课程。能源安全对于一个国家经济和安全的重要性越来越不容忽视，这体现在连我的博士导师、著名的中国研究专家戴维·兰普顿也开始把其部分注意力放到中国的能源政策上来了。这样，在选择我的下一个美国研究课题时，我就觉得有必要对美国的能源政策做一个深入和全面的探讨，以使我们对美国对外战略中对能源安全的考量有更深刻的认识。

　　有意思的是，在我申请这个课题的过程中，我的同事当中有不少人认为，能源问题是一个经济类题目，理所当然地应由经济学家来做，这从一个侧面说明了能源问题与国际关系的密切关联尚未被广泛认识到。所幸的是，我的课题论证还具有足够的说服力，最后能够得到美国研究所和中国社会科学院两级学术委员会的认可。2007年，我在阅读了一些英文资料后有感而发，写了一篇专栏文章，题目是《正被能源改变的世界格局》，没想到这篇短文的内容引起了不少人的注意，一个突出的事例是，刚刚从中国社科院办公厅主任岗位调任中国社科院研究生院党委书记的黄晓勇博士，在其发起和组织的社科院研究生院能源研究中心的第一次会议上对我说："你知道吗？我就是在读了你的那篇文章后，才萌发了成立能源研究中心的设想的。"这对我把这个题目作为研究项目来说真是一个莫大的鼓舞。

在对这个题目的研究和写作过程中，一个概念在我的头脑中逐渐清晰起来，即"能源安全"。如果说，能源的供应和需求以及国际能源贸易在很大程度上可以被理解为一个经济课题的话，那么以"用可承受的价格获得充足的能源供应"来定义的能源安全问题，可以说是一个地地道道的国际关系问题。1991年剑桥能源研究协会董事长、国际石油界知名人士丹尼尔·耶金在其著作中赞同这样的论断：在石油企业的运行中，"90%是政治"。著名的国际关系理论家们，例如约瑟夫·奈，在20世纪90年代意识到，能源已经成为国际权力的来源。"石油地缘政治"更是国际关系研究者们时常使用的概念。从能源安全的角度看，最严重的威胁不是从经济学的意义上讲，在一定的价格之下国际能源需求和供给的均衡问题，而是这些能源资源所处的地区政治是否稳定，能源输出国和消费国选择何种外交战略，以及在这些外交战略的指导下如何处理国际关系等，这些都与国际关系紧密相连。能源安全与国际关系的关联在21世纪变得更为密切，石油和天然气运输管道正被大量建立，陆上和海上石油以及液化天然气的运输规模正日趋扩大。在恐怖主义盛行的今天，这些管道和运输线更加容易受到攻击，从而造成对国家安全的新的威胁。大量过境管道的建立，也带来了能源生产国和消费国以及管道过境国之间更为复杂的国际关系。这正是进入21世纪以来，美国前所未有地重视能源安全问题的新的国际背景，也是本书第一章的主要内容。

除了从国际关系的视角描绘美国能源安全政策的背景之外，从经济学的视角给出美国能源安全政策产生的背景也是必不可少的。我们需要了解美国在国际能源市场上的需求和供应状况，在国际能源的供应方面，包含全球化石能源（包括石油、天然气和煤炭）的储量及其分布以及生产格局；全球能源需求的形势和特点；世界一次能源消费总量的增长趋势。在进行这些分析之后，我们发现1990年以来世界能源消耗量增速明显变缓，世界能源消费结构存在优质化趋向。经济数据的分析进一步印证了两个事实：一是发达国家的能源人均消费量远高于发展中国家；二是发展中国家能源消费量的增长速率明显高于发达国家。

美国是世界上最大的石油消费国和进口国。在美国的能源贸易中，虽然从1986年开始，美国的天然气进口迅速增加，但美国的能源进口始终以石油为主，其石油的对外依存度为56.9%。美国对进口石油的依赖程度不断加剧，使其国内经济极易受到世界石油市场变化所带来的冲击。美国的前十位石油进口国分布在世界各大洲，它们是加拿大、沙特阿拉伯、墨西哥、委内瑞拉、尼日利亚、伊拉克、阿尔及利亚、安哥拉、俄罗斯和巴西。美国从这些国家进口的石油合计为4.92亿吨，超过其进口总量的3/4。这样，仅从能源安全的角度，就可以了解美国的战略利益为何遍布世界各地。

能源安全的目标是在1973年第一次中东战争之后才正式被美国政府提出的，此后便成为美国能源政策的核心目标，而为了实现这一目标，从那时起，历届美国政府都一直努力制定周密的能源政策，并进行能源管理体制的改革。但由于党派观点和政治理念的不同，民主和共和两党在能源安全目标的紧迫性和如何实现这一目标的方法上存在着分歧。从对1973年以来美国历届总统的能源安全政策的分析中可以看出两党在这些方面的明显差别。一般来说，民主党偏向于通过政府监管来控制石油价格和保障能源供应，而共和党则认为市场调节是最佳的方法；民主党强调节能和提高能效，赞同美国加入国际上应对气候变化的努力，共和党则强调提高美国国内的能源生产，小布什政府时期的副总统切尼在2001年春说的一句话很有代表性："节能可能是个人美德的表现，但却不是健全的、全面的能源政策的充分基础。"① 为此，共和党推动把石油开发的区域范围扩大到民主党因担心环境污染和生物受到危害而不愿进行开发的地区，如阿拉斯加和墨西哥湾；民主党更重视对清洁能源研究的资金投入，鼓励利用生物能、太阳能和风能等可再生能源、新能源和清洁能源，共和党虽然也逐渐接受了这一方法，但其政策力度一般来说不及民主党。然而，无论如何，无论是民主党还是共和党，都意识到了能源独立的重要性，而且越来越看重并努力追求这一目标，并把减少对中东石油的依赖以及建立美国战略石油储备当作实现美国能源安全的必要途径。

虽然美国的国内能源政策并不是本书的重点，但是美国的能源安全政策总是以这样或那样的形式不可分割地同美国国内能源政策联系在一起，包括国内能源定价、关税和税收，对新能源研发的投资、政府为提高能效

---

① William Schneider, "It's Cheney vs. Carter in New Energy War," *National Journal*, Vol. 33, Issue 19 (May 12, 2001), p. 1450.

而制定的各种强制性标准或措施，以及近年来的气候变化政策。而这些政策都会影响美国国内利益不同的广泛的社会群体，因此在能源政策的决策过程中会受到来自美国国内各种因素的影响。揭示美国能源政策的制定过程，有助于我们了解其政策的真实意图。

一些中国学者本能地认为，小布什政府有意通过其能源政策暗中推动国际能源价格暴涨，以满足其家族的石油利益。然而，事实是，随着国际能源价格的急剧上涨和剧烈波动以及"9·11"恐怖主义袭击，美国对能源安全的担忧加剧了。小布什比以往任何一届政府都更加担忧美国能源安全形势的严峻性，他在上任的第一年，就发布了由副总统切尼领导的小组撰写的《国家能源政策》，该文件的标题是《为美国的未来发展可靠的、可承受的、环保的能源》。新的能源政策旨在"发展新的、环保的技术来增加能源供应和鼓励使用清洁能源和提高能效"，并要求采取行动实现五个具体的目标：使节能现代化；使能源基础设施现代化；扩大能源工业；加速保护和改善环境；提高国家能源安全。这是一个由以下三个部分组成的美国能源安全战略：增加国内石油生产；巩固西半球能源纽带；增加从里海地区的能源进口，使美国石油进口从中东转移，从而使能源来源更加多元化。实际上，这些建议在20世纪90年代都已被历届政府用或多或少不同的方式倡议过，2001年布什政府重提它们，不仅是为了加强这些战略，也是因为认为它们迄今没有获得完全的成功。需要强调的是，尽管这是一个看似兼顾各个方面的全面的能源政策，但其本质上仍然是重视能源生产胜于节能和减排。

"能源独立"是奥巴马政府仅次于稳定金融体制和刺激经济的第二个优先考虑。在竞选期间，奥巴马多次提到，能源改革是减轻气候变化、促进经济增长和通过减少美国对进口石油的依赖来提高美国国家安全的解决方法。在奥巴马政府任期头两年，其能源政策的特点是改变布什时期美国的能源政策，把能源改革放在其政策的优先位置上，并把全球变暖当作世界所面临的最紧迫的挑战，以实现三个目标：刺激经济；减少温室气体排放；提高能源安全。这是一个被称为"一石三鸟"的政策。

虽然美国能源决策过程随着美国能源安全形势的变化和决策需要经历了不断的演变，由于美国政府决策过程具有利益主体和价值多元化的特点，美国的能源政策实际上是利益相关方讨价还价和相互妥协的产物。决策理论家格雷厄姆·T. 阿利森和莫顿·H. 霍尔帕林认为，政府并不是统一的、理性的计算单位。相反，政府是由那些在政府政策上持不同观点的组织和个人所组成的，它们彼此竞争以影响决策。政府决策时常是一个集团博弈（a group game），而不是个人的活动；它实际上是一个政治过程，而不是一个智力和理性过程。这也体现在美国能源政策的决策过程中。

美国能源决策过程是随着美国能源安全形势的变化而不断演变的，它实际上是利益相关方讨价还价和相互妥协的产物。总统和行政部门构成决策的主体，负责制定和实施政策。总统需要在各个相关行政部门中寻求平衡，并且要全面考虑能源成本、经济效益、能源供应、环境保护和能源安全等各个方面；同时，美国国会及其相关小组委员会对行政部门的政策制定起约束和监督作用，在特定时期，国会在立法方面甚至起主导作用。不仅如此，利益集团、智库、公众舆论都对美国能源决策发挥着重要影响。因此可以认为，美国的能源安全战略是在行政部门、国会、政党以及各种利益集团之间的相互竞争和妥协中形成的。在此过程中，行政部门中参与能源决策的主要机构包括：国家经济委员会、经济顾问委员会、管理与预算办公室、白宫科技政策办公室、总统科技顾问；国务院及其下属的能源资源局；能源部、财政部、环境保护署；军方和情报部门等。行政部门之外对能源决策过程产生影响的主要因素有：国会及其参众两院的相关委员会、政党、利益集团、思想库以及公众舆论等。

本书详细考察了美国地区和国别的能源政策，对美国对波斯湾地区、中亚、俄罗斯、西半球、非洲以及中国的能源政策和外交战略及其演变进行了全面论述。所选取的美国外交战略的对象都是对于美国能源安全来说具有重要战略意义的地区和国家。

波斯湾地区　石油资源和海上石油运输线是波斯湾地区在全球地缘政治中长期占有突出地位的重要因素：其石油储量和某些产油国的原油生产和出口都位居世界前列，波斯湾海域及霍尔木兹海峡是世界上最重要的海上石油通道之一，而沙特阿拉伯及其他海湾君主国的石油政策对于全球能源市场的稳定至关重要。近半个世纪以来，包括波斯湾在内的更为广泛的中东地区冲突频繁、危机不断，中东其他地区的冲突、危机或战争也不可避免地对波斯湾地区的政治、经济，包括能源产业，产生冲击和影响。从20世纪70年代起，波斯湾地区本身成为中东实际的或潜在的冲突最为密集的区域之一。

中东地区是美国能源的重要来源，自二战结束以来，它被美国视为具有重要战略意义的地区之一。美国经济曾受到这一地区国家外交政策的巨大打击：1973年阿拉伯石油输出国的石油禁运不仅直接打击了美国经济，而且高油价所带来的高物价间接引起了美国经济的严重滞涨，结束了"凯恩斯革命"以来美国经济的持续繁荣，与越南战争一起动摇了美国人的自信心。美国在波斯湾地区发动了越战后投入兵力最大的两场战争，虽然在伊拉克战争持续9年之后奥巴马于2011年12月正式宣布伊拉克战争结束，但根据奥巴马宣布的计划，到2014年才会结束美军在阿富汗的全部作战任务。

俄罗斯 谈到美国的能源安全政策，就不能不提到俄罗斯。俄罗斯作为一个长期与美国竞争，而且把能源作为经济支柱的国家，在美国的对外能源政策中占有重要地位。美国与俄罗斯在能源问题上的关系非常复杂，从时间上可以追溯到冷战时期美苏两极格局的年代，那时，美国对苏联的能源政策从属于美国总的对苏遏制战略。20世纪80年代的"新冷战"时期，能源遏制成为里根总体"经济战"的重要组成部分，这最终减少了苏联的硬通货收入，打乱了苏联改革的进程，加速了苏联的解体，帮助美国实现了对苏联"不战而胜"的目标。

冷战后美国在俄罗斯能源问题上的关注点发生了变化，从单纯地担心俄罗斯的能源出口，变为担心俄罗斯可能在主要的能源生产国中处于主导地位，例如控制独联体各国的能源基地和运输线路，建立天然气输出国组织，同其他主要能源生产国结成战略联盟等，并担心俄罗斯的行为会造成国际能源市场的不稳定。因此，美国希望与俄罗斯建立某种对话与合作关系，以共同应对日益增长的对全球能源安全的威胁，包括同国际恐怖主义斗争可能产生的后果。而俄罗斯则意识到了自身经济实力的严重下降，承认美俄之间在实力地位上的不平等，强调自己无意挑战美国的优势地位。俄罗斯能源企业的复苏为美俄能源合作提供了条件，美国寻求能源多元化的政策也为美俄能源合作带来了机遇，而美俄之间能够建立能源合作关系的深层原因则是美俄关系有了重大改善。

"9·11"事件后，俄罗斯成为美国在反恐战争方面重要的合作伙伴，美俄关系开始升温。与之相伴随的是美国与沙特之间的关系趋于紧张，以及国际油价的波动和巴勒斯坦与以色列之间持续的激烈冲突。这促使美国加大了从中东以外其他地区进口石油的努力，加快了同俄罗斯在能源领域里合作的步伐。随着美国开始寻求与俄罗斯建立"能源战略合作伙伴关系"，两国的能源合作取得了实质性进展。

然而，美国对俄罗斯成为世界主要能源供应国仍然心存疑虑。其原因在于，美俄相互的战略调整并不意味着两国从战略对手变为战略盟友，美俄之间仍然充满着极大的不信任。首先，美俄两国无论是在全球战略目标上，还是在国家战略利益方面都存在着深刻矛盾。俄罗斯虽然不再具有以往苏联那样的实力地位，但近年来其综合国力得到了迅速提高，而且迄今它仍是世界上唯一能在战略核力量方面同美国相抗衡的国家。俄罗斯还明确主张国际关系民主化，反对美国建立"单极霸权"世界，并抵制美国对其势力范围进行渗透和扩张；其次，美国的"西方式民主"与"俄罗斯式民主"格格不入。在美国眼里，"俄罗斯式民主"表明了普京总统在民主道路上的倒退，是在有意识地强化俄罗斯的中央集权和个人独裁，美国甚至宣称"帝俄的幽灵正在回归"。近年来，美俄在民主问题上的分歧和斗争，已成为影响它们双边关系的重要因素之一。

美俄之间的这些深层次矛盾也在能源领域明显地显示出来，其表现是，美国对俄罗斯主张的油气输送方案非常关心，对俄罗斯与里海周边国家及中亚地区国家达成的能源开发及输送协议十分敏感，对俄罗斯近年来的能源工业投资环境不甚满意，并且担心欧洲国家对俄罗斯的能源依赖会导致俄罗斯迫使欧洲国家服从其意志。此外，美国非常关注俄罗斯在全球和地区范围内展开的能源外交活动，诸如俄罗斯与欧佩克国家的合作，俄罗斯参与天然气输出国论坛的情况，俄罗斯同沙特、伊朗及其他海湾国家的关系，俄罗斯与北非及委内瑞拉、墨西哥等拉美能源输出国的关系等。这样，美国与俄罗斯的能源关系既有利益摩擦的一面，又有对话与合作的一面。

西半球　美国前四大石油供应国有三个都在西半球，加拿大是美国最大的石油供应国，墨西哥和委内瑞拉分别居第二和第四位，2008年这三个国家对美国的石油出口占美国石油总进口量的41%。当前美国在西半球能源安全战略的出发点，是确保美国多元化的能源供应，增加从传统能源供应国的能源供应量，提高能源利用效率，促进与能源使用有关的环境保护，推动可替代能源如生物燃料的发展，以及确保国际能源供应体系的安全和稳定，保证美国安全、稳定的能源供应。为了实现这些目标，美国打算建立一个以市场经济为基础的、不受政府控制的西半球能源一体化市场。通过北美自由贸易区协定，美国已经将加拿大与墨西哥的能源市场统一到了一起，将两国的能源，主要是石油和天然气更好地整合起来，出口到美国，从而保证了来自加拿大和墨西哥的长期稳定的能源供应。在拉美，美国试图通过组建美洲自由贸易区等方法，将各国能源市场统一起来。

美国尚无法摆脱对委内瑞拉石油的依赖。在查韦斯领导之下委内瑞拉恢复了政府对石油业的全面控制，取消了外国投资者的优惠政策。而且，委内瑞拉想要在外交上保持对美国的一定的独立性，为此它正在着手改变其石油市场过分集中于美国的现状，寻求其石油出口市场的多样化，以减少对美国市场的依赖。为了实现这一目的，它正在加紧建立同中国更密切的联系。在小布什政府时期，虽然布什认为委内瑞拉这个"流氓民主国家""正试图影响其邻国远离民主进程"，给拉美地区带来了"最大的麻烦"，它与古巴政府的亲密关系对拉美民主"极其危险"，但是美国对委内瑞拉石油的依赖，使它实际上对委内瑞拉束手无策。

看似不可思议的是，自从2003年委内瑞拉的石油供应因罢工而中断以来，尽管美委两国的政治关系十分紧张，而且委内瑞拉经常在冲突发生时用减少石油供应来威胁美国，但实际上却从未因委内瑞拉中断对美国的石油供应而引发两国能源关系的危机，两国的石油贸易始终得以维持，这是因为美国与委内瑞拉之间更为强大的经济和技术纽带将其联系在了一起。由于美国了解委内瑞拉石油产业至少在可预见的将来对美国市场的依赖性，它对于摆脱对委内瑞拉石油供应的依赖状况并没有很大的紧迫感。

中亚　自苏联解体、中亚五国（哈萨克斯坦、乌兹别克斯坦、土库曼斯坦、吉尔吉斯斯坦和塔吉克斯坦）独立以来，中亚逐渐成为全球关注的焦点和大国角逐的场所，欧亚格局乃至世界地缘政治格局也随之发生变化。"9·11"事件之后，中亚成为美国全球反恐战略的关键一环。除了在地缘政治方面具有重要战略作用之外，中亚还因其丰富的石油和天然气等能源储量、产量和出口量而对世界能源市场的影响与日俱增，这也使得中亚地区在美国全球战略中的地位显著提高。对供应紧张的世界能源市场而言，中亚是一个新的能源来源，这有利于增强国际能源供应地区的多样化，提高国际能源安全。扩大中亚能源产量、将中亚能源输往全球能源市场，不仅符合美国国际能源战略和政策，而且也与中亚能源生产国的根本利益相一致。因此，中亚各国独立以后，美国迅速制定了相应的能源政策。

总的来说，美国在中亚的利益可以用三个词来概括，那就是安全、能源和民主。美国在中亚的能源政策力图实现以下几个目标：支持这些国家的独立，使这些国家与西方形成更为紧密的关系；打破俄罗斯对该地区石油和天然气外运线路的垄断，支持多种外运管道的建设；提高能源供应来源的多样化以增强能源安全；阻止伊朗与中亚的能源合作，防止伊朗扩大其对中亚经济体的影响。其中的重点是支持该地区能源外运管道的多样化，建设各种绕开俄罗斯和伊朗的管道，使这里的石油或天然气直接通往世界市场。虽然美国上述基本目标一直没有发生变化，但随着美国在这一地区战略的变化，其能源政策的侧重点也随之会发生一些变化。

非洲 美国对非洲能源资源的兴趣始于21世纪初，尤其是在小布什政府于2001年制定了新的能源安全战略之后，其目的是使能源进口来源多样化，减少美国对中东地区石油的依赖。此后，冷战结束后非洲在美国战略格局中地位下降的趋势被扭转，而且，无论美国政治家如何强调美国对非洲存在的其他问题的关注，它对非洲石油的关注实际上是排在第一位的。五个因素促进了美国在非洲的利益不断增长：石油、全球贸易、军事冲突、恐怖主义和艾滋病。

"9·11"事件大大提升了非洲在美国对外战略，尤其是能源进口多元化战略中的地位。为了使非洲成为一个稳定的石油供应基地，美国政府努力通过改善产油国投资环境、建立反腐败机制、对产油国实施优惠关税政策、向美国石油公司提供财政和技术支持，来提高这些国家的石油生产和对美国的石油出口。总的来说，美国在非洲的能源战略是服务于美国的全球战略的，它的特点是实用、灵活，针对重点国家制定特殊的政策。为了保护美国在非洲的石油战略利益，2007年布什政府组建了一个新的独立的非洲作战司令部，改变了此前非洲分属于美国欧洲司令部、太平洋司令部和中央司令部的状况。总的来说，对于非洲国家来说，美国在非洲活动的影响既有积极的一面，也有消极的一面。

中国 能源已经成为讨论中美关系时必不可少的议题。对于世界上两个最大的经济体来说，充足、稳定的能源供应都极为重要。当两国为维持来自境外的能源供应做出努力时，它们有能力给对方造成正面或者负面的影响。能源问题在中美关系中的敏感性，源于双方仍然需要建立和提高战略互信。

从历史上说，在二战后中美经贸关系的演变过程中，能源始终是一个重要领域。朝鲜战争爆发后，美国对中国实施了包括能源在内的贸易禁运，直到1971年中美贸易关系开始解冻。当1973年第一次海湾石油危机爆发时，美国经济受到冲击，中国则于同年开始向日本等亚洲资本主义邻国出口原油。当时在美国的能源领域中，有不少人期待中国能成为美国海外石油进口的重要新来源之一。1978年，随着中美建交谈判进展的加快，两国政府的能源政策主管机构以及能源企业开始探索在中国进行能源开发方面合作的途径。1979年，中国开始向美国出口石油。

自那时以来的30多年中，中美两国政府间的能源开发和能源技术合作框架得以延续，合作内容不断扩展并深化。两国的能源政策官员、能源技术以及能源政策研究人员之间形成了多层次、多议题的信息交流和共同研究网络。中美经贸关系的结构基本稳定，美国并没有采取措施干扰中国把所获得的海外能源供应安全运输到国内市场。基本充足的能源供应是中国经济得以持续增长的必要保障条件之一，而对美国的商品出口在这个过程中起到了举足轻重的作用。如今，美国仍然是中国原油和成品油出口的目的国之一，中国也继续从包括美国在内的市场进口成品油。但是，就各自的总体石油供应而言，中美在石油方面相互依存的程度极低。

随着全世界产业结构的调整和制造业产业向中国的转移，加之中国基于人口而具有的巨大经济规模，中国对能源的需求日益增长，能源安全问题日渐突出。作为高度依赖进口的大国，中国和美国都不得不应对国际石油贸易体系中的政治风险，然而，虽然美国近年来一再表示需要中国参与有关伊朗核问题的国际谈判，但它反对中国参与伊朗大型能源项目的开发。此外，美国政府特别关注中国参与苏丹、缅甸、委内瑞拉等"问题国家"的能源开发。尽管中美在能源（尤其是石油）供应方面的相互依赖程度很低，避免使能源问题演变成为对中美经贸关系的制度性损伤，符合两国的自身利益。此外，中美之间在节能降耗和发展清洁能源方面有巨大的合作空间。

在此需要特别说明的是，美国的能源政策还通过国家金融体制而与美国的对外战略联系在一起：美国能够通过其能源战略保障美元的全球霸权，即保证布雷顿森林体系瓦解后美元仍能维持其世界货币的地位。这里至少包含两个关键方面：一是美国确立了石油的美元计价机制；二是美国高度发达的期货市场在加剧油价波动中发挥了重要作用。

在第一个方面，20世纪50年代以前，美国的石油产量占到全球产量的一半，美元自然在石油贸易中拥有特殊地位。20世纪70年代，美国凭借当时的整体实力说服沙特阿拉伯同意将美元作为出口石油的唯一定价货币。由于沙特是世界第一大石油出口国，因此OPEC其他成员国也接受了这一协议。[①] 自此，石油计价和交割绝大部分是以美元进行的，任何想进行石油交易的进口国不得不把美元作为外汇储备。当前，美元占全球官方外汇储备的2/3，在很大程度上受惠于这种石油的美元计价机制；同时，美国国债也受惠于各国因石油的美元计价机制而持有的美元外汇储备的回流。

石油定价是美国实现美元霸权目标的重要手段之一。国际石油定价机制从最初的西方"七姊妹"垄断石油定价、到70年代开始的OPEC配额机制、再到当前全球油价博弈机制，经历了一个较长的发展演变期。当前，石油并不仅仅是一种商品，现代金融体系的飞速发展使得大宗商品越来越具有金融属性，石油逐渐由单纯的商品发展为套期保值工具、进而再发展成金融投资载体。美国石油产销协会表示，目前石油期货市场上，60%—70%的合约被非石油用户类投资机构所持有。[②] 金融市场上的石油和美元投机行为日益增多，美元贬值预期导致机构投资者为了规避风险，选择将美元转换成石油期货合约，这造成了石油市场的供求失衡，从而刺激了石油价格的抬高。

总之，石油已不能被看作单纯原料消耗品，它带有浓厚的金融产品特点。当前，学术界围绕"石油金融"来进行研究的，多是通过实证分析来探寻国际石油价格波动与美元汇率之间的关系。较早注意到石油价格与汇率相关关系的是保罗·克鲁格曼（Paul Krugman，1983）[③]。随后，奥利·冈纳·奥斯特维克（Ole Gunnar Austvik，1987）[④]、K. C. 程（音）（K. C.

---

① 管清友、张明：《国际石油交易的计价货币为什么是美元？》，载《国际经济评论》2006年第7/8期。

② 王卫：《美元汇率、美国国债和石油价格将何去何从》，载《中国货币市场》2009年第8期。

③ Paul Krugman, "Oil, Shocks and Exchange Rate Dynamics," in Jacob A. Frenkel, ed., *Exchange Rates and Internatonal Macroeconomics* (Chicago: University of Chicago Press, 1983), pp. 259 – 284.

④ Ole Gunnar Austvik, "Oil Prices and the Dollar Dilemma," *OPEC Review*, Vol. 11, No. 04 (1987), pp. 399-412.

Cheng, 2008)[①] 和 J. C. 夸雷斯马 (J. C. Cuaresma) 和 A. 布赖滕费勒 (A. Breitenfeller, 2008)[②] 的研究表明, 美元贬值会推高石油价格。苏洲 (音) (Su Zhou, 1995)[③]、乔德赫瑞·考希克 (Chuandhuri Kausik)、贝蒂·丹尼尔 (Betty C. Daniel, 1998)[④]、R. A. 天野 (R. A. Amano) 和 S. 范诺登 (S. Van Norden, 1998)[⑤] 都认为, 国际油价变化是美元实际汇率变动的重要原因, 即石油价格上涨, 美元汇率提高。

无论是美元汇率影响石油价格, 还是石油价格影响美元汇率, 都说明: 石油价格和美元汇率之间存在着明显的负相关关系。根据 C. E. 韦勒 (C. E. Weller 和 S. 利利 (S. Lilly) 2004 年的测算, 石油价格和美元汇率之间的相关系数为 -0.7。[⑥] 二者之间的负相关关系意味着, 美国可以通过国内的货币政策和汇率政策来影响国际油价,[⑦] 这使得美国能够通过石油来影响全世界, 从而为美国维持其全球霸权增添了强大的经济筹码。

总之, 鉴于能源的多种属性, 开展能源研究需要多种视角, 可以从金融角度研究"石油金融", 或者从经济角度研究能源产业发展, 也可以从环境角度研究能源污染及其治理, 还可以从地缘政治角度研究美国与主要能源国家的关系。上述每一个视角都是全面理解美国能源战略所不可或缺的组成部分。鉴于本书的重点是探讨美国能源安全政策与美国对外战略的关系, 本书偏重于石油的商品属性, 侧重于从地缘政治和国际战略视角来研究美国的能源安全政策。

本课题系周琪主持的中国社会科学院重大课题, 课题组共有 10 名成

[①] K. C. Cheng, Dollar Depreciation and Commodity Prices, in E. IMF (ed.), *World Economic Outlook* (Washington D. C.: International Monetary Fund, 2008), pp. 72-75.

[②] J. C. Cuaresma, and A. Breitenfeller, "Crude Oil Prices and the Euro-dollar Exchange Rate: A Forecasting Exercise," in Working Papers in Economics and Statistics, University of Innsbruck, 2008.

[③] Su Zhou, "The Response of Real Exchange Rates to Various Economic Shocks," in *Southern Economic Journal*, Vol. 61, No. 4 (1995), pp. 936-954.

[④] Chuandhuri Kausik an Betty C. Daniel, "Long-Run Equilibrium Real Exchange Rates and Oil Price," *Economics Letter*, Vol. 58, No. 2 (1998), pp. 231-238.

[⑤] R. A. Amano, and S. Van Norden, "Oil Prices and the Rise and Fall of the US Real Exchange Rate," *Journal of International Money and Finance*, Vol. 17, No. 2 (1995), pp. 299-316.

[⑥] C. E. Weller, and S. Lilly, "Oil Prices Up, Dollar Down—Coincidence?" Center for American Progress Website, Nov. 30, 2004. http://www.americanprogress.org/issues/2004/11/b258795.html.

[⑦] 张宇燕、管清友:《世界能源格局与中国能源安全》, 载《世界经济》2007 年第 9 期。

员，大多数来自美国研究所，其中张帆、李枬、何兴强、沈鹏和齐皓从事美国内政和外交研究；罗振兴和赵行姝的研究专长分别是美国经济和环境经济学。此外，还特别邀请了两位社科院之外的知名学者参加本课题的研究，一位是国际政治经济学家丁一凡，另一位是能源专家查道炯。能否在一个包罗广泛的课题中，很好地融合并协调各个领域专家的观点，当然是课题主持人需要完成的艰巨任务。

  本书各章的写作分工是：前言——周琪；第一章——周琪；第二章——赵行姝、刁大明；第三章——周琪；第四章——李枬；第五章——张帆；第六章——丁一凡、沈鹏；第七章——丁一凡、何兴强；第八章——罗振兴；第九章——查道炯、沈鹏；第十章——查道炯、沈鹏。周琪负责本书写作的组织、全书的编辑和修订工作。

周　琪

2011 年 11 月 30 日

第一章

能源安全与国际关系

能源早已成为国际关系领域里的一个重要因素，能源安全也已在很长的时期内成为国际关系和地缘政治中备受关注的问题，尤其在近年来成为主要的能源消费国和供应国领导人在制定国家战略和对外关系时必须考虑的问题。在讨论美国的能源安全政策及全球战略之前，我们首先来看一看国际能源政治的背景，这有助于我们理解美国的能源安全政策演变和发展的全球背景。

一 能源在国际关系中的重要性

剑桥能源研究协会（CERA）董事长、国际石油界知名人士丹尼尔·耶金（Daniel Yergin）1991年在其名著《石油金钱权力》（*The Prize: The Epic Quest for Oil, Money and Power*）一书中引用了一位石油工业观察家1935年所讲的话：欧洲石油企业的运行"90%是政治，10%是石油"。耶金补充说："在世界的其他地方，看来都确实是如此。"[1] 到21世纪初，耶金对地缘政治与石油的关系又有了新的认识："石油与地缘政治之间的密切关系是其他任何原材料都无法比拟的。这一点在中东、俄罗斯、中国、拉美……乃至全世界任何地区都可以得到证实。"[2] 石油是"国家实力的关键成分、世界经济中的主要因素、战争和冲突的焦点，以及国际事务中的决定力量"[3]。不仅如此，国际关系理论家们意识到，能源已经成为国际权

---

[1] 丹尼尔·耶金：《石油金钱权力》上册，钟菲等译，新华出版社1992年版，第78页。
[2] 转引自［法］菲利普·塞比耶—洛佩兹《石油地缘政治》，潘革平译，中国社会科学出版社2008年版，第1页。
[3] 丹尼尔·耶金：《石油金钱权力》上册，第807页。

力的来源，约瑟夫·奈（Joseph Nye）在其1993年问世的著作《理解国际冲突：理论与历史》（Understanding International Conflicts: An Introduction to Theory and History）中就提出这种看法，奈注意到了"作为权力来源的石油"，并且使用"石油政治学"的概念①，显示了他对石油在国际关系中所起作用的重视。1984年罗伯特·基欧汉（Robert O. Keohane）在其著作《霸权之后：世界政治经济中的合作与纷争》中也把石油领域里的霸权合作当作对二战后时代霸权合作的一个重要方面。②

不过，虽然石油作为权力来源并不是一个新的现象，石油政治也可以追溯到20世纪40年代，但那时这些国际关系分析家的视野还没有把能源从石油扩展到其他能源，其中特别重要的是天然气，也没有把可替代能源和气候变化的问题引入对国际能源问题的研究之中。到21世纪，能源在人们眼中的重要性有增无减，2010年有人评论说："自从工业革命以来，能源地缘政治——它提供能源并可靠地确保了可承受价格的能源——一直是全球繁荣和安全的推动者。在未来的几十年中能源将决定我们这个星球上生命的存活。"③

在历史上，自然资源与战争之间存在着显而易见的联系，虽然其他一些因素，如意识形态、宗教等可能成为发动战争的理由，但是当代为争夺对世界自然资源的控制而导致的战争更为常见。特别是进入20世纪以来，对世界能源尤其是石油的争夺常常引发战争，而许多重大的战争背后也都有石油的影子。19世纪和20世纪之交，由汽车和内燃机问世而引起的一场技术革命导致了对石油资源的巨大需求，也彻底改变了战争中所使用的军事设施和作战方式：以石油为动力、以内燃机驱动的装甲车、飞机具有比战马和人力更大的杀伤力，以石油为动力的军舰也比以燃煤为动力的军舰有更快的航行速度。在第一次世界大战期间，拥有盎格鲁—波斯石油公司的英国能够满足自己日益增长的石油需求，而石油供应的短缺最终导致德国走上战争的末路。石油的使用还促进了大量

---

① 参见小约瑟夫·奈《理解国际冲突：理论与历史》，张小明译，上海世纪出版集团2005年版，第248—255页。

② 参见罗伯特·基欧汉《霸权之后：世界政治经济中的合作与纷争》，苏长河、信强、何曜译，上海人民出版社2006年版，第149—178页。

③ Carlos Pascual and Jonathan Elkind, eds., *Energy Security, Economic, Politics, Strategy, and Implications* (Washington, D. C.: Brookings Institute Press, 2010), p. 9.

先进技术的发展。①但另一方面，把以燃煤为动力改为以石油为动力，意味着英国皇家海军不再能依赖于来自威尔士的燃煤，而必须依赖当时得不到供应保障的波斯湾石油。能源安全因此成为一个国家的战略问题。丘吉尔为此说道："石油安全与确定性在于多样性，而且仅仅在于多样性。"②从此，大国都把获得石油作为生命攸关的国家利益，任何对它的威胁都可能引发军事反应。

1926年日本裕仁天皇登基后，日本帝国加快了对外扩张的脚步，先是占领了中国的满洲里，继而把其占领扩大到了中国的大部分领土。30年代日本对石油的依赖促使它执行扩张主义的和侵略性的外交政策。此时日本国内80%以上的日常石油消费依赖于美国，但在1931年日本占领中国东北三省以及1937年发动全面侵华战争之后，美国冻结了对日本的部分石油供应。正因为此，美国被看作是最早把石油作为在外交上施加压力的手段的国家之一。③随着在亚洲扩张步伐的加快，美国于1940年7月加大了制裁力度，日本不得不转向其他地方寻找石油。1941年7月，日本占领荷属东印度群岛（即现今的印度尼西亚）就是因为觊觎那里的石油。7月26日，美国罗斯福总统最终决定冻结日本在美国的不动产，同时对日本实行石油禁运，日本由此丧失了其95%的石油供应。美国著名历史学家沃尔特·拉夫伯（Walter Lafeber）分析说，正是这些举动引致日本下决心在1941年对美国珍珠港发动突然袭击，④日本突袭珍珠港也因此被说成是"第一场能源战争"。⑤然而，在对珍珠港的袭击中，日本的战略家们重视的只是摧毁美国的战舰，却忽略了美国存放在夏威夷港的450万桶燃油，这一疏忽使得美国得以迅速发动反击，其速度之快完全出乎日本海军部的意料。

在占领印度尼西亚之后，日本很快就在荷兰和美国炸毁的石油设备的废墟上，恢复了石油生产，并把在印度尼西亚生产的几乎全部石油和精炼油运回日本。然而，日本的致命弱点是，运送石油需经过公海，而美国已

---

① 丹尼尔·耶金：《石油金钱权力》上册，钟菲等译，新华出版社1992年版；[美]迈克尔·伊科诺米迪斯、罗纳德·奥里戈尼：《石油的颜色，世界最庞大产业的历史、金钱和政治》，苏晓宁、彭静宁译，华夏出版社2010年版，第80—86页。

② Daniel Yergin, "Ensuring Energy Security," *Foreign Affairs*, March-April 2006, p. 69.

③ [法]菲利普·塞比耶—洛佩兹：《石油地缘政治》，第6页。

④ Walter Lafeber, *The American Age, United States Foreign Policy at Home and Abroad since* 1750 (New York: W. W. Norton & Company, 1989), pp. 375-376.

⑤ Charles Maechling, "Pearl Harbor: The First Energy War," *History Today* (December 2006).

在1942年6月的中途岛战役后取得了海上的优势地位，美日在太平洋上的海战形势开始发生逆转。1944年初，向日本本岛运送石油的油船的沉没速度超过了石油生产，日本进口的石油还不到一年前的一半。到1945年第一季度，日本的石油进口完全被阻止了，而在这年春，日本国内的石油供应几乎断绝。战争局势的转变在某种程度上证实了富兰克林·罗斯福所做的断言："使世界摆脱当前困难只有一条路"，那就是切断侵略国的供应线，"尤其是用于维持战争的燃料供应"。①

同样是在第二次世界大战中，希特勒做出进攻俄罗斯的决定，部分是受到纳粹战争机器对石油需求的驱使。1942年7月，德国穿越苏联南部防线之后开始向高加索的油田进发。就在7月1日，约瑟夫·斯大林召见尼古拉·拜巴科夫（后者后来成为苏维埃石油供应部部长），对他说："你必须前往高加索，并摧毁那里的石油工业。如果你给希特勒留下哪怕一吨石油，我们就会枪毙你。"② 为了获取石油，希特勒决定把进攻莫斯科的部分坦克调往石油储量丰富的巴库。8月9日，当德军抵达位于高加索北面山脚下的迈科普油田时，发现那里的所有油井和石油设施都已经被苏联炸为一片废墟，德国占领巴库油田的目标最终未能实现。石油供应的中断，加速了纳粹德国的崩溃。

在1956年苏伊士危机中，石油再一次显示出其作为国际权力来源的特征，这场危机被认为是最大地"损害了英国的国际地位"③，英国在国际舞台上的大国地位也从此走向衰落，让位于新兴的霸权国家——美国。1956年7月19日，一定程度上是由于埃及总统纳赛尔与共产党国家捷克斯洛伐克进行武器交易，美国撤回了其为修建阿斯旺大坝所提供的5600万美元的资金。一个星期后，纳赛尔宣布苏伊士运河将收归国有，并将用从运河获得的收入来修建阿斯旺大坝。受到极度震惊的英国和法国为了报复埃及，与以色列订立了秘密协定，并发动了对埃及的战争。美国艾森豪威尔总统对英法蓄意向他隐瞒进攻苏伊士的计划极为恼火，认为这是一个军事上拙劣的和政治上不适当的计划，是为了不那么重要的利益而冒与苏

---

① 丹尼尔·耶金：《石油金钱权力》上册，第368、324页。
② [美]迈克尔·伊科诺米迪斯、罗纳德·奥里戈尼：《石油的颜色，世界最庞大产业的历史、金钱和政治》，苏晓宁、彭静宁译，华夏出版社2010年版，第93页。
③ W. F. 汉里德、G. P. 奥顿：《西德、法国和英国的外交政策》，徐宗士等译，商务印书馆1989年版，第250页。

联发生战争的危险。为此艾森豪威尔总统打算教训英、法。11月6日，美国财政部长乔治·汉弗莱向英国财政部发出最后通牒：要么立即停火，要么靠英镑打仗，美国连一美元都不会贷给英国用于购买石油。英国在最后通牒到期之前被迫发出了停火命令，11月7日开罗时间凌晨2时，中东战争结束了。已经控制了苏伊士运河2/3的英国、法国和以色列部队于12月撤出，联合国维和部队进驻了这一地区。①这样，这场战争就在埃及的抵抗、苏联对伦敦和巴黎以发射导弹相威胁以及美国施加的压力下失败了。

这次军事行动的一个后果是，在英法联军发动对埃及的空袭之后，以色列军队向开始准备撤退的埃军进攻，埃及立即宣布关闭苏伊士运河，而这是波斯湾石油进入欧洲的主要通道，欧洲因此面临着可能发生严重石油短缺的局面。只是在英、法改变态度，追随美国的中东政策，被迫从埃及撤军之后，美国才通过重新安排油轮航线和增加国内石油产量，对欧洲增加了供应，从而避免了欧洲迫在眉睫的经济和政治危机。

60年代，石油领域里的规则主要是由美国和英国支持的大石油公司制定的，其他弱小的石油生产国也都默认这些规则。在全球范围内，没有一个可以调控各国行为的国际性组织，这一时期，如果说存在着某种国际石油体制的话，那就是同主要石油生产国政府密切相关的私人垄断，石油价格取决于被称为"七姊妹"的七大跨国石油公司②的产量和主要进口国的需求量，而跨国公司则根据富国的情况决定石油的产量和价格。③

1973—1974年的石油危机导致全球石油体制发生了极大的变化，这次危机是由第四次阿以中东战争引起的。1973年10月初，阿以战争爆发，

---

① W. F. 汉里德、G. P. 奥顿：《西德、法国和英国的外交政策》，徐宗士等译，商务印书馆1989年版，第250—255页。

② "七姊妹"的提法来自意大利石油巨头马泰（Enrico Mattei），他把第二次世界大战后形成"伊朗财团"（Consortium for Iran）和控制石油业的七大英美石油公司称为"七姊妹"。以后的七大公司是：埃克森石油公司（Exxon，原为纽约标准石油公司）、美孚石油公司（Mobil）、加利福尼亚标准石油公司（Standard Oil of California，后成为雪佛龙 SOCAL/Chevron）、德古士石油公司（Texaco）、海湾石油公司（Gulf）、皇家荷兰/壳牌石油公司（Royal Dutch/Shell）、英国石油公司（British Petroleum）（BP），实际上还有第八家大石油公司——法国石油公司（The Compagnie Francaise Des Pétroles）（CFP-Total）。经过不断的合并和重组，到2005年七姊妹中仍然延续下来的只有四家公司：埃克森/美孚石油公司（ExxonMobil）、雪佛龙石油公司（Chevron）、皇家荷兰壳牌石油公司（Royal Dutch Shell）和英国石油公司（BP）。

③ 约瑟夫·奈：《理解国际冲突：理论与历史》，张小明译，上海人民出版社2005年版，第248页。

阿拉伯产油国决定削减原油产量,对美国和荷兰实行出口禁运,因为美国向以色列提供了武器,而荷兰则以多种方式支持以色列军队作战。阿拉伯产油国的禁运导致1973年10—12月全球石油供应下降了7%。到1973年底,阿拉伯国家撤销了对欧洲的禁运令,但几个月后,到1974年3月增加了对美国的石油禁运。此时,全球石油供应水平仍比1973年10月低5%。同期欧洲的石油供应也是如此。石油对美国经济和安全之重要显示在,2004年被曝光的一份秘密文件表明,美国曾经认真考虑过使用武力夺取海湾石油。国务卿亨利·基辛格在危机期间曾说,如果美国面临"窒息"的危险,就有可能使用武力。① 在英国,一份于1973年12月提交给英国首相的报告说:"美国可能考虑它不能容忍美国及其盟国听任一些非理性的国家小集团摆布的局势。"意为阿拉伯石油禁运使美国濒于使用武力的边缘。②

1973年石油危机之后,国际石油规则发生了重大变化,石油价格不再单独由富国市场所决定,权力和财富开始从富裕国家转移到较贫穷的国家。当石油输出国组织1973年第一次有效地使用石油武器时,美国本身还是世界上最大的石油供应国,③ 而主要由五个产油国(伊朗、伊拉克、科威特、沙特阿拉伯和委内瑞拉)组成的石油输出国组织(OPEC),决定控制自己的石油工业,使它不再受西方大型跨国石油公司的主导,而要由自己来决定石油价格。欧佩克国家实现了自己的目的,保障了自身的国家利益。④

对石油危机爆发后没有发生战争的原因有各种解释,根据约瑟夫·奈的分析,西方国家之所以没有在1973年采取干涉行动,把产油国变成殖民地,是由于以下一些原因:民族主义的兴起和非殖民化改变了中东的均势,此时,西方国家意识到,对已经觉醒了的民族国家使用武力要付出很高的代价;美国当时正深陷于越南战争之中,不愿再在波斯湾地区扮演主

---

① 约瑟夫·奈:《理解国际冲突:理论与历史》,张小明译,上海人民出版社2005年版,第249、252页。

② "UK Feared Americans Would Invade Gulf during 1973 Oil Crisis," *Guardian*, January 1, 2004, http://www.guardian.co.uk/politics/2004/jan/01/uk.past3.

③ David G. Victor and Nadejda M. Victor, "Axis of Oil?" *Foreign Affairs*, Vol. 82, Iss. 2 (Mar/Apr 2003), pp. 47-61.

④ [美]托伊·法罗拉、安妮·杰诺娃:《国际石油政治》,王大锐、王翯译,石油工业出版社2008年版,第17页;约瑟夫·奈:《理解国际冲突:理论与历史》,第249页。

要的军事角色，于是当时的美国总统尼克松及其国家安全顾问基辛格采取了扶植伊朗作为美国在这一地区的代理人的政策。①但是，在这次危机中，阿拉伯国家实行的石油减产和禁运引起了美国对能源供应问题的关注，日本、欧洲和美国所组成的西方阵营也一度因石油涨价而陷入严重的通货膨胀和经济衰退。法国和日本为保证自己的石油供应采取了独立立场，美国则在1973年斋月战争（亦即第四次中东战争）之后，在解决阿以冲突上扮演起了调停者的角色。

1979年世界能源供应再次发生危机，这一次不是由国际冲突引起的，而是由伊朗国内革命引起的。无论是跨国公司、各国政府还是国际能源机构都未能预料到这次危机。由于伊朗国内工人罢工和革命运动的影响，1978年秋伊朗石油产量下降了，但同时，国际能源机构各成员国也减少了各自的石油储备。1978年第四季度，虽然伊朗石油日产量减少了220万桶，但非共产党国家的原油日产量却比第三季度增加了140万桶。然而到了1979年，情况开始恶化，伊朗石油出口的下降导致国际石油价格翻了一番，而在整个第一季度中，非共产党国家的原油日产量下降了200万桶（约4%）。各国争相支付高价以确保石油供应。1979年第二季度，哄抢石油的局面更趋恶化，油价继续攀升。结果，伊朗石油产量下降导致70年代末出现了第二次石油危机，这再次显示了石油供应下降可能造成的全球经济和政治的巨大波动，而且石油供应的打断常常是由政治原因引起的。

当前全球能源消费国正在失去对能源定价机制的信任。在2008年之前的5年中，石油价格上涨了370%，燃煤价格上涨了460%，天然气价格上涨了120%。②然而，在2008年油价突破历史记录之后随着金融危机的来临又开始下降，到年底下降速度加快，下降了75%，12月下旬最低跌落至34美元一桶。燃煤价格也相应下降了62%，在美国销售的天然气价格下降了58%。而且自1993年以来石油消费首次出现了减少。③在俄罗斯于2008年8月8日侵略格鲁吉亚之后不久，美国副总统理查德·切尼（Richard Cheney）在阿塞拜疆的首都巴库说，能源安全是一个"日益紧迫

---

① 约瑟夫·奈：《理解国际冲突：理论与历史》，第248—254页。

② Christof Rühl, "Global Energy after the Crisis," *Foreign Affairs*, Vol. 89, Issue 2 (Mar/Apr 2010), pp. 63-64.

③ Ibid., p. 66.

的"的问题。① 对能源安全的关注部分是由石油过分紧俏和高油价引起的，但是它也是由下述综合因素引起的：恐怖主义的威胁；一些出口国国内局势的不稳定；民族主义的反弹；对供应的争夺；能源政治的竞争对手的竞争，以及国家为经济发展提供动力的基本能源需要。

二　能源地缘政治的现实

能源是所有国家经济发展的核心。它是财富和竞争的来源，是争论的根源和技术创新的基础，也是全球环境受到划时代挑战的核心。②上文提到，随着工业革命的开始以及石油在燃油供应和现代战争中所获得的突出地位，获得能源就成为世界各国关键的外交战略目标，从而也成为地缘政治竞争的目标。③

进入21世纪后，世界舞台和全球能源局势发生了巨大的变化。导致这些变化的最重要原因是，全球能源需求大幅度增长，其中最大的变化是，用兑换率来衡量，非西方经济与合作组织国家的经济增长对全球增长的贡献从20世纪90年代初的20%提高到如今的50%，发展中国家，尤其是中国和印度的经济快速增长，这给世界能源需求带来了巨大的冲击。在经济迅速发展的同时，许多发展中国家的人民开始摆脱了贫困，他们对能源的需求急剧增加。中国和印度的人口加在一起占世界人口的1/3，这两个国家中达到中等收入水平的人口数量不亚于美国的总人口，空调、微波炉和家庭轿车等已经进入了他们的生活。此外，生活模式的改变还体现在，伴随着工业化而来的城市化使流动性和运输的需要在发展中国家中提高了。中国到1993年为止还可以实现石油自给，但自那时以来，中国的GDP增长了将近三倍，其石油需求也增长了一倍多。非经合组织国家在全球能源消费中所占比例的增长快于它们同期在全球经济发展总量上的比

---

① Gal Luft and Anne Korin, *Energy Security Challenges for the 21ˢᵗ Century*, *A Reference Handbook* (Santa Barbara, California: ABC-CLIO, LLC, 2009), p. ix.

② Energy Information Administration, "Petroleum Navigator," http://tonto.eia.doe.gov/dnav/pet/hist/rclc1d.htm.

③ Andreas Goldthau and Jan Martin Witte, eds., *Global Energy Governance*, *The New Rules of the Game* (Berlin: Global Public Policy Institute; Washington, D. C.: Brookings Institution Press, 2010), p. ix.

例，它们在能源消费增长量中占了90%以上。

亚洲经济增长给石油需求带来的影响在2004年变得非常明显，出现了"需求冲击"，即在全球范围内出现了未曾预料的石油消费的增长，年平均需求增长率比前10年提高了一倍多。20世纪70年代，北美消费的石油是亚洲的两倍，但是到了2005年，亚洲石油消费首次超过了北美。2004年中国的需求比2003年提高了16%，部分原因是电力不足导致临时用石油来发电。美国的消费也在2004年猛增，结果造成了除萨达姆1990年入侵科威特之后的两个月外，30年中石油市场的最大紧缺。虽然从19世纪70年代末到2000年，一些人在20世纪70年代所预言的石油噩梦，即油价急剧上涨，并没有成为现实，但是在进入21世纪以后，情况发生了改观，在世界能源体制经历了近1/4世纪的相对平静之后，能源安全再次成为所有国家的优先考虑。2002年初到伊拉克战争前夕，每桶石油价格只有21美元，而2003年3月19日当伊拉克战争爆发时，油价猛涨到29美元；2005年1月布什政府第二任期开始时，油价为48美元，到2008年7月，油价急剧攀升到创纪录的148美元，比2003年提高了400%。[1]

除了消费模式变化的因素之外，发展中国家存在的低能效是一个重要原因。在发展中国家，能效密度（energy intensity），即生产一个单位的GDP所需的能源，是发达国家的3倍。非经合组织（以市场交换率计算）需要1.3桶石油来生产1000美元的GDP，而经合组织国家只需要1.1桶石油。能效低与发展中国家对能源的补贴有关。在过去一些年中出现的市场经济体中，经济增长带来的变化之一是，数百万人离开了低能源密集型的工作，如农业，进入了能源密集型的行业，如建筑业和工业。这一工业化的过程造成了经济的能源密集度提高。也可以运用发电量来衡量能源消耗的增长，自20世纪90年代后期以来，非经合组织国家中的发电量增长呈现加速趋势，但其增长速度超过了GDP的增长速度，而在经合组织中则正相反。

根据国际能源机构2005年的估计，仅中国一个国家的能源消费就可能在2030年达到quadrillion Btu[2]，比美国高出11%。美国、欧盟和日本的

---

[1] Carlos Pascual and Jonathan Elkind, eds., *Energy Security, Economic, Politics, Strategy, and Implications*, p. 2.

[2] Btu 为英制热量单位（British Thermal Unit）。Quadrillion Btu = 1024 Btu，即百万四次方英制热量单位。

石油消费将持续增长，虽然其增长速度可能将下降2%。这样一来，到2030年，世界能源需求将比2009年多45%。① 到2015年，预计世界石油需求将从2002年的7800万桶/日上升到1.03亿桶/日，到2025年上升到1.19亿桶/日。这将要求世界生产能力在未来的年月里有很大的提高。② 据美国能源信息署网站7月底发布的数据，2009年美国能源消费总量为23.82亿吨标准油。根据中美官方公布的数据，2009年美国能源消费总量比中国少2亿多吨标准油，而人均消费约为中国的5倍。③能源需求的急剧提高不仅产生了严峻的能源供应问题，而且造成了石油消费国和石油生产国之间日益增长的紧张状态，导致了更大的能源安全问题，而这些在21世纪的新形势下都需要与20世纪70年代不同的解决方法。

然而，在国际能源供应方面却存在着诸多问题。国际能源机构在对世界上最大的800个油田进行考察之后提出的报告称，到2030年，世界油井的年平均枯竭率将从5.1%上升到8.6%。2000—2008年的报告说，石油生产下降最大的国家是墨西哥、中国、挪威、奥地利和英国。北海油田的石油产量从2000年的日产632万桶，下降到了2010年的不足400万桶。委内瑞拉的石油产量从2002年起开始下降，美国的产量也连续30年下降。印度尼西亚最近从出口国变成了进口国，为此它决定退出石油生产国组织（OPEC）。中东虽然有世界石油储量的2/3，但是其石油生产也出现了问题。2005年11月，科威特石油公司表示，科威特最大的油田——世界第二大油田布尔甘（Burgan），已经达到了日产量170万桶的峰值。④ 伊朗每年石油生产的下降率是9%。世界已探明石油储量的63%在中东，其中的23%，即2619亿桶在沙特阿拉伯。⑤ 然而，沙特自20世纪70年代石油工业国有化以来，30多年来没有在本国发现大的油田，虽然根据沙特的

---

① Gal Luft and Anne Korin, *Energy Security Challenges for the 21st Century*, *A Reference Handbook*, p. ix.
② *International Energy Outlook 2005*, Energy Information Administration, http://tonto.eia.doe.gov/ftproot/forecasting/0484（2005）.pdf, p. 1-2.
③ 按国际方法折算，2009年中国能源消费折合成标准油为21.46亿吨，人均消费能源1.61吨标准油，见《中国去年人均能源消费为美国1/5》，2010年8月12日，http://news.hexun.com/2010-08-12/124566367.html。
④ "Kuwait Oil Field, World's Second Largest, 'Exhausted,'" *Bloomberg News*, November 9, 2005, http://www.energybulletin.net/node/10878.
⑤ Edward L. Morse and James Richard, "The Battle for Energy Dominance," *Foreign Affairs*, Vol. 81, Issue 2（Mar/Apr 2002）. p. 16.

官方估计，在其已探明的 2619 亿桶储量之外，还有 1500 亿桶以上的储量，但是有很多其他报告质疑沙特迅速扩大生产的能力。

剩余生产能力和天然气被看作是保障能源供应的最后防线，因为电力和石油部门都没有大的余地来应对无论是人为的还是自然的供应中断。多年来，石油部门的供应中断都可以被石油生产国的剩余生产能力所抵消，例如沙特阿拉伯的剩余生产能力。当其他生产国因各种原因发生供应减少时，沙特总能设法向市场投入更多的石油。根据一项 2008 年所做的估计，2002 年，生产国的剩余生产能力占全球市场 7600 万桶/日的将近 10%，一年以后，随着需求急剧增长到 7800 万桶/日，全球剩余生产能力下降到了 5%。如果伊朗、委内瑞拉国内发生罢工，尼日利亚发生种族暴动，伊拉克发生战争时，都有可能使石油生产国长期缺席市场，而这些剩余石油生产能力作为缓冲器足以避免一场石油危机。但是，当全球需求量上升到 8600 万桶/日时，全球的剩余生产能力仅剩下 200 万桶/日，这是一个危险的临界点。尽管沙特保证它可以使更多的油井投入生产，以提高供应量，但其供应量的增长速度可能跟不上需求的增长速度。国际能源机构估计，当新的项目上马时，全球剩余能力在 2010 年将达到 400 万桶/日，但是随着 2013 年需求的继续增长，剩余能力将再次减弱。① 结果，仅有一个机制能使市场恢复平衡：价格的急剧上涨。

2006 年，全球石油储备不能补偿消费，需求继续超过供应。美国国家石油委员会（The National Petroleum Council）为能源部长准备的报告草案《面临有关能源的严酷事实》（Facing the Hard Truths about Energy）认为：到 2030 年，全球能源需求将比 2006 年增长 50%—60%。世界正在耗尽能源资源，以往所依赖的来自常规来源的石油和天然气能源，将不能满足需求。但是许多复杂的挑战可能使世界多元化的能源资源不能成为充分的、可靠的和经济的能源供应。为此现在就必须制定一个长期战略来确保可靠的、可承受的能源供应。② 这个文件的引人注目之处是，它是石油工业首次公开承认：石油储量将不可能满足石油消费需求。

---

① "IEA's Tanaka: Spare Oil Capacity Will Tighten Again," *Reuters*, August 27, 2008, http://uk.reuters.com/article/2008/08/27/iea-tanaka-idUKLR61810520080827.

② The National Petroleum Council, "'Hard Truths' about Global Energy Detailed in New Study," 2006, July 18, http://www.npc.org/7-18_ Press_ rls-post. pdf, pp. 1, 2; Jonathan Haslam, "A Pipeline Runs through It," *The National Interest*, Issue 92 (Nov./Dec. 2007), pp. 73-79.

有专家指出，仔细观察一下主要生产国就会发现，从当前的情况来看，地质学上的原因并不是生产下降的主要原因。生产下降的主要问题是投资，许多生产下降的国家实际上有相当大的储量，因而具有在未来的几十年中出口石油的潜力，然而缺乏有助于能源投资的政治环境造成了投资不足。世界需要在未来几十年中以万亿计的美元投资来满足能源需求的增长。国际能源机构2006年估计，在未来的25年中新的能源发展将需要多达170万亿美元的投资。这样，投资环境本身就成了能源安全方面的关键问题。① 然而，在石油和天然气储量最集中的国家里几乎没有新的投资。欧佩克成员国控制了78%的世界已探明的石油储量，但是其生产在过去的35年中很少有变化，目前的生产水平与1973年相差无几，它们在对新生产能力的投资方面进展十分缓慢。而同一时期，全球对石油的需求量几乎翻了一倍。对国外投资者的法律限制，也与政治密切相关，这些生产国需要控制作为国家经济命脉的石油资源和石油生产。这就是说，政治动荡、资金的不当分配、与资源主权相关的对外国投资者的法律限制、追求短期目标而忽略了对石油生产和勘探的长期投资需求，都是导致生产下降的因素。据统计，从1994年到2004年，世界上64%的探井是在北美大陆打下的，但这里只有世界上未探明石油和天然气资源的12%。同期，中东只打了7%的探井，而这里未探明的储量占28%。②

在像伊朗和苏丹这样的主要石油生产国，以及几年以前的利比亚和伊拉克，国际制裁阻止了国际石油公司的投资。俄罗斯和拉美国家新一轮的国有化增加了外国公司勘探的风险。另一个障碍是主要石油生产地区缺乏政治稳定。《外交》杂志上刊登的一篇迈克尔·罗斯（Michael Ross）撰写的文章指出，尽管世界上发生的战争数量有所下降，但冲突越来越多地发生在石油生产国中，在油价上涨时与石油有关的冲突数量可能增加，这在很大程度上是由于石油收入会增加腐败、独裁主义、不平等的财富分配、经济停滞和社会不满。他把阿尔及利亚、伊朗、苏丹、尼日利亚和哥伦比亚引为主要例子，认为正是这些社会问题增加了这些国家内战的危险性，

---

① Daniel Yergin, "Ensuring Energy Security," *Foreign Affairs*, March-April 2006, p. 81.
② Gal Luft and Anne Korin, "Energy Security: In the Eyes of the Beholder," in Gal Luft and Anne Korin, *Energy Security Challenges for the 21st Century*, *A Reference Handbook*, p. 2.

进一步阻止了外国投资。①

为了补充石油生产国组织生产能力的下降，主要石油消费国纷纷采取措施防止供应中断。一个方法是建立战略储备。现在全球有40亿桶战略石油储备，大约2/3是由政府控制的，其他由私人公司所控制。在这40亿桶储备中，美国占7亿，日本占5.8亿，韩国有1.5亿，欧盟要求各成员国储备90天的石油进口量。中国正在建3.1亿桶的战略石油储备，印度的计划是建立3700万桶的战略储备。② 国际能源机构提出的要求是，其成员国的战略石油储备仅仅用于战略目的。但这一目的在美国已经受到了质疑。一些亚洲国家也想要打破这一限制，建立一个更大的石油银行，以便在今后的一些年内，当石油生产国的供应不足时，可以把战略石油储备作为一个应急机制。但是，迄今各国在战略石油储备上缺乏充分的合作，大多数国家包括美国在内，在如何使用储备、何时动用储备方面，都没有建立一个适当的标准。

石油工业也受到了新的困扰，包括缺乏新的管道基础设施和更多的油船来向世界市场运输原油，更紧迫的问题是需要提高炼油能力，以把原油变为各种石油产品。现有的设施往往被过度使用，或受到自然损坏。人为的破坏，如恐怖主义破坏也是能源生产的主要障碍。随着天然气市场在地区和全球的扩展，能源领域里出现了新的问题。为了使能源进入市场，能源出口国需要依赖大量输送管道网络、出口终端站和天然气液化设施。一旦一个国家供应链的某部分出现问题，就不仅会给生产国带来收入损失，而且给其作为供应国的形象带来损害。而事实是，世界上对石油、天然气和电力设施的恐怖主义攻击几乎每天都在发生，对世界经济造成了日益增长的冲击。

沙特阿拉伯在这方面最为脆弱。沙特的石油体系是恐怖主义者的行动目标，非常容易受到打击，这不仅是由于基地组织在这里有强大的基础，而且也是由于沙特石油基础设施的特点所造成的。沙特超过一半的石油储备集中在8个油田，它们之中最大的内陆油田——加尔瓦（Ghawar）占沙特石油生产总能力的一半，此外还有世界上最大的海上油田——萨法尼

---

① Carlos Pascual and Jonathan Elkind, eds., *Energy Security, Economic, Politics, Strategy, and Implications*, p. 2.

② Gal Luft and Anne Korin, "Realism and Idealism in the Energy Security Debate," in *Energy Security Challenges for the 21st Century, A Reference Handbook*, p. 338.

亚。大约2/3的沙特原油是在萨法尼亚（Safaniya）的巨大设施中加工处理的，它距离巴林湾25英里。在波斯湾，沙特有两个石油出口终端港，一个是拉斯坦努拉（Ras Tanura），这里有世界上最大的沿海装油设施，全球10%的石油供应每天经由这里运出；另一个是拉斯阿尔—朱艾玛（Ras al-Ju'aymah）。对这两个中心的任何一次恐怖主义袭击都可能造成在沙特生产的一半石油和世界上最大的石油生产剩余能力不能进入市场，从而给世界经济造成沉重打击。①除此之外，沙特也可能会面临霍尔木兹海峡被封锁的危险。这一担忧重新点燃了沙特跨阿拉伯国家的石油管道计划，这条管道可以绕过霍尔木兹海峡把沙特的石油从腊斯塔努腊带到阿曼、阿拉伯联合酋长国和也门的出口终端站。

恐怖主义组织威胁要攻击世界上关键的经济基础设施，能源的基础设施显然是一个关键部分。在这方面，美国非常容易受到攻击。能源专家丹尼尔·耶金指出，仅在美国一个国家，就有150座炼油厂，4000个近海钻井平台，16万英里的输油管道，处理每天1500万桶进出口石油的设施，10400个发电厂，16万英里的高压输电线，140万英里的天然气管道。随着世界市场变得更为一体化，能源的全球贸易范围将极大地扩大。目前，世界上每天有大约4000万桶石油漂洋过海；到2020年这一数字可能会增加到6700万桶。到2020年液化天然气的越洋运输量将翻两番，达到4.6亿桶。这样，确保世界能源市场的安全将要求公司和政府之间在国内和国际基础上的合作，包括能源、环境、军事、执法和情报机构之间的合作。②

在电力部门，从理论上讲，全球电网也很容易受到恐怖主义的袭击，这也会造成对经济的沉重打击。短期或长期的电力中断会对银行、炼油厂、医院、基础设施、供水系统和军事设施造成可怕的后果。世界上的电力公司、决策者和监管者已经意识到了这一问题，正在制定战略和采用相关技术来保护关键性的设施，如高频变压器以及监控与数据采集系统（Supervisory Control And Data Acquisition, SCADA）。

对世界能源工业的干扰也存在于海上，世界上1/4至1/3的天然气储量是在海上，而且世界上石油贸易的大约2/3是通过海上运输的。中东地

---

① Gal Luft and Anne Korin, "Realism and Idealism in the Energy Security Debate," in *Energy Security Challenges for the 21ˢᵗ Century, A Reference Handbook*, p. 339.

② Daniel Yergin, "Ensuring Energy Security," *Foreign Affairs*, March-April 2006, pp. 78-79.

区的大宗原油出口往往需要经过长途运输，一般是通过运载量20—30万吨的巨型油轮（VLCC）或超巨型油轮（ULCC）来承运的。能源相互依赖和能源贸易规模的日益扩大，要求生产国和消费国之间的持续合作，以确保整个供应链的安全。长距离、跨边界的油气管道正在成为全球能源贸易更为重要的相关部分，而海上石油和液化天然气运输路线有许多咽喉要道，它们非常容易受到攻击。像"基地组织"这样的恐怖主义组织正日益把注意力集中在对国际海上贸易的干扰上，把它当做打击西方经济力量的方式。基地组织称："希望建立哈里发的战士必须控制海洋和海路"。最重要的海上交通的咽喉要道是从中东前往中国和美国西海岸的必经之路马六甲海峡，土耳其境内连接黑海和地中海的达达尼尔海峡和博斯普鲁斯海峡，连接红海和亚丁湾、印度洋的曼德海峡，连接红海和地中海的苏伊士运河，沟通太平洋和大西洋的巴拿马运河，以及位于波斯湾入口处的霍尔木兹海峡。每天经过霍尔木兹海峡运输的石油有170万桶。[1]世界上将近40%的石油出口是通过霍尔木兹海峡，将近28%的石油运输要经过马六甲海峡，将近7%的石油运输要经过曼德海峡。[2]博斯普鲁斯海峡是俄罗斯和里海石油的主要出口通道；马六甲海峡则为80%的日本和韩国的石油及50%的中国石油提供了运输通道。

马六甲海峡的重要性不仅体现在油气资源的运输上，它对于世界贸易也是至关重要的。然而，马六甲海峡如今成了世界上最不安全的水域，2004年这一地区的海盗抢劫活动比上一年增加了65%。而且，据印尼情报部门透露，东南亚基地组织"伊斯兰祈祷团"也想要在马六甲海峡制造事端，向经过这里的游轮发动攻击。2001年美国在阿富汗采取军事行动后，从阿富汗截获的录像中证实，拉登领导的恐怖主义网络曾经专门拍摄过马来西亚的海上巡逻员。这使人们担心马六甲海峡会成为恐怖主义袭击的目标。如今，国际海事局认为，马六甲海峡与几内亚湾、索马里沿海都可以被称为世界上最危险的海域。[3]确保这些咽喉要道以及其他海上通道的

---

[1] Carlos Pascual and Jonathan Elkind, eds., *Energy Security, Economic, Politics, Strategy, and Implications*, p. 3. 这些海峡作为世界石油运输咽喉要道的重要性，还可参见［法］菲利普·塞比耶—洛佩兹《石油地缘政治》，第33—45页。

[2] Energy Information Administration (EIA), "World Oil Transit Chokepoints," http://www.eia.doe.gov/cabs/World_Oil_Transit_Chokepoints/Background.html.

[3] ［法］菲利普·塞比耶—洛佩兹：《石油地缘政治》，第50—52页。

安全因此成为对生产国和消费国的严重考验。

让一些人担忧的是，在石油领域里的垄断将在天然气领域里重演。由于天然气在燃烧时比煤和石油释放出更少的二氧化碳，对天然气的使用在执行减少温室气体排放的计划的国家中受到鼓励。这样，根据能源国际机构的估计，天然气的总消费将从2005年的104万亿立方米急剧增加到2030年的158万亿立方米。① 而在天然气供应一方，世界上将近2/3的已探明的天然气储量和未探明的天然气储量的一半集中在中东和俄罗斯。俄罗斯、伊朗和卡塔尔的天然气储量加在一起占世界储量的大约57%。这些国家想要建立一个天然气卡特尔的愿望已经初露端倪。2007年1月，伊朗的最高领袖阿亚图拉·赛义德·阿里·哈梅内伊（Ayatollah Ali Khamenei）建议伊朗同俄罗斯组建一个卡特尔，之后，俄罗斯总统普京（Vladimir Putin）等同意探讨这个想法。阿尔及利亚总统阿卜杜勒—阿齐兹·布特弗利卡（Abdelaziz Bouteflika）和委内瑞拉总统胡戈·查韦斯（Hugo Chavez）据说也支持建立这样一个卡特尔。俄罗斯产生这种想法也是对欧洲强烈批评俄罗斯关闭对乌克兰输气管道的反应。但是，一些人不相信在天然气领域可能形成一个输出国卡特尔，因为与石油市场相比，天然气市场更为复杂。天然气比石油更加不可替代，而且天然气的价格并不像石油价格那样是建立在供求基础之上的，而是严格根据合同来定价，它可以使买家在长达25年内锁定价格。这使得在天然气领域很难实现卡特尔。然而，随着天然气越来越多地用液化形式来进行贸易，而且只有很少的国家控制天然气的储量，建立这种卡特尔的可能性增加了。

在能源价格大幅度上涨和未来可能出现供应紧张的情况下，能源安全开始成为一个跨学科的讨论议题。世界各国的智库都设立了能源安全项目，新的国家和国家组织也正在被建立起来，以应付日益增大的能源安全的挑战。

三 能源资源与新的国际权力

各国对能源的需求日益增长和它们对稳定的能源供应的迫切要求，使得能源资源本身不仅成为一个国家实力增长的资本，而且成为一国在国际

---

① EIA, "International Energy Outlook 2008," http：//www.eia.doe.gov/oiaf/ieo/nat_gas.html.

关系中扩大自身权力的手段。从某种意义上说，控制自然资源如今是比军事力量更有用的权力形式。能源对于那些拥有它的国家来说，可能像国家间直接的常规战争一样，成为一种可供选择的武器。俄罗斯以其在能源方面得天独厚的条件以及其领导人所执行的能源政策，成为利用能源资源来扩大自身国际权力的典型。伊朗和委内瑞拉是另外两个例子。

俄罗斯是一个重要的能源生产国和出口国。虽然俄罗斯只有世界人口的3%，但它却占据了世界能源市场的13%，拥有全球34%的天然气储量和大约13%的石油储量。在过去的10年中俄罗斯和沙特阿拉伯无论从能源供应量还是从能源出口的增长速度来说，都在世界上名列前茅。[1] 俄罗斯如今是仅次于沙特的最大的石油输出国，它供应欧盟石油需求的30%和将近一半的天然气。[2]

21世纪中的能源持续涨价成全了俄罗斯，它是能源涨价的一个主要受益者。1998年8月卢布贬值之后，俄罗斯拖欠了1500亿美元的外债。长期以来，俄罗斯外汇收入的最大部分来自于石油和天然气，高能源价格带来的意外之财很快把它从一个饱受怀疑的债务国变为一个潜在的债权国。俄罗斯政府也充分利用了这一机会。2000年俄罗斯的石油出口自苏联时代以来首次上升。当2000年3月弗拉基米尔·普京（Vladimir Putin）当选为总统时，俄罗斯企业的内部改革开始初见成效。2006年，俄罗斯成为世界上最大的石油出口国，其2007年的出口大约为2.4万吨石油，是俄罗斯石油出口最高年份的将近两倍。其中80%的石油收入来自欧洲，60%的天然气是欧洲人消费的。[3]欧佩克对俄罗斯石油出口量的增长速度始料不及。1996年来自前苏各加盟共和国的石油产量之和为每日700万桶，而实际上，苏联的国有企业在苏联解体之前就曾经有每日1250万桶的记录。这是一个国家最高的日产石油记录，大约占全球生产的1/5。

近年来，变得日益明显的是，俄罗斯不仅把其石油和天然气出口当做巨大的国家预算来源，而且还当做有效的外交政策工具。俄罗斯正在追求

---

[1] Carlos Pascual and Jonathan Elkind, eds., *Energy Security, Economic, Politics, Strategy, and Implications*, p. 14.

[2] Gal Luft and Anne Korin, "Energy Security: In the Eyes of the Beholder," in *Energy Security Challenges for the 21st Century, A Reference Handbook*, p. 11.

[3] Jonathan Haslam, "A Pipeline Runs Through It," *The National Interest*, Issue 92 (Nov/Dec 2007), pp. 74.

一个全面的、由国家制定和执行的地缘经济战略。俄罗斯的官员并不掩饰他们想要使用能源来实现政治目的的意图。在2003年初伊拉克战争开始前后到2008年夏季油价达到峰值期间，能源价格经历了5年的稳步上涨，此时俄罗斯高级官员和评论家显然沉醉于俄罗斯所获得的新影响及其作为所谓的"能源超级大国"的地位。俄罗斯总统普京在2003年10月德国总理格哈德·施罗德（Gerhard Schroeder）访问俄罗斯城市叶卡捷琳堡时对他说，欧洲人不应当有幻觉，在天然气领域里，他们将同俄罗斯打交道。两年之后，俄罗斯政府发言人德米特里·佩斯科夫（Dmitry Peskov）对迅速攀升的能源价格评论说，俄罗斯正在要求其邻国把能源问题同俄罗斯更广泛的外交政策目标联系在一起。如果一个邻国想要加入北约，俄罗斯将视其为背叛。"如果你不忠诚，你立刻就得付更高的油价。"① 俄罗斯天然气工业股份公司公开表明的对独联体的政策，明确承认了公司的定价决定带有政治含义。

为了获得俄罗斯政府对俄罗斯能源资源的最大限度的控制，普京成立了俄罗斯天然气工业股份公司，这是与俄罗斯结束经济私有化同步进行的。普京在2003年2月14日宣称："俄罗斯天然气工业股份公司是国家能源安全体系的关键因素，是与俄罗斯在世界上的经济和政治影响同样重要的强大力量。"② 2006年7月，普京更是直言不讳地说，"从此以后，俄罗斯必须努力接管在能源事务上的世界领导权。"普京讲得很清楚："我们打算重新获得国家对天然气运输体系和俄罗斯天然气工业股份公司的控制。""我们将不会分割俄罗斯天然气工业股份公司。欧洲委员会不应有任何错觉，在天然气部门，他们将同（俄罗斯的）国家打交道。"俄罗斯天然气工业股份公司的高管亚历克斯·米勒（Alexei Miller）也警告说，欧洲试图阻止俄罗斯天然气工业股份公司购买分配能源输出口的计划"将不会有好结果"。③

对于俄罗斯的能源政治博弈来说，两个石油管道协议非常重要，即"北溪"（The Nord Stream）和"南溪"（The South Stream）管道。北溪管

---

① Stefan Wagstyl, "Kremlin Frets about Blame in Litvinenko Case," *Financial Times*, December 12, 2006, p. 2.

② Jonathan Haslam, "A Pipeline Runs Through It," *The National Interest*, Iss. 92 (Nov./Dec. 2007), p. 75.

③ Ibid, p. 76.

道协议是德国总理格哈德·施罗德同俄罗斯总统普京于 2005 年 9 月达成的，北溪天然气管道将连接汉特—曼西斯克自治区（Khanty-Mansiysk Autonomous Oblast）的天然气井与德国和其他欧洲消费国。这是两条相互并行的管道，它们从靠近俄罗斯的维堡（Vyborg）经过波罗的海海底管道到达德国的格拉夫瓦尔德（Greifswald），长度为 750 英里。每条管道每年可输送 270 亿立方米的天然气。第一条管道在 2010 年投入使用，第二条将在 2012 年投入使用。这一管道将使俄罗斯可以直接向德国和西欧输送天然气，绕过现存的穿过令俄罗斯烦恼的邻国如波兰的陆上管道。假如俄罗斯天然气工业股份公司（Gazprom）的计划真能达到所预期的那样，北溪管道将能在 2015 年向欧洲输送其新增天然气进口量的 25%。而且，它将进一步加强德国对俄罗斯天然气的依赖。不过，许多工业家认为，该工程的完工将延期，它最终的开支将是原定价格 50 亿欧元（约合 76.8 亿美元）的数倍。①

2007 年 6 月 23 日，意大利的（国家碳氢公司）埃尼（Eni）公司同俄罗斯天然气工业股份公司签署了"南溪"天然气管道建设谅解备忘录，这是一条绕过乌克兰和土耳其的天然气管道，从俄罗斯黑海沿岸的别列戈瓦亚（Beregovaya）沿海床经保加利亚最后到达意大利。通过这些管道，俄罗斯可以在需求量大或供应紧缺时，选择谁作为其天然气消费国。经济评论员俄罗斯奥列格·米佳耶夫（Oleg Mityayev）看到了其中的玄机，他说："地缘政治，而不是经济因素是（这个项目）的主要动机。"普京肯定了这一点，他宣称："波罗的海和黑海地区一直是我们的特殊利益所在。我们与这些国家有特殊的政治和经济关系……俄罗斯正在回到这些地区并开始发挥更显著的作用，完全是自然的。"②

俄罗斯领导人充分了解维持对俄罗斯有利的管道路线的重要性，并毫不犹豫地为了自身国家利益而阻挠或支持一项管道建设项目。为此，俄罗斯强烈反对修建一条把中亚天然气输送到中欧的跨里海的管道，因为这会越过俄罗斯这个天然气供应国，破坏其对供应的垄断。俄罗斯在

---

① Carlos Pascual and Evie Zambetakis, "The Geopolitics of Energy: From Security to Survival," in Carlos Pascual and Jonathan Elkind, eds., *Energy Security, Economic, Politics, Strategy, and Implications*, p. 21.

② Jonathan Haslam, "A Pipeline Runs Through It," *The National Interest*, Iss. 92 (Nov./Dec. 2007), pp. 75-76.

有效地关闭了外国对上游市场的竞争之后，正在寻求主导欧洲的下游市场。

对俄罗斯能源的依赖使欧洲国家可能受到禁运的潜在威胁。能源武器虽然不如军事力量那样致命，但是如果在冬天关闭输往欧洲的天然气，可能会引起与军事进攻同样严重的人员伤亡和经济损失，这是西方普遍存在的担忧。叶利钦在20世纪90年代初首次削减了对波罗的海国家的能源出口，在1990年末又曾用这种方法来对付立陶宛，而普京则把这种权力使用提高到了一个新水平。俄罗斯于2006年1月停止长期以来以低于国际市场价格向乌克兰提供天然气，理由是俄罗斯将遵循市场价格，不再为了帮助邻国而承受每年30—50亿美元的损失。在双方不能达成协议时，俄罗斯中断了对乌克兰的天然气供应，但是，西方国家普遍把这一举动看做是对有亲西方倾向的乌克兰新总统尤先科施加的政治压力。欧洲也受到殃及，因为欧洲国家从俄罗斯进口的天然气是通过穿越乌克兰的管道输送的。在严寒的冬季中断供气，给欧洲国家带来了极大的恐慌。2008年8月俄罗斯对格鲁吉亚的军事攻击又造成了短暂的天然气供应中断。为此，欧洲国家把俄罗斯看做是对其能源安全的潜在威胁。

伊朗也在国际权力斗争中有意识地利用了其能源武器。例如，2006年9月，伊朗宣布取消了日本对伊朗油气的优先开采权，原因是日本过于追随美国，要求伊朗取消其核计划。近些年来，伊朗几乎把除美国以外的所有大国都拉进了伊朗油气合作市场，为的是换取欧洲在核问题上更具协商性的立场。在这种情况下，欧洲各国都不得不在其对待伊朗核问题的立场上权衡利弊。伊朗也正在利用天然气来拉拢印度。2005年1月8日，印度政府宣布，伊朗国家石油公司与印度签署了总额为400亿美元的初步协议。根据协议，印度承诺在25年里从伊朗进口天然气，并帮助伊朗发展两座油田和一座天然气田。此外，印度的ONGC公司将获得伊朗最大的海上油田亚达瓦兰（Yadavaran）20%的股份。[①] 伊朗还将通过穿越巴基斯坦的天然气管道向印度输送天然气。出于对能源的考虑，印度领导人在伊朗核问题上采取了谨慎的立场。

---

① 《印度开展石油外交 加快与伊朗和俄罗斯合作》，人民网，2005年1月11日，http：//world.people.com.cn/GB/1029/3111543.html。

在美国的后院拉丁美洲有大量被探明的石油、天然气储量以及水力和生物发电能力。在这一地区,委内瑞拉、玻利维亚和厄瓜多尔的民粹主义高涨导致其反美情绪日益增长。美国市场占委内瑞拉石油出口市场的50%以上,2008年,美国每日从委内瑞拉进口119万桶石油(2007年为136万桶),占美国石油进口的9%。[①]但近年来,委内瑞拉在左翼总统查韦斯的领导下,想要在外交上对美国保持一定的独立性,为此它正在着手改变其石油出口过分集中于美国的现状,寻求其石油出口市场的多元化,以减少对美国市场的依赖。为此,它正在同中国建立更紧密的联系。在小布什政府时期,虽然布什认为"委内瑞拉正试图影响其邻国远离民主进程",给拉美地区带来了"最大的麻烦",它与古巴政府的亲密关系对拉美民主"极其危险",但是美国对委内瑞拉石油的依赖,使它实际上对委内瑞拉束手无策。查韦斯已经对美国发出了严厉警告,如果美国表现出侵略性姿态,委内瑞拉就可能运用石油武器。

四 对能源安全的不同定义

当在全球能源局势的背景下讨论能源安全与美国的能源安全政策时,我们首先遇到了如何定义能源安全的问题。一般来说,能源安全有两个要素:可靠的能源供应和可承受的能源价格,用丹尼尔·耶金的话来说就是:"能源安全就是用可承受的价格获得充足的能源供应。"[②]《能源安全:走向新的能源安全战略》的两位编者简·H.卡利基(Jan H. Kalicki)和戴维·L.戈尔德温(David L. Goldwyn)认为:"当世界日益依赖于石油输出国组织之中和之外的不稳定的国家来获得能源供应安全时,石油供应被中断的危险性非常高而且正在日益增长。"为此他们断言:"外交政策可以更好地推进一个国家的能源利益,而能源也可以被用来推进一个国家更广泛的外交政策利益。"然而在他们看来,长期以来,能源政策并没有被充分地与外交政策联系在一起,无论是在理论上还是在体制上。他们强调:"正如战争太重要而不能留给将军们去决策一样,能源问题太重要而不能

[①] U. S. Energy Information Administration, "Venezuela," http://www.eia.doe.gov/cabs/venezuela/oil.html.

[②] Daniel Yergin, "Ensuring Energy Security," *Foreign Affairs*, Vol. 85, No. 2 (March/April), 2006, pp. 70-71.

留给工程师或地质学家们去处理。"①该书第 17 章的作者利昂·菲尔斯 (Leon Fuerth) 说:"可预见的与石油和天然气相关的对国家安全最严重的威胁不是能否在物质上获得这些资源,而是这些资源所处世界的地区政治是否稳定。"②这说明,实现能源安全与作为能源来源的地区的政治问题密切相关。这就把能源与地缘政治和外交联系到了一起。

无可否认,虽然各国都重视能源安全,但是对于这个概念却没有统一的定义,因为能源生产国和消费国,出口国、进口国和输送中转国,发达国家和发展中国家的利益各不相同,能源安全对处于不同的地理位置、地质条件、不同的发展阶段、具有不同的政治制度和经济体制的国家来说,也有不同的含义。

例如,大多数生活在撒哈拉沙漠以南的非洲国家和南亚国家的人民,由于得不到电力供应而遭受严重的能源匮乏。仅在印度一个国家,就有 6 亿人,大约占印度人口的一半,得不到来自电网的电力供应。据估计,全世界有 20 亿人口仍然没有条件使用电力。此外,世界人口的大约 40% 仍然在使用木柴、秸秆和牲口粪作为烧饭和取暖的燃料。国际能源机构预测,用传统生物质来做饭的人口,将从 2008 年的 25 亿增加到 2030 年的 27 亿。③对于他们来说,能源安全首先意味着能满足像饮用水、烧饭、照明和交通这样的基本能源需要,具体地说,是获得照明用的煤油、用于烧饭的液化天然气和用来把收成从当地运往市场的柴油。但是,科学家发现,依赖于传统生物质烧饭会直接威胁人类的健康。据世界卫生组织估计,在发展中国家的农村和城市地区,每年大约有 250 万人死于室内吸入颗粒物,相当于每年全球 5000—6000 死亡人数的 4%—5%。④显然,对于这一部分人类来说,能源安全的含义不同于发达国家。由于这些原因,由联合国秘书长科菲·安南 (Kofi Annan) 建立起来的一个咨询机构"联合国千年项目"(The UN Millennium Project),建议采取实际步骤来实现千年发展目标 (The Millennium Development Goals) (MDGs),强烈

---

① Jan H. Kalicki and David L. Goldwyn, eds., *Energy & Security: Toward a New Foreign Policy Strategy* (Woodrow Wilson Center Press, 2005), pp. 4, xv, xxii.
② Ibid., p. 413.
③ IEA, "World Energy Outlook 2008," www.worldenergyoutlook.org/2008.asp, p. 178,
④ Nigel Bruce, Rogelio Perez-Padilla, and Rachel Albalak, "The Health Effects of Indoor Air Pollution Exposure in Developing Countries," WHO/SDE/OEH/02.05 (World Health Organization, 2002), p. 5.

主张"需要质量更高、数量更大的能源服务来满足千年发展指标"。①

对于能源进口国和出口国来说，它们在能源安全方面的国家利益也不相同：进口国想要得到供应安全和较低的价格；出口国想要得到有保障的能源需求，即它们所生产的能源在长时期内能够得到公平的购买价格，因为这些国家的预算在很大程度上依赖于能源收入，而稳定的能源价格就意味着稳定的国家岁入和国家预算。看一看2006年各国经济增长的数据就可以发现，石油暴利使世界上一些欠发达国家近些年经济增长排行榜上的排名持续上升，2005—2007年阿塞拜疆国内生产总值（GDP）的年增长率分别高达惊人的26.4%、34.5%和25%，在世界上名列前茅。对于俄罗斯同期分别为6.4%、8.2%和8.5%的年GDP增长率来说，天然气资源功不可没，这一较高的增长率为普京总统的国内社会保障制度改革创造了条件。2008年金融危机开始之前，对石油和天然气进口日益增长的需求和在短期内有效地扩大的供应带动了价格，为供应方带来了财力，为生产国带来了影响力，使得像俄罗斯、委内瑞拉和伊朗这样的生产国增加了在地区和国际政治中的分量（这几个国家的年度GDP增长率见表1—1）。

然而，当油价下降时，这些已经习惯于依赖于大量石油收入来稳定国内政治、支持其外交政策的国家就遇到了麻烦。2008年冬，当石油价格从历史上最高的148美元跌落到40美元一桶时，国际货币基金估计，沙特阿拉伯必须使每桶石油至少挣到49美元才能避免赤字，伊朗和委内瑞拉需要挣90美元，而伊拉克需要110美元。这就是为什么这些国家为了提高油价可能继续限制供应和外国投资的原因。俄罗斯总统普京曾表示，在油价不低于60美元一桶时，能源收入还可以勉强支撑俄罗斯的国内经济和社会改革。当油价从148美元下降到40美元时，俄罗斯的国内改革就陷入了困境。沙特国王阿卜杜拉·本·阿卜杜勒—阿齐兹（Abdullah Bin Abdul-Aziz）命令封存一些新发现的油田不进行开采，以便为沙特的子孙后代保存石油财富。俄罗斯也显示出了限制生产的意图，俄罗斯能源部长谢尔盖·什马特科（Sergei Shmatko）说，封存油田的想法令他非常感兴趣。

---

① Vijay Modi and Others, "Energy Services for the Millennium Development Goals," The World Bank and the United Nations Development Programme, 2005, p. 2.

表1—1　　世界一些主要能源输出国2005—2009年GDP年增长率　　　　（%）

年月 国别	2005	2006	2007	2008	2009	2010	2011
阿塞拜疆	26.4	34.5	25.0	10.8	9.3	5.0	1.0
俄罗斯	6.4	8.2	8.5	5.2	-7.8	4.3	4.3
伊朗	4.6	5.9	7.8	2.3	1.8	—	—
委内瑞拉	10.3	9.9	8.8	5.3	-3.2	-1.5	-4.2

资料来源：根据世界银行《各国GDP增长率》统计数字制作，世界银行网站，http://data.worldbank.org/indicator/NY.GDP.MKTP.KD.ZG。

此外，一个国家对能源安全的定义也与它们所偏重的能源种类有关。由于存在着两个主要的能源使用部门——电力和交通，就会存在两种能源安全的挑战。在电力部门，目前全世界电力的41%产生于煤炭，20.5%产生于天然气，18.5%产生于可再生能源，如水力、太阳能、风能和地热能，15%产生于核能，只有5%的世界电力产生于石油。然而，在交通领域，石油仍然是占压倒性地位的动力来源，在这个领域，全球95%的能源来源于石油。[1] 这造成了一些国家对能源安全看法的差别。例如俄罗斯和沙特阿拉伯可以做到能源完全独立，而对于有大量煤炭储量的美国和广泛使用核能的法国来说，它们在电力方面可以基本自给自足，但是它们的交通部门仍然严重依赖于石油进口。另一些国家的情况正相反。例如巴西，它可以通过从甘蔗生产乙醇和扩大国内钻井来实现交通部门的能源自给，但是在电力部门，它主要依赖于从阿根廷和玻利维亚进口的天然气以及从阿尔及利亚、尼日利亚和中东进口的液化天然气。对于巴西来说，幸运的是，2008年它在本国的朱比特（Jupiter）发现了天然气，这可能会使巴西在5—10年内达到天然气方面的自给自足。情况最糟的就是那些这两个部门都完全依赖于外国进口的国家，而且它们的能源供应线还面临着会被切断的威胁，例如依赖于俄罗斯天然气的乌克兰和一些欧盟国家。[2]

甚至能源资源丰富的国家也可能面临能源安全挑战。伊朗就是其中的一个例子。伊朗有世界上最大的石油储量，但它的炼油能力不足使它不得

---

[1] Carlos Pascual and Jonathan Elkind, eds., *Energy Security, Economic, Politics, Strategy, and Implications*, p. 5.

[2] Gal Luft and Anne Korin, "Energy Security: In the Eyes of the Beholder," in *Energy Security Challenges for the 21st Century, A Reference Handbook*, p. 6.

不依赖于进口汽油和其他炼油产品,其消费的汽油和其他炼油产品的40%以上来自国外。这样,如果伊朗的汽油进口被切断,其经济就会受到打击。为了减少对汽油的依赖,伊朗政府宣布了一个全国计划,把交通部门的动力从汽油转变为天然气。它也在执行一个世界上最大的扩大炼油能力的项目。2007年6月,伊朗政府提出了一项汽油配给政策,引起了许多伊朗人的不满。

在出口国中,中东、俄罗斯、非洲和拉美国家都需要在最大限度地创造岁入和作为负责任的、公平的供应者来行动这两者之间寻求平衡。新的天然气田和油田的发展需要先进技术和为延长油气井的生产期限而进行的投资,因此确保一个时期的稳定需求对于出口国来说是非常重要的。生产国获得需求安全的一个方法是,修建并控制油气管道。当对能源的需求增长时,会有更多的油气管道被修建,跨越更多的国家,这可能会带来更稳定的地区关系,并给管道所跨越的国家带来可观的收入,但是这也会造成地区不稳定和出口国对进入市场通道的竞争。

在世界上所有的生产国中,欧佩克成员国是最有影响力的。欧佩克拥有78%的已探明的世界石油储量,生产大约40%的世界石油。这个石油卡特尔在供应方中处于主导地位,而且能够通过它们在维也纳的定期聚会决定其生产配额,以此来支配油价。自1960年以来,欧佩克成功地限制了其成员国的石油生产,人为地扭曲了世界石油供应。对于它们来说,增产不是一个能力问题,而是意愿问题。假如它们所声称的石油储量是真实的,它们就有能力在未来的几十年中增加产量,但它们的生产能力还取决于它们的投资。[1]

在消费国和进口国方面,这些国家一般寻求能源供应的多元化,以减少由于一个供应来源的中断而造成的影响,从而使其能源安全最大化。大多数消费国所采用的能源安全原则是,通过建立战略石油储备和创造一个国际机制来减轻供应下降所造成的影响。对于发达国家来说,这个机构就是在经济与合作发展组织的基础上建立起来的国际能源机构(The International Energy Agency),它能够在供应紧张时在经合组织的消费国中紧急分配石油。但是由于有不同的需求,这些国家有不同的政策。对于欧洲人来

---

[1] Gal Luft and Anne Korin, "Energy Security: In the Eyes of the Beholder," in *Energy Security Challenges for the 21st Century*, *A Reference Handbook*, p. 2.

说,来自俄罗斯的天然气是他们最大的需求,而这些国家在对俄罗斯的政策和如何减少碳排放方面存在着很大的分歧。苏联的前东欧卫星国忧心忡忡,它们担心,当俄罗斯的能源支配地位得到保证之后,其政治影响力必然接踵而来。欧洲国家仍然不情愿接受这个能源政治的新现实。在它们看来,"在克里姆林宫开始从苏联帝国鸣金收兵20年之后,又正在顺着天然气管道而不是驾驶着坦克卷土重来"。①

亚洲国家的能源需求是全球能源需求增长最快的部分。日本、印度、中国都严重依赖于能源进口,它们也有不同的追求能源安全的方法。日本是一个缺乏能源的岛国,历史上发动过受能源安全驱动的军事侵略。目前,提高能效、多元化和经济上的相互依赖对于它来说是提高能源安全的优选方法。对于印度来说,燃煤仍然是该国能源安全的主要支柱,但这会产生大量的碳排放。由于中国的庞大人口和快速增长的经济,中国的石油需求增长如今占世界需求增长量的40%,其消费是10年前的2倍。据估计,到2015年中国的汽车销售量将超过美国。② 中国加强能源安全的努力是在世界范围内实际购买开采权,主要是在非洲、拉美和中亚。国际上的有识之士认为,中国的经济繁荣虽然造成了全球能源需求的大量增长,但中国也为能源安全提供了机会,因为中国愿意在能源生产的高风险地区工作,而且常常对能源计划投入大量资金,这些能够增加全球的能源产量。此外,随着中国对环境和减排更加重视,它在汽车需求增长的情况下,可能跨越汽车的化石燃油时代,成为后石油经济的先行者,就像它在通讯领域所做的那样:跨越有线通讯直接跳跃到无线通讯阶段。

生产国和消费国寻求石油供应多元化的努力造就了一些与能源输出有关的第三类国家——过境国,它们是连接能源产地和市场、能源出口国和

---

① "Power Politics, Oil and Gas, An Assertive Russia will Flex Its Energy Muscles," *Economist*, Dec. 30, 2006, http://www.economist.com/node/8406861? story_id = E1_RQDGRGT&CFID = 168340916&CFTOKEN = 78830417.

② Carlos Pascual and Jonathan Elkind, eds., *Energy Security, Economic, Politics, Strategy, and Implications*, p. 11. 根据国际能源机构2005年的估计,交通部门的石油能源消费在亚洲新兴经济体中呈现出最强的增长势头,中国是引领地区消费增长的主要市场,印度也走在迅速增长的道路上,而亚洲的中等国家市场,如泰国和印度尼西亚预计也有很快的增长。在中国,汽车数量每年增长20%,如果保持现有的增长模式,中国的汽车所有量将在2030年超过美国。正文中所引用的是2010年做出的预测,即中国的汽车所有量将在2015年超过美国。国际能源机构的预测见 *International Energy Outlook 2005*, Energy Information Administration, http://tonto.eia.doe.gov/ftproot/forecasting/0484(2005).pdf, pp.21-22.

进口国之间不可或缺的纽带。土耳其、喀麦隆和格鲁吉亚,未来可能还有孟加拉、阿富汗、以色列、巴基斯坦、尼日尔和哥伦比亚,正由于成为石油和天然气的过境国而获得日益重要的国际地位和国家财富。① 例如,对于印度来说,巴基斯坦、阿富汗这样的国家是通向伊朗和土库曼斯坦天然气产地的必不可少的桥梁;格鲁吉亚是通过巴库—第比利斯—杰伊汗(Ceyhan)管道把里海石油输送出来的通道;哥伦比亚正在考虑建设大西洋沿岸的石油港口,使委内瑞拉石油能够进入亚洲市场;喀麦隆为乍得的石油提供了进入全球市场的通道。迄今,可能最重要的越境国是土耳其,它提供了连接中东、俄罗斯和里海与西方市场的直接纽带。当欧洲寻求减少对俄罗斯的天然气依赖时,土耳其对于欧洲的能源安全来说变得日益重要。成为一个过境国有很多好处:用给予过境权换取的岁入、外国投资、由于一些石油和天然气可以进入国际市场而获得更大的能源安全。但是土耳其在得到好处的同时,也会遇到一些外交和安全挑战,因为使来自里海的能源绕过俄罗斯进入欧洲市场,会使土耳其、阿塞拜疆、格鲁吉亚这些过境国得罪俄罗斯,被俄罗斯看做破坏了俄罗斯的需求安全。

西欧想要在2007年修建穿越巴尔干的纳布科天然气管道,将中东和东亚的天然气通过土耳其优良的输气基础设施输送到欧洲。但是没有愿意参与支付其建设的用户,因为通过现有的管道购买更多的俄罗斯天然气似乎是更方便和更便宜的选择。于是,西欧被迫向俄罗斯建议将未来欧洲两条重要的天然气管道纳布科管道和连接俄罗斯与土耳其的蓝溪管道连接在一起。② 然而,这一建议遭到了俄罗斯的拒绝。2010年3月15日,俄罗斯联邦政府能源部长谢尔盖·什马特科公开表示,俄罗斯将不会考虑把这两条管道连接在一起的建议。③

如果跨越撒哈拉的长470英里的天然气管道落成的话,它将穿过阿尔及利亚地中海海岸连接尼日利亚和欧洲,使欧洲的能源安全状况发生关键性的改变。欧盟官员说,到2016年这条管道可以向欧洲输送200亿立方米天然气。但是在存在巴库—第比利斯—杰伊汉管道(BTC)的情况下,

---

① Gal Luft and Anne Korin, "Realism and Idealism in the Energy Security Debate," in *Energy Security Challenges for the 21st Century, A Reference Handbook*, p. 336.

② 《俄罗斯拒绝连接两大天然气管道建议》,2010年3月16日,http://finance.stockstar.com/JL2010031600001719.shtml.

③ 同上。

这样的项目可能威胁俄罗斯的石油安全，尼日利亚、尼日尔和阿尔及利亚可能受到了俄罗斯的压力，后者要求它们放弃修建管道的努力。允许伊朗天然气通过巴基斯坦进入印度肯定会激起美国的愤怒。如果哥伦比亚同意让委内瑞拉的石油穿越其领土到达太平洋海岸（从那里将更容易装船运往中国），而不是像原先那样直接运往美国的话，美国将非常不快。如果阿富汗成为把土库曼斯坦的天然气输往印度的通道，那对于伊朗来说就是一个挑战，后者正在竞争得到进入印度市场的通道。总之，能源过境也成为全球能源政治的一个重要组成部分。[①]

此外，消费国可能更强调提高能效，减少能源消耗，以减少其经济依赖能源进口的程度，使市场波动不致影响国内经济。

从以上分析可以看出，能源安全并不是单纯地由地理学和地质学的自然因素所决定的，能源政治在其中起了极其重要的作用。我们能够看到，"能源安全就是以可承受的价格获得充足的能源供应"这一定义，从严格的意义上讲，只适用于世界上并非属于最贫穷国家的净能源进口国。能够以可承受的价格获得充足的能源供应，也正是这些国家所关注的。鉴于美国是一个发达国家，亦是一个能源进口国，我们就是在这个意义上来讨论美国的"能源安全政策"的。

美国国防预算及其军事部署的日益增长部分是与能源安全直接相关的。美国军事力量部署在能源储量丰富的阿塞拜疆、哈萨克斯坦、乌兹别克斯坦（直到 2006 年）和吉尔吉斯斯坦（直到 2008 年）。在拉美，美国特种部队部署在哥伦比亚，帮助当地政府保护不断受到大毒枭和恐怖主义者袭击的输油管道。有迹象表明，美国未来也可能在非洲西海岸驻军。随着全球能源竞争的加剧，能源安全问题造成了军事冲突危险性的增加，能源消费者使其能源政策军事化的趋势增加了为资源而发动战争的危险性。

能源安全从狭义理解是保障可承受价格下的可靠的能源供应，但是在当代，能源政治中增添了新的内容，即对环境的关注和对为扩大能源来源而造成的核扩散危险性的担忧。

对环境的关注正在驱使许多国家采用旨在限制或对温室气体排放征税的政策，这使得美国的能源安全变得更为复杂。联合国政府间气候变化专

[①] Gal Luft and Anne Korin, "Realism and Idealism in the Energy Security Debate," in *Energy Security Challenges for the 21st Century, A Reference Handbook*, p. 337.

门委员会（The U. N. Intergovernmental Panel on Climate Change）（IPCC）的文件指出，使用化石燃油是大气中温室气体增加的主要原因，这导致了全球变暖。化石燃油燃烧所产生的碳排放，正在成为能源安全方面另一个引起全球关注的问题。全球产生于化石燃油消费的碳排放正在日益增长。从1970年到20世纪90年代后期，全球消费单位能源的碳排放稳步下降。然而，在经过相对平缓的增长阶段之后，21世纪的碳排放增长加剧了，从1999年起，全球单位能源的碳排放量开始增长，提高了大约2%。[1]联合国政府间气候变化专门委员会发表声明说，到2050年，如果想要使世界不遭受不可修复的损失，全球气温最多可升高2摄氏度，为了实现这一目标，需要把全球年二氧化碳排放量减少到20世纪90年代水平的50%—80%。在提高能源生产和供应的同时减少排放，就需要有新的技术和新的消费模式。如果当前的做法和技术不发生变化，估计全球温室气体到2030年可能增加25%—90%。[2]

这样，在处理能源安全问题时，能源来源的多元化就增添了一项内容，除了能源来源国的多元化外，还需要发展新一代的核能和清洁煤技术，重视页岩气的开发，并鼓励各种可再生能源的生产。而且，当各国为能源而竞争时，它们必须改变原有的能源消费方式，采取节能措施。此外，在国际领域里，如何建立各国减排指标和是否有必要建立碳交易制度，正在变为能源地缘政治的新焦点，发达国家和发展中国家之间在发展中国家是否应当承担减排责任的问题上存在着明显的立场分歧。

在国际上，越来越多的分析者和决策者接受了气候变化是人类最大的挑战的看法，认为它对支撑地球上的生命的自然系统构成了根本的挑战，结果会给人类的生命、国家经济、国家安全和国家治理造成严重威胁。气候变暖被认为引起干旱地区更长时间的干旱，沿海甚至内陆河流的洪水泛滥，增加了极端气候现象，造成冰川大量融化，极地浮冰缩小，这将导致一些地方的严重洪灾和另一些地方的旱灾，使许多国家的粮食生产遭到破坏，致使各种疾病蔓延，引起每年成千上万人口的死亡，尤其是那些生活在发展中国家的人。20世纪90年代，有20亿人受到与气候有关的灾害的

---

[1] Christof Rühl, "Global Energy after the Crisis," *Foreign Affairs*, Vol. 89, Issue 2 (Mar./Apr. 2010), p. 63-75, 66.

[2] Carlos Pascual and Jonathan Elkind, eds., *Energy Security, Economics, Politics, Strategies, and Implications*, p. 24.

影响，在 21 世纪的头 10 年，这一数字可能翻了一番。这些冲击可能在脆弱的国家点燃冲突，导致几百万人流离失所，造成环境难民，加剧对日益缺乏的资源的竞争。①总之，气候变化问题正在演变成为一个涉及全球环境、国际政治、世界经济、国际贸易和国家安全等多个领域的综合性问题。

甚至在美国军队中也有人倡议使用可再生能源，虽然是出于改善国家安全的目的。据报道，在美国军队向阿富汗运送的货物中有相当大的部分是化石燃油，这带来了高价格和高危险，因为把每一加仑汽油运送到它在阿富汗的基地要花费 400 美元，而且美军进行的一项调查发现，在伊朗和阿富汗，每运出燃油 24 次，就有一名参与运输的士兵或平民丧命。因此海军部长和前驻沙特阿拉伯大使雷·麦布斯（Ray Mabus）以及其他专家认为，更多地依赖可再生能源可以改善国家安全，因为化石燃油常常来自不稳定的地区，供应的缺乏是国际冲突的潜在根源。②

另一个与能源安全相关的问题是核扩散问题。石油价格不断上升的趋势以及应对气候变化所带来的新成本，使得核能成为国家能源战略更有吸引力的选择。如今，在世界上仅有 12 个国家拥有能够生产浓缩铀和商业用铀民用研究反应堆，这些国家中有 30 个反应堆是用于民用发电。③ 据说目前世界上有 9 个国家拥有核武器：美国、英国、法国、俄罗斯、中国、印度、巴基斯坦、以色列和朝鲜，这些国家中的大多数都是在获得民用核能力之后获得核武器的，例如印度就是在 1964 年从其 Cirus 研究反应堆中分离出钚 10 年之后，于 1974 年进行了第一次核试验。④更多地利用核能，存在着民用核能转化为核武器的更大危险性，也存在着核武器和核技术落入恐怖主义者之手的危险性。一旦这种情况真正发生，就将产生巨大的直接破坏力。

---

① Ian Noble, "Adaptation to Climate Change and the World Bank," presentation at UNFCCC seminar "Development and Transfer of Environmentally Sound Technology, for Adaptation to Climate Change," Tobago, June 14-16, 2005.

② "U. S. Military Orders Less Dependence on Fossil Fuels," October 4, 2010, http://www. nytimes. com/2010/10/05/science/earth/05fossil. html？pagewanted = 2&_ r = 2&th&emc = th.

③ 这 12 个国家是：巴西、中国、法国、德国、印度、伊朗、日本、荷兰、巴基斯坦、俄罗斯、英国和美国。

④ Carlos Pascual and Jonathan Elkind, eds., Energy Security, Economics, Politics, Strategies, and Implications (Washington, D. C.: Brookings Institution Press, 2010), p. 26.

另一个新的与核有关的对能源供应的担忧产生于 2011 年 3 月大地震引起的海啸导致日本福岛核发电站发生重大核泄露，这一事件使得原本有关核电站是否安全的争论成为关注的焦点。核能一直被视为一种清洁能源，就保护环境和减少温室气体排放而言，是气体各种能源都不可比拟的，然而，非人力所能控制的自然灾害可能造成的严重核污染动摇了许多公众对核能安全的信心，给未来的核能发展蒙上了一层阴影。福岛核事故发生之后，奥地利等一些一贯反对发展核电的国家更坚定了反对立场；德国、瑞士等已经拥有核电设施的国家宣布将放弃核能计划；而意大利政府关于重启核电的方案遭到公民投票的否决。福岛核事故不仅暴露出当今核电站本身建设上的缺陷，也显示出国际核安全维护机制中存在的薄弱环节。鉴于核泄漏事故的影响超越国界，各国无论对核电发展持何种立场都一致认为，为了提高核能发展的安全水平，必须把本国的安全评估机制与国际安全框架相结合，并加强在核安全领域里的国际和地区合作与协调。①

能源安全也存在于一个更大的背景之下。在一个日益相互依存的世界中，能源安全将更大地依赖于各国如何管理它们彼此之间的关系，无论是双边的还是在多边的框架内的。

五 国际能源治理及其困难

在能源安全领域里存在着两种不同的看法：一种可以称为现实主义，另一种是理想主义。现实主义者假定，各国都使用其权力来追求自身利益。他们把能源看作是全球权力政治的一个次领域，而且是外交政策的一个合法工具。他们怀疑当前能源市场有能力确保长期供应。他们赞同这一说法，即在历史上，一些产品，尤其是能源产品、矿石、水、食品，都有超过市场价值的战略价值，由于此，这些能源的出口国就可能不断运用它们作为外交政策的工具，而且它们也是军事冲突的主要导火线之一。现实主义者对未来是否会发生能源战争存在悲观看法。在他们看来，正如迈克尔·克莱尔（Michael Klare）所说，世界正在演化成以"新兴的大国和收缩的星球"为特征，处理资源竞争、能源短缺和气候变化相互交织在一起

---

① 《福岛核电站事故后的世界核能：各国意见难统一》，2011 年 6 月 25 日，http://news.xinhuanet.com/2011-06/25/c_121583527_2.htm。

的挑战,将是人类社会面临的最困难的问题。他们之中的很多人支持克莱尔的预言:如果人类继续像过去那样用铺张的方式来开采和消费这个星球上生命攸关的资源,地球很快就会由于环境恶化和一系列能源战争而变得荒无人烟。① 虽然他们也认识到协作和相互依存是提高集体能源安全的方法,但他们认为这还不足以制止现今所遇到的巨大挑战,如恐怖主义、大规模杀伤性武器扩散等问题。对于对伊斯兰和西方的文化分裂深感担忧的人来说,他们更大的担心来自于世界上 2/3 已探明的石油储量和将近一半的天然气都集中在穆斯林国家。

现实主义者认为,大多数国家,包括消费国和生产国在内,仍然受到民族主义情绪的驱动,市场力量和经济相互依存并不能确保和平与稳定。相互依存可以减少冲突的观念经受不住历史经验的检验。第一次世界大战是在经济上最相互依赖的国家之间发生的。尽管 1913—1914 年期间有很高的贸易水平,德国领导人还是决定发动进攻,以确保长期的市场和原料来源。20 世纪 30 年代,两个最具侵略性的国家德国和日本,尽管闭关自守,但它们仍然要依赖于国际市场,从国外得到关键的原料。事实上,日本与其他国家的相互依赖程度在 20 世纪 30 年代高于 20 世纪 20 年代,但它还是发动了战争。

能源安全问题上的现实主义者之所以对通过市场方法能产生能源安全持怀疑态度,还因为他们认为能源市场是垄断的而不是自由的。在现实主义者看来,作为国家工具的国有化资源与被国际公司拥有和以商业方式运作的资源是有区别的,因为后者遵循市场规则,而前者则不然。他们看到,世界上将近 80% 的石油储量通过国有化公司控制在各国政府手中,这些政府通过投资和生产来确定价格,但它们可以由于政治原因而随意停止供应。例如 2008 年 10 月,利比亚决定停止对瑞士的石油供应,原因是利比亚领导人穆阿迈尔·卡扎菲(Muammar Gaddafi)的儿子在日内瓦被捕。

理想主义者的看法与现实主义者正相反。他们认为,在新世纪开启时,为控制领土包括化石燃油产地而进行战争将仍然是一个罕见的现象,也不是获得能源安全的可靠途径。他们承认,没有任何产品像石油一样对工业化时代的社会如此至关重要,也没有任何国家利益比以稳定的价格获得石油更为生命攸关,而且,在未来的几十年中,随着供应的收缩和需求

---

① Michael Klare, *Rising Powers, Shrinking Planet* (New York: Metropolitan Books 2008), p. 261.

的稳步增长，对资源的激烈竞争可能导致新型的冲突：能源战争。但是，像克里斯托弗·J. 费特韦斯（Christopher J. Fettweis）这样的持理想主义观点的人坚定地认为，为能源开战是无益的，因为购买石油比攫取石油更为便宜。"消费者和生产者的利益并不相互冲突，所有介入石油生产的各方都在维持稳定方面有很大的共同利益，没有人能从不稳定中获益。"[1] 这反映了能源安全理想主义的基本信念：强烈相信市场力量和"相互依存"的作用，认为它们是确保能源安全的关键。他们指出，石油和天然气的交易是全球性的，任何地方的供应中断都会影响所有地方的价格。他们的基本看法是，能源市场中的游戏者是理性的，他们受利润最大化的驱动，所以应当让市场独立运作，因此，当价格较高时需求被压低并不是能源安全中的一个问题，而是一个解决方法。理想主义者倾向于降低意识形态、文化和地缘政治的作用，他们认为，能源消费国的能源独立对于大多数国家不仅是做不到的，而且本身就是一个非理性的目标。依赖于运行良好的国际市场本身是有利的，而不是有害的。这对于能源或其他全球贸易中的商品和服务都是如此，因为专业化和贸易可以导致更低的成本和为所有贸易者提供经济效益。能源政策需要确保市场可靠地和有效地运行，这是政府的基本任务。[2]能源安全在未来的几十年中将根本依赖于石油，从而依赖于能源的安全的国际贸易。

理想主义者认为，国际竞争和统一的市场是降低冲突的方法，它们可以增强市场的稳定性，造成生产者和消费者之间的适当均衡。理想主义者之中流行的观点是，生产者和消费者之间的均衡是通过讨价还价来实现的，用世界银行行长罗伯特·佐利克（Robert Zoellick）的话来说就是："在扩大了的生产者中共同承担计划，包括选择除石油和天然气之外的其他能源；改善能效，降低需求；对贫困国家给予能源援助；考虑这些政策如何与碳排放和气候变化相关。"[3]确保全球能源市场将要求公司与政府之

---

[1] Christopher J. Fettweis, "No Blood for Oil: Why Resource Wars Are Obsolete," in *Energy Security Challenges for the 21*st *Century*, *A Reference Handbook*, pp. 66, 68.

[2] Carlos Pascual and Jonathan Elkind, eds., *Energy Security*, *Economic*, *Politics*, *Strategy*, *and Implications*, p. 152.

[3] "Modernizing Multilateralism and Markets," speech by Robert B. Zoellick, President, The World Bank Group, The Peterson Institute for International Economics, Washington, DC, October 6, 2008, http://siteresources.worldbank.org/BRAZILEXTN/Resources/Zoellickspeech6October2008.pdf.

间,包括能源、环境、军事、执法及情报机构在全球和地区范围内的合作。

然而,正如前文所说,不同的国家在能源安全上有不同的利益要求。例如在油价方面,严重依赖于石油收入的欧佩克国家希望维持较高的石油价格,而能源资源的国有化会造成对投资的不利环境。在许多国家,能源价格受到政府控制,汽油产品或者以低于市场价格的价格出售,或者被征收很高的税收。对可替代能源的贸易壁垒仍然在美国和欧盟中流行,而这阻碍了消费国和生产国之间的自由贸易。

理想主义的多边合作的方法存在很大的障碍。例如,尽管西方石油公司最近几十年来努力发掘非欧佩克的西非国家的供应来源,以及里海、拉美和加拿大的油砂,但中东仍然是而且将继续是世界上最大的原油供应者。据国际能源机构估计,能源出口国的中东成员国占世界石油生产的份额将从2009年的28%上升到2030年的43%,这无疑会使石油输出国具有非常大的地缘政治力量,使它有能力操纵油价。再例如,在2008年8月俄罗斯对格鲁吉亚发动攻击后,俄罗斯总统德米特里·梅德韦杰夫(Dmitry Medvedev)的一番话对能源安全的多边主义前景泼了一盆凉水,他在联合国安理会会议上声言:"我们必须最后制定和采用关于俄罗斯的北极地区南部边界的联邦法律,这是我们的责任,是我们对子孙后代的直接义务,我们必须确保俄罗斯在北极的长远利益。"[1] 这意味着,俄罗斯将单方面对北极的一部分提出主权要求,而无视未来在这一地区达成多边协议的努力。

迄今世界各国已经在能源的国际治理方面做出了种种努力,但是正如上文所分析的,国际能源政治的现实使得这些努力收效甚微。尽管在世界上,能源政策已经成为各国政策议事日程上的一个重要议题,但在能源问题上几乎不存在有效的跨国合作。能源需求在很大程度上是通过市场力量来满足的(而市场常常被政府政策所扭曲),但全球能源市场变化无常,也不受规则的限制。那些时常扭曲能源政策的国家政府又组成一些国际组织,并授权给进行能源治理的国际组织。而且,迄今不存在一个协调集体

---

[1] Miriam Elder, "Russia Threatens to Seize Swathe of Arctic," *The Daily Telegraph*, September 18, 2008, http://www.telegraph.co.uk/news/worldnews/europe/russia/2976009/Russia-threatens-to-seize-swathe-of-Arctic.html.

行动的世界性的组织，虽然许多政府间机构和非政府组织在处理全球能源问题时正在发挥一些作用，包括一些集中在能源问题上的多边组织：国际能源机构、能源宪章条约、国际能源论坛以及各种小规模的公共和私人组织；还有一些把注意力集中在能源来源方面的机构，如国际原子能机构，在其贷款计划中包括能源项目的多边开发银行，各种商业组织，以及欧盟和亚太经济合作组织这样的区域组织。但是迄今不存在综合性的全球能源机构。"国际能源机构"虽然名义上是"国际"的，但实际上它只是一个在经济合作与发展组织基础上建立的组织，仅有 27 个成员国，只能解决一些范围狭窄的能源问题，而且该组织没有对国家的监督权，不能起任何监督作用。更糟糕的是，该组织并不包括能源消费增长最快的发展中大国，如中国和印度。

　　从以上全球能源安全状况的全貌中我们可以看出一个明显的事实：能源安全不仅是一个经济问题，而且更是一个有关地缘政治和国际政治的问题，各国的对外政策，尤其是主要能源进口国和出口国的对外政策，都不可避免地同确保自身的能源安全紧密联系在一起，作为世界上曾经是能源需求最大的国家和长期以来始终是人均能源需求最大的国家，美国更是如此。能源资源的匮乏，能源开采和投资的不足，能源运输线的易受攻击性，恐怖主义把攻击的目标对准能源的生产、提炼和输送设施，对能源资源的有形和无形的竞争，以及应对全球气候变化问题的压力，使得能源安全问题在当代变得极其严峻。美国的能源安全政策就是在这样的背景之下制定和发展起来的。

第二章

美国在国际能源市场上的需求与供应

当今世界正在经历着深刻变革。世界能源消费大国,特别是石油消费大国,已经越来越依赖于进口,而能够提供出口的能源生产国,不但相距遥远,而且能源储量也越来越少,同时,有些能源生产国还处于政局动荡之中。这些因素造成了能源价格开始上涨,且波动日益加剧。20世纪70年代的石油供给中断曾经给美国及全球能源市场带来了巨大的冲击,这促使包括美国在内的西方国家开始对本国能源安全战略进行反思。当前,全球应对气候变化的需要要求世界各国的经济向低碳能源转型,虽然传统化石能源短期内不会丧失其主导地位,但是,能源投资结构的长期变化将会对世界各国的能源安全战略产生深远的影响。为了更好地解读美国能源安全战略,我们首先需要掌握一些必要的信息,包括能源供给、需求和贸易的统计数据,并对它们做出基本分析。

一 全球化石能源储量与供给

化石能源是不可再生资源,随着化石能源储量的逐步降低,全球能源危机也日益迫近。根据 IEA 的研究,全世界的能源资源可以满足 2030 年前预测中的能源需求增长。虽然 2030 年前不会出现能源供应的短缺,但是,短期的、局部的瓶颈问题也有可能在特定时间里制约某种能源的供应,并由此推动能源价格的上涨和波动。

(一) 全球化石能源的储量及其分布

目前,世界能源资源供应仍以石油、煤炭和天然气等化石能源为主。截至 2011 年年底,石油的储采比为 54.2,天然气的储采比为 63.6,煤炭的储采比为112。①统计数据显示，不同时期对石油、煤炭和天然气存储量的估测具有比较大的差异（表2—1）。总的来看，储量、使用年限均呈增加的趋势，导致这种现象的原因有两个方面：

首先，随着技术的进步，世界上一些大油田和气田陆续被发现，而一些已开采的油、气田又被重新开发利用。其次，能源价格特别是石油价格走高，一些原来被认为没有经济价值的油田或油母岩等，重新具备了开采价值。不过，地球上的资源终究是有限的，这种储量、年消耗量和使用年限均呈增加的现象只能在一段时间里出现。需要指出的是，由于不同煤矿的品质和能量当量存在较大的差异，国际上尚没有统一的标准，因此，煤的储量及对可使用年限的估测值的可信度比较低。

表2—1　　　　　　　　世界化石能源的剩余探明储量

	石油（10亿桶）	天然气（万亿立方米）	煤炭（百万吨）
1988年底	998.4	109.72	*
1998年底	1068.5	148.01	*
2008年底	1258.0	185.02	826001

*　没有统计数据。

资料来源："BP Statistical Review of World Energy, 2012," http：//www.bp.com/liveassets/bp_internet/globalbp/globalbp_ uk_ english/reports_ and_ publications/statistical_ energy_ review_ 2011/STAGING/local_ assets/pdf/statistical_ review_ of_ world_ energy_ full_ report_ 2012.pdf.

1. 石油

从地区来看，中东石油资源最为集中（表2—2）。2011年，中东的原油剩余探明储量占全球的48.1%，其中仅沙特阿拉伯一国所占比例就达16.1%，约占世界原油剩余探明储量的1/6，其次是伊朗（9.1%）、伊拉克（8.7%）、科威特（6.1%）和阿联酋（5.9%），这五个国家占有着世界近46%的石油资源。在欧洲及苏联地区，俄罗斯的石油储量占世界储量的5.3%，哈萨克斯坦占1.8%，其后依次是挪威（0.4%）、阿塞拜疆（0.4%）和英国（0.2%）。在非洲，利比亚所占份额达到了2.9%，其次

---

① "BP Statistical Review of World Energy, 2012," http：//www.bp.com/liveassets/bp_ internet/globalbp/globalbp_ uk_ english/reports_ and_ publications/statistical_ energy_ review_ 2011/STAGING/local_ assets/pdf/statistical_ review_ of_ world_ energy_ full_ report_ 2012.pdf.

是尼日利亚（2.3%）、阿尔及利亚（0.7%）和苏丹（0.4%）。北美三国，美国、加拿大和墨西哥的石油储量份额分别为1.9%、10.6%和0.7%。在中南美地区，石油储量最多的委内瑞拉（占世界17.9%）在该地区占有近90%的石油资源。在亚太地区，石油储量最多的是中国，占世界的0.9%，其次是印度（0.3%）、马来西亚（0.4%）和印度尼西亚（0.2%）。

表2—2　　　　　世界原油剩余探明储量*（截至2008年年底）

	十亿吨	十亿桶	占世界份额（%）
世界总计	170.8	1258.0	100.0
北美洲	9.7	70.9	5.6
中南美洲	17.6	123.2	9.8
欧洲**	19.2	142.2	11.3
中东	10.2	754.1	59.9
非洲	16.6	125.6	10.0
亚太	5.6	42.0	3.3

*　由于四舍五入，表中数据加总数可能与分项数有差距。
**　包括俄罗斯和中亚各国。
资料来源："BP Statistical Review of World Energy, 2012," http：//www.bp.com/liveassets/bp_internet/globalbp/globalbp_ uk_ english/reports_ and_ publications/statistical_ energy_ review_ 2011/STAGING/local_ assets/pdf/statistical_ review_ of_ world_ energy_ full_ report_ 2012.pdf.

2. 天然气

从地区来看，中东天然气资源最为集中（表2—3）。2011年，中东的天然气剩余探明储量占全球的38.4%，其中，伊朗的剩余探明储量最多，高达33.1万亿立方米，占全球总量的15.9%，其次是卡塔尔（12.0%）、沙特（3.9%）和阿联酋（2.9%）。在欧洲及苏联地区，俄罗斯的天然气储量占世界的21.4%，其后是土库曼斯坦（11.7%）、挪威（1.0%）和哈萨克斯坦（0.9%）。在非洲，尼日利亚所占份额达2.5%，阿尔及利亚占2.2%。在北美三国中，美国、加拿大和墨西哥的天然气剩余探明储量份额分别为4.1%、1.0%和0.2%。在中南美地区，天然气储量最多的委内瑞拉（占世界储量的2.7%），在该地区占有近3/4的天然气资源。在亚太地区，天然气储量最多的是澳大利亚，占世界储量的1.8%，其次是中国（1.5%）、印度尼西亚（1.4%）。

表 2—3　　　　世界天然气剩余探明储量（截至 2008 年底）

	万亿立方英尺	万亿立方米	占世界份额（%）
世界总计	6534.0	185.02	100.00
北美洲	313.1	8.87	4.8
中南美洲	258.2	7.31	4.0
欧洲*	2220.8	62.89	34.0
中东	2680.9	75.91	41.0
非洲	517.5	14.65	7.9
亚太	543.5	15.39	8.3

* 包括俄罗斯和中亚各国。

资料来源："BP Statistical Review of World Energy, 2012," http://www.bp.com/liveassets/bp_internet/globalbp/globalbp_uk_english/reports_and_publications/statistical_energy_review_2011/STAGING/local_assets/pdf/statistical_review_of_world_energy_full_report_2012.pdf.

3. 煤炭

煤炭是地球上蕴藏量最丰富、分布地域最广的化石燃料。2011 年，世界煤炭剩余探明储量总计约为 860 亿吨，按现有的消费水平计算，足够使用约 112 年。从资源地区分布来看，主要集中在北半球，其中以欧洲、亚洲、北美洲最为丰富，它们在全球储量中分别占 35.4%、30.9% 和 28.5%，而南半球则数量极少。从国别来看，世界煤炭资源分布极不均匀，将近 60% 的储量集中于美国（27.6%）、俄罗斯（18.2%）和中国（13.3%）三个国家，其次是澳大利亚（8.9%）、印度（7.0%）、南非（3.5%），上述 6 国的剩余煤炭已探明储量占世界储量的将近 80%。

表 2—4　　　2007 年世界煤炭剩余探明储量（截至 2008 年年底）　　　（百万吨）

	无烟煤和肥煤	瘦煤和褐煤	总计	占世界份额（%）
世界总计	411321	414680	826001	100.0
北美洲	113281	132816	246097	29.8
中南美洲	6964	8042	15006	1.8
欧洲*	102042	170204	272246	33.0
非洲和中东	33225	174	33399	4.0
亚太	155809	103444	259253	31.4

* 包括俄罗斯和苏联地区。

资料来源："BP Statistical Review of World Energy, 2012," http://www.bp.com/liveassets/bp_internet/globalbp/globalbp_uk_english/reports_and_publications/statistical_energy_review_2011/STAGING/local_assets/pdf/statistical_review_of_world_energy_full_report_2012.pdf.

（二）全球化石能源的生产格局

世界能源生产取决于市场需求、资源条件和生产技术。在过去的50年里，世界能源生产呈现出持续增长的趋势。1973年，世界一次能源供应量仅为6111百万吨油当量（Mtoe），2009年，这一数字增至12150百万吨油当量，几乎翻了一倍。其中，原油3985.2百万吨油当量，天然气2539.35百万吨油当量，原煤3304.8百万吨油当量，核能704.7百万吨油当量，水电279.45百万吨油当量（见图2—1）。

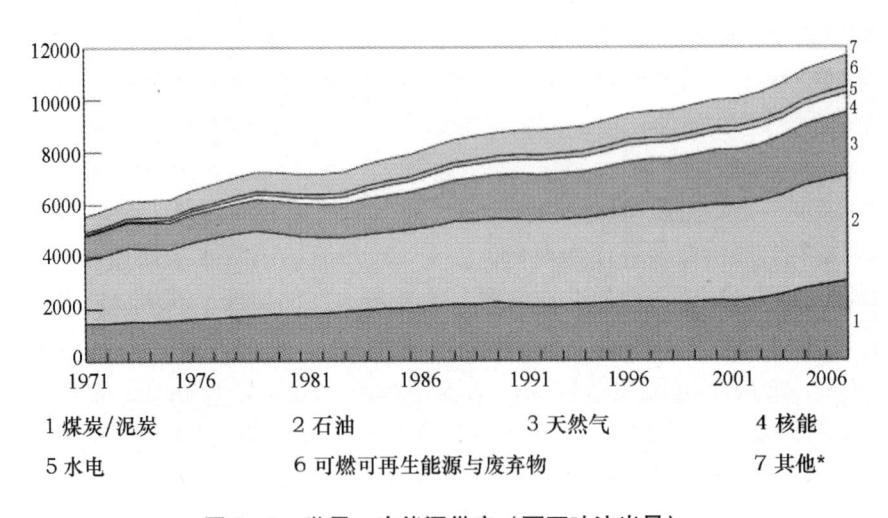

| 1 煤炭/泥炭 | 2 石油 | 3 天然气 | 4 核能 |
| 5 水电 | 6 可燃可再生能源与废弃物 | | 7 其他* |

图2—1 世界一次能源供应（百万吨油当量）

* "其他"包括地热、太阳能、风能、热能等。

资料来源：IEA, "Key World Energy Statistics, 2011," http://www.iea.org/publications/freepublications/publication/key_world_energy_stats-1.pdf.

1. 石油

世界石油开采量在20世纪以迅猛速度增长，1921年首次突破1亿吨大关。第二次世界大战以后，世界石油产量更是以异常高速增加。1950年超过5亿吨，20世纪50—70年代一直呈上升趋势，1960年、1969年、1978年分别突破10亿吨、20亿吨、30亿吨，平均每年以8.6%的速度增长，可谓石油的"黄金时代"。80年代全球石油产量出现了下降，其主要原因有二：第一，石油危机与节能措施的落实，导致市场需求下降；第二，世界发达国家工业结构的转型，使世界石油消费量逐渐减少。1986年后石油产量又有所回升，1989年再次超过30亿吨。2007年，世界原油生产量高达39亿吨。

在第二次世界大战前，石油生产主要集中在美国、苏联和委内瑞拉，三国的生产量总计占世界产量的90%以上，其中美国约占70%（1937年）。在20世纪60年代以前，美国一直是世界上最大的石油生产中心，产量通常占世界的2/3左右，号称"石油帝国"。但60年代后，美国石油产量在世界上的地位日趋下降，而中东新兴产油区的地位日益上升。1973年波斯湾地区石油产量占世界总产量的38%，进入80年代后由于人为的因素而有所下降，但仍占世界总产量的近30%，其石油生产执世界牛耳的局面长期保持。60年代后期，由于勘探步伐大大加快，非洲的石油产量明显上升。70—80年代，中国和印度尼西亚的石油储量的开发，使亚太地区石油产量骤增（图2—2）。

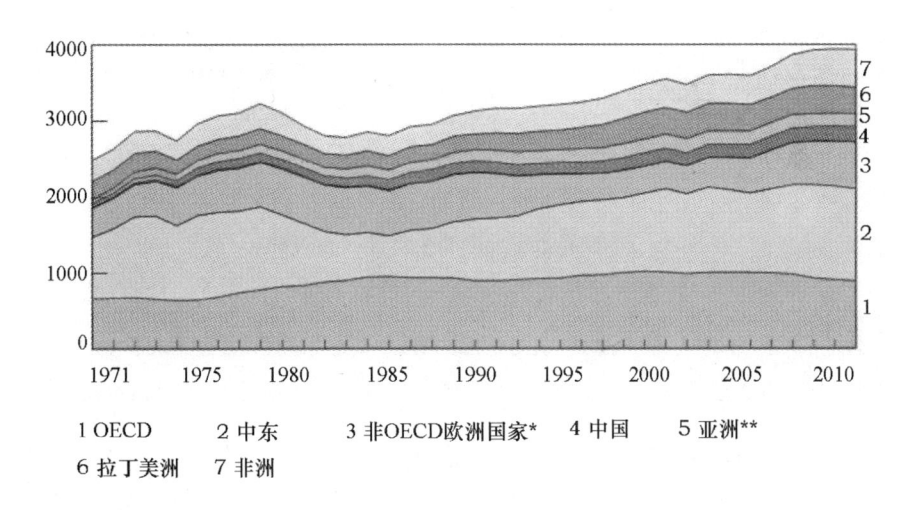

1 OECD　　　2 中东　　　3 非OECD欧洲国家*　　4 中国　　　5 亚洲**
6 拉丁美洲　　7 非洲

图2—2　世界主要国家或地区的原油生产（百万吨，Mtoe）

*　"非OECD欧洲国家"中包括欧亚大陆国家。
**　除中国外的亚洲地区。

资料来源：IEA, "Key World Energy Statistics, 2011," http：//www.iea.org/publications/freepublications/publication/key_ world_ energy_ stats-1.pdf.

当前，世界石油生产地域得到扩展，但仍以高度集中、生产地域分布不均衡为主要特征。2010年，全球石油产量达到39.73亿吨，其中，五个最大的石油生产国是俄罗斯（12.6%）、沙特（11.9%）、美国（8.5%）、伊朗（5.7%）、中国（5.0%）。这五个国家的产量合计为17.36亿吨，约占世界石油总产量的43.69%（图2—3）。从1974年到1991年，苏联国家成为世界主要原油生产国。1991—2006年，沙特成为世界最大的原油生产商。2006年之后，俄罗斯超过沙特，排名第一。美国的石油生产到1970年就达到峰值，但2010年仍排名世界第三。

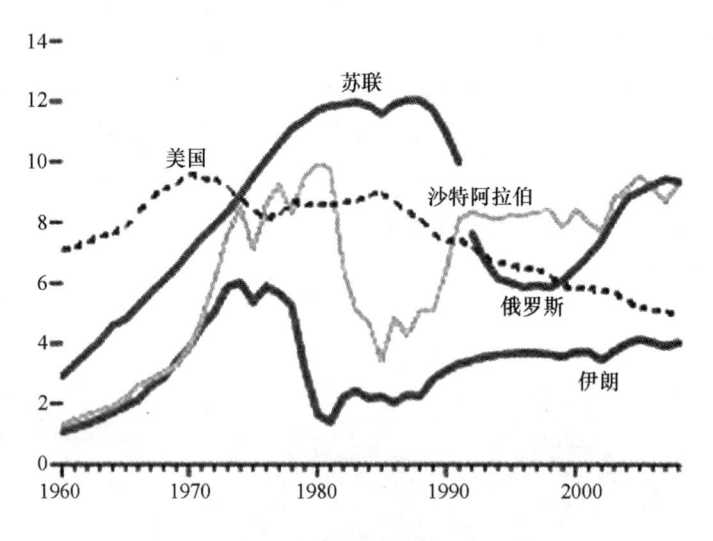

图2—3　世界上主要原油生产国（百万桶/天）

资料来源：EIA, "Annual Energy Review, 2010," http://www.eia.doe.gov/aer/pdf/aer.pdf.

2. 天然气

天然气作为一种优质能源，战后尤其是在70年代第一次石油危机后，在全球范围内得到了普遍发展。特别是进入20世纪90年代，随着世界经济的加速发展，作为有巨大发展潜力、污染较小的能源，天然气越来越受到许多国家的重视。1973年，世界天然气总产量仅为12260亿立方米，2007年增长至32820亿立方米，30多年间产量增长了两倍多（图2—4）。

若以地区论，天然气产量增长较快的是中东、非洲和北美，这三个地区2010年分别增长了6.6%、5.1%和4.3%。其次为亚太地区、欧洲和苏联，它们分别增长3.7%和3.2%，中南美地区增长了2.5%。若以国家论，天然气产量增长最快的为阿塞拜疆、巴西、卡塔尔、哥伦比亚、哈萨克斯坦、巴林、越南、荷兰、泰国和挪威等国家。

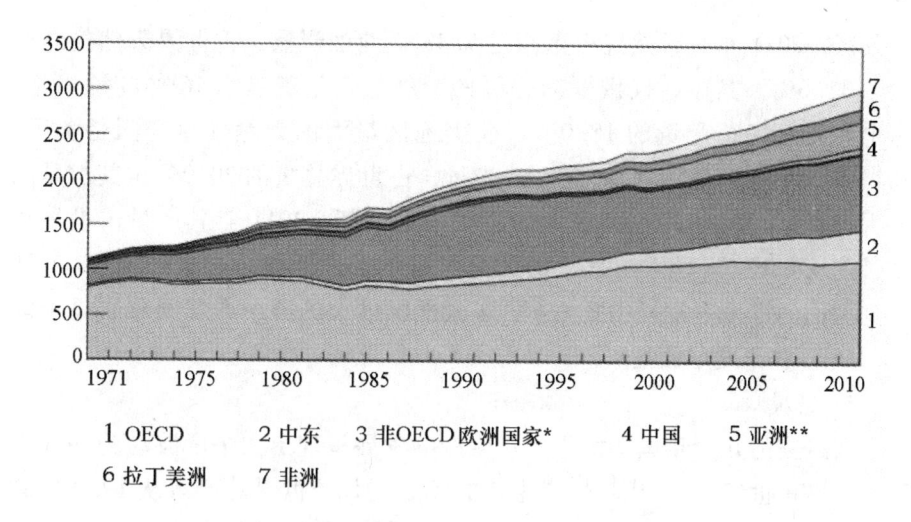

1 OECD　　2 中东　　3 非OECD欧洲国家*　　4 中国　　5 亚洲**
6 拉丁美洲　　7 非洲

图2—4　世界主要国家或地区的天然气生产（十亿立方米，bcm^3）

* "非OECD欧洲国家"中包括欧亚大陆国家。

** 除中国外的亚洲地区。

资料来源：IEA, "Key World Energy Statistics, 2011," http：//www.iea.org/publications/freepublications/publication/key_ world_ energy_ stats-1. pdf.

表2—5　　　　　　　　世界天然气生产量*（百万吨，Mtoe）

	1970	1980	1990	2000	2010	2011
世界总计	917.7	1311.7	1801.6	2190.9	2866.7	2954.8
北美洲	608.3	594.7	583.6	692.0	743.4	784.0
中美洲	16.2	30.6	52.9	89.3	146.5	150.9
欧洲**	258.6	567.7	876.1	862.6	924.2	932.7
中东	17.9	33.9	91.1	186.1	425.1	473.5
非洲	2.6	20.8	60.2	114.1	192.2	182.4
亚太	14.1	64.0	137.7	246.7	435.2	431.2

*　由于四舍五入，表中数据加总数可能与分项数有差距。

**　包括前苏联地区。

资料来源："BP Statistical Review of World Energy, 2012," http：//www.bp.com/assets/bp_internet/globalbp/globalbp_ uk_ english/reports_ and_ publications/statistical_ energy_ review_ 2011/STAGING/local_ assets/pdf/statistical_ review_ of_ world_ energy_ full_ report_ 2012. pdf.

当前，如表2—5所示，包括苏联地区在内的欧洲仍然是世界上最大的产气区，2011年其天然气产量高达9.33亿吨油当量，占世界天然气总产量的31.6%。其中，仅俄罗斯一国的天然气产量就有5.46亿吨油当量，占世界天然气总产量的18.0%。北美地区最大的天然气生产国是美国，2011年天然气产量为5.92亿吨油当量，占世界总量的20.0%，其次是加拿大（4.9%）。中东地区最大的产气国是伊朗，2011年其产量占世界总产量的4.6%，产量排在第二位的是卡塔尔，占世界总产量的4.5%，沙特阿拉伯的产量占世界的3.0%。亚太地区最大的两个产气国分别是中国（3.1%）和印度尼西亚（2.3%）。

3. 煤炭

在过去的几十年里，世界煤炭生产的发展呈现出大幅度波动趋势（图2—5）。20世纪50年代是煤炭生产的黄金时代，世界总产量从1950年的1 818.2百万吨增至1960年的2 571.6百万吨，增长了41.4%，1960年全球煤炭产量占世界一次性能源总产量的49.0%。60年代，世界原油产量增长了1.2倍，1966年超过煤炭成为世界第一能源。在与廉价的中东石油的竞争中，煤炭市场日益萎缩，产量增长速度大幅度下降。

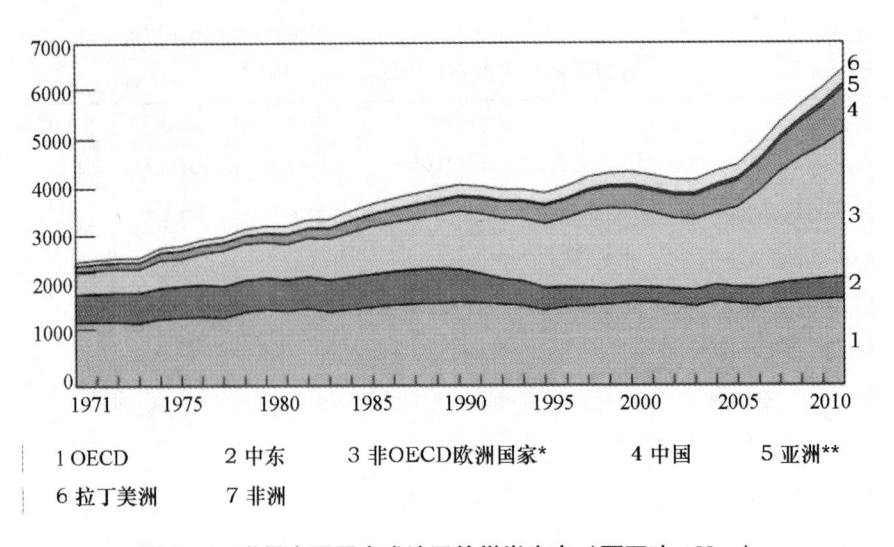

图2—5 世界主要国家或地区的煤炭生产（百万吨，Mtoe）

* "非OECD欧洲国家"中包括欧亚大陆国家。

** 除中国外的亚洲地区。

资料来源：IEA, "Key World Energy Statistics, 2011," http：//www.iea.org/publications/freepublications/publication/key_ world_ energy_ stats-1. pdf.

然而到了70年代，石油危机的爆发使煤炭工业重现生机，产量加速增长。随后的80年代也是煤炭工业快速发展的时期。进入90年代以后，世界煤炭生产发生了急剧性的变化，由80年代的高速增长变为负增长。这主要是因为苏联经济严重滑坡，煤产量陡降；同时，西欧国家逐步取消煤炭生产补贴，导致产量大幅下降；此外，世界其他产煤国如中国和印度煤产量增长速度趋缓。但是2000年以来，中国、美国、澳大利亚和南非煤炭产量的强劲增长弥补了90年代初以来世界煤炭产量的减少。

目前，世界煤炭生产主要集中在亚太和北美地区，这两个地区的年产量占全球总产量的近80%（表2—6）。2011年，世界煤炭总产量为3955.5百万吨油当量（Mtoe），比上年增长了6.1%。在世界各个产煤大国中，中国的煤炭产量一直居世界之首，2011年高达1965.0百万吨油当量，占全球总产量的49.5%，其他最大的4个产煤国分别是美国（14.1%）、澳大利亚（5.8%）、印度（5.6%）、印度尼西亚（5.1%）。以上国家合计产量3165.8百万吨油当量，约占世界煤炭总产量的80.0%。

表2—6　　　世界煤炭生产量*（百万吨油当量，Mtoe）

	1981	1990	2001	2007	2008
世界总计	1848.5	2245.5	2346.7	3149.5	3324.9
北美洲	483.4	607.2	633.2	630.6	638.4
中美洲	6.4	18.5	36.8	54.0	55.0
欧洲**	785.9	713.1	438.2	447.0	456.4
中东	0.4	0.8	0.5	0.5	0.5
非洲	78.3	105.1	130.2	142.1	143.4
亚太	494.1	800.8	1107.8	1875.4	2030.7

*　由于四舍五入，表中数据加总数可能与分项数有差距。
**　包括前苏联地区。
资料来源："BP Statistical Review of World Energy, 2012," http://www.bp.com/liveassets/bp_internet/globalbp/globalbp_ uk_ english/reports_ and_ publications/statistical_ energy_ review_ 2011/STAGING/local_ assets/pdf/statistical_ review_ of_ world_ energy_ full_ report_ 2012.pdf.

二　世界能源需求的基本形势与特点

能源使用与人类发展之间存在极为复杂的关系。能源是经济发展的前提，而经济发展所带来的富裕又会对能源服务提出更多和更高的要求。但同时，能源使用的增加也可以加剧污染。本节将从需求角度讨论全球能源，首先总结全球能源消费的基本特点，接下来评估能源需求的未来趋势，最后考察与能源有关的全球温室气体排放。

（一）世界能源消费的基本特点

1. 受经济发展和人口增长因子的驱动，世界一次能源消费量不断增加。

到目前为止，经济发展和人口增长是能源需求最重要的驱动力。能源总需求与经济产值之间的关系十分紧密。过去几十年来，能源需求的增加与国内生产总值（GDP）的增长大体上呈现出一种线性关系。从1971年起，全球GDP每增长1%，都会伴有0.6%的一次能源消费增加。[①]同时，人口增长对能源需求的规模和组成也存在直接影响。根据美国人口普查局估算，2012年的世界人口达到将近70亿，与1965年（33亿）相比增加了37亿人，即每年约增加7872万人。

正是在经济发展和人口增长的共同作用下，世界一次能源消费量不断增加。根据《BP世界能源统计年鉴 2011》（BP Statistical Review of World Energy 2011）的数字，1973年世界一次能源消费量仅为57.3亿吨油当量（Mtoe），2011年已达到122.746亿吨油当量。2011年，在世界一次能源消费量中，煤炭消费与2010年相比增长了5.4%，天然气消费增长了2.2%，水电消费增长了1.6%，石油消费增长了0.6%，核电消费则下降了0.43%。

事实上，世界一次能源消费经历了一个"增长、降低、再增长"的复杂过程（见图2—6）。二战后，世界能源消费持续增加，这种情况一直持续到70年代的石油危机为止。70年代的两次石油冲击导致油价飙升，全球能源消费（特别是对石油的消费）大幅度下降。然而，80年代的低油价再次支撑了全球能源消费的快速增长。但是，1990年以来，世界能源消耗量增速明显变缓，从20世纪70年代的2.8%降至2011年的2.5%。能源消耗增速变慢的原因在于，能源价格的上涨和能源供应紧张迫使人们开

[①] IEA, "World Energy Outlook, 2004," pp. 42, http://www.iea.org/textbase/nppdf/free/2004/weo2004.pdf.

始节约能源并寻求替代品，此外，能源技术的发展导致能效提高也是一个因素。

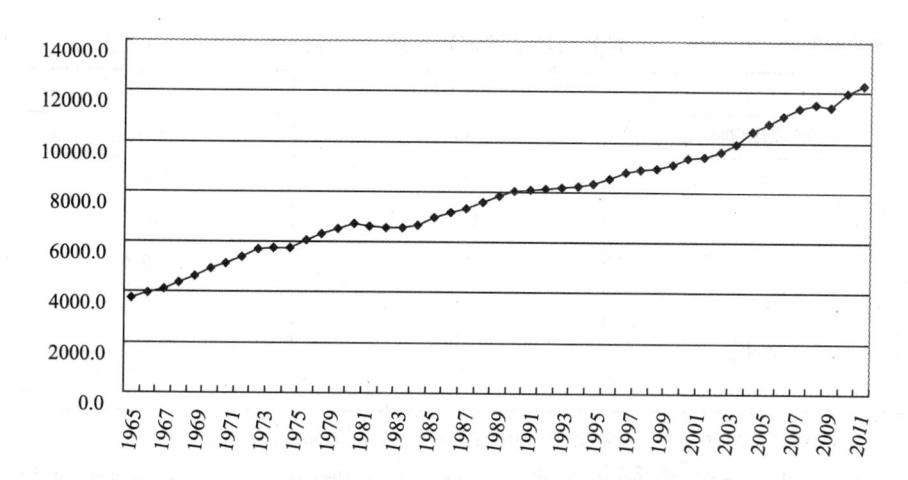

图 2—6　1965 年以来世界一次能源消费总量（百万吨油当量，Mtoe）

资料来源："BP Historical Data," http://www.bp.com/sectiongenericarticle800.do?categoryId=9037130&contentId=7068669.

2. 能源消费仍以矿物燃料为主，可再生能源消费持续增长，但所占比重不大。

当前，化石能源仍是世界的主要能源。自 19 世纪 70 年代的产业革命以来，化石燃料的消费量急剧增长。初期主要是以煤炭为主，进入 20 世纪以后，特别是第二次世界大战以来，石油和天然气的消费持续上升，石油于 20 世纪 60 年代首次超过了煤炭，跃居一次能源的主导地位。20 世纪 70 年代世界经历了两次石油危机，此后，由于世界各国开始发展替代能源，石油所占比重逐渐降低，但是，它仍然是全球最重要的能源来源。伴随石油、煤炭所占比例的缓慢下降，天然气消费比例开始上升。同时，核能、风能、水力、地热等其他形式的新能源逐渐被开发和利用，形成了目前以化石燃料为主和可再生能源、新能源并存的能源消费结构格局。

从全球能源消费结构来看，石油仍居主导地位，煤炭次之，天然气发展较快，呈现出三足鼎立之势；而对核能、水电及其他可再生能源的消费比例则相对较低。到 2011 年底，化石能源在世界一次能源供应中约占 87.1%。其中，石油占 33.1%、煤炭占 30.3%、天然气占 23.7%。非化石能源和可再生能源虽然增长很快,但仍保持在较低的比例,约为12.9%(表2—7)。

表2—7　　　　　　　　世界一次能源消费构成(Mtoe)

	1973	2011
一次能源消费总量	6111.0	12274.6
煤炭	1503.3	3724.3
石油	2811.1	4059.1
天然气	977.8	2905.6
核电	54.9	599.3
水电	109.9	791.5
其他	6.1	194.8

资料来源:2011年数据来源于"BP Statistical Review of World Energy, 2012," http://www.bp.com/liveassets/bp_internet/globalbp/globalbp_uk_english/reports_and_publications/statistical_energy_review_2011/STAGING/local_assets/pdf/statistical_review_of_world_energy_full_report_2012.pdf.

1973年数据来源于:IEA, "Key World Energy Statistics, 2011," http://www.iea.org/publications/freepublications/publication/key_world_energy_stats-1.pdf.

3. 不同国家的能源消耗量有很大差别,发达国家的能源消费量远高于发展中国家,但其增长速率明显低于发展中国家。

根据国际能源机构(IEA)于2011年发布的数据,2009年,世界人均能源消费为1.8万吨油当量。经济合作与发展组织(OECD)国家人均能源消费为4.28万吨油当量,远高于世界平均水平。而发展中国家的人均能源消费则普遍较低,不仅与OECD国家相比存在较大差距,而且还低于世界平均水平(见表2—8)。以中国的石油需求为例,近年来中国的石油消费快速增长,但目前的人均石油消费仅为美国的7.5%,是世界人均石油消费的40%,预计这一状况在今后相当长的时间内还将持续下去。

在过去几十年中,北美、中南美洲、欧洲、中东、非洲及亚太等六大地区的能源消费总量均有所增加,但是经济、科技与社会比较发达的北美洲和欧洲两大地区的增长速度非常缓慢,其消费量占世界总消费量的比例也逐年下降。其主要原因在于:一是发达国家的经济发展已进入到后工业化阶段,经济向低能耗、高产出的产业结构发展,高能耗的制造业逐步转向发展中国家；二是发达国家高度重视节能和提高能源使用效率。OECD国家能源消费占世界的比例由1973年的61.3%下降到2009的43.3%，而相比之下，亚太地区则由1973年的12.6%上升到2009年的30.7%。

表2—8　　　　2009年世界主要地区的人均能源消费量

	一次能源（万吨油当量/人）	电力（千瓦时/人）
世界	1.80	2630
OECD国家	4.28	8012
中东	3.03	3278
非OECD的欧洲和欧亚	3.14	4200
中国	1.70	2648
亚洲	0.66	741
拉丁美洲	1.20	1884
非洲	0.67	561

资料来源：IEA, "Key World Energy Statistics, 2011," http://www.iea.org/publications/freepublications/publication/key_ world_ energy_ stats-1.pdf.

4. 就能源消费结构而言，世界整体上趋向优质化，但地区差异、国别差异仍然很大。

近年来，全球能源消费的结构有所优化。如图2—7所示，1973年，全球一次能源消费总量为6111百万吨油当量。其中，化石能源消费占86.6%，分别是石油（46.0%）、天然气（16.0%）、煤炭（24.6%），其他清洁能源仅占13.4%。而到了2009年，全球一次能源消费总量为12150百万吨油当量。其中，化石能源消费占80.9%，分别是石油（32.8%）、天然气（20.9%）、煤炭（27.2%），其他清洁能源增至19.1%。可见，清洁能源在全球一次能源消费中的比重明显提高。

然而，与广大的西方发达国家相比较，发展中国家不仅能源消费量处于较低水平，而且，优质能源如石油、天然气、电力等在其能源消费构成中的比重也大大低于发达国家（表2—9）。尽管发展中国家的能源消费结构有所改变，但从未发生根本性改变，当前，很多发展中国家化石能源消费仍以煤炭为主，以经济迅猛增长的亚太地区为例，其煤炭消费占能源总消费的53.2%，其次为石油，占总消费的27.3%，天然气仅占能源总消费量的11.1%。

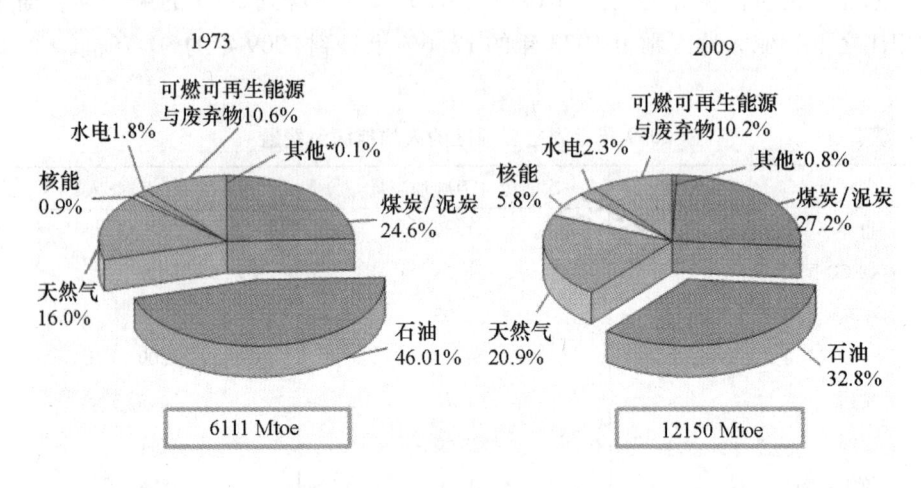

```
       1973                            2009
```

图2—7 世界一次能源消费构成

* 包括地热、太阳能、风能等。

资料来源：IEA, "Key World Energy Statistics, 2011", http：//www.iea.org/publications/freepublications/publication/key_ world_ energy_ stats-1. pdf.

表2—9　　　　2011年世界主要地区一次能源消费构成（%）

	煤炭	石油	天然气	核电	水电
北美	37.0	28.2	19.2	7.6	6.0
中南美	44.9	21.6	4.6	0.8	26.2
欧洲和苏联地区	30.7	33.9	17.1	9.3	6.1
中东	49.6	48.5	11.6		0.6
非洲	41.2	25.7	25.9	0.8	6.1
亚太地区	27.3	11.1	53.2	2.2	5.1
世界	33.1	23.7	30.3	4.9	6.4

资料来源："BP Statistical Review of World Energy, 2012," http：//www.bp.com/liveassets/bp_ internet/globalbp/globalbp_ uk_ english/reports_ and_ publications/statistical_ energy_ review_ 2011/STAGING/local_ assets/pdf/statistical_ review_ of_ world_ energy_ full_ report_ 2012.pdf.

（二）全球能源需求的未来趋势

根据IEA的预测，在参考情景下，从2007年到2030年世界一次能源需求将增长约40%，年均增长率为1.5%。2030年的需求总量将达到168

亿吨油当量（Mtoe），而 2009 年仅为 121.5 亿吨油当量。[①]

1. 地区性趋势

发展中的亚洲国家是这一需求增长的主要驱动因素，其次是中东国家。从 2007 年到 2030 年，世界一次能源需求增长的 93% 都将来自非 OECD 国家，其中来自中国和印度的能源需求占新增需求的 53%（图 2—8）。发展中国家在世界能源需求中所占比例的上升，是受到经济快速发展和人口增长的推动。工业化和城市化进程也将造成能源需求的增长。将会有更多的人口生活在城镇和城市，他们需要更多的能源服务。

虽然发展中地区的能源消费有比较强劲的增长，但其人均消费量仍将明显低于世界其他地区。到 2030 年，发展中地区的人均能源消费仅为 1.2 吨油当量，而在 OECD 国家和转型经济国家，则分别为 5.4 吨油当量和 4.7 吨油当量。除少数例外，世界能源消费仍将主要集中在北半球。

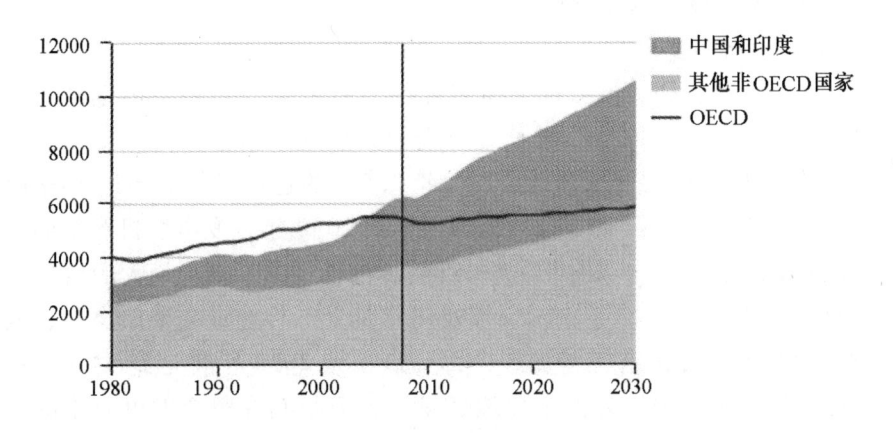

图 2—8　参考情景下世界一次能源需求（Mtoe）

资料来源：IEA, "World Energy Outlook 2009," http: //www.iea.org/speech/2009/Tanaka/WEO2009_ Press_ Conference.pdf.

2. 一次能源构成

在世界一次能源构成中，化石能源仍将继续主导全球能源消费。从 2007 年到 2030 年间世界一次能源需求增幅的 77% 都是来源于化石能源。

[①] IEA, "World Energy Outlook 2009," http: //www.iea.org/speech/2009/Tanaka/WEO2009_ Press _ Conference.pdf; http: //www.worldenergyoutlook.org/docs/weo2009/weo2009 _ es _ chinese.pdf.

按绝对值计算，在这一期间，需求量增长最大的仍然是煤炭，其次是天然气和石油。

到 2030 年，尽管石油比重会有所下降，从目前的 34% 下降到 30%，但石油仍将是一次能源结构中唯一比重最大的燃料。预计石油需求将从 2008 年的 8500 万桶/日增至 2015 年的 8800 万桶/日、2030 年的 1.05 亿桶/日。所有的增长都来自于非 OECD 国家。而 OECD 国家的石油需求所占比重将继续下降。

在参考情景中，包括风能、太阳能、地热能、潮汐能、波浪能以及生物能等在内的非水能现代可再生能源科技的使用将会得到最快的发展。大多数的增长都是在发电方面：非水能可再生能源发电量会从 2007 年的 2.5% 增长到 2030 年的 8.6%。从绝对值来看，风能占最大的增长量，同时，生物燃料在运输方面的消费量也会有很大的提高。相比之下，水电的比重则将从 16% 降低到 14%。

3. 行业性趋势

在整个预测期，电力部门所消耗的世界能源比例还将继续增大。发电行业对能源需求的持续增长是煤炭和天然气需求增长的主要动力。到 2030 年，世界电力需求预计会以每年 2.5% 的速度增长。超过 80% 的增长将来自非 OECD 国家。全球范围内，到 2030 年，发电装机容量的增长将达到 48 亿千瓦——相当于美国目前装机容量的 5 倍。最大的增长（大约总量的 28%）来自于中国。煤炭仍然是发电行业最主要的燃料，其在发电行业中所占比重将增加 3 个百分点，到 2030 年将达到 44%。尽管核能发电已在欧洲以外的主要地区发展，但是其在整个发电业中的比重将下降。

（三）与能源有关的全球温室气体排放

科学研究表明，人类过度使用化石燃料而导致二氧化碳等温室气体排放量居高不下，是造成全球气候变暖的重要原因。世界气象组织（WMO）2008 年底发布的《温室气体年度公报》显示，2007 年，地球上温室气体的浓度再次突破有历史纪录以来的最高点，二氧化碳浓度达到 383 溶液单位（ppm），比 2006 年增加 0.5%。在过去的 100 年间，从 1906 年至 2005 年，全球地表平均温度升高 0.74 摄氏度。这种趋势如果不加遏制，到 2100 年的时候，全球气温预计上升 1.4 至 5.8 摄氏度。这将对全球生态环境造成重大影响。

全球能源结构的不合理导致温室气体排放量持续增加,给环境造成了巨大的压力。1973年,全球温室气体排放量为15640百万吨二氧化碳。80年代和90年代,全球温室气体排放量一度下降后又呈反弹趋势。2000年以来,全球温室气体排放量迅速上升。2009年,这一数字增至28999百万吨。

就历史累计排放量而言,全球温室气体排放主要来自于经济发达的工业国。如表2—10所示,2009年,OECD国家温室气体排放总量占全球温室气体排放总量的41.5%,大大高于其他国家和地区。就人均温室气体排放而言,发展中国家与发达国家之间的差距更大。2009年,OECD国家人均温室气体排放量为9.83吨二氧化碳,而贫困落后的非洲国家人均排放量仅仅为0.92吨二氧化碳。

表2—10　　　　　2009年主要国家和地区温室气体排放量*

	CO_2排放总量（Mt CO_2）	人均CO_2排放量（t CO_2/人）
世界	28999	4.29
OECD	12045	9.83
中东	1509	7.76
非OECD欧洲和欧亚国家	2497	7.46
中国	6877	5.14
亚洲**	3153	1.43
拉丁美洲	975	2.16
非洲	928	0.92

*　由于四舍五入,表中数据加总数可能与分项数有差距。
**　不包括中国。
资料来源：IEA, "Key World Energy Statistics, 2011," http：//www.iea.org/publications/freepublications/publication/key_ world_ energy_ stats-1.pdf.

根据IEA发布的《世界能源展望2009》[①],在基准情景下,全球与能源有关的二氧化碳排放将迅速增加,从2007年的28.8Gt（288亿吨）增加到2020年的34.5Gt,到2030年将达到40.2Gt,比2007年净增11.4Gt,也就是增加39.6%。从2007—2030年期间,与能源有关的二氧化碳排放

---

① IEA, "World Energy Outlook 2009," http：//www.worldenergyoutlook.org/docs/weo2009/WEO2009_ es_ english.pdf.

年均增加1.5%。

有关地区性排放趋势，因为能源需求的放缓（近期经济危机的影响和更长期的能源效率的提高）和更加依赖于核能及可再生能源，OECD国家的温室气体排放量预计将会下降，而非OECD国家的温室气体排放增长将大大高于OECD国家。2007年到2030年，全球新增二氧化碳排放量11.4Gt，主要来自非OECD国家，其中，约3/4来自中国、印度和中东。从2007年到2030年间，这三个国家或地区的新增二氧化碳排放量分别是6Gt、2Gt、1Gt。但是，非OECD国家人均排放量仍然远远低于OECD国家。全球大部分与能源有关的二氧化碳排放的增长将来自于城市。由于城市化，预计这些城市排放气体的比例到2030年将超过70%。

三　世界石油贸易的基本形势、地理格局及未来趋势

为了应对能源需求市场与能源产地之间不断发展的不协调局面，国际能源贸易不断扩大。其中，石油是贸易量最多的能源。[①] 全球经济的快速增长、石油资源分布的不均衡及其在一国经济中的基础性地位决定了国际石油贸易在世界经济中的重要地位，突出表现为近几十年来国际石油贸易量持续增长（图2—9）。1950—1979年，随着石油工业的成长，石油贸易发展迅速；原油贸易量以年平均8.6%的速度增长，1979年达到16.8亿吨。80年代，与国际石油市场形势相对应的是，石油贸易出现了波动，原油贸易量出现了下降。80年代末以来，石油贸易出现了逐年上升的趋势。2011年，世界石油贸易量有所回升，当年的世界石油进出口量为1.0922亿桶，较2010年上升了2%。

图2—10给出了二战后国际石油价格波动的情况。一般来讲，油价的起落与全球经济密切相关。历史上，油价的几次大幅度飙升，都对全球经济产生了较为严重的冲击，甚至导致西方主要经济体陷入衰退。1973年第一次石油危机发生时，国际油价比危机前猛增了2倍多，达到48.92美元/桶，从而触发了第二次世界大战之后最严重的全球经济危机。由于国际油价的大幅度上涨，1974年全球进入了高通胀期。发达国家经济体的通胀

---

① 石油贸易包括原油和成品油贸易，原油是主要的贸易产品。

水平达到了 13.95%，发展中经济体的物价水平达到了 15.76%。2001 年至今，国际油价一路走高，给世界经济发展前景蒙上了一层阴影，引起世界各国的普遍关注。据国际货币基金组织（IMF）的估算，油价每上涨 5 美元，全球经济增长率将下降约 0.3 个百分点。

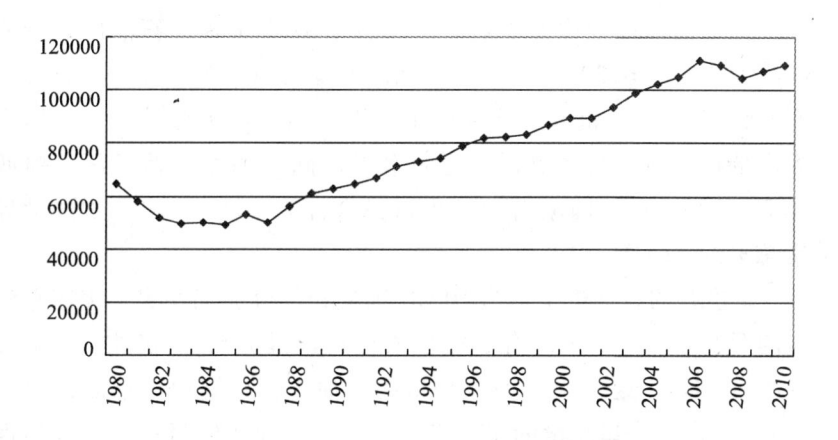

图 2—9　1980—2011 年全球石油贸易量（千桶/日）

资料来源："BP Historical Data," http：//www.bp.com/sectiongenericarticle800.do?categoryId=9037130&contentId=7068669.

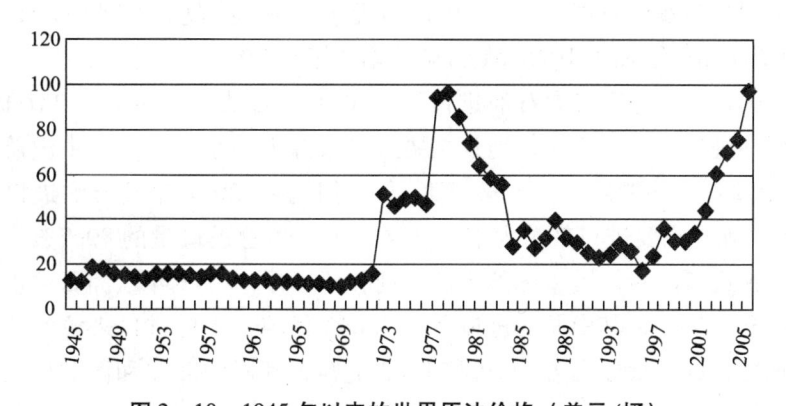

图 2—10　1945 年以来的世界原油价格（美元/桶）

注：1. 按 2008 年美元计算。

2. 1945—1983 年的数据是根据阿拉伯拉斯塔努拉（Ras Tanura）的轻质原油价格计算；1984 年至 2008 年的数据是根据布伦特（Brent）原油价格计算。

资料来源："BP Historical Data," http：//www.bp.com/sectiongenericarticle.do?categoryId=9023753&contentId=7044109.

世界石油资源储量分布的不平衡，以及地区经济发展程度的差异导致石油消费水平对比悬殊，造成了独特的世界石油贸易格局。2011年全球石油出口总量为每日54580千桶。从地区来讲，中东是世界上最大的石油出口地区（表2—11）。2011年，中东地区的石油出口量为19750千桶/日，占世界贸易总量的36.2%。其他的主要石油出口国或地区为苏联、亚太、西非以及中南美地区，2011年这些国家的石油出口量分别为8688千桶/日、6233千桶/日、4655千桶/日以及3763千桶/日。从国别而言，2011年，世界上最大的十个石油出口国是沙特、俄罗斯、伊朗、委内瑞拉、科威特、挪威、尼日利亚、阿拉伯联合酋长国、墨西哥和利比亚。以上10个国家石油净出口量合计为1631亿吨，约占世界石油消费总量的72.7%。

世界上主要的石油进口国为OECD国家和部分亚洲国家。美国是世界上最大的石油进口国。2011年，美国石油进口量为5.59亿吨，占世界贸易总量的20.8%。这一年在美国进口的石油中，从周边国家的进口量为2.8亿吨，约占其进口总量的50.1%。美国从加拿大、委内瑞拉和墨西哥进口的石油合计为2.46亿吨，占其进口总量的44.0%。2011年美国从欧佩克国家的石油进口量为2.97亿吨，占其总进口量的53.1%，与2007年相比减少了109.5万吨，下降了1.0%。中东地区是世界最大的石油供应地，美国从中东地区的进口量为1.18亿吨，占美国总进口量的21.1%，与2007年相比增加了1045.51万吨，增长了9.7%。

中国是世界上第二大石油进口国，2011年石油进口量为3.281亿吨，其中原油进口量为2.529亿吨；主要进口来源为中东地区，占中国总进口量的42.2%。日本为世界上第三大石油进口国，2011年其石油进口量为2.218亿吨；主要进口来源为中东地区，占日本总进口量的80.7%。欧洲主要石油进口国为德国、法国、意大利和西班牙，2011年欧洲石油进口合计为5.964亿吨，其中原油进口量为4.642亿吨，主要进口来源为苏联和中东地区，进口量分别为3.19和1.28亿吨，其次为北非和西非地区，进口量分别为1.01和0.50亿吨。

需要指出的是，地区间发生石油贸易，不仅是由于各国石油储量的差别，还由于各国石油加工能力的差别。第二次世界大战后，世界炼油能力增长迅速（图2—11）。50—60年代是大发展时期，这一趋势一直持续至80年代初。由于80年代低油价抑制了炼油投资，导致世界炼油能力出现下降。90 年代以来，世界炼油能力持续增加。1965 年，世界炼油能力为 34514 千桶/日。2011 年，世界炼油能力增长至 93004 千桶/日。从 1965 到 2011 年，世界炼油能力年平均增长率为 3.56%。然而，世界炼油能力的增速却在下降。1965—1985 年，世界炼油能力年平均增长率为 5.32%，而自 1985 年至今，这一比率下降到了 0.89%。

表 2—11　　　　　　　　　全球石油贸易量　　　　　　　　　（千桶/日）

	1980	1990	2000	2008	2011
进口					
美国	6735	8026	11092	12872	11337
欧洲*	12244	9801	11070	13751	12086
日本	4985	4802	5329	4925	4491
其他地区	8360	8812	15880	23078	26666
世界进口总量	32324	31441	43371	54626	54580
出口					
美国	555	889	890	1967	2573
加拿大	445	955	1703	2498	2804
墨西哥	875	1387	1814	1609	1487
中南美	3010	2367	3079	3616	3763
欧洲	n/a	n/a	1967	2023	2065
苏联	2040	2659	4273	8184	8688
中东	17510	14212	18944	20128	19750
北非	2820	2604	2732	3260	1930
西非	2475	2248	3293	4587	4655
亚太地区	2099	2182	3736	5392	6233
其他地区	495	1938	940	1363	631
世界出口总量	32324	31441	43371	54626	54580

　＊ 1993 年前不包括中欧国家（阿尔巴尼亚、保加利亚、捷克共和国、前南斯拉夫、匈牙利、波兰、罗马尼亚、斯洛伐克）。

　资料来源："BP Historical Data," http：//www.bp.com/sectiongenericarticle800.do？categoryId＝9037130&contentId＝7068669.

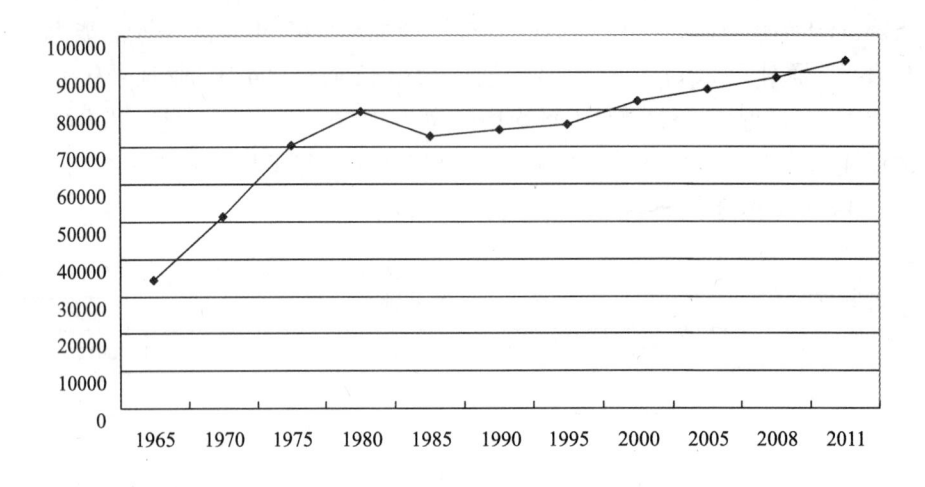

图2—11　世界炼油能力增长情况（千桶/日）

资料来源："BP Historical Data," http://www.bp.com/sectiongenericarticle800.do?categoryId=9037130&contentId=7068669.

当前，石油加工工业分布的基本特点是：分布极不均衡，高度集中在大消费区（表2—12）。2011年，亚太、欧洲和北美三个地区拥有世界上最大的炼油能力，三者之和超过世界总炼油能力的80%。其中，亚太地区的炼油能力位居世界第一，高达29135千桶/日，占世界炼油能力的31.3%。其中，中国（占世界总量的11.6%）成为该地区炼油能力最发达的国家，其次是日本（4.6%）、印度（4.1%）和韩国（3.0%）。包括苏联国家在内的欧洲，其炼油能力位居世界第二，为24570千桶/日，占世界炼油能力总量的26.4%，其中俄罗斯是该地区最大的炼油国，占世界总水平的6.1%。北美三国，美国、加拿大和墨西哥的炼油能力分别占世界的19.1%、2.2%和1.7%。

预计未来，伴随全球经济发展的区域结构变化，国际石油贸易将持续快速增长。这是因为，国际石油贸易的区域分布格局和石油在世界能源结构中的主导地位在可预见的未来不会发生根本性变化，但随着一些新兴经济体的高速增长和对石油消费需求规模的扩大，供需地域不平衡的矛盾会更加突出，国际石油贸易规模也将持续增长。根据IEA的预测，到2030年，全球石油消费的63%将通过主要地区间的贸易获得。OECD国家和亚洲发展中国家对中东石油的依赖可能会继续增加，这一趋势将产生重要的地缘政治影响。石油进口国和出口国之间的经济依存关系将会加强，但风险和担忧也会增加，因为一旦发生石油供应中断，世界将更难承受油价的冲击。国际航海通道和输油管道的安全，也将引起越来越大的关注，因为通过这些敏感航道输送的石油将会越来越多。

表 2—12　　　　　　　　　石油精炼能力　　　　　　　　（千桶／日）

	1965	1970	1975	1980	1985	1990	1995	2000	2005	2008	2011
北美	11896	14818	18075	21982	18622	19195	18569	19937	20698	21035	21382
中南美	3562	4808	6891	7251	6104	6009	5877	6308	6425	6588	6590
欧洲（包括前苏联国家）	13194	21968	30539	32170	28643	27955	25684	25006	25067	25086	24570
中东	1702	2466	3061	3528	4509	5244	5810	6390	7190	7592	8011
非洲	560	697	1242	2102	2532	2804	2900	2879	3228	3228	3317
亚太	3600	6588	10844	12364	12634	13449	17303	21641	22957	25098	29135
世界	34514	51344	70652	79397	73044	74656	76143	82161	85565	88627	93004

资料来源："BP Historical Data，"http：//www.bp.com/sectiongenericarticle800.do？categoryId＝9037130&contentId＝7068669.

四　美国的能源生产与消费

尽管能源技术不断进步，能源利用效率加速提高，美国的能源消费总量仍在持续增加。同时，由于国内能源生产增长缓慢，能源的净进口量占美国需求总量的比重也不断上升。预计未来这些趋势仍难以根本改变。本节将详细考察美国的能源生产、消费与贸易的基本情况，其目的是全面、深刻理解美国所面临的严峻的能源挑战。

（一）美国的能源生产情况
1. 煤炭

美国是全球煤炭资源最丰富的国家，数百年来，煤炭一直是美国的重要能源来源。1950 年，美国的煤炭产量是 5.6 亿短吨（short ton）。2003 年，美国的煤炭产量是 10.7 亿短吨，50 多年间的年均增长率为 1.2%。

美国的煤炭生产经历了一个时而增长、时而下降的波动过程（见图2—12）。从二战结束到1960年，美国铁路和水路运输所消耗的煤炭以及供暖煤耗大幅度下降导致美国煤炭产量的降低。但是，战后随着美国工业用煤和发电用煤的增加，从20世纪60年代初开始，煤炭产量又开始大幅度上升。1973年的石油禁运促使美国重燃对煤炭的兴趣，开始鼓励煤炭生产以实现能源独立。1978年，《电厂和工业燃料使用法案》（The Power Plant and Industrial Fuel Use Act）鼓励现有燃油电厂改为以煤或天然气做能源来源。[①] 此后，煤矿数量日益增多，新的采矿能力蓬勃发展。

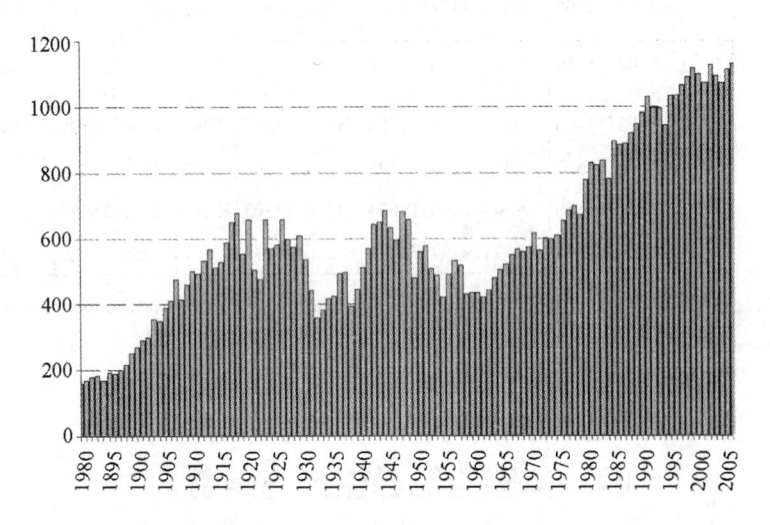

图2—12　1890—2005年美国的煤炭产量（百万短吨）

资料来源：EIA, "Coal Production in the United States—An Historical Overview, 2006," http://www.eia.gov/cneaf/coal/page/coal_production_review.pdf.

2. 石油

作为石油生产大国，美国石油储量丰富。截至2008年底，世界石油剩余探明储量为1838.82亿吨，美国石油剩余探明可采储量为29.2亿吨，占世界总储量的1.6%，居世界第12位。主要的含油气区为阿拉斯加油气区、加利福尼亚油气区和墨西哥湾油气区。但需要强调的是，美国国内一

[①] "United States Powerplant and Industrial Fuel Use Act of 1978," http://www.eoearth.org/article/Powerplant_and_Industrial_Fuel_Use_Act_of_1978,_United_States.

些地区虽然石油资源丰富，但出于长远能源战略和环境保护等多种原因，被明令禁止开采。美国的石油生产大体经过增长、稳定、下降的三个阶段（图2—13）。1970年以前，美国石油生产一直快速增长。在20世纪50年代，美国为世界最大的石油生产国，产量占全世界总产量的60%以上。之后随着中东OPEC和非OPEC国家石油产量的增长，美国石油产量占世界的比例逐年下降，20世纪80年代末占25%。这种下降趋势一直持续至2006年。2007和2008年美国的石油生产开始缓慢增加。到2011年，美国国内石油产量为7841千桶/日，比2010年增长了3.6%，占世界石油产量的9.4%。

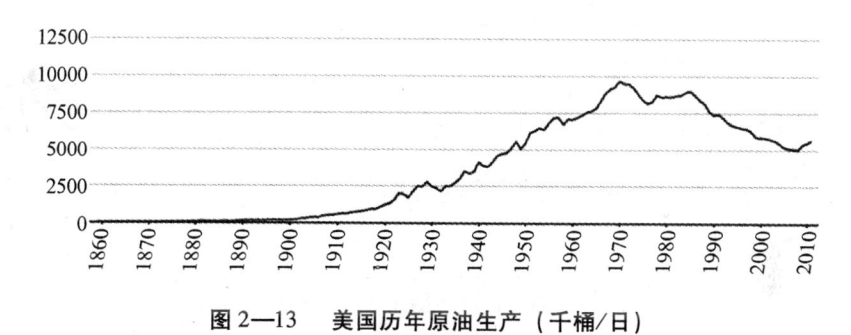

图2—13 美国历年原油生产（千桶/日）

资料来源：EIA, "Crude Oil Production, 2010," http://www.eia.gov/dnav/pet/hist/LeafHandler.ashx? n = PET&s = MCRFPUS2&f = A.

3. 天然气

2008年，美国的天然气探明可采储量为6.73万亿立方米，占世界总储量的3.8%，居世界第5位。美国天然气资源分布广泛，主要的天然气分布区有新得克萨斯油气区、新墨西哥州东南部油气区、墨西哥湾油气区、加利福尼亚油气区和阿拉斯加油气区。美国为世界第二大天然气生产国。1973年，美国天然气生产达到峰值，为21.7万亿立方英尺，此后，干法天然气产量（dry natural gas production）一直走下坡路，急剧下降，直到20世纪80年代中期才开始逐渐稳定。1986年下降至16.1万亿立方英尺。1986年至今，干法天然气产量开始缓慢增加（图2—14）。当前，美国的气井和凝析气井共计452768个。2011年，美国天然气产量为6513亿立方米，占世界总产量的19.9%（图2—14）。美国的天然气产地主要集中在：得克萨斯（其产量占美国天然气总产量的30%）、墨西哥湾

(13%)、怀俄明（9%）、俄克拉何马（9%）、新墨西哥州（8%）和路易斯安那州（7%）。这六个地区的天然气产量占美国天然气总产量的77%。[①]

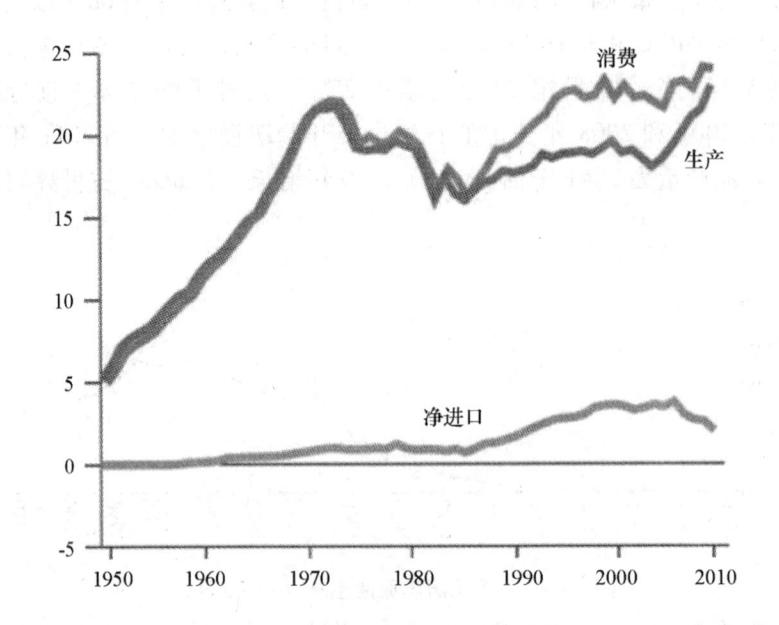

图2—14 1950—2010年美国天然气的生产、消费与进口（万亿立方英尺）
资料来源：EIA, "Natural Gas Supply, 2010," http：//www. eia. gov/energyexplained/index. cfm? page = natural_ gas_ where.

4. 页岩气

根据美国能源信息署的估计，全球在技术上可开采的页岩气储量为6672万亿立方英尺，其中中国以1275万亿立方英尺的储量居世界首位，美国为862万亿立方英尺，位列第二。其他排位从第三到第十的国家为：阿根廷（774万亿立方英尺）、墨西哥（681万亿立方英尺）、南非（485万亿立方英尺）、澳大利亚（388万亿立方英尺）、加拿大（388万亿立方英尺）、巴西（226万亿立方英尺）、波兰（187万亿立方英尺）以及法国

[①] Energy Information Administration (EIA), "Natural Gas Basic Statistics (data for 2007 except where noted)," http：//www. eia. doe. gov/basics/quickgas. html.

(180万亿立方英尺)。①

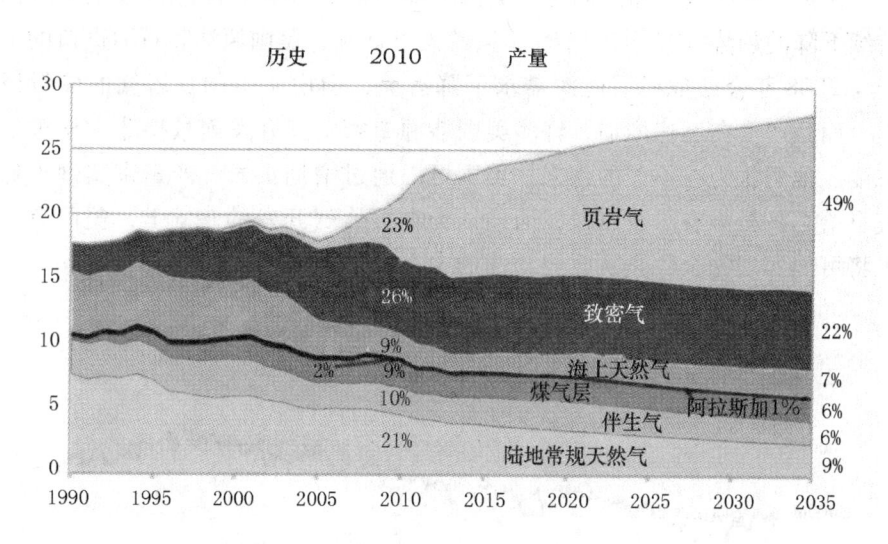

图2—15 美国天然气产量（1990—2005年）（万亿立方米/年）

资料来源：US EIA, "Annual Energy Outlook, 2012", http://www.eia.gov/energy_in_brief/about_shale_gas.cfm.

美国政府目前十分重视页岩气的勘探和开采。在美国联邦政府能源部和天然气产业的共同努力下，美国页岩气的产量近几年来有了快速增长，2008年的产量为2.02万亿立方英尺，比2007年增长了71%，而2009年又在2008年的水平上增长了54%，达到了3.11万亿立方英尺。②根据美国能源信息署的预测，美国页岩气2012年产量为5万亿立方英尺，到2035年可望达到13.6万亿立方英尺，增长率为72%。如图2—15所示，页岩气在美国天然气产量中的比重持续上升，2010年已提高到23%，预计到2035年将达到49%。到2035年，美国天然气的总产量预计将达到26.1万亿立方英尺到34.1万亿立方英尺之间③，而页岩气的产量将可能达到9.7

---

① "Global Challenges, The Shale Gas Revolution," January 2012, http://www.albazie.com/global-challenges/shale-gas-revo-jan-2012.

② US Energy information Administration, "Shale Gas Production," December 4, 2009, http://www.eia.gov/dnav/ng/ng_prod_shalegas_s1_a.htm.

③ US Energy Information Administration, "What Is Shale Gas and Why It Is Important?" July 9, 2012, http://www.eia.gov/energy_in_brief/about_shale_gas.cfm.

万亿立方英尺到 20.5 万亿立方英尺之间。

在页岩气产量增加的同时，美国从海外的原油和石油进口量也呈现出持续下降的趋势（见图2—16）。虽然无可怀疑，美国原油和石油进口的下降与2008年金融危机后能源需求下降有关，但由于美国页岩气的储量巨大，而且产量在迅速增加，许多美国能源专家对其开发前景持非常乐观的态度。他们认为在不久的将来，美国可以通过增加页岩气产量来实现天然气自给，甚至能有少量出口，而且认为在页岩气开发的基础上，美国有一天将可能实现完全停止从政局动荡的中东进口石油。

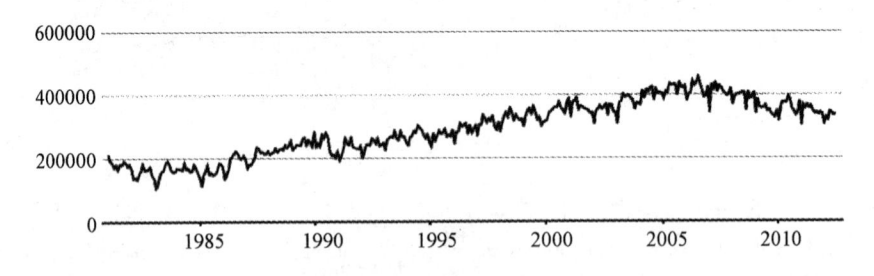

图2—16　美国进口原油和石油的年度趋势变化（1981—2012）（千桶）
资料来源：Energy Information Agency, http://www.eia.gov/dnav/pet/hist/LeafHandler.ashx?n=PET&s=MTTIMUS1&f=M.

不过，虽然页岩气开发的前景令人鼓舞，但这种能源的规模与经济效益仍存在着相当大的不确定性。美国的许多页岩气地层，尤其是位于纽约州的马塞勒斯地层（Marcellus Formation），面积过大以至于只能对其中有限的一小部分进行勘探和开发。大多数页岩气钻井是在最近几年钻探的，因此人们对它们长期的生产能力仍然不了解。另一个问题是页岩气开采技术还有待进一步提高，以提高气井产量和降低生产成本。美国能源前景2012年年度报告分析指出，美国国内页岩气资源在规模和经济效益上的不确定性可能对未来国内天然气生产带来较大影响。

此外，页岩气开发还可能带来一些环境问题。第一，通过水压来使探井内产生裂缝需要大量的水，这在一些地区会影响其他方面的用水，并可能影响水生生物。第二，如果管理不当，用水压来制造裂缝，可能会产生有毒的化学物质，它们可以通过探井结构的裂缝或其他通道渗出，污染周边环境。第三，通过水压制造裂缝也会产生大量废水，其中可能含有一些被溶解的化学物质，这些水在储存或重复使用之前必须经过处理。由于水的使用量极大以及处理一些废水成分的复杂性，如何储存便是具有挑战性的问题。第四，根据美国的地理调查，利用水压制造地质结构的断裂会引起小地震，虽然它们很小而不宜被察觉。但是，当把废水注入地下以储存在深井中时，可能引起可感觉得到的地震，并可能带来破坏性的后果。①

5. 其他能源

核电是核能利用的主要形式之一。2007年，美国有104个授权的商业核能发电单位，其中有69个压水反应堆，35个沸水反应堆，生产总共97400兆瓦电量。目前美国的电力结构是：火电占51%，核电占20%，天然气占15%，其他电力占14%。在美国可再生能源市场中，生物质和生物燃料所占比例最大，其次是水能；风能是发展速度最快的行业；太阳能和地热能则保持平稳发展。2008年，美国可再生能源产量达695千兆英热单位（Quadrillion Btu），其中，生物能占53%，水电占34%，风能占7%，地热和太阳能分别是5%和1%。

（二）美国能源消费的基本特征

1. 美国能源消费总量持续增长，但能源强度呈下降趋势。

当前，美国是世界第一大能源消费国，能源消费量占世界总量的22.8%。二战后，美国能源消费总量一直增长迅速，这种情况随着1973年和1979年两次石油冲击的到来而结束。20世纪80年代，美国能源消费经历了短暂的稳定期，之后，从80年代末起又开始进入增长期，但增长速度低于1973年前的增长速度。1973年之前，美国能源消耗一直快速增长，年增长率为3.2%左右。1973年后，美国能源消费的年均增长率约为1%。

经济总量和能源消费总量的增长趋势决定了美国能源强度的变化趋势。② 从战后到2008年，美国能源消费量的增长速度大大慢于实际国内生产总值。图2—16显示出美国的能源消费强度（按真实GDP计算）。1970年美国能源强度达到顶峰，高达17990英制热量单位（Btu）/美元。1970

---

① "Global Challenges, The Shale Gas Revolution," January 2012, http://www.albazie.com/global-challenges/shale-gas-revo-jan-2012.

② 能源强度是指一个国家在一定时期内单位国内生产总值的能源消耗量，是衡量能源利用效率的指标。

年后，由于能源效率提高和经济结构改善，美国的能源强度开始迅速下降。与1970年相比，2008年的能源强度下降了53%。

2. 美国能源消费结构以化石能源为主，且煤电在电力消费结构中比重很大。

美国的能源消费以化石能源为主，可再生能源所占比重很小（见图2—17）。2011年，在美国的一次能源消费构成中，煤炭占29.3%，天然气占9.3%，石油占16.0%，核电占10.7%，水电占4.0%，其他新能源占10.6%，其中包括生物能（5.3%）、地热（4%）以及太阳能和风能（1.3%）。美国不仅是世界上煤炭生产大国之一，而且还是世界上最大的

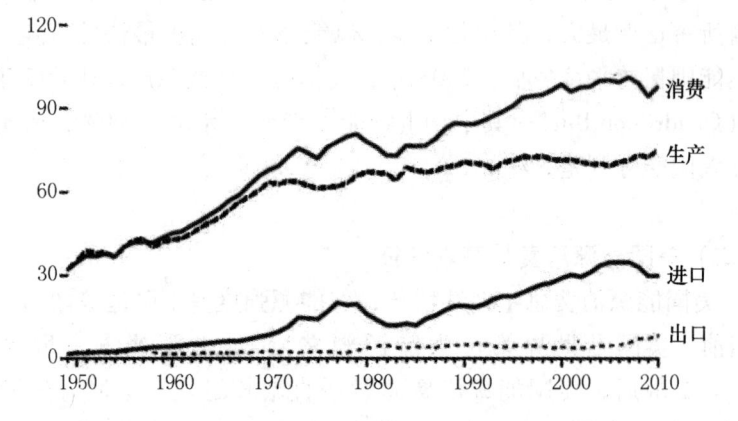

图2—17 美国一次能源生产、消费与贸易（千兆英热）

资料来源：EIA,"Annual Energy Review, 2010," http://www.eia.doe.gov/aer/pdf/aer.pdf.

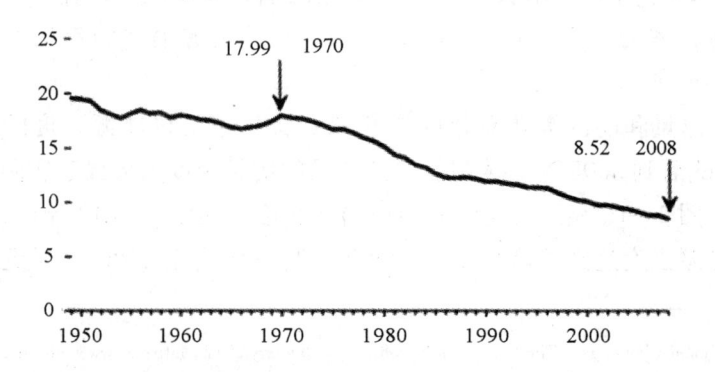

图2—18 美国能源强度（按真实GDP计算）（千英热单位/美元）

资料来源：EIA,"Annual Energy Review, 2010," http://www.eia.doe.gov/aer/pdf/aer.pdf.

煤炭消费国之一。美国煤炭储量占世界煤炭总储量的1/4，而其煤炭消费的主要领域是发电。2011年，发电用煤达10.42亿吨，约占美国煤炭消费总量的92.9%。煤电占美国电力消费的一半。天然气发电占美国电力的21%。

3. 从终端能源使用来看，工业能源用量稳定，交通用能增长较。

图2—18给出了战后美国终端能源消费的情况。总体来说，战后美国各个部门的能源消费量都在增长。具体而言，在1973年第一次石油价格冲击之前，各个部门的能源消费都呈现出了快速增长。而1973年以后，住宅、商业和交通的能源消耗量虽一直在增长，但增速开始变得缓慢。工业部门能源消费量虽时有消长，但工业用能源在能源消费构成中一直位居首位。工业部门的能源消费在1975年、1980—1982年、2001年、2005年和2008年分别经历了较大的下降，这或者是因石油价格升高，或者因经济减速所致。当前，工业能源消费与1973年石油冲击前基本上保持不变。2010年，美国终端能源消费构成依次是：工业、交通、民用、商业用。

4. 美国人均能源消费远高于其他发达国家水平。

美国人均能源消费具有明显的阶段性（见图2—19）。第一阶段1949—1973年为能源消费高速增长阶段；第二阶段1974—1992年为能源消费波动阶段；第三阶段1993—2008年为能源消费"零增长"凸显阶段。1949年，美国人均能源消费量仅为214百万英热单位（million Btu）。此后，开始迅速增长。这种状态一直持续到70年代中期石油价格冲击为止，

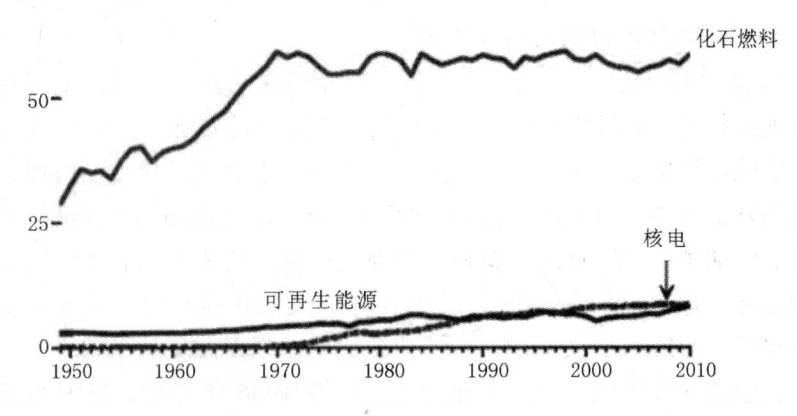

图2—19 美国一次能源消费（按能源类别）（千兆英热）

资料来源：EIA，"Annual Energy Review, 2010," http：//www.eia.doe.gov/aer/pdf/aer.pdf.

于1978年和1979年达到峰值。80年代由于美国技术的发展及经济结构的调整，美国人均能源消费一度有所下降，到80年代末重新开始缓慢增长。2008年，人均能源消费量达到327百万英热单位，与1949年相比，增幅高达52%。当前，美国是世界上人均能源消费最多的国家，2006年为每人7.74吨油当量，比世界人均能耗水平（1.8吨油当量/人）高3倍多（图2—20）。

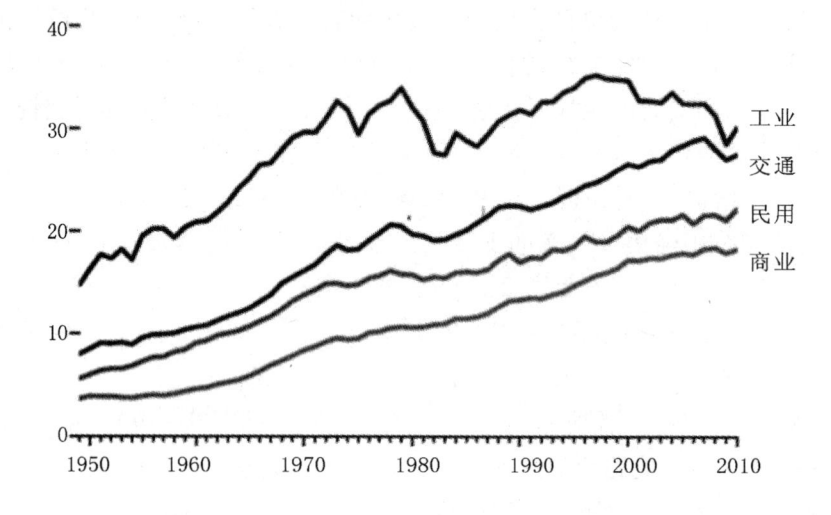

图2—20 战后美国能源消费构成变化（千兆英热）
资料来源：EIA, "Annual Energy Review, 2010," http://www.eia.doe.gov/aer/pdf/aer.pdf.

5. 美国的能源进口与石油依赖。

20世纪50年代末之前，美国一直保持能源自给。此后，美国的能源消费逐渐超过了能源生产，开始进口外国能源以弥补缺口。90年代以来美国一次能源消费量逐年增长，而同期国内一次能源产量却难以增加，结果导致美国的能源进口量逐年上升（图2—15）。随着能源消费和能源产量之间矛盾的加剧，美国对进口能源（特别是石油）的依赖程度则呈现不断增加的趋势。2010年，美国进口了29.7千兆英热单位，出口量为8.2千兆英热单位。2011年，美国的能源净进口占能源消费总量的22.1%。

美国的进口能源始终以石油为主。但从1986年开始，美国的天然气进口迅速增加。在美国的能源贸易中，石油无疑占据独一无二的重要地位（图2—21和图2—22）。美国为世界最大的石油消费国和进口国。1980年，美国的石油净进口量为618万桶/日；2000年石油净进口量突破1000

万桶/日。2010年，美国的石油消费量为19180千桶/日，同期的石油进口量为11625千桶/日，石油对外依存度为60.6%。可见，美国对进口石油的依赖程度不断加剧，因此国内经济极易受到世界石油市场风云变幻所带来的冲击。

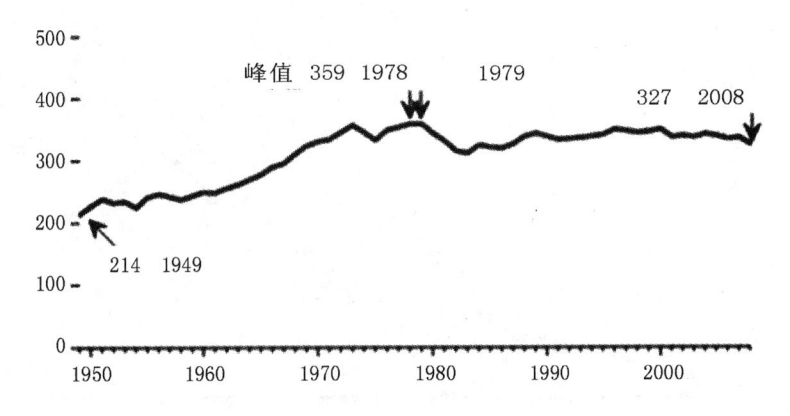

图 2—21　美国人均能源消费（英热单位）

资料来源：EIA,"Annual Energy Review, 2008," http：//www.eia.doe.gov/aer/pdf/aer.pdf.

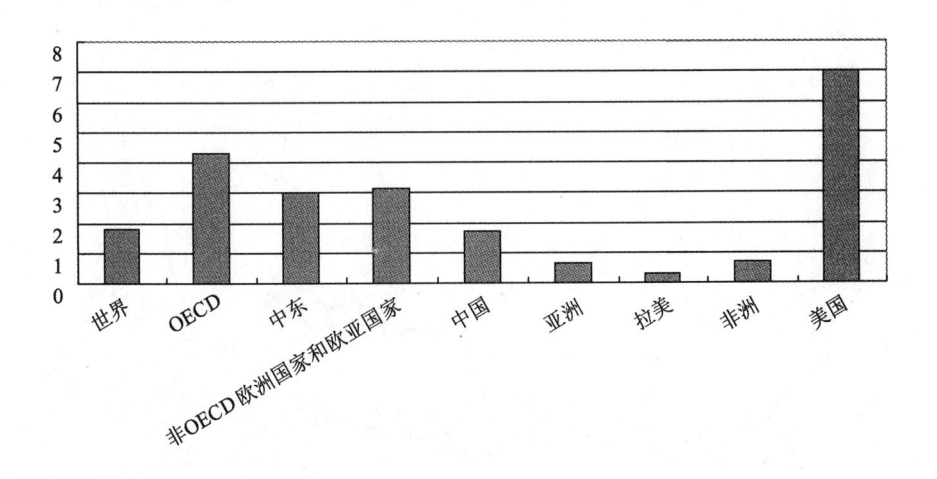

图 2—22　2009 年世界主要国家或地区的人均能耗（吨油当量）

资料来源：IEA,"Key World Energy Statistics, 2011," http：//www.iea.org/publications/freepublications/publication/key_ world_ energy_ stats-1.pdf.

美国人口占世界总人口的5%左右，石油日产量占世界总产量的比重不到10%，居世界第三位，而每日消费石油和石油产品约占世界日消费量的1/4，高居世界首位，居高不下的石油进口对美国的国家能源安全构成

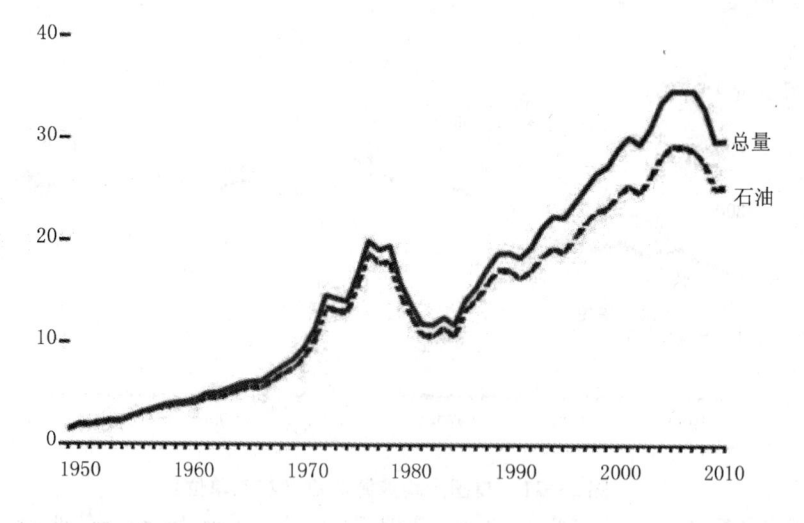

图 2—23　美国一次能源进口（千兆英热）

资料来源：EIA，"Annual Energy Review, 2010," http：//www.eia.doe.gov/aer/pdf/aer.pdf.

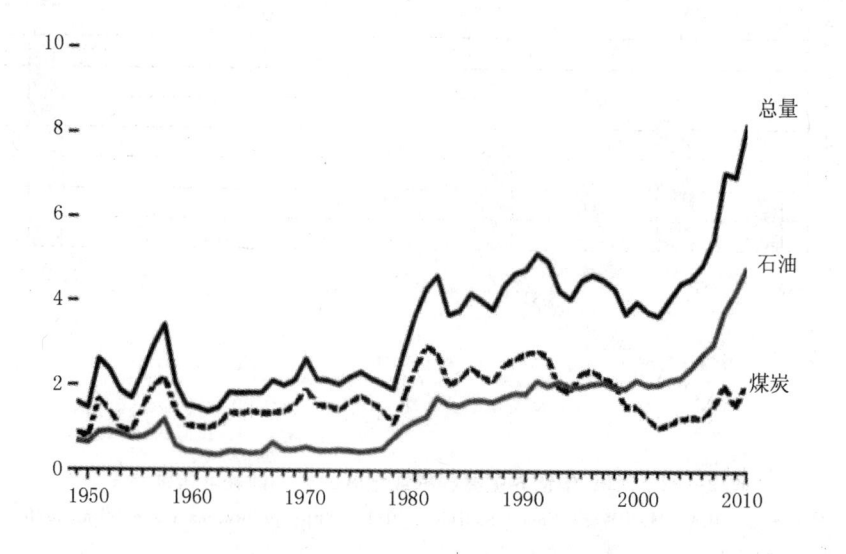

图 2—24　美国一次能源出口（千兆英热）

资料来源：EIA，"Annual Energy Review, 2010," http：//www.eia.doe.gov/aer/pdf/aer.pdf.

威胁。为了保障对国内石油需求的安全供应，美国努力扩大从非OPEC国家特别是周边国家的石油进口，同时，美国计划通过提高国内油气产量、扩大核能和煤炭发电以及实现能源来源多样化，来保障能源的安全供应。

1948年以后，美国开始从中东地区进口石油，成为石油净进口国。这标志着世界能源中心从美国转移到了中东。中东地区是世界上最大的石油供应地。2008年，美国从中东地区进口的石油数量为1.18亿吨，占美国总进口量的18.4%，与2007年相比增加了1045.51万吨，增长了9.7%。虽然中东的石油产量和储量在全世界名列前茅，但该地区长期动乱不安，从而给多数石油进口国增添了许多不稳定因素。为了减少对中东石油的依赖，美国近年来一直努力将对中东的石油依赖分散到北美、非洲、拉美等地区。

当前，美国从世界30多个国家或地区进口石油，前十大石油进口国为：加拿大（19.1%）、沙特阿拉伯（11.9%）、墨西哥（10.1%）、委内瑞拉（9.3%）、尼日利亚（7.7%）、伊拉克（4.9%）、阿尔及利亚（4.2%）、安哥拉（4.0%）、俄罗斯（3.6%）和巴西（2.0%），合计为4.92亿吨，超过其进口总量的3/4。

表2—13　　　　　　　　美国的主要石油进口国　　　　　　　　（千桶/日）

	2000	2001	2002	2003	2004	2005	2006	2007	2008	2009
加拿大	1807	1828	1971	2072	2138	2181	2353	2455	2493	2479
沙特阿拉伯	1572	1662	1552	1774	1558	1537	1463	1485	1529	1004
墨西哥	1373	1440	1547	1623	1665	1662	1705	1532	1302	1210
委内瑞拉	1546	1553	1398	1376	1554	1529	1419	1361	1189	1063
尼日利亚	896	885	621	867	1140	1166	1114	1134	988	809
伊拉克	620	795	459	481	656	531	553	484	627	450
阿尔及利亚	225	278	264	382	452	478	657	670	548	493
安哥拉	301	328	332	371	316	473	534	508	513	460
俄罗斯	72	90	210	254	298	410	369	414	465	563
巴西	51	82	116	108	104	156	193	200	258	309
小计	8463	8941	8470	9308	9881	10123	10360	10243	9912	8840
进口总量	11459	11871	11530	12264	13145	13714	13707	13468	12915	11691
比重（%）	73.9	75.3	73.5	75.9	75.2	73.8	75.6	76.0	76.7	75.6

资料来源：EIA, "U. S. Imports by Country of Origin," http: //www.eia.doe.gov/dnav/pet/pet_move_impcus_a1_z00_ep00_im0_mbbl_m.htm.

6. 美国能源形势仍旧不容乐观。

近年来，随着国际油价的不断上涨，以及国内外环保压力的日益加剧，美国政府推出多项优惠政策，积极推动能源效率提高和清洁能源发展，以期彻底改变美国目前的能源生产和消费格局。美国能效提高效果显著，单位能源强度不断下降。按2005年不变价格计算，单位GDP能源消耗由1973年的1美元15400英热单位下降到2010年的1美元7400英热单位。[①] 同时，美国新能源和可再生能源的消费量在持续增加，其在能源消费总量中的比重，从1973年的4%上升到2009年的8%。尽管美国的能源消费结构正在发生变化，但是，根据EIA的预测，2035年前，美国对化石能源，特别是对石油的依赖不会有根本性变化（表2—14）。

表2—14　　　　美国能源消费预测（参考情景）　　　　　　　　（%）

	2009 消费量	2009 比重	2025 消费量	2025 比重	2035 消费量	2035 比重
石油	36.62	38.60	39.86	37.00	41.80	36.60
天然气	23.32	24.60	25.61	23.80	27.15	23.80
煤炭	19.69	20.70	22.55	20.90	24.31	21.30
核能	8.35	8.80	9.22	8.60	9.19	8.00
水电	2.69	2.80	3.02	2.80	3.09	2.70
生物质能	2.51	2.60	4.67	4.30	5.38	4.70
其他可再生能源	1.29	1.40	2.55	2.40	3.13	2.70
电力净进口	0.32	0.30	0.27	0.30	0.25	0.20
总计	94.79	100	107.77	100	114.30	100

资料来源：EIA, "Annual Energy Outlook 2011: Early Release Overview, 2011," http://www.eia.doe.gov/forecasts/aeo/.

此外，由于能源价格上涨、国内生物燃料生产增加、采用新的效率标准降低能源需求等多种原因，进口能源在满足美国能源需求中所占份额开始下降。预计，能源净进口占美国能源消费总量的比重由2009年的24%

[①] EIA, "International Total Primary Energy Consumption and Energy Intensity: Primary Energy Consumption per Real Dollar of Gross Domestic Product, 2011," http://www.eia.doe.gov/emeu/international/energyconsumption.html.

下降为 2035 年的 18%。① 但是，根据 IEA 预测，2030 年前，化石能源仍将是世界一次能源供应的主要来源。② 这一趋势同样适用于美国，其对外石油依赖仍旧难以根本改变。

根据美国外交关系委员会资助的独立研究小组，未来，美国的石油供应面临着巨大的挑战，这主要来源于两个因素：（1）能源供应大国，比如俄罗斯、伊朗、委内瑞拉等，不断利用雄厚的石油资源来追求自己的战略和政治目标，这可能会有损美国的国家安全利益。（2）随着新兴经济体的经济飞速发展，大量中东原油源源不断地流向这些国家。③ 表 2—15 是近十年来新兴经济体的石油进口情况，可见，快速增长的新兴国家的石油进口需求不断增加。美国作为石油消费大国，与世界上的其他石油消费大国，如中国、印度等，在石油需求方面形成一定的竞争。总之，美国对进口能源的依赖，增加了其在追求外交政策和国家安全目标中的战略脆弱性。

表 2—15　　　　　　部分国家石油消费（1999—2009）　　　　　　（百万吨）

年份	全球	中国	印度	巴西	南非	美国	日本
1999	3521.5	209.6	100.3	92.5	21.6	888.9	257.3
比重（%）	100	6.0	2.8	2.6	0.6	25.2	7.3
2000	3562.1	223.6	106.1	91.6	22.0	897.6	255.5
2001	3581.3	227.9	107.0	92.9	22.4	896.1	247.5
2002	3615.2	247.4	111.3	91.6	23.0	897.4	243.6
2003	3685.8	271.7	113.1	87.8	23.8	912.3	248.9
2004	3828.1	318.9	120.2	88.4	24.4	948.8	241.1
2005	3877.8	327.8	119.6	89.5	24.3	951.4	244.1
2006	3916.2	347.7	120.4	92.1	24.9	943.8	237.5
2007	3969.5	364.4	132.9	99.0	25.9	942.3	229.3
2008	3959.9	380.3	143.6	104.8	25.1	888.5	221.9
2009	3882.1	404.6	148.5	104.3	24.3	842.9	197.6
2011	4059.1	461.8	162.3	120.7	—	833.6	201.4
比重（%）	100	11.4	3.9	2.9	—	20.5	4.9

资料来源：BP, "Statistical Review of World Energy, 2010," http：//www.bp.com/sectiongenericarticle.do?categoryId=9023771&contentId=7044470.

---

① EIA, "Annual Energy Outlook 2011: Early Release Overview, 2011," p.1, http：//www.eia.doe.gov/forecasts/aeo/.
② IEA, "World Energy Outlook 2008," www.worldenergyoutlook.org/.../weo2008/WEO2008_es_english.pdf.
③ John M. Deutch, James R. Schlesinger, and David G. Victor, National Security Consequences of U.S. Oil Dependency: Report of an Independent Task Force, 2006, pp.26-30, www.cfr.org/content/publications/attachments/EnergyTFR.pdf.

7. 美国的温室气体排放情况及其减排立场。

与美国能源消耗量成正比的是，美国温室气体排放总量长期居世界首位，人均碳排放也一直远远高于世界平均水平。自1950年以来，美国温室气体排放总量除了1991年、2001年和2006年三个年份之外，始终呈增长趋势。1991—2007年间，美国温室气体排放量的平均年增长率为0.9%。2007年，美国温室气体排放总量为71.5亿吨，约为全球同期温室气体排放总量的1/5（图2—22）。同年，美国人均二氧化碳排放约为19吨，高于OECD国家的平均排放水平（约11吨），也远远超过世界平均排放水平（4.28吨）。

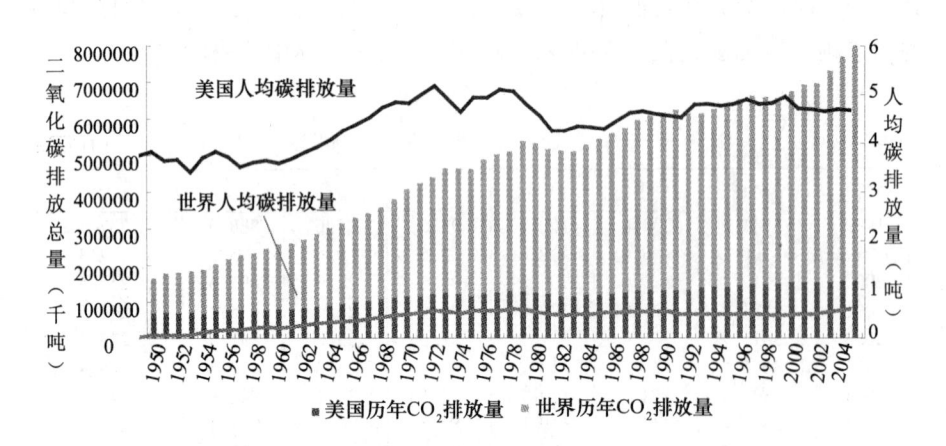

图2—25　美国与世界二氧化碳排放总量趋势及人均碳排放量趋势
资料来源：根据IEA和EIA数据绘制，EIA,"Annual Energy Review," http://www.eia.doe.gov/aer; IEA, "Key World Energy Statistics," http://www.iea.org.

作为温室气体排放大国，美国的减排立场比较复杂。一方面，美国积极支持通过技术发展来降低温室气体排放，另一方面，美国坚决反对以"京都议定书"为代表的国际气候制度。这种复杂的态度根源于三个因素：首先，气候变化本身会对美国的国家利益构成重大损害[1]，因此，减缓气候变化有利于确保美国的国家利益。2009年，美国全球气候变化研究项目

---

[1] The National Assessment Synthesis Team (NAST), 2000, Climate Change Impacts on the United States: the Potential Consequences of Climate Variability and Change, www.usgcrp.gov/usgcrp/Library/nationalassessment/00Intro.pdf.

(USGCRP)发布了《全球气候变化对美国的影响》的最新报告,该报告再次确认了气候变化对美国现在和将来的不利影响。[①] 其次,美国积极致力于通过发展能源技术来实现减排,其短期目标是实现走向复苏、创造就业,而长期目标则是培育新经济增长点、新主导产业,从而实现美国的持续繁荣。最后,美国之所以反对以"京都议定书"为代表的国际气候制度,是因为美国认为这种制度构架对美国提出了严峻挑战:第一,气候变化作为一个科学问题尚存在很大争议;第二,减少温室气体排放将会影响美国经济;第三,发展中国家特别是中国和印度没有承担减排和限排义务,这对美国不公平。[②]

[①] USGCRP, 2009, Global Climate Change Impacts in the United States, http://www.globalchange.gov/publications/reports/scientific-assessments/us-impacts/download-the-report

[②] The White House, Office of the Press Secretary, March 13, 2001, Text of a Letter from the President to Senators Hagel, Helms, Craig, and Roberts, http://www.gcrio.org/OnLnDoc/pdf/bush_letter010313.pdf.

第三章

美国能源安全政策的演变

严格地说,能源安全的目标是在1973年第一次中东石油危机之后才正式被美国政府提出的,此后便成为美国能源政策的核心目标。为了实现这一目标,历届美国政府都一直努力制定周密的能源政策和进行能源管理体制的改革。但由于党派观点的不同,民主与共和两党在能源安全目标的紧迫性和实现这一目标的方法上存在着分歧。从本章对1973年以来历届总统的能源安全政策的陈述和分析中,可以看出这一差别。一般来说,民主党偏向于通过政府监管来控制石油价格和保障能源供应,而共和党则认为市场调节是最佳的方法。但无论是民主党还是共和党,都意识到了能源独立的重要性,并把减少对中东石油的依赖当作实现美国能源安全的必需。

一 二战后至1973年石油危机美国的能源政策

1935年以前,美国不存在统一的联邦能源政策,美国政府对能源的管理是从罗斯福政府从电力的管理开始的,当时是把它当作对自然资源管理的一部分,以此来支持新政的社会和经济改革目标。1935年在罗斯福总统的推动下,国会通过了《联邦电力法》(The Federal Power Act),在该法的基础上建立了联邦电力委员会(The Federal Power Commission),这带来了联邦政府对电力部门的全面控制,而在此之前这个部门是由各州来管理的。从此,美国电力的生产、输送和分配有了永久性的改变。联邦电力委员会的权力随着1938年《天然气法》的颁布而得到进一步的扩大,该法建立了联邦政府对天然气跨州输送和销售的控制。

然而,直到第二次世界大战之前,美国联邦政府一直避免在石油领域里进行干预。第二次世界大战改变了这种状况,因为在战争中,能源,特别是石油，成为一种重要的战略物资，而且在第二次世界大战期间，美国又面临着石油供应短缺的危险。此时，首次产生了关于如何应对石油供应问题的争论，内政部长哈罗德·伊基斯（Harold Ickes）建议要建立一个联邦石油储备公司（The Federal Petroleum Reserve Corporation）来从境外购买石油以供美国盟国之用，之后获得并管理国内石油储备以供在国内紧急情况下使用。他的建议最终得到了采纳，他本人也受罗斯福委派负责在整个战争期间购买和销售国外石油，旨在确保美国盟国的石油供应。此外，内政部被授权管理国内石油产品的价格，供应配额以及分配国防和民用油的生产。从此，政府有责任介入能源事务成为美国能源政策考虑中一个始终如一的和在很大程度上不受挑战的信条[1]，美国联邦政府管理能源也成为一个惯例。

1946年8月，杜鲁门总统签署了《1946年核能法》（The Atomic Energy Act of 1946）。根据该法，建立了核能委员会，而且所有核能方面的行动都归该委员会管理。能源政策分析逐步成为联邦政策规划中的重要组成部分。第一份重要的分析报告出自一名经济学家哈罗德·J.巴雷特（Harold J. Barnett）之手，他在1948年提交了一份报告，题目为《能源利用和供应，1939年、1947年和1965年》（Energy Uses and Supplies, 1939, 1947, 1965）。巴雷特在报告中得出了一个引人注目的结论："由于（国内生产）的高成本和美国石油公司拥有大量外国石油储量，美国将来会大量增加原油进口。"[2] 这个结论受到了内务部的重视，为此，它想改变美国对不可靠的石油进口的过度依赖，方法是从煤炭和页岩中提取液态燃料。1951年内政部从财政部获得了4.55亿美元的联邦贷款来建造一个合成燃料工厂，政府对这个项目的支持主要是由于朝鲜战争所带来的危机感。但是，这个项目的执行结果表明，液化煤和从页岩中提取燃油在技术上是可行的，但其成本过高。

1951年6月，伊朗的穆罕默德·摩萨德政府开始了对盎格鲁—伊朗石油公司（The Anglo-Iranian Oil Company）的国有化进程。伊朗当时的石油

---

[1] Vito A. Stagliano, *A Policy of Discontent*, *The Making of A National Energy Strategy*, *Executive Energy Massage* (Tulsa, Oklahoma: Penn Well Corporation), p. 4.

[2] Craufurd Goodwin, "The Truman Administration: Toward a National Energy Policy," in *Energy Policy in Perspective*, *Today's Problems*, *Yesterday's Solution*, ed. by Crauford Goodwin (Washington, D. C.: Brookings Institution, 1981), pp. 37-38.

产量为70万桶/日，相当于世界石油产量的6%。伊朗军队阻止英国技术人员进入公司，同时想要寻求其他国家技术人员的帮助来维持石油的生产和提炼。但西方石油七姊妹的阻挠致使伊朗原油生产完全陷于停顿。西方石油七姊妹想要阻止那些它们认为"政治上不成熟的"国家获得对自身资源的控制。直到艾森豪威尔政府促成西方石油公司国际财团与伊朗政府之间的生产协议，伊朗才恢复石油生产。[1]

1953年12月8日，艾森豪威尔总统在联合国提出了"和平利用原子能"的主张，并建议成立一个国家机构来促进和平利用原子能。1954年，他签署了美国《1954年原子能法》(The Atomic Energy Act of 1954)，从而打开了发展民用核能项目的通道。1957年，美国在宾夕法尼亚州的希平港(Shipping Port)建成了世界上第一座完整的核电厂。[2] 艾森豪威尔政府在能源方面最大的担忧就是不断增长的廉价进口石油对国内原油生产的冲击。20世纪50年代，进口原油已占美国国内原油生产的约10%，在过去不到10年中，增加了一倍，这一增长趋势令西方国家普遍感到担忧。

鉴于中东政治不稳定状况的前景，艾森豪威尔政府制定了一个减少石油进口的计划。但是，美国国内汽车消费的持续增长导致石油需求的不断提高，致使石油进口非但没有减少，反而不断增加，这促使1959年3月10日艾森豪威尔总统发表总统声明，宣布实行强制性进口石油配额。该决定是根据国会通过的《1955年贸易协定补充法》(The Trade Agreement of Extension Act of 1955)制定的，该法授权总统当进口对国家安全带来负面影响时实行进口配额制度。[3] 进口配额管制把进口石油限制在了国内消费总量的12%。在整个60年代，州政府通过配额、监管和定价来严格控制石油生产。跨州石油交易同样受联邦政府对州内生产配额的限制，波斯湾的石油生产也受到控制。然而不受控制的消费速度的增长超过了美国和石油输出国组织石油产量的增长速度。

---

[1] Vito A. Stagliano, *A Policy of Discontent*, *The Making of A National Energy Strategy*, *Executive Energy Massage* (Tulsa, Oklahoma: Penn Well Corporation), p. 11.

[2] U. S. Department of Energy, "Energy Timeline 1939-1950," http://www.energy.gov/about/timeline 1939-1950. htm.

[3] Vito A. Stagliano, *A Policy of Discontent*, *The Making of A National Energy Strategy*, *Executive Energy Massage*, p. 11.

20世纪60年代到70年代初，美国人着迷于核能和核能发电，[1]并没有感到能源安全问题迫在眉睫，也没有感到有执行新的能源政策的必要，这是因为从1953年起，国际油价持续下降，而美国国内探明的石油储量和天然气储量一直在上升，而且石油产量也在增长。

1961年5月，肯尼迪政府建议对石油进口管制进行重新审查，并在洛杉矶和华盛顿举行了公开的听证会，但是大多数出席作证者认为，对石油进口的控制是必要的，目前的进口水平接近于最适度状态。12月2日，肯尼迪宣布，能源规划办公室（The Office of Energy Planning）（OEP）主任爱德华·A. 麦克德莫特（Edward A. McDermott）将从国家安全的角度监督对石油需求和供应的彻底调查。该办公室于1962年9月4日提出了一份报告，结论是：直到1965年底，美国国内都会有充分的石油供应来满足国防和民用的需求。即使出现一个外国或一些外国政府把减少石油供应当作政治或经济报复的手段，都不会影响美国的石油供应。报告还认为，取消进口控制将导致国内每桶原油价格下降1美元。报告撰写者持有的观点是：不应在现存的制度下迅速改变原油价格，也不应对进口水平做急剧调整。不过，他们感到美国将走向逐步取消进口控制，那时国内石油价格将会相应下降。在这份报告问世后大约3个月，肯尼迪总统发表了另一个声明：将调整美国进口石油和石油产品的数量。[2]

1965年林登·约翰逊刚刚在竞选中取胜，在他的授意下建立的由约瑟夫·费舍尔（Joseph Fisher）领导的执行临时性任务的工作小组就提交了题为《伟大社会的能源政策》的报告，呼吁建立总统能源委员会来决定未来的石油政策，并预料在未来十年里美国将面临石油输出国所造成的石油供应中断的可能性。报告提出了以下一些问题：

1. 美国进口其消费石油总量的多大比例才不会危及其国家安全？
2. 应采取什么预防措施来应对石油供应的中断？
3. 在石油输出国为采取协调一致的政策和行动而组成一个石油输出国组织时，美国在多大程度上面临危险？

然而，虽然该报告作出了一些关于能源的出色分析，但缺少具体的政

---

[1] Henry Lee, "Oil Security and Transportation Sector," in Kelly Sims Gallagher, ed. *Acting in Time on Energy Policy* (Washington. D. C.: Brookings Institution Press, 2009), p. 70.

[2] Edward W. Chester, *United States Oil Policy and Diplomacy, A Twentieth-Century Overview* (Westport, Connecticut, 1983), pp. 37-38.

策措施建议。不久，报告中的建议就由于约翰逊的"伟大社会"的庞大计划和他最终陷入越南战争而受到忽略。① 而且，约翰逊对核电技术和能源政策都缺乏热情。同时，美国在1967年阿以战争中偏袒以色列，引起了阿拉伯国家的强烈不满。

约翰逊政府期间，行政部门对石油进口控制的官方观点反映在内务部发表的一份文件《到1980年的美国石油》（United States Petroleum Though 1980）中。这份文件得出了一个结论：从1959年到整个1966年，美国强制性的石油进口计划已经彻底实现了。美国的原油和天然气生产在60年代增长了，在美国石油的总供应中，进口石油所占比例仅有少量增加，增长率小于50年代的水平。此外，60年代西半球国家在美国的石油进口中占了90%，从而减少了美国对政治最不稳定的中东地区的依赖。不过，把减少从中东进口石油作为政府正式的能源安全政策，是在10年以后才被正式采用的。②

二 1973年能源危机后的美国能源安全政策

1973年之后，能源安全问题被正式提上美国政府的议事日程，从此，能源安全成为美国能源政策的核心和美国对外战略的一个重要组成部分。从那时起至今，随着全球能源需求的增长、能源供应日益紧缺以及能源价格的不断上涨，能源安全对于美国来说日益成为一个紧迫的问题。

（一）尼克松和福特政府的能源政策

当尼克松在1969年上任总统时，美国正处在成为石油净进口国的边缘。许多美国独立的石油公司因依赖于外国石油供应者，地位非常脆弱。在尼克松任职的整个期间，第三世界国家中出现了强烈的民族主义思潮，欧佩克国家在全球石油事务上发挥了日益重要的作用，开发沿海石油也日益成为国际上的关注。尽管这些新情况使得美国确保其石油安全日益困难，美国石油公司在阿拉伯产油国实行石油禁运前夕仍然能控制全球石油

---

① Vito A. Stagliano, *A Policy of Discontent*, *The Making of A National Energy Strategy*, *Executive Energy Massage*, p. 18.

② Edward W. Chester, *United States Oil Policy and Diplomacy*, *A Twentieth-Century Overview*, pp. 44-45.

供应的局面。例如，美国五大石油公司控制了不少于70%的社会主义国家之外的石油，它们不仅产生了美国在海外的最大利润，而且其大部分利润可以在美国逃税。同时，对石油业的投资占美国海外直接投资的1/3，占美国公司在发展中国家全部利润的3/5以上。[1]

此时，已经持续了10年之久的关于限制石油进口政策的辩论继续分裂着美国。1969年3月26日，尼克松任命了一个工作组，由劳工部长乔治·舒尔茨（George Shultz）主持研究石油进口政策。然而，司法部和内务部在这个问题上发生了激烈争论，前者要求取消进口配额，后者希望继续维持配额。助理司法部长理查德·麦克拉伦（Richard McLaren）认为配额制度对于美国国家安全来说不仅是昂贵的，而且是不必要的，而内务部长沃尔特·希克尔（Walter Hickel）则认为在国家安全考虑的基础上建立的分配制度是合理的。虽然尼克松最终选择了继续对石油进口政策进行评估，而不是立即废除配额制度，但1970年2月20日，尼克松建立了一个跨部门的石油政策委员会，"考虑增加石油进口项目的中长期效率并提高其公平性"。[2] 这引起许多美国国会议员的不满。

除维持进口配额制度之外，尼克松政府的另一个做法，即根据国内需求和国内生产的差距来决定配额，导致1971—1972年美国石油进口增长了40%。另一个造成进口增长的决定性因素是，行政部门自1971年起实行了对油价的控制，这一举动极大地扩大了自那时起到1973年对中东石油的进口。

国务院制度分析办公室（The Office of System Analysis）于1972年8月发表了一项研究成果，建议制定强调国家安全因素的新的石油进口政策。其观点是，美国低成本的石油储量正在接近枯竭，因此需要根据一些进口国的石油储量或其剩余石油生产能力的发展，把从中东进口石油的配额按比例分配给这些国家。制度分析办公室希望，这一做法将使美国不受外国减少石油供应的影响。

1972年12月8日，能源应急办公室（The Office of Emergency Preparedness）宣布它将在1973年5月之后中止对主要用于家庭取暖的原油

---

[1] Edward W. Chester, *United States Oil Policy and Diplomacy, A Twentieth-Century Overview*, p. 46.
[2] Congressional Quarterly Service, Congress and the Nation, Volume III, 1969-1972（Washington: Congressional Quarterly Service, 1973）, p. 845.

的进口限制。实际上，4月18日，尼克松总统就正式终止了实行了14年之久的进口限制。到1973年春，进口的外国原油价格已经接近于国内原油价格的水平。配额制度除了在美国进口国中分配进口份额外，不再有任何功效。政府用新的执照费取代了进口控制（实际上这是伪装的关税），希望能以此来刺激国内石油生产和提炼。

  在尼克松任职的整个时期，他不断受到能源问题的困扰，而1973年能源危机彻底改变了美国处理能源问题的政策。在以后的5年中，国会和连续三届政府对这次石油危机做出的反应都是，制定范围广泛的法律和规则，期望通过联邦政府的干预来解决石油供应问题。[①]

  在1973年石油危机发生之前，尼克松关注的仍然是核能。1971年6月4日尼克松在给国会的《保证美国未来清洁能源充分供应的计划》(Program to Insure Adequate Supply of Clean Energy in the Future) 中，称这份报告是一位美国总统向国会发出的一个全面的能源信息。他说："在我们历史上的大部分时间里，美国人民一直把我们有充足的能源供应当作一个理所当然的事情。"但是，由于1970年冬影响美国一些地区的限制用电，造成美国东北部取暖用燃油短缺，燃料价格随之大幅度上涨，以及人们日益意识到化石燃油消费而造成的生态环境的后果，"我们再不能把我们的能源供应当作理所当然的了"。他还强调："如果我们想要有健康经济的持续增长，并改善我们国家的生活质量，充足的清洁能源供应是必不可少的。"[②]为了解决国家能源问题，尼克松制定了研发和规则改革计划，以增加供应和抑制需求。他要求为环保署提供资金以进行氧化物控制技术研究，这成为后来里根政府清洁煤技术计划 (The Clean Coal Technology Program) 的前身；他指示环保署建立一个液态金属快速增殖反应堆 (Liquid Metal Fast Breeder Reactor) 示范工厂，并使之商业化；支持联邦政府资助对气化煤、液化煤和磁流体动力技术（使气化煤通过高温下的磁场来发电）的研发；要求航空航天局 (the National Aeronautics and Space Administration) 对太阳能进行评估。1972年8月7日，核能委员会宣布了一个与

  [①] "Energy Policy from Nixon to Clinton: from Grand Provider to Market Facilitator," http://www.thefreelibrary.com/Energy+policy+from+Nixon+to+Clinton%3A+from+grand+provider+to+market...-a017422520.

  [②] Nixon Message to Congress on Energy Resources, June 4, 1971, http://www.bobsuniverse.com/BWAH/37-Nixon/19710604a.pdf.

私人企业合作在田纳西的克林奇河建立核反应堆的协议。关于能源进口问题，1973 年 4 月 18 日尼克松在给国会的信息中说明，他通过总统声明，取消所有现存原油和石油产品的进口关税，并"中止政府对进口原油和提炼产品数量的直接控制"。① 虽然尼克松政府取消了艾森豪威尔建立的石油进口配额，但它实行了对石油价格和分配实行控制的政策，以减轻通货膨胀的压力。

尼克松深感分管各个方面能源政策的政府机构所制定的能源政策不能统一，因此决心建立一个新的管理能源和自然资源的政府机构。在这之前，尼克松主要是通过办公室直接控制能源政策。到 1973 年，在国会迟迟没有响应其号召而采取行动之后，尼克松通过行政命令重新建立了一套能源班子。他设立了一个总统自然资源顾问，加设了一个能源和矿产部副部长，并设立了第一个联邦节能办公室。他在管理与预算办公室中建立了一个新的能源和科学部门，并把协调石油进口政策的石油政策委员会划归财政部管辖。1973 年 6 月 29 日，尼克松又建立了白宫能源政策办公室，其职能是在总统层次上制定和协调能源政策。② 他再次要求国会建立一个内阁级的能源和自然资源部，并建立一个独立的能源研究和开发署。他提出了一个预算为 100 亿美元的能源技术研发五年计划，并发动了一个全国节能运动，旨在于未来的 12 个月内把预期的个人能源消费减少 5%。1973 年 6 月，尼克松指示核能委员会主席迪克西·李·雷（Dixy Lee Ray）重新审查能源研究和开发活动，并对统一的国家项目提出建议。他说，除非我们快速而有效地采取行动，否则我们就会在可预见的将来面临真正的能源危机。③

1973 年 10 月，第二次阿以战争爆发，10 月 20 日，针对美国再次向以色列提供武器，阿拉伯石油输出国组织（OAPEC），第一次对西方国家使用自己手中的石油武器，宣布对美国、加拿大和荷兰实行石油禁运。该组织还实行了减产，埃及同时关闭了苏伊士运河，这些举动导致了 1973 年

---

① Nixon Message to Congress on Energy Policy, April 18, 1973, http://www.bobsuniverse.com/BWAH/37-Nixon/19730418a.pdf.

② "Energy Policy from Nixon to Clinton: From Grand Provider to Market Facilitator," http://www.thefreelibrary.com/Energy+policy+from+Nixon+to+Clinton%3A+from+grand+provider+to+market...-a017422520.

③ U. S. Department of Energy, "Energy Timeline, from 1971 to 1980," http://www.energy.gov/about/timeline1971—1980.htm.

的石油危机。国际石油市场的日供应量平均每日减少了 160 万桶,油价则翻了 4 倍,从每桶约 3 美元增加到禁运后的 11 美元以上。10 月 7 日,尼克松就能源紧急状况向全国发表演讲,告诉美国人,他们的国家正面临着在未来的若干月和若干年中必须共同面对的严重的国家问题,"我们正迎来二战以来最严重的能源短缺"。他号召制定一个能源"独立计划","开发新的能源资源,使我们有能力满足需求而不依赖于任何外国","到 1980 年我们将有能力用美国自己的能源资源来满足美国的能源需求"。[①]

虽然当时美国的石油进口仅占其石油消费的 30%,而且石油禁运仅影响其进口部分的 30%,但美国真正感到了恐慌。亨利·基辛格在为一本书撰写的推介中写道:"我们已经知道能源危机不仅仅是一个过渡时期的调整问题,而是对自由世界的政治和经济体制的严重挑战。"[②] 1973 年石油危机对于美国能源政策的重要性在于,人们普遍认为,以这次危机为起点,美国的能源政策进入了"现代时期"。

1973 年在石油输出国组织实行石油禁运,从而导致能源危机出现之后,尼克松于 11 月 7 日宣布取消《曼哈顿计划》(The Manhattan Project)[③],同时实行一项《能源独立计划》(Project Independence),该计划的目标是通过节能和开发可替代能源资源,到 1980 年实现美国能源自给。尼克松要求美国满足自己的能源需求,而不依赖于任何国外资源。他宣布,美国的科技和工业可以使美国摆脱对进口石油的依赖。他把能源独立当作美国维持全球霸权的关键,提出:"当前的挑战是重新获得我们在 20 世纪早些时候拥有的力量,即自给自足的力量。我们满足自己能源需求的能力限制了我们在国内外不仅为了美国,而且为了世界上所有国家,在为和平服务方面采取决定性的和独立行动的持续能力。"[④]《能源独立计划》的主要内容是:减少 10% 的航空用油;减少 15% 的家庭和办公室取暖用

[①] Nixon Address on Energy Shortage, Nov. 7, 1973, http://www.bobsuniverse.com/BWAH/37-Nixon/19731107b.pdf.

[②] Energy Policy from Nixon to Clinton: from Grand Provider to Market Facilitator, http://www.thefreelibrary.com/Energy + policy + from + Nixon + to + Clinton%3A + from + grand + provider + to + market...-a017422520.

[③] 曼哈顿计划是第二次世界大战以前设立的美国政府秘密项目的代号,以后英国和加拿大政府参加了此项目,它在第二次世界大战期间对第一颗原子弹的成功研发中达到高潮。

[④] "The President's Address to the Nation Outlining Steps to Deal with the Emergency, November 7, 1973," http://www.ena.lu/address_given_richard_nixon_november_1973-02-11710.

油；用石油发电的电厂改用燃煤发电；在全国范围内实施汽车限速 50 英里/小时，以每日节省 20 万桶的石油消费；把联邦资金从高速公路建设转为"大众运输系统"；加快对核能发电的审批和建设速度；敦促国会进口通过有关建成跨阿拉斯加石油管道系统的法案，以便把阿拉斯加北坡的石油输送到阿拉斯加南部的不冻港瓦尔德兹；建立为期 5 年的 100 亿美元的能源研究与开发项目，以更好地使用能源和开发新能源。[1]

12 月，新成立的联邦能源办公室取代了能源政策办公室，联邦能源办公室的职能是减少对石油供应的中断，控制石油和汽油的价格。随着 1973 年石油危机的深化，尼克松得到了国会授权对私有和公共能源需求进行控制，并实行能源生产的配额。1974 年 5 月 7 日，尼克松签署了《1974 年联邦行政法》，联邦能源管理局（Federal Energy Administration）取代了联邦能源办公室。联邦能源管理局的职能是，管理燃料分配、石油价格控制、能源信息的收集和分析，以及制定能源独立计划和节能计划。

也是在 1973 年石油危机发生之后，美国参议院本土与岛屿事务委员会（1977 年更名为能源与自然资源委员会）主席的参议员亨利·马丁·杰克逊（Henry Martin Jackson）倡议建立战略石油储备，以在国家遇到紧急情况下向美国军队提供石油。这是对国防部的计划做出的响应：国防部需要充分的石油供应来同时打两场地面战争。从那时起，美国开始建立战略石油储备，但最初，尼克松和杰克逊所关心的是其中的军事需要而不是经济需要。

1974 年 2 月，国务卿基辛格主持了一个在华盛顿召开的 13 个主要石油消费国的会议，旨在制定一个能够被所有参加国接受的能源政策，然而，这个会议没有取得成果。到 8 月尼克松辞职之前，国会仅通过了 6 项有关能源的立法，其中最重要的内容是授权修建阿拉斯加石油管道，联邦政府实行对石油价格的控制，对原油和石油产品进行分配，并建立一个新的联邦能源署（The Federal Energy Agency）和一个新的能源研发局（The Energy Research and Development Administration），中止各种旨在控制污染的措施。[2]

---

[1] "The President's Address to the Nation Outlining Steps to Deal with the Emergency, November 7, 1973," http://www.ena.lu/address_ given_ richard_ nixon_ november_ 1973-02-11710.

[2] Edward W. Chester, *United States Oil Policy and Diplomacy*, *A Twentieth -Century Overview*, p. 331.

1974年7月2日，尼克松在向国会提出的《能源重组法案》中，再次提出能源独立的目标，但是，由于尼克松因水门丑闻而辞职，这项任务落到了继任的福特总统身上。福特政府的能源管理局助理局长艾瑞克·左森奈（Eric Zaismet）与其他机构借调的500名职员一起，于1974年11月制定出了一份长达800页的《能源自给计划蓝图》（Project Independence Blueprint）。1974年10月，国会最终通过了早些时候尼克松建议的《能源重组法案》（The Energy Reorganization Act）。10月11日，福特总统签署了该法，根据该法，建立了联邦能源研究与开发局（The Energy Research and Development Administration）、核能管理委员会（The Nuclear Regulatory Commission）和能源资源委员会（The Energy Resources Council），同时原子能委员会被废除。福特开始重新思考富有进取性的"能源独立"的概念，并采取了一个较为有节制的目标——寻求"合理的能源自给"。

在1975年1月13日的一次电视和无线电广播讲话中，福特特别强调能源、经济和安全政策之间的关联。他说："我们必须同时在经济衰退、通货膨胀和能源依赖三条战线发动一场战役。"① 两天之后，在其第一个国情咨文中，他宣布设定了国家能源政策的三个目标：

1. 到1975年底，把每日石油进口减少100万桶，到1977年减少200万桶。

2. 到1985年，消除美国容易受外国石油供应者造成的经济中断的脆弱性。

3. 开发国内能源技术和资源，以使美国到20世纪末能够满足"自由世界"的很大一部分能源需求。②

为了实现这些目标，福特总统要求国会就美国历史上联邦政府对能源部门最全面的干预通过立法。这些法案包括一个增加能源供应的大规模计划，强调在联邦土地和美国外大陆架上的石油生产，建议从1975年2月1日起对进口石油每桶征收1美元的关税，到1975年4月1日把关税提高到每桶3美元；解除对新的天然气生产的管制；到4月1日取消对国内原油

---

① "Address to the Nation on Energy and Economy Progress," Jan. 13, 1975, http：//www. presidency. ucsb. edu/ws/index. php？pid = 4916#axzz1H4BA2emS.

② "President Gerald R. Ford's Address before a Joint Session of the Congress Reporting on the State of the Union," January 15, 1975, http：//www. ford. utexas. edu/library/speeches/750028. htm.

价格的控制；要求国会在 4 月 1 日前立法征收石油暴利税。①征收能源进口税的措施遭到了国会和联邦法院的反对，但是福特把它维持到了 1975 年年底才取消，作为对国会颁布《能源政策与节能法》（The Energy Policy and Conservation Act）的反应。国会立法还授权在今后的若干年中逐步取消价格控制，它预计国内原油成本每桶将下降 12 美分，然后将允许其缓慢上涨。②

为了实现到 1985 年每日减少 300 万—500 万桶能源消费的目标，福特要求国会制定新建筑物的能源效率标准，为每个家庭提供 150 美元的税收优惠用于房屋的保暖隔离，并建立一个联邦项目帮助低收入家庭购买隔离材料；要求在 1980 年以前汽车燃油效率提高 40%，并建议推迟 5 年执行汽车污染标准以把注意力集中于提高燃油经济。

为了使美国不受国外石油供应中断的影响，在能源安全方面，福特建议建立 10 亿桶战略石油储备用于民用，3000 万桶用于国防目的。他还制定了一个雄心勃勃的技术研发计划，目标是到 1985 年，合成燃油和页岩石油的日产量达到 100 万桶；在未来的 10 年中建立 200 个核电站、250 个新煤矿、150 个火力发电厂、30 个炼油厂和 20 个合成燃油厂；钻探几千口新油井，为 1800 万个家庭安装保暖隔离设施，生产几百万辆节能型轿车、卡车和公共汽车。③

1975 年 10 月，国会通过了《能源政策和节能法》（The Energy Policy and Conservation Act），虽然该法与福特最初的建议相去甚远，并且没有包括福特关于扩大能源供应的大部分内容，但福特还是于 12 月 22 日签署了该法。这项法律把政府对能源价格的控制延长到 1979 年，授权政府建立汽车燃油经济标准和战略石油储备。④ 1976 年，国会通过了《节能与能源生产法》（The Energy Conservation and Production Act），规定提供 20 亿美元的贷款支持商业、工业、非营利性机构和地方政府对节能项目的投资，通

---

① "President Gerald R. Ford's Address before a Joint Session of the Congress Reporting on the State of the Union," January 15, 1975.

② Edward W. Chester, *United States Oil Policy and Diplomacy, A Twentieth-Century Overview*, p. 332.

③ "President Gerald R. Ford's Address before a Joint Session of the Congress Reporting on the State of the Union," January 15, 1975.

④ U. S. Department of Energy, "Energy Timeline, from 1971 to 1980," http：//www.energy.gov/about/timeline1971-1980.htm.

过提高产量的技术，解除对枯竭油井开采和石油生产的控制。该法同时要求总统制定重组联邦管理能源和自然资源的政府机构的计划，这为其后卡特政府成立能源部打下了基础；成立了能源信息和分析办公室（The Office of Energy Information and Analysis），这是能源信息署（The Energy Information Administration）的前身。[①] 这样，到 1976 年，在石油危机发生 3 年之后，国会在能源方面的立法达到了高潮。

然而，到 1976 年春，美国原油的平均日产量下降到了 810 万桶，是 10 年以来的最低水平。国会通过法案允许在 3 个海军石油储备地区开采石油，并拨给沿海各州 12 亿美元以缓解沿海石油和天然气开发所带来的冲击，但它没有通过福特政府为解除对天然气价格控制而提出的法案。[②]

在国务卿基辛格的要求下，福特也做出了一些努力来促进消费者之间的国际合作，包括建立国际能源机构来促进石油生产和可替代能源资源。[③] 美国认识到，为了保护美国石油供应安全，就必须使西方国家团结起来应对石油危机。在国务卿基辛格的奔走之下，1974 年 11 月 15 日，以国际经合组织为基础成立了国际能源机构。

这一时期，也产生了公众对能源征税的强大抵制。联邦能源局（The Federal Energy Administration）局长约翰·索希尔（John Sawhill）因其对每加仑汽油征收 5 美分税收的政策遭到公众的强烈反对而辞职。

（二）卡特政府的能源政策

在卡特总统上任的 1977 年，美国石油进口占其消费量的百分比从 1974 年的 35.8% 上升到了 47%。卡特总统对能源安全的重视可以在其 1977 年 4 月 18 日对全国发表的第一个关于能源政策的演说中略见一斑，他说：

"能源危机并没有压倒我们，但是如果我们不迅速采取行动，我们就将被压倒。这是一个我们在未来的若干年内都无法解决的问题，而且它在

---

① Vito A. Stagliano, A Policy of Discontent, The Making of A National Energy Strategy, Executive Energy Massage, p. 30.

② Edward W. Chester, *United States Oil Policy and Diplomacy*, *A Twentieth-Century Overview*, p. 332.

③ "Energy Policy from Nixon to Clinton: From Grand Provider to Market Facilitator," http://www.thefreelibrary.com/Energy + policy + from + Nixon + to + Clinton%3A + from + grand + provider + to + market...-a017422520.

20世纪余下的时间里,可能会逐渐恶化……我们关于能源问题的决定,将考验美国人民的品格以及总统和国会治理这个国家的能力。这一困难的努力将'如同战争一样艰苦卓绝'(the moral equivalent of war)"。①

卡特还在演说中宣布了其《国家能源计划》(The National Energy Plan),其中包括建立能源部的设想。两天之后,卡特向国会提交了《国家能源法案》。

在《国家能源计划》问世的前几天,中央情报局发表了一份对国际能源状况的评估报告。它认为,苏联的石油产量将在80年代达到峰值,因此苏联和其他华沙条约组织成员国将需要石油输出国组织的石油来满足其需求,这将影响苏联的中东政策,使苏联成为美国进口中东石油的竞争者。②《国家能源计划》提出了7个量化目标:

1. 把美国年度能源总需求的增长率降低到2%以下;
2. 把汽油消费减少到低于1977年的10%;
3. 把石油进口从预计1985年的每日1600万桶降低到600万桶,这大约是美国能源消费总量的1/8;
4. 建立10亿桶的战略石油储备;
5. 把煤炭产量提高2/3,每年增加逾10亿吨;
6. 要求90%的现有美国家庭住房和所有新建房屋达到最低限度能效标准;
7. 在250万个以上的家庭中使用太阳能。③

《国家能源计划》的重点是,改变对石油的依赖状况,提高住房的保暖性能。卡特政府还倡议,对原油、工业用石油和大量耗费天然气的机动车征税,并建立可以供应6个月的石油储备。《国家能源计划》的实施表明,美国在阿拉伯石油生产国的石油禁运之下,感到了大规模社会经济改革的迫切性,虽然事后分析家认为,1977年美国总体上并不存在能源危机,只不过传统上依赖石油供暖的新英格兰地区较长时间的冬季燃料短缺

---

① Jimmy Carter, *Keeping Faith: Memoirs of a President* (Arkansas: The University of Arkansas Press, 1995), p. 96.

② James L. Cochrane, "Energy Policy in the Johnson Administration: Logical Order versus Economic Pluralism," in *Energy Policy in Perspective*, ed. by Craufurd Goodwin (Washington, DC: Brookings Institute, 1981), pp. 556-559.

③ Executive Office of the President, *The National Energy Plan*, p. xiii.

带给了卡特能源危机的假象。

为了执行《国家能源计划》，经过18个月美国国会历史上最密集的游说活动，1978年10月15日国会通过了《国家能源法》(The National Energy Act)，卡特于11月9日签署了该法。《国家能源法》由一系列法律组成，包括《国家节能法》(The National Energy Conservation Policy Act)、《电厂和工业燃料使用法》(The Power Plant and Industrial Fuel Use Act)、《公共事业公司管理政策法》(The Public Utilities Regulatory Policy Act)、《能源税收法》(The Energy Tax Act)和《天然气政策法》(The National Gas Policy Act)。[1]值得注意的是，这些法律都是在民主党政府没有得到国会中的共和党人支持的情况下通过的，而且又正值中期选举年，其艰难程度可想而知。为此，卡特在以后的自传中说："这次为制定国家能源政策所做的斗争，是一场令人筋疲力尽的战斗，它涉及几乎所有的联邦机构、所有的州和地方政府、每一位国会议员、几十个利益集团以及几千亿美元。"[2]

《1978年国家节能政策法》(The National Energy Conservation Policy Act of 1978) 授权为家庭建立公用事业设备管理的节能计划、对低收入家庭的越冬防寒提供援助、太阳能和节能贷款计划，为学校和医院的节能拨款，指示能源部对13个范畴的家用电气产品制定能效标准，以及为在美国50个州设立能源办公室及其运作提供资金。《电厂和工业燃油使用法》(The Powerplant and Industrial Fuel Use Act) 禁止在新建发电厂和工厂中使用石油和天然气发电，其目的是减少使用石油；要求到1985年，石油在美国经济中主要被用于交通部门以及作为化工和塑料工业的原料。[3]《公共事业公司管理政策法》(The Public Utilities Regulatory Policy Act) 要求公共事业公司用较高的价格来购买主要使用可再生能源的发电厂生产的电力。《能源税收法》(The Energy Tax Act) 对那些为其住房安装保暖层或安装太阳能热水器系统的房产主提供税收优惠，同时，惩罚耗油量大的机动车。《天然气政策法》(The National Gas Policy Act) 是所有立法中最受争议的，

---

[1] U. S. Department of Energy, "Energy Timeline, from 1971 to 1980," http：//www. energy. gov/about/timeline1971-1980. htm.

[2] Jimmy Carter, *Keeping Faith*: *Memoirs of a President*, p. 128.

[3] 直到1992年，当环境问题变得突出起来时，人们才意识到使用天然气是更好的减少温室气体排放的方法。

它把对天然气井口价的控制扩大到了州内市场，同时允许分阶段地部分解除对新的、高成本天然气的控制。一些人认为，这一政策的结果是刺激了高成本天然气的生产，抑制了低成本天然气的生产。[1]

对能源管理的改革体现在，1977年8月4日，卡特总统签署了《能源部组织法》（The Department of Energy Organization Act），之后根据该法建立了能源部，取代了原有的联邦能源署、能源研究与开发署和联邦电力委员会。新的能源部合并了12个部门，负责监管能源价格、能源的分配、能源资源和资助能源方面的研究，并被赋予了对核武器计划的责任。约翰·R. 施莱辛格（John R. Schlesinger）被任命为第一任能源部长。10月1日，能源部开始运行，它被赋予了保证充足的能源供应和开发新能源技术的重任，同时还负责国家核武器项目。

卡特政府对能源管理的改革表明，美国正迅速进入极大地扩大对能源生产和能源利用行使公共权力的时代。虽然从历史上看，自二战结束以来，能源供应和消费从未摆脱政府的管理，但是70年代美国政府对能源部门的权力如此迅速地扩大，导致到1980年实际上没有一个能源管理领域能不受政府的影响。政府在能源领域权力的扩大特别受到一个日益增强的看法的推动：国家需要节约迅速枯竭的能源资源，同时需要开发常规的和新能源资源，并减轻原油价格急剧上涨给经济带来的影响。然而，即使政府官员和民众都认识到国家能源状况的严重性，政府仍然难以制定有效的能源政策。一个重要的原因是，所有的能源政策都会以不同的方式使不同的社会群体得到好处或受到损害。[2]

1978年伊朗革命引发了第二次石油危机。这次石油危机爆发以前，美国每天从伊朗进口大约75万桶石油，占美国消费总量的4%。伊朗革命使伊朗对国际市场的石油供应每日减少了300万桶，而美日的石油消费量超过了生产量200万桶[3]，因此出现了全球性的石油短缺。直到1979年4月即危机发生后的6个月，伊朗石油生产才恢复到危机前的水平，而油价则

---

[1] Vito A. Stagliano, *A Policy of Discontent*, *The Making of A National Energy Strategy*, *Executive Energy Massage*, pp. 37-38.

[2] Walter A. Rosenbaum, *Energy*, *Policy and Public Policy* (Washington, D. C.: Congressional Quarterly INC., 1981), pp. 4-5.

[3] U. S. Department of Energy, "Energy Timeline, from 1971 to 1980," http://www.energy.gov/about/timeline1971-980.htm.

上涨了 82%，从 1978 年秋季的每桶将近 13 美元上涨到 1979 年春季的超过 23 美元。① 这表明，石油市场已经全球化，在全球任何地方出现供应中断都可能影响所有国家。

　　第二次石油危机严重打击了卡特政府。面对日益显现的能源短缺，1979 年 4 月 5 日，卡特总统宣布将在 1976 年 6 月 1 日至 1981 年 9 月 30 日期间逐步解除对油价的控制，并建议征收暴利税，用这些税款建立一个能源安全信托基金（The Energy Security Trust Fund），将把其中的一部分用于补贴低收入家庭，大部分用于研究和开发新能源。5 月，卡特向国会提交了第二个国家能源计划，该计划包括如下措施：

　　在节能方面，建议以替代能源的成本为燃料定价，对节能方面的投资给予税收优惠，建立监管体制以减少新建筑和汽车方面的能源消费。为低收入群体、学校和医院的节能项目拨款，联邦政府对能效技术的研发进行新的投资。

　　在石油部门，提出分阶段放开对石油价格的控制，到 1981 年完全放开；对新油井、低产油井和对采用提高采油率技术的油井使用给予税收优惠；征收石油暴利税；用暴利税来资助油页岩产油技术的商业化应用展示；建立 10 亿桶石油战略储备；多边银行资助在发展中国家的石油勘探和生产；加速研发从重油和油砂中提炼石油的技术。

　　在天然气部门，通过"更稳定和有预见性"的监管刺激天然气生产，分阶段解除对高成本天然气（通常储存在 15000 米以下）的价格控制；在工业和公共事业公司用天然气来取代进口石油，提高产自阿拉斯加、加拿大和墨西哥的天然气使用量，为刺激非传统气体能源的生产而加速技术发展和提供税收优惠。在煤炭部门，要求所有新建电厂与工厂都使用煤炭，加速研发碳排放控制技术、液化煤和气化煤技术与磁流体动力技术的研发。在核能部门，要求建立国家核废料场，提高确定核电厂地点和发放执照的效率，通过研发改进轻水反应堆，降低铀浓缩成本，继续进行增殖反应堆的研究，到 80 年代中期在科学上证明核聚变的可行性。在可再生能源部门，对这个刚刚起步的工业提供税收优惠和其他财政刺激支持，推广太阳能技术；对具有替代石油潜力的可再生能源技术进行研发和"产品支

---

① Vito A. Stagliano, *A Policy of Discontent*, *The Making of A National Energy Strategy*, *Executive Energy Massage*, p. 39.

持",对地热资源的开发提供税收优惠和贷款保障。①

1979年6月20日,卡特宣布了一项增加太阳能使用的计划,包括建立太阳能开发银行,增加对太阳能研发的资金。这项计划是建立在1978年对太阳能政策重新审查的报告之上的。这份报告得出了一个结论:通过最大限度的实际努力,到2000年能够把来自太阳能和可再生资源的能源提高到18.5夸特,而1977年来自这些方面的能源只有4.2夸特。② 在1970年之前的10年中,太阳能技术的支持者曾敦促政府在联邦能源研究的拨款中给予太阳能一席之地,即使是少量的预算经费。然而,只是在1973年石油危机之后,联邦政府才特别对太阳能研究给予了拨款。1974年是联邦政府为太阳能项目拨款的第一年,仅拨了4500万美元,占联邦政府能源研究经费的3%,而相比之下,核能技术得到了10亿美元,燃煤技术得到了1.1亿美元,它们分别占能源研究经费的80%和9%。直到1974年支持太阳能的游说集团组织起来,1976年冬季又发生了严重的燃料短缺,大量拨款才给予了太阳能研究。1978年出现了支持太阳能研究的全国性示威。这样,到1980财年,卡特总统的年度财政预算包括了6.9亿美元的新的太阳能项目,比1978年增加了80%。③

7月10日,卡特宣布出现了全国能源短缺,并实施对非居民住宅建筑的室温限制。7月15日,在伊朗人质危机发生后,卡特宣布能源是对把美国团结起来的能力的直接考验,并建议在未来的10年内投资880亿美元用来从煤炭和油页岩中提取合成燃料。1980年,卡特签署了《能源安全法》(The Energy Security Act),它包括六项重要的法律:《美国合成燃油公司法》(U.S. Synthetic Fuels Corporation Act)、《生物能源和乙醇燃料法》(The Biomass Energy and Alcohol Fuels Act)、《可再生能源法》(The Renewable Energy Resources Act)、《太阳能与节能法》(The Solar Energy and Energy Conservation Act)、《太阳能和节能银行法》

---

① DOE, *National Energy Plan II*, A Report to the Congress, Required by Title VIII of the DOE Organization Act (Public Law 95-91), Washington, DC, 1979, pp. 13-14. 转引自 Vito A. Stagliano, *A Policy of Discontent*, *The Making of A National Energy Strategy*, *Executive Energy Massage*, p. 41.

② "Solar Energy, Remarks Announcing Administration Proposals, June 20, 1979," *Presidential Documents*, Vol. 15 (June 25, 1979), p. 1095.

③ Walter A. Rosenbaum, *Energy, Policy and Public Policy* (Washington, D.C.: Congressional Quarterly INC., 1981), p. 9.

(The Solar Energy and Energy Conservation Bank Act)、《地热能源法》(The Geothermal Energy Act)以及《海洋地热能转换法》(The Ocean Thermal Energy Conversion Act)。①在执行第二个国家能源计划时,国会批准从1980年3月1日起开始对石油公司征收50%的暴利税,对新发现的油井生产的原油征收30%的税,并授权组建合成燃料公司。但是国会拒绝了卡特建立能源动员委员会的建议。

在能源危机的情况下,国会对卡特政府加强能源安全的政策给予了配合,先前在卡特政府提出《国家能源法》时被国会否决的一些政策得以实施。总之,这一时期美国能源政策的特征是,政府想要制定雄心勃勃的国家能源目标,认为通过建立中央化的机构,联邦政府有能力实现这些目标,政府要承担起对资源的责任,关键是要对新技术发展进行大规模投资。

1980年,美国的能源进口量下降了,但是它仍然构成了美国能源消费量的40%。尽管征收了暴利税,石油公司的利润仍在上升。然而,油价控制成为争论最大的政策。1981年初,在新当选的里根总统废除对油价的控制并减少对能源部的预算之前,油价达到了每桶40美元的峰值。而许多人认为,对油价的控制反而造成了油价不断攀升。②

(三)里根政府的能源政策

里根总统的能源政策是使"在能源部门里促进市场力量的效力,把市场力量当作影响投资、生产和消费决定的指导和约束力量"③。他在1980年的竞选中就攻击卡特政府的能源政策,表示自己将要限制政府对市场的

---

① Energy Timeline, from 1971 to 1980, http://www.energy.gov/about/timeline1971-1980.htm.

② 参见王波《美国石油政策研究》,世界知识出版社2008年版,第97—103页。作者的观点是:油价管制使石油消费者和炼油商获利,刺激了石油消费,而不利于节能;同时由于美国国内油价明显低于国际市场,国内石油生产商的生产积极性受到削弱,因而不利于国内石油产量的提高,导致石油进口不断增长。也可参见维托·斯泰格利埃诺《美国能源政策:历史、过程与博弈》,第29页。作者提到,当里根政府对卡特政府的能源管理政策反其道而行之,改为完全听由市场力量的引导时,美国石油产量迅速回升,价格持续下降。戴维·H.万斯也认为,市场力量而不是价格控制更可能取得石油市场上的价格稳定。见David H. Vance, "Long-Run Oil Prices and U.S. Energy Security," in Wilfrid L. Kohl, ed., After the Oil Price Collapse, OPEC, the United States, and the World Oil Market (Baltimore and London: The Johns Hopkins University Press, 1991), pp. 67-84.

③ Economic Report of the President, Transmitted to the Congress, February 1982, together with the Annual Report of the CEA (Washington, D.C., 1982), p.156;《美国能源政策》,第29页。

干预，甚至不断喊出"取消能源部"的口号。① 他指出，当年的原油生产确实比上一年有所增长，但仍然低于 1978 年。"1980 年的产量之所以有所增长，是由于阿拉斯加的石油产量。而美国能源部的每月能源回顾显示，在卡特当政的 4 年中，原油生产在美国的 48 个大陆州逐年下降。"② 从表 3—1 所显示的能源部统计数字来看，事实也确实是如此。

为此，里根决心彻底改变卡特时期的能源政策，取消或逐步取消对石油征收的暴力税和对大多数能源的税收优惠，包括石油、天然气和可替代燃油，并鼓励核能生产。③ 他上任伊始就于 1981 年 1 月 28 日签署了 12287 号行政令，宣布解除对原油和提炼石油产品的控制，完全放开了石油价格，而卡特政府时期订立的《能源政策与节能法》原本规定到 1981 年 9 月 30 日才完全解除对油价的控制。里根声称："结束价格控制是向平衡的能源计划迈出的第一步，是一个摆脱任意的和产生相反效果的制约的计划，旨在促进谨慎的节能和生气勃勃的国内生产。"④ 此外，里根政府还减少了对节能和能源转换的投入，并对石油公司实行减税政策。在里根上任的第二年，国会废止了 1975 年通过的《能源政策和节能法》。新通过的《能源紧急状态下准备法》对能源的管制更加宽松。1984 年，里根政府对合成燃料公司的拨款削减了一半，1985 年完全停止了拨款，对除核能外的其他能源项目的拨款也急剧减少。

里根政府试图通过税收减免政策鼓励石油生产。在把控制油价的政策改变为依赖市场的政策之后，美国的石油产量有了一些回升，同一时期，美国原油进口也从每日 630 万桶下降到了 380 万桶。然而，据统计，美国石油产量增加的主要原因是阿拉斯加石油管道系统的建立使产自阿拉斯加的石油大幅度增长，但美国本土各州的石油产量却出现了缓慢下降（见表 3—1）。而且，与其他主要产油国相比，美国的石油开采成本偏高。美国

---

① Milton R. Copulos, "Why Reagan Should Keep His Word and Shut down D. O. E. ," March 30, 1983, http: //www. policyarchive. org/handle/10207/bitstreams/9071. pdf.

② Douglas, E. Kneeland, "Reagan Presses Carter on Charge of Misleading on Energy," *New York Times*, Sept. 12, 1980, p. D14.

③ Salvatore Lazzari, CRS Report for Congress, Order Code RL33578, Energy Tax Policy: History and Current Issues Updated, June 10, 2008, http: //www. fas. org/sgp/crs/misc/RL33578. pdf.

④ Ronald Reagan, "Statement on Signing Executive Order 12287, Providing for the Decontrol of Crude Oil and Refined Petroleum Products," January 28, 1981, http: //www. reagan. utexas. edu/archives/speeches/1981/12881b. htm.

石油生产大部分是依靠成本高的低产井,日平均产量仅为 13 桶,相比之下,沙特阿拉伯的每口油井日均产量将近 7000 桶,伊朗是接近 9000 桶。同时,在开采成本方面,美国与中东产油国也存在巨大差距,在美国生产一桶原油的成本是 13 美元,而在中东是不足 5 美元。[①]

表 3—1　　　　　　　1977—1988 年美国石油产量　　　　　　（万桶/日）

年份	原油产地		
	美国本土 48 州	阿拉斯加	总计
1977	7781	464	8245
1978	7478	1229	8707
1979	7151	1401	8552
1980	6980	1617	8597
1981	6962	1609	8572
1982	6953	1696	8649
1983	6974	1714	8688
1984	7157	1722	8879
1985	7146	1825	8971
1986	6814	1867	8680
1987	6387	1962	8349
1988	6123	2017	8140

资料来源:U. S. Energy Information Administration (EIA), *Monthly Energy Review*, Dec. 22, 2010, http://www.eia.gov/aer/txt/ptb0501.html.

70 年代相对高的油价刺激了向海湾以外地区的石油勘探和开发,阿拉斯加北坡、北海地区的英国和挪威的油田以及墨西哥的石油生产都扩大了。非石油输出国组织的石油产量也从 1976 年的 1400 万桶/日提高到 1985 年的 2300 万桶/日。同时,从 1972 年到 1982 年的 10 年间,国际石油实际价格从每桶 10 美元上涨到 39 美元,1980 年达到每桶 46 美元的峰值。然而,在以后的 5 年中,国际价格又反而持续下降,到 1985 年降到了谷底,仅为 9 美元。

[①] DOE, Energy Security: A Repot to the President of the United States, DOE/S0057, Washington, DC, March 1987.

表 3—2　　　　　1977—1988 年美国石油进出口和供应量　　　　（万桶/日）

年份	贸易			石油供应量
	进口	出口	净进口	
1977	8807	243	8565	18431
1978	8363	362	8002	18847
1979	8456	471	7985	18513
1980	6909	544	6365	17056
1981	5996	595	5401	16058
1982	5113	815	4298	15296
1983	5051	739	4312	15231
1984	5437	722	4715	15726
1985	5067	781	4286	15726
1986	6224	785	5439	16281
1987	6678	764	5914	16665
1988	7402	815	6587	17283

资料来源：U. S. Energy Information Administration (EIA), *Monthly Energy Review*, Dec. 22, 2010, http：//www. eia. gov/aer/txt/ptb0501. html.

1981 年里根政府提出其第一个能源政策计划，这一政策与卡特政府时期的政策可以说是反其道而行之，其所依据的观点是，不承认自然资源的有限性，主张自然资源不受政府的日常管理，而要由市场来主导。在能源安全方面，里根政府坚持六项原则：

1. 主要依靠市场力量来决定能源价格和能源供应的分配，甚至在紧急情况下也是如此。

2. 尽快增加政府战略石油储备，同时消除阻碍私人公司建立自己的紧急石油储备的因素。

3. 建立在紧急情况下使用战略石油储备的标准和机制。

4. 鼓励生产厂商和公共事业公司重视工厂和生产设备具有使用两种燃料的能力，从而在能源短缺时能够容易转向使用更容易获得的能源。

5. 事先制订计划允许国内能源生产者在能源短缺时把产量和运输提高到最适度水平之上，而不受到经济上的惩罚。

(6) 在能源的紧急情况下加强国际协调。①

为了突出战略石油储备的重要性，政府承诺将在 1989 年以前把国家战略石油储备提高到 7.5 亿桶。到 1982 年 4 月 5 日，能源部长詹姆斯·B. 爱德华兹（James B. Edwards）宣布，已经在战略石油储备中注入了 2.5 亿桶石油。②

里根政府的第二个能源政策计划是在 1983 年 10 月宣布的，其目标是培育"合理成本下的充足的能源供应"，建立"一个灵活的能源体制，它可以避免对无论是国内的，还是国外的任何一个单一供应来源的过分依赖，以此来促进我们的国家安全"③。第一个能源政策计划已得到贯彻执行，卡特政府时期油价和供应分配的大部分措施都已经被取消。能源部的资金转到了共和党感兴趣的方面，对核能的研究提高到了每年 15 亿美元，节能预算从 1980 年的 10 亿美元减少到不足 4 亿美元，可再生能源领域的预算从卡特政府时期的每年 8 亿多美元降到了不足 2 亿美元。④

1986 年石油价格发生暴跌之后，虽然美国石油消费者能从中受益，但是美国国内的石油生产商和投资商因油价的暴跌而纷纷破产。国内石油生产的下降，导致石油进口猛增，美国能源安全的问题再度显露出来。里根政府的能源政策再次向政府干预的方向倾斜。1985 年的石油价格崩溃刺激了美国对能源状况的重新评估，美国国内开始探讨未来石油进口在美国国家安全和政策选择中的作用。此时里根政府在能源政策上受到了来自媒体、国会和州长协会的不断批评，为此，1985 年里根政府提出其第三个也即最后一个能源政策计划，计划的起草者建立的概念框架是，"美国能源的三元体系"，即"对于美国来说，一个健全的能源未来需要一个所有资源的平衡组合，但是在未来的 10 年或 20 年中，它将发现三个支撑要素是关键的和必不可少的……即节能、燃煤和核能"。新任能源部长约翰·海

---

① Vito A. Stagliano, *A Policy of Discontent*, *The Making of A National Energy Strategy*, Executive Energy Massage, pp. 40-50.

② Energy Timeline, 1981-1990, http://www.energy.gov/about/timeline1981-1990.htm.

③ DOE, *The National Energy Policy Plan*, A Report to the Congress Required by Title VIII of Department of Energy Organization Act (Public Law 95-91), DOE/S-0014/1, October 1983. 转引自 Vito A. Stagliano, *A Policy of Discontent*, *The Making of A National Energy Strategy*, Executive Energy Massage, p. 51.

④ DOE, Budget Submissions: 1980, 81-84. 转引自 Vito A. Stagliano, *A Policy of Discontent*, *The Making of A National Energy Strategy*, Executive Energy Massage, p. 51.

灵顿（John Herrington）声明，这种三元性的资源将确保"能源价格和供应的稳定，（通过）平衡而多元化的资源组合来实现能源实力"以及"在一个不确定的世界中的能源安全"①。

在这种情况下，能源部起草了《能源安全：给美国总统的报告》（Energy Security—A Report to the President）。然而，报告在政府各部门和国会中引起了严重分歧。经过反复讨论和修改，这份报告于1987年3月问世，该报告分析了国际石油市场背景下美国国内所有主要的能源部门，全面分析了其存在的问题以及纠正方法。它得出的结论是，对来自不安全的波斯湾地区的石油进口在90年代将造成美国更容易受到市场中断或欧佩克操纵石油价格的伤害。它预测美国石油进口将从1986年的每日520万桶（大约占美国消费量的1/3），增加到1995年的每日800—1000万桶（大约占美国消费量的1/2）。为此，它开始考虑联邦政府对替代交通燃料的政策。②

1987年3月下旬，里根总统出席了由财政部长主持的经济政策委员会在白宫召开的会议，会上决策者们就这份报告展开了激烈的争论。来自政府各部门的代表在应采取什么政策上存在着分歧。国家安全部门，诸如国防部、中央情报局、国家安全委员会以及国务院的一部分站在能源部一边，它们主张政府对能源产业进行干预和扶植，以促进国家安全；而经济管理部门，诸如管理与预算办公室、商务部、劳工部、经济顾问委员会则形成了反对联盟，它们仍然主张用市场方法来管理。财政部刚刚艰难地进行了重大的税收改革，因此它反对重提税法改革。③

1987年，美国油价已经回升到17美元/桶。由于对未来油价的预期不能确定，而且刚刚进行过税收改革，里根决定只建议采取有限的行动。他在1987年5月6日给国会的一封信《能源安全，给国会的信息》中，要求国会通过他先前提出的一些关于石油、天然气和其他能源开发的措施。这些措施包括：取消石油暴利税；进行全面的天然气管理方面的改革；批准内政部的海上油气田五年租赁计划；准许在保护环境的条件下

---

① Vito A. Stagliano, *A Policy of Discontent*, *The Making of A National Energy Strategy*, *Executive Energy Massage*, p. 53.

② Wilfrid L. Kohl, ed., *After the Oil Price Collapse*, *OPEC*, *the United States*, *and the World Oil Market* (Baltimore and London: The Johns Hopkins University Press, 1991), p. 149.

③ Ibid., p. 150.

在阿拉斯加国家野生动物保护区进行能源开发；通过核许可证改革促进未来核电站的发展。此外，里根建议国会考虑批准一些鼓励开发、减少废弃油井、刺激钻井活动的措施，包括把对枯竭油井的补贴率从净收入的 50% 提高到 100%；支持以每日 10 万桶的速度增加战略石油储备，并提供预算以支付以此速度增加战略石油储备而造成的更高的开支；把海上油气田租赁的最低标价从每英亩 150 美元降低到 25 美元。[①] 国会采纳了里根的某些建议，于 1987 年和 1988 年分别废除了《燃料使用法》和《原油暴利税法》。

根据国会研究局（The Congress Research Service）（CRS）的分析，暴利税每年减少了国内石油产量的 3%—6%，把每年的国内进口从 8% 提高到 16%。暴利税也产生了大量执行成本，而且到 1987 年几乎没有产生政府岁入（原计划它能产生 3930 亿美元的税收）。出于对暴利税的负面作用的看法，2005 年，在小布什政府时期国会重新考虑征收暴利税时，250 名经济学家（包括两名诺贝尔奖获得者）签署了一封信反对征收暴利税。这封信声明："如果再颁布这项法律，可以预料暴利税将导致国内能源生产的下降和美国对外国石油依赖的增加，并减少对消费者的供应。"[②]

《能源安全报告》通过之后，在里根政府的推动下，国会通过了《1988 年美加自由贸易协定》，这一协定使两国能够相互进入对方的能源市场，并要求在美国对天然气需求扩大时，增加加拿大对美国的天然气供应，以此来减少美国对石油的需求和石油进口。

1988 年 12 月商务部长提交给总统一份报告，这是商务部经过一年的研究撰写而成的。报告声称，许多令人担忧的问题仍然存在，特别是供应中断的问题，它可能产生于最近的国内石油生产下降、进口石油增长，以及西方对局势动荡的中东地区石油供应的依赖。它强调："维持美国充分的石油供应，对于美国的经济安全、外交政策的灵活性和防卫准备是必不可少的。"但是，该报告建议不采取任何行动来调整进口（例如通过石油进口税），"因为这样的行动不会带来好处，从长期来看，反而可能损害而不是提高美国的国家安全"。里根赞同这份报告，他在 1989 年 1 月宣布：

[①] Wilfrid L. Kohl, ed., *After the Oil Price Collapse, OPEC, the United States, and the World Oil Market* (Baltimore and London: The Johns Hopkins University Press, 1991), p. 151.

[②] John Berthoud, "Will Republicans Adopt Jimmy Carter's Energy Policy?" *Human Events*, Vol. 61, Iss. 40 (Nov. 21, 2005), p. 7.

"不需要采取任何行动来调整石油进口。"①

三 冷战结束以来美国的能源安全政策

对于美国来说,能源安全状况在冷战结束之后并未发生好转。在萨达姆的统治下,伊拉克于1990年发动战争占领了科威特,进而形成了对沙特阿拉伯的威胁,这是对美国能源安全的一个巨大的挑战。美国发动的第一次海外战争也是对美国能源供应体系的一次严重考验。虽然在克林顿政府时期,石油价格基本保持平稳,能源安全问题在将近10年内显得不是那么紧迫,但在进入21世纪之后,能源安全形势重新变得严峻起来,这迫使小布什政府提出了"能源独立"的口号。能源价格的时而暴涨似乎成为一个不可避免的现象,同时气候变化日益成为一个全球性的紧迫问题。这使得此后的奥巴马政府更加重视节能以及可再生能源和清洁能源的开发。

(一) 老布什政府的能源安全政策

1989年,乔治·布什担任总统之后要求新任能源部长詹姆斯·D.沃特金斯(James D. Watkins)"清理能源方面的混乱局面"。布什曾说:"我们强烈地需要一个使我们较少依赖外国石油的政策。"② 2月9日,总统在国会两院联席会议上提交了预算报告,之后以《建设一个更美好的美国》(Building A Better America)为题发表了这篇报告。该报告对于替代能源给予了很大的重视,表示"政府将尽一切可能加速利用乙醇和甲醇的时刻显然已经到来;将建立一个'清洁燃油标准';将继续执行25亿美元的清洁煤技术项目";"强调节能和新技术的重要性,以减少石油进口";"需要做出大的努力来利用天然气这一巨大资源";"安全使用核能"。布什在报告中强调:"强大的国内石油工业对于我们的国家安全是至关重要的。"他宣布,他打算"提高国家战略石油储备的速度,使之在1993年之前达到7.5亿桶",并要求美国的盟国也能维持相应的石油储备,同时表示反对联邦

---

① Wilfrid L. Kohl, ed., *After the Oil Price Collapse, OPEC, the United States, and the World Oil Market*, pp. 151-152.

② Ibid., p. 153.

对进口石油征收费用和关税。布什在石油和天然气方面的观点是很明确的，即通过降低国内石油和天然气的勘探与生产成本来刺激勘探，鼓励提高石油和天然气的回收率，以此保障能源工业更大的稳定性。①

1989年7月26日，布什总统指示能源部制定全面的国家能源政策规划。此时美国的能源状况是，在石油方面，美国占世界已探明石油储量的4%，但却消耗着世界平均日产量的25.8%。1990年，美国日消费石油为1700万桶，但日产量仅为970万桶，石油日净进口量为720万桶（见表3—3），高于1985年净进口量最低的4286万桶，但低于1977年的8565万桶的历史最高纪录。②

表3—3　　　　　　　　美国石油消费、生产和进口

	1970	1980	1990
美国石油消费（万桶/日）	1470	1710	1700
占世界石油消费比例（%）	31.4	27.1	25.8
美国石油生产（万桶/日）	1170	1080	970
占世界石油生产比例（%）	23.9	16.8	14.5
美国石油进口（万桶/日）	320	640	720
占美国石油消费比例（%）	21.5	37.2	42.1

资料来源：George L. Perry, "The War on Terrorism, The World Oil Market and the US Security," Analysis Paper 7, Nov. 28, 2001, Brookings Institute, pp. 1-2, http://www.brookings.edu/~/media/Files/rc/papers/2001/1024terrorism_perry/20011024.pdf. 表中关于美国石油生产和进口的统计数字略高于美国能源部能源信息局，美国能源部能源信息局的数字为美国石油生产：1970年为963.7万桶/日，1980年为859.7万桶/日，1990年为735.5万桶/日；美国石油进口：1970年为316.1万桶/日，1980年为636.5万桶/日，1990年为716.1万桶/日。尽管如此，作者提供的数据仍然可作为参考。

然而，美国国内石油生产自20世纪70年代中期开始急剧下降，虽然阿拉斯加的普拉德霍湾（Prudhoe Bay）巨型油田的发现和开采使这一下降趋势有所缓解。在1986年石油价格崩溃之后，石油市场价格持续下降，

---

① Office of the Press Secretary, the White House, "President Bush's Agenda: Building a Better America," February 9, 1989.

② 美国能源部能源信息局的统计数字，见U.S. Energy Information Administration (EIA), Monthly Energy Review, Dec. 22, 2010, http://www.eia.gov/aer/txt/ptb0501.html.

这加速了对低产油田的放弃，减少了勘探和开发，总的来说压制了美国国内石油部门。在国内能源战略的实施过程中，无法进入海外油田的独立钻井和生产公司试图进入美国的边疆地区，这些地区包括联邦政府在本土48个州和阿拉斯加划定的野生动物保护区，以及联邦政府控制的太平洋、大西洋和阿拉斯加海岸外大陆架。仅在阿拉斯加一个州就有1.6亿英亩土地被解除了禁止勘探和生产石油的限制。

由于国会或总统颁布的一系列禁令，美国外大陆架的广大区域自20世纪80年代起禁止勘探和生产石油与天然气。1982年，国会通过了禁止租赁北加州四个盆地的7.36万英亩土地的法案。到1990年，禁令的范围扩大到了加利福尼亚州近海8400万英亩的海岸、新英格兰、佛罗里达州的墨西哥湾海岸、大西洋中部以及阿拉斯加北阿留申盆地。据能源信息署估算，未开发地区具有经济上可开发价值的石油资源仅在美国本土48个州就有278—352亿桶。此外，在大西洋和太平洋海岸还有84—145亿桶潜在的可开发储量，估计在阿拉斯加及其海岸还有160亿桶潜在的可开发储量。[1]另外，据1990年的统计，美国天然气储量大约为1200兆立方英尺，得克萨斯、路易斯安那和俄克拉荷马生产了美国天然气的75%。1990年天然气占美国能源消费的26%。[2]

这样，对于美国来说，能源政策的选择说到底就是在两种方法之间的选择：是选择会带来环境破坏的国内开发，还是接受对国外石油进口日益增长的依赖。任何一种选择都有缺陷。然而，布什政府时期美国能源政策面临的最大问题还是如何应对伊拉克的萨达姆政权对科威特的军事占领，从布什政府在海湾战争的决策中可以看出，能源在其做出的决定中占何其重要的地位。

1990年8月2日凌晨1时，伊拉克军队越过科威特边境，6小时之后，美国能源部下属的能源紧急管理小组（EEMT）就积极行动起来，他们的第一个任务就是给能源部的领导提供一份关于伊拉克入侵科威特可能给能

---

[1] EIA, *The Domestic Oil and Gas Recoverable Resource Base*, Supporting Analysis for the National Security Strategy SR/NES/90-05 (Washington, D. C., 1990). Vito A. Stagliano, *A Policy of Discontent, The Making of A National Energy Strategy*, Executive Energy Massage, p. 114.

[2] DOE, Office of Policy, Planning and Analysis, Office of Electricity and Natural Gas Policy, "Gas Sector Profile: The National Energy Strategy," October 1989. 转引自 Vito A. Stagliano, *A Policy of Discontent, The Making of A National Energy Strategy*, Executive Energy Massage, p. 116.

源市场造成的影响的评估。这些内容成为稍后 8 时零 5 分在布什总统主持的国家安全委员会上向总统作汇报的提要。在国家安全委员会就如何应对伊拉克战争的行动进行紧急商讨时，从一开始，石油问题就列在议事日程的显著位置，布什总统及其战略顾问们在这次会议上考虑的问题是，美国至关重要的战略利益和美国采取的应对措施如何与国际法相符。据计算，在伊拉克控制科威特之后，它就控制了世界上已探明石油储量的 20%，如果它入侵并占领沙特阿拉伯，这一数字还会翻一番。这使美国感到必须履行其长期以来对保护沙特王室及其油田的承诺。[1]

在国家安全委员会会议上，虽然能源部长詹姆斯·D. 沃特金斯（James D. Watkins）并不是国家安全委员会的成员，他也在助理能源部长约翰·伊斯顿（John Easton）的陪同下参加了会议。沃特金斯就萨达姆的军队推进到沙特阿拉伯北部地区可能给能源供应所带来的影响作了说明。他认为，这将极大地改变世界市场的供应均衡，因为该地区是世界石油生产和提炼的集中地。

次日，国家安全委员会继续开会讨论美国应如何做出反应。出席会议的除布什总统外，还有国防部长切尼、总统近东和南亚事务特别顾问理查德·哈斯（Richard Haass）、副国务卿劳伦斯·西德尼·伊格尔伯格（Lawrence Sidney Eagleburger）和国家安全顾问布兰特·斯考克罗夫特（Brent Scowcroft），他们都一致认为应当说服布什总统采取行动。他们指出，萨达姆的侵略"远不止是科威特问题……这与石油有关，控制了科威特的石油储量之后，萨达姆就能够对世界石油市场产生前所未有的影响"。[2] 1990 年 8 月 15 日，能源部长沃特金斯宣布了增加石油生产和减少消费的计划，以抵消伊拉克和科威特的石油减产。

布什也以石油来动员美国公众对战争的支持，他在 1990 年 8 月 15 日对五角大楼雇员发表了一个讲话，该讲话被刊登在《纽约时报》上。他充满激情地说："如果世界上最大的石油储备落入萨达姆·侯赛因之手，我们的公众、我们的生活方式、我们的自由和世界各地友好国家的自由都将

---

[1] Lawrence Freedman and Efraim Karsh, *The Gulf Conflict 1990-1991: Diplomacy and War in the New World Order* (London: Faber and Faber, 1993), p. 74; US Energy Department, "Energy Timeline, 1981-1990," http://www.energy.gov/about/timeline1981-1990.htm.

[2] Lawrence Freedman and Efraim Karsh, *The Gulf Conflict 1990-1991: Diplomacy and War in the New World Order*, p. 76.

遭到破坏。"① 根据丹尼尔·耶金（Daniel Yergin）的分析，如果萨达姆·侯赛因能在科威特站住脚，他将直接控制欧佩克产量的 20% 和世界石油储量的 25%，并且可以对包括其他主要石油出口国在内的邻国进行恐吓。他将成为波斯湾地区的支配者，有能力恢复同伊朗的战争。他在经济上将有能力采取更大的步骤。11 年前，波斯湾地区的 5 个主要生产国中有 4 个是亲西方的。如果科威特被伊拉克吞并，友好的国家就只剩下两个了。②

耶金认为："萨达姆的目的似乎很明确：在阿拉伯世界取得支配地位，在波斯湾取得霸权，使伊拉克成为占统治地位的石油强国，最终使伊拉克成为全球性军事强国。"一个仅有 1800 万人口的国家想要继续支撑一支 100 万人的军队，只有依靠石油。石油对于这次危机是根本性的。③ 用萨达姆后来的话说，掌握来自伊拉克和科威特的石油收入，将为他建造和使用"大规模杀伤性武器"提供必要的资金。这是石油因素的真正重要性，是"石油将被转化为资金和政治、经济和军事权力的方式"，成为全球权力平衡的因素。9 月，国防部长切尼在伊拉克入侵科威特一个月之后，在参议院军事委员会上发表演讲，宣称："如果伊拉克在侵占了科威特油井之后再去占领沙特阿拉伯的油井，那么萨达姆就掐住了美国和整个世界经济的命脉。"④

从上述决策过程可以看出，石油是布什下决心发动第一次海湾战争的重要因素。到战争结束时，美国军队的战斗伤亡人数为，148 人死亡，467 人受伤。战争的爆发更清楚地显示了美国对波斯湾石油依赖的危险性，这种依赖使它极易受到不可预测的政治事件的损害。⑤

1990 年前 5 个月，美国从伊拉克进口石油为平均每日 61 万桶，占美国纯进口量的 8% 和消费量的 3.6%。同期，从科威特进口石油 12 万桶。在美国入侵伊拉克之前，世界市场经济体的石油消费是每日 5180—5250

---

① George Bush, "Remarks to Department of Defense Employees," August 15, 1990, http://www.presidency.ucsb.edu/ws/index.php?pid=18768&st=&st1=#axzz1H4BA2emS.
② 丹尼尔·耶金:《石油金钱权力》上册，第 806 页。
③ 同上书，第 807、805 页。
④ [法]菲利普·赛比耶—洛佩兹:《石油地缘政治》，潘革平译，中国社会科学出版社 2008 年版，第 156 页。
⑤ Wilfrid L. Kohl, ed., *After the Oil Price Collapse, OPEC, the United States, and the World Oil Market*, p. xxii.

万桶,而石油输出国组织的石油产量为 2440—2560 万桶,净出口量估计为 2020—2140 万桶。波斯湾地区的石油日产量为 1590—1710 万桶,净出口为 1340—1450 万桶。世界石油过剩产能估计为每日 500 万桶,其中波斯湾以外地区的过剩产能为每日 100—150 万桶。在伊拉克入侵科威特之后,能源部的报告估计,1990 年 8 月 2 日科威特的石油日产量减少了 155 万桶,伊拉克石油日出口将减少 350 万桶。①

事实上,在 1990 年 8 月 2 日美国入侵伊拉克之前,欧佩克日生产 2500 万桶原油和液化天然气,伊拉克和科威特生产了其中的 20%,沙特阿拉伯生产了 25%。在海湾战争发生之后,伊拉克和沙特的石油出口骤停,而油价则上涨了两倍多,从 1990 年 7 月的每桶 17 美元提高到 9 月的 36 美元。②

美国能源部的报告计划采取以下一些措施来抵消这些短缺:

1. 利用伊拉克和科威特以外每日 400 万桶的世界过剩产能,包括波斯湾以外地区的每日 100—150 万桶;

2. 释放美国 5.89 亿桶战略石油储备;

3. 呼吁国际能源机构成员国协作行动以减少政府所控制的总计超过 1 亿桶的石油存量;

4. 从使用石油转向其他燃油,尤其是发电厂和安装了超过每日 50 万桶以上燃油转换能力的工业;

5. 使用世界上 3.919 亿桶商业存量,或超过最低限运作存量的 9200 万桶存量。③

根据这份报告,能源部在 8 月 2 日下午向媒体发表了如下声明:"中东的局势动荡对美国石油消费者的石油产品供应没有构成直接威胁,也不一定会给美国消费者带来价格上涨。"④

1990 年 8 月 3 日,能源部副部长 W. 亨森·默尔(W. Henson Moore)第一次参加了国家安全委员会会议,他提供了石油市场情况的简要报告,

---

① Vito A. Stagliano, *A Policy of Discontent*, *The Making of A National Energy Strategy*, *Executive Energy Massage*, p. 208.

② Francisco Parra, *Oil Politics*, *A Modern History of Petroleum* (New York, NY: I. B. Tauris & Co. Ltd., 2004), p. 305.

③ Vito A. Stagliano, *A Policy of Discontent*, *The Making of A National Energy Strategy*, *Executive Energy Massage*, p. 208.

④ Ibid, p. 209.

以及他认为国家安全委员会在总统宣布石油禁运中应考虑采取的步骤。这些建议为：

1. 确保对伊拉克石油的多边（联合国）禁运；
2. 要求沙特阿拉伯和土耳其关闭关键的石油管道，它们是伊拉克出口其大部分石油的通道；
3. 鼓励有过剩产能的国家增加产量；
4. 释放和出售美国战略石油储备中的原油；
5. 通过节能和燃油转换减少石油消费。①

结果到 1990 年秋，美国遭受了 35 年来最严重的石油供应短缺。7 月 31 日每桶油价为 20.57 美元，8 月 6 日上涨到 28.73 美元，24 日为 31.10 美元。9 月 21 日，纽约商业交易所（NYMEX）的西得克萨斯中质低硫原油现货价格上涨到每桶 35 美元，24 日上涨到 39 美元。②

其他欧佩克国家，尤其是沙特阿拉伯迅速增加生产弥补了石油供应的短缺：沙特的产量从 1990 年 7 月的每日 570 万桶增加到 9 月的 800 万桶（并且在第二年维持了每日超过 800 万桶）。而整个欧佩克的产量从 7 月的每日 2500 万桶下跌到 8 月的每日 2200 万桶，但在 9 月回升到超过 2400 万桶，到 11 月就恢复到了伊拉克战争前的水平。8 月份的短缺很容易地被大量石油储备所补充，而且储备也很快得到补充。1990 年 11 月价格开始下跌，到 1991 年 6 月在停火两个月后下跌到了接近战前的水平，当月油价为每桶 18 美元。这一时期伊拉克完全停止了石油出口，而科威特的油田也在伊拉克军队撤退之时被付之一炬。直到 1995 年，伊拉克仍然没有正式的石油出口和石油外汇收入。③

在这一过程中，能源信息署通过计算 1990 年 8—12 月供应减少与消费增长之间的差额，对世界石油供求平衡做出估计，它建议从 10 月 1 日起，美国每天释放 40 万桶战略石油储备。国会和公众对石油涨价的反应越来

---

① W. Henson Moore, Deputy Secretary, DOE, Talking Points, "National Security Council Meeting, August 3, 1990," Mimeo, 转引自 Vito A. Stagliano, *A Policy of Discontent*, *The Making of A National Energy Strategy*, *Executive Energy Massage*, p. 210.

② EIA, "Energy Situation Analysis Report: Persian Gulf—September 21, 1990," Washington D. C., p. 2.

③ Francisco Parra, *Oil Politics*, *A Modern History of Petroleum* (New York, NY: I. B. Tauris & Co. Ltd., 2004), p. 305. 1995 年 4 月联合国安理会通过第 986 号决议，允许伊拉克在一定的条件下，在最初作为实验的 180 天内，每 90 天（"以公平的市场价格"）出口价值 10 亿美元的石油。

越强烈。布什政府感到是采取行动的时候了。9月25日，布什总统宣布了释放战略石油储备的决定。9月28日开始试释放，从投标、签订合同到从油罐中提取原油再通过管道输送，一切顺利，没有出现任何石油泄漏，也没有出现投机倒把迹象或囤积行为。①

美国战略石油储备被保存在花费197亿美元建造起来的沿墨西哥湾海岸的500个溶洞（salt cavities）中，储存量为7亿桶原油。1991年1月16日布什总统命令能源部长詹姆斯·D. 沃特金斯（James D. Watkins）开始释放石油储备，同时宣布开始对伊拉克实施空中打击。在总统下达命令后不到12小时，能源部即发出了"出售通知"，并很快通过竞标选择了13家公司向它们出售石油。释放的效果立竿见影，17日，美国纽约交易所的油价就下跌到了1990年7月以来的最低水平。布什总统授权在30天内释放3375万桶原油，但实际上，能源部最终仅释放了1750万桶石油，因为此时世界石油供应已经稳定下来。这些石油是从沿墨西哥湾海岸的6个国家战略石油储备点的三个中提取出来的。3月30日，全部释放按时结束，总销售额为3亿美元。经销商为每桶石油付出的价格与政府最初收购时的油价大致相等，政府没有盈利，纳税人也没有损失。国会和能源部对此都非常满意。②

大约在释放石油的同时，能源部把《国家能源战略》的初稿分发给政府各部门征求意见，包括白宫委员会、经济顾问委员会、财政部、国家安全委员会、管理与预算办公室、司法部、内政部等，之后能源部根据征求来的修改意见经过14天的紧张修改，完成了定稿。2月20日，白宫发布了《国家能源战略》，并在次日把文本提交给国会立法。然而，参众两院都对相关法案进行了旷日持久的激烈辩论，不同的派别和集团代表都对本院相关法案提出了大量修改意见，国会中的民主党人强烈反对在北极国家野生动物保护区进行油气勘探的条款。在否定了该法案的一些核心部分之后，直到1992年参、众两院才分别通过了该法案，两院对文本的协调于9

---

① 关于释放战略石油储备的过程，可参见 Vito A. Stagliano, *A Policy of Discontent*, *The Making of A National Energy Strategy*, *Executive Energy Massage*, pp. 206-226.

② US Department of Energy, Profile of the Strategic Petroleum Reserve, Fossil Energy-gov, 25 February, 2003, http：//www.fe.doe.gov/spr/; John Donnelly and Mike Farley, "Energy Department Completes First Emergency Sale of 17.3 Millions Barrels of Strategic Reserve Crude Oil, April 3, 1991," http：//www.fossil.energy.gov/programs/reserves/spr/1991drawdown/040391_ pressrel.html.

月结束,一份被命名为《1992年能源政策法》(The Energy Policy Act of 1992)的折衷议案被交给两院做最后的辩论和表决。两院分别于9月底和10月8日通过了该法案。24日布什总统在签署该法案时说,"我的行动(即签署《1992年能源政策法》将把美国置于一个更加繁荣、能效更高、更关注环境、经济上更安全的未来的畅通道路上。"布什承认"能源对经济和对我们日常生活的重要性,以及需要改变政府政策和计划以充分利用我们国家所有的巨大资源"。他表示,《1992年能源政策法》将增加国内能源生产,这意味着将减少美国对国外能源的依赖,促进节能和能效,创造美国的就业机会。"我们要通过释放私人部门的创造能力,而不是诉诸业已失败了的政府控制的方法,来实现这些目标。"他许诺:"我们将在美国生产更多的化石燃油,从国外进口更少的化石燃油。"①

《1992年能源政策法》的主要内容是:提高联邦、州的公共、企业、家庭建筑的能效标准,政府资助节能和可再生能源项目的研究开发和商业化转化,通过税收和政府补贴鼓励使用节能的或替代能源的设施;政府资助使用替代能源的汽车的发展,从2000年起,联邦政府机构购买的部分轻型机动车中必须是可以使用替代能源的;建立利用可再生能源或其他推广新技术的研发项目;建立清洁煤技术的研发和推广项目;把战略石油储备增加到10亿万桶;研究应对气候变暖的原因和减少温室气体排放的方案;研发核能新技术;改造电力基础设施,引入竞争机制。②

1991年1月开始的战争,更清楚地显示了对波斯湾石油依赖的危险性,它仍然容易受到不可预测的政治事件的伤害。

(二)不存在供应压力情况下的克林顿政府的能源政策

克林顿于1992年就任总统。根据2000年政府官方声明,克林顿政府的宗旨是:"确保可承受的和对环境负责的能源供应是维持我们无与伦比的经济增长和繁荣的关键。""克林顿政府不断追求向前看的和平衡的方法来满足21世纪的美国能源需求。"③ 这一战略支持继续发展传统能源资源,

---

① George Bush, "Statement on Signing the Energy Policy Act of 1992," http://www.presidency.ucsb.edu/ws/index.php?pid=21653#axzz1H4BA2emS.

② 王波:《美国石油政策研究》,第111页。

③ "President Clinton's 21st Century Approach to America's Energy Needs," Sept. 23, 2000, http://clinton4.nara.gov/WH/new/html/Tue_Oct_3_130025_2000.html.

努力改善能效,促进可替代能源资源。在克林顿政府执政的头两年中,能源政策本身并不是政府的优先考虑。能源部虽然得到了很大的关注,但关注的重点主要不是与能源本身相关的事务,能源部的研究重点也发生了很大的转移,转向了对节能和可再生能源的研究。这些项目得到的预算急剧增长。1994 财年能源部用于提高能效和研发可再生能源方面的预算比 1993 财年增长了 25%,1995 财年,用于提高能效的经费预算从大约 1.01 亿美元增加到了 7.93 亿美元,用于研发可再生能源的经费预算从 6400 万美元增加到了 3.88 亿美元。能源部的总预算是 175 亿美元。①

克林顿总统一上任就考虑要征收能源税,目的一方面是鼓励节能,另一方面是提高政府财政收入,以减少政府的财政赤字。克林顿政府最初提议按"BTU"征收能源税,然而,虽然所建议的税率不高,每一 BTU 征收 60 美分,而且政府也同意调整税率以保护能源密集型工业,但这一建议还是遭到了石油公司的激烈反对。它们把注意力集中在游说来自石油州的参、众议员上。② 1993 年 4 月《石油与天然气杂志》(Oil & Gas Journal) 刊登了一篇批评文章说,BTU 税包含了许多不平等因素,第一,对燃煤这种污染最严重的能源的征税与天然气、水电这些最清洁的能源资源的税收是同等的,这不利于鼓励生产和使用清洁能源;第二,一些州,如加利福尼亚州作为美国石油生产的主要州,将受到 BTU 税的沉重打击,因为重油产量占加州约 95.5 万桶/日石油产量的 2/3 以上,如果是对原油而不是对提炼油征税,对加州 3.5 美元/bbl 的税收将是其市场价值的 30%,而对得克萨斯轻质原油的征税则是其市场价值的 18%;第三,与进口油相比,加州汽油每加仑将可能被征收 15 美分,而进口汽油则被征收 7.6 美分。③

克林顿政府关于 BTU 税的议案在众议院仅得到 6 票多数,而在参议院中这一议案可能被击败,克林顿在 1993 年 6 月参议院表决之前放弃了 BTU 税提议案,转而要求参议院和财政委员会考虑一种不同的能源税,为的是在 5 年内把税收提高 500 万美元,从而不会危及已在众议院中被通过

---

① "Energy Efficiency, Renewable Capture Larger Share of Shrinking DOE Budget," *Alliance Update* (Fall 1994), p. 1.

② Patrick Crow, "President Clinton Far from Dynamic on U. S. Energy Policy Action," *Oil & Gas Journal*, Vol. 92, Issue 38 (Sept. 19, 1994), p. 21; Patrick Crow, "Clinton's BTU Tax: An Unmourned Death," *Oil & Gas Journal*, Vol. 91, Issue 24 (June 14, 1993), p. 23.

③ Richard J. Stegemeier, "Clinton's Plan Has Admirable Goal, But…" *Oil & Gas Journal*, Vol. 91, Issue 14 (April 5, 1993), p. 36;

的政府一揽子经济计划。在同国会进行了艰苦的磋商之后，国会通过了每加仑汽油征收4.3美分税收的立法。从1993年秋季起，克林顿政府没有建议任何重大的能源法。①

1993年12月，能源部制定了《国内天然气和石油倡议》，旨在促进美国石油生产、增加天然气生产并扩大天然气市场，重新审查石油天然气政策，促进工业采用先进技术。该计划包括能源部和其他联邦机构将采取的49项措施，其中大部分是鼓励对新技术的研究，或支持国家与石油和天然气工业的合作。在这个倡议中，还包括对6个有争议的能源问题的研究，其中一个是美国对进口石油的依赖对美国经济、环境和安全所造成的影响。但这个倡议并没有改变美国现行的能源政策。为了在1995年底通过新的能源政策倡议，克林顿在1994年9月和12月之间就不同题目召开了8个地区会议，这表明克林顿开始重视能源、环保与经济发展之间的关联。② 然而，1994年中期选举之后，国会的控制权从民主党手里转到了共和党手里，国会从此失去了对该倡议的兴趣。

克林顿政府还于1993年10月提出了《气候变化行动计划》（The Climate Change Action Plan），以为实现1992年《联合国气候变化框架公约》（United Nations Framework Convention on Climate Change）（UNFCCC）的目标做准备，该目标要求工业化国家到2000年把温室气体排放减少到1990年的水平。由于2/3以上的温室气体排放都直接或间接与化石燃油的燃烧有关，任何与气候变化有关的计划都落入了能源部的管辖范围。然而，《气候变化行动计划》并没有包括新的规则，仅仅依靠志愿行动和刺激政策，例如通过公共事业设施来减少温室气体排放，以促进志愿承担义务。另一种方法是把各种私人资源汇集在一起用于财政刺激政策，例如把筹集到的3000万美元用来刺激超效能冰箱的生产；还有对选择不开车的刺激，把雇主提供的停车位的价值作为可征税收入等。1997年，克林顿成功地谈判并签署了关于全球变暖的《京都议定书》，表示美国将承担减少全球温

---

① Richard J. Stegemeier, "Clinton's Plan Has Admirable Goal, But…" *Oil & Gas Journal*, Vol. 91, Issue 14 (April 5, 1993), p. 21; Patrick Crow, "Clinton's BTU Tax: An Unmourned Death," *Oil & Gas Journal*, Vol. 91, Issue 24 (June 14, 1993), p. 23.

② Energy Policy from Nixon to Clinton: From Grand Provider to Market Facilitator. http://www.thefreelibrary.com/Energy+policy+from+Nixon+to+Clinton%3A+from+grand+provider+to+market...-a017422520.

室气体排放的责任。

由于认为克林顿总统在做出对能源工业有利的立法方面行动迟缓,117名来自石油州的众议员草拟了他们自己的立法建议,并呈交给克林顿总统,其中要求对枯竭油、气井的减税,取消对阿拉斯加北坡原油出口的法律限制等。①

1999年6月3日,克林顿总统颁布了13123号总统令,为联邦能源管理制定了一些新的目标,并称能源部的《联邦能源管理计划》的目的是协调联邦政府项目。该行政命令指示农业部和能源部部长以及环保局局长制定合作研究计划,创造市场,并采取其他步骤来发展可再生能源技术。②

2000年9月22日,克林顿总统指示能源部使用来自战略石油储备的3000万桶石油,以支持国内对取暖石油的供应,尤其是东海岸和新英格兰地区。这是自1991年海湾战争期间布什总统动用国家石油储备以来第一次大规模使用国家战略石油储备来避免可能的石油短缺。2000年10月9日,能源信息署估计,美国这年冬季将比前一年多消费12%—50%的石油用于取暖,而主要依赖燃料和天然气的消费者将支出更大的开支。③

克林顿政府时期,工业和环保主义者成功地通过谈判达成了能效标准。克林顿政府也试图通过一个联邦咨询委员会在交通部门推广这种做法,其中有来自不同利益集团的代表,目的是为改善汽车能效提出可接受的政策建议。④克林顿政府想通过这一过程来试探采取什么能在政治上被接受的措施来减少温室气体排放,以与《京都议定书》的气候目标保持一致。

克林顿政府把自己在能源政策方面所取得的成就归纳为:为了减轻对进口石油的依赖,政府对新技术进行了投资,这些投资已极大地提高了国内石油储备的恢复;为了促进清洁能源的发展,政府扩大了对太阳能、风

---

① Patrick Crow, "President Clinton Far from Dynamic on U. S. Energy Policy Action," *Oil & Gas Journal*, Vol. 92, Issue 38 (Sept. 19, 1994), p. 22.

② U. S. Department of Energy, "Energy Timeline, 1991—2000," http://www.energy.gov/about/timeline1991-2000.htm; also see Matthew L. Wald, "Clinton to Seek Using Farm Products in Lieu of Fossil Fuel," *New York Times*, Aug. 12, 1999, p. 17.

③ U. S. Department of Energy, "Energy Timeline, 1991—2000," http://www.energy.gov/about/timeline1991-2000.htm.

④ Climate Action Report, Submission of United States of America under the United Nations Framework Convention on Climate Change (1994) [hereinafter Climate Action Report], p. 191.

能、生物能和其他可再生能源的研发；为了节省能源和家庭支出，政府采用了新的家用电器能效标准，并与工业公司形成了新的伙伴关系，其中的汽车工业公司正在研制可以大幅度提高单位燃料行驶里程的汽车。为了显示联邦政府在节能方面的带头作用，克林顿总统在其颁布的行政令中，要求指示联邦机构采取措施改善其建筑物和车队汽车的能效；为了节省能源和开支，采取了积极的步骤减少联邦政府对能源的使用，每年节省能源消费30%，合8亿美元。①

克林顿政府同时批评共和党控制下的国会未能支持总统的长期能源战略，通过法律改善美国的能源安全，未能制定对消费者购买高能效的汽车和家电的税收刺激，改组整个电力系统，授权增加战略石油储备。而且，在到1999年的7年中，国会仅批准克林顿总统为提高能效和研发可再生能源而要求增加的预算的12%。在总统为节能要求的8.5亿美元的拨款中，国会仅批准了6.5亿，而且2001年还比2000年减少了9500万美元。国会批准了3.43亿美元用于太阳能、风能、生物能等可再生能源的研发，比总统要求的少了6700万美元。②

事实上，从1986年油价开始下降到1998年，美国的年平均油价仅为每桶17美元，其原因是：许多石油输出国组织无视该组织的生产配额，扩大了产量，同时非石油输出国组织也增加了生产。此外，新的钻井技术迅速涌现；新油井的生产率大幅度提高。总的来说，是私人企业，而不是联邦政府的政策，使美国暂时摆脱了石油短缺和高价格的烦扰。然而，在克林顿政府后期，油价逐渐成为一个引人注目的问题，石油输出国组织于1998年削减了石油产量，致使油价在1998年后期上涨到了将近10美元一桶。2000年3月，在克林顿执政的最后一年，油价达到了34美元一桶，是10年以来的最高点。此时，克林顿坚持通过外交手段来游说石油输出国组织提高产量，并要求联邦贸易委员会（Federal Trade Commission）调查油价上涨引起物价上涨的可能性。但是他不同意一些参议员关于取消联邦汽油税的建议，因为这些税收的大部分被政府用于修建高速公路。③对于

---

① "President Clinton's 21st Century Approach to America's Energy Needs," Sept. 23, 2000, http://clinton4.nara.gov/WH/new/html/Tue_ Oct_ 3_ 130025_ 2000.html.

② Ibid.

③ Mike Ferullo, "Richardson Defends Clinton Administration Energy Policy," June 27, 2000, http://archives.cnn.com/2000/ALLPOLITICS/stories/06/27/richardson.energy/index.html.

美国来说，能源安全形势在 21 世纪重新变得严峻起来，这成为克林顿政府之后的小布什政府需要认真应对的问题。

（三）小布什政府的"能源独立"政策

在竞选总统时，乔治·W. 布什决意要开始美国能源安全的新时代。他批评即将离任的克林顿政府的政策造成了能源危机。他想要减少对外国石油的依赖，并抱怨美国没有全面的能源政策。小布什在竞选中得到了美国能源公司中有钱有势的高级管理人员的支持，事实上，没有任何一个联邦职位曾经从石油和天然气工业那里得到比小布什在 2000 年竞选期间更大的竞选赞助。小布什从能源部门和自然资源部门总共得到了 300 万美元的竞选捐款，其中有 190 万来自石油和天然气部门。能源和自然资源公司的行政人员个人为布什竞选筹款 10 万美元以上的人数，在行业集团中占第二位。[1]

2001 年 1 月 30 日布什总统举行的第一个国家安全委员会的第一个日程是，是否对伊拉克进行"政权变更"。布什和国家安全助理赖斯在讨论中认定"伊拉克正在使这个地区变得不稳定"，"伊拉克可能是重塑整个这一地区的关键"。[2]之后不久，国防部就被授权"制定对伊拉克的军事化选择"。这个机会在 9 个月之后恐怖主义者袭击纽约世贸大厦和五角大楼时到来了。

2001 年布什就任美国总统之后，其副总统理查德·B. 切尼（Richard B. Cheney）被委以他认为最重要的外交政策——美国能源政策的制定任务。布什政府认为，自卡特总统以来，在石油价格不断上涨期间，美国实际上没有能源政策，眼下制定能源政策之所以成为当务之急，是因为现在美国不可避免地依赖外国石油。同时，美国国内还出现了一个在很大程度上是由石油公司组成的强大的经济利益集团，它们都想要充分利用布什在大选中的获胜得到对自己有利的政策。还在竞选期间，在一次共和党的筹

---

[1] 从职业上看，占第一位的集团是律师和游说者，但是他们实际上代表了各种不同的商业利益集团，包括能源和自然资源业。除他们之外，金融和保险业是占第一位的行业，占第二位的就是能源和自然资源业。见 Ian Rutledge, *Addicted to Oil*, *America's Relentless Drive for Energy Security* (London, New York: I. B. Tauris & Co. Ltd, 2005), p. 59. 并可参见 Texans for Public Justice, http://tpj.org/page_view.jsp?pageid=203.

[2] Ron Suskind, *The Price of Loyalty*: *George W. Bush*, *The White House and the Education of Paul O'Neill* (New York: Simon and Schuster, 2004), p. 72.

款招待会上,切尼就宣布了其第一个新的能源计划。2000年9月27日,切尼在参议院共和党庆祝该党第六年占据多数党地位的晚宴上,攻击克林顿政府"缺乏领导力",缺乏能源政策,并许诺一旦布什当选,将改变这种局面。他说,"我们已经看到大量关于我们将减少对外国石油依赖的言论",但事实是,"我们在国内比1954年以来的任何时候生产的石油都更少。我们更容易受到供应被中断的伤害"。① 2001年5月初,切尼表示,能源局势是"笼罩在经济上空的乌云"。"美国对能源的依赖,尤其是对化石燃料的依赖,最近呈现出自20世纪70年代以来未曾感到过的危机"。②

布什总统建立了能源政策制定小组(The Energy Policy Development Group),这是一个由副总统切尼领导的工作小组,其成员包括能源部长斯宾塞·亚伯拉罕(Spencer Abraham)、其他内阁官员和资深政策官员。该小组制定了一个《国家能源政策》,旨在帮助所有层次的私人部门和政府,促进可靠的、可承受的和符合环保的、健康的能源生产和能源分配。能源部被指定为支持该小组的主要机构。

切尼在2001年春说了一句著名的话:"节能可能是个人美德的表现,但却不是健全的、全面的能源政策的充分基础。"③当时美国的人口占世界4%,但其能源消费占世界总需求的21%。但是,布什政府的国家能源安全政策强调的不是节能或提高能效,而是扩大能源生产,包括对"北极国家野生动物保护区"(The Arctic National Wildlife Refuge)的开发。一旦布什当选为总统,切尼就开始与一些在竞选中支持共和党的主要石油和能源公司的行政主管会面,了解他们希望在国家能源政策制定小组的报告中包括哪些内容。正是由于切尼的能源工业的背景,民主党和环保主义者指责说,切尼的能源计划更像是对支持布什竞选的人的回报。密歇根州众议员约翰·丁格尔(John Dingell)和加州众议员亨利·韦克斯曼(Henry Waxman)为此要求联邦总审计员(Comptroller General)戴维·沃克(David Walker)调查是否私人利益集团影响了切尼的能源工作小组。④

---

① Bob Woodward, *Bush at War* (New York: Simon and Schuster, 2003), p. 49.

② William Schneider, "It's Cheney vs. Carter in New Energy War," *National Journal*, Vol. 33, Issue 19 (May 12, 2001), p. 1450.

③ Ibid., p. 1450.

④ Richard Benedetto, "Energy Plan Focuses on Production Cheney's Ambitious Outline Is Friendly to Oil, Critics Say:" *USA Today*, May 1, 2001, p. A1.

2001年5月17日，布什总统发布了由副总统切尼领导的小组所撰写的《国家能源政策》（The National Energy Policy）（NEP）。该文件的标题是:《为美国的未来发展可靠的、可承受的、环保的能源》。新的能源政策旨在"发展新的、环保的技术来增加能源供应和鼓励使用清洁能源与提高能效"。[①]要求采取行动实现五个具体目标:使节能现代化,使能源基础设施现代化,扩大能源工业,加速保护和改善环境,提高国家能源安全。在该文件列出的105项政策建议中包括:制定全面的电力立法,促进竞争;鼓励新的电力生产,建立可靠的全国输电网;开放北极国家野生动物保护地的小部分,允许在监管下对其进行石油和天然气勘探;在10年内提供20亿美元用于清洁能源研究;通过建立废料封存促进核能发展并简化核电厂的执照发放;开放氢和聚变能源技术;对向低收入家庭提供能源援助的项目注入更多资金。[②] 这105项建议中的80项需要制定具体措施,或通过行政部门的行动来执行,例如要求内务部"考虑对开发美国沿海石油的支持,同国会合作,授权在北极野生动物保护区开发石油",要求国务卿、商务部长和能源部长"继续与有关公司合作","支持在里海地区的私人投资努力",还要求能源部长"建议为能效研发拨款"。[③]

在这份报告中，除了可以看出政府对支持布什竞选的公司给予回馈之外，还可以分辨出切尼在此之前提到的三项主要任务:如何应对美国对进口石油依赖的问题;特别是对从海湾进口石油依赖的问题;石油进口对美国能源安全构成的威胁问题。显然，报告的认识前提是，美国不可能实现石油自给，也不可能减少当前对国外石油的需求，但是美国可以采取措施放慢或甚至停止对外国能源更大的依赖，可以运用自己对经济和地缘政治的大量影响来对海湾之外世界最大的石油生产地区施加政治控制。

为了实现这些目标，美国首先要做到增加国内的石油生产，为此美国必须清除石油和天然气公司租赁联邦国有土地和水域的障碍，包括减少租赁费、税收和其他"经济刺激"。其次，美国还要加强与西半球国家，即墨西哥、加拿大更多的能源"一体化"，与委内瑞拉签订"双边投资条

[①] Report of National Energy Policy Development Group, *National Energy Report*, May 2001, p. xi. http://www.wtrg.com/EnergyReport/National-Energy-Policy.pdf.

[②] U. S. Department of Energy, "Energy Timeline, 2001," http://www.energy.gov/about/timeline2001.htm.

[③] Ibid.

约"。就墨西哥和委内瑞拉而言,"能源一体化"意味着其石油资源向美国石油公司开放,增加美国对这些相对"安全"的能源来源的进口。最后,把里海地区的国家当作美国最重要的"友好的"石油来源,以此转移美国对中东石油的进口。美国期望其他地区也能为美国石油进口来源的多元化做出贡献,如西非等。此外,美国还应"加强全球联盟","提高国家安全和国际合作关系"。在这些能源来源中,对里海油、气田的建议用了最长的篇幅。

这是一个由三个部分组成的美国能源安全战略:增加国内石油生产;巩固西半球能源纽带;增加从里海地区的能源进口,使美国石油进口从中东转移,从而使能源来源更加多元化。事实上,这些建议在20世纪90年代都已被历届政府以或多或少不同的方式倡议过,2001年切尼重提它们,不仅是为了加强这些战略,也是因为认为它们迄今没有完全得到实现。[1]实际上,1997年有一个美国国家安全小组就撰写了一份报告,提出需要"继续介入对稀缺能源地区的控制","以减少我们自己和我们的盟国"对中东和里海"资源的依赖"。美国还期望这一战略能附带为美国资本开放收益巨大的海外油田,能够在世界上显示出美国是在铲除暴政,并给予好战的伊斯兰主义者关于美国真正实力的沉重教训,同时也令以色列满意。此时,另一个计划也在酝酿之中,这就是"新美国世纪计划"(The Project for the New American Century)的成员所起草的"结束萨达姆及其政权"的九点战略,它于1998年2月被提交给克林顿总统。2001年布什总统当政后,拉姆斯菲尔德领导的五角大楼立即着手把这一主张变为具体计划。[2]

不难看出,这也是一个重视能源生产胜于减排的战略,这一点也体现在2001年3月13日布什给四名共和党参议员的信中。布什在信中声明,他不赞成对发电厂的"强制减排",理由是,能源部能源信息署(The Energy Information Agency)已经得出了结论,把限制碳排放当作多项减排战略的一部分,将导致进一步从依赖燃煤转向依赖天然气发电,从而导致更高的电价。[3]

---

[1] Ian Rutledge, *Addicted to Oil*, *America's Relentless Drive for Energy Security* (London, New York: I. B. Tauris & Co. Ltd, 2005), p. 68.

[2] Ibid., p. 175.

[3] U. S. Department of Energy, "Energy Timeline, 2001," http://www.energy.gov/about/timeline2001.htm.

3月19日，能源部长斯潘塞·亚伯拉罕（Spencer Abraham）在坐落在华盛顿市区的美国商会（The U. S. Chamber of Commence）举行的一次关于能源的会议上发表了其第一个重要的能源政策演讲，概述了美国在解决能源危机中所面临的挑战，并强调了国家能源政策工作小组过渡时期报告的重点。他说，美国的能源政策将是"西半球的"（hemispheric），"强调美国需要实现能源供应多元化是因为供应多元化意味着供应安全和广泛的供应选择的混合——从煤炭到风电，从核能到天然气，将帮助消费者不受价格暴涨和供应中断的打击"。①

2001年恐怖主义袭击为美国能源安全增添了一个新的变量——恐怖主义，也印证了关于中东石油供应会被打断的预言。在恐怖主义袭击发生一个月之后，美国著名经济学家、前政府经济顾问乔治·L.佩里（George L. Perry）发表了一篇文章，指出，"9·11恐怖主义袭击提出了以下一些重要问题：什么是世界市场的障碍？它对美国经济意味着什么？"他认为，石油在全球的自由贸易，即出价最高者得到石油，意味着美国减少石油进口并不能使它免于中东事件的影响。他强调："美国经济遇到的危险来自于这些事件如何影响世界石油供需平衡。"②

10月13日，布什总统指示能源部长把美国战略石油储备增加到7亿桶，主要用来自联邦沿海租赁地中的租用费来抵偿油价，并且将把1080万桶石油加入国家紧急石油储备。③接着，10月25日，能源部长亚伯拉罕在能源部资深官员的季度会议上，把防范恐怖主义的威胁提到了议事日程上。他指出，能源部的"中心任务是国家安全"，并列举了8项能源部的主要任务和优先考虑：为未来确定新的能源资源；保护国家至关重要的能源基础措施；执行布什总统的能源计划；执行布什总统的气候变化倡议；确保国家核储备的可靠性；应对核武器与核技术扩散；加强美国对新的恐

---

① U. S. Department of Energy, "Energy Timeline, 2001," http：//www. energy. gov/about/time-line2001. htm.

② George L. Perry, "The War on Terrorism, The World Oil Market and the US Security," Analysis Paper 7, Nov. 28, 2001, Brookings Institute, pp. 1, 2, http：//www. brookings. edu/~/media/Files/rc/papers/2001/1024terrorism_ perry/20011024. pdf.

③ U. S. Department of Energy, "Energy Timeline, 2001," http：//www. energy. gov/about/time-line2001. htm.

怖主义威胁的防范；更快和更省地追求清洁环境。①

2002年2月14日，联合国武器核查小组宣布在伊拉克的核查工作取得了很大的进展，第二天世界各地有800万人走上街头示威游行反对发动对伊拉克的战争，但是美国仍然按部就班地为军事行动做准备。3月17日，英国驻联合国大使宣布，关于伊拉克的外交进程至此结束，联合国武器核查小组将从伊拉克撤出。3月19日凌晨，美国发动了对伊拉克的大规模空中打击，伊拉克战争就此打响。

美国的目标是非常明确的：使伊拉克摆脱萨达姆的统治，建立一个亲美伊拉克政府。美国期望在这样一个政府之下，伊拉克向美国公司和消费者开放其石油储量，万一沙特阿拉伯采取减产行动从而导致油价提高，美国可以用这些石油储量来抵消其影响。②

美军占领伊拉克之后，5月22日，尽管美国对伊拉克的占领局势开始迅速恶化，但美国仍然劝说联合国安理会承认美国和英国为占领国，同时结束联合国对伊拉克的制裁。美国还获得了联合国的批准，把所有现存伊拉克石油储量的95%转到所谓的"伊拉克发展基金"名下，这个基金实际上是一个美国可以在"重建"名义下任意支配的财政工具。在联合国安理会通过1483号决议建立"伊拉克发展基金"的同一天，布什政府也发布了13303号行政令，该行政令使美国公司完全置于与伊拉克石油有关的法律之上，无论是在伊拉克还是在美国。根据一些美国法律专家的判断，13303号行政令意味着，如果美国公司建立独立的子公司来控制伊拉克石油，它们就能完全逃避法律责任。正如美国政策研究所的资深研究员吉姆·瓦利特（Jim Vallette）所说："这一行政令揭示了当前占领的真实动机：美国公司对伊拉克石油的绝对权力。"一位政府责任项目法律主任汤姆·迪瓦恩（Tom Devine）谴责说，行政令"是给予公司任意行动的空白支票，潜在地抢夺了伊拉克人的权利和资源"。③

2002年6月27日，在美国能源部下成立了国家能源安全局，该局局

---

① U.S. Department of Energy, "Energy Timeline, 2001," http://www.energy.gov/about/timeline2001.htm.

② Ian Rutledge, *Addicted to Oil*, *America's Relentless Drive for Energy Security*, p.177.

③ SEEN Project, Press Release, July 23, 2003, http://www.seen.org.BushEO.shtml.

长有权参加国家安全委员会会议。① 这表明能源安全与国家安全之间的密切联系已经得到了充分的认识和重视。

2004年4月26日,布什总统在明尼阿波利斯发表声明说,我们需要一个新的战略,"使用技术和创新来使我们的供应多元化,使我们能够较少依赖外国能源资源和改善环境"。"除非美国不再依赖外国石油",否则美国不可能成为"世界领导者"。"研发对于改变我国的能源政策是必须的。"他强调生物能和乙醇、核能、煤炭,特别强调碳氢燃料电池是美国经济的"新供应"来源。② 2004年9月2日,在接受共和党提名其为总统候选人的大会上,布什再次声明:"我们将使我们的国家少依赖外国能源资源。"同时,共和党党章声明"一个稳定的、可承受的、更独立的能源供应将支持美国经济发展,增进繁荣,帮助家庭承受急剧增长的价格,是使美国更安全的关键"。③

2007年国会通过了《2007能源独立与安全法》(Energy Independence and Security Act of 2007),它把公司平均燃油经济(The Corporate Average Fuel Economy)(CAFE)标准从2007年轿车每加仑行使27.5英里和轻型卡车行使22.2英里,提高到2022年所有轻型交通工具每加仑行使35英里,同时扩大了应用这些标准的汽车类型。

在气候变化政策方面,早在2000年竞选中,布什就认为,虽然全球变暖是一个潜在的问题,但是《京都议定书》对于美国来说代价太高,而且不能确保发展中国家承担它们自己的责任。④为此,布什政府拒绝签署《京都议定书》,并拒绝制定强制性地减少温室气体排放的政策。在布什政府时期,美国的温室气体排放水平从2001年到2007年增加了4%,同时美国政府对能源研发和样板展示的投资以不变美元计算比30年前大约减少了一半。日本在能源技术创新方面的投资和政府在这方面的投资占GDP的比例方面均超过了美国。⑤

---

① U. S. Department of Energy, "Energy Timeline, 2002," http://www.energy.gov/about/timeline2002.htm.

② Ibid.

③ Ibid.

④ Richard W. Stevenson, "Supply vs. Demand Ideas Separate Gore and Bush," *New York Times*, Sept. 29, 2000, p. A20.

⑤ Kelly Sims Gallagher, ed. *Acting in Time on Energy Policy* (Washington. D. C.: Brookings Institution Press, 2009), p. 5.

(四) 奥巴马政府"一石三鸟"的能源政策

1997年从《京都议定书》开始,气候变化问题正式成为了一个全球性的问题。然而,美国在这方面的立场已经同其他发达国家拉开了距离,并受到了这些国家的激烈批评。在气候变化问题上,奥巴马持有与布什完全不同的理念,他在当选为总统的两周内,就于2008年11月18日通过录像向联合国在洛杉矶召开的气候会议发表演讲,明确表示:气候变化"将继续削弱我们的经济,威胁我们国家的安全","现在是我们一劳永逸地同这一挑战作斗争的时候了"。"我的总统任期将标志着美国在气候变化方面担当领导的新篇章。"①

奥巴马在气候变化问题上的立场与其能源政策上的立场是紧密相连的。在大选前几天接受CNN的访谈时,奥巴马表示,"能源独立"将是其政府仅次于稳定金融体制和刺激经济的第二个优先考虑,他在其作为当选总统的第一个记者招待会上再次强调了这一点。在竞选期间,奥巴马多次提到,能源改革是减轻气候变化、促进经济增长和(通过减少美国对进口石油的依赖)提高美国国家安全的解决方法。②这样,至少在奥巴马政府任期头两年,其能源政策的特点是,改变布什时期美国的能源政策,把能源改革放在其政策的优先位置上,并把全球变暖当作世界面临的最紧迫的挑战,为此要实现三个目标:刺激经济;减少温室气体排放;提高能源安全。这一政策被一些人称为"一石三鸟"。③

奥巴马的能源政策与布什的政策泾渭分明。布什的政策是在2025年之前允许二氧化碳的排放继续提高,而且反对建立限制排放制度,想要通过促进发现新技术来解决问题,而奥巴马则把限制排放当作减少能源消费

---

① John M. Broder, "Obama Affirms Climate Change Goals," November 18, 2008, http://www.nytimes.com/2008/11/19/us/politics/19climate.html?ref=us; Jeff Mason, "Obama Vows Climate Action despite Financial Crisis," November 18, 2008, http://www.reuters.com/article/vcCandidateFeed2/idUSN18276285; "Obama's Revolution on Climate Change," http://www.buzzle.com/articles/242092.html.

② The Shape of Obama's Energy Policy, http://wotnews.com.au/like/the_shape_of_obamas_energy_policy/2705725/.

③ David McNew and Getty Images, "Obama's Energy Plan: Trying to Kill 3 Birds with 1 Stone," February 17, 2009, http://www.stratfor.com/analysis/20090217_obamas_energy_plan_trying_kill_three_birds_one_stone.

的主要措施。

奥巴马把汽车工业看作是美国制造业的支柱和美国减少对外国石油依赖的关键部分，而汽车工业集团也是美国商业利益集团中对减少温室气体排放和提高能效抵制最大的。但是，2008年下半年开始的由金融危机引发的经济危机对汽车工业形成了巨大的压力。美国三大汽车公司都面临着严重的破产威胁，不得不向国会寻求贷款援助。为了得到国会的批准，它们主动提交了自己的企业改革计划，除了其他措施之外，它们都不约而同地将今后的发展重心放到了发展节能型汽车上，其中，福特汽车公司保证将加速开发新型混合动力和电池驱动汽车。在它们得到贷款之后，还必须根据政府开出的条件来使用贷款。

2月11日，参、众两院领袖通过了一个刺激美国经济的《2009年经济复苏与再投资法》（The American Recovery and Reinvestment of 2009），2009年2月17日，奥巴马总统签署了该法，这项法律为各经济部门提供了总计7890亿美元的投资金额以创造就业和刺激经济增长，其中有大约500亿美元是用于提高能效，加速美国清洁能源技术的发展，把新能源生产翻一番，减少美国对石油的依赖，同时实现就业增长。其中140亿美元是用于可再生能源的项目：45亿用于改造智能电网，64亿用于清洁能源项目。177亿美元用于公共交通系统和铁路，以减少交通拥堵和能源消费。具体来说，

·110亿用于建造智能电网，使其更有效、更安全和更可靠。

·为给予新能源研发和智能电网项目的400亿美元贷款提供40亿美元的担保。

·45亿美元用于提高联邦政府建筑的能效。

·63亿美元用于资助州和地方政府对提高能效和减少排放的投资。

·25亿美元用于对提高能效和可再生能源的研发、显示和部署活动，以促进能源独立，减少碳排放，降低能源费用。

·20亿美元用于汽车用蓄电池的拨款项目。

·50亿美元用于提高低收入家庭住房的越冬防寒性能。

·3亿美元用于消费者购买能效高的产品取代老的家庭电气设备时的返款。

·3亿美元用于联邦政府购买高效燃油的交通工具替代所有旧的交通工具，包括使用可替代燃油和混合动力的轿车。

·4亿美元用于研发电动汽车新技术的拨款项目。

·34亿美元用于碳捕获和封存（CCS）技术展示项目。这些项目将提供推广运用CCS技术所需的有价值的信息。

·5亿美元用于在高能效和可再生能源领域里工作的工人的培训。①

显然，奥巴马的能源政策在短期内是集中在刺激经济上，上述这些拨款都是刺激经济计划的一部分。因此有人说，经济成为奥巴马能源政策的焦点，这个刺激计划也被称为"一揽子绿色刺激"、"绿色新政"、"绿色凯恩斯主义"。

美国正在利用经济危机和政府"复苏法"调整经济结构，把大量资金投入可再生能源及绿色技术、基础设施建设、宽带通讯及医疗卫生。国会通过的《2009年经济美国复苏与再投资法》，把定向投资、减税、补贴、改革和直接购买等措施结合起来，从近期来说是维持或创造就业岗位，从长期而言是提高美经济竞争力，并拉动私营部门的投资。

在复苏法案签署之前，98%的世界先进蓄电池是在亚洲国家生产的，在美国生产的只占不到2%，而奥巴马意识到，这些电池是高里程、低排放汽车的关键技术。在"复苏法案"通过之后，美国开始向新的研究和电池技术领域投资，支持建设20个电池生产厂，这些工厂可以雇用成千上万的美国人。奥巴马希望，到2011年美国将有能力生产接近20%的世界车用先进蓄电池，到2015年将能够生产世界总量的40%。

奥巴马能源政策的第二个目标是与气候变化作斗争。其具体方法是到2050年把温室气体排放减少到1990年的80%；到2012年使美国的电力有10%来自可再生能源，到2050年有25%来自可再生能源；到2015年，在美国使用的汽车中有100万辆采用油电混合动力；建立一个新的"碳排放限制与交易制度"（the cap and trade system），来限制大工业企业的二氧化碳排放，以及提高燃油经济的标准。②

奥巴马能源政策的第三个长期目标是，提高美国的能源安全。对于奥巴马来说，能源独立意味着，到2019年停止美国对中东和委内瑞拉的石

---

① U. S. House of Representatives, Committee on Appropriations. "Summary: American Recovery and Reinvestment Conference Agreement," February 13, 2009, http://www.appropriations.house.gov/pdf/PressSummary02-13-09.pdf.

② Kelly Sims Gallagher, ed. *Acting in Time on Energy Policy* (Washington. D. C.: Brookings Institution Press, 2009), p. 5.

油进口依赖,以使美国在这两个地区的政策有更大的灵活性。

关于能源安全,美国历届政府都把注意力集中在通过确保石油进口和提高国内的供应来满足美国的能源需求上,而新任美国能源部长朱棣文的做法是推动可再生能源的开发,促进节约能源和同气候变化作斗争。朱棣文在 2010 年 2 月底评论奥巴马政府新的预算时说,通过投资于有突破性的研究,使家庭和企业有更高的能效,开发太阳能、风能、生物能和其他清洁能源,将确保美国在面对经济、能源和气候方面的挑战时,成为世界的领导者。朱棣文还表示,OPEC 不是其工作责任的主要领域,这表明奥巴马政府一改以往美国经常游说 OPEC 增加供应的做法,而转变为促进国内可再生能源的发展。

《2009 年美国能源独立与安全法》(American Clean Energy and Security Act of 2009)于 2009 年 6 月 26 日在众议院中以 219 对 212 票被通过。该法案的目的创造清洁能源工作、减少导致全球变暖的污染,把美国的经济转变为清洁能源经济。其方法是建立一个碳排放限制和碳交易制度,以便政府控制国内的温室气体排放总量。该法拟设定一个 2010—2020 年的排放总量,使排放量大的公司付出更高的生产成本,从而刺激企业减排。[①] 然而,由于这项政策受到了很大的争议,在参议院中很难获得通过。2010 年 11 月中期选举之后,民主党在参议院中的多数被削弱,这使得该法案在参议院中获得通过更加希望渺茫。这无疑是对奥巴马政府能源政策的一个巨大打击。

在国会还没有采取行动之前,奥巴马政府的环保署(The Environmental Protection Agency, EPA)在《清洁空气法》(The Clean Air Act)和《清洁水法》(The Clean Water Act)下制定了一些细则,它被看作是奥巴马利用政府行政权力来改变布什环境政策的方法,该规则于 2011 年 1 月开始实施。在布什政府时期,布什总统曾使用行政令来削弱国会通过的法律,在其政府的最后几个月里,他颁布了一项规则,开放了西部 200 万英亩土地用于开采油页岩,并且限制了《清洁水法》和《清洁空气法》的适用范围,取消了法律对一些河流、溪流和湿地的适用性,允许在接近溪流的山顶采矿,使矿主更容易把矿渣倾倒入山谷溪流。最高法院裁决的结果是,

---

① H. R. 2454: American Clean Energy and Security Act of 2009, http://www.govtrack.us/congress/bill.xpd? bill = h111-2454.

国会通过的《清洁水法》仅适用于可航行水域。虽然民主党反对这一对法律的解释，但是国会未能通过法律来澄清其目的。布什的政策受到了环保主义者的强烈批评。

在奥巴马政府时期，奥巴马同样开始使用行政令来制止大峡谷附近的铀矿开采，强化反烟雾规则，控制来自发电厂、工厂和汽车的温室气体排放。环保署宣布要减少轿车和一些卡车30%的碳排放，并要求到2016年新生产的汽车平均每加仑汽油行驶35.5英里。6月，环保署宣布了一个严格的新指南，禁止煤炭公司从山顶煤矿向峡谷和溪流倾倒废渣和破坏水资源。奥巴马的做法得到了环保主义者的欢迎，却受到了商业利益集团的反对，认为这损害了美国的竞争力。① 全国制造商协会（The National Association of Manufacturers）、美国石油研究所（The American Petroleum Institute）和其他一些工业集团已经向法院提出了起诉，试图阻止环保署执行减少温室气体排放的一些规则。这些规则受到了来自得克萨斯州、共和党众议员、贸易协议和其他利益集团的起诉。竞争企业研究所（Competitive Enterprise Institute）和美国商会也对此发起了挑战，向美国华盛顿的上诉巡回法院提出起诉。但环保署的发言人凯瑟琳·米尔本（Catherine Milbourn）针对这些指责反驳说，环保署的决定是建立在对科学综合评估的基础之上的，而不是仅仅建立在政府间气候变化专门委员会（Intergovernmental Panel on Climate Change）（IPCC）的报告之上，强调"气候变化构成的威胁就在我们面前"。②总之，在国会立法受阻的情况下，环保署已成为奥巴马绿色日程的关键。

在英国石油公司在美国墨西哥湾发生严重漏油事件的情况下，奥巴马在审查了内务部关于这个灾难性事故的报告之后，决定中止新的石油钻探和探测。美国政府扩大了现存的深水钻探的禁令，并在6个月里中止发放新的许可证。同时原计划在阿拉斯加海岸两处的石油勘探也中止了，对墨西哥湾和弗吉尼亚海岸的合同出售也被召回。

可以预料，奥巴马政府的能源政策将成为一个转折点，从此之后，随着国际社会对气候变化问题的日益重视，任何一届美国政府在制定能源政

---

① White House, "Energy & Environment," http：//www.whitehouse.gov/issues/energy-and-environment.

② Philip Sherwell, "Barack Obama's Climate Change Policy in Crisis," http：//climaterealists.com/index.php?id=5200.

策时都很难把它同气候变化政策分割开来,对清洁能源和可再生能源的研究和开发将受到更大的重视。能源政策在美国将越来越紧密地同气候变化政策结合在一起。

第四章

美国能源政策决策过程

美国能源政策的决策过程反映出美国政府对能源市场的约束和调控。由于美国政府决策过程具有利益主体和价值多元化的特点，其能源政策实际上是利益相关方讨价还价和相互妥协的产物。决策理论家格雷厄姆·T.阿利森（Graham T. Allison）和莫顿·H. 霍尔帕林（Morton H. Halperin）认为政府并不是统一的、理性的计算单位。相反，政府是由那些在政府政策上持不同观点的组织和个人所组成，它们彼此竞争以影响决策。政府决策时常是一个集团博弈（group game），而不是个人活动；它实际上是一个政治过程，而不是一个智力和理性过程。① 美国能源政策的决策过程亦是如此。正如维托·斯泰格利埃诺（Vito Stagliano）所指出的：

> 总统指示能源部长要在相互对立甚至是无法调和的能源目标之间找到一个平衡，并且要把成本、经济效率、能源供给、环境保护和能源安全控制在合理的范围之内；国家能源战略应当统筹兼顾、同等对待供求方面的各种要求……（因此）国家能源战略是在政府内部、国会成员之间以及不同利益团体之间的矛盾斗争之中形成的。②

不仅如此，除了不断扩大规模的行政部门之外，美国行政部门与国会之间的关系、国会的权力和立法过程、利益集团对国会和行政部门的游说、公众舆论对决策的影响等，都是范围更大的影响外交决策过程的因

---

① Graham T. Allison and Morton H. Halperin, "Bureaucratic Politics: A Paradigm and Some Policy Implications," in Raymond Tanter and Richard H. Ullman, eds., *Theory and Policy in International Relations* (Princeton: Princeton University Press 1972), p. 41.

② 维托·斯泰格利埃诺：《美国能源政策：历史、过程与博弈》，郑世高等译，石油工业出版社2008年版，第2页。

素。能源政策的决策过程也不例外。

  历史上，美国政府对煤炭、石油、天然气等各类能源部门进行过一些零星的干预。但政府在真正意义上制定和实施能源政策还是始于 20 世纪 70 年代能源危机以后。随着气候变暖和反恐等全球性问题日益受到重视，美国能源政策的核心目标也演变成为通过稳定的财政和管理将能源安全和环境成本整合到能源价格中，从而促进美国能源结构的逐步调整。① 由此，美国能源政策的"监管性政策"（Regulatory Policy）② 特征表现得越来越明显，这也使得更多的利益主体参与了能源决策过程。例如在行政部门，美国能源部已不再是制定全国能源政策的唯一机构，它不能统管全部与能源有关的政策的制定，诸如土地管理局（The Bureau of Land Management）、国内税务局（The Internal Revenue Service）、环境保护署（The Environmental Protection Agency）、联邦能源管理委员会（The Federal Energy Regulatory Commission）、国防部以及州和地方的各类监管机构都发挥了更多的实际作用。在国会中，也存在类似的情况，参议院能源与资源委员会（U. S. Senate Energy and Natural Resources Committee）或众议院能源与商务委员会（House Energy and Commerce Committee）是主管能源事务的委员会，但是，其他负责内政、财政、外交、环境与工程的委员会常常能在能源立法中发挥更大的影响力，加之传统和新兴的利益集团在其中积极活动，美国能源决策过程呈现出日趋多元化的复杂局面。本章将对美国能源决策过程中的关键因素进行阐述和剖析。

一　美国能源决策过程的演变

  自美国立国以来，对自然资源的整合和调控就是联邦政府的功能之一。随着美国成长为世界强国，对能源的规划被纳入了美国社会经济改革的议事日程。1933 年 5 月，美国设立田纳西河谷管理局（The Tennessee Valley Authority），专门负责整体规划田纳西地区的水土保持、粮食生产、水库、发电、交通等，它成为该地区经济发展的催化剂。罗斯福时期，美

---

① James M. Griffin, *A Smart Energy Policy: An Economist's Rx for Balancing Cheap, Clean, and Secure Energy* (New Heaven: Yale University Press), p. 28.
② William R. Lowry, "Disentangling Energy Policy from Environmental Policy," *Social Science Quarterly*, Vol. 89, No. 5 (2008), pp. 1195-1211.

国的能源主要由内政部（The Department of the Interior）负责，自然资源政策由成立于1934年的国家资源委员会（The National Resources Board）来制定，①它是罗斯福在法定机构之外创建的诸多政府机构之一。1939年该委员会更名为国家资源规划委员会（The National Resources Planning Board）。这个委员会掌控美国自然资源的各个领域，包括土地、水资源、森林；土壤沙化控制、洪水控制、导航、灌溉、荒地开垦；水坝建设、电力发展、减少贫困以及政治等方面。②二战前夕，美国石油市场的政策制定者是美国石油公司和西南部的一些州。③州际石油联合委员会（The Interstate Oil Compact Commission）实际控制着美国的石油生产。在此时期，联邦政府的主要责任就是监管这一委员会的决策。罗斯福总统对各州每月的石油产量进行了限定，各州再将这一配额在本州的石油公司之间进行分配。这一制度最终在1935年出台的《康奈利热油法案》（The Connelly Hot Oil Act）中得以确立。该法案同时规定，销售超出配额生产出来的"热油"为违法行为。在二战期间，罗斯福授权内政部管理国内石油价格、分配供应配额以及民用和国防用油。④

第二次世界大战后，作为世界上的超级大国，美国对能源的需求之大使其必须建立起一整套系统的决策体系。然而如何协调公共事业、行政部门以及私人企业的关系是杜鲁门政府进行联邦政策规划的重点之一。为此，杜鲁门将战时石油工业委员会（The Petroleum Industry War Council）改组为由内政部领导的国家石油委员会（The National Petroleum Council），并成立了全部由石油工业代表组成的海外石油供应委员会（The Foreign Petroleum Supply Committee）。以上两委员会加强了美国对石油产业的控制，海外石油供应委员会还获得了国会的反垄断豁免权，成为能源利益集团影响美国对外政策和商业政策的工具。⑤然而在公众舆论看来，该委员会本

---

① 维托·斯泰格利埃诺：《美国能源政策：历史、过程与博弈》，郑世高译，石油工业出版社2008年版，第1页。
② Arthur M. Schlesinger, Jr., *The Coming of the New Deal: The Age of Roosevelt* (Boston: Houghton Mifflin Company, 1958), p. 350.
③ 维托·斯泰格利埃诺：《美国能源政策：历史、过程与博弈》，第2页。
④ 同上。
⑤ 同上书，第4页。

身最终成为"联邦政府的能源政策向私有企业让步的象征"。① 在艾森豪威尔政府时期,1954年7月,艾森豪威尔总统任命亚瑟·弗莱明(Arthur Flemming)为负责能源供应和自然资源政策的总统顾问委员会(Presidential Advisory Committee)主席,从而提升了能源问题在美国决策过程中的地位。

1960年肯尼迪上任总统之后,美国在能源政策制定方面仍然没有形成统一的体系。与能源有关的各个机构之间仍然缺乏协调,它们各自为政,享有特权。核能委员会(The Atomic Energy Commission)开发核能;内政部管理石油天然气和煤炭生产;垦务局(The Bureau of Reclamation)和陆军工程兵部队(The Army Corps of Engineers)建设水利大坝;联邦电力委员会(The Federal Power Commission)管理电力、天然气和石油的州际销售;国务院管理能源政策的国际部分,主要任务是密切关注美国石油公司在中东的活动;总统科技办公室(The President's Office of Science and Technology)监管联邦的研发政策。② 每个机构都为自己的部门利益而谋划,并为确保更多的预算份额而相互倾轧。直到1963年,为了确立白宫在各能源部门之间的协调地位,肯尼迪设立了跨部门能源研究小组(The Interdepartmental Energy Study Group),由白宫科技委员会(White House Office of Science and Technology)主任多纳德·豪宁(Donald Horning)任主席,由来自总统经济顾问委员会(Council of Economic Advisors)的沃特·海勒(Walter Heller)任副主席。这个小组的任务是"对整个美国能源的开发和利用进行全面研究,以实现美国研究资源的最有效分配"。③ 然而,该小组仍被认为是各部门利益的代言机构,其对一项政策报告的评估往往会因部门利益而得出自相矛盾的结果。

约翰逊担任总统以后,授权建立了"未来资源工作小组"(The Working Group for Resources for the Future),并任命约瑟夫·费舍尔(Joseph Fisher)为组长。这个小组的任务是为政府工作提供能源政策方面的建议,负责提交政策报告,对涉及能源领域的绝大多数问题提出建议。在研发政

---

① Craufurd D. Goodwin ed., *Energy Policy in Perspective* (Washington, DC: Brookings Institution, 1981), p. 119.
② 维托·斯泰格利埃诺:《美国能源政策:历史、过程与博弈》,第9页。
③ W. Barber, "Studies Inaction in the Kennedy Years," in Craufurd D. Goodwin ed., *Energy Policy in Perspective* (Washington, DC: Brookings Institution, 1981), p. 330.

策方面,费舍尔提出了关于联邦投资于与能源有关的科技的一揽子建议,他还呼吁建立总统能源委员会以确定未来石油政策的方向。尽管如此,约翰逊也并未能建立有效的机制来协调各部门的能源方案。

  第一次石油危机、美国国内对能源供应能力的下降以及前任能源政策的不连贯性使新上任的尼克松政府开始重新审视美国的能源政策。1971年6月4日,尼克松第一次向国会通报了政府的能源政策,并在白宫内部和行政部门内着手建立能源决策体制,以协调各部门的能源政策。尼克松提出要进行部门重组,建立管理能源和自然资源的新的政府部门。在过渡时期,他主要是通过总统办公室直接控制能源政策。"从尼克松时期起,美国联邦政府第一次将原油的生产以及石油的开发作为经济稳定计划(The Economic Stabilization Program)的一部分。"[①] 1973年,尼克松建立了一套双向体制,把不同类型的能源进行了区分,把它们分别置于国家管控或可允许私人进入的部门之下。尼克松通过行政命令建立了一系列机构和白宫职位来协调联邦的能源政策。他设立了一个总统自然资源顾问,加设了一个能源和矿产部副部长,并成立了第一个联邦节能办公室(The Federal Office of Energy Conservation),还在管理与预算办公室(The Office and Management and Budget)中建立了一个新的能源和科技部门,把协调石油进口政策的石油政策委员会置于财政部的管辖之下。1973年6月,尼克松任命科罗拉多州州长约翰·拉弗(John Love)担任新成立的白宫能源政策办公室(The White House Energy Policy Office)主任。1974年5月7日尼克松又签署了《1974年联邦能源管理法》(The Federal Energy Administration Act of 1974),该法案强调技术研发和政府对社会的控制。此后联邦能源局(The Federal Energy Administration)取代了白宫能源办公室,负责管理能源分配、石油定价、能源信息收集和分析以及为独立计划和能源保护做出规划。

  1974年国会最终通过了《能源重组法》(The Energy Reorganization Act),根据该法政府建立了能源研究开发局、能源资源委员会和核能管理委员会。此时福特已接替尼克松担任总统。联邦能源管理局局长约翰·绍

[①] James L. Regens and Robert W. Rycroft, "Administrative Discretion in Energy Policy Making: The Exceptions and Appeals Program of the Federal Energy Administration," *The Journal of Politics*, Vol. 43, No. 3 (Aug. 1981), p. 877.

黑尔（John Sawhill）、财政部长威廉·西蒙（William Simon）以及经济顾问委员会、管理与预算办公室都在争夺对能源政策的控制权。1975年10月，国会通过了《能源政策与节能法》（The Energy Policy and Energy Conservation Act），授权政府建立战略石油储备。1976年8月14日，美国总统选举高潮到来之际，国会一致通过了《节能与能源生产法》（The Energy Conservation and Production Act），要求新任总统制定改组政府能源和自然资源管理机构的计划，并设立能源信息和分析办公室（The Office of Energy Information and Analysis），这无疑为此后新总统卡特改革能源机构扫清了障碍。

1977年卡特总统在白宫设立了一个能源政策办公室（The Office of Energy Policy），该办公室成为可以独立于国会的总统办事机构，它负责为总统制定能源政策提出建议、方案，目的是把能源政策的决策权掌握在白宫手中。1978年10月9日，卡特签署了《1978年国家能源法》（The The National Energy Act, 1978），根据该法成立了能源部，取代了之前的能源研究开发局、联邦电力委员会和联邦能源署，还赋予能源部新的管理整个国家的核武器设计和生产厂房建设的责任。能源部受国会的监管，也从一大批企业、专业团体和私人利益集团那里得到支持，成为"国家利益"与"集团利益"、行政机构之间利益争夺和妥协的新场所。

1980年，里根开始了新一轮的能源机构改组。能源部的各机构和办公室被充实起来，能源部在国防方面的投入急剧增加，并招纳了世界上数量众多的理论物理学家。能源部因此被认为是唯一负责能源的军用和民用的研究机构。1982年在能源部下成立了政策办公室（The Office of Policy），主要负责能源政策计划的制订。其后，该办公室制定了三次国家能源政策计划。1986年曾任国家安全委员会执行秘书（The Executive Secretary of the National Security Council）的威廉·马丁（William Martin）担任了能源部副部长，他同时在能源政策办公室中发挥了重要的作用。

1990年初期，由于伊拉克入侵科威特，石油价格急剧上涨，老布什总统向国会提交了一份联邦能源政策法案，强调扩大石油、天然气和核能的生产，该法案引起了激烈的争论，议案的核心部分最终被国会否决。

为了适应新兴产业的发展，克林顿政府为联邦能源法规委员会（The Federal Energy Regulation Committee）任命了一批新委员，他们致力于创造新技术和新能源的开发，并重组了多个州的公共事业机构。

2000年，小布什就职的第二周就设立了由副总统切尼任组长的国家能源政策规划小组（The National Energy Policy Development Group），专题研究能源问题。小组成员包括了国务卿、财政部长、内务部长、农业部长、商务部长、运输部长、能源部长、总统助理等内阁官员。该小组于2001年5月正式向小布什提交了《国家能源政策》报告，该报告成为布什政府能源政策的指南。

从以上对美国能源机构演变的回顾可以看出，能源政策越来越成为美国对外决策中的一个重要议题。冷战结束后，更为系统和连贯的美国能源决策过程得到确立，从此，美国历届政府都大体依照这一决策过程来制定能源政策。

二 参与美国能源政策制定的政府部门

目前，在美国的行政部门中有众多部门参与能源决策，这些部门主要有：

国家经济委员会（The National Economic Council）

1993年1月25日，克林顿签署了总统令，正式设立了国家经济委员会。它隶属于白宫政策规划办公室（Office of Policy Development），是总统行政办公室的一部分，其主要职能是就美国和全球经济政策向总统提供政策建议。

国家经济委员会的构成亦如国家安全委员会，由国家经济委员会部长委员会（The NEC Principals Committee）、副部长委员会（The Deputies Committee）以及下属官员组成。部长委员会主要负责协调和整合国内与国际经济事务。它是一个由内阁成员组成的跨部门协调机构，有权直接解决无需总统裁决的经济事务。[①] 除了总统和国家经济顾问之外，国家经济委员会成员还包括副总统、国内政策顾问、国家安全顾问、科技办公室顾问、美国贸易代表、管理与预算办公室主任、白宫经济顾问委员会主席、环境保护署署长、财政部长、国务卿、商务部长、交通部长、农业部长以及能源部长。其中，财政部长是整个委员会的首席发言人，管理与预算办

---

① Chris J. Dolan, John Frendreis, Raymond Tatalovich, *The Presidency and Economic Policy* (New York: Rowman & Littlefield Publishers, INC, 2008), p. 91.

公室主任负责预算管理,白宫经济顾问委员会主席统领所有白宫经济顾问。副部长委员会负责协调跨部门经济事务,确保经济政策的实施。其下设立的跨部门的工作小组负责处理有关经济、科技、基础工程、交通以及财政政策等方面的事务。在委员会中,由若干专业领域政策专家组成的班子负责辅佐国家经济委员会主任,这些专家来自农业、商务、能源、金融、市场、财政政策、医疗卫生、劳动和社会保障等领域。

根据总统第12835号行政令,国家经济委员会具有四项基本职能:协调国内外经济政策的制定;协调经济政策建议,并向总统提出建议;确保政策制定与总统的经济目标相一致;监督经济政策的执行。[1] 自国家经济委员会成立以来,该委员会通过召开部门和跨机构会议,在政府重要经济提案的形成过程中发挥了重要作用,是制定美国国家经济政策的核心机构。[2] 2001年,布什任命劳伦斯·林赛(Lawrence Lindsey)担任国家经济委员会主任,他与其领导的经济事务班子为布什规划削减预算的方案,同时为总统扫除了政府发展核能的政治障碍。他还力主美国不签署《京都议定书》,甚至越过能源部长制定美国的对外能源战略。[3] 2008年11月24日,当选总统奥巴马提名劳伦斯·萨默斯(Lawrence Summers)担任美国国家经济委员会主任,萨默斯遂成为总统的经济政策助理和奥巴马政府经济刺激计划的主要设计者。总之,国家经济委员会主要负责协调美国国内与国际经济事务,是白宫制定美国经济和能源政策的最高机构。

经济顾问委员会(The Council of Economic Advisors)

经济顾问委员会是美国总统办事机构的一部分,由一些经济专家组成,为美国总统提供有关经济政策的咨询。该委员会共有20名资深经济学家。经济顾问委员会的主要任务是客观分析全国经济和各经济部门的情况,就国内外经济发展的重要政策为总统提供建议;评价联邦政府的各项经济计划政策,并向总统提出经济发展方面的政策建议;每年1月发表由经济顾问委员会向总统提交的年度《总统经济报告》(The Economic Report of the President),并协助总统草拟送交国会的年度经济报告。[4]

---

[1] "NEC's Role in White House," http://www.whitehouse.gov/nec.
[2] 张志新:《美国国家经济顾问委员会》,载《国际资料信息》2005年第10期。
[3] Chris J. Dolan, John Frendreis, Raymond Tatalovich, *The Presidency and Economic Policy*, pp. 92-93.
[4] 见美国白宫总统经济顾问委员会网站,http://www.whitehouse.gov/cea。

总统经济顾问委员会的工作方式主要包括以下四种：（1）召集会议；（2）递交书面材料，包括备忘录、每日简报、年度报告等；（3）提供专业咨询；（4）通过媒体向公众阐述国家经济政策。①该委员会最基本的工作方式是召集会议。政府部门或国会提出的任何重大立法倡议，首先会先送到相关的内阁委员会讨论，形成正式的行政部门意见。此后，总统经济顾问委员会召开由资深专家和相关经济学家参加的专家组会议，对这些意见进行讨论，提出处理建议。若专家组不能达成一致，意见将被提交给由相关部门助理部长参加的次内阁级会议讨论。总统经济顾问委员会将派出一位委员或相关领域专家组成员参加讨论。如仍不能达成一致意见，问题将被提交给相关部部长和白宫经济顾问委员会主席出席的内阁级会议做出结论，最后送达总统。若结论中包含不同意见，专家组将把这些意见汇总、归纳后提交总统裁定。在书面说明不充分的情况下，内阁成员可以与总统进行面谈，阐述不同观点。以里根政府时期为例，里根一般不会出席经济顾问委员会举行的例会，但是在讨论需要总统做出决定的问题的情况下，总统会出席，大约每月两次。②值得注意的是，总统经济顾问委员会是一个顾问机构，它不负责具体事务，它既没有自上而下的官僚组织结构，也没有权力领导其他部门，除非得到总统的授权，因此，该委员会通常不会偏袒某一部门。

在能源政策制定上，经济顾问委员会主席、财政部长和预算办公室主任参加的碰头会通常会被称为"三驾马车"（Troka）会议，它被认为是总统宏观经济决策的核心会议。"三驾马车"会议往往由总统召集，以交换信息，协调彼此的观点和行动。"三驾马车"会议是总统能源决策的重要协调机制，在国家经济生活中扮演着不可或缺的角色。③在老布什的经济顾问委员会中，其成员各有分工。其中理查德·施马兰西（Richard Schmalensee）负责能源政策事务。他是一名经济学家，倾向于制定谨慎的公共政策，没有任何明显的党派倾向，以客观评价政策的优劣而著称。1989年7月，在布什即将宣布国家能源战略时，由于经济顾问委员会的反对，能源战略数易其稿。施马兰西及其两位助手密切关注能源部的动向和

---

① Chris J Dolan, John Frendreis, Raymond Tatalovich, *The Presidency and Economic Policy*, pp. 72-73.
② 张志新：《美国总统经济顾问委员会》，载《国际资料信息》2005年第8期。
③ 同上书，第14页。

能源部所做出的分析。他定期与财政部、能源部和管理与预算办公室交流信息,成为协调各部门利益的仲裁人。最终,布什宣布了经过顾问委员会认可的美国能源战略,而经济顾问委员会在整个决策过程中居于绝对关键的地位。①

管理与预算办公室(The Office of Management and Budget)

管理与预算办公室是一个内阁级行政机构。1970年,尼克松总统在白宫内成立了管理与预算办公室。它直属于总统,其主要管理人员由总统任命。福特任总统时,由于面临着严重的国内经济问题,他宣布政府要阻止通货膨胀,缩减预算和行政人员,这些做法正符合"目标管理"的理念,同时他也要重新调整处理外交事务的优先次序。里根总统时期,政府长期面临财政赤字,管理与预算办公室对此进行了研究,发现财政预算的最大支出者是国防部。但是,国防部是里根总统"重振国威"战略任务的主要承担者,肩负着对抗苏联、确保美国本土安全、维护对于美国来说战略上极为重要地区的安全的使命。因此,从大局考虑,管理与预算办公室不能对预算做大的调整,最后只对预算的一些细枝末节进行了修正。② 20世纪90年代,克林顿政府对管理与预算办公室进行了改组,以消除预算与管理人员之间的区别,整合两种行政职能。克林顿把该办公室的主要职能确定为协助总统编制联邦年度预算、监督预算执行、协助总统改进政府行政管理等。具体来说,其职能包括汇总各个部门的联邦开支项目和方案,在进行初步研究和审查后交总统批准;审查国会通过的有关政府预算的立法,以备总统签署使之成为法律;协助总统检查行政部门的组织机构和管理状况,并向总统提出关于改善管理工作的建议。③

管理与预算办公室在能源决策中的重要地位主要体现在它为总统准备年度预算。该办公室需要为美国经济规划未来预算,预测下一个财政年度的收支状况,并及时向总统汇报。管理与预算办公室还为各个行政部门提出预算计划制定规则,并评估这些部门呈送的预算计划表,经过总统批准后提交国会。在能源政策方面,管理与预算办公室一直是掌控能源政策制

---

① 该事件过程详见维托·斯泰格利埃诺《美国能源政策:历史、过程与博弈》,第101—110页。

② 韩召颖编著:《美国政治与对外政策》,天津人民出版社2007年版,第99页。

③ Eugene R. Wittkopf, Christopher M. Jones and Charles Kegley, *American Foreign Policy: Pattern and Process* (Oxford: Oxford University Press 2004), p. 338.

定的重要机构。美国历次《国家能源战略》(The National Energy Strategy)的制定都要经过该办公室的审核和评估。2003年5月,布什任命白宫办公厅副主任乔舒亚·博尔顿(Joshua Bolten)为管理与预算办公室主任,他加强了对其他行政部门尤其是能源部的预算管理力度。

白宫科技政策办公室(The Office of Science and Technology Policy)

1976年国会授权建立白宫科技政策办公室,旨在向总统和其他内阁官员提供有关科技方面的政策建议。从此,白宫科技政策办公室成为总统办事机构的重要组成部分。该办公室的宗旨是领导和协调有关国内国际科技和能源事务方面的跨部门合作,并授权与公司、州政府以及其他国家就有关能源的科技问题进行交流。它的任务可以分为三个方面:一是向总统和高级官员及时、准确地提出有关科技方面的政策建议;二是确认行政部门有关政策的制定符合科技标准;三是确保行政部门在制定和实施相关政策中相互协调,以对社会发挥最佳效用。[1] 历届总统都十分重视该办公室的政策建议,他们相信设立这样一个办公室可以优化官僚决策过程,同时加强官僚与学术专家之间的联系。[2] 在做出重大科技和能源决策之前,总统都会向科技政策办公室的顾问进行咨询,重新评估政策方案。科技政策办公室的顾问均是世界级的科技专家,他们向总统和内阁官员提供有关政策的建议、分析和评估意见。

总统科技顾问委员会(The President's Council of Advisors on Science and Technology)

2009年4月27日,美国白宫宣布,奥巴马总统组建了一个新的科技委员会,全称为"总统科技顾问委员会",以为其提供与科技有关的建议。该委员会由三人负责,他们分别是白宫科技政策办公室主任约翰·霍尔德伦(John Holdren)、麻省理工学院与哈佛大学联合学院主任艾里克·兰德(Eric Lander)以及诺贝尔奖获得者、纪念斯隆—凯德琳癌症中心(Memorial Sloan-Kettering Cancer Cent)主任兼高管哈罗德·瓦默斯(Harold Varmus)。该委员会的主要任务是向总统提供科技方面的建议和意见,如有关全国科技战略和如何支持科技创新的问题。奥巴马在一份声明中称:"这个委员会由科技方面的领军人物组成,他们将带来多样化的政策观点,我

---

[1] "About OSTP," http://www.whitehouse.gov/administration/eop/ostp/about.
[2] "History of OSTP," http://uscode.house.gov/download/pls/42C79.txt.

将负责委员会的运行,而它将协助我制定能够保护和发扬我国科技创新传统的各项策略。"①

随着全球性问题的日益严重,气候变化、可持续发展以及清洁能源都成为美国能源政策所面临的新的挑战。奥巴马政府中的科技政策办公室长期以来不仅要评估以往的科技和能源政策,而且还需要为提升美国的国力,确保国家安全做出努力,例如为减少美国对外国能源的依赖而制定相应政策。白宫科技政策办公室和总统科技顾问委员会还一直在努力促进国际合作,例如总统科技顾问委员会设立了 G8 + 5 框架下②的全球能源论坛(The Global Energy Forum)。2009 年秋,能源部长朱棣文(Steven Chu)要求总统科技顾问委员会提出政策建议,并评估美国能源的创新体系,以加速能源的生产、运输和使用,并确保美国向低碳能源转型。根据这一要求,该委员会成立了一个由委员会成员和公私部门知名的能源专家组成的工作组。该工作组在 2010 年上半年进行了两次集中研讨,并与部分国会议员、能源部以及其他联邦政府高级官员经过广泛磋商后,对四个最重要问题进行了分析研究:(1)在能源部门的转型中联邦政府应发挥什么适当作用?(2)如何在近期、中期和长期最好地发挥这一作用?(3)经过改组后能源部是否会更有效率?如果是,应如何改组?(4)在当前的法定权限下需要采取哪些步骤?③

2010 年 11 月 29 日,美国总统科技顾问委员会向总统呈送了一份报告,题目为《通过一项综合的联邦能源政策加速能源技术转变的步伐》(The Accelerating the Pace of Change in Energy Technologies Through an Integrated Federal Energy Policy)。该报告就美国联邦政府在未来 10—20 年如何通过维持能源技术创新方面的领导地位来改革能源体系,提出了一系列政策建议。报告指出,美国需要精心制定一份能源战略规划,并通过四年一次的战略评估定期更新;同时还要大幅度增加对与能源有关的研究、开发、示范和部署的公共投入经费。④ 根据白宫和能源部的建议,政府建立

---

① "About PCAST," http://www.whitehouse.gov/administration/eop/ostp/pcast.
② 该框架下包括所有 G8 成员国加上金砖五国巴西、中国、印度、墨西哥和南非,主要集中考察全球能源和环境问题。
③ "Report to the President on Accelerating the Pace of Change in Energy Technologies through an Integrated Federal Energy Policy," November, 2010, http://www.whitehouse.gov/sites/default/files/microsites/ostp/pcast-energy-tech-report.pdf.
④ Ibid.

了在总统行政办公室领导下的四年能源评估（The Quadrennial Energy Review）制度。2010 年 1 月 18 日，总统科技顾问政策办公室主任约翰·霍尔德伦（John Holdren）在接受记者采访时指出："面对中国的新能源补贴，我赞成或者让中国减少补贴，或者让美国加强政策支持的提法，我认为目前美国在自己的政策上多做点是更现实的做法。"① 他承认中国和美国在新能源上既有摩擦也有合作，但强调双方的合作才是主流，在新能源领域里"双方合作所获得的利益要大于对抗"。② 在他的建议下，中美在清洁能源方面的合作正在不断深入。

国务院及其下属的能源资源局（The Bureau of Energy Resources）

在行政部门中，以国务卿为首的国务院是负责处理外交事务的主要机构，其中国务卿是总统在外交事务方面的首席顾问和美国外交政策的主要执行者。由于美国在世界上的超级大国地位，美国国务院已经发展成为一个影响遍及全球、职能复杂的官僚机构。根据美国宪法，美国总统是外交政策的最终决策者。国务卿是由总统推荐、经参议院批准后由总统任命的，他（她）是总统主要的外交政策顾问、最重要的内阁成员，也是国家安全委员会的法定成员。国务卿通过国务院及其下属的外交官执行总统的外交政策。国务院中仅次于国务卿的官员是副国务卿。国务卿和副国务卿之下设有 6 名专职副国务卿，他们分别主管六个职能领域，即政治事务（Political Affairs），经济、能源与商业事务（Economic, Energy, Business Affairs），军控与国际安全（Arms Control and International Security），民主与全球事务（Democracy and Global Affairs），管理办公室（United States Office of Management），公共外交与公共事务局（Public Diplomacy and Public Affairs）。这些专职副国务卿负责这些领域里的政策规划、协调和执行，在实际运作中，特别是负责政治事务，军控安全问题，经济、能源与商业事务的专职副国务卿，在政策制定中起着重要的作用。

国务院在美国对外能源政策的制定中发挥了至关重要的作用。2003 年伊拉克战争前夕，国务院多次召开会议，特别讨论有关伊拉克石油开发的两个问题："一是油田的修复工作，二是伊拉克石油业所有权结构的改变。

---

① 《胡锦涛抵美进行访问 将签署经贸能源等合作文件》，财经网，2011 年 1 月 19 日，http: //finance. jrj. com. cn/2011/01/1908509022709-8. shtml。

② 同上。

国务院一致认为,战争一结束,伊拉克就应当立即向国际石油公司开放,最好的方式是通过产量分成协议来进行。"① 此外,在国务院会议的讨论中还做出了一个决定:伊拉克在战后应当留在欧佩克内,但不受其生产配额的限制。②

2007 年国会通过了《能源外交与安全法》(The Energy Diplomacy and Security Act),该法案是参议院外交委员会主席约瑟夫·乔·拜登(Joseph Joe Biden)于 2006 年提出的,其目的是促进美国政府加强对外能源合作以保障美国的战略和经济利益。它得到了许多资深议员的支持和认可,其中关于国务院与能源有关的机构改革方面的建议得到了国务院的重视并被付诸实施。法案明确规定,国务卿应确保把能源安全纳入国务院的核心任务,将在国务卿办公室内设立国际能源事务协调员一职,该职负责制定美国的国际能源政策;与有关的美国政府官员一起就全球能源发展对国家安全的意义进行分析;把能源安全问题纳入国务院活动的优先事项;协调相关联邦机构的活动;执行当前由经济和商业事务局下的国际能源与商品政策办公室负责的其他职能。③

2011 年 10 月 14 日,国务院将它所管理的能源事务从原有的经济、能源和商业事务局(The Bureau of Economic, Energy and Business Affair)中分离出来,成立了一个新的能源资源局,目前该机构已正式运作。能源资源局的职责是确保美国与其他国家的外交关系能够促进美国在确保能源供应和清洁能源方面的利益,其主要目标是:(1)通过外交手段协调能源生产国与供应国之间的关系,管理地缘能源经济;(2)确保我们的外交关系能够促进我们在保障能源供应和清洁能源方面的利益,通过改变我们在可替代能源、电力、发展和重建方面的政策来刺激市场力量;(3)增加与发展中国家在能源方面的联系,提高这些国家的良治和政策透明度。④ 在国务院之下成立一个独立的机构来专门处理能源问题,体现了美国外交政策中

---

① Ian Rutledge, *Addicted to Oil America's Relentless Drive for Energy* Security (New York: I. B. Tauris, 2005), p. 182.
② Carola Hoyos, "Exiles Call for Iraq to Let in Big Oil Companies," *Financial Times*, April 7, 2003.
③ 109th U. S. Congress, "Energy Diplomacy and Security Act of 2007," S. 2435, http://www.govtrack.us/congress/bill.xpd?bill=s110-193.
④ State Department, "Bureau of Energy Resources," November 16, 2011, http://www.state.gov/r/pa/prs/ps/2011/11/177262.htm.

对能源安全的重视，以及美国长期以来对获得资源、资源供应的可持续性和多样性的关注。能源资源局现由美国前驻墨西哥大使、国际能源事务特使兼协调员卡洛斯·帕斯卡（Carlos Pascual）担任局长，由负责经济、能源及农业事务的副国务卿罗伯特·霍尔迈茨（Robert D. Hormats）分管。由于能源资源局的成立，经济、能源和商业事务局更名为经济和商业事务局（The Bureau of Economic and Business Affairs）。

能源局中设有能源、制裁和商品办公室（The Office of Energy, Sanctions, and Commodities），由一名助理国务卿主管。该办公室负责制定和实施与能源、制裁和商品有关的美国外交政策。由于美国一半以上的石油供应来自海外，能源的国际进出口对于美国的国家安全来说至关重要。该局中设立的另一个办公室为国际能源和商品政策办公室（The Office of International Energy and Commodity Policy），它负责协调和实施美国国际能源和非农业商品政策，包括向国务卿提供有关国家能源政策的建议。它主要关注全球的石油、天然气和战略物资市场，职责是处理双边或多边的进出口业务，设立国际能源论坛，确保美国对全球石油市场的控制。

国际能源和商品政策办公室下设一些处，其中之一称为能源生产国处（The Division for Energy Producing Countries），它负责协调国务院内部主管主要能源生产国和组织事务的部门，参与同国际能源组织如亚太经合组织能源工作组（The Asia-Pacific Economic Cooperation Energy Working Group）、西半球能源合作倡议（The Hemispheric Energy Cooperation Initiative）、北美能源工作小组（The North American Energy Working Group）、与加拿大能源协商机制（The Energy Consultative Mechanism with Canada）以及与主要能源生产国的对话。该处还负责处理美国及全球能源安全事务，跟踪世界石油市场的变化，并促进美国公司对海外能源的投资，以及处理美国周边有关石油、石油产品以及石油管道开发的总统许可申请。

另一个处为能源和自然资源处（The Office's Division for Energy and Natural Resources），它负责与能源部联系，在海外代表美国政府的立场，参与所有国际能源组织的会议。需要说明的是，能源和自然资源处的分支机构遍及欧、亚、非洲。它对石油、天然气、核能、煤炭以及可再生能源市场的变化进行追踪和分析，从而形成政策建议。总之，经济、能源与商业事务局的主要任务是通过对能源情报的收集和分析来确保美国国内和海外的经济安全和繁荣，并致力于把美国的国际经济政策和国内经济政策结合起来。

能源部(The United States Department of Energy)

美国能源部成立于1977年,它的前身是能源研究与开发局(The United States Energy Research and Development Administration),主要负责制定和实施国家的综合能源战略和政策、能源行业管理、与能源有关的技术研发、武器研制等。具体职责包括收集、分析和研究能源信息,提出能源政策方案并制定能源发展与能源安全战略,研究和开发安全、环保和有竞争力的能源新产品,管理核武器、核设施及消除核污染,负责石油战略储备和石油天然气进出口,对油气资源开发、储运、油品加工、环境治理等方面进行研究分析、经济分析和市场分析等。① 该部下设14个职能部门,约有1万多名政府雇员。

联邦能源管理委员会(The Federal Energy Regulatory Commission)是一个设在美国能源部内的独立监管机构。该委员会所有的决定都由联邦法院审议,而不是由美国总统和国会审议。委员会实行自负盈亏,通过收取其监管下的企业上缴的年费来支付其运行成本。该委员会主席由总统提名,国会批准,任期为5年。委员会由5名委员组成,下设6个专业监管办公室,总计有各类专业人员1200名左右。委员会的主要职责是负责依法制定联邦政府职权范围内的能源监管政策和实施监管,具体包括监管跨州的电力销售、批发电价、水电建设许可证、天然气定价和石油管道运输费。②

国家石油委员会(The National Petroleum Council)是1946年内政部根据杜鲁门总统授意而设立的咨询委员会,负责为美国联邦政府提供石油和天然气工业领域的建议,它受私人资助,不参与任何日常的商务活动。1977年美国能源部成立以后,该委员会成为能源部长的专职咨询机构。其200名来自各界的委员会成员由美国能源部长指定,包括石油和天然气行业的代表、非石油和天然气领域的代表,以及州政府、学术界、金融界、科研机构和公共利益组织或机构的代表。该委员会应能源部长的要求评估美国的油气资源供应链和基础设施的潜力,提出技术和政策建议,其报告会在委员会全体大会上通过,最后正式提交给能源部长。

能源部下设政策和国际事务办公室(The Office of Policy and Internation-

---

① "About the Energy Department," http://www.energy.gov/.
② "The Energy Department's Chart," http://www.energy.gov/nationalsecurity/index.htm.

al Affairs），该办公室主任同时兼任能源部长、副部长以及负责国内与国际政策制定和实施的专业副部长的首席政策顾问。该办公室的职责是通过对各种能源数据的分析来整合政策方案，同时就当前和未来的能源政策向能源部领导提供客观的建议。因此，它成为能源部中有关国际能源活动的首要政策制定机构，包括科技、对国际能源突发危机的管理、国家安全和国际合作方面的活动。

此外，能源信息局（The Energy Information Administration）也是能源部中重要的情报收集部门。2007年能源信息局共有375名联邦雇员，他们全职从事能源数据统计、信息及分析工作。此外，能源信息局不仅仅是一个能源数据统计部门，它还进行许多分析和预测研究。在"9·11"事件发生的几天前，能源信息局就发表报告称，从能源的角度来看，阿富汗的重要性在于它是潜在的油气过境国，因为未来可能会修建穿越阿富汗的从中亚到阿拉伯海的油气管线。①

1989年5月9日，前海军项目主管、海军上将詹姆斯·D. 沃特金斯（James D. Watkins）被任命为老布什政府的能源部长，他一上任就对部门之间的相互倾轧留下了深刻印象。在他的努力下，美国停止了里根时期的整个核武器计划。沃特金斯认识到，能源部长的首要任务应是重建核武器安全保障的可信度。在能源部的日常工作中，他严格按照程序工作：在能源部办公室起草文件，然后交给管理与预算办公室审查，根据《能源部组织法》（The DOE Organization Act）举行听证会，最后把文件呈交国会。

1989年12月，沃特金斯接受能源政策办公室的指示，开始制定能源战略。他把能源战略的制定看作是整个部门的工作，需要每一位成员的积极参与。他要求政策办公室的工作人员制定出一个初步大纲，其中包括完成能源战略所需的分析、数据和模型。同时，他还命令审阅由各种利益集团提交的40份政策规划。1989年6月2日，能源部副部长琳达·斯图茨（Linda Stuntz）成立了完全由能源部人员组成的国家能源战略起草委员会，其中囊括了部内所有机构的代表。新成立的国家能源起草委员会负责各部门之间的信息沟通，相互审阅各部门的能源政策评估，同时与能源部保持广泛的联系。国家能源战略起草委员会在整个能源战略的制定过程中非常活跃，每周

---

① 《从领导小组到专家委员会有进步，决策还需"情报眼"》，中国外交部网站，http：//ph. china-embassy. org/chn/zgxw/t401451. htm。

都召开会议,成为平衡环境保护署监管的重要力量。斯图茨还分配给了能源部下的国家实验室一系列研究任务,这些研究将使能源部所能支配的人才都能真正参与进来。1989年6月,能源部和实验室之间达成了承担研究任务的协议。各个实验室也承诺在能源战略制定期间提供必要的咨询服务。1989年7月底,沃特金斯制定出了全面的国家能源战略计划。

2006年2月7日,美国能源部发表了有关中国能源问题的研究报告,认为中国拉拢苏丹等拥有丰富石油储量的专制政权的做法在战略上对美国构成了"潜在问题"。① 2006年8月,能源部提出了处理同中国能源关系的四个目标:在降低成本的同时加快新技术的开发与应用;促进清洁和先进技术的发展,帮助中国应对能源和环境压力;对中国的核不扩散、出口管制和核材料安全以及核安全政策建立积极的影响力;促进美国能源产业在中国的投资和贸易。②

2008年12月15日,奥巴马提名华裔诺贝尔物理学奖获得者朱棣文担任能源部部长。朱棣文曾经领导过一些美国的实验室,致力于在气候变化和可再生能源方面的工作,被奥巴马称作是一直处在"我们国家发现新的和清洁能源的努力的前沿"。朱棣文主管的能源部掌握着230亿美元的联邦预算和超过10万名的雇员和合同商。③ 他表示:"科学面临的最大的挑战是气候变化和寻找不会加剧全球变暖的可再生能源资源。"他认为,在美国恢复经济的过程中,应把美国的经济置于开发可再生能源的道路上。④ 在2009年1月14日参议院审议对其提名的听证会上,朱棣文表示,奥巴马总统的减排计划是富于"进取性"的,该计划将把美国置于正确的道路上,带来未来更好的能源和环境状况,同时可以创造新的就业,恢复美国对能源技术的领导。⑤

除能源部外,美国联邦政府内政部下属的矿产管理局、联邦环保署、

---

① DOE, "National Security Review of International Energy Requirements," *DOE Report to Congress*, Feb. 7, 2006.
② 李林河:《布什政府时期的能源外交》,博士论文库,第106页。
③ David Ivanoich, "Nobelist a Novel Pick for Energy Chu Brings Colorful Science Background and Work on Climate Change to Post," Dec. 15, 2008, http://www.chron.com/disp/story.mpl/hotstories/6166749.html.
④ "Obama's Climate Goals Lack Ambition, Says IPCC Chief," January 19, 2009, http://www.euractiv.com/en/climate-change/obama-climate-goals-lack-ambition-ipcc-chief/article-178574.
⑤ Ibid.

劳工部及运输部等其他政府部门也负有部分油气资源管理的职责。

财政部（The Department of the Treasury）

财政部成立于 1789 年。它处理美国联邦的财政事务、征税、发行债券、偿付债务、监督通货发行；制定有关经济、财政、税务和国库收入的政策，并为这些政策提供建议，以及进行国际金融交易。在 20 世纪 70 年代中期之前，美国国务院在美国国际经济政策的制定方面发挥着主导作用，但在这之后，其主导作用开始被财政部所取代。[①] 如今，财政部长已经成为国家经济委员会和国家安全委员会的重要成员。美国财政部长在国际货币基金组织、世界银行、美洲开发银行、亚洲开发银行、非洲开发银行中担任美国董事，对国际金融机构在重大问题上的决策起着非常重要的作用，对维护国际金融体系及其运转有十分重要的影响。

值得一提的是，财政部长是美国能源政策制定的"三驾马车"之一，在国家经济委员会中占有重要的地位。能源部提交的政策报告都需要经过财政部长的审议和批准。

环境保护署（The Environmental Protection Agency）**及其他负责环境保护的部门**

环境保护署是美国联邦政府的一个独立行政机构，主要负责保护自然环境和保护人类健康不受环境破坏的影响。环境保护署最初是由尼克松总统提议设立的，在获国会批准后于 1970 年 12 月 2 日正式成立并开始运行。在环保署成立之前，美国联邦政府没有任何一个机构负责处理危害人体健康和破坏环境的污染物问题。该机构现任主任是斯蒂芬·L. 约翰逊（Stephen L. Johnson），他由美国总统直接任命，并直接向白宫负责。值得注意的是，环保署虽然不在内阁部之列，但与内阁各部同级。它现有全职雇员约 1.8 万名，所辖机构包括华盛顿总局、10 个地区分局和 17 个以上的研究所和实验室。环保署的所有职员都受过高等教育和技术培训，半数以上是工程师、科学家和政策分析员。此外，还有部分职员是律师和公共事务、财务、信息管理和计算机方面的专家。

美国环境保护署的主要职责是负责对重大环境问题的统筹协调和监督管理。牵头协调重大的环境污染事故和生态破坏事件的调查处理，指导并协调地方政府重大突发环境事件的应急和预警工作。环境保护署设有国际

---

① 韩召颖编著：《美国政治与对外政策》，第 188 页。

事务办公室（The Office of International Affair），专门负责有关全球环保的国际合作，帮助发展中国家合理使用自然资源，并与其他国家和多边国家组织合作解决能源和环境问题。2010年10月，美国环境保护署署长莉萨·P. 杰克逊（Lisa P. Jackson）对中国进行了首次正式访问，在访问期间，美国环保署与中国环境保护部签署了谅解备忘录。中美两国根据签约承诺同意在大气和水污染的预防和管理、持久性有机污染物和其他有毒物质的预防、危险废物和固体废物的管理以及环境法的制定、实施和执行等方面继续合作。①

军方和情报部门

能源安全一直是美国能源政策的核心，而国防安全也在能源政策中处于中心位置。正由于如此，一些重要的能源部门的职务往往会被具有军方背景的官员所担任。五角大楼需要一个全面的能源战略，为此它积极参与政府的预算过程，大力研发科技产品，并负责科技产品的采购。由于国家安全的重要性，五角大楼要求国家能源战略必须考虑陆军、海军、空军和海军陆战队的不同需要，并保证其在行政部门中提出总体能源预算建议的优先权。虽然能源部经常会制定一些能源政策方案，但国防部的能源项目一直是美国能源政策的主要项目。在伊拉克战争前夕，军方就把占领并保护伊拉克油田作为对伊作战的头号任务，并做出决定，一旦攻入巴格达就占领伊拉克石油部。② 2004年1月，一位没有透露姓名的高级国防部官员就美国在战争中保护伊拉克油田的计划提到，五角大楼的高层曾透露，陆军总司令托米·弗兰克（Tommy Frank）将军与其工作班子已经制定了美国在油田遭到破坏之前尽快占领和保护油田的战略。③

美国军队在非洲产油区的影响虽然不明显，但正在迅速增长。国防部已加快向安哥拉和尼日利亚的军队输送武器，帮助训练它们的军官并招募军人；与此同时，五角大楼的官员已开始寻求在该地区建立永久性军事基地，并把重点锁定在塞内加尔、加纳、马里、乌干达和肯尼亚。在对修建

---

① "EPA Administrator Wraps Up First Official Visit to China," Oct. 14, 2010, http://www.epa.gov/international/regions/Asia/china/mission2010.html.
② Nick Paton, Julian Borger, Terry Macalister and Ewen MacAskill, "US Begins Secret Talks to Secure Iraq's Oilfields," *The Guardian*, January 23, 2003, p. 2.
③ Paul Sperry, "White House Energy Task Force Papers Reveal Iraqi Oil Maps," July 18, 2003, http://www.wnd.com/? pageId = 19844.

永久性军事基地的必要性进行解释时，这些官员仅仅说是为了对抗恐怖主义，但 2003 年 6 月一名官员告诉《华尔街日报》的格雷格·杰菲（Greg Jaffe），"美军在非洲的重要任务是保护尼日利亚油田的安全，它们将来可能占美国石油进口总量的 25%"。①

国防部长罗伯特·盖茨（Robert Gates）在奥巴马政府成立之初就得到了以下三点计划建议：创建一个局级办公室，全面制定能源战略，并监督其执行；制定一个全新的国防部能源采购项目规划；启动能源创新研究计划，从 2010 年开始制定和部署替代能源以及军用专项资源的纲要。② 同时，奥巴马还建议盖茨立即设立负责能源的助理国防部长，其首要任务是审查所有部门正在进行的能源改革努力，并制订全面战略，以实现奥巴马和拜登的能源计划。

在奥巴马政府中，国防部一直对能源政策的制定和实施保持高度介入，对能源领域的所有资金和与能源有关的活动进行跟踪和评估。同时，五角大楼、管理与预算办公室与国会一起开始为制定一个能源创新研究计划进行合作，以促进可替代能源和可再生能源的开发，在确保足够专项资金的情况下，大力研发新能源。出于改善国家安全的目的，美国军队也倡议使用可再生能源。海军部长和前驻沙特阿拉伯大使雷·麦布斯（Ray Mabus）以及其他专家认为，更多地依赖可再生能源可以改善国家安全，因为化石燃油常常来自不稳定的地区，供应的缺乏是国际冲突的潜在根源。③

除以上一些常设的行政机构外，总统还会为制定具有紧迫性和重要性的能源政策而成立一些特别工作小组。例如 2001 年 1 月 24 日，布什指示副总统切尼成立一个内阁级的特别工作组，为新政府起草未来的国家能源政策。在得到布什总统的授权后，切尼很快组建了国家能源政策研究小组。该小组与行政部门的其他十几个机构一起就美国的能源战略

---

① Michael T. Klare and Daniel Volman, "Africa's Oil and American National Security," *Current History*, May 2004, p. 230.
② Paton, Nick, Borger, Julian, Macalister, Terry and MacAskill, Ewen, "US Begins Secret Talks to Secure Iraq's Oilfields," *The Guardian*, January 23, 2010, p. 2.
③ "U. S. Military Orders Less Dependence on Fossil Fuels," October 4, 2010, http://www.nytimes.com/2010/10/05/science/earth/05fossil.html? pagewanted = 2&_ r = 2&th&emc = th.

进行研究，最终在 5 月份完成并发表了以《国家能源政策》命名的报告。①

三 能源决策中的国会与政党因素

（一）国会与美国的能源政策

国会在美国国内外政策的制定中起了非常重要的作用，在能源政策上也不例外。美国能源部的民用和军用能源的管理是在国会诸多委员会和小组委员会的监督下进行的。多数委员会的监督权是通过审查各种能源预算、在做出拨款的决定过程中召开听证会的方式来行使的。② 从法律上说，能源部以及其他相关部门的计划和优先项目由国会委员会来决定和授权。这些委员会代表国会的意志，享有掌管资金的权力。例如，拨款委员会在决定年度拨款额中起关键作用。自 1991 年《国家能源战略》被制定出来，国会及其众多委员会便开始不断谋求权力，以获得决策过程中的"中心地位"。③

国会对能源决策的影响还主要体现在立法方面，虽然国会并不是制定能源政策的唯一的政府部门，但它无疑是具有关键性的。④ 国会享有立法、拨款以及授权制定税收政策的权力，这就使得总统在能源决策方面的权力受到了国会的限制。行政部门和司法部门可以通过解释或执行能源法来介入政策制定过程，但能源决策过程仍要受到国会的指导路线和监督的限制。⑤ 然而，由于美国国会实行两院制，在立法过程中，参议院和众议院议员往往会因各自不同的利益和目的而产生分歧，因此在能源立法上，国会也时常会陷入瘫痪的窘境。

国会在能源决策中的地位首先取决于国会与总统、行政部门的关系。它主要受以下几个因素的影响：（1）总统的政策理念；（2）美国总体经济形势和能源供给现状；（3）两党的政治关系；（4）公众舆论对能源政

---

① See "Securing America's Energy Future," *Major Staff Report to Committee on Government Reform*, May 9, 2006, p. 24.
② 维托·斯泰格利埃诺：《美国能源政策：历史、过程与博弈》，第 101—110 页。
③ 同上书，第 246 页。
④ Walter A. Rosenbaum, *Energy, Politics and Public Policy* (New York: Congressional Quarterly Press, 1981), p. 72.
⑤ Ibid., p. 73

策的态度等。① 上述因素均会影响国会两院的法案和投票倾向。一般而言，众议院的能源提案数量一直高于参议院，这表明在能源议题上众议院比参议院更为活跃，在近几届国会中更是如此。有代表性的法案是第102届国会的《1992年能源政策法》(The Energy Policy Act, 1992)、第109届国会的《2005年能源政策法》(The Energy Policy Act, 2005) 和第110届国会的《2007年能源独立与安全法案》(The Energy Independence and Security Act, 2007)。从能源议案和能源立法的数量来看，众议院主导了能源立法②（见图4—1）。

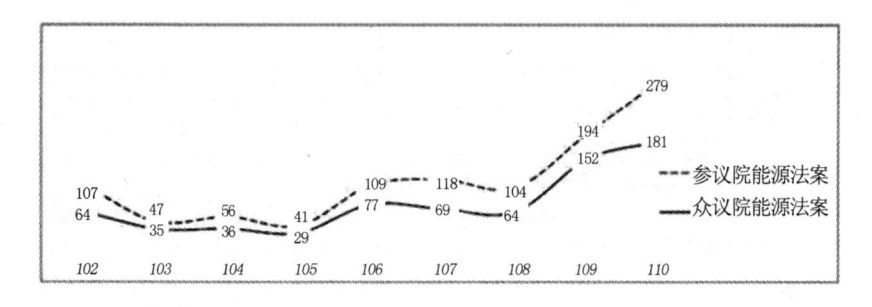

图4—1 能源法案在两院的分布情况

资料来源：《政党对美国能源立法的影响，1991—2008年》，中国国家图书馆论文库，2010年4月，第15页。

总体而言，在不同的时期，美国国会在美国能源决策过程中发挥着不同的作用。在弱势总统掌权时期，国会在能源决策过程中一般保持强势地位。例如在卡特政府时期，国会对卡特提出的《国家能源计划》法案进行了重大修改。而在强势总统时期，国会更多的是充当维持现状和监督的角色。例如在里根政府时期，由于国会中两党议员观点的分歧，国际能源形势欠佳，以及白宫不愿推动新的能源计划，国会在能源政策方面的作为受到了限制，只能采取守势，如拒绝里根废除能源部的提案，对能源部煤矿以及沿海石油开采实施监督，参议院不支持政府解除天然气管制的提

---

① Richard L. Ender, *Energy Resources Development Politics and Policies* (New York: Quorum Books, 1987), p. 34.
② 王一旸：《政党对美国能源立法的影响，1991—2008年》，中国国家图书馆论文库，2010年4月，第15页。

案等。

表 4—1　国会在能源决策中的作用（以 1977—1983 年为例）

作用	行动	事例
维持现状	对现行法律进行了修改 阻止行政部门的提案在国会获得通过	众议院通过"延长石油公司反垄断豁免"（1983） 国会未通过里根政府关于废除能源部的提案（1982）
监督	确认现行法律的实施	参议院支持延长对联邦煤炭的租约（1983）
立法	起草新的能源政策 提出不同于行政部门的提案	众议院首先提出有关原油规划的动议，卡特政府据此采取了行动（1979） 参议院反对卡特政府的提案，同时投票终止了联邦政府对出售新开采石油的管制（1977）
协作伙伴	赞同总统的提议，对其只进行了较少的修改 接受行政部门的提案，对其做出重大修改	众议院通过卡特政府的《国家能源计划》（1977） 国会经过重大修改通过了"暴利税提案"（1980）
对其他利益集团和公众舆论的支持	对公共利益和集团利益的反应	众议院投票反对授权政府对石油、煤炭公司的资格进行审查，支持铁路和农业组织的利益（1983）

资料来源：Richard L. Ender, *Energy Resources Development Politics and Policies* (New York: Quorum Books, 1987), p. 34.

由此可见，美国国会在能源决策过程中所扮演的角色是多重的。其角色的行使主要依赖于国会与总统的关系，以及国会中两党政治的演变。

在美国国会内部，各种委员会和小组委员会是国会立法程序中的核心角色。与能源有关对委员会主要包括：众议院能源与商务委员会（The House Committee on Energy and Commerce）、众议院筹款委员会（The House Committee on Ways and Means）、参议院能源与自然资源委员会（The Senate Committee on Energy and Natural Resources）、参议院财政委员会（The Senate Committee on Finance）、众议院自然资源委员会（The House Committee on Natural Resource）和众议院科技委员会（The House Committee on Science and Technology）。在第 102—110 届国会期间大多数能源法案都曾提交给这 6 个委员会中的一个或多个。在这 6 个委员会中，众议院能源与贸易委员会和众议院筹款委员会以及众议院自然资源委员会尤为活跃，是国会能源立法的主要议事机构。在参议院中,与能源有关的委员会是能源与自然资源委员会和参议院财政委员会。"这些委员会主导着参议院的能源议案审议,但其审议的议案数量明显少于众议院的相关委员会。"①

设在委员会之下的小组委员会是专业性、针对性和效率都更高的议事机构,特别是众议院的小组委员会在对能源议案的审议过程中作用最为重要。以第 96 届国会为例,众议院有关能源事务的委员会和小组委员会就有 38 个,与参议院中只有 10 余个相关委员会形成鲜明对比。这些委员会以及国会机构向国会提供有关能源问题的咨询和建议,如国会审计总署(The General Accounting Office)、科技评鉴处(The Office of Technology Assessment)、两院联合经济委员会(The Joint Economic Committee)。它们除了考虑各自的机构利益之外,还要顾及议员选区的情况。因此,在议案的审议过程中,利益冲突在所难免。例如,在众议院能源与商务委员会审议一项议案期间,其大部分时间都消耗在了能源与电力小组委员会中。该小组委员会为推动这项议案的通过召开过一次听证会、九次标注会议并添加了修正案。②除了以上与能源有关的委员会外,其他一些重要的委员会也参与能源的立法过程,如参议院的对外关系委员会。2005 年 10 月,参议院对外关系委员会发表的一份报告《美国石油依赖的国家安全后果》(The National Security Consequences of U. S. Oil Dependency)指出,能源独立的呼声对国家是有害的,美国各大媒体普遍认为这一主张在可预见的将来是不可能实现的,如果实施这种政策,会带来事与愿违的结果。③

在立法程序方面,议案在提交给委员会后大都会被先交给小组委员会审议,在做出修正之后,再返回委员会进行审议,然后直接提交全院委员会或众议院审议。这样,几乎每项能源立法都需要经过漫长的博弈才能实现。而且,"阻止法案通过或给法案设置障碍往往会比立法更为容易"。④20 世纪 80 年代初期,一些国会议员建议把能源事务集中在几个核心的委员会中进行审议,但遭到了众多委员会主席的反对,因为"在他们看来,

---

① 王一旸:《政党对美国能源立法的影响,1991—2008 年》,第 21 页。
② 同上书,第 22 页。
③ See Independence Task Force of the Council on Foreign Relations, "National Security Consequences of U. S. Oil Dependency," *Report*, No. 58, Oct. , 2006.
④ Walter A. Rosenbaum, *Energy, Politics and Public Policy*, p. 73.

保持这些委员会在立法中的地位比提高立法效率更为重要"。① 2005 年 8 月,美国第 109 届国会通过了《2005 年国家能源法》。在其第 1837 条款 "国际能源需求的国家安全审查"(The National Security Review of International Energy Requirements)中,国会要求能源部、国土安全部、国防部一起就中国的经济增长、军力发展和能源需求以及在全球范围内的能源外交活动进行调查,并就其对美国经济和国家安全的影响做出评估。美国众议院能源委员会主席理查德·W. 旁博(Richard W. Pombo)根据该法,要求能源部完成一份有关中国能源需求增长对美国国家安全影响的报告。经过半年时间的不断修正,2006 年 2 月 7 日,美国能源部发表了这份报告,该报告认为,中国在战略上已经构成了对美国的"潜在问题"。②

2012 年 3 月 7 日,美国参议员院能源与自然资源委员会主席杰夫·宾加曼(Jeff Bingaman)向国会提出了建立清洁能源标准(The Clean Energy Standard)(CES)的法案。该提案的主要内容为,自 2015 年开始,所有用于发电的能源必须至少有 24% 是来自清洁能源,而且每年增加 3% 直至 2035 年达到 84%。用于发电的清洁能源除了风力、太阳能等可再生能源之外,还包括核能、天然气和利用碳捕获(Carbon Capture)与封存技术的燃煤火力发电等。同时,为了鼓励发电厂采用可再生能源,零碳发电机可以得到全额的信贷,低碳发电机则可依其碳浓度(carbon intensity)比例(与最高效的燃煤火力发电厂相比)获得部分贷款。为了使提案获得支持,提案中并没有对碳排放总量或是发电量增长做出限制。由于奥巴马在 2011 和 2012 年的国情咨文中呼吁国会通过清洁能源标准,并且在 2013 年的预算案中提出,确保美国在清洁能源经济领域里的全球领导地位是其政府的核心战略之一,他的政府对国会通过该法案表达了支持的立场。③

总之,美国国会的能源立法涉及了各种政治因素,是国会中多个委员会及其小组委员会、国会机构以及议员相互作用和妥协的产物。由于影响能源立法的重要委员会绝大多数存在于众议院之中,这就确定了众议院在美国国会能源立法中的主导地位。

---

① Walter A. Rosenbaum, *Energy, Politics and Public Policy*, p. 73.
② DOE, "National Security Review of International Energy Requirements," *DOE Report to Congress*, Feb. 7, 2006.
③ "Bingaman Bill Drives Cleaner Electricity Generation in America's Power Sector," March 1, 2012, http://www.bingaman.senate.gov/news/20120301-02.cfm.

（二）政党对美国能源立法的影响

美国实行两党制，而两大政党在能源政策上的主张有明显的差别。2004年，民主党制定了题为《美国民主党党纲：国家强盛，举世尊崇》（The 2004 Democratic Party Platform: Stronger at Home, Respected in the World）的纲领，这是"9·11"事件之后民主党首次全面、系统地阐述其在外交、安全、经济、内政等方面的主张。[①] 在能源部分中，民主党认为美国应结束对中东石油的依赖。为了实现能源独立，美国应利用减税等政策加强对风能、太阳能、水电、生物能等新能源和可再生能源的开发，研制节能交通工具，使能源来源多样化，并发明新的发电技术，加强对国内石油的勘探和开发，同时注意环境保护。

与此同时，共和党也发表了题为《2004年美国共和党党纲：更安全的世界与更有希望的美国》（The 2004 Republican Party Platform: A Safer World and a More Hopeful America）的新纲领，其中提出要确保更大程度的能源独立，制定一项有利于提高生产、促进节能和减少对外国能源依赖的能源政策，计划在阿拉斯加开采石油并扩大在落基山脉的石油开采，并扩大核电站的建设规模。[②]

如此看来，在保障能源市场的良性运转和确保美国的能源安全方面，两党的宗旨是基本一致的。不过，虽然两党都提出了能源独立的目标，但在实现的途径上却有很大的不同：共和党想要增加国民财富以提高能源供给；而民主党则更加重视控制能源价格；共和党能源计划的重点是油气资源，尤其是石油，在美国国内石油资源储量（相对于美国的消费量）有限的情况下，为了实现能源独立的目标，共和党倾向于把扩大国内石油资源的开发作为能源进口依赖的补充，而民主党则把重点放在节能和可再生能源的开发和利用上。

2005年，布什政府利用共和党控制两院的有利时机，重新提出了2005年《能源政策法案》（The Energy Policy Act of 2005），并获得了成功。2006年3月，共和党又提出了《能源外交与安全法》（The Energy Diploma-

---

[①] "The 2004 Democratic Party Platform: Stronger at Home, Respected in the World," http://www.ontheissues.org/dem_platform_2004.htm.

[②] "The 2004 Republican Party Platform: A Safer World and a More Hopeful America," http://www.presidency.ucsb.edu/papers_pdf/25850.pdf.

cy and Security Act），旨在扩大国际合作，"加强对重大石油供应中断事件的准备"。2006年7月2日，众议院以232：187的票数通过了《2006年深海能源资源法》（The Deep Ocean Energy Resources Act，2006），旨在取消对美国在太平洋、大西洋以及墨西哥湾沿岸的石油天然气资源进行开发的禁令。① 2006年11月中期选举后，民主党在参众两院均取得了多数，它开始推动国会通过反映民主党主张的议案，内容包括增加对清洁能源研究的资金投入，鼓励利用生物能、太阳能和风能等可再生能源。

2012年，美国油价再次呈现不断上涨的趋势，共和党人把能源价格的上涨归咎于奥巴马的能源政策，他们提醒选民美国油价3年内已经从每加仑1.89美元上涨到3.9美元，涨幅达到106%。民主党则认为美国国会应当针对石油市场上的欺诈、价格操纵和其他违法行为制定相关法律。奥巴马还反对美加之间的"拱顶石XL"（Keystone XL）输油管道的建设，这使加拿大的一项每天向美国输送数百万桶石油的计划因此流产，导致美国失去了成百上千的就业机会。两党政策中心高级顾问保罗·布莱索（Paul Bledsoe）对此评论说：

> 两党都曾经支持过奥巴马的能源政策。我发现这具有一点儿讽刺意味，这体现在许多重大问题和协议上，在过去的6年时间里双方都表示支持燃油经济标准和近海石油钻井平台的建设。其中一方的强烈反对都会使这些政策发生逆转。然而，而有关'拱顶石XL'管道计划的决策好像是使奥巴马成为众矢之的的导火索。②

结合21世纪以来两党议员所提出的能源提案，可以看出民主和共和两党在下述能源政策上存在着深刻分歧：对传统能源提供补贴和税收优惠、阿拉斯加以及近海地区进行油气开采（包括勘探），政府对能源价格控制以及州与地方政府对能源设施的管辖权。相比之下，两党在对新能

---

① 尽管在开发深海石油和天然气资源问题上，民主党与共和党之间存在着很大的分歧，但由于石油开发能给各州带来数量可观的特许权税，许多民主党国会议员，尤其是来自墨西哥沿岸各州的议员，也从地方利益出发支持开发深海油气资源的议案。如在佛罗里达州，就有两党共14名议员对其投了赞成票。同样，路易斯安那州和得克萨斯州的多名民主党人也支持该议案。

② 丽贝卡·梅茨勒：《能源政策或令奥巴马失去支持》，载《中国能源报》2012年5月3日，http：//www.cma.gov.cn/2011xwzx/2011xqhbh/2011xdtxx/201205/t20120504_171746.html.

源、清洁能源和可再生能源的开发方面，没有大的观点差异。事实上，共和党议员大多支持对新能源和可再生能源的研发、补贴、应用和制定标准，只不过共和党认为应当依靠市场来指导能源产业。共和党还主张新能源开发需以传统能源为基础，认为混合能源政策更符合美国的经济利益和能源安全的要求。[①] 共和党参议员弗兰克·默考斯基（Frank Murkowski）曾对自己及共和党的能源立场做过如下表述："我们希望尽量增加传统能源的供应，包括清洁煤、核能、石油和天然气。大家都愿意看到替代能源和可再生能源发挥更大的效用，但是我们不认为仅凭节能就能度过能源危机。"[②] 民主党的新能源计划则强调对传统能源采取更加严厉的管制措施以控制全球变暖，并将此纳入政府应尽的责任之中。

　　两党在能源议案上的分歧主要基于它们不同的社会背景和思想根源。信奉里根总统时期"减税"市场原则的共和党，长期以来以"收缩政府经济行为，坚持市场调节"为其经济政策信条。他们坚信应由市场来处理能源问题，认为为了满足市场需求和降低对进口石油的依赖，开采极地和近海地区的油气资源、增加炼油厂数量以及为大型能源企业和能源消费减税，是合理的方法。他们还认为，市场竞争能够自发地形成标准，因此他们对为传统能源制定标准持保守态度。在这样的政策主张之下，受益最多的莫过于能源企业等既得利益集团。[③]

　　从另一方面来说，民主党的理论基础是来自凯恩斯主义和罗斯福新政的理念。民主党人坚信政府可以更多、更好地造福于人民，他们主张通过积极的财政、税收政策来干预经济，为此他们并不认同大型能源企业的市场行为，而且反对开采极地和近海地区油气资源、增加炼油厂数量和为大型能源企业减税，认为这些做法是偏袒财阀意志，也将导致缺乏监管。在国会立法方面，民主党的提案集中在"设立能源标准"，"增加能源企业税收"，"加强能源监管"上，而共和党的提案一般是关于"石油管道建设"，"为能源企业减税"等。在传统能源设施（如管道、炼油厂）的规划和管辖问题上，民主党人支持把权力下放到州和地方政府，认为它们有权

[①] Sen. Frank Murkowski, "An Advocate for Producers; Interview with Senator Frank Murkowski," *Petroleum Independent*, Jan. 1995, p. 34.

[②] Eric Pianin and Peter Behr, "Energy Bill Focuses on Domestic Production-Legislation Would Allow Oil Drilling in Alaska Refuge," *Washington Post*, Feb. 9, 2001.

[③] 王一旸：《政党对美国能源立法的影响，1991—2008 年》，第 35 页。

基于对安全、环境保护等问题的考虑来规划并管理自己辖区内的能源设施。[①] 民主党众议员爱德华·马基（Edward Markey）在国会辩论中甚至直接打出了保护州权（Protect State's Rights）的旗号。[②] 而共和党则认为这一问题涉及国家能源安全，并且有可能会涉及州际问题如跨州油气管道，因此能源设施的规划权和管理权应归于联邦。

在2006—2010年的美国国会中，尽管民主党控制了参众两院，但共和党在能源立法中往往扮演重要角色，关于阿拉斯加油气开采、墨西哥湾海底油气钻探和为传统能源企业减税等议案均由共和党提出，这种局面的产生主要是由于共和党代表美国传统的能源产业，虽然新兴能源的利用率在上升，但与传统能源相比，清洁能源和新能源的消费仅占不到14%。[③]这种产业结构使得代表传统能源集团的共和党取得了某种影响力优势。此外，共和党人强调新旧能源结合的混合能源政策，更容易得到美国社会的认同。更进一步来说，共和党通常代表上层社会群体，其所代表的利益集团主要是传统产业、跨国财团等大公司和农业组织，它还在很大程度上得到了保守州蓝领阶层的支持，因为他们的工作大多集中于传统能源产业。

综上所述，通过对国会和两党在美国能源立法上的影响可以看出：美国国会能源立法过程复杂，多种政治因素和机构参与其中，参众两院都在此过程中积极发挥作用，其中众议院的地位更为明显，而且党派因素对美国国会立法的影响是至关重要的。然而，当前国会中存在的明显的党派分歧使得能源立法工作进展缓慢，甚至在一段时期中陷入停滞的状态。

四　利益集团、公众舆论与美国能源政策

利益集团对美国能源政策有着重要的影响。美国的能源利益集团大致可以分为三类：以利润为导向的企业集团及其贸易组织、以公共事业或基金会形式存在的公益性集团以及研究机构、政府组织等。这些利益集团中的组织者会通过各种手段介入到美国能源政策的决策过程。由于这些利益

[①] 王一旸：《政党对美国能源立法的影响，1991—2008年》，第35—36页。
[②] "Congressional Record, 109: H2432," House, February 23, 2009, http://www.congressonrecord.com/page/H2432.
[③] Energy Information Administration, "2004 U. S. Energy Consumption by Energy Sources," August 2005, http://www.eia.gov/cneaf/solar.renewables/page/_rea_data/table1.html.

集团同能源的关系和与能源有关的利益要求各不相同,它们在能源政策上的立场也存在着差异。

(一) 企业集团及其贸易组织

企业集团及其贸易组织的政策目标非常明确,即使利润最大化。曼科·奥尔森(Mancur Olson)指出,每一个企业集团都需要通过自身的努力来寻求利润和收益。[1] 新自由主义理论家则认为:"这些企业集团主导了美国能源政策长达几十年。"[2] 它们的政治理念是全面开发美国的自然资源特别是开发矿山等自然资源。例如美国石油学会(The American Petroleum Institute)及其下属子公司,如美孚石油(The Mobil Oil)就以其过度关注美国石油和天然气的开发,追求经济效益最大化而闻名。需要指出的是,这些企业集团是美国经济的支柱,它们对能源政策的制定有极大的影响,任何产业结构的调整都会影响其既得利益。

20世纪60年代以来,这些行业利益集团就开始逐渐主导美国能源和自然资源政策的制定。它们以维护传统利益为首要任务,并控制着美国的大多数能源资源。它们虽然也强调自由竞争的经营理念,但实际上它们通过影响政府决策获得了垄断地位。它们普遍要求政府减税,或实施贸易保护政策。然而,由于各个利益集团的政策诉求不尽相同,在决策过程中它们经常会出现难以妥协的局面,如美国制造商协会(The National Association of Manufacturers)为了对政府发出统一的声音,必须率先在行业内部达成初步协议,才能进而向政府提出其政策要求。依照其企业利益以及所涉及的领域,企业集团及其贸易组织大致可划分为:化石燃油行业,如石油、天然气和燃煤及其衍生行业、传统制造业,如钢铁、汽车等高能耗产业以及"新兴产业利益集团",如可再生能源、金融利益集团。[3]

传统的化石燃油行业要求政府开放所有的矿产资源供企业开发。尽管

---

[1] Mancur Olson, *The Logic of Collective Action: Public Goods and the Theory of Group* (Boston: Harvard University Press, 1965), p. 2.

[2] Charles Lindblom, *Politics and Markets: The World's Political Economic Systems* (New York: Basic Books, 1977), p. 4.

[3] "新兴产业利益集团属于低能耗部门,包括新能源、新材料、银行、保险等行业。它们认同对气候变暖的科学论证,主张转变传统的能源生产模式,大力发展低碳经济,借以拓展获利空间。"(刘卿:《论利益集团对美国气候政策制定的影响》,载《国际问题研究》2010年3月)。

这一行业中的利益集团认识到新能源的出现会使能源产业的格局发生变化,但它们仍相信传统能源依旧是美国能源的主流来源。不过,该行业内部在政府是否应控制天然气价格等问题上也存在着分歧。代表输油管道的利益集团认为需要控制价格,而那些提供天然气的利益集团则表示反对,它们认为政府应当要求能源商不论是否有需求,都要购买定量的天然气,这样政府就不必调控价格。

那些以传统能源行业为依托的利益集团,如制造业或汽车业,主张保持传统能源在美国的优势地位。但在具体政策上,其内部也存在着较严重的分歧和竞争。克莱斯勒汽车公司(The Chrysler Corporation)1986年试图支持能源部门和环保署的减排标准,但福特和大众汽车公司通过各种手段游说国会和政府各个部门,成功地将此标准的实施推迟到了1990年。不过,尽管这些传统行业之间存在着分歧,但由于它们都面临新兴能源集团的挑战,它们在反对控制二氧化碳排放的问题上的立场几乎是一致的。它们主张必须把可靠的能源供应目标与环境目标结合在一起。例如,美国石油学会(The American Petroleum Institute)在2011年1月4日发表的《美国能源状况》(The State of American Energy)报告中认为,美国能源业面临着技术革新、能源多样化以及提高能效三大挑战。并表示,美国石油和天然气行业一直致力于为美国消费者和企业提供可靠的、可承受其价格的能源供应。在这些行业的发展中所使用的先进技术已极大地改变了能源资源的开采。传统的能源企业在当前和未来为经济发展提供石油和天然气的同时,还需要积极开发可替代能源和再生能源,扩大对它们的利用,包括地热能、风能、太阳能、生物燃料,以及下一代汽车所需的氢动力和锂电池,以促进能源的多样化。[①] 此外,美国煤气协会(The American Gas Association)和美国州际天然气协会(Interstate Natural Gas Association of America)以及全国煤矿协会(The National Coal Association)都主张在保持传统能源优势的基础上开发清洁能源。[②]

新能源利益集团强调新能源的价值以及新能源给美国带来的发展机遇。"太阳能行业协会(The Solar Energy Industries Association)主张美国制

[①] "美国石油协会宗旨", http://www.trust-trade.com.cn/html/Importandexport/20080305/2520.html。

[②] Philip Mundo, "Interest Group and the Prospects for Energy Policy in the United States," *Paper at the Annual Meeting of the Western Political Science Association* (March 20, 2008), pp. 14-21.

定可再生能源标准,并以此作为美国能源政策的基石。"① 美国风能协会 (The American Wind Energy Association)、地热资源委员会 (The Geothermal Resources Council) 以及国家水电协会 (The National Hydropower Association) 也追求相同的利益。清洁燃油开发联盟 (The Clean Fuels Development Coalition) 和可再生燃油协会 (The Renewable Fuels Association) 均得益于《2005 年能源法》和《2007 年新能源法》,"它们重视乙醇等生物燃料的生产,强调生物燃料的环保性、安全性和经济优势。"②

在废料处理领域里,《根据美国资源节约与恢复法》(The Resource Conservation and Recovery Act),每个能源企业必须配备废料处理系统,禁止随意倾泻液体、固体废料。但是,随着美国经济的发展,废料处理越来越多地依靠高科技手段,很多中小企业因无力负担高成本而转行,这使得若干掌握着先进的废物处理技术大型废料处理企业逐渐垄断了这一行业,如布朗宁—菲利斯实业 (The Browning-Ferris Industries),它们都会竞相对政策实施影响,以免国家对其垄断采取措施。由于其对政策的影响,这些企业很难得到公众舆论与环保组织的有效监督。例如废料管理公司 (The Waste Management) 在公海处理化学废料,附近的国家对此无权进行干涉,以致各国能源企业竞相仿效其做法。

(二) 公益性利益集团

公益性利益集团主要由绿色环保组织和一些非政府组织所组成,它们在能源政策的立场上较其他组织更为积极,但由于其相互之间政治理念的不同,加之均是非盈利组织,它们之间的分歧也较之赢利性利益集团更为明显。一些环保组织,如西奥多·罗斯福森林服务公司 (The Theodore Roosevelt's Forest Service) 认为,需要通过"功利主义理念"才能使自然资源对人类的利益最大化。这些组织宣传植树造林、控制捕猎等实际手段,也鼓励通过制造商品来保护森林资源。自然资源保护委员会 (The Natural Resources Defense Council) 强调需要提高能效、设计节能车型、开发生物燃料和可替代能源技术,支持碳捕获和封存技术的开发。塞拉俱乐部 (The Sierra Club) 与自然资源保护委员会的立场大体相同,但较后者更

---

① 刘卿:《论利益集团对美国气候政策制定的影响》,载《国际问题研究》2010 年 3 月。
② 同上书,第 59 页。

为激进。① 它反对通过制造商品来保护自然环境，认为自然资源只有保持原始状态才能造福子孙。

一些环保组织对美国能源政策的影响力不容忽视。在小布什政府时期，美国的环保组织坚决反对布什的能源政策，特别是反对在阿拉斯加野生动物保护区内开发油气田。无论是在美国历年的《国家能源政策报告》(The Report of the National Energy Policy)，还是在国会通过的《能源政策法》中，都可以看到环保组织的影响。在《海上石油和天然气钻井法》(The Law of Oil and Gas of Offshore Drilling) 在国会中被付诸表决之前，环保组织塞拉俱乐部发表声明说："这是国会该停止绥靖大石油公司的时候了。"② 在环保组织的压力下，布什政府在签署墨西哥湾等深海石油开发令时，也表示要使开发只对环境产生最低程度的影响。③

然而，这些环保组织因其单一的环保目标常常被企业利益集团和政客所诟病，国会议员通常指责它们忽视落后地区的经济发展。但不可否认的是，主流环保组织成员大多来自教育程度较高的阶层或者是社会名流，如律师、科学家、体育明星等，他们具有充分的社会资源来影响政策。例如自然资源委员会的会员会利用自身的影响力在媒体上传播自己的观点，以引导公众舆论在特定环境议题上的政治倾向。当然，由于人员构成复杂，环保组织之间也存在着分歧和争斗。例如塞拉俱乐部的成员多为白领或专家，而在以捕猎为目标的环保组织中，蓝领阶层占据了多数。此外，还有一些环保组织是以军事利用为目标的，如"绿色和平与地球第一！"(The Greenpeace and Earth First!)，这些组织因其较为激进的政治理念而受到主流环保组织的排斥。这样，环保组织的政策影响力也因其内部分歧而受到了制约。

(三) 思想库、政府组织等利益集团

这些机构和组织大多数为思想库、教育机构和协会以及宗教组织等。它们对能源的关注大部分集中在技术层面以及气候变化问题对学术研究和

---

① 刘卿：《论利益集团对美国气候政策制定的影响》，载《国际问题研究》2010年3月。
② Stephen Mufson and Juliet Eilperin, "House to Vote on Senate's Offshore Drilling Plan," *Washington Post*, December 5, 2006, A. 8.
③ "The 2004 Republican Party Platform: A Safer World and a More Hopeful America," http://www.presidency.ucsb.edu/papers_pdf/25850.pdf.

社会的影响。较之上述两类利益集团，它们在能源政策上的政治取向更为多样化。例如美国医疗协会（The American Medical Association）就更关注能源与公共健康的关系。当一些与能源环境有关的疾病在美国蔓延时，该组织会积极参与调查。另一些组织，如石油和化学工会（The Oil and Chemical Workers Union），则更为关注能源企业的工作时间和收入等问题，但如果矿井的有害气体排放损害工人的健康，它们也会参与影响决策。政府性组织，如城市联盟（League of Cities）、市长会议（The US Conference of Mayors）、全国县协会（The National Association of Counties）等，也会因特定的政策而介入政府的能源决策过程，例如有关能源企业的废物处理和纯净水供应政策。由于涉及地方利益，这些政府组织的政治分野也较为明显，但在某些具体问题上它们可以达成有效的妥协，共同向联邦政府施加压力，例如有效实施控制污染法的问题上。在立法过程中，这些政府性组织发挥了重要的作用，它们通过采用学术机构的研究报告等方法向国会施加影响。

需要指出的是，这些利益集团包含私人、政府组织以及学术机构，它们更多的是由技术专家所组成。这些人因赞同同一政治理念而加入到了这些利益集团中，他们通常标榜中立性和客观性，或寻求通过政治妥协来解决问题。

利益集团通过以下一些方法来影响决策。首先，政治捐款维系了利益集团与国会和政党之间的关系。布什和切尼曾经是得克萨斯石油产业的主要经营者，他们与能源公司的关系十分密切。在2000年总统竞选期间，两人均得到了能源公司特别是石油公司的巨额捐款，如油气行业为布什阵营的捐款额达到了戈尔阵营的12倍。不仅如此，石油和天然气公司共向共和党候选人捐赠了2550万美元，几乎是它们对民主党候选人捐款的4倍。[①] 核能公司也在2000年大选中为共和党捐出1380万美元。在2008年的大选中，能源和气候变化政策成为最受激烈辩论的主题之一，为了使这些问题引起总统候选人的重视，利益集团提供了巨额资金。例如，清洁煤电联盟意识到两党都将大力发展清洁能源，因此向两党几乎所有重要的候选人都捐了款，包括总统候选人和国会议员候选人。获得清洁煤电联盟捐

---

① 徐洪峰、李林河：《美国的中亚能源外交，2001—2008》，知识产权出版社2010年版，第59页。

款数额列前五位的候选人分别为：共和党总统候选人麦凯恩 302474 美元、民主党总统候选人奥巴马 241870 美元、共和党参议员候选人迈克尔·麦康奈尔（Michael McConnell）235350 美元、共和党参议员候选人萨克斯比·夏布里斯（Saxby Chambliss）230900 美元、共和党众议员候选人约翰·博纳（John Boehner）175600 美元、共和党参议员候选人杰夫·赛申斯（Jeff Sessions）168415 美元。[1]

其次，利益集团之间也谋求不同形式的妥协。例如能源企业谋求开发和效益的最大化，环保组织强调生态环境优先，因此在制定政策时，能源企业集团就需要与环保组织进行政策协调。大型企业集团也需要与中小型能源企业进行沟通，这尤其表现在废物处理和排放控制标准等问题上。同样，环保组织和研究机构需要企业集团的资金支持，荒野社会（The Wilderness Society）、保护基金（The Conservation Foundation）和国家野生动物协会（The National Wildlife Federation）都从大型能源企业得到了资金支持，这也就构成了政治妥协的重要基础。

再次，利益集体还通过各种途径直接同政府官员打交道。利益集团对政府能源政策的影响在小布什政府期间表现得最为明显。例如，在 2001 年 2—5 月美国《国家能源政策报告》的制定过程中，切尼及其领导的能源小组曾与 150 多家公司、商会、工会及环境组织的 400 名头面人物会面。因此，可以说，布什政府推行的扩张性能源政策同支持布什的利益集团的利益是一致的。众议院民主党领袖理查德·格普哈特（Richard Gephardt）对布什政府能源政策的批评更为直言不讳，他指出，布什政府的政策看起来"更像是埃克森—美孚石油公司的年度报告"。[2] 在美国与中东国家签订的自由贸易协定中，直接的受益者是美国的石油利益集团。2006 年 1 月 19 日，美国贸易代表罗伯特·波特曼（Robert Portman）在给阿曼工商部长的一封信中强调，"签署了贸易协定之后，阿曼政府就不能再给予政府国有石油公司优惠政策了"。[3]

---

[1] Matthew McDermott, "Dirty Clean Coal Lobby Gave $240,000 to Obama Presidential Campaign," *Business & Politics*, Vol. 2, No. 5 (April 23, 2009), A. 2.

[2] 胡晓明：《综述：美国两党围绕能源政策争论激烈》，新华网，2001 年 5 月 18 日，转引自徐洪峰、李林河《美国的中亚能源外交，2001—2008》，第 59 页。

[3] Antonia Juhasz, "Spoils of War. Oil, the U. S. -Middle East Free Trade Area and the Bush Agenda," http：//www. inthesetimes. com/January/2007.

最后，利益集团也努力引导公众舆论，以唤起美国民众对能源问题的关注和对自身立场的支持，借以对政府决策施加影响。例如，石油和煤炭等传统能源利益集团为了维护自身既得利益，一直在各种媒体上宣传反对强制减排目标等主张。"在过去的10年中，埃克森—美孚石油公司总计向反对气候变化科学的组织或机构资助了2300万美元，仅2005年，就向39个团体资助了290万美元。"①

目前，奥巴马政府的能源和气候变化政策所遭受的最大阻力来自于以化石能源利益集团为首的传统产业利益集团。奥巴马想要推行的以控制碳排放总量为目标的碳交易制度，受到了来自化石能源和大制造商的强烈抵制，它们通过强大的游说使共和党议员采取了它们的立场。随着2010年中期选举后共和党控制了众议院和民主党在参议院中多数的下降，在奥巴马总统第一任期的后两年中气候变化法案在国会中的通过已毫无希望。

20年前，美国的能源政策为传统的工业利益集团所左右，当今随着环境保护意识的加强，新兴的能源利益集团开始扮演重要角色，而研究机构以及一些人权组织也开始涉入这一领域。美国的利益集团的多元化导致美国能源决策进一步复杂化，带有不同政治诉求和目标的各种利益集团之间在决策过程中的妥协也因此变得更为困难。

（四）公众舆论（Public Opinion）对美国能源政策的影响

随着石油价格的不断攀升、中东局势的复杂多变以及全球气候变暖趋势的加强，美国公众自20世纪70年代以来日益关注政府的能源政策，据美国《华尔街日报》2006年的调查，"原油价格以及能源消耗"在美国民众心中已成为"国家最为重要的经济事务"。② 根据《纽约时报》2006年6月的民调，尽管两党都颁布了明确的能源政策纲领，但公众普遍认为美国在能源问题上缺乏系统的国家战略。③ 另一方面，美国能源政策的制定与实施也需要美国公众的支持，公众对美国资源所持的态度、节能和环保意识，以及他们对美国能源战略的支持程度，都会影响政府的决策。20世纪70年代，当面临石油危机时，美国民众普遍对未来的能源供给显现出

---

① David Adam, "Exxon to Cut Funding to Climate Change Denial Groups," *The Guardian*, May 28, 2008, p. 3.

② " NBC/Wall Street Journal Polling, " *NBC/Wall Street Journal*, July 21-24, 2006, p. A5 .

③ "Polling on US Energy Policy," *New York Times*, June 26, 2006, p. A8.

悲观情绪,然而当80年代原油价格稳定下降时,公众的态度明显发生了变化。这种乐观态度一直持续到苏联切尔诺贝利核电站核泄漏事故的发生,以及阿拉斯加原油泄漏。21世纪以来,随着世界原油价格的飙升,美国公众又开始为能源短缺而担忧。[1]

从决策过程来看,美国公众舆论主要是通过批评政府、国会、电力公司和石油出口国来影响政府的能源政策。巴巴拉·法哈(Barbara Farhar)认为公众对石油公司的批评也许来自70年代由于石油危机而导致的对石油利益集团的不信任。[2] 2005年10月,只有37%的公众认为高油价是国际市场需求增加的结果,而62%的公众将原因归咎于石油公司的能源成本。对于传统能源,美国公众的态度随着经济形势而摆动。例如,由于美国的电力很大一部分来自于煤炭,当经济形势恶化时,美国公众倾向于更加依赖煤炭。对于新能源,民众普遍缺乏了解。1979年3月28日,当三哩岛(Three Mile Island)核电站出现泄露时,宾夕法尼亚州的民众普遍反对利用核能。而到了21世纪初,在利用核能的问题上美国公众的两极分化变得日益严重。

小布什政府时期,美国公众普遍对政府和国会在执行能源政策上的低效率表示失望。根据2006年的民调,60%的美国公众对政府的能源政策表示不赞同,只有27%的赞同,他们寄希望于民主党控制的国会。[3] 2007年1月4日,在新的第110届国会中,最重要的议题是综合性的能源法案。国会根据公众的反应通过了一系列的能源法案,包括政府提倡通过使用节能产品来降低能耗,鼓励公众在家居和办公室里节能等。为了更好地使公众参与政府能源决策,1994年,美国能源部设立了"能源部公共参与政策

---

[1] Toby Bolsen, "Public Opinion on Energy Policy, 1974-2006," *Institute for Policy Research* (July 7, 2007), p. 2.

[2] Barbara Farhar, "Gender and Energy at the 8th World Energy Congress", in Proceedings of the World Renewable Energy Congress, *Linking the World with Renewable Energy* (London: Elvesier, 2004), p. 4.

[3] 2000—2006年的数据显示,这一时期随着世界能源供给趋紧,石油价格攀升,大部分美国公众已将节能视为比开发能源更为紧迫的事情。美国公众也开始关注国家能源的长期发展。根据调查,当被问及是支持还是反对政府的能源供应政策时,大部分受调查者认为国家需要制定轿车和卡车的能效标准,更多地依赖于公共交通,如地铁、铁路以及公共汽车。在对外能源政策方面,公众并不赞同美国应减少对中东国家原油的进口依赖,同时,79%的调查者认为消费者需要购买能效更高的交通工具(见Toby Bolsen, "Public Opinion on Energy Policy, 1974-2006," Institute for Policy Research, July 7, 2007, p. 5.)。

项目"。该项目的指导思想是:"公众参与能源部的决策过程,可以进一步使能源部获得多方面的信息、观点和价值观,这些将有益于能源部更好地为美国人民服务。"① 能源部主要采取举办听证会、公布部门首长收入、定时向公众提供透明的信息和说明等方法来实施这一项目。能源部的这一措施在一定程度上增加了公众对政府的信任。

---

① "Guidance on Implementation of the Department's Public Participation Policy," *DOE* 1210.1, July 29, 1994, p.1.

第 五 章

能源安全与美国的波斯湾地区战略

中东波斯湾地区在全球能源体系中具有重要地位,其石油储量和某些产油国的原油生产和出口都位居世界前列,沙特及其他海湾君主国的石油政策对于全球能源市场的稳定具有重要意义;波斯湾海域及霍尔木兹海峡是世界上最重要的海上石油通道之一。石油资源和海上石油运输线是该地区在全球地缘政治中长期占有突出地位的重要因素。[①]

近半个世纪以来,包括波斯湾在内的更为广泛的中东地区冲突频繁、危机不断,中东其他地区的冲突、危机或战争不可避免地对波斯湾地区的政治、经济,包括能源产业,产生冲击和影响;从20世纪70年代起,波斯湾地区本身成为中东实际的或潜在的冲突最为密集的区域之一。

在世界石油产业中居重要地位的波斯湾地区时刻面临着各种冲突的挑战,这一事实凸显出该地区对各国能源安全的重要意义。就美国而言,来自波斯湾的石油对其国家安全和国内经济繁荣发挥了重要作用。从历史上看,美国对波斯湾地区的涉足与该地区的能源开发密切相关。20世纪初期,美国国务院开始将其最初针对远东的"门户开放"原则应用于波斯湾地区,为美国跨国石油公司在该地区的勘探和开采活动铺路。[②] 随着美国跨国石油公司在波斯湾地区的石油开发日益取得成功,该地区对美国国家利益的重要性逐渐增强:来自海湾地区的廉价石油对美国及其盟国在二战时期的战争活动做出了重要贡献,同样,该地区充足的原油供应在冷战时

[①] Jakub J. Grygiel, *Great Powers and Geopolitical Change* (Baltimore: The Johns Hopkins University Press, 2006), p. 32.

[②] Douglas Little, *American Orientalism: The United States and the Middle East since 1945* (London & New York: I. B. Tauris, 2003), pp. 43-75.

期对马歇尔计划的实施和美国盟国经济的恢复与发展发挥了关键作用。[1]美国国家安全,尤其是海外军事活动,在一定程度上有赖于海湾原油不受干扰的供应;另一方面,伴随着美国对进口原油限制的放松和取消以及美国国内对石油产品需求的增长,进口原油对美国国内经济繁荣具有越来越重要的意义,而来自波斯湾地区的石油产品至今仍在美国国内能源消费中占有重要份额。

20世纪70年代,波斯湾地区内外发生的一系列事件造成了美国对其过分依赖于阿拉伯石油的担忧,美国决策者意识到,再也不能把廉价、充足的波斯湾石油供应看作是理所当然的,美国需要为确保波斯湾的能源供应而在对外战略领域采取行动。所谓的"波斯湾战略"由此应运而生。该战略以确保能源安全为基本目标,具体来说,就是维持海湾地区的稳定,保障海上石油运输线的安全畅通。为实现这些目标,美国将选择如下战略手段:巩固与该地区盟友的双边关系,逐步深化美国在该地区的军事存在,其任务就是保护沙特阿拉伯,威慑或遏制伊拉克和伊朗。

"9·11"恐怖主义袭击事件发生后,布什政府倡导的能源政策以能源独立为目标,小布什本人更是在其第二份国情咨文中以警惕的口吻谈及美国对进口能源的依赖。[2] 另一方面,布什政府以反恐战争为契机,将政权变更、推进民主等政策应用于波斯湾地区,使美国在该地区扮演的角色从"现状维持者"演变为"现状改变者"。有美国学者据此认为,目前美国在海湾的地区战略目标已经发生了根本变化,能源安全已经服从于推进民主、防止核扩散这类更为重要的目标,因为从"9·11"事件后布什政府在海湾地区的政策来看,伊拉克战争以及美国与伊朗在核问题上的对抗都加剧了该地区的紧张局势,既不利于原油价格的稳定,也给进出该地区的海上石油通道造成了威胁[3];另一种观点认为,政权变更和推进民主这类"革命性"目标即使没有取代能源安全成为美国海湾地区战略的首要目标,在其实际操作中与能源安全也是相矛盾的,例如就针对沙特阿拉伯的政策

---

[1] Edward W. Chester, *United States Oil Policy and Diplomacy: A Twentieth-Century Overview* (West Port, Connecticut & London, England: Greenwood Press, 1983), pp. 21, 25.

[2] "The 2007 State of the Union Address: Transcript of President's Warm Fuzzy Speech to Congress and the Nation," Jan. 23 2007, http://whitehouse.georgewbush.org/news/2007/01/state-of-the-union-2007.asp.

[3] Pierre Noel, "The New US Middle East Policy and Energy Security Challenges," *International Journal*, Vol. 62, No. 1 (Winter 2006/2007), pp. 43-54.

而言，能源安全与推进民主实际上很难保持一致。[①]

上述两类见解实际上提出了这样一些问题，确保能源安全是否依然是美国波斯湾战略的重要目标？如果美国在该地区除了能源安全之外还有其他重要的战略目标，如防止核扩散和促进民主，这些目标如何与确保能源安全的目标协调一致？对前一个问题的回答涉及如何界定确保能源安全在美国波斯湾战略中的重要地位，对第二个问题的回答则涉及美国在波斯湾地区战略手段的选择和运用。

本章将就上述两个问题展开论述，其基本论点是，确保能源安全始终是美国在该地区的重要战略目标，它是催生美国波斯湾地区战略的重要动因，在相当时期里，这一目标与美国在该地区的其他战略目标存在着高度的一致性。"9·11"事件后，美国在该地区的战略目标的确增添了其他新的内容，但这并未根本改变能源安全在美国海湾战略中的重要地位。在追求这一目标时，美国使用了各种战略手段，以便在海湾地区同时实现能源安全、防止核扩散和促进民主等战略目标。

一 20世纪70年代至21世纪初美国在海湾地区的核心战略目标

中东的波斯湾地区在全球能源体系和地缘政治中占有重要地位；波斯湾地区的石油资源对美国国家安全和国内经济繁荣具有重要意义；一旦来自该地区的石油供应受到各种现实或潜在的威胁，如何确保石油供应就成为美国对外议事日程上备受关注的议题。1977年1月刚上台执政的卡特总统所倡导的卡特主义为美国波斯湾战略的形成奠定了重要基础，其根本目标是旨在确保该地区的石油供应。人们经常谈及的美国海湾战略诞生之初的另外两个目标——抵制苏联影响和确保地区稳定（尤其是该地区亲美政权的安全），与确保海湾地区的石油供应这一根本目标有很大的相关性。可以认为，确保能源安全是美国海湾战略的根本动因，而且能源安全长期以来在美国海湾战略目标中占有最重要地位，此种状况一直延续到21世纪初。

---

① Samuel R. Schubert, "Revisiting the Oil Curse," *Development*, Vol. 49, No. 3 (September 2006), pp. 64-70.

自20世纪70年代末80年代初到2000年,从石油产量和原油出口量来看,海湾地区在全球能源供应中占有重要地位。海湾地区的石油产量占世界石油产量的比例从1980年开始有所下降,1984年和1985年,这一比例下降到不足20%(分别为19.2%和17.4%),但是从1986年开始,这一比例又逐步回升,1993年至2000年,海湾地区石油产量占世界石油产量的比例始终维持在26%—27%左右,尽管没有达到20世纪70年代的水平(见表5—1)。20世纪80年代中期至2000年,海湾原油出口占世界原油出口的比例始终维持在36%以上,其中1989年、1990年、1991年和1993年,这一比例超过40%(分别为40.6%、41.2%、41.6%和40.2%,见表5—2)。

表5—1　波斯湾地区 * 日均石油产量与世界日均石油产量(1970—2000)

年份	波斯湾地区日均石油产量（千桶/日）	世界日均石油产量（千桶/日）	波斯湾地区日均石油产量占世界日均石油产量的比例（%）
1970	13541	48941	27.7
1971	15940	51751	30.8
1972	17734	54569	32.5
1973	2095	59301	35.2
1974	21550	59392	36.3
1975	19223	56511	34.0
1976	21847	61123	35.7
1977	22098	63667	34.7
1978	21067	64227	32.8
1979	21569	66975	32.2
1980	18541	63987	29.0
1981	15894	60602	26.2
1982	12815	58098	22.1
1983	11676	57934	20.2
1984	11433	59568	19.2
1985	10320	59172	17.4
1986	12377	61407	20.1
1987	12794	62086	20.6
1988	14234	64380	22.1

续表

年份	波斯湾地区日均石油产量（千桶/日）	世界日均石油产量（千桶/日）	波斯湾地区日均石油产量占世界日均石油产量的比例（%）
1989	15655	65508	23.9
1990	16178	66426	24.4
1991	15662	66399	23.6
1992	16953	66564	25.5
1993	17733	67091	26.4
1994	18320	68590	26.7
1995	18630	70274	26.5
1996	18781	71919	26.1
1997	19578	74160	26.4
1998	20895	75656	27.6
1999	20232	74853	27.0
2000	21520	77768	27.7

* 波斯湾地区包括以下一些国家：沙特、伊朗、伊拉克、科威特、卡塔尔、巴林、阿联酋。

资料来源：Energy Information Administration, DoE, http://www.eia.doe.gov/emeu/international/oilproduction.html.

表5—2　波斯湾地区 * 日均原油出口量与世界日均原油出口量（1986—2000）

年份	波斯湾地区日均原油出口量（千桶/日）	世界日均原油出口量（千桶/日）	波斯湾地区日均原油出口量占世界日均原油出口量的比例（%）
1986	8789	23905	36.8
1987	8897	24248	36.7
1988	9922	25921	38.3
1989	10988	27063	40.6
1990	11554	28041	41.2
1991	11740	28198	41.6
1992	12467	31370	39.7
1993	12922	32160	40.2
1994	12743	32867	38.8
1995	12656	33680	37.6
1996	12763	34714	36.8

续表

年份	波斯湾地区日均原油出口量（千桶/日）	世界日均原油出口量（千桶/日）	波斯湾地区日均原油出口量占世界日均原油出口量的比例（%）
1997	13454	36451	36.9
1998	14716	38313	38.4
1999	14682	37811	38.8
2000	14692	39380	37.3

* 波斯湾地区包括以下一些国家：沙特、伊朗、伊拉克、科威特、卡塔尔、巴林、阿联酋。
资料来源：Energy Information Administration, DoE, http://tonto.eia.doe.gov/cfapps/ipdbproject/iedindex3.cfm.

这一时期，源自波斯湾的石油对美国具有重要意义。20世纪70年代后半期，从波斯湾进口的石油占美国进口石油的比例维持在25%左右，这一比例在1980年后有所下降，1983年、1984年和1985年，下降到不足10%（分别为8.8%、9.3%和6.1%），但从1986年起，这一比例又有所回升，在1990年和1991年接近20%，此后虽略有下降，但在1999年和2000年，又上升到20%以上。

表5—3　　　　　美国从波斯湾地区*的日均石油进口量与
美国日均石油总进口量（1975—2000）

年份	美国从波斯湾地区的日均石油进口量（千桶/日）	美国日均石油进口总量（千桶/日）	美国从波斯湾地区的日均石油进口量占美国日均石油总进口量的比例（%）
1975	1165	6056	19.2
1976	1840	7313	25.2
1977	2448	8807	27.8
1978	2219	8363	26.5
1979	2069	8456	24.5
1980	1519	6909	22.0
1981	1219	5996	20.3
1982	696	5113	13.6
1983	442	5051	8.8
1984	506	5437	9.3

续表

年份	美国从波斯湾地区的日均石油进口量（千桶/日）	美国日均石油进口总量（千桶/日）	美国从波斯湾地区的日均石油进口量占美国日均石油总进口量的比例（%）
1985	311	5067	6.1
1986	912	6224	14.7
1987	1077	6778	16.1
1988	1541	7402	20.8
1989	1861	8061	23.1
1990	1966	8018	24.5
1991	1845	7627	24.2
1992	1778	7888	22.5
1993	1782	8620	20.7
1994	1728	8996	19.2
1995	1573	8835	17.8
1996	1604	9478	16.9
1997	1755	10162	17.3
1998	2136	10708	19.9
1999	2464	10852	22.7
2000	2488	11459	21.7

* 波斯湾地区包括以下一些国家：沙特、伊朗、伊拉克、科威特、卡塔尔、巴林、阿联酋。

资料来源：Energy Information Administration, DoE, http://www.eia.doe.gov/.../ptb0504.html.

来自波斯湾地区的原油产品为美国国家安全和国内经济发展做出了巨大贡献，但它能否做出贡献的前提是这些供应充足、价格低廉的原油产品能否不受阻遏地、顺畅地供应美国和西方工业化国家。这里存在着几个关键要素：（1）海湾产油国的石油产量充足；（2）原油价格在消费国看来足够合理；（3）海上石油运输线安全可靠；（4）海湾产油国愿意向美国和其他西方国家提供充足和低价的原油产品。一旦这些要素中的任何一个得不到满足，例如出现产量下降、价格上升、海上石油运输线受到威胁或石油禁运等，来自海湾的石油供应就会出现中断或急剧下降，从而对美国国内经济和国家安全产生严重的负面影响。在美国高度依赖海湾石油进口的情况下，海湾石油供应的中断或急剧减少不断引起美国在能源供应上的不安全感。20世纪70年代波斯湾地区内外一系列危机的发展使美国对海湾地区的能源供应倍感担忧,并对美国能源安全观的形成产生了重要影响,它们在很大程度上决定了美国决策者有关能源安全遭到破坏的形式的认识,指导了美国政府确保能源安全的基本思路,而这种基本思路在很大程度上决定了能源安全在波斯湾战略目标中的重要地位。[1]

20世纪70年代发生于海湾地区内外的三大事件不仅使美国对波斯湾的能源供应产生了质疑,而且严重影响了美国政策界和学术界对下述问题的认识:来自波斯湾的石油供应将面临哪些现实或潜在威胁?

1973年石油禁运 1973年10月中东战争期间,阿拉伯产油国(包括海湾地区产油国)对美国和荷兰发起了石油禁运,旨在以石油为武器,迫使美国和其他西方国家改变其亲以色列的政策。此次禁运及与此相关的海湾产油国的减产措施引发了油价上涨。在此前的1956年和1967年中东阿以战争中,海湾产油国(尤其是沙特)均利用石油禁运对美国或西方施加压力,但1973年的石油禁运给美国和整个西方造成了前所未有的经济损失和心理震撼。自此以后,美国时常担心海湾产油国会以石油禁运为武器要挟美国。在经历过1973—1974年那次石油危机的美国人看来,石油禁运是破坏能源供应、危害美国能源安全的重要形式。石油禁运实质上是阿拉伯产油国将石油供应与更为广泛的中东政治—安全现实,尤其是阿以冲突挂钩。无论其成效如何,石油禁运给予了美国重要的心理暗示:海湾地区石油的顺畅供应需要付出某种政治或外交成本。[2]

1979年伊朗伊斯兰革命 伊朗伊斯兰革命使美国—伊朗关系发生了从"友"到"敌"的根本转变。从石油供应的角度来看,伊朗国内的动荡局势造成其石油产量下降,是引发1979—1980年石油危机的重要因素。[3] 更为重要的是,伊朗伊斯兰革命及其后果在很大程度上左右了美国对海湾地区局势与美国能源安全相关度的评估。在美国看来,伊朗伊斯兰政权的"输出革命"政策严重威胁了地区稳定,是该地区亲美产油国(沙特阿拉伯和其他海湾酋长国)所面临的最重要的潜在威胁之一。此外,一个敌视

---

[1] Robert H. Johnson, "The Persian Gulf in U. S. Strategy: A Skeptical View," *International Security*, Vol. 14, No. 1 (Summer 1989), pp. 123-124.

[2] Roy E. Licklider, *Political Power and the Arab Oil Weapon: The Experiences of Five Industrial Nations* (Berkeley: University of California Press, 1988), pp. 267-269.

[3] Abbas Alnasrawi, *OPEC in a Changing World Economy* (Baltimore: The Johns Hopkins University Press, 1985), pp. 156-159; Donette Murray, *US Foreign Policy and Iran: American-Iranian relations since the Islamic Revolution* (New York, NY: Routledge, 2010), pp. 7-8.

美国和整个西方的伊朗扼守波斯湾最重要的海上石油通道霍尔木兹海峡,加剧了美国在波斯湾石油供应方面的不安全感。实际上,从因伊朗局势变化而造成的对波斯湾石油生产和供应的现实或潜在威胁中,美国概括出了对该地区石油生产和供应具有一般意义的潜在破坏形式:产油国内部局势的动荡和地区不稳定形势。①

1979年苏联入侵阿富汗 苏联对阿富汗的入侵和占领为原本动荡的海湾局势增添了新的变数。在美苏冷战、苏攻美守的背景下,美国政策界倾向于从"最坏的情况"来对此事态的发展进行评估,他们认为,苏联的下一步目标是波斯湾地区的石油资源,它将为本国的需要而夺取该地区石油资源,或切断该地区对美国和整个西方的石油供应。这类当时较为流行的有关苏联入侵阿富汗对海湾及美国能源安全的含义的评估,进一步加剧了美国对来自海湾能源供应的不安全感。美国还从苏联的入侵中总结出了另一个对海湾石油生产和供应具有一般意义的潜在威胁:外来势力(主要是苏联)对该地区的威胁。随着冷战的结束,美国决策者不再感到苏联对该地区构成了威胁,但美国朝野仍然对外来势力在该地区的活动或影响甚为敏感。②

上述危机表明,源于波斯湾的石油供应不断面临前所未有的风险:石油禁运直接针对美国及其西方盟国;伊朗伊斯兰革命不但短时期内使世界石油市场供应遭受短缺,而且伊朗在后革命时代对外奉行的"输出伊斯兰革命"的战略意味着更高程度的地区动荡。这些危机给海湾石油供应安全所带来的影响是:该地区亲美产油国的石油生产会因内外局势动荡而遭受破坏;进出霍尔木兹海峡的油轮面临更多危险变数;苏联入侵和占领阿富汗使海湾地区笼罩在与美国激烈竞争的另一个世界超级大国的阴影之下,区域外敌对势力的潜在威胁使美国对海湾石油供应的不安全感更加强烈。

由于海湾石油供应对美国国内经济和国家安全具有极大的重要性,海湾石油生产和运输所面临的风险在很大程度上意味着美国能源安全面临的风险,或者说,美国的能源安全很大程度上有赖于波斯湾地区石油生产和

---

① Robert H. Johnson, "The Persian Gulf in U. S. Strategy: A Skeptical View," *International Security*, Vol. 14, No. 1 (Summer 1989), p. 125.

② Mark Heller, "The Soviet Invasion of Afghanistan," *Washington Quarterly*, Vol. 14, No. 1 (Summer1980), pp. 36-59; Raymond L. Garthoff, *Dentente and Confrontation: American-Soviet Relations from Nixon to Reagan* (Washington, D. C.: Brookings, 1986), pp. 915-937.

运输的安全。消除或降低这类风险大致有两种途径：一是减少对来自海外地区能源供应的依赖，包括"市场化战略"以及其他一些逐步降低甚至消除对海湾石油依赖的措施，前者主要是指通过市场机制稳定油价，后者则包括开发替代能源，石油进口多元化，实施节能措施，倡议并加入国际能源机构的危机管理体制，以及建立在某种程度上可抵消海湾石油供应风险的战略石油储备等。这些当今流行的确保能源安全的概念或措施实际上均发端于20世纪70年代能源危机的背景之下。二是在海湾地区内确保石油生产和运输的安全。第一类措施大多需要较长时间才能产生效果，而且市场化战略在很大程度上有赖于包括海湾地区在内的充足而稳定的石油供应。

美国国防部长哈罗德·布朗（Harold Brown）在1980年3月曾就美国在波斯湾地区的战略目标进行了全面阐释，并强调指出：

> 即便所有这些措施——节能、（战略石油）贮备或替代能源——结合在一起，也无法在近期内完全消除对海湾及其石油威胁所引发的安全问题。在未来10年，甚至20年内，如果在相当长的时间内来自波斯湾的大量石油供应持续被中断，美国，或我们的工业世界伙伴或次发达国家，将很难应对由此造成的危害。[①]

上述危机事态，尤其是苏联对阿富汗的入侵和战略，是卡特主义问世的重要背景。卡特主义被明确表达是在1980年1月23日的总统国情咨文中，它宣称："让我们明确声明自己的立场：任何外来势力旨在控制波斯湾地区的尝试将被视为对美国关键利益的侵犯，我们将以包括军事力量在内的任何必要手段击退此类侵犯。"[②]卡特主义的实质是，美国将为海湾地区的安全和稳定直接承担义务，以维护美国在该地区的利益。卡特主义的显著之处是，它表达了美国为捍卫其海湾地区利益而不惜以武力为手段的决心，这构成了美国波斯湾战略的重要原则基础。

被外界称之为"卡特主义"的上述声明意味着美国在波斯湾地区对外

[①] 转引自 Michael A. Palmer, *Guardians of the Gulf: A History of America's Expanding Role in the Persian Gulf, 1833-1992* (New York, NY: The Free Press, 1992), p. 107.

[②] Jimmy Carter, "State of the Union Address, 23 January 1980," http://www.jimmycarterlibrary.gov/documents/speeches/su80jec.phtml.

战略的重大变化。此前，在英国势力完全撤出海湾、美国对外事务深受越战后果影响的情况下，美国是依照"尼克松主义"来处理海湾事务的，主要依赖地区盟友沙特阿拉伯和伊朗来维护其在海湾地区的利益。①"卡特主义"标志着美国将为捍卫自己的利益而直接对海湾地区的安全和稳定承担责任和义务。上述声明实际上勾勒出了美国海湾战略的雏形：美国将采取"任何必要的手段"维护其在海湾地区的"关键利益"。

美国在海湾地区的"关键利益"是什么？这些利益面临何种现实或潜在威胁？换言之，美国在海湾地区的对外战略旨在捍卫什么？抵御什么？即美国在该地区的战略目标是什么？一般认为，波斯湾战略出台时，美国在海湾地区的战略目标是：确保该地区石油生产和运输的安全；维持地区稳定和该地区盟友的国内外安全；抵制苏联的威胁。②

从前面的分析中可以看出，一系列地区事件使人们将"石油禁运"、"石油生产遭受破坏"以及"海上石油运输面临的风险"视为海湾地区石油供应所面临的主要威胁形式，并进而将这类威胁归因于导致地区不稳定的因素。阿拉伯产油国针对美国亲以政策发起的"石油禁运"和伊朗伊斯兰革命是此种观念形成的重要催化剂。阿拉伯产油国通过"石油禁运"将能源供应（在某种意义上包括石油产量和原油价格）与美国对以政策挂钩，在美国看来，意味着波斯湾的石油供应开始为包括该地区在内的更为广泛的中东政治现实所左右，"石油政治化"概念由此而生。随后伊朗伊斯兰革命又清晰地展现给美国决策者：海湾地区重要产油国的内部动荡和该地区的国家间冲突是该地区石油供应安全最大的威胁之一。

石油禁运和伊朗伊斯兰革命（尤其是后者）的发生和后果均令美国国家安全界震惊。虽然美国学术界和政策分析人士对此进行了各种不同的阐释，但可以肯定的是，异常复杂的地区社会—文化因素当时很难为习惯于同苏联进行利益和现实政治博弈的美国决策者所理解和掌控。除对该地区石油供应的威胁外，美国从伊朗伊斯兰革命中得出的另一个结论是：该地

---

① Douglas Little, *American Orientalism: The United States and the Middle East since* 1945 (London & New York: I. B. Tauris, 2003), pp. 137-146.

② Janice Gross Stein, "The Wrong Strategy in the Right Place: The United States in the Gulf," *International Security*, Vol. 13, No. 3 (Winter 1988-1989), p. 146; William J. Olson, "An Alternative Strategy for Southwest Asia," in William J. Olson ed., *U. S. Strategic Interests in the Gulf Region* (Boulder, Colo.: Westview, 1987), chap. 11, p. 207.

区政治局势变化莫测,很难预料明天谁会威胁到石油的生产和运输,因此只能说,不稳定是该地区的常态,要维护波斯湾地区石油生产和运输的安全,就必须维持海湾地区的稳定。[1] 在英国彻底放弃其在苏伊士运河以东地区的势力范围之后,美国又同其在波斯湾借以发挥影响的伊朗反目为仇,这使得美国不得不直接承担起在海湾地区维护稳定的任务。

波斯湾地区安全形势的不确定性并未阻止美国政策界就维持该地区稳定的目标做更为具体的设想。在美国看来,地区稳定是保证美国在该地区仅存的最重要的盟友沙特阿拉伯的稳定和安全的重要前提。沙特王室政权在20世纪70年代末面临的内外威胁均与伊朗伊斯兰革命及其引发的地区动荡有关。沙特阿拉伯的石油资源及沙特王室政权与美国传统的盟友关系,促使美国将维护地区稳定的着眼点落在了沙特。[2] 因此,维持海湾地区稳定以及该地区盟友的安全与美国在该地区的能源安全目标具有很强的相关性:在一个对美国和整个西方石油供应具有重要意义且自身充满变数的地区,确保石油生产和运输的安全必须以维持地区稳定为前提,当美国具体设想和追求这一"地区稳定"目标时,作为重要产油国和美国地区盟友的沙特自然成为聚焦的对象。[3]

在美国看来,对波斯湾地区稳定的威胁除来自地区内部因素外,还来自外部势力,其中最重要的就是苏联的威胁。在美苏全球冷战的背景下,抵制苏联的威胁或影响是美国所有地区战略的重要目标之一,该目标的具体含义因地区背景差异而有所不同。就波斯湾地区而言,美国主要是从能源安全的角度来看待苏联威胁的。[4] 这体现在上述卡特总统的国情咨文中。抵御苏联对海湾地区的威胁是"卡特主义"产生的最直接动因,而美国对此威胁的评估大都与能源安全有关。美国政策分析界对苏联在海湾地区的动机和可能采取的行动进行了多种设想和推测,主要有两类:

1. 资源掠夺论,即苏联在国内石油产量下降的压力下,会通过侵占海

---

[1] Kenneth N. Waltz, "A Strategy for the Rapid Deployment Force," *International Security*, Vol. 5, No. 4 (Spring 1981), p. 54.

[2] Nadav Safran, *Saudi Arabia: The Ceaseless Quest for Security* (Cambridge, Mass.: Harvard University Press, 1985), pp. 456-459.

[3] William B. Quandt, *Saudi Arabia in the 1980s: Foreign Policy, Security and Oil* (Washington, D. C.: Brookings, 1981), p. 131.

[4] Dennis Ross, "Considering Soviet Threats to the Persian Gulf," *International Security*, Vol. 6, No. 2 (Fall 1981), pp. 159-180.

湾油田、掠夺海湾石油资源，来为其国内石油短缺寻求出路。美国中央情报局（CIA）20世纪70年代后期有关苏联石油生产的情报评估是这类设想的重要基础。中央情报局的评估报告认为，苏联石油生产很快将达到峰值，其后将迅速下降，此后果会给苏联统治集团带来一系列严重的政治、经济和社会问题。美国部分分析人士将此类评估与苏联对阿富汗的入侵和占领联系在一起，倾向于认为，苏联对波斯湾地区的威胁将主要以这样一种形式出现：以阿富汗为基地，进而相继占领伊朗、伊拉克甚至沙特等重要产油国的油田，并将该地区的石油资源用于支撑苏联的经济发展。[1] 美国国防部长卡斯帕·温博格（Caspar Weinberger）在70年代末及80年代非常流行的推论是："（苏联人）将打通伊朗、伊拉克和阿富汗这一地带，并试图占领油田。"[2]

2. 资源控制论。这一观点认为，苏联可能试图控制波斯湾石油资源，旨在对美国的西方盟国施加压力，从而降低美国影响力或破坏美国与盟国的关系。美国政策分析界在很大程度上是从这一角度评估苏联占领阿富汗后对海湾地区的威胁的。例如整合长期战略委员会（The Commission on Integrated Long-Term Strategy）认为："苏联对海湾地区军事干预的成功将会使其赢得重大的经济和地缘战略优势……并会对西方联盟给予可能是决定性的打击。"[3]

上述两类有关苏联对海湾地区威胁的见解在冷战的最后10年流行于美国政策分析界，它们均将"苏联威胁"具体设想或推断为对该地区能源安全，在某种意义上亦即对美国和整个西方能源安全的威胁。从20世纪70年代后期至冷战结束，所谓的"苏联威胁"就波斯湾地区而言，实际上意味着对能源安全的威胁，在海湾地区抵制"苏联威胁"遂带有强烈的维持能源安全的目的。

20世纪70年代末期，美国在波斯湾地区的战略目标可以概括为确保能源安全、维持地区稳定、抵制苏联威胁。三大目标相互关联，以能源安

---

[1] Marshall I. Goldman, *The Enigma of Soviet Petroleum: Half Full and Half Empty?* (London: Allen and Unwin, 1980), pp. 154-157.

[2] 转引自 Joshua M. Epstein, *Strategy and Force Planning: The Case of the Persian Gulf* (Washington, D.C.: Brookings, 1987), p. 4.

[3] Fred C. Ikle and Albert Wohlstetter, *Discriminate Deterrence: Report of the Commission on Integrated Long-Term Strategy* (Washington, D.C.: U.S. GPO, January 1988), pp. 23-26.

全为中心,从某种意义上看,其他两个目标都从属于或派生于这一根本目标,是"确保能源安全"这一目标的具体体现。下述事实为此提供了佐证:在美国参谋长联席会议(JCS)于1978年9月提交给美国国防部长的《与中东及波斯湾有关的美国战略评估》(Review of US Strategy Related to the Middle East and the Persian Gulf)中,"确保持续不断地获得石油资源"被列为美国在海湾地区的首要目标;1979年3月,美国国防部长哈罗德·布朗(Harold Brown)再次重申,"获得足够的石油供应"是美国在该地区最重要的目标。① 能源安全在美国波斯湾战略目标中的这种重要地位一直持续到21世纪初。

1980年9月,两伊战争爆发,这一地区内国家间的战争似乎使美国关于地区不稳定因素对能源安全威胁的设想变为现实。这场战争不仅使本地区两个重要产油国的石油生产蒙受了损失,在一定程度上促成国际原油市场的供应紧张,还威胁了到该地区其他重要产油国的石油生产基础设施和海湾地区海上石油运输线的安全。② 在此情况下,美国再次强调确保能源安全的重要意义。9月24日,卡特在白宫记者招待会上指出,伊朗和伊拉克石油输出的减少不会对世界石油供应产生重大影响,但他强调;"波斯湾地区其他国家石油输出的完全中断将会对世界石油供应构成严重威胁,从而威胁到所有国家经济的健康发展……波斯湾的通航自由对整个国际社会至关重要。刻不容缓的是,进出波斯湾地区的船只的通航自由不容侵犯。"③国务卿爱德蒙·马斯基(Edmund Muskie)不久后重申了卡特总统的上述立场:"我们决心为保护霍尔木兹的通航自由不受任何干扰而采取一切必要手段。"④

能源安全在波斯湾战略目标中的这种重要性继续在里根政府中得到体现。新上任的国务卿亚历山大·黑格1981年1月28日的讲话几乎是卡特主义的翻版:"西方工业化社会在很大程度上依赖于中东波斯湾地区的石

---

① Michael A. Palmer, *Guardians of the Gulf: A History of America's Expanding Role in the Persian Gulf, 1833-1992* (New York, NY: The Free Press, 1992), p. 109.

② Harold H. Saunders, "The Iran-Iraq War: Implications for U. S. Policy," in Thomas Naff, ed., *Gulf Security and the Iran-Iraq War* (Washington, D. C.: National Defense University Press, 1985), chap. 3, pp. 65-66.

③ 转引自 Michael A. Palmer, *Guardians of the Gulf: A History of America's Expanding Role in the Persian Gulf, 1833-1992* (New York, NY: The Free Press, 1992), p. 109.

④ Ibid., p. 110.

油资源,对取得该地区石油资源的威胁将构成对本国关键国家利益的严重威胁。我们必须应对这一局势,而这不排除使用武力。"①

在两伊战争进入白热化阶段后,伊朗开始攻击航行于波斯湾的油轮,此举对该地区海上石油运输线的安全构成了严重威胁,并一度可能成为苏联将其海上力量投放至该地区的重要借口。里根政府再次表明维持地区稳定、抵制苏联威胁对该地区能源安全的重大意义,他在1987年5月的一次声明中表达了绝不让美国经济再次受制于能源危机的决心,并明确指出:"波斯湾海上航道的使用绝不会听命于伊朗人。这些海上航道也绝不容苏联控制。波斯湾将永远为世界各国的海上航行开放。"②

在美苏冷战即将结束之际,伊拉克于1990年8月入侵、占领并吞并了科威特,并严重威胁了沙特阿拉伯,地区内国家间冲突再次威胁到美国的能源安全。老布什总统即刻声称:"我国目前近一半的石油消费源于进口,因此会面临对我国经济独立的严重威胁。……沙特阿拉伯的主权独立对于美国利益攸关。"③布什政府在很大程度上是从能源安全的角度来看待这一地区事件,并因此发动了海湾战争,以确保美国在该地区的根本战略目标。

在海湾战争结束及苏联威胁消失后,美国更加重视地区稳定对海湾地区能源安全的意义,克林顿政府对伊朗和伊拉克的"双重遏制"就是为了实现"地区稳定"的目标,但其宗旨依然是服务于能源安全这一根本目标。④

总而言之,自20世纪70年代以后的20多年里,维护能源安全是美国在波斯湾地区最根本的战略目标,可以说,美国在波斯湾的地区战略始终是围绕着这一目标进行设计和实施的。接下来需要考察的是:这一时期,美国在波斯湾地区为确保能源安全选择了什么样的战略手段?美国在特定背景下如何运用这些战略手段,尤其是军事层面的战略手段?

---

① 转引自 Michael A. Palmer, *Guardians of the Gulf: A History of America's Expanding Role in the Persian Gulf, 1833-1992* (New York, NY: The Free Press, 1992), p. 113.
② Ibid., p. 124.
③ Ibid., p. 214.
④ Richard K. Herrmann, "The Middle East and the New World Order: Rethinking U. S. Political Strategy after the Gulf War," *International Security*, Vol. 16, No. 2 (Autumn 1991), pp. 44-45.

二 "海湾守护者"与手段的选择和运用

20世纪70年代中后期的一系列危机事件严重影响了美国有关下述问题的认识：最有可能危及能源安全的威胁形式是什么？它们可能源自何方？这类认识是美国为确保能源安全而在海湾地区选择适当手段的重要基础。可以说，这一时期美国为确保能源安全而在波斯湾地区选择的主要手段是军事行动，它为确保能源安全而两次大规模地使用武力。不过，美国诉诸军事手段的背景并不相同，其中涉及地区现实、美国国际地位、美国国内因素等。美国为实现波斯湾地区的战略目标而进行的手段选择和运用可谓是"能源安全军事化"的重要范例。

鉴于20世纪70年代发生的一系列危机事件——石油禁运、油价暴涨、伊朗革命、苏军入侵阿富汗等，美国决策层倾向于认为，对能源安全的现实或潜在威胁主要源于欧佩克的原油价格政策、阿拉伯国家的石油禁运、伊朗或苏联对波斯湾产油国及该地区海上石油运输线的威胁，概括起来就是"高油价"、"石油禁运"和"地区不稳定因素"。这些相互关联的威胁大都与海湾地区的政治—安全形势密切相关。因此，针对这些危及能源安全的现实或潜在威胁，美国确保能源安全的措施一方面主要着眼于世界石油市场和海湾地区本身，另一方面则开始重视某些可以抵消、预防或缓解石油危机的冲击，但见效较缓慢的措施，如战略石油储备、能源多元化、石油进口来源多元化等。

卡特政府经过几年的反复研究和尝试，最终决定取消对石油的价格管制，通过市场来决定油价，这是美国能源安全市场化途径的重要开端。[①] 然而，卡特主义意味着美国为确保来自波斯湾的石油供应而不惜采用武力，这就为能源安全军事化奠定了原则基础。

自卡特主义诞生之日起，美国学术界和政策分析界有关美国海湾战略的争议主要集中在：应以什么样的手段维护美国在该地区的根本利益——能源安全？美国是否有必要以军事手段在海湾地区维护其能源安全目标？

[①] 关于美国能源安全的市场化路径选择，主要参见：G. John Ikenberry, *Reasons of State: Oil Politics and Capacities of American Government* (Ithaca, New York: Cornell University Press, 1988); G. Johan Ikenberry, "The State and Strategies of International Adjustment," *World Politics*, Vol. 39, No. 1 (October 1986), pp. 53-77.

对美国海湾战略的军事化倾向持批评态度的观点认为,市场化是确保美国能源安全的根本途径,美国没有必要以军事手段卷入像波斯湾这样的复杂地区。① 这种观点实际上是把能源安全的市场化和军事化视为两条独立的途径,而事实上,在能源安全的市场化手段与军事化手段之间存在着某种联系。②

通过市场调节和稳定石油价格,其重要的前提是要有充足而稳定的石油供应,这又在很大程度上取决于重要产油国的相关政策及海上石油运输线的安全。确保波斯湾这一重要产油地区的石油供应安全对世界石油市场无疑具有重要意义。换言之,能源安全的市场化途径与波斯湾石油生产和运输的安全密切相关,确保海湾地区石油生产和运输的安全是能源安全市场化途径的重要保障。③

美国为什么一定要以军事手段来确保海湾地区的石油供应?美国的波斯湾战略对一系列危机事态的反应、现实或潜在对手威胁能源安全的方式,在很大程度上左右了美国在波斯湾地区的战略手段选择。在当时的美国决策者看来,武装冲突或国家间战争是威胁海湾地区石油生产和运输的重要形式。苏联武装入侵和占领阿富汗,在冷战的情况下,几乎使美国在海湾地区的战略手段没有选择的余地。在美国就未来海湾地区能源安全所面临的威胁所做的设想中,无论是油田被占领、海上石油通道被封锁或是石油生产基础设施遭受破坏,无一不是军事层面的。美国从实力地位出发,以军事手段应对这些现实或潜在的对该地区能源安全的挑战,从战略互动的角度看,是再自然不过了。美国与沙特阿拉伯的关系有助于我们进一步理解能源安全军事化对能源安全市场化的意义。

美国与沙特阿拉伯关系的实质是"以石油换安全"或"以安全换石

---

① Janice Gross Stein, "The Wrong Strategy in the Right Place: The United States in the Gulf," *International Security*, Vol. 13, No. 3 (Winter 1988-1989), pp. 142-167; Robert H. Johnson, "The Persian Gulf in U. S. Strategy: A Skeptical View," *International Security*, Vol. 14, No. 1 (Summer 1989), pp. 122-160.

② Daniel Moran, "The Battlefield and the Markeplace: Two Cautionary Tales," in Daniel Moran and James A. Russell, ed., *Energy Security and Global Politics: The Militarization of Resource Management* (New York, NY: Routledge, 2009), chap. 1, pp. 19-38.

③ Michael T. Klare, "Petroleum Anxiety and the Militarization of Energy Security," in Daniel Moran and James A. Russell, ed., *Energy Security and Global Politics: The Militarization of Resource Management* (New York, NY: Routledge, 2009), chap. 2, pp. 39-61.

油"。沙特阿拉伯是美国在海湾地区的重要盟友，石油是美国与沙特之间关系的重要纽带。自20世纪70年代以来，就能源安全而言，沙特对于美国的意义非同一般。

沙特是阿拉伯石油禁运的重要发起者和组织者。石油禁运，尤其是1973年针对美国对以政策的石油禁运，对于原油价格的攀升具有重要的推动作用。在当时的美国决策人士看来，消除或降低"石油禁运"发生的可能性对于维持石油价格稳定具有重要意义。沙特在不到20年的时间里先后三次（1956年、1967年和1973年）发起了针对美国或西方的石油禁运。在美国不可能改变其自身的亲以政策的情况下，从沙特方面着手防止石油禁运成为美国的重要政策选择。这一选择的可行性在于，尽管沙特在历次石油禁运中均站在前列，但这其中不乏沙特王室政权增强其在阿拉伯世界合法性的考虑。沙特在1967年和1973年石油禁运期间暗中向美国军方输送石油，这一事实无疑使美方进一步认定了沙特的盟友价值，并将沙特视为短期内应对石油禁运魔咒的"强心剂"。[1]

在美国看来，使石油禁运不再成为阿拉伯产油国"讹诈"工具的根本途径，不是改变美国的亲以政策，而是依靠国际原油市场。但能源安全的市场化仍然有赖于沙特的支持和配合。

从石油储量、石油生产和出口、石油剩余生产能力，以及在欧佩克中的地位等方面综合衡量，沙特阿拉伯是世界上最重要的产油国，它在欧佩克和阿拉伯石油生产国组织中均占有举足轻重的地位，对这些组织的生产和价格政策具有重大的影响力。

沙特坚持其石油贸易以美元计价的政策，沙特的"石油美元"对巩固美元的地位发挥了重要作用。1973年石油危机后，美国决策者意识到，除非吸引某些重要产油国将其石油美元收入投资于美元计价的资产，否则美国将会在经济和地缘政治方面处于不利地位。在当时的国家安全助理亨利·基辛格（Henry Kissinger）和财政部长威廉·E. 西蒙（William E. Simon）的主导下，美国与沙特共同成立了一个内阁级的双边委员会，其目的是通过相互磋商鼓励沙特继续在其石油贸易中以美元计价，并将其石

---

[1] Rachel Bronson, *Thicker than Oil: America's Uneasy Partnership with Saudi Arabia* (New York, NY: Oxford University Press, 2006), pp. 98-103, 117-122.

油美元投资于美国，而不是用于发动经济战或对工业化民主国家实行讹诈。① 这一"基辛格—西蒙计划"的核心就是确保重要产油国的石油出口以美元计价以及其石油美元投资于以美元计价的资产，以支持美元的地位。在美国的敦促下，沙特方面对此计划给予了积极配合。美国的策略取得了一定的成效，到 1976 年，沙特在美国的投资达到 600 亿美元，到 1979 年，沙特成为美元和美国政府债券最大的持有者之一。②

沙特石油产量和出口量是世界石油供应的重要组成部分，沙特石油业的剩余生产能力对美国能源安全市场化途径具有重大意义。一旦世界石油供应因地区冲突或其他危机而出现短缺，沙特可以迅速释放其剩余生产能力，弥补短缺，稳定市场。在最近的 30 多年里，每当波斯湾地区发生突发事件，危及石油生产和运输，从而使世界石油供应紧张之时，沙特剩余生产能力的释放往往起到稳定世界石油市场的作用，无论是两伊战争爆发、海湾"油轮战"开启或是伊拉克对科威特入侵之时，沙特都能以其剩余生产能力弥补国际原油市场的短缺，为稳定市场和油价做出贡献。③ 从长期趋势来看，波斯湾的其他两个重要产油国伊朗和伊拉克的石油生产和出口能力时常会受到国内动荡、国家间战争以及国际制裁的打击，因而会出现急剧下降或充满不确定性，沙特的剩余生产能力可以对弥补由此而造成的国际石油供应短缺发挥重要作用。沙特王国的石油生产能力以及利用这种能力稳定世界石油市场的政策，是美国能源安全市场化的重要环节。

然而，沙特阿拉伯在多大程度上以其石油生产能力和石油政策配合美国的能源安全市场化战略，有赖于沙特的石油生产和运输安全以及沙特对美沙双边关系的重视，前者在很大程度上取决于沙特的内外安全环境，后者则与沙特王室政权的稳定密切相关。④ 20 世纪 70 年代以来，波斯湾成为各种现实或潜在危机最为密集的地区之一，沙特王国先后感受到了该地区另外两个大国伊朗和伊拉克对其国家安全的威胁，伊朗的伊斯兰革命还严

---

① Francisco Parra, *Oil Politics: A Modern History of Petroleum* (New York, NY: I. B. Tauris & Co Ldt, 2010), pp. 197-206.

② Mahmoud A. El-Gamal and Amy Myers Jaffe, *Oil, Dollars, Debt, and Crises: The Global Curse of Black Gold* (New York, NY: Cambridge University Press, 2010), p. 122.

③ William B. Quandt, *Saudi Arabia in the 1980s: Foreign Policy, Security and Oil* (Washington, D. C.: Brookings, 1981), p. 130.

④ Douglas Little, *American Orientalism: The United States and the Middle East since 1945* (London & New York: I. B. Tauris, 2003), pp. 43-70.

重威胁到了沙特王国的内部稳定。① 沙特石油生产的安全被笼罩在这种威胁的阴影之下,而本地区各种现实或潜在的冲突则构成了对海湾石油运输线的威胁,尤其是自 1979 年以来长期与美国敌对的伊朗伊斯兰政权控制着进出波斯湾的要道霍尔木兹海峡,使沙特石油输出面临挑战。沙特以其剩余生产能力稳定国际石油市场的政策与沙特王室政权的亲美倾向密不可分。在美国政策界看来,沙特王室的亲美倾向具有不可替代性,换言之,没有王室政权,沙特的亲美倾向及其在石油政策上的反映——以剩余生产支持美国的能源安全市场化,都会被打上问号,而沙特王室政权面临的威胁主要是来自海湾激进国家(两伊)的对外政策及其在沙特国内引发的不安定因素。② 沙特处于一个复杂而动荡的地区安全环境之中,美国以军事手段改善或维持沙特的内外安全环境,其实就是维护沙特石油生产和运输的安全与沙特王室政权的稳定,从而使沙特持续、顺畅地发挥国际石油市场"稳定器"的作用,不断为美国的能源安全市场化做出贡献。

通常流行的对美沙双边关系的概括"以石油换安全",其实是从沙特的角度而言,即沙特以石油,确切地说是以其石油生产能力和石油政策,来换取美国的安全保证;从美国角度来看,这一双边关系实际上是"以安全换石油",即美国为沙特的石油,确切地说是为沙特在稳定世界石油市场方面具备的条件和做出的努力,提供安全保证。

这一安全保证不仅涉及美国—沙特双边军事领域,更重要的是,美国旨在通过军事手段稳定整个海湾的安全环境,以遏制或消除本地区那些威胁沙特石油生产、运输以及石油政策的不稳定因素。③ "以安全换石油"实

---

① James A. Bill, "Resurgent Islam in the Persian Gulf," *Foreign Affairs*, Vol. 63, No. 3 (Fall 1984), pp. 108-127; William B. Quandt, *Saudi Arabia in the 1980s: Foreign Policy, Security and Oil* (Washington, D. C.: Brookings, 1981), p. 105.

② 关于沙特王室政权在 20 世纪七八十年代所面临的各种内部威胁,可进一步参阅:John A. Shaw and David E. Long, *Saudi Arabian Modernization: The Impact of Change on Stability* (New York: Praeger, 1982); Helen Lackner, *A House Bulit on Sand: A Political Economy of Saudi Arabia* (London: Ithaca Press, 1978).

③ 关于美国对沙特安全需求的关切及采取的相应措施,可参阅:Anthony H. Cordesman, *The Gulf and the Search for Strategic Stability: Saudi Arabia, the Military Balance in the Gulf, and Trends in the Arab-Israeli Military Balance* (Boulder, CO: Westview Press, 1984), pp. 254-256; Nadav Safran, *Saudi Arabia: The Ceaseless Quest for Security* (Cambridge, Mass.: Havard University Press, 1985), p. 417; David Long, *The United States and Saudi Arabia: Ambivalent Allies* (Boulder, CO: Westview Press, 1985), p. 67.

质上是以军事手段,即能源安全的军事化来保障国际石油市场的稳定,即能源安全的市场化。美国军事手段所要防范、遏制或威慑的是区域内的地区强国(伊朗和伊拉克)、苏联以及其他威胁该地区石油生产和运输的不确定因素。从卡特主义诞生之日直至 21 世纪初,美国在海湾地区的军事手段所针对的能源安全问题并未发生根本性改变,唯一的变化是苏联威胁的消失和伊拉克从某种非敌非友的模糊状态演变为美国主要的防范对象。

在卡特主义的原则确定之后,美军以多大规模或以何种程度涉足波斯湾,以确保该地区石油生产和运输的安全,主要取决于美国在该地区具体的军事手段选择,这类选择是由诸多因素共同决定的:美军在该地区的使命、海湾地区的特定现实以及美国的国内外环境。从时间上看,随着美国在该地区战略手段的演变——从"扩展威慑"演变为"双重遏制",美军在波斯湾地区呈现的军事态势有所变化,其卷入海湾地区的规模和程度也有较大的差异。

一般将美国从 20 世纪 80 年代至海湾战争前在波斯湾地区选择的战略手段概括为"扩展威慑"(extended deterrence)。[①] 所谓"扩展威慑"就是以报复相威胁,阻止现实或潜在对手对盟国的军事进攻。[②] 在卡特主义问世后 10 年左右的时间里,美国力图以扩展威慑为主要手段,实现其在海湾的战略目标,这一战略手段选择是多种因素共同作用的结果。

在当时的美国决策者看来,对海湾地区石油生产和运输的威胁主要来自该地区国家间的冲突和主要产油国内部局势的动荡以及外部势力的军事干预,美国在该地区为确保能源安全而选择的军事手段必须能有效应对地区冲突和外部大国势力的军事介入,因此,美国在海湾地区的直接军事存在无疑是实现该目标的备选手段之一。但海湾地区特殊的政治—文化背景,即对外国军队(尤其是西方军事力量)直接驻扎海湾的敏感,使这一选项很难有实际操作性,除非当地政权直接邀请美军进驻。而且,在美苏全球冷战的背景下,在海湾的直接军事存在无疑会进一步给美军的全球部

---

① 就美国这一时期在海湾地区实施"扩展威慑"的论述,重点参见:Janice Gross Stein, "The Wrong Strategy in the Right Place: The United States in the Gulf," *International Security*, Vol. 13, No. 3 (Winter 1988—1989), pp. 142-167; Janice Gross Stein, "Extended Deterrence in the Middle East: American Strategy Reconsidered," *World Politics*, Vol. 33, No. 3 (April 1987), pp. 326-352.

② Robert Jervis, "Deterrence Theory Revisited," *World Politics*, Vol. 31, No. 2 (January 1979), p. 292; Michael Howard, "Reassurance and Deterrence: Western Defense in the 1980s," *Foreign Affairs*, Vol. 61, No. 2 (Winter 1982/1983), p. 315.

署造成压力。此外,当时美国的国内外交决策环境仍然受"越战后遗症"的影响,不利于其做出在海湾地区以直接军事存在方式承担义务的选择。

为了在资源有限、无法直接陈兵海湾的情况下实现美国在该地区为确保能源安全而防止地区冲突和外部军事介入的战略目标,"不战而屈人之兵",或以较小成本保障美国在该地区的利益,便成为美国当时所选择的指导其海湾地区战略手段的重要原则。为此,美国主要依赖于"扩展威慑"来吓阻那些现实或潜在的地区安全破坏者,确保地区盟友兼该地区重要产油国以及海上石油运输线的安全。"扩展威慑"与一般意义上谈及的"威慑"的主要区别之一是,威慑者的行为主要是旨在保障其盟友而非威慑者自身的安全,但其实质依然是,如果"威慑"要取得实效,威慑者必须发出明确、可信的威胁信息,这又意味着有关信息必须以一定的军事能力或实力为支撑。[1]

自卡特主义问世后,美国国家安全界不断公开表达这一主题:波斯湾石油生产和运输的安全事关美国和整个西方的经济繁荣,是美国在该地区的重要利益之所在,美国会不惜以武力捍卫该利益。从"扩展威慑"的角度来看,美国政要的这类声明无异于提醒现实或潜在的地区稳定破坏者:破坏地区稳定就是危害该地区石油生产和运输的安全,危害石油生产和运输的安全就是危及美国在该地区的根本利益,从而要冒与美国发生直接军事冲突的风险。卡特政府之后,里根政府进一步将这一声明具体化,他本人于1981年10月1日在白宫的记者招待会上明确声明:"任何国家对沙特的占领都会造成石油供应的中断,美国对此绝不能袖手旁观。"[2] 里根总统的声明被普遍视为对卡特主义的重要补充,它进一步明确了美国在该地区的"扩展威慑"所针对的盟友和对手:保护以沙特为代表的海湾君主国。这些国家对世界石油市场的稳定具有重要意义,而且其政权具有一定的亲美和亲西方倾向;吓阻任何威胁这些国家内外安全的势力。

与此同时,为充实卡特主义所体现的军事原则和使美国政府的有关声明具有可信度,美国首先于1980年组建了快速部署联合特遣部队(The

---

[1] Paul Huth and Bruce Russett, "What Makes Deterrence Work? Case from 1900 to 1980," *World Politics*, Vol. 36, No. 4 (July 1984), pp. 496-526; Paul Huth and Bruce Russett, "Deterrence Failure and Crisis Escalation," *International Studies Quarterly*, Vol. 32, No. 1 (March 1988), pp. 29-46.

[2] 转引自 Michael A. Palmer, *Guardians of the Gulf: A History of America's Expanding Role in the Persian Gulf, 1833-1992* (New York, NY: The Free Press, 1992), p. 114.

Rapid Deployment Joint Task Force)（RDJTF），并以此为基础于 1983 年成立了中央司令部（CENTCOM）。但归属于中央司令部的美军应有多大规模，以及这些军队应如何"威慑"海湾地区的对手，在这些问题上在美国国内存在着较大分歧。① 出于对资源的竞争，新成立的中央司令部希望更大规模和更高程度地卷入海湾事务，因此频繁地向以总统为首的美国安全决策人士施加压力，要求迅速扩大中央司令部属下的军队数量，并使美军以直接驻扎海湾的姿态来实现所谓的有效"威慑"。美国政策界和学术界则认为，中央司令部以多大规模和多大程度涉足波斯湾，取决于对该地区石油生产和运输所面临的各种现实或潜在威胁的评估，而这种评估往往由于对"威胁"界定的差异而大相径庭，这意味着政策分析界和学术界对下述问题的答案不尽相同：要使"扩展威慑"有效，美军应以多大规模和何种程度涉足海湾地区？以总统为首的国家安全决策人士是依照全球议事日程的优先次序或问题的紧迫性来进行选择，首先是美国为海湾地区石油生产和运输的安全承担军事义务，然后向那些对美国在海湾地区利益的现实或潜在威胁者发出明确无误的警告。至于如何使这些警告具有可信度，决策者当时的决策背景——美苏全球冷战、美国国内"越战后遗症"和波斯湾阿拉伯世界特殊的政治—文化现实，决定了其着手解决的问题不是"要使'扩展威慑'有效，美军应以多大规模和何种程度涉足海湾"，而是"美军能够以多大规模和何种程度涉足海湾，以使'扩展威慑'尽可能有效"。②

因此，美国最初能够用于波斯湾地区的威慑力量相当有限。中央司令部成立之初统辖的部队只有 23 万人（包括陆、海、空军和海军陆战队 4 个军种），更重要的是，这些部队并不是驻扎或部署在波斯湾区域内，而是驻扎或部署在波斯湾周边的军事基地或其他地区。美国把其在波斯湾威慑力量的建设集中于印度洋的迪戈·加西亚（Diego Garcia）军事基地，开始在这里部署舰只，并加紧储备战略物资和装备。美军威慑力量的建设主要围绕前沿防御和储备进行，而缺乏在地区内的驻军和用于该地区的独立舰队。中央司令部可用于海湾的威慑力量极其有限，中央司令部首任司令

---

① Jeffrey Record, "The U. S. Central Command: Toward What Purpose?" *Strategic Review*, Vol. 14, No. 2 (Spring 1986), p. 48.

② Kenneth N. Waltz, "A Strategy for the Rapid Deployment Force," *International Security*, Vol. 5, No. 4 (Spring 1981), pp. 53-54.

第五章　能源安全与美国的波斯湾地区战略　189

罗伯特·C. 金斯顿（Robert C. Kingston）1984 年 1 月在英国的一次演讲中道出了这种困境：

> 如果我告诉你们，在我这个已经成立了一年的司令部里，我们所面临的问题都已经得到了解决，这样说有欠考虑。看看美国中央司令部所面临的挑战，尤其是与欧洲和太平洋司令部相比较。欧洲和太平洋战区部署了数量可观的美军，而在中央司令部的辖区内却几乎没有；欧洲和太平洋战区拥有成熟的指挥、控制和通讯系统，而中央司令部的辖区内却没有；在太平洋和欧洲有密集的后勤基础设施，而在中央司令部的辖区内却没有；美国与太平洋和欧洲国家签署了大量有关当地政府支持美军的协议，而在中央司令部的辖区内，我们没有任何这样的协议。我们与西欧和太平洋的许多国家有长期的（正式）盟友关系，而我们在中央司令部的辖区内与任何国家都没有这样的关系。总之，如果我们不得不出兵中央司令部的辖区，就战斗力和该地区的支持结构而言，我们将几乎是从零开始。①

从金斯顿的上述言论可以看出，直到 20 世纪 80 年代中期，美国在波斯湾地区呈现了某种低调的军事姿态：中央司令部的总部没有设在其管辖的区域内，而是设在了美国本土——佛罗里达州的坦帕，且海湾地区没有明显的美国军事存在。美国决策者在对该地区安全承担义务的同时，加紧了前沿防御及战略物资和装备的储备，希望以有限的军事力量和美国的大国威望震慑、吓阻现实或潜在的地区安全破坏者，保护以沙特为代表的海湾君主国政权和石油生产的安全，确保该地区石油运输通道的顺畅。但美国的这一"扩展威慑"军事手段因两次遭到地区事件的挑战而宣告失败：第一次是伊朗在两伊战争后期频繁袭击海湾油轮，第二次是伊拉克于 1990 年入侵科威特。在美国"扩展威慑"失败、伊朗威胁海湾石油运输线的情况下，美国不得不以更大规模的军事力量直接进入海湾，与伊朗在海上兵戎相见。然而，在海湾"油轮战"结束、两伊战争停火后，美国军事力量迅速撤离了海湾，美军在海湾的军事存在又恢复到了"油轮战"之前的水

---

① 转引自 Michael A. Palmer, *Guardians of the Gulf: A History of America's Expanding Role in the Persian Gulf, 1833-1992* (New York, NY: The Free Press, 1992), p. 117.

平，美国决策者仍然希望以低调的军事态势来维持地区稳定，但伊拉克对科威特的入侵使美国彻底放弃了"扩展威慑"这一手段。① 1991 年第一次海湾战争后直至 21 世纪初，美国在波斯湾地区改为以"双重遏制"作为确保其在该地区战略目标的重要手段。

冷战结束后，在美国看来，地区稳定仍然是海湾石油生产和运输安全的重要前提，对波斯湾地区稳定的威胁主要来自其他大国的军事干预和地区内部的不稳定因素；但在苏联威胁逐渐降低甚至完全消失后，对海湾君主国的威胁主要来自伊朗和伊拉克；伊拉克对科威特的悍然入侵以及早些时候伊朗对海湾油轮的袭击表明，美国在海湾的军事部署不足以震慑地区稳定的挑战者，或者说，"扩展威慑"不足以使这些挑战者理解美国在该地区捍卫能源安全这一根本利益的决心。② 美国需要以某种更有针对性的战略手段和更强有力的地区军事存在来维持地区稳定，防止伊朗和伊拉克再次破坏地区稳定，危及该地区的石油生产和运输安全。

美国面临的国内外环境以及海湾地区政治—安全现实的某些变化为美国决策者选择某种新的战略手段提供了可能性。苏联解体和冷战结束后，美国在地区战略上拥有了更多的选择空间，美国国内尽管在冷战后美国的对外战略方面存在着广泛争议，但海湾战争在很大程度上扫清了"越战后遗症"，美国对外干预面临的国内制约程度大大低于 20 世纪七八十年代。美国力图以海湾战争的胜利为契机来建立世界新秩序，并有了更大的自信来对波斯湾及整个中东进行干预。③ 更为重要的是，伊拉克入侵科威特这一事件极大地增强了海湾君主国的不安全感，海湾战争结束后，沙特王室政权和科威特君主改变了既有政策，要求美国在其本土继续驻扎军队。

在上述因素的共同作用下，美国开始对伊拉克和伊朗实施"双重遏制"政策，以防范这两个国家破坏地区稳定，危及能源安全。④ 这一战略

---

① 转引自 Michael A. Palmer, *Guardians of the Gulf: A History of America's Expanding Role in the Persian Gulf, 1833-1992* (New York, NY: The Free Press, 1992), pp. 245-249.

② Janice Gross Stein, "The Wrong Strategy in the Right Place: The United States in the Gulf," *International Security*, Vol. 13, No. 3 (Winter 1988-1989), pp. 164-167.

③ Richard K. Herrmann, "The Middle East and the New World Order: Rethinking U. S. Political Strategy after the Cold War," *International Security*, Vol. 16, No. 2 (Autumn 1991), pp. 42-75.

④ Lawrence Freedman, *A Choice of Enemies: America Confronts the Middle East* (New York, NY: Public Affairs, 2008), chap. 14, pp. 275-308.

手段的实施要求美国在海湾有显著的军事存在。1995年7月美军创建了第二次世界大战以来的第一支新舰队,即直接隶属于美军中央司令部的第5舰队,它由核动力潜艇、航空母舰、巡洋舰和驱逐舰等舰艇组成,以波斯湾及其附近海域为作战辖区,为的是进一步加强在海湾地区的存在。1991年9月和10月美国相继与科威特、巴林签订了为期10年的防务合作协议,从而取得在这两个海湾君主国驻扎军队,使用海、空军基地,储存武器装备的权力。1992年美国与卡塔尔、阿联酋分别签订了类似的军事协定。美军除直接驻扎沙特外,还参与了伊拉克"禁飞区"的警戒行动。

然而,油轮战和第一次海湾战争不仅意味着"扩展威慑"的失败,也加深了美国国家安全界对两伊政权的未来地区战略动机的担忧。伊朗伊斯兰政权继续保持输出伊斯兰革命、争当地区强国的势头,萨达姆政权并未因海湾战争的失败而在其言行上有所收敛。而美国在该地区的战略思维依然遵循这样的逻辑:美国的能源安全有赖于波斯湾石油生产和运输的安全,波斯湾石油生产和运输的安全有赖于稳定的地区安全环境,地区安全环境的破坏者过去是,将来仍有可能是伊朗和伊拉克。从"扩展威慑"到"双重遏制",美国在海湾地区的军事存在进一步强化,美国军事力量也更大程度地为能源安全而涉足海湾。相对于"扩展威慑","双重遏制"更加明确了对海湾稳定和能源安全的威胁源头,并为防范这些威胁诉诸了更高程度的军事存在。但与"扩展威慑"一样,"双重遏制"政策下的军事部署仍然旨在维持海湾地区的现状,美国是以"现状维持者"的姿态来防范两伊破坏地区稳定,"守护"海湾阿拉伯君主国的安全,从而捍卫海湾地区石油生产和运输的安全。

三 美国在波斯湾卷入的军事冲突

从20世纪80年代到21世纪"9·11"恐怖主义袭击,美国两次因"扩展威慑"失败而直接动用武力,这就是地区油轮战和第一次海湾战争。这两次军事行动是美国以武力直接确保能源安全的典型事例。

(一) 海湾油轮战 (20世纪80年代)

两伊战争爆发后,美国继续以"扩展威慑"确保其在海湾地区的利益,旨在以某种低调的军事存在震慑住伊朗和伊拉克,使其不将战火蔓延至该地区其他重要产油国，并确保海上石油运输线的安全，"扩展威慑"同时也旨在提醒苏联不要对该地区进行军事干预。[1] 然而，该地区的事态发展使美国的威慑归于失败：伊拉克于1984年宣布对伊朗实施封锁并开始袭击伊朗在海湾的油轮，伊朗则随即做出回应，开始袭击进出科威特和沙特阿拉伯的中立国油轮。[2] 1986年11月，科威特正式向美苏双方提出保护其进出海湾的油轮的请求。1987年3月，出于确保海湾石油运输线和抵制苏联影响的动机，美国同意为进出科威特的油轮护航。美国原以为仅靠其在海湾有限的海军力量就可以完成其护航使命，但伊朗并未被美国为科威特承担护航义务所震慑，反而更加频繁地袭击中立国油轮。此后，美国开始大规模调集舰只进驻海湾。它派遣了一支由50艘舰艇组成的、自二战以来出动规模最大的海军特混舰队，其中包括航空母舰、巡洋舰、驱逐舰和核潜艇，还有150余架作战飞机。面对美国的军事调遣，伊朗则使用地对舰导弹封锁霍尔木兹海峡，并使用武装快艇对美国护航舰队进行自杀性攻击，同时在海湾水域布设水雷以打乱美国的护航计划。美国—伊朗在海湾地区的兵戎相见直至1988年伊朗接受联合国两伊战争停火协议方告结束。[3]

（二）海湾战争（1990—1991年）

两伊停火、海湾地区趋于平静后，美国在该地区的军事存在迅速恢复到油轮战之前的状态。在苏联扩张势头急剧减弱、两伊经历了8年血战的情况下，美国认为仅靠有限的威慑力量就足以震慑潜在的地区稳定破坏者。但海湾地区事态的发展再次令美国猝不及防：1990年8月2日，伊拉克入侵科威特，海湾地区重新陷入不稳定状态。

伊拉克对科威特的入侵、占领和吞并意味着科威特的石油资源将处于萨达姆政权的控制之下，而且直接威胁到了沙特王国的安全。从纯粹的市

---

[1] Kenneth N. Waltz, "Testing Theories of Alliance Formation: The Case of Southwest Asia," *International Organization*, Vol. 42, No. 2 (Spring 1988), pp. 275-316.

[2] 在两伊战争期间，科威特和沙特是伊拉克的主要支持者。

[3] 关于海湾战争，可进一步参阅：A. Palmer, *Guardians of the Gulf: A History of America's Expanding Role in the Persian Gulf, 1833-1992* (New York, NY: The Free Press, 1992), chap. 7, pp. 128-149; Lawrence Freedman, *A Choice of Enemies: America Confronts the Middle East* (New York, NY: Public Affairs, 2008), chap. 10, pp. 192-210; David B. Christ, "Gulf of Conflict: A History of U. S. -Iranian Confrontation at Sea" (Policy Fous#95, the Washington Institute for Near East Policy, June 2006), pp. 1-34.

场化角度来看，萨达姆政权控制下的石油资源与科威特君主和沙特王室控制下的石油资源没有什么区别，但在美国决策者看来，在稳定石油市场的意愿方面，萨达姆与科威特君主和沙特王室之间存在着巨大差别，至少前者是否具有这种意愿是一个问题。因此，从能源安全的角度看，美国决不会容忍萨达姆控制科威特和威胁沙特安全，这一点在美国政府和老布什本人在入侵事件发生后所发表的言论中得到了清晰表达。美国一方面要求伊拉克从科威特撤军，另一方面调集大军进驻沙特阿拉伯，以"沙漠盾牌"行动保护沙特的安全。在伊拉克拒不撤军的情况下，美军以武力解放了科威特。[1]

油轮战和海湾战争是美国使用武力确保能源安全的重要事例，它们对于我们考察从20世纪70年代末至21世纪能源安全与美国在海湾地区的战略之间的相关性具有重要意义。这两次武装冲突意味着：

首先，能源安全的确是这一时期美国在海湾地区最重要的战略目标，而且为了捍卫这一目标美国不惜使用武力。通过这两次武装冲突，美国以实际行动履行了其自1980年以来在海湾地区承担的义务，即必要时以武力维护该地区石油生产和运输的安全及地区稳定。海湾油轮战期间，美苏冷战尚未结束，美国为应对伊朗对波斯湾海上石油运输安全的挑战而征调了大量舰只前往波斯湾，此举给美国的全球海军部署造成了极大压力，但里根政府依然将确保波斯湾海上石油运输安全列在全球议事日程的优先地位，以优势海军力量与伊朗抗衡，并通过此举赢得了海湾君主国对美国承诺的信赖。正如美国学者迈克尔·A.帕尔默（Michael A. Palmer）所言：

就美国涉足海湾事务的历史而言，里根政府有关为科威特油轮护航的决定是一个至关重要的转折点。美国通过为科威特油轮护航而卷入地区冲突，此举显示，美国非常看重其在海湾地区的利益，并且会——正如卡特政府所发誓的那样——为保护这些利益而战。里根（的言行）表明，被国内外批评家们视为虚张声势的卡特的那些声明和政策

---

[1] 关于海湾战争，可进一步参阅：A. Palmer, *Guardians of the Gulf: A History of America's Expanding Role in the Persian Gulf, 1833-1992* (New York, NY: The Free Press, 1992), chap. 9, pp. 163-192; Lawrence Freedman, *A Choice of Enemies: America Confronts the Middle East* (New York, NY: Public Affairs, 2008), chap. 12, pp. 234-253.

实际上是美国意图的最真诚的表达。①

几年以后,美国通过海湾战争再次向世人表明了美国在波斯湾地区的利益之所在以及它为捍卫此利益而愿意付出的代价。

其次,能源安全的军事化途径并不一定意味着战争。卡特主义为能源安全军事化奠定了基本原则,尽管美国政府自此以后的有关声明不断强调其必要时使用武力的决心,但美国针对海湾地区的战略设计始终是以避免卷入地区冲突为核心,"扩展威慑"和"双重遏止"及其指导下的军事态势均以不战而屈人之兵为宗旨。但美国的战略手段能否以尽可能低的成本服务于其战略目标,在更大程度上取决于美国在该地区现实或潜在的对手对美国战略意图的解读。在美国决定为科威特油轮护航时,美国在海湾的军事存在乏善可陈,这可以解释此刻美国威慑失败和伊朗继续袭击油轮的举动。在美国海军大量集结海湾之后,伊朗甚至以更大的规模袭击油轮,迫使美军为确保海上石油运输线与伊朗开战,此刻的威慑失败则主要源于伊朗伊斯兰政权不仅低估了美国捍卫能源安全、维持地区稳定的决心,而且它还认为美国在海湾军事存在的强化具有帮助伊拉克、危害伊朗战争前景的意图。②同样,美国在油轮战结束后迅速将其在海湾的军事存在降低到战前水平,这在一定程度上可以解释为何威慑失败和伊拉克入侵科威特。而当美军大量集结于海湾并进驻沙特之后,萨达姆仍然拒绝从科威特撤军,此刻的威慑失败在很大程度上源于萨达姆的主观判断,或许是低估了美国充当海湾君主国"守护者"的决心③,或许是由于其他一些判断,但其后果是美国不得不以武力解放科威特。"必要时使用武力"这一原则本身意味着以战争为手段确保该地区石油生产和运输安全建立在一定的前提条件之下,而油轮战和海湾战争的进程表明,这一前提条件是威慑失败,而造成威慑失败的重要因素

---

① A. Palmer, *Guardians of the Gulf: A History of America's Expanding Role in the Persian Gulf, 1833-1992*, p. 149.

② Janice Gross Stein, "The Wrong Strategy in the Right Place: The United States in the Gulf," *International Security*, Vol. 13, No. 3 (Winter 1988—1989), p. 166; Robert H. Johnson, "The Persian Gulf in U. S. Strategy: A Skeptical View," *International Security*, Vol. 14, No. 1 (Summer 1989), p. 158.

③ Kevin M. Woods and Mark E. Stout, "Saddam's Perceptions and Misperceptions: The Case of 'Dersert Storm,'" *Journal of Strategic Studies*, Vol. 53, No. 1 (February 2010), pp. 5-41.

之一则是对手对美国意图的判断。[①]

最后，美国此时在海湾地区扮演的是"维持现状者"的角色。在油轮战和海湾战争中，美国追求的目标相对有限。在油轮战中，美国的意图是确保海上石油运输线的安全，并未借此对伊朗全面开战，尽管美国在海上与伊朗交锋客观上有利于两伊战争中的伊拉克，是促成伊朗最终接受联合国两伊停火决议的重要原因之一。同样，美国将其在海湾战争中的目标限定为将伊拉克赶出科威特，恢复地区稳定，确保科威特和沙特这些产油国的安全。美国这两次对海湾地区冲突的卷入都直接与能源安全及其所必需的地区稳定挂钩，既表明了确保石油生产和运输安全在美国波斯湾战略中的重要地位，也凸显了美国对自己在该地区事务中的定位：地区稳定者和海湾君主国"守护者"。自卡特主义诞生之日起，直到海湾战争结束，美国在该地区的保护对象并未发生根本变化，而防范的对手则是少了苏联，增添了伊拉克。美国对两伊实施"双重遏制"并以更大规模的军事存在卷入海湾事务，但美国现状维持者的角色依然如故。然而，美国的这一地区角色定位在"9·11"事件后开始发生变化，从而使人们产生了质疑：能源安全，或者说，确保波斯湾石油生产和运输的安全，是否依然是美国在该地区最重要的目标？

四 "9·11"后能源安全在美国波斯湾地区战略目标中的地位

进入21世纪后，波斯湾在世界能源供应中仍然占有重要地位，相对于20世纪70年代后半期和90年代初期，21世纪初来自海湾的石油在美国进口石油中的比重有所下降，但美国对来自该地区的进口石油仍然有一定的依赖性。而且，海湾地区以沙特为代表的君主国对世界石油市场的稳定仍然至关重要，确保海湾地区石油生产和运输的安全仍然是美国在波斯湾地区的重要目标。"9·11"事件后，美国国内开始以新的视角审视海湾地区，不仅从地缘战略角度将其视为美国和整个西方的重要能源供应地，而且将海湾地区看作新世纪全球的重大威胁的来源，包括对美国国土安全

[①] Paul Huth, "Extended Deterrence and the Outbreak of War," *American Political Science Review*, Vol. 82, No. 2 (June 1988), pp. 423-444.

的威胁。促进民主、改造包括波斯湾在内的大中东地区,成为美国对外战略目标的优先事项,当这一战略目标被应用于波斯湾地区时,能源安全先前在美国的波斯湾地区,战略目标中独一无二的重要性开始有所变化。

(一) 波斯湾地区的石油资源及其对美国的重要性

与20世纪最后20年,尤其是20世纪90年代相比,21世纪初波斯湾地区石油产量占世界石油产量的比例并未发生实质性变化,2001年至2008年,这一比例始终维持在26%—28%左右,与20世纪90年代后半期的情况大致相同(见表5—4)。2001年至2006年期间,波斯湾地区原油出口占世界原油出口的比重,除在2003年和2004年分别为34.1%和34.5%以外,其余的年份都在37%左右,与1986—1990年的情形相似(见表5—5)。这就是说,波斯湾地区石油在世界能源供应中仍然占有重要地位。这一期间,美国从波斯湾地区进口的石油占美国全部进口石油的比重,只有2001年和2003年超过20%(分别为23.3%和20.4%),其余的年份都维持在16%—19%,也与20世纪90年代后半期的情形相似。这表明,美国对来自波斯湾地区的石油进口仍然有一定的依赖性,但其依赖性相对于20世纪70年代后半期和90年代初期有所下降。

表5—4　波斯湾地区*日均石油产量与世界日均石油产量(2001—2009)

年份	波斯湾地区日均石油产量(千桶/日)	世界日均石油产量(千桶/日)	波斯湾地区日均石油产量占世界日均石油产量的比例(%)
2001	20905	77686	26.9
2002	19680	76988	25.6
2003	21134	79593	26.6
2004	22997	83098	27.7
2005	23899	84589	28.3
2006	23623	84652	27.9
2007	23100	84517	27.3
2008	24370	85460	28.5
2009	22889	84389	27.1

*　波斯湾地区包括以下一些国家:沙特、伊朗、伊拉克、科威特、卡塔尔、巴林、阿联酋。

资料来源:Energy Information Administration, DoE, http://www.eia.doe.gov/emeu/international/oilproduction.html.

表5—5　　波斯湾地区*日均原油出口量与世界日均原油出口量（2001—2006）

年份	波斯湾地区日均原油出口量（千桶/日）	世界日均原油出口量（千桶/日）	波斯湾地区日均原油出口量占世界日均原油出口量的比例（%）
2001	13979	38060	36.7
2002	12956	38041	34.1
2003	13932	39964	34.5
2004	15818	43274	36.6
2005	16586	44415	37.3
2006	16082	43564	36.9

* 波斯湾地区包括以下一些国家：沙特、伊朗、伊拉克、科威特、卡塔尔、巴林、阿联酋。
资料来源：Energy Information Administration, DoE, http://tonto.eia.doe.gov/cfapps/ipdbproject/iedindex3.cfm.

新世纪的美国能源安全观以能源独立或减少对进口石油的依赖为重点，但仍强调进口石油的重要意义。这种能源安全观与波斯湾地区依然存在相关性。21世纪初期的一系列事件造成了石油供应短缺和油价上涨，这些事件也在很大程度上影响了美国关于能源安全的威胁及相应对策的观念。这些事件是：

1. 委内瑞拉石油工人罢工

2002年12月至2003年3月期间，由于委内瑞拉石油工人罢工世界石油供应下降了平均每天大约260万桶。[1] 这一事件提醒美国决策者，重要产油国的国内局势对于世界石油供应至关重要。[2] 在美国看来，尼日利亚、俄罗斯、沙特阿拉伯、伊朗、伊拉克等世界重要产油国的国内局势存在着重大变数。

2. 伊拉克战争

2003年3—12月，由于伊拉克战争而使世界石油供应蒙受的损失平均每天大约为230万桶。[3] 无论这场战争的起因如何，其后果再次使美国意

---

[1] Simon Henderson, "Energy in Danger: Iran, Oil and the West" (Policy Fous#83, the Washiongton Institute for Near East Policy, June 2008), p.2.

[2] Michelle Billig, "The Venezuelan Oil Crisis," Foreign Affairs, Vol.83, No.5 (September/October 2004), pp.2-7.

[3] Simon Henderson, "Energy in Danger: Iran, Oil and the West" (Policy Fous#83, the Washiongton Institute for Near East Policy, June 2008), p.2.

识到，波斯湾地区的军事冲突对世界能源市场的影响依然如故。

3. "卡特尼娜"和"丽塔"飓风

2005年9月，"卡特尼娜"和"丽塔"飓风给世界石油供应造成的损失大约为平均每天150万桶。① 这两次飓风首次使人们意识到自然灾害对石油生产基础设施的巨大破坏可能给世界石油供应带来的损失。确保对石油基础设施的投资和安全成为更加引人关注的议题。

4. 中国、美国和印度迅速增长的石油需求

近年来，中、美、印三国因国内经济发展和消费需求而大量增加石油进口。2003—2004年，中、美、印三国进口的石油占全球石油需求总增加额的比例分别为36%、27%和4%，这一趋势是造成2004—2008年石油供应紧张、油价攀升的重要原因之一，它促使美国决策者再次从需求方的角度看待能源安全问题。②

美国的石油消费量远远高于其生产量，因此它高度依赖于进口石油，而且其大量进口石油都来自局势动荡的地区。上述事件促使布什政府更加确信，要想获得能源安全，必须确保石油供应。美国国会批准了政府提出的法案，扩大了在墨西哥湾的石油开采海域，以减少对海外能源的依赖。美国政府继续重视战略石油储备，把它视为美国应对能源供应动荡的保障，并且重视开发节能技术。由于美国2/3的石油用于汽车行驶，汽车节油便成为节能的关键环节。美国斥巨资重点开发汽车节能技术，包括车用蓄电池、乙醇汽油和氢动力汽车，并积极开发替代能源。美国的一半电力供应来自于燃煤，为此，布什政府大力开发清洁煤技术，试图扩大对燃煤的利用。美国政府同时还在加大了对核能、太阳能和风能等新技术研发的投入。

21世纪初期以来，美国政府的能源安全观强调，能源独立或减少对进口石油的依赖是确保能源安全的根本途径，但它同时意识到，能源独立或减少对进口石油的依赖并非在短期内能够实现，因此确保石油供应的重要环节仍然包括使进口来源多元化。确保进口石油安全意味着以充足、来源

---

① Simon Henderson, "Energy in Danger: Iran, Oil and the West" (Policy Fous#83, the Washiongton Institute for Near East Policy, June 2008), p. 2.

② Wilfrid L. Kohl, "The New Context of Energy Security Post 2003," in Esther Brimmer, ed., Power Politics: Energy Security, Human Rights and Transatlantic Relations (Washington, D. C.: Center for Transatlantic Relations, 2009), chap. 1, pp. 5-6.

可靠且价格合理的石油供应,满足国内经济发展和燃油消费的需求。美国仍然通过市场化方式确保进口石油的价格稳定,并且坚持认为,重要产油区或产油国的石油生产和运输安全是确保国际石油市场稳定的重要条件之一。在美国看来,与20世纪七八十年代相比,破坏石油供应的威胁在形式上有所变化,但这并不意味着对石油供应的威胁程度降低了。鉴于供求关系和主要产油国对石油收入的依赖,美国倾向于认为,"石油禁运"不再可能成为产油国为实现其政治目的而诉诸的武器。但委内瑞拉国内局势和伊拉克战争所造成的世界石油供应紧张使美国政府意识到,主要产油区的地区冲突和产油国的国内局势仍然是石油生产和运输面临的重要威胁之一。而美国从"卡特尼娜"和"丽塔"飓风总结出的教训是,自然灾害可能对石油生产基础设施造成严重危害。

另一方面,委内瑞拉石油工人罢工、伊拉克战争以及"卡特尼娜"和"丽塔"飓风造成的世界石油市场供应短缺的时间并不长,大约分别为3个月、9个月和1个月。[①] 在美国看来,世界石油市场恢复稳定的时间比预计的要短,这主要归功于市场调节的作用,即当某一重要产油国或产油区石油生产和(或)运输因局势动荡和自然灾害而遭受破坏时,可以通过其他产油国和产油区增加产量来弥补市场供应的短缺。美国因此更加看重能源安全的市场化以及对此具有重要意义的产油国,尤其是沙特阿拉伯。此外,随着中国经济实力的迅速增强,其日益增长的石油需求以及为满足这种需求而采取的措施使美国感到,确保石油进口的战略面临了一些新的挑战。

(二) 新世纪美国的能源安全观与波斯湾地区的关联

新世纪的美国能源安全观依然强调确保进口石油的重要性,这就需要有稳定的国际石油市场和合理的油价,而国际石油市场的稳定在很大程度上取决于充足的、不中断的石油供应。除伊拉克战争外,21世纪初破坏石油供应的一系列事件大都发生在波斯湾以外的地区,但美国认为,从中总结、概括出的破坏世界石油供应的一般形式对海湾地区具有潜在的适用性,更重要的是,世界石油市场从短暂的供应短缺恢复至稳定的关键因素

---

① Simon Henderson, "Energy in Danger: Iran, Oil and the West" (Policy Fous#83, the Washiongton Institute for Near East Policy, June 2008), p. 2.

与海湾地区密切相关。

委内瑞拉石油工人罢工事件进一步强化了美国有关产油国国内局势影响石油生产、破坏石油供应的既有认识。以沙特阿拉伯为代表的海湾君主国对美国能源安全的意义不仅在于其稳定国际石油市场的能力和意愿,而且在于这些国家相对稳定的国内局势为这种能力和意愿提供了保障。美国长期以来将这些国家的内部稳定视为美国在该地区的重要利益之一。[1] 20世纪90年代以来,尤其是进入21世纪以后,伊斯兰极端主义在中东地区的兴起和发展对海湾君主国的内部稳定形成了不同程度的挑战,尤其是在沙特阿拉伯。美国在海湾地区和沙特阿拉伯的军事存在的最初动因是维护这个国家的安全和海湾地区的稳定,确保海湾地区石油生产和运输的安全,但这一做法刺激了以本·拉登为代表的极端主义势力,成为其反美、反沙特王室活动的重要导火索。与20世纪七八十年代相比,沙特阿拉伯进入21世纪以来在国内稳定方面面临了更加严重的挑战。[2]

发生于美国的"卡特尼娜"和"丽塔"飓风虽然与波斯湾地区没有直接关联,但美国从此类自然灾害对石油供应所造成的破坏中捕捉到的关键词是"石油生产基础设施"。在美国学术界和政策分析界看来,"卡特尼娜"和"丽塔"飓风显示了石油生产基础设施遭受重大破坏可能给石油供应所造成的严重损失,而石油生产基础设施遭遇的破坏可以是恐怖主义者人为造成的。这一假设在海湾地区有很强的适用性,尤其是在沙特阿拉伯国内已经有零星的破坏石油生产基础设施和石油运输管道的事件发生。这些事件与沙特阿拉伯日趋复杂的国内局势相结合,凸显了确保沙特石油生产和运输所面临的挑战。[3]

21世纪最初10年造成世界石油供应短缺的重大事件是促成国际石油市场动荡、油价上涨的重要因素。但由于市场调节的作用,油价并未长时间停留在一个高水平上,每当石油供应因某些重要产油国或产油区的石油

---

[1] Thomas L. McNaughter, *Arms and Oil: U. S. Military Strategy and the Persian Gulf* (Washington, D. C.: Brookings, 1985), p. 48.

[2] Rachel Bronson, *Thicker than Oil: America's Uneasy Partnership with Saudi Arabia* (New York, NY: Oxford University Press, 2006), chap. 11, pp. 204-231; Alfred B. Prados, "Saudi Arabia: Current Issues and U. S. Relations" (Washington, D. C.: Congressional Research Service, April 3, 2003), p. 9.

[3] Simon Henderson, "Saudi Arabia and Oil: Coping with the Challenge of Osam bin Laden" (Policy Watch#951, The Washington Institute for Near East Policy, January 28, 2005).

生产和运输遭受破坏而出现紧张时，通过其他产油国或产油区增加供应，就能在很大程度上弥补市场供应的短缺。在这方面发挥突出作用的仍然是沙特阿拉伯。当世界石油市场因委内瑞拉石油工人罢工、伊拉克战争、"卡特尼娜"和"丽塔"飓风而出现供应紧张之时，沙特阿拉伯通过释放其剩余生产能力和增加石油产量，弥补了世界石油供应的短缺，为防止或缓解石油危机发挥了至关重要的作用。[1] 因此，新世纪的美国能源安全观依然强调确保波斯湾石油对美国能源安全市场化的重要意义以及确保该地区石油生产和运输安全的必要性。[2]

（三）能源安全与美国海湾战略中的其他目标

1990年海湾战争结束后，美国在波斯湾地区的影响力空前增强，苏联解体和冷战结束使得美国有了在该地区推进其利益的更大自由。在美国成为唯一的超级大国的背景下，无论是在欧洲、亚太还是在中东波斯湾地区，其地区战略目标都更加强调维持和扩大美国的影响力。在波斯湾地区，美国通过强大的地区军事存在和对两伊的"双重遏制"来维持自己在该地区的战略地位，并借此来实现地区稳定。在没有遭遇严重的地区现实挑战的情况下，美国保持其在海湾地区影响力的战略目标与确保该地区石油生产和运输安全的目标存在着高度的一致性。

"9·11"事件后，美国在海湾地区的战略目标增添了新的内容：反恐、防扩散、促进民主，并日益关注中国在该地区不断增强的影响力。然而，2003年的伊拉克战争和随后美国在核问题上与伊朗的紧张对峙显示了一个简单的事实，即美国发动伊拉克战争的直接后果之一是造成国际原油市场供应短缺和油价上涨。而且在美国与伊朗围绕伊朗核问题而紧张对峙的情况下，始终存在着美国—伊朗军事冲突的风险。于是，确保能源安全与这些新增添的战略目标是否具有一致性，或者说，确保能源安全与这些新的地区战略目标孰重孰轻，便成为人们争论的话题之一。与此相关的问题是，美国发动第二次海湾战争的动机究竟是什么？真如当时的美国国防部长拉姆斯菲尔德所说，是"为了伊拉克人民的自由"吗？要回答这些问

---

[1] Simon Henderson, "Relying on the Saudis: The Challenge for U. S. Oil Policy" (Policy Watch#869, The Washington Institute for Near East Policy, May 12, 2004).

[2] James Woolsey, "Implications of U. S. Dependence on Middle East Oil" (Policy Watch #882, The Washington Institute for Near East Policy, July 7, 2004).

题，我们需要理解"9·11"事件以来美国在海湾地区的总体战略目标以及确保能源安全在其中的位置。

"9·11"事件后，尤其是美国发动对伊战争后，美国国内部分舆论及某些西方学者倾向于认为：布什政府在波斯湾地区的战略目标，如打击和消灭恐怖主义组织、防扩散、促进民主等，与确保能源安全之间存在着冲突，尤其是促进民主这一目标具有改变地区现状的"革命色彩"，会带来新的地区动荡，与美国政府历来坚持的以地区稳定来保障地区能源生产和运输安全的传统战略目标存在着矛盾，甚至据此认为，确保能源安全已经让位于美国改造地区现实这一更为激进的目标。[1]这种观点是否言之成理呢？让我们对此进行一些深入的分析。

1. 打击和消灭恐怖主义组织与确保能源安全

新世纪的美国能源安全观强调，石油生产基础设施的安全对能源安全具有重要意义。西方分析人士近年来不断警告说，沙特等重要产油国石油生产基础设施面临着恐怖主义袭击的威胁，而发生于沙特阿拉伯的针对这类设施的零星恐怖主义袭击事件表明，这些警告并非空穴来风。[2] 此外，以"基地"组织为代表的伊斯兰极端主义势力不仅持强烈的反美主义态度，而且视本地区的亲美政权为死敌，2003年的利雅得爆炸案显示出恐怖袭击是沙特阿拉伯内部稳定的严重威胁。鉴于美国始终重视沙特阿拉伯对于维持全球能源供应的重要性，其打击和消灭恐怖主义组织与确保本地区能源生产和运输安全的目标存在着高度的一致性。

持确保能源安全与美国对外政策的其他目标存在矛盾的观点的人认为，在美国没有实现能源独立的前提下，美国确保进口石油安全，实质上就是继续依赖进口石油，这意味着产油国将继续依靠其石油出口来增加收入。然而，确保海湾进口石油实际上是确保海湾产油国获得巨大利润，而这种利润却被用于支持恐怖主义组织。某些海湾主要产油国，尤其是沙特阿拉伯，在利用石油收入资助极端思想的传播，其国内的某些个人或组织甚至利用石油收入直接赞助恐怖主义组织；伊朗则利用近年来石油价格上涨所赚来的额外收入资助哈马斯、真主党等极端组织。依照此逻辑，美国

---

[1] Pierre Noel, "The New US Middle East Policy and Energy Security Challenges," *International Journal*, Vol. 62, No. 1 (Winter 2006/2007), pp. 43-54.

[2] Simon Henderson, "Saudi Arabia and Oil: Coping with the Challenge of Osam bin Laden" (Policy Watch#951, the Washinghton Institute for Near East Policy, January 28, 2005).

实际上是通过大量进口海湾石油而间接支持了恐怖主义组织，因此，确保能源安全与打击或消灭恐怖主义组织之间存在着矛盾。①

这种见解的缺陷在于，它将沙特阿拉伯和伊朗利用石油收入支持恐怖主义组织这一现象绝对化了，而没有考虑到这两个国家利用石油收入资助恐怖主义组织并不具有必然性。事实上，随着反恐战争的演变以及美国对沙特王室反恐压力的增大，沙特阿拉伯改变了对极端势力的态度，而伊朗与哈马斯和真主党关系的性质和密切程度同样受众多变数的影响。因此，这种看法是片面的。

从总体上看，美国政策界的主流舆论倾向于认为，打击和消灭恐怖主义组织与确保能源安全存在着一致性，最根本的原因就是，恐怖主义组织的活动威胁了主要产油国的内部稳定，尤其是以沙特为代表的海湾君主国，而这些国家的内部稳定是该地区石油生产和运输安全的重要前提。而且，存在着恐怖主义组织利用袭击石油生产基础设施来破坏石油供应的趋势，这也使打击或消灭恐怖主义组织与确保能源安全具有一致性。②

2. 防扩散与确保能源安全

"9·11"事件后，防止大规模杀伤性武器扩散成为美国海湾战略的重要目标之一。在布什政府看来，一旦该地区反美势力（反美政权和恐怖主义组织）掌握了大规模杀伤性武器，美国主导海湾地区秩序的现状就会面临现实的挑战。此外，美国国家安全界比较一致的看法是，大规模杀伤性武器扩散具有"多米诺骨牌"效应，会严重破坏地区稳定，而且，在美国的地区战略构想中，地区稳定是确保海湾石油生产和运输的重要前提。从这个意义上看，防扩散与确保能源安全具有一致性。

美国国内及西方有舆论认为，防扩散与确保能源安全之间存在着冲突，此种见解的主要依据是发布于2002年9月的《美国国家安全战略》报告。该报告正式将伊拉克、伊朗和朝鲜确定为"流氓国家"，并且声称："在'流氓国家'及其恐怖主义代理人能够对美国及我们的盟国和朋友进行威胁或使用大规模杀伤性武器之前，我们必须阻止它们。"这就意味着，

---

① Keith Crane et al., *Imported Oil and U. S. National Security* (Santa Monica, CA: RAND Corporation, 2009), chap. 4, pp. 43-57.

② Peter Haynes, "Al-Qaeda, Oil Dependence, and US Foreign Policy," in Daniel Moran and James A. Russell, eds., *Energy Security and Global Politics: The Militarization of Resource Management* (New York, NY: Routledge, 2009), chap. 3, pp. 62-74.

"在'流氓国家'和恐怖分子的目标已经确定无疑的情况下,美国不能再仅仅依赖于我们过去所持有的那种被动反应姿态"。由于美国的敌人不是将大规模杀伤性武器视为可资利用的最后手段,而是"视为用于恐吓和军事侵略的……可供选择的武器",美国"将会——如果必要的话——先发制人地采取行动"。[①] 这些言辞表明,美国决策者此时已经将大规模杀伤性武器扩散确定为美国国家安全面临的严重威胁,而解除这种威胁的重要途径之一则是采取"先发制人的行动",发动"预防性战争"(preventive war)。一些美国国内以及西方舆论据此认为,防扩散意味着美国以主动"打破现状"的做法来防止对手改变现状,而这必然会破坏地区稳定,与传统的以地区稳定确保石油生产和运输安全的目标相冲突。[②]

事实上,防扩散这一目标本身是为了维持现状和地区稳定,这与以地区稳定来确保能源安全的目标没有任何冲突,而是具有一致性。而且,美国在海湾地区为实现防扩散目标而采取的手段较为复杂,远没有其所宣称的那样简单,其对地区稳定和能源安全的破坏也远不如想象的那样大,这一点我们将在下一节中进一步讨论。

3. 促进民主与确保能源安全

促进民主是"9·11"事件后美国在海湾地区乃至整个大中东地区的重要战略目标之一。在布什政府看来,在波斯湾地区建立和推广民主制度是确保该地区长期和平、稳定的根本途径。而美国自卡特政府以来关于该地区能源安全的基本认识是,波斯湾地区石油生产和运输的安全有赖于地区稳定,从这个意义上看,促进民主与确保能源安全具有一致性。

在波斯湾地区确保能源安全需要一个和平、稳定的地区环境,布什政府以促进民主改造地区安全环境,实质是将"民主和平论"应用于美国的海湾地区战略。当下美国和整个西方的部分舆论和政策分析质疑作为美国海湾地区战略目标中"促进民主"和"确保能源安全"之间的一致性,这种质疑的重要理论基础则是"石油阻碍民主"论。[③]

---

① *We Will Prevail*: *President George W. Bush on War*, *Terrorism*, *and Freedom*, selected and edited by the *National Review* (New York: Continuum International Publishing Group, Inc., 2003), p. 14.

② Pierre Noel, "The New US Middle East Policy and Energy Security Challenges," *International Journal*, Vol. 62, No. 1 (Winter 2006/2007), pp. 44-46.

③ 有关对该理论的总结和评述,参见:Michael L. Ross, "Does Oil Hiner Democracy?" *World Politics*, Vol. 53, No. 3 (April 2001), pp. 325-361.

兴起于 20 世纪八九十年代的"石油阻碍民主"论以第三世界产油国尤其是波斯湾地区产油国为研究对象,着重探讨石油资源是否以及如何阻碍民主制度在这些国家的兴起和发展。该理论的核心观点是,石油资源阻碍了民主制度在第三世界(包括海湾地区)产油国的发展,这种阻碍作用体现为石油资源成为集权主义政权用以维护、强化其统治的重要手段,具体包括:巨大的石油收入使有关统治者可通过减免税收来安抚国内民众;有关统治者也可利用石油利润培植大量现政权的支持者;拥有巨大石油利润的集权政权还利用石油财富来阻碍市民社会团体的发展,而这类团体往往是民主制度的重要基石。[1] 此外,这些政权还利用石油利润来强化国家机器,以压制反对派和民主力量。[2]

按照"石油阻碍民主"论的逻辑,如果石油消费国大量减少石油进口,尤其是对源自集权主义国家的石油进口,就可以导致主要产油国集权主义政权的石油收入锐减,从而使这些国家的统治集团丧失其维持集权统治、阻碍民主发展的重要条件。近年来美国和西方的一些舆论对"促进民主"与"确保能源安全"之间一致性的质疑正是以此逻辑为基础的。这种观点认为,在海湾地区促进民主必须以大量降低源自该地区的石油进口为前提;在海湾石油资源继续对美国国内需求和能源安全具有重要意义的情况下,美国始终会面临如何在"确保能源安全"与"促进民主"之间做出选择的棘手问题,因为例如确保能源安全在某种意义上意味着确保沙特王室政权的稳定,而这个政权的性质无论以何种标准衡量都不是民主的。[3]

从抽象的角度讲,作为战略目标,"促进民主"与"确保能源安全"之间既存在一致性也存在冲突,两者的一致性或冲突取决于不同的视角和"确保能源安全"的含义。如果以"民主和平"论为出发点,以地区稳定作为确保能源安全的前提,"促进民主"与"确保能源安全"具有一致

---

[1] Jill Crystal, *Oil and Politics in the Gulf: Rulers and Merchants in Kuwait and Qatar* (New York: NY, Cambridge University Press, 1990); Johan P. Entelis, "Oil Weath and the Prospects for Democratization in the Arab Peninsula: The Case of Saudi Arabia," in Naiem A. Shebiny and Mark A. Tessler, eds., *Arab Oil: Impact on the Arab Countries and Global Implications* (New York: NY, Praeger, 1976), pp. 141-156.

[2] James T. Quinlivan, "Coup-Proofing: Its Practice and Consequences in the Middle East," *International Security*, Vol. 24, No. 2 (Autumn1999), pp. 131-165.

[3] Council on Foreign Relations, *National Security Consequences of U. S. Oil Dependency* (Independent Task Force Report, No. 58, 2006), p. 28.

性；如果以"石油阻碍民主"论为视角，以主要产油国内部的政权稳定作为确保能源安全的前提，"促进民主"与"确保能源安全"则的确存在一定的矛盾或冲突。进入21世纪后，美国在波斯湾地区的战略目标具有多重性，相对于20世纪最后20多年，确保能源安全在美国的海湾地区战略目标中的地位有所降低，这体现在两个方面：首先，确保能源安全不再是美国在该地区唯一的战略目标；其次，确保能源安全与美国在该地区其他战略目标的关系变得更为复杂。

以上仅仅是从抽象的角度讨论确保能源安全与美国在海湾地区其他战略目标的一致性或冲突。以下将通过具体事例来探讨美国能否在其战略手段的选择和运用中做到兼顾确保能源安全和其他战略目标。

五 "海湾守护者"或是"海湾改造者"

"9·11"事件后，美国在波斯湾地区同时追求包括能源安全在内的多种战略目标，其地区军事存在的使命也日趋多元化。在此背景下，美国如何实现其传统的通过维持地区稳定来促进石油生产和运输安全的战略目标？让我们首先通过分析近年来美国对伊拉克、伊朗和沙特阿拉伯的外交政策来进一步理解，美国如何处理能源安全与其他战略目标之间的关系，然后再以此为基础，探讨美国在波斯湾地区如何在能源安全和其他地区战略目标之间保持平衡。

（一）伊拉克

美国在伊拉克的外交实践主要体现了美国在海湾地区的战略目标：反恐、防扩散和促进民主，布什政府并未直接提及这些目标与确保能源安全的相关性。美国通过侵略和军事战略对伊拉克实行了政权变更，并在完成这一目标之后进行了国家重建。在这两个不同的阶段，美国的政策手段选择和应用具有较大的差异，其对确保能源安全这一目标的影响也不尽相同。

按照布什政府的公开说法，伊拉克拥有大规模杀伤性武器，萨达姆政权支持恐怖主义组织，萨达姆政权的内外政策具有独裁政权的所有特征；鉴于伊拉克对美国的安全构成了严重威胁，美国应以"预防性战争"先发制人地打击伊拉克，对它实行政权变更。对伊拉克的战后重建是伊拉克战争的继续,目的是在伊拉克建立起民主制度,实现布什政府最初提出的构想:将伊拉克建设成波斯湾乃至整个大中东地区的民主样板。为实现促进民主的目标,驻伊拉克美军以反暴乱战争来维持伊拉克的社会秩序,并借助公共外交等手段来培育有利于民主制度巩固和发展的伊拉克社会。

为了赢得国内舆论对伊拉克开战的支持,布什政府充分利用了"9·11"事件后美国国内的不安全感,以有关伊拉克大规模杀伤性武器和萨达姆政权与恐怖主义组织关系的国家情报评估作为发动对伊战争的重要依据。美军占领伊拉克后并未找到萨达姆政权拥有大规模杀伤性武器的确凿证据,而有关该政权支持恐怖主义组织的结论在很大程度上也只停留在假设层面。由于此,美国国内外舆论普遍质疑布什政府发动对伊战争的动机。一种较为流行的看法是,"反恐"、"防扩散"、"促进民主"只是掩盖美国发动对伊战争目的的虚假托词,而美军大举入侵和占领伊拉克的真实动机是为了控制伊拉克的石油。

关于"伊拉克战争"与"石油"有关的推测,最具代表性的观点不外乎两种:一种是"资源控制"论,另一种则是"超额利润论"。与本章第二节中所提及的"资源掠夺"论类似,资源控制论认为,美国发动对伊战争的真实目的是占领伊拉克的重要油田,控制伊拉克的石油资源,以确保美国和整个西方的石油供应。资源控制论的假设是,以武力占有、控制石油资源是美国确保能源安全的重要手段。[1] 从历史上看,美国国家安全界的确考虑过下述手段:占领海湾地区重要产油国的油田,通过直接控制石油资源来确保美国和整个西方的石油供应。1973—1974年石油危机期间,美国国家安全委员会曾认真考虑过这种方案,但最终并没有采纳。[2] 自20世纪80年代以后,通过直接控制石油资源确保能源安全的政策选择从来不在美国决策者的考虑之列,美国始终是以市场化方式来确保能源安全,其在海湾地区的军事存在只是能源安全市场化的重要补充,旨在为石油生产和运输安全创造稳定的地区环境。推翻萨达姆政权后,美国在伊拉克的政策并没有通过军事占领来控制伊拉克石油资源的倾向,通过市场化来确保能源安全,仍然是美国的政策选择。

---

[1] Clifford E. Singer, *Energy and International War: From Baby to Baghdad and Beyond* (Hackensack, NJ: World Scientific Publishing Co. Pte. Ltd., 2008), pp. 191-224.

[2] Rachel Bronson, *Thicker than Oil: America's Uneasy Partnership with Saudi Arabia* (New York, NY: Oxford University Press, 2006), p. 178.

"超额利润"论是解释布什政府发动伊拉克战争动机的另一种方法。伊拉克战争之后,美国国内外有人从阴谋论的角度来解释布什政府发动战争的动机,其核心命题是,布什做出对伊战争的决定是为了满足美国国内石油公司的利益。所谓的"超额利润"论就是将这类阴谋论提升至学术和政策分析的高度,通过建立一套较为完整的理论体系来阐释海湾地区冲突(尤其是伊拉克战争)与石油或能源安全的关系。该理论的重要假设及其论证是,美国国内存在着一个庞大的石油—军工集团,该集团极力追逐超出一般企业利润的超额利润,当该集团发现其利润低于或大致等于一般企业利润时,它就会通过制造冲突,尤其是中东海湾地区的冲突,来获取超额利润,因为海湾地区冲突的后果是石油价格的上涨和该地区军火购买的增加。至于所谓的石油—军工集团如何能够制造冲突,"超额利润"论给出的解释则是,该集团与美国政府,尤其是国家安全界,有着千丝万缕的联系,两者之间在人员上盘根错节,利益密切相关,因此石油—军工集团完全有能力影响美国政府做出有利于前者追逐超额利润的外交决策。[1]

该理论的最后一个环节,即有关石油—军工集团对美国政府影响力的解释,仍带有阴谋论的痕迹,其最重要的前提假设,即存在着一个不断追逐超额利润的石油—军工集团,也需要做出进一步的论证,但"超额利润"论提出的一个命题值得我们思考:海湾地区冲突(包括伊拉克战争)的后果之一是油价上涨,此后果符合美国石油—军工集团的利益。然而,高昂的油价并不符合确保美国能源安全这一国家利益,因此,满足石油公司的需求或利益与确保能源安全在很大程度上存在着矛盾,有时甚至是背道而驰。[2] 这样,即便是"超额利润"论和所有相关阴谋论的结论都成立,也只能证明伊拉克战争有利于美国国内特殊利益集团的利益,而不能得出伊拉克战争有利于美国能源安全的结论。

布什政府做出发动对伊战争的决定暂时改变了美军在该地区的使命,

---

[1] Jonathan Nitzan and Shimshon Bichler, "Bringing Capital Accumulation Back in: The Weapondollar-Petrodollar Coalition-Military Contractors, Oil Companies and Middle East 'Energy Conflicts,'" *Review of International Political Economy*, Vol. 2, No. 3 (Summer 1995), pp. 446-515; Shimshon Bichler and Jonathan Nitzan, "Putting the State in Its Place: US Foreign Policy and Differential Capital Accumulation Middle East 'Energy Conflicts,'" *Review of International Political Economy*, Vol. 3, No. 4 (Winter 1996), pp. 608-661.

[2] Douglas Little, *American Orientalism: The United States and the Middle East since 1945* (London & New York: I. B. Tauris, 2003), pp. 74-75.

美军此时已经不再是该地区的"现状维持者"或海湾君主国的"守护者",而充当起伊拉克的"解放者"或"地区现状改变者"的角色。2003年3—12月期间,伊拉克战争使世界石油供应蒙受的损失大约达230万桶/日,是促成新一轮油价上涨的重要因素。① 伊拉克战争再次证明了海湾地区的战争或冲突对世界石油市场的负面影响,与以往不同的是,这次冲突的发起者是美国,而维持地区稳定、确保石油供应历来是美国在该地区的重要战略目标。

有关布什政府发动对伊战争的动因,至今仍然众说纷纭。但伊拉克战争直接导致了萨达姆政权的垮台,而且美国主导下的伊拉克重建进程以促进民主为核心。为巩固伊拉克新生的民主制度,美国强调培育伊拉克的市民社会和促进经济发展。在驻伊联军临时管理当局(The Coalition Provisional Authority)(CPA)看来,恢复、增加伊拉克石油生产和出口是促进该国经济发展的重要环节。驻伊联军临时管理当局将重建伊拉克视为自己的重要任务之一。② 石油生产和出口是伊拉克经济的重要支柱,石油产业的复苏无疑可以创造有利于巩固伊拉克民主制度的经济环境。不仅如此,伊拉克石油出口的增加还会为稳定世界石油市场和油价发挥重要作用。

然而,伊拉克石油产业的复苏程度与美国的预期存在着差距。2004年驻伊联军临时管理当局为伊拉克石油产业复苏制定的标准是,石油产量和出口量分别达到300万桶/日和220万桶/日,但据美国国务院的数据,伊拉克2006年的石油产量和出口量分别为210万桶/日和150万桶/日,而美国能源部有关数据显示的伊拉克2006年石油产量和出口量比这更低。③ 伊拉克石油产业的复苏和发展所面临的严峻挑战包括:恶劣的国内安全形势;石油产业部门的腐败和管理不善;石油产业基础设施投资匮乏,等等。

驻伊联军临时管理当局着手恢复伊拉克石油工业所面临的困难实际上是在美国主导下的伊拉克重建进程所遭遇困难的缩影。为了稳定当地秩

---

① Simon Henderson, "Energy in Danger: Iran, Oil and the West" (Policy Fous#83, the Washiongton Institute for Near East Policy, June 2008), p. 2.

② James Dobbins, Seth G. Jones, Benjamin Runkle, and Siddharth Mohandas, *Occupying Iraq: A History of the Coalition Provisional Authority* (Santa Monica, CA: RAND Corporation, 2009), pp. 182-186.

③ Simon Henderson, "Iraqi Oil: Baghdad Looks for a Bigger Role" (Policy Watch #1541, the Washiongton Institute for Near East Policy, June 24, 2009).

序，布什政府做出了向伊拉克增兵的决定，美军在伊拉克的作战手段也日益以所谓的"反暴乱战"方式为指导。

伊拉克战争一度造成世界石油供应的短暂紧张，但美国在伊拉克的战后重建旨在建立一个可作为海湾乃至整个中东民主样板的稳定而安全的伊拉克。在美国看来，一个民主的、亲美的伊拉克更有可能像沙特那样积极配合美国的能源安全战略，从这个意义上看，美国在伊拉克促进民主的努力与其确保能源安全的目标并不矛盾。① 有学者明确指出，伊拉克战争旨在"为伊拉克的石油资源松绑"，即以伊拉克战后日益增多的石油出口为全球石油供应做出贡献，而在战前的"石油换食品"计划期间，伊拉克的石油出口数量受到限制，即每天仅有200万桶；而且，"在巴格达建立起一个亲西方的政权也有利于美国长远的战略利益，因为阿拉伯—波斯湾的油气资源是全球市场所离不了的"。② 从长远来看，美国发动伊拉克战争和在伊拉克进行战后重建的努力与追求确保能源安全这一目标是一致的。

（二）伊朗

近年来，美国针对伊朗的战略实践更多地体现了美国国家安全战略和波斯湾地区战略中的防扩散目标。布什政府综合利用接触、经济制裁、军事威胁等手段，试图使德黑兰改变其核政策，至少是停止铀浓缩活动。围绕伊朗核问题，美国对外战略手段的选择和运用是否与确保能源安全这一目标保持一致？

伊朗在世界石油经济中占有重要地位，伊朗已探明的石油储量居世界第三位，是欧佩克中的第二大石油输出国，也是世界第四大石油输出国。伊朗石油部长侯赛因·纳扎里（Hossain Nozari）2008年2月宣称，伊朗的石油产量达到了410多万桶/日。另有分析显示，在艾哈迈德—内贾德的第一个4年任期里，伊朗通过石油出口赚取的收入比卡塔米8年任期内伊朗的全部收入多44%，自1979年伊朗伊斯兰革命以来的30年时间里，伊朗通过石油出口获取的收入超过7000亿美元，而其中近40%是在艾哈迈德—内贾德的第一个4年任期里获得的。更为重要的是，从地缘政治的角

---

① Lawrence Freedman, *A Choice of Enemies: America Confronts the Middle East* (New York, NY: Public Affairs, 2008), chap. 18, p. 397.

② 菲利普·赛比耶—洛佩兹：《石油地缘政治》，潘革平译，社会科学文献出版社2008年版，第319页。

度看，伊朗控制着进出波斯湾的重要海上通道——霍尔木兹海峡。

然而，1978年伊朗革命以来，伊朗始终对美国持敌对态度，近年来又在核问题上持不妥协立场。而防止核武器和大规模杀伤性武器的扩散，尤其是防止它们落入被小布什总统称为"流氓国家"之一的伊朗之手，是美国坚定不移的政策，甚至被美国决策者视为美国的"核心利益"。而且伊朗一直同中东地区的极端组织巴勒斯坦的哈马斯、杰哈德以及黎巴嫩的真主党保持密切关系，称其为"自由军队"，并向它们提供武器，因为这些组织承诺要打击伊朗在该地区的死敌以色列。因此，对伊朗施加压力，迫使其改变在核问题上的立场，始终是美国对伊朗政策的最优先考虑。正因为如此，美国对伊朗的政策并不是从石油供应出发，相反，在美国的决策者看来，石油产业是伊朗这个美国在海湾地区的强劲对手的优势，因为艾哈迈德—内贾德政权可以利用石油出口积累起巨大收入来维持国内稳定，强化伊朗的对外政策（包括在核问题上的强硬态度）。

另一方面美国也看到，石油产业是伊朗的弱点，因为伊朗石油生产和出口得以持续增长的重要条件是技术和投资，在缺乏外来技术和投资的情况下，伊朗石油产业难以保持持续发展的势头，过度依赖该产业的伊朗经济迟早会面临难以克服的困难。[①] 伊朗石油部长纳扎里于2007年11月指出，伊朗石油产量在两年时间里可以达到450万桶/日，但实现这一目标的重要条件是需要150亿美元的投资。伊朗全国石油公司（The National Iranian Oil Company）项目规划经理阿卜杜尔·穆哈迈德·德尔帕里希（Abdul Muhammad Delparish）也在2007年6月称，在未来10年里，伊朗石油产量每增加100万桶/日至500万桶/日所需要的投资至少达1000亿美元，而伊朗国内投资仅能满足这一需求的约1/4。[②] 因此，美国针对伊朗的战略手段始终以经济制裁为主，不时辅以外交谈判和军事威胁，而美国对伊朗经济制裁的重点则是后者的能源产业，尤其是石油产业的基础设施投资。

在具体运用经济制裁这一手段时，除通过联合国发起对伊多边制裁外，美国更多地依赖单边制裁，重点打击伊朗的能源产业。美国实施对伊

[①] Simon Henderson, "Energy in Danger: Iran, Oil and the West"（Policy Fous#83, The Washington Institute for Near East Policy, June 2008）, pp. 12-14.

[②] Ibid, p. 14.

单边制裁的重要工具是《伊朗制裁法》(The Iran Sanctions Act, ISA)[①] 和定点金融措施 (Targeted Financial Measures)[②], 前者主要针对外国对伊朗的能源投资, 是美国对伊单边制裁的重要支柱; 后者则是近年来由美国财政部主导的对伊制裁措施, 旨在通过金融领域的制裁手段, 为伊朗与外界的能源合作和贸易制造障碍。

美国对伊朗的经济制裁能否促使伊朗现政权改变其在核问题上的立场, 依然是未定之数。至少迄今美国的制裁未能迫使伊朗现政权改变其在核问题上的立场。美国和西方学术界和政策分析界对运用经济制裁实现特定政策目标的效果, 存在着众多争议, 但较为一致的意见是, 经济制裁会使制裁对象国遭受更大的经济压力, 美国针对伊朗能源投资的单边制裁会使伊朗石油生产和出口的持续增长面临困境, 而且制裁对伊朗能源产业的负面影响已初见端倪。美国国会研究局 (CRS) 2009 年 2 月发表的有关《伊朗制裁法》的背景报告认为, 要准确评估该法的实施效果极其困难, 只能观察到某种大致趋势, 即自 1998 年以来, 一些欧洲大公司撤销或减少了对伊朗的能源投资, 来自亚洲 (如中国、马来西亚等) 的公司部分填补了由此而留下的投资空间, 但这些公司在技术和执行相关协议的效能方面, 不及原来的那些公司。这就是说, 《伊朗制裁法》的实施对阻碍伊朗获得其急需的能源投资、打击其能源生产, 起到了一定作用。[③] 同样, "定点金融制裁" 使许多外国投资者在考虑对伊朗能源部门的投资时三思而后行。巴列维统治时期的 1974 年, 伊朗原油产量曾达到 600 万桶/日的历史最高水平。但 30 年后, 伊朗原油产量始终维持在 400 万桶/日左右。因美国制裁而使许多油田设施得不到维护, 是造成这一局面的重要原因之一。[④] 2006 年 12 月, 当时的伊朗石油部长卡兹恩·瓦兹里·哈马勒 (Kazen Vaziri Hamaneh) 证实, 该国石油工业面临的巨大困难就是需要为其开发项目提供资金, 因为 "海外银行和金融机构极

[①] Kenneth Katzman, "Iran: U. S. Concerns and Policy Responses" (Washington, D. C.: Congressional Research Service, August 20, 2010).

[②] Michael Jacobson, "Sanctions against Iran: A Promising Struggle," *The Washington Quarterly*, Vol. 31, No. 3 (Summer2008), pp. 69-88.

[③] Kenneth Katzman, "Iran: U. S. Concerns and Policy Responses" (Washington, D. C.: Congressional Research Service, August 20, 2010), p. 61.

[④] 菲利普·赛比耶—洛佩兹:《石油地缘政治》, 第 362 页。

大地减少了与伊朗的合作。"① 由于缺乏外资,伊朗石油生产正在且将继续下降。

美国以直接针对伊朗能源产业的经济制裁为手段,以期实现美国海湾战略中的防扩散目标,但如果这种做法最终不能迫使伊朗政府改变核政策和对美国的态度,它便不利于美国确保能源安全的战略目标。也有看法认为,鉴于伊朗石油生产和出口对世界石油市场的重要贡献,针对美国的压力,伊朗同样可以以"石油"为武器,采取反制措施,即完全中断伊朗石油出口,以此破坏世界石油市场的稳定。然而,这一在20世纪70年代曾经被应用过的"石油禁运"方法,在当代已经很难想象,除了其他原因之外,石油禁运对于伊朗来说也是"双刃剑":它可以破坏世界石油市场稳定,危及美国的能源安全,但也可能给本国经济和社会带来致命后果。②

为了迫使伊朗改变其在核问题上的立场,美国一直未放弃"军事打击"这一重要的政策选项,美国—伊朗因核问题而在海湾兵戎相见的可能性依然存在。但是,无论美伊军事冲突以何种形式出现,它对于美国确保能源安全目标都会产生消极影响,这些军事冲突可能会引起伊朗针对石油供应的两种反应:

1. 石油禁运

在美国(或以色列)对伊朗实施军事打击、伊朗遭受重大损失的情况下,伊朗有可能采取的报复措施之一就是全面停止石油出口。有关分析认为,虽然伊朗采取此极端手段的可能性不大,但一旦采取,就会对世界原油市场产生重大影响,因为仅靠沙特的剩余生产能力远不足以迅速弥补伊朗全面停止石油出口而给世界石油供应所带来的损失;在此情形下,美国要更多地着眼于超出海湾地区的方法来确保能源安全,如石油来源多元化、战略石油储备等。③

2. 破坏海上石油运输线

美国(或以色列)对伊朗实施军事打击的场景假设一旦成为现实,伊朗更有可能采取对霍尔木兹海峡的封锁,这一举动对能源安全具有更大破坏

---

① Michael Jacobson, "Sanctions against Iran: A Promising Struggle," *The Washington Quarterly*, Vol. 31, No. 3 (Summer 2008), p. 87.

② Simon Henderson, "Energy in Danger: Iran, Oil and the West" (Policy Fous#83, The Washington Institute for Near East Policy, June 2008), pp. 17-18.

③ Ibid, p. 1.

性，它会严重阻碍海湾产油国的石油输出，造成世界石油供应短缺。美国的分析人士普遍认为，一旦伊朗与美国在海湾水域发生冲突，其对能源安全的消极影响不可低估；但人们在具体的破坏程度上则存在分歧。其中一个分歧主要是关于美国和伊朗在海湾的军事力量对比，即美国在海湾的军事存在能否迅速压制或打破伊朗对霍尔木兹海峡的封锁。另一个分歧则更多地集中在非海湾地区的能源安全保障措施对海湾军事冲突后果的缓冲作用上，即美国和整个西方的战略石油储备在多大程度上能抵消海湾石油运输线中断而造成的供应损失，其他陆上石油运输管道能否替代遭受破坏的海湾海上石油运输线。这两类分歧实质上都围绕着同一个问题，即如何在美国—伊朗发生军事冲突、海湾石油运输线遭遇重大破坏的情况下确保能源安全？[①]

上述预测说明，美国在使用军事打击这一手段时需要顾虑的是，军事打击极有可能给美国的能源安全带来严重的负面影响，为此，美国决策者不会轻易将这种政策付诸实施。

（三）沙特阿拉伯

美国对沙特的政策更多地服务于确保能源安全这一战略目标。沙特阿拉伯是美国在海湾地区最重要的"盟友"，两者关系的核心是"石油"，也就是前面提到的"以安全换石油"或"以石油换安全"。在美国政策界看来，沙特阿拉伯对美国能源安全的贡献有赖于沙特王室政权的稳定，在能源安全与沙特王室政权稳定挂钩的情况下，沙特王室政权的安危与确保能源安全息息相关。因此，美国在沙特王国推进其他战略目标时，所选择的手段必须以不危及沙特王室政权的统治地位为限度。

美沙关系源于美国跨国石油公司与沙特王室政权的能源合作，美国石油巨头20世纪初在沙特的开发活动最终使该国的石油资源成为王室政权的巨大财富来源，而美国联邦政府此时所起的作用仅是为美国跨国石油公司的活动创造良好的外交氛围。[②] 冷战时期，沙特王室政权与美国国家安

[①] Fariborz Haghshenass, "Iran's Asymmetric Naval Warfare" (Policy Fous#87, The Washington Institute for Near East Policy, September 2008), pp. 38-40; Simon Henderson, "Energy in Danger: Iran, Oil and the West" (Policy Fous#83, the Washiongton Institute for Near East Policy, June 2008), pp. 1-5.

[②] Douglas Little, *American Orientalism: The United States and the Middle East since 1945*, p. 50; Rachel Bronson, *Thicker than Oil: America's Uneasy Partnership with Saudi Arabia* (New York, NY: Oxford University Press, 2006), pp. 14-77.

全界人士在反苏反共这一战略目标上存在着高度一致,沙特王室政权利用其巨大的石油财富和王室秘密外交的优势,不遗余力地支持美国在中东和世界其他地区的反苏秘密活动。[1] 在能源合作和反苏冷战的进程中,美国跨国石油公司、国家安全界与沙特王室成员逐渐形成了某种共生关系。此外,沙特还通过坚持其石油出口以美元计价以及将石油美元投资于以美元计价的资产,来支持美元的国际地位。[2] 在沙特王国于20世纪70年代对其石油部门实行国有化之后,美国跨国石油公司在沙特的影响力有所减低,几乎与此同时,美国开始形成由联邦政府主导的能源政策,并开始将市场化作为确保能源安全的方法。从此,美国政界"精英"与沙特王室政权之间的密切关系便成为美国能源安全市场化的重要保障之一。[3]

美国能源安全市场化的重要假设是充足的石油供应可以稳定市场。但如果世界石油供应因突发事件而出现重大短缺,如何迅速弥补短缺便成为稳定市场的关键。沙特的剩余生产能力是弥补国际原油市场短缺的潜在资源,如何能够说服沙特王室政权在并非完全符合其利益的情况下迅速投放沙特的剩余生产能力,是美国在危机时期确保能源安全的重要因素之一。此外,为了使沙特阿拉伯能够发挥市场"稳定器"作用,其王室政权的稳定至关重要。但美国面临的困难是,如何在追求反恐、促进民主这类目标的同时,不危及沙特王室政权的稳定与合法性。"9·11"事件后,布什政府强调,要在反恐、促进民主与维持盟国内部稳定之间保持平衡,这一点在美国的对沙特政策上表现得最为明显。这里需要进一步考察的是,美国是如何在保持反恐与维持沙特王室政权的稳定、促进民主与维持沙特王室政权的稳定这些关系之间进行平衡的。

首先来看反恐合作与维持沙特王室政权稳定这对关系。从历史经验来

---

[1] Rachel Bronson, *Thicker than Oil: America's Uneasy Partnership with Saudi Arabia* (New York, NY: Oxford University Press, 2006), pp. 140-167; Lawrence Freedman, *A Choice of Enemies: America Confronts the Middle East* (New York, NY: PublicAffairs, 2008), chap. 5, pp. 84-105.

[2] Mahmoud A. El-Gamal and Amy Myers Jaffe, *Oil, Dollars, Debt, and Crises: The Global Curse of Black Gold*, p. 138.

[3] Duane Chapman, "Gulf oil and International Security: Can the World's Only Superpower Keep the Oil Flowing?" in Daniel Moran and James A. Russell, eds., *Energy Security and Global Politics: The Militarization of Resource Management* (New York, NY: Routledge, 2009), chap. 4, pp. 75-94; Rachel Bronson, *Thicker than Oil: America's Uneasy Partnership with Saudi Arabia* (New York, NY: Oxford University Press, 2006), pp. 160-161.

看,就国内稳定而言,沙特王国堪称海湾乃至整个中东地区的楷模。20世纪90年代以来,美国在沙特的军事存在主要是为了保护这个国家的外部安全,但这一军事存在逐渐成为破坏沙特阿拉伯国内稳定的重要根源。以本·拉登为首的极端势力正是以美国在沙特的军事存在为由煽动其内部的反美、反王室政权情绪的,沙特王室政权的合法性因此遭遇到前所未有的挑战。[1]

"9·11"事件后,打击和消灭恐怖主义成为美国在沙特的重要战略目标之一,具体而言就是要争取沙特王室政权在反恐方面同美国合作。但在反恐战争初期,美沙两国政府对恐怖主义的威胁的程度有不同的看法,这导致双方在反恐合作的范围和内容上存在不同认识:视恐怖主义为潜在威胁的沙特王室政权仍然按美沙传统"盟国关系"向美方提供情报支持;发动全球反恐战争的布什政府则希望沙特政府进一步加大反恐力度,扩大反恐范围,并要求沙特安全和执法部门镇压国内极端分子,切断对恐怖主义的各种支持。[2] 美方实际上希望美沙传统的"盟国关系"在其全球反恐战争中发挥巨大作用,但这种愿望的实现既受到美沙政府对恐怖主义威胁的不同看法的限制,也受到沙特国内反美主义的制约。在反美主义日渐增强的局面下,沙特王室政权如果按美国所希望的那样在国际反恐斗争中进行全面合作,尤其是按美国的要求在沙特国内打击为恐怖主义提供支持的各类组织,这种合作就极有可能造成国内穆斯林民众与王室政权的对立,并成为极端主义分子攻击王室政权"合法性"的理由。这样,沙特王室政权的反恐措施以及它与美国的反恐合作只能以不恶化国内稳定、避免为极端分子提供借口为前提。不遗余力地反恐只会危及其国内稳定。

沙特王国在反恐合作问题上未能达到美国朝野的预期,而且已经或正在进行的合作大多局限于鲜为外界了解的"情报分享"领域,美国部分舆论因而开始怀疑美沙"盟国关系"的前景,并要求布什政府对沙特王室施加压力,迫使其全力反恐。[3] 尽管面临这种压力,布什总统本人及美国国家安全部门的资深官员依然坚信,沙特王室政权的稳定对维持美沙传统

---

[1] Rachel Bronson, *Thicker than Oil: America's Uneasy Partnership with Saudi Arabia* (New York, NY: Oxford University Press, 2006), pp. 232-247.

[2] Lawrence Freedman, *A Choice of Enemies: America Confronts the Middle East* (New York, NY: Public Affairs, 2008), chap. 17, pp. 373-396.

[3] Rachel Bronson, *Thicker than Oil: America's Uneasy Partnership with Saudi Arabia*, pp. 236-237.

"盟国关系"和美国海湾地区利益（包括能源安全）至关重要。为此，他们并未在扩大反恐合作问题上对沙特政府施压，反而在公开场合坚称沙特王国在反恐战争中的重要地位，强调需要在反恐与维持沙特内部稳定之间保持平衡。美国政府公开的统一口径就是：沙特王国"一直在提供合作，这种合作正在进行，将来还会增多"。沙特政府的确也在力所能及的范围内为美国提供反恐支持。传统意义上的美沙"盟国关系"以两国政府和国家安全部门之间的互动为重要纽带，美沙反恐合作的有限性并未对这种关系造成任何实质性的负面影响。

2003年5月的"利雅得爆炸案"是极端势力首次在沙特王国境内发动的不涉及美国军事人员和设施的恐怖主义袭击事件，它造成了沙特平民的伤亡。极端势力的这一举动超越了王室政权所能容忍的底线，后者认为，此次恐怖主义活动威胁到了历来以稳定著称的沙特阿拉伯的国内社会秩序，是对王室政权统治地位和"合法性"的直接挑战。在王室政权仍在沙特民众中享有崇高威望的情况下，极端势力直接挑战沙特统治者和伤害无辜平民的过激行动，在很大程度上使他们丧失了民众的支持和同情。对于处在反恐十字路口的沙特政府来说，"利雅得爆炸案"是一个转折点，王室政权迅速对该事件做出了反应，并开始在国内严厉打击恐怖主义，并在诸多领域大力加强了与美国的反恐合作。自此以后，美国在沙特的反恐战略与维持王室政权的稳定开始具有一致性，这意味着，美国在沙特为实现反恐战略目标而选择和运用的手段——美沙最大限度的反恐合作，不会危及沙特王室政权的统治地位，而沙特王室政权的稳定是美国能源安全市场化路径的重要保障。美国在沙特的两大重要目标——反恐和能源安全，通过布什政府的平衡战略而达到一致。此外，随着某些零星的针对沙特石油基础设施的恐怖主义袭击事件的发生，反恐与确保能源安全的一致性表现得更加明显和直接。[①]

再来看促进民主与维持沙特王室政权稳定之间的关系。促进民主是布什政府在海湾地区的重要战略目标之一，但美国在沙特阿拉伯促进民主是以不危及沙特王室政权的稳定为前提的。

"9·11"事件后，美国国内掀起了一股"指责沙特阿拉伯"的潮流，

---

① Simon Henderson, "Al-Qaeda Attack on Abqaiq: The Vulnerability of Saudi Oil" (Policy Watch # 1082, The Washington Institute for Near East Policy, February 28, 2006).

其矛头指向沙特阿拉伯的政治制度及其赖以生存的政治—文化背景。① 美国国内有一种观点认为,沙特阿拉伯全民信奉的"瓦哈比教义"是本·拉登极端宗教思想的重要来源;沙特社会的宗教教育体制为传播极端主义思想提供了重要渠道;沙特社会的慈善机构和伊斯兰社会团体成为恐怖主义分子重要的资金来源;而沙特王室政权的专制统治使沙特穆斯林民众缺乏表达其民意的合法途径。这种观点进一步指出,在反恐的背景下,沙特阿拉伯,甚至沙特王室政权本身,是美国顺利推行其反恐战略的重要障碍,消除这一障碍的重要途径应是在沙特阿拉伯促进民主。在这场舆论攻势的推动下,"沙特阿拉伯问题"在某种程度上成为美国的国内政治问题:民主、共和两党的总统候选人不得不在 2004 年大选中对所谓的"沙特阿拉伯问题"做出回答。为表示对这一问题的关注,美国国会还成立了"国际宗教自由委员会",并发表了对沙特国内宗教自由持严厉批评态度的报告。美国少数国会议员还在 2004 年和 2005 年相继提出了一些敦促美国行政部门对沙特阿拉伯国内政治和教育改革施加压力的议案。② 对美国外交决策者而言,那种在处理与沙特关系时不必考虑美国国内因素的时代已经不复存在。

在美国的全球反恐战争中,促进民主已成为美国对外战略,尤其是其海湾地区战略的重要目标,由于上述国内背景,在沙特阿拉伯促进民主逐渐成为美国—沙特关系中的重要内容,但关键在于,美国如何和以什么方式在沙特促进民主?

与反恐合作方面类似的是,在将"促进民主"运用于沙特阿拉伯时,美国行政当局确立的基本原则是,在促进民主与维护盟国内部稳定之间保持平衡,这实际上意味着促进民主的有关措施不得危及沙特王国的内部稳定,尤其是不得挑战沙特王室政权的合法性。美国的措施更多地集中于教育和宗教自由等社会领域,而回避了沙特阿拉伯的政治制度以及王室政权合法性等这类有可能触及沙特王国内部稳定的敏感问题。2005 年 4 月,布什总统与沙特王储阿卜杜拉(Abdullah)举行首脑会晤,在美方的倡议下,双方决定成立"美沙战略对话委员会",每半年在两国轮流举行一次战略

---

① Daniel Pipes: "The Scandal of U. S. -Saudi Relations," *The National Interest* (Winter 2002/03), pp. 35-46.

② Clifford Chanin and Gregory Gause, "U. S. -Saudi Relations: Bump in the Road or End of the Road?" *Middle East Policy*, Vol. X, No. 4 (Winter 2003), p. 118.

对话，这使原有的美沙"盟国关系"进一步制度化，而且这种战略对话的内容不仅仅涉及国家安全事务，还包括近年来美沙国内舆论感兴趣的话题，这从"美沙战略对话委员会"下设的六个工作组中可以得到体现：除反恐、军事事务和能源三个工作组外，还有几个涉及双方国内事务和社会交流的工作组："经济和金融事务"、"领事事务与伙伴关系"以及"教育交流和人文发展"。目前，"美沙战略对话委员会"及其下属的六个工作组已相继展开工作，使美沙关系从传统意义的、以安全为主要内容的关系向内容更为广泛的战略关系过渡。美方希望借助战略对话这个平台，在不触及沙特王国内部稳定的前提下，促进沙特在国内教育和宗教领域实施某些改革。[①]

就促进民主而言，美国在沙特和伊拉克的做法形成了鲜明对照，但这并不意味着"促进民主"没有成为美国—沙特双边关系议事日程上的重要内容，而是表明，在同时实践"促进民主"与"维持沙特王国内部稳定"这两大战略目标时，美国将"沙特王国内部稳定"置于更优先的地位，而围绕"促进民主"的有关战略实践则以不损害这一优先战略目标为前提。[②]因此，在外界看来，美国政府在促进民主方面"只是象征性地向沙特施加压力，内心其实并没有抱多大的希望"。[③]

（四）地区视角

从以上国别案例可以看出，"9·11"事件后，美国在海湾地区同时追求能源安全、反恐、促进民主、防扩散等战略目标，这些目标的实施在不同的国家各有侧重：在伊拉克，美国以政权变更和国家重建来实现反恐、促进民主和防扩散这些目标，能源安全处于次要地位，但从长期来看，一个民主、稳定、亲美的伊拉克更加有利于美国的能源安全战略，因此反恐、防扩散和促进民主与确保能源安全并无实质冲突；在伊朗，美国为阻止伊朗发展核能力而采取的制裁措施，实质上是以牺牲伊朗潜

---

① Alfred B. Prados, "Saudi Arabia: Background and U. S. Relations" (Washington, D. C.: Congressional Research Service, June 14, 2010), pp. 40-44.

② Suzanne Maloney, "Access to World Petroleum and Humans Rights Policies in the Middle East: Has the Search for Energy Supplies Conflicted with Human Rights Advocacy?" in Esther Brimmer, ed., *Power Politics*: *Energy Security*, *Human Rights and Transatlantic Relations* (Washington, D. C.: Center for Transatlantic Relations, 2009), chap. 3, pp. 23-35.

③ 菲利普·赛比耶—洛佩兹：《石油地缘政治》，第 302 页。

在的石油生产能力为手段来防止核扩散；在沙特阿拉伯，在能源安全与沙特王室政权稳定直接挂钩的前提下，美国追求的其他目标——反恐和促进民主，均以不损害沙特阿拉伯的内部稳定和沙特王室政权的统治地位为前提，实质上就是将沙特王室政权的合法性和能源安全置于更优先的地位。

从整个海湾地区来看，美国在上述不同国家各有侧重的战略目标和手段相互补充、相互配合。美国发动的对伊战争和对伊朗能源部门实施的制裁无疑会减少世界石油市场供应，但美国可以借助与沙特王室政权的密切关系，说服后者及时释放其剩余生产能力，以弥补世界石油市场因美国发动伊拉克战争和对伊朗实施制裁而出现的短缺。换言之，从能源安全的角度看，美国—沙特盟国关系和沙特王室政权的稳定是美国发动伊拉克战争和对伊朗实施制裁的保障。另一方面，在美国看来，推翻萨达姆政权和遏制伊朗的"核抱负"有利于地区稳定和沙特阿拉伯的外部安全。法国地缘政治研究所的专属地缘政治学家菲利普·赛比耶—洛佩兹在其《石油地缘政治》一书中的有关见解，是对美国这一战略思维的重要诠释。

> 沙特阿拉伯自2004年起非常主动地开始大量提高原油产量，希望这一举动能够赢得美国的欢心。然而，此时的美国正全力以赴在沙特阿拉伯的周边国家搞民主化，沙特阿拉伯则只需采取一些"粉饰太平"的措施就可以。美国这种现实政治的宽容政策让其他阿拉伯国家感到十分困惑。然而，对美国来说，伊拉克战争才是它在中东地区的头等大事。在伊拉克战争期间，中东其他非产油国可以出事，但沙特阿拉伯绝不能出现任何政治危机。[①]

"9·11"事件后，美国在波斯湾地区同时追求多重战略目标，并通过在不同国家各有侧重的政策实施使这些目标大致协调一致。布什政府为促进民主、反恐和防扩散而对两伊采取强硬措施的同时，巩固美国与以沙特为代表的海湾君主国（包括科威特、卡塔尔、阿联酋等）之间的关系，实

---

① 菲利普·赛比耶—洛佩兹：《石油地缘政治》，第306页。

施所谓"酋长国战略",以促进能源安全。①

通过以上论述,我们可以就能源安全与美国的波斯湾地区战略之间的关系得出以下结论:

首先,确保能源安全是美国在波斯湾地区的重要战略目标。一方面,波斯湾地区在全球能源体系中具有举足轻重的重要地位,对美国国内经济的繁荣和国家安全具有重要意义。另一方面,美国对海湾地区石油的依赖始终蕴含着某种风险。如果没有风险,美国决策者也就不需要以某种战略来确保来自海湾地区石油进口。对美国从海湾地区的进口石油所具有的风险的看法首先取决于人们的能源安全观——对破坏能源安全的形式的认识,这些形式包括石油禁运、主要产油国产量的锐减、海上石油通道遭受封锁或破坏等。当能源安全观发生变化时,人们对美国进口海湾石油所蕴含的风险的认识也会有所不同。例如,20世纪70年代,石油禁运对美国和其他西方国家的能源安全具有重大负面影响,② 但如今石油禁运的现实可能性及潜在的冲击力已受到严重质疑,其影响至少不能与20世纪70年代同日而语。③

能源安全观与地区现实的结合在很大程度上决定了美国决策者对进口波斯湾石油所蕴含风险的认识。在评估这方面的风险时,美国决策者需要考虑:不同时期危及能源安全的诸种形式是否与海湾地区有某种相关性?海湾地区特殊的政治—安全环境是否对石油生产、运输具有潜在威胁?此外,美国的地区战略往往含有与该地区各种现实密切相关的多重目标,美国在海湾地区的战略目标也不例外,为此,对它的考察必须与对美国在该地区为确保其国家利益而设定的其他战略目标放在一起进行。从卡特主义诞生至"9·11"事件之前,美国卷入海湾事务的重要动因就是确保该地区的石油生产和运输的安全。"9·11"事件之后,美国在该地区的战略目标具有多重性,除确保能源安全外,反恐、防扩散和促进民主也是美国在该地区的重要战略目标,能源安全在美国波斯湾战略目标中的相对地位有

---

① Marc J. O'Reilly and Wesley B. Benfro, "Evolving Empire: America's 'Emirates' Strategy in the Persian Gulf," *International Studies Perspectives*, Volume 8, Issue 2 (May 2007), pp. 137-148.

② Hanns Maull, "Oil and Influence: The Oil Weapon Examined," in Patrick M. Cronin, ed., *The Evolution of Strategic Thought* (New York, NY: Routledge, 2008), chap. 8, pp. 328-382.

③ Wilfrid L. Kohl, "The New Context of Energy Security Post 2003," in Esther Brimmer, ed., *Power Politics: Energy Security, Human Rights and Transatlantic Relations* (Washington, D. C.: Center for Transatlantic Relations, 2009), chap. 1, p. 5.

所降低，但仍然是美国在该地区的重要战略目标之一。

其次，美国确保能源安全的根本途径是市场化道路，其前提就是稳定而充足的石油供应，这就要求波斯湾这样的重要产油地区具备一个稳定和安全的地区环境。自卡特主义诞生以来，强有力的地区军事存在是美国在海湾地区维护石油生产和运输安全的重要手段，而美国在海湾的军事存在是对能源安全市场化路径的补充和保障。"9·11"事件后，随着美国在海湾的战略目标开始具有多重性，美国在海湾的军事存在也日益承担了多重使命。值得注意的是，从个别国家或孤立事件看，美国目前在海湾地区为实现某些战略目标，如促进民主、反恐和防扩散等，而采取的措施可能不一定与能源安全这一目标相一致，但从整个海湾地区来考察，美国基本能够兼顾能源安全、反恐、促进民主和防扩散等战略目标，其基本策略就是以美沙关系为依托确保能源安全，而在伊拉克和伊朗则以暂时牺牲石油供应为代价换取其他战略目标和长远战略目标的实现。

第六章

美国对俄罗斯的能源安全政策

从某种程度上讲，美国作为世界大国，在世界舞台上崛起时，并没有遇到能源供应短缺的问题。但它在与其他强国竞争，特别是与德国、苏联、日本等大国竞争时，充分意识到了能源供应的重要性。例如，进入20世纪，石油逐渐取代了煤炭在国家战略和外交上的地位，石油作为一种能源对于工业和战争来说变得越来越重要。法国总理克里蒙梭在第一次世界大战中曾说："一滴油的价值相当于我们战士的一滴血。"[①] 可见石油在第一次世界大战时期就关系到一国的生死存亡；在第二次世界大战中，日本夺取东南亚的石油资源，德国入侵苏联试图夺取高加索的油田，目的都是想要通过控制石油资源来主导战争。而20世纪70年代发生的两次能源危机则不仅打击了美国的国内经济，而且极大地影响了美国的外交和军事战略，威胁了美国的霸权利益。因此美国开始把确保能源供应看成是外交与安全政策的一个重要目标。

俄罗斯作为一个长期与美国竞争，并且把能源作为经济支柱的国家，自然在美国的对外能源政策中占有重要地位。美国与俄罗斯在能源问题上的关系非常复杂，从时间上可以追溯到冷战时期美苏两极格局的年代。那时，美国对苏联的能源政策从属于总体的对苏遏制政策。20世纪80年代的"新冷战"时期，能源遏制成为里根总统"经济战"的重要组成部分，这最终减少了苏联的硬通货收入，打乱了苏联改革的进程，加速了苏联的解体，帮助美国实现了对苏联"不战而胜"的目的。冷战结束后，美国与俄罗斯的能源关系既有利益摩擦的一面，又有对话与合作的一面。

---

① 转引自 Nikolaos Zahariadis, *Markets, States, and Public Policy: Privatization in Britain and France* (Ann Arbor: University of Michigan Press, 1995), p. 140.

一 背景:冷战时期美国在能源
领域对苏联的遏制

冷战时期美国对苏联的遏制政策涉及多个领域。其中在经济领域里的遏制,特别是能源领域里的遏制政策,对苏联产生了持续而深远的影响。虽然苏联石油和天然气储量丰富[1],但由于苏联经济过分依赖于能源出口,而能源方面的关键技术(如大口径输送管道、能源勘探设备等)却需要依赖于西方,这使得美国能够在能源领域里对苏联实行遏制。[2]

冷战初期,美国对苏联在能源领域里的遏制体系开始建立。由于苏联的能源工业还处于恢复时期[3],美国在这一领域里的遏制主要体现在对苏联的技术设备禁运和禁止向苏联出口石油等战略物资方面。[4]但由于苏联经济计划的制订者把能源工业放在了优先发展的位置,到20世纪五六十年代,苏联石油的生产情况得到了改善。经过第四和第五个五年计划(1946—1955)的建设,苏联原油产量从1950年的3790万吨增加到了1955年的7080万吨,并开始向西方大量出口石油。由于苏联的石油生产成本很低,它在激烈的价格竞争中处于十分有利的地位。[5] 这种情况引起了美国的强烈反应。[6] 美国认为西欧大量进口苏联石油并向苏联出口大口径管道有助于提高苏联的实力,是对遏制政策的破坏,因此它采取措施迫使西欧减少从苏联进口石油,同时利用北约组织实行对大口径管道的禁运。对于苏联打算修建的友谊

---

[1] 1984年,苏联已探明石油储量为86.3亿吨,约占世界已探明石油储量的9%,仅次于沙特阿拉伯和科威特。参见裘新生、王国清编著《苏联石油地理》,科学出版社1987年版,第1页。

[2] Edward A. Hewett, *Energy, Economics, and Foreign Policy in the Soviet Union* (Washington D. C.: Brookings Institution, 1984), p. 222.

[3] 二战结束时,苏联石油生产已经降到1930年以来的最低点。参见辛华编译:《苏联共产党第二十三次代表大会主要文件汇编》,生活·读书·新知三联书店,1978年版,第148页。

[4] Bruce W. Jentleson, *Pipeline Politics: The Complex Political Economy of East-West Energy Trade* (Ithaca: Cornell University Press, 1986), p. 81.

[5] 从1956年起,苏联开始向西欧增加石油出口,其价格不仅低于中东石油,而且也低于苏联向东欧国家提供的石油价格。

[6] Alberto Clô:《石油经济与政策》,王国樑、潘国潮等译,石油工业出版社2004年版,第113页。

输油管道①，美国国务院认为，该管道的建设将威胁美国的利益，阻止其建设将有助于美国的威慑目标、经济防卫和遏制政策的实现。② 60 年代，在国内利益集团和意识形态等因素的压力下，美国政府采取了多种措施来遏制苏联的能源工业。经过努力，美国的政策达到了部分目的，美国迫使意大利、联邦德国等国抵制从苏联进口石油，从而减少了苏联的外汇收入，给苏联换取西方技术造成了一定的困难。美国的制裁和禁运也显示了其在冷战中对抗苏联的能力，同时显示出了美国对盟国的影响力，表明了美国在东西方贸易中的支配地位。

20 世纪 70 年代是美苏关系的缓和时期，美国将"联系战略"作为遏制苏联扩张的主要手段。由于美国实力的相对下降和多用途技术的广泛发展，美国对苏联经济的遏制重点逐渐从战略物资转向了高新技术。由于能源领域里的产品在高新技术中的地位有了相对下降，如果继续进行管制，会损害美国的商业利益。在尼克松政府的策划下，同苏联的能源贸易成为美国实施联系战略的重要工具。美国政府试图通过在能源方面与苏联的贸易和技术交流来迫使苏联在越南、犹太移民、中东、持不同政见者等问题上做出让步。然而，美国总统与国会之间在联系战略方面存在着不小的分歧，行政部门谋求的能源方面的交流经常受制于立法部门。③ 在联系战略的指导下，美苏能源贸易有所发展，但由于受到美国国会的牵制，美国对苏的石油进口始终保持在较低的水平。随着美国放松了在能源方面对苏联的遏制，美国的西欧盟国也乘势推进了与苏联的能源贸易。1973 年石油危机爆发之后，西方国家不得不寻求从苏联进口能源来平衡来自中东地区的油气供应。苏联成为美国实施能源来源多元化、抗衡欧佩克的一种选择，苏联的天然气也大量出口到西欧国家。这样，天然气在西欧国家能源需求中占据了稳固的地位。

1980 年宣誓就职的里根总统把苏联的扩张看作是美国国家安全的最

---

① 友谊输油管道是世界上最大的石油管道之一，是苏联向东欧国家出口石油的主要通道。20 世纪 60 年代由苏联及东欧国家共同兴建。友谊输油管道起自鞑靼共和国的阿尔梅季耶夫斯克，经俄罗斯的欧洲部分到达莫济里附近分为南、北两条支线。北线经布列斯特进入波兰和前民主德国，南线经乌日哥罗德进入前捷克斯洛伐克和匈牙利。

② Bruce W. Jentleson, *Pipeline Politics: The Complex Political Economy of East-West Energy Trade*, p. 97.

③ 参见崔丕《美国的冷战战略与巴黎统筹委员会、中国委员会（1945—1994）》，中华书局 2005 年版，第 452—455 页。

大威胁。里根政府对苏联实施了周密策划的经济战（Economic Warfare），其中利用能源来对苏联进行遏制，成为经济战的重要环节。美国不仅公开对西伯利亚天然气管道实施禁运，还通过隐蔽方式操纵国际市场上的油价，试图利用油价暴跌来打击苏联的能源出口，进而动摇苏联经济基础的稳定。一位当年曾参与制定美国对苏经济战的美国中央情报局官员施魏策尔这样描述里根政府的战略部署：中央情报局在对苏联的经济格局进行了分析后认为，苏联的弱点在于它对石油出口有很大的依赖性，如果国际石油价格下降，苏联出口换汇的能力就会下降。而苏联外汇储备下降之后，其主权风险就会增加，西欧等国家银行对它贷款时就会三思而后行。如果苏联利用西欧贷款的数量下降，它用以改造技术的能力就会下降，在与美国的军备竞赛上就会处于落后地位。里根总统于1982年11月批准的第66号国家安全决定指令（National Security Decision Directives）（NSDD）决定以三管齐下的方法，从技术、贸易、贷款这三个对苏联经济至关重要的方面下手，同苏联打一场庞大的经济和资源战，进而瓦解苏联经济。①

里根政府的具体做法包括以下几个方面：第一个方面是，从国际油价入手，打击苏联出口换汇的能力。20世纪70年代第一次石油危机后，国际油价迅速攀升，美国人估计，如果每桶油价上涨1美元，苏联在一年中就可以从中多获得10亿美元的硬通货。② 到1980年，苏联的能源出口创汇占苏联全部外汇收入的62.3%。③ 为此，里根政府计划通过美国中央情报局实施隐蔽行动，并争取沙特阿拉伯的配合，以降低国际油价从而减少苏联的硬通货收入。在20世纪80年代，能够影响国际油价的单个产油国只有沙特阿拉伯。沙特的石油产量占欧佩克总产量的40%，而且沙特具有其他产油国所没有的生产弹性，因此它能够靠控制石油出口量来影响国际油价。美国中央情报局局长的威廉·约瑟夫·凯西（William Joseph Casey）前往沙特，说明了美国对油价的关心，而沙特认为美国的计划是符合沙特利益的，除了美国可以给沙特提供安全保护外，低油价会使欧洲停止从苏

---

① 彼得·施魏策尔：《里根政府是怎样搞垮苏联的》，殷雄译，新华出版社2001年版，第8页。

② 同上书，第123页。另参见 Jonathan B. Stein, *The Soviet Bloc, Energy and Western Security* (Lexington, Mass.: Lexington Books, 1983), pp. 22-23.

③ 崔丕：《美国的冷战战略和巴黎统筹委员会、中国委员会（1945—1994）》，第475页。

联购买天然气来替代从中东进口的石油。

1983年3月，美国发现，西欧向苏联提供了大量低息贷款，以筹建苏联通向欧洲的天然气管道。于是美国便与西欧国家的代表在经济合作与发展组织的框架内展开谈判，把苏联重新定义为"相对富裕的国家"，而不是原来的"中间借贷国"。美国提议停止对较富裕的国家的贷款提供补贴。这样，苏联从西欧借的贷款利息从原来的7%—8%上升为17%。1982年1月，美国还提议巴统委员会的工作程序要做三项明确改变。首先，更严格地执行有关向苏联出售关键技术的禁令，包括先进计算机及其电子部件、光纤、半导体和各种冶金方法。限制西欧的公司把工厂迁入苏联境内，以防对苏联经济的发展有所促进。其次，所有与苏联签订的价值超过1亿美元的合同，都要自动提交委员会审批，以确保敏感技术不会流到苏联。最后，扩大该委员会成立以来制订的禁运清单，把它扩大到最新的技术与产品。在通过了这些协议后，从西方流向苏联的高科技产品明显减少。1975年，在美国出售给苏联的全部产品中，高科技产品占32.7%，总价值达2.19亿美元。到1983年，这一比例下降为5.4%，总价值只有区区3900万美元。

1985年，沙特国王法赫德·本·阿卜杜勒·阿齐兹·阿勒沙特（Fahd bin Abdul Aziz Al Saud）对美国进行了访问，美国又说服他继续维持石油产量，必要时甚至应增加产量。美国政府还告诉法赫德国王，美国财政部正在设计在未来12个月内使美元贬值1/4的计划。1985年夏末，沙特政府正式通知里根政府，它准备增加石油产量。结果，1985年沙特的石油产量急剧增长，导致国际油价大跌。[①] 当年11月，每桶原油的价格从原来的30美元跌到了12美元。除了石油价格下跌，苏联出口的能源换回的外汇大幅缩水外，美元贬值使苏联换回的实际价值进一步缩水。美元贬值1/4，苏联出口换汇的实际收入也就减少了1/4。因此，沙特同意考虑顶住欧佩克减少石油产量的要求和提高石油价格的努力。结果，1985年沙特的石油产量急剧增长，导致国际油价大跌。[②] 另一方面，美国政府还利用缩减需求来压低油价，包括放慢美国购进战略石油储备的速度。美国国会原计划到1990年把战略石油筹备增加到7.5亿桶，这要

[①] 彼得·施魏策尔：《里根政府是怎样搞垮苏联的》，第271页。
[②] 同上书，第271页。

求美国平均每天购进 22 万桶石油。1983 年，里根政府宣布，由于政府预算紧缩，美国每天只能购进 14.5 万桶石油。除此之外，美国还要求西欧及日本时刻做好准备，一旦油价上涨，就抛售其战略石油储备，以打击石油投机，平抑油价。①

第二个方面是，1981 年，以西德为首的几个欧洲国家政府与苏联签订了一项协议，资助建设 3600 英里的亚马尔天然气管道，以便把西伯利亚塔兹半岛的天然气输送到西欧的十个国家。这条管道项目计划在 1980—1990 年的 10 年间把苏联出售给西欧的天然气数量提高 3 倍，从 240 亿立方米提高到 900—1050 亿立方米。这将会增加西德和法国对苏联天然气的依赖，使苏联和法国的进口提高到其进口总量的 30%，而意大利从苏联的进口则提高到占其进口总量的 50%。这笔交易是东西方之间达成的最大的一笔交易，因而被国际舆论称之为"世纪性交易"。里根政府则从地缘政治的角度看待这一交易，认为这是在向敌人提供援助和宝贵的外汇收入。1981 年，里根在渥太华西方七国集团峰会上，敦促欧洲国家限制从苏联进口天然气，并表示愿意帮助盟国寻找替代能源。② 1981 年 12 月，里根以波兰实行军管为借口宣布对苏联建设天然气管道所需的设备和技术实行禁运。③ 根据禁令，美国关闭了苏联设在美国的有关采购委员会，终止了海运协定的谈判，暂停批准对苏出口许可证的申请，等等。④ 里根政府的做法在西欧各国政府中引起了骚动。但直到 1982 年 5 月的凡尔赛七国集团峰会上，里根仍然坚持其经济制裁政策。此后，由于联合抗苏仍然是美国和西欧关系的基础，共同的安全利益和业已形成的相互依赖的经济关系促使双方在这个问题上达成了妥协。

第三个方面是，美国组织了一系列针对苏联的经济战，利用巴统委

---

① 彼得·施魏策尔：《里根政府是怎样搞垮苏联的》，第 167 页。

② 维托·斯泰格利埃诺：《美国能源政策：历史、过程与博弈》，郑世高、刘晓青、孙旭东译，石油工业出版社 2008 年版，第 37 页。

③ 天然气管道建设也是天然气工业花钱最多的部门，它占苏联天然气工业固定资金总额的 3/4，年投资额的 60% 左右。其中，在大口径钢管和大功率压缩机等关键技术方面，苏联在很大程度上需要依赖西方国家的技术。

④ Public Papers of the Presidents of the United States, Ronald Reagan, "Statement on U. S. Measures Taken against the Soviet Union Concerning its Involvement in Poland," December 29, 1981, http://www.presidency.ucsb.edu/ws/index.php?pid=43403&st=&st1=.

员会①来限制西欧对苏联的技术出口,利用经济合作与发展组织等国际机构来限制对苏联的贷款,鼓励西欧国家利用各种替代能源,减少对苏联天然气供应的依赖。1983年春,美国与国际能源机构签署了一项协议,限制欧洲从苏联进口的天然气的比例,规定西欧从苏联进口的天然气不得超过其能源需求量的30%。这就部分切断了苏联从西欧获取硬通货的渠道,也使西欧国家不得不着手研究苏联进口能源的替代问题。

1985年,美国对苏联发动的"经济战"进入了白热化阶段。石油价格暴跌与美元贬值使苏联的外汇收入锐减,苏联预期从西欧获得的出口贷款、硬通货和技术或者被停止或者被砍掉。苏联原计划修建的从西伯利亚通往西欧的天然气管道工程被大大推迟。1980年,苏联原以为这条天然气管道到1985年就可以竣工,苏联每年可从中可获得80—100亿美元的收入。如果到90年代第二条管道也完工,苏联每年就可获得150—300亿美元的收入。然而,由于里根政府的经济战,苏联修建第二条天然气管道的计划彻底破产。据估计,苏联为此大约损失了150—200亿美元。② 同时,由于美国严格限制西欧盟国向苏联出口技术,苏联在这方面的损失也达到了数十亿美元。除此之外,由于石油价格的猛跌,苏联为了增加对西欧的油气出口而减少了对东欧各国的出口,这加剧了苏联与东欧各国之间的矛盾。③

1991年苏联的解体虽然有着深刻的内部原因,但美国对苏联在能源方面的遏制无疑与之有着密切的关联。美国长期以来在能源方面的遏制政策使苏联的能源工业缺乏与国际市场的对接,难以获得先进的石油开发和提炼技术。能源工业作为苏联重工业发展的基础性产业,其落后状态导致其整个国民经济的发展脚步放缓。苏联的实力也因此遭受到了根本性的打击。这不仅极大地动摇了苏联内部统治权力的合法性,还间接地促使苏联逐渐放松了对其欧洲卫星国的控制,使苏东集团最终走向瓦解。

---

① 巴统组织成立于1950年,是与北约大约同时诞生的西方资本主义国家为进行对东方社会主义国家的"经济战"而建立起来的组织,其正式名称为多国出口协调委员会(Coordinating Committee for Multilateral Export Controls),因其总部设在巴黎,固又被称为"巴黎统筹委员会"。
② 彼得·施魏策尔:《里根政府是怎样搞垮苏联的》,第245页。
③ 戈尔巴乔夫在其回忆录中提到了这一点(参见米·谢·戈尔巴乔夫《戈尔巴乔夫回忆录》,述弢等译,社会科学文献出版社2003年版,第1143页)。

二 冷战后美俄能源战略的变化及能源合作的发展

(一) 冷战后美俄能源战略的调整

随着苏联的解体和冷战的结束，国际局势趋于缓和。后冷战时期之初，俄罗斯在以美国为首的西方国家的影响下，在经济上实现了全面的私有化改革，在外交上也与美国进行了积极配合。鉴于苏联的全球威胁已不复存在，布什政府做出了战略调整，把美国的战略重点从对付苏联的全球挑战转变为对地区性威胁做出反应，力图建立美国主导下的世界新秩序。由于80年代中后期石油价格大跌，石油在一段时期内已不再是国际上的重要政治议题，而只是在有关环境问题的议程上仍占据重要位置。世界上已探明的石油储量也大大增加了，虽然所增加的储量集中在波斯湾的五大石油生产国和委内瑞拉，波斯湾在世界石油储备总量中所占比重增加到了七成。

与此同时，美国对石油的需求在增加，但是其产量却在下降，1986—1990年美国石油日产量下降了200万桶，这使得美国能源市场更容易受到冲击和不测事件的影响。① 因此，美国的能源战略转向了确保美国的能源安全。为此，1991年美国政府制定了《国家能源战略》，并于1998年对其进行了部分修改。根据该战略，美国在对外能源政策方面的主要方针是：扩大世界能源市场，核心是提高美国的能源安全。② 实行能源进口多元化是美国能源安全的一项重要内容，为此，美国政府想要避免其石油进口过度依赖于中东地区，鼓励美国的石油企业在中东以外的地区进行投资。美国石油公司也需要扩大海外的油气来源，因为确保对优质油田的控制与开采是各国能源公司的竞争焦点。事实上，自20世纪80年代后期开始，美国石油公司的海外支出比例不断增加。

从90年代初起，美国与俄罗斯就开始在能源问题上进行多层次的讨论。美国政府经常向俄罗斯政府提及美国公司参与具体项目的问题，美

---

① 1983年，美国进口石油占其同期国内石油消费总量的35%，1988年这一数字上升到55%。在整个90年代，这一数字基本上保持在50%左右。

② Public Papers of the Presidents of the United States, George Bush, "Remarks at a Briefing on Energy Policy," February 20, 1991, http://www.presidency.ucsb.edu/ws/index.php?pid=19318&st=&stl=.

国石油公司也开始进入俄罗斯。但由于当时俄罗斯的政治经济状况不稳定,在俄罗斯国内,还没有形成一个规范化的石油工业投资环境,油气税法变化不断,外国投资者的权益得不到保护,绝大部分合资、合作项目处于微利或亏损状态,美国对俄罗斯石油工业的投资进展缓慢。从苏联解体到20世纪末,美国在俄罗斯的能源输出中并不占重要位置,俄罗斯石油在美国年进口石油总量中的比例仅为1%左右[1],能源并不是美俄经济关系中的重要问题。尽管如此,美国石油公司仍然认为对俄罗斯的油气进行投资有很大的潜力,未来必然会给美国公司带来丰厚的利润,因为俄罗斯的天然气储量世界第一,已探明的石油储量也居世界前十位。[2] 因此,美国石油公司与俄罗斯的公司较早就建立了战略协作伙伴关系,美国的埃克森美孚（Exxon Mobil）、雪佛龙—德士古（Chevron Texaco）等公司是俄罗斯石油公司大型工程项目的伙伴。美国石油公司一直要求美国政府对俄罗斯的经济改革施加压力,以确保在投资能够得到保护的前提下进入俄罗斯。

从俄罗斯的角度来说,首先,美国是其在能源领域里最大的潜在投资者,其次美国是在国际金融机构提供长期贷款或担保方面能够起决定性作用的国家。美国的公司除了拥有巨大的资金和技术优势外,还有着丰富的商业经验,这也正是处于起步阶段的俄罗斯公司所急需的。因此,俄罗斯也需要加强同美国的合作。

在叶利钦总统任期内,俄罗斯能源政策的构想主要是为俄罗斯国家经济发展和恢复国民经济服务。俄罗斯政府于1992年和1995年制定了《新经济条件下的能源政策基本构想》和《俄罗斯能源战略构想》。在此基础上,俄罗斯能源部门采取了一系列措施增加对国内的能源供应,实施对企业的市场化改造,增加天然气的使用,并制定了《能源保护法》等一系列重要法律。[3] 1995年,《产品分成协议法》及其相关法律的正式颁布实施,标志着俄罗斯油气领域开放程度的显著提高。从1999年开始,由于欧佩克及其他主要石油生产国实行对石油的限产,国际石油价格回升,俄罗斯

---

[1] 郑羽、庞昌伟：《俄美关系中的能源因素》,载《国际经济评论》2003年第3期。

[2] Robert Pirog, "Russian Oil and Gas Challenges," CRS Report for Congress, RL33212, June 20, 2007, p. 1, http://www.fas.org/sgp/crs/row/RL33212.pdf.

[3] 罗英杰、常思纯：《俄罗斯能源外交浅析》,载《贵州师范大学学报》（社会科学版）2003年第5期。

能源企业因此得以复苏，石油产量与出口量迅速增长，成为仅次于沙特的第二大石油出口国。俄罗斯产油能力的恢复为美俄能源合作提供了物质基础，使得美国能够考虑增加对俄罗斯的石油进口。

普京总统执政之后，把重组俄罗斯的能源部门和借以巩固新的政治权力基础作为优先考虑的一项重要政策。① 经济重新复苏的俄罗斯也开始酝酿如何把能源优势转化为其重新崛起为世界大国的手段。在政策层面上，2000年11月，俄罗斯政府颁布了《2020年前俄罗斯能源战略基本要点》，提出俄罗斯能源外交的主要任务是：

> 为实施俄罗斯能源战略提供外部政治保障；保护俄罗斯能源公司的海外利益；与独联体、欧亚经济共同体成员国、欧盟、美国、东北亚国家，以及其他国家和国际组织积极开展能源对话；作为世界上最大的能源生产者、出口者和消费者之一，俄罗斯将与能源生产与消费国积极进行对话，在国际能源机构（IEA）合作宣言的基础上和"八国集团"框架内与工业发达国家开展合作，与主要石油出口国（既包括独立的出口国，也包括欧佩克成员国）相互配合，协调行动，保障公平的能源价格。②

此后，《俄罗斯2020年前能源战略》于2003年5月颁布。俄罗斯政府历时11年，经过多次反复讨论和修改，最终确定了国家中长期能源发展战略。③

总之，冷战后美国在俄罗斯能源问题上的关注点发生了变化，不再是单纯地担心俄罗斯的能源出口，而变为担心俄罗斯可能在主要的能源生产国阵营中处于主导地位，例如控制独联体各国的能源基地和运输线路，建立天然气输出国组织，同其他主要能源生产国结成战略联盟等，并担心俄罗斯的行为会造成国际能源市场的不稳定。因此，美国希望与俄罗斯建立

---

① 参见 Harley Balzer, "Vladimir Putin on Russian Energy Policy," *The National Interest*, December 1, 2005. http://nationalinterest.org/article/vladimir-putin-on-russian-energy-policy-600.

② 冯玉军、丁晓星、李东：《2020年前俄罗斯能源战略》（上），载《国际石油经济》2003年9月。

③ 关于《俄罗斯2020年前能源战略》的内容和出台情况，可参见袁新华《普京领导下的俄罗斯能源战略与外交》，2005年华东师范大学博士学位论文。

某种对话与合作,以保证全球能源安全能够面对日益增加的威胁,包括与国际恐怖主义斗争可能产生的后果。而俄罗斯则意识到了自身经济实力的严重下降,承认美俄之间在实力地位上的不平等,强调自己无意挑战美国的优势地位。俄罗斯能源企业的复苏为美俄能源合作提供了条件,美国寻求能源多元化的政策为美俄能源合作带来了机遇。而美俄之间能够建立能源合作关系的深层原因则是美俄关系有了重大改善。美俄战略关系的调整为建立美俄能源合作关系提供了政治保障。

(二) "9·11"事件后美俄能源合作关系的迅速发展

"9·11"事件后,俄罗斯成了美国在反恐方面的重要合作伙伴,美俄关系开始升温。与之相伴随的是美国与沙特之间的关系趋于紧张,以及国际油价的波动和巴勒斯坦与以色列之间持续的激烈冲突。这促使美国加大了从中东以外其他地区进口石油的努力。美国因此加快了同俄罗斯在能源领域里合作的步伐,两国在油气生产和供应方面形成了一种互动关系。[1]

一方面,俄罗斯作为石油生产大国迅速崛起。俄罗斯拥有13万个油井和约2000个石油和天然气田。根据《BP世界能源统计年鉴》,截至2009年底,俄罗斯已探明的石油储量占世界总储量的5.6%,产量占全球总量的12.9%。天然气已探明的储量占全球储量的23.7%,居世界第一。[2] 此外,在俄罗斯控制的北极地区,还可能存在更大的石油和天然气田。俄罗斯的国有天然气管道网,包含庞大的输送管道线和泵站,横跨俄罗斯境内15万公里。除了石油、天然气本身,这一网络是俄罗斯最有价值的国家资产。2002年第一季度,俄罗斯的石油产量首度超过沙特阿拉伯。俄罗斯正是通过向世界市场输送石油和天然气得以归还了国际货币基金组织的贷款,并建立了坚实的外汇储备。凭借能源出口俄罗斯经济在消沉了十多年后又开始增长。

俄罗斯石油产量的增长势头使得美国非常重视俄罗斯这个新兴的非欧

---

[1] William Ratliff, "Russia's Oil in America's Future: Policy, Pipelines, and Prospects," *Essays in Public Policy* (Published by Hoover Institution on War, Revolution and Peace, Stanford University), No. 111, 2003, p. 21.

[2] *BP Statistical Review of World Energy* 2010, June 2010, p. 6, 9, 22, http://www.bp.com/live-assets/bp_ internet/globalbp/globalbp_ uk_ english/reports_ and_ publications/statistical_ energy_ review_ 2008/STAGING/local_ assets/2010_ downloads/statistical_ review_ of_ world_ energy_ full_ report_ 2010. pdf.

佩克能源国。① 美国支持俄罗斯扩大石油出口以稳定国际油价,反对欧佩克的限产保价措施。美国认为,俄美间能源战略合作伙伴关系的任务之一,是努力防止彼此间发生"能源战争",为双边"能源关系"奠定牢固的政治和法律基础,在燃料动力领域建立相应的务实合作基础,进一步深入开展双边能源商务交流与合作。② 美国应充分利用"八国集团"机制推动俄罗斯参与国际能源安全的讨论,并促使俄罗斯在保证集体能源安全中做出更大贡献。另一方面,俄罗斯在"9·11"事件后依靠有利的国际环境,制定了以"突破北美,稳定西欧,争夺里海,开拓东方,挑战欧佩克"为主要思路的全球能源外交战略,积极吸引美国对其能源领域的进一步投资,并利用现代高效节能技术来提高其在国际石油市场上的竞争能力。③

在这种背景下,美国与俄罗斯开始建立"能源战略合作伙伴关系",两国的能源合作取得了实质性进展。2001 年 11 月,普京访问美国期间,美俄首脑探讨了两国之间的能源合作、承认俄罗斯的市场经济国家地位、废除杰克逊—瓦尼克修正案④,以及俄罗斯加入世界贸易组织等问题。⑤ 普京表示,如果中东的能源出口不稳定,俄罗斯将长期向西方提供能源,以此来加强俄罗斯作为一个可供选择的能源出口国的地位。而就在此前不久,美国的埃克森石油公司表示,"萨哈林—1"号项目正式进入商业开发阶段,埃克森公司将在 8 年内投入 120 亿美元。⑥ 此后,美俄两国高级官

---

① Fact Sheet: United States-Russia Commercial Energy Relations, May 24, 2002, 参见美国白宫网站: http://georgewbush-whitehouse.archives.gov/news/releases/2002/05/20020524-20.html.
② C·З.日兹宁:《俄罗斯能源外交》,王海运、石泽译审,人民出版社 2006 年版,第 375 页。
③ 冯玉军、丁晓星、李东:《俄罗斯新能源外交及其影响》,载《现代国际关系》2002 年第 9 期。
④ "杰克逊—瓦尼克修正案"即 1974 年美国国会通过的《贸易改革法案》的附属法案。其内容是禁止给予苏联、东欧等限制移民自由的国家以贸易方面的优惠。该法的具体内容和目的可参见下述著作中的有关章节:周琪:《美国人权外交政策》,上海人民出版社 2001 年版。
⑤ Public Papers of the Presidents of the United States, George W. Bush, "The President's News Conference with President Vladimir Putin of Russia," November 13, 2001, http://www.presidency.ucsb.edu/ws/index.php?pid=64429&st=&st1=.
⑥ "萨哈林—1"号项目是俄罗斯最大的外国单项投资之一,它包括对 Chayvo、Odoptu 和 Arkutun-Daqi 这三个近海油气田的开发,其潜在的可采资源为 3.07 亿吨石油和 4850 亿立方米天然气。该项目由一个国际集团实施开发,埃克森—美孚石油公司的相关企业占有其中 30% 的股份并担任项目作业者。参见埃克森—美孚石油公司关于"萨哈林-1"号项目的网站: http://www.sakhalin1.com/Sakhalin/Russia-English/Upstream/about_history.aspx.

员进行了多次互访，能源合作成为他们之间的重要议题之一。例如 2001 年 11 月 27 日美国能源部长斯宾塞·亚伯拉罕（Spencer Abraham）出席里海管道运输财团管道开通仪式后访问了莫斯科。2002 年 2 月，俄罗斯总理卡西亚诺夫访美与布什总统商谈了两国石油合作的问题。在经过一系列的双边谈判后，两国于 2002 年春成立了能源合作跨政府委员会，它负责制定和协调在环保和节能领域，美国能源技术进入俄罗斯，美国公司向俄罗斯能源领域投资以及俄罗斯公司向美国投资等方面的合作方案。

2002 年 5 月 24 日，美俄元首在莫斯科达成了一项《关于俄美新能源对话的联合声明》（Joint Statement on New U.S.-Russian Relationship），规定了双方能源合作的基本原则和发展方向，这可以说是两国关系发展史上的一个重大事件。声明宣布，为了进一步加强双边关系，提高世界能源安全，确保国际战略稳定，俄罗斯与美国约定"开始进行双边能源对话"。在这个对话框架内，俄美宣布准备在能源领域里开展互惠互利的双边合作，以增强世界能源市场的可预见性和能源供应的可靠性；发展两国在能源领域的商业合作并联合开发若干项目，其中包括在第三国境内开展项目合作，协助俄罗斯能源进入国际市场，帮助俄罗斯吸引外部投资以促进俄燃料和动力系统的现代化；促进在非传统能源的使用、节能和生态清洁技术领域中的科技和实业合作；在研制和开发新的、更加环保的、安全的核能技术方面进行合作。① 根据《关于俄美新能源对话的联合声明》，2002 年 10 月和 2003 年 9 月美国和俄罗斯将分别在布什总统的老家得克萨斯州和普京总统的老家圣彼得堡举办了两次商业能源峰会，讨论积极推进双边能源合作的有关问题。②

2002 年 10 月，美俄两国在美国得克萨斯州的休斯敦召开了首次商业能源峰会。美国商务部长、能源部长和俄罗斯经济与贸易部长、能源部长分别作为双方轮值主席出席了会议。参加会议的还有美俄两国油气开采和运输领域的 70 多家大公司以及著名的专家学者。美国能源协会、美国石油研究所、贝克社会政治学院等机构参与了会议的筹备工作。两国与会代

---

① Public Papers of the Presidents of the United States, George W. Bush, May 24, 2002, "Joint Statement by President George W. Bush and President Vladimir V. Putin on the New U.S.-Russian Energy Dialogue," http://www.presidency.ucsb.edu/ws/index.php?pid=63535&st=&st1=.

② U.S. Russia Commercial Energy Summit Fact Sheet, September 27, 2003, 参见美国白宫网站：http://georgewbush-whitehouse.archives.gov/news/releases/2003/09/20030927-8.html.

表探讨了俄罗斯石油经摩尔曼斯克和俄罗斯远东深水港向美国出口,以及美国对俄罗斯能源领域扩大投资等问题。① 会议期间,俄罗斯能源部长尤素弗夫在美国能源部长亚伯拉罕的陪同下,参观了美国位于得克萨斯州的大型战略石油储备库。俄罗斯的罗斯石油公司(Russneft)与美国的马拉松石油公司(Marathon Oil Corporation)达成了协议,共同出资建立向北美运送和销售俄罗斯石油的乌拉尔北美营销公司(Urals North American Marketing)。该公司将向美国市场每天供应至少10万桶原油,年出口量约为500万吨。美国进出口银行在会议期间还与俄罗斯的三家大型石油公司卢克(Lukoil Holdings)、尤科斯(Yukos)和西伯利亚(Sibneft)石油公司签署了合作备忘录。美国进出口银行将向各家公司提供1亿美元的中长期贷款,专门用于这些公司向美国购买石油开采和加工设备。

2002年11月,布什总统访俄期间与普京再次发表了《关于发展俄美能源对话的共同声明》(Joint Statement on the New U. S. -Russian Energy Dialogue)。声明高度评价了美俄休斯敦能源峰会的成就,强调修建深水港对俄罗斯石油出口的紧迫性,以及美国将首次从俄罗斯进口的石油中输入美国战略储备库的重要性。双方欢迎俄罗斯公司从美国进出口银行和国外私人投资集团贷款。② 2003年9月,美俄又召开了第二届美俄能源峰会。大批美俄能源界人士再次齐聚圣彼得堡讨论商业合作计划。③

总之,"9·11"事件之后,在美俄两国政府的促进下,美俄两国在能源领域里的相互交叉投资取得了不小的进展。一方面,美国参与了俄罗斯多个能源开发项目,在萨哈林岛的油气开发、西伯利亚的能源输出等项目上都可以看到美国公司的身影。美国还修改了多个原来针对苏联的歧视性法律。2002年,美国商务部根据《美国贸易法》决定,承认俄罗斯的市场经济地位。另一方面,俄罗斯的卢克石油公司也从美国康菲石油公司(ConocoPhillips)手中收购了大量加油站。到2002年,双方在投资数额和投资环境上都达成了相当大的共识,同时还拟订了以下几个具体方案来解

---

① 关于峰会内容可参见:"U. S. -Russia Commercial Energy Summit," *Baker Institute Study*, No. 21 (February, 2003), pp. 1-12.

② Public Papers of the Presidents of the United States, George W. Bush, "Joint Statement by President George W. Bush and President Vladimir V. Putin on Development of the U. S. -Russian Energy Dialogue," November 22, 2002, http: //www. presidency. ucsb. edu/ws/index. php? pid = 64640&st = &stl =.

③ Edward C. Chow, "U. S. -Russia Energy Dialogue: Policy Projects, or Photo Op?" *Foreign Service Journal*, (December 2003), pp. 31-32.

决美俄之间的石油运输问题：一是里海管道财团项目（The Caspian Pipeline Consortium Project）于2001年11月正式开通；二是考虑把俄罗斯的"友谊"管道与克罗地亚的"亚得里亚"管道相连接，使俄罗斯石油能够经克罗地亚深水港奥米沙尔运往美国；三是关于俄罗斯向美国出口原油的远东方案，该方案计划修建新管线把东西伯利亚和远东的港口纳霍德卡连接起来；四是俄罗斯几家最大的石油公司决定开辟北冰洋海运航线向美国东海岸供油。2002年11月，俄罗斯的四大石油公司签署备忘录，决定修建从西西伯利亚至摩尔曼斯克的输油管道。① 2005年，美俄首脑在斯洛伐克首都布拉迪斯拉发开会，双方声称需努力破除能源合作方面的障碍，并强调能源合作是美俄两国关系中前景最为广泛的合作领域之一。②

然而，美俄之间的能源合作并不是一帆风顺的，两国领导人的积极性并不能立即带来企业的大量投资。首先，俄罗斯向美国出口石油面临很大的运输成本障碍，因为使俄罗斯石油大量出口美国的最佳方案是先修建数千公里长的石油管道，再用大型油轮向美国运送。而处于垄断地位的俄罗斯国家石油管道运输公司（Transneft）的管道系统面临着发展瓶颈。美国公司则认为俄罗斯的国内基础设施严重限制了其新市场的开辟，如果俄罗斯的立法、税收和调控制度不做进一步改革，那么将很难进行像修建管道这样的大量前期投资。其次，俄罗斯石油的开采成本较高，约为每桶6—8美元，而沙特阿拉伯的石油开采成本仅为2美元。最后，虽然俄罗斯的石油开采量将继续保持一定的增幅，但这种增长由于矿产资源使用效率低下以及对油田的勘探投入不足而接近了极限。③ 因此，许多美国能源专家对把俄罗斯变成一个主要石油供应国的现实性及俄美能源合作的前景存有疑义。④ 可以说，虽然俄罗斯在世界石油生产中具有重要地位，但俄罗斯在

---

① 参见郑羽、庞昌伟《俄美关系中的能源因素》，载《国际经济评论》2003年第3期；袁新华、燕玉叶：《俄美能源伙伴关系前瞻》，载《学术探索》2004年第1期。

② Public Papers of the Presidents of the United States, George W. Bush, "Joint Statement by President George W. Bush and President Vladimir V. Putin: U. S. -Russian Energy Cooperation," February 24, 2005, http://www.presidency.ucsb.edu/ws/index.php?pid=64969&st=&st1=.

③ Robert Pirog, "Russian Oil and Gas Challenges," CRS Report for Congress, RL33212, June 20, 2007, pp. 1-3; Robert Ebel, "Untapped Potential," *Harvard International Review*, Vol. 25, Iss. 1 (2003), p. 31.

④ 参见 David G. Victor and Nadejda M. Victor, "Axis of Oil?" *Foreign Affairs*, Vol. 82, Iss. 2 (Mar/Apr, 2003), p. 48.

美国能源供应体系中的地位仍无法与海湾地区的石油生产国相比。美国只能把俄罗斯的石油作为一种补充。

三 美俄能源关系中存在的主要问题

冷战结束后，美俄之间在能源问题上逐步展开对话，俄罗斯成为美国多元化能源供应渠道不可忽视的组成部分，然而美国对俄罗斯成为世界主要能源供应国仍然存有疑虑。其原因在于，美俄相互的战略调整并不意味着美俄从战略对手变成战略盟友，美俄之间仍然充满着不信任。首先，美俄两国无论是在全球战略目标上，还是在国家战略利益方面都有着深刻矛盾。俄罗斯虽然不再具有苏联那样的实力地位，但近年来其综合国力得到了迅猛提升，而且迄今仍是世界上唯一能在战略核力量方面同美国相抗衡的国家。俄罗斯还明确主张国际关系民主化，反对美国建立"单极霸权"世界，并抵制美国对其势力范围进行渗透和扩张。其次，美国的"西方式民主"与"俄罗斯式民主"格格不入。在美国眼里，"俄罗斯式民主"表明了普京总统在民主道路上的倒退，是在有意识地强化俄罗斯的中央集权，美国甚至宣称"帝俄的幽灵正在回归"。近年来，美俄在民主问题上的分歧和斗争，已成为影响它们双边关系的重要因素之一。美俄之间的这些深层次矛盾在能源领域明显地反映出来，其表现是，美国对俄罗斯主张的油气输送方案非常关心，对俄罗斯与里海周边国家及中亚地区国家达成的能源开发及输送协议十分敏感，对俄罗斯近年来的能源工业投资环境不甚满意，并且担心欧洲国家对俄罗斯的能源依赖会导致俄罗斯迫使欧洲国家服从其意志。此外，美国非常关注俄罗斯在全球和地区范围内展开的能源外交活动，诸如俄罗斯与欧佩克国家的合作，俄罗斯对天然气输出国论坛的参与，俄罗斯同沙特、伊朗及其他海湾国家的关系，俄罗斯与北非及委内瑞拉、墨西哥等拉美能源输出国的关系等。而与其他众多产油国相比，俄罗斯的确是一个在经济、政治和军事等方面权力资源多元化的能源生产国，它试图改变现存国际能源体系的权力对比和利益分配的格局，以实现重返大国地位的愿望。

（一）美国与俄罗斯在里海地区能源问题上的互动

在苏联解体之后中亚—里海地区出现了多个国家。该地区包括了哈萨克斯坦、吉尔吉斯斯坦、塔吉克斯坦、土库曼斯坦、乌兹别克斯坦、阿塞拜疆等国、俄罗斯和伊朗的部分地区及里海。从油气资源的地理分布来看，中亚地区的油气资源主要分布在环里海沿岸。里海沿岸含油气区的面积达50多万平方公里。里海地区的原油和天然气储量非常丰富，但不同机构和国家对其资源具体储量的估计却大相径庭，因此这里的资源储量具有不确定性的特征。① 1991年以后，该地区的资源吸引了世界的目光。独立后的中亚各国实行油田对外开放的政策，引来了大批国际投资者，里海地区因而成为大国利益和国际资本激烈竞争的舞台。

由于开发里海的石油资源可以降低欧佩克对国际原油市场的垄断，加强能源供应的多元化，因此早在克林顿政府时期，向里海地区扩展就成为美国石油安全战略的一个重要内容，美国将里海的油气视为能够影响21世纪上半叶国际油价稳定的重要因素。克林顿政府对中亚—里海地区的政策目标是：加强能源供应来源的多元化，将伊朗排除在石油勘探、运输和石油产品市场之外，防止任何国家（如俄罗斯）垄断当地的石油供应，解决地区冲突与开发能源同时进行，使该地区成为美国21世纪的战略能源基地。② 1998年2月，美国国会众议院国际关系委员会亚洲太平洋小组委员会还专门举行了"美国在中亚的利益"的听证会，强调美国在中亚地区的能源政策目标应包括该地区国家的独立和它们与西方的联系，以及打破俄罗斯对石油和天然气运输管道的垄断。③ 从商业利益来看，美国与里海地区国家在能源方面的合作涉及该地区包括油气产品的开采、运输及销售在内的一整套油气产业链条。美国在里海地区国家独立之初就在该地区获得了大量有利于美国石油公司的能源开发协议，成为里海地区油气开发领域的首要投资国。到2000年，美国的埃克森、雪佛龙等大型石油公司在

---

① 据估计，里海地区已探明的石油储量占世界储量的4%左右，但这并不能改变中东地区在世界石油市场上的主导地位，因此里海地区也不具有成为第二个"波斯湾"的潜力，不过它给世界石油市场带来了未来里海地区石油产量将大幅度增长的心理预期。参见Bernard A. Gelb, "Caspian Oil and Gas: Production and Prospects," CRS Report for Congress, RS21190, September 8, 2006, pp. 1-2；钱学文等：《中东、里海油气与中国能源安全战略》，时事出版社2007年版，第316页。

② 参见Strob Talbot, Deputy Secretary of State, "A Farewell to Flashman: American Policy in the Caucasus and Central Asia," Address at School of Advanced International Studies, the John Hopkins, July 21, 1997, http://findarticles.com/p/articles/mi_m1584/is_n6_v8/ai_19715181/.

③ U. S. Interests in the Central Asian Republics, Hearing before the Subcommittee on Asia and the Pacific of The Committee on International Relations, House of Representatives, February 12, 1998, http://commdocs.house.gov/committees/intlrel/hfa48119.000/hfa48119_0.HTM.

中亚—里海地区对能源生产设施的投资就高达 300 亿美元。其中，仅雪佛龙一家公司就控制了该地区的全部油气储量的 11%。[1]

就俄罗斯来说，它一直是里海地区最有影响力的国家，在该地区有着重要的安全和经济利益。俄罗斯并不想放弃它在里海地区的传统势力范围，它除了希望在里海划分问题上取得有利于自己的结果外，还想控制里海地区向外输出油气的通道。因此，美俄在里海能源问题上存在着重要的利益分歧，具体体现在里海的划分问题和里海地区向外输出油气的通道问题上。

首先，冷战结束以后，由于里海沿岸国家的增多，关于里海法律地位的争端随之出现了。里海法律地位问题的实质是里海地区的利益尤其是能源利益的划分问题。20 世纪 90 年代，各国争论的焦点是里海到底是"海"还是"湖"，这关系到对里海是进行彻底划分还是由沿岸国家共同使用的问题。如果把里海看作"湖"，里海的资源应当属于沿岸各国的共同财产，任何国家开采里海资源的行为必须征得各国同意或经过共同协商后才能进行。如果是把里海看作"海"，根据《联合国海洋法公约》就可以对里海水体及海底进行划界，明确各国的主权和专属经济区范围。在这场争论中，哈萨克斯坦和阿塞拜疆认为里海是海。土库曼斯坦在"海"与"湖"两种立场之间摇摆不定，而俄罗斯和伊朗则认为里海是湖。[2] 俄罗斯并不急于对里海进行划分，是因为里海法律地位未定有利于俄罗斯利用该问题阻止西方对该地区的能源投资，可以成为俄罗斯在里海地区与西方博弈的重要筹码。而对于热衷于里海油气开发的美国及西方能源公司来说，里海法律地位未定是一个非常严重的问题，因为它们获得的里海油气开采许可证可能随时面临争议，从而使其投资面临政治风险。只有尽快划分里海，使沿岸各个国家都各自拥有其中的某一部分，外国公司才有可能与这些国家签订协议并进入里海地区开发石油资源。因此，美国支持哈、土、阿的立场，同时向俄罗斯施加压力。美国曾表示，如果俄罗斯继续拖延里海法律地位问题的解决，美国将同里海沿岸的其他国家单方面签订能源开发协议来进行油气开发。经过几年的争吵，俄罗斯逐渐软化了立场，叶利钦总统于 1998 年

---

[1] 徐洪峰、李林河：《美国的中亚能源外交》，知识产权出版社 2010 年版，第 144 页。
[2] Witt Raczka, "A Sea or a Lake? The Caspian's Long Odyssey," *Central Asian Survey*, Vol. 19, No. 2 (2000), pp. 207-208.

提出了"划分海底，海面共享"的原则，同意先就里海沿岸45海里进行划分，其他部分由各国共享。① 这得到哈萨克斯坦和阿塞拜疆的支持。经过里海五国之间近几年的谈判和协商，目前有关争论的核心已从划分还是不划分转变为如何划分，但有关国家尚未达成一致意见，也未取得实质性成果。因此里海的法律地位问题至今依然未得到彻底解决。②

其次，美俄是里海地区能源管道政治博弈的主角。由于里海没有直接出海口，其油气资源只能通过陆路外运，因此管道运输是最佳的选择。由于已有管道都经过俄罗斯的领土，而且年久失修，运力有限，再加上俄罗斯借此向该地区有关国家索要高额过境费并施加种种压力，导致哈、阿、土希望摆脱俄罗斯的控制。而美国支持里海各国能源出口的多元化，极力使里海国家加入美国主导的西方经济体系，其主要目的是把里海地区的石油和天然气出口通道对俄罗斯的依赖降到最低限度，③ 而且要防止任何出口管道通过伊朗。

自20世纪90年代以来，里海地区新的管道建设方案陆续问世，有所谓"北线"、"东线"、"西线"、"南线"等计划，分别代表俄罗斯、中国、美国及西方盟国、伊朗和印度及巴基斯坦的利益倾向。④ 在这些线路中，美国大力支持建设向西的管道，对于向南通过伊朗的管道则极力反对。在克林顿政府时期美国就提出了"西向方案"，即"欧亚能源走廊"，它是指从巴库经过格鲁吉亚的首都第比利斯再到土耳其的地中海港口杰伊汉的石油管道，简称巴库—第比利斯—杰伊汉石油管道（The Baku-Tbilisi-Ceyhan oil pipeline）。经过长达八年的论证，该管道终于在2006年建成。⑤ 巴

---

① Witt Raczka, "A Sea or a Lake? The Caspian's Long Odyssey," *Central Asian Survey*, Vol. 19, No. 2 (2000), p. 211.

② 对里海重新划界最不满意的声音来自伊朗。近年来，伊朗迫于压力不得不同意对里海进行划分，但它同土库曼斯坦一起要求各国按各占20%的份额平均划分里海。这样便形成了目前以伊、土为一方要求五国均分里海和以俄、哈、阿为一方要求按中心线划分里海的局面。

③ Statement of Steven R. Mann, Principal Deputy Assistant Secretary, Hearing on Energy and Security Issues in Central Asia, Committee on House International Relations, July 25, 2006, http://commdocs.house.gov/committees/intlrel/hfa28967.000/hfa28967_0f.htm.

④ 关于里海地区能源管道规划与分布的详细情况可参见郑羽《中俄美在中亚：合作与竞争》，社会科学文献出版社2007年版，第333页。

⑤ 关于巴库—第比利斯—杰伊汉管道的经济性曾有过很大的争论，它需要达到每天100万桶的石油输送量才能给投资者带来一定的回报。西方石油公司对该管道能否带来商业利润持怀疑态度，因此在筹划该管道时政治因素发挥了更重要的作用。参见BBC News, "Caspian Pipeline Dream Becomes Reality," 17 September, 2002, http://news.bbc.co.uk/2/hi/2263611.stm.

库—第比利斯—杰伊汉管道完全绕过俄罗斯,这就降低了俄罗斯在里海能源输出方面的发言权。

面对美国的里海能源战略,从90年代开始俄罗斯作出了一些回应。俄罗斯极力游说里海国家接受"北线"方案,即里海管道财团项目。该管道将哈萨克斯坦的田吉兹(Tengiz)油田与新罗西斯克港连接起来,石油到达港口后再用油轮运往世界市场。虽然在该管道上有美国的大量投资①,但它仍然经过俄罗斯境内,并由俄罗斯主导开发。该管道于2001年正式开通。俄罗斯力图将其黑海港口新罗西斯克(Novorossiysk)建成里海石油北运的终端,同时还扩大了原有的阿特劳—萨马拉管道(The Atyrau-Samara Pipeline)的运输能力。在美国策划巴库—杰伊汉管道时,俄罗斯也采取了一系列回应措施,例如,向欧盟提出加强俄罗斯与欧盟之间在能源领域里的战略合作,以期欧盟放弃对巴库—杰伊汉管道的支持;提高阿塞拜疆和哈萨克斯坦经俄罗斯输出石油的数量;与土库曼斯坦就30年内通过现有管道输送天然气问题达成协议,根据该协议,俄罗斯每年向土库曼斯坦购买200—300亿立方米天然气;推进从土库曼斯坦经俄罗斯到黑海向土耳其输出天然气的"蓝溪"管道(The Blue Stream pipeline)工程②等。

尽管美俄在里海地区的利益存在着摩擦,但这并未升级到对抗的严重程度。经过一段时间的博弈,美国发现绕过俄罗斯与该地区进行合作阻力较大,它认识到俄罗斯在里海地区有较大的发言权,为此美国需要与俄罗斯进行一定程度的合作。毕竟美国在中亚—里海地区的政策目标包括安全、民主和能源,而能源始终不是美国在里海地区外交政策中的首要目标。因此,尽管美国支持里海地区能源管道的多元化,但并没有强力阻止任何通过俄罗斯的管道的建设。例如,虽然里海管道财团项目向西通往黑海港口的管道必须经过俄罗斯,但美国还是对此表示了支持,这说明美国

---

① 1993年美国雪佛龙公司与哈萨克斯坦签订了联合开发田吉兹油田的协议,1996年俄罗斯的卢克石油公司也成为参与开发者。同年,俄罗斯和哈萨克斯坦在成立里海管道财团时也同意美国的雪佛龙公司和埃克森公司的入股。在该管道的总投资中,约一半由雪佛龙公司承担。美国公司参与该管道的建设是美国与俄罗斯在里海地区能源开发上实行妥协的产物。

② "蓝溪"天然气管道始建于1997年,2002年12月完工。该管道从俄罗斯高加索北部的伊扎比热内(Izobilnoye)经黑海海底至土耳其首都安卡拉,全长1213千米,项目总投资为32亿美元。"蓝溪"管道的修建使俄罗斯成功打入了土耳其的天然气市场,进而打开了地中海市场,扩大了与欧盟的天然气合作。

公司的商业利益发挥了重要作用。① 此外，由于俄罗斯的能源公司在阿塞拜疆和哈萨克斯坦等国具有很大的竞争优势，美国意识到想要排斥俄罗斯参与里海地区石油的生产和运输是不可能的，因此它鼓励美国公司与俄罗斯公司在里海地区进行商业合作。而俄罗斯为了保持自己的传统优势地位也采取了与美国斗争与合作相结合的方针。它不仅提出"划分海底，海面共享"的开发里海原则，而且积极参与独联体各国之间的多边和双边能源合作，鼓励俄罗斯石油公司积极参与环里海油气区的开发活动，在里海能源管道建设中也试图积极参与西方所主导的项目。目前，美俄在里海的能源关系是竞争与合作并存，里海能源开发也呈现出一个多元竞争的格局。

（二）美国对俄罗斯能源工业领域投资环境的担忧

俄罗斯的油气储藏条件复杂，开发难度极大，如果没有外资进入，俄罗斯的石油公司难以保持其石油增产速度。因此，改善投资环境是俄罗斯政府的重要任务。美国希望俄罗斯能源领域能彻底按照自由市场经济的模式来运行，建立健全的市场经济体制，扩大私有化和开放程度。而美国投资者认为，美俄能源合作如果能建立产品分成协议（Production Sharing Agreements）②，同时俄罗斯能改革其税收体制，那么美国公司的资源所有权就可以得到保障，不会因俄罗斯政治风向的变化而改变。而美国在俄投资的增长有助于两国能源合作的稳步发展。这就是说，投资安全问题成为两国能源合作的障碍。③ 特别是近几年来，俄罗斯政府加强了对石油部门和石油市场的控制力度，这引起美国政府和商业界的极大关注，担心俄罗斯的投资环境会因此而恶化。

在美俄能源对话中，美方曾多次敦促俄罗斯同意美国公司在产品分成协议的条件下参与开发俄罗斯的油气资源。在2002年和2003年的美俄能源合作峰会上，美国政府和石油公司主要就是想通过峰会来推动俄罗斯制定石油立法（主要是产品分成协议），完善与改革税收和调控制度，在发

---

① Jan H. Kalicki, "Caspian Energy at the Crossroads," *Foreign Affairs*, Vol. 80, Iss. 5 (Sep/Oct 2001), pp. 122-124.

② "产品分成协议"（PSAs）主要指资源国保留矿产资源的所有权，承包公司通过作业服务，利用所生产的原油回收成本并获得产品分成。

③ David G. Victor and Nadejda M. Victor, "Axis of Oil?" *Foreign Affairs*, Vol. 82, Iss. 2 (Mar/Apr 2003), pp. 55-56.

放开采执照方面进一步提高透明度,并撤销对萨哈林岛石油产量的管制。[1]但俄罗斯的税法和出口条例经常变动,旨在吸引外资的俄罗斯《产品分成协议法》自1995年实施以来,已经被多次修订,而且每个项目,尤其是按产量分成协议开发的项目,都要经过从地方政府到联邦政府的逐级审查批准,程序复杂而漫长。[2] 2003年俄罗斯联邦国家杜马通过了对《产品分成协议法》的修正案,规定该协议能否在今后的项目中得到运用要根据具体项目的实际情况而定。这意味着《产品分成协议法》将会被限制实施。由于这一规定,过去10年间多份等待批准的"潜在产品分成协议"被取消,这给在俄罗斯投资的外国公司带来了相当大的经济损失,其中包括埃克森、雪佛龙、壳牌(Royal Dutch Shell)以及其他一些有意在《产品分成协议法》下进行投资的大型石油公司。上述政策使俄罗斯的油气对外合作环境进一步复杂化。[3]

另一方面,俄罗斯政府还着手在关系到国家和地区能源安全的一些石油公司中扩大国有股权的比例,部分地实行重新国有化,并通过税收、关税、价格和出口配额等经济手段进行间接控制。为减少外国资本对俄能源部门的控制,俄罗斯政府多次干预和阻止外国公司对俄能源公司的收购。[4]例如,2006年俄罗斯政府以生态环境可能遭严重破坏并导致500亿美元赔偿的法律诉讼为理由,迫使壳牌公司让出"萨哈林—2"号项目[5]的控制权,随后是俄罗斯天然气工业股份公司(Gazprom)[6]获得了这个价值200亿美元的项目的主导权。俄罗斯政府此举的目的是想收回当初按产品分成

---

[1] Fact Sheet: United States-Russia Commercial Energy Relations, May 24, 2002, http://georgew-bush-whitehouse.archives.gov/news/releases/2002/05/20020524-20.html.

[2] "U.S.-Russia Commercial Energy Summit", *Baker Institute Study*, No.21 (February 2003), pp.5-6.

[3] 参见冯连勇、王曼丽:《俄罗斯〈产品分成协议法〉评述》,载《俄罗斯中亚东欧研究》2005年第5期。

[4] 这方面有不少案例,可参见斯蒂芬·赫德兰《危机中的俄罗斯:一个超级能源大国的终结》,载《俄罗斯研究》2010年第2期。

[5] "萨哈林—2"号项目是世界上最大的液化天然气项目,也是俄罗斯最大的外商投资的天然气项目之一。2006年之前项目的股东是英荷壳牌石油集团、三井集团和三菱集团(它们分别拥有55%、25%和20%的股份)。2006年之后俄罗斯天然气工业股份公司拥有了超过一半的股份。参见"萨哈林—2"号项目网站: http://www.sakhalinenergy.com/en/aboutus.asp。

[6] 俄罗斯天然气工业股份公司垄断了全俄90%的天然气生产和几乎全部的天然气输送管道,还控制着全世界1/4的天然气储备(参见Robert Pirog, "Russian Oil and Gas Challenges," CRS Report for Congress, RL33212, June 20, 2007, p.2.)。

协议低价出售给外国公司的资产，这遭到国际社会的反对，日本、荷兰和英国政府都为此向俄罗斯政府提出了抗议。又如，2006 年俄罗斯天然气工业股份公司的股票市场完全开放，俄罗斯政府通过收购新增股将国有股份提高至 50% 以上，对天然气部门实行了国家垄断。① 俄罗斯政府还要求所有输送出俄罗斯的原油必须通过联邦政府拥有的输油管道系统，并由政府决定各石油公司进入输油管道系统的石油配额。

2003 年的"尤科斯事件"是俄罗斯政府加强对石油天然气部门控制的重要标志，该事件沉重打击了美国对投资俄罗斯石油工业的信心。尤科斯石油公司是俄罗斯石油业的巨头，也是一家由私人控股的公司。该公司有近 20 万名员工，日产石油 170 万桶，日出口石油 110 万桶，其石油产量和出口量分别占俄石油总产量和总出口量的 10% 和 18%。公司总裁霍多尔科夫斯基是俄罗斯首富，他接受了西方经营观念，在其公司里实行透明化管理。另外，他还向很多慈善机构捐款，因此在西方世界颇有人缘。在政治上，霍多尔科夫斯基是个亲美、亲西方派。同时，他在杜马和政界人士中广泛发展其人脉关系，俄罗斯政坛的左中右派中都有其代言人。更让普京头疼的是，他经常凭借自身的巨大财富和影响力批评普京总统的政策。

2003 年，美国的埃克森公司与尤科斯公司达成交易，后者准备以 250 亿美元的价格向埃克森出售尤科斯 40% 的股权。而此时俄联邦总检察署以偷税漏税为罪名逮捕了霍多尔科夫斯基。2003 年 7 月，俄罗斯政府表示将拍卖尤科斯子公司尤甘斯克（Yuganskneftegaz）的部分资产。12 月 15 日，尤科斯公司向美国得克萨斯州休斯敦破产法院提交破产申请，要求阻止俄罗斯政府拍卖其子公司尤甘斯克的资产。但俄罗斯国有的俄罗斯石油公司（Rosneft）还是设法绕过了美国法院的禁令收购了尤甘斯克石油公司 76.79% 的股份。至此，俄罗斯政府成功阻止了尤科斯将公司 40% 的股份卖给埃克森石油公司的计划。对于"尤科斯事件"，美国总统布什及多位内阁成员向俄罗斯政府表示了强烈关切。2003 年 10 月 31 日，美国国务院发言人包润石（Richard Boucher）评论道，这一举动让人怀疑在俄罗斯是否是法律至上，俄罗斯当局应当消除国际社会对其拘捕霍多尔科夫斯基是出于政治目的的猜疑，美国想要知道对尤科斯石油公司的调查是一个特殊

---

① C·3. 日兹宁：《俄罗斯能源外交》，第 502—503 页。

案例,还是代表了俄罗斯偏离法治的趋势。他还对俄罗斯的投资安全和经济前景表示了忧虑。①包润石的评论表明美国对俄罗斯民主化和市场经济改革进程持怀疑态度,担心其民主化和市场经济改革的进程会发生逆转。"尤科斯事件"让美国看到俄罗斯"走向民主"的道路仍充满着巨大变数,而美国对俄政策的一个重要目标,就是防止俄罗斯再度变为"独裁式的强人统治",重新回到过去与西方为敌的"专制政权"。

2010年末,俄罗斯检察机关再次指控霍多尔科夫斯基涉嫌在1998年至2003年期间,利用职务便利,贪污了2.18亿吨石油的销售收入(价值超过260亿美元),并参与洗钱。12月27日,莫斯科莫夫尼基地区法院宣布霍多尔科夫斯基侵吞公款和洗钱罪名成立。这样,本应于2011年刑满释放的霍多尔科夫斯基再次被加刑。对此,白宫新闻发言人罗伯特·吉布斯(Robert Gibbs)使用了"非比寻常的谴责语气",批评俄罗斯法院的裁决"是为了不正当的目的滥用法律体系",谴责对霍多尔科夫斯基的审判是"选择性地运用"法律的行为,表示美国将继续对此给予"高度关注"。声明还强调,俄罗斯如果不发展独立的司法系统,将很难推动其经济的现代化。② 美国国务卿希拉里·克林顿也重申了这一看法。③ 俄国外交部长拉夫罗夫则对此做出强烈回应,告诫西方国家不要插手俄内政。

尽管近年来美国对俄罗斯的能源投资环境表示出极大的不满,但这并意味着美国公司会从俄罗斯大规模撤资,也不意味着美国认为俄罗斯的投资环境将不断恶化下去。事实上,双方在能源方面的商业合作依然呈现出发展趋势。

(三)美国对俄罗斯影响欧洲及其周边国家能源安全能力的忧虑

俄罗斯能源的主要出口市场在欧洲,由于欧洲国家迫切需要寻求多元化的能源来源,俄罗斯积极开展了与欧洲各国的能源合作。2000年,在俄罗斯—欧盟巴黎峰会上,双方同意建立能源战略伙伴关系,确定了能源合

---

① State Department Spokesman Richard Boucher, State Department Noon Briefing, October 31, 2003, http://www.america.gov/st/washfile-english/2003/October/20031031160850snommiS0.2933466. html.

② Statement by the Press Secretary, The White House, December 27, 2010, http://www.whitehouse.gov/the-press-office/2010/12/27/statement-press-secretary-12272010.

③ Secretary Hillary Clinton, Press Statement by Secretary of State, December 27, 2010, http://www.state.gov/secretary/rm/2010/12/153716.htm.

作总体规划。[1] 从 2000 年起，俄罗斯与欧盟委员会及欧盟中的三个大国法、德、英的领导人开始了能源对话。这一对话是当时的欧盟委员会主席普罗迪提出来的，因此又被冠名为"普罗迪计划"。经过几个月的谈判，俄欧之间确定了 5 个方面的任务：

1. 利用俄罗斯与石油输出国组织的关系，积极推动能源生产国与消费国之间的对话，讨论 21 世纪初世界石油市场稳定和平衡发展的问题。

2. 研究俄罗斯扩大向欧盟国家出口石油的问题。

3. 研究俄罗斯对欧出口天然气翻一番的问题。

4. 为了便于从俄罗斯进口能源，欧盟参与独联体基础设施的开发，包括通过新独立的国家油气管道进口石油。

5. 扩大欧盟对俄投资和技术支持的规模，推动在俄实施具体能源计划。

在以后的几年内，俄欧又签署了各种文件，并把制定能源领域的长期合作定为俄欧对话的主要目标。[2] 自欧俄能源对话机制建立以来，双方通过这一框架解决了一系列潜在问题，为欧盟投资者打开了进入俄罗斯能源工业的大门，也为俄罗斯公司进入欧盟市场排除了障碍。[3] 2008 年，欧盟 40% 的天然气和 33% 的石油进口来自俄罗斯。[4]

俄罗斯的天然气对欧盟国家尤为重要，因为其天然气品质优良，属于环保型能源。在欧盟中长期能源政策中天然气被列为重点开发使用的能源。欧盟计划在整个能源消费中大幅度提高天然气的比重。[5] 目前，在欧

---

[1] 参见 Tatiana Romanova, "Energy Dialogue from Strategic Partnership to the Regional Level of the Northern Dimension," in Pami Aalto, ed., *The EU-Russian Energy Dialogue: Europe's Future Energy Security* (Burlington: Ashgate Publishing, 2008), pp. 64-65；欧盟委员会文件 "First Joint Synthesis Report," Brussels/Moscow, September, 2001, http://ec.europa.eu/energy/international/bilateral_cooperation/russia/doc/reports/progress1_en.pdf.

[2] 斯·日兹宁：《国际能源：政治与外交》，强晓云等译，华东师范大学出版社 2005 年版，第 134—135 页。

[3] 参见欧盟委员会文件 "Four Years of Energy Dialogue with Russia have Yielded Positive Results," Brussels, December 13, 2004, http://europa.eu/rapid/pressReleasesAction.do?reference=IP/04/1467&format=HTML&aged=0&language=EN&guiLanguage=en.

[4] Steven Woehrel, "Russian Energy Policy Toward Neighboring Countries," CRS Report for Congress, RL34261, March 22, 2010, p. 1, http://www.fas.org/sgp/crs/row/RL34261.pdf.

[5] 参见 2000 年欧盟《能源绿皮书》"Towards a European Strategy for the Security of Energy Supply," November 2000, http://eur-lex.europa.eu/LexUriServ/LexUriServ.do?uri=CELEX:52000DC0769:EN:HTML.

洲国家中完全依赖或严重依赖俄罗斯能源的国家包括乌克兰、摩尔多瓦、芬兰、波罗的海三国及中东欧部分国家；较依赖俄罗斯能源的国家包括德国、法国、意大利及波兰、哈萨克斯坦、白俄罗斯等国；较不依赖或完全不依赖的国家包括挪威、丹麦、西班牙和英国等国。俄罗斯天然气占法国、德国、意大利天然气进口量的30%—40%，而保加利亚、芬兰及爱沙尼亚等国的天然气进口则全部依赖俄罗斯。根据欧盟的《能源绿皮书》，欧盟未来还将大规模提高从俄罗斯进口的天然气数量。

然而，近几年俄罗斯对欧洲的能源供应出现了不太稳定的情况。俄欧之间在欧盟2004年5月的新一轮扩大、车臣问题以及乌克兰总统选举问题上出现了摩擦。欧洲的一些学者和研究机构已经表示担心俄罗斯可能进行价格垄断，还可能控制中亚国家的石油和天然气出口，俄罗斯与土库曼斯坦和哈萨克斯坦两国签订的购买天然气的条约就是一例。更引人注目的是，俄罗斯与其周边国家之间就出口天然气价格、天然气债务、过境中转等问题发生了多次冲突，这对俄罗斯向欧洲供气的稳定性产生了很大影响。在俄罗斯向欧洲出口天然气的管道中，绝大部分管道需要穿越乌克兰和白俄罗斯，其中穿越乌克兰的管道输出能力约占78%。[1] 2005年末，俄罗斯同乌克兰就天然气价格以及管道过境等问题展开谈判，俄方在谈判未取得实质进展的情况下，单方面采取了行动，于2006年1月停止了长期以来以低于国际市场的价格向乌克兰提供天然气，以此逼迫乌克兰妥协。俄罗斯提出的理由是，它将遵循市场价格，不再为了帮助邻国而承受每年30—50亿美元的收入损失，而且抱怨乌克兰以低于国际市场的价格向俄罗斯购买天然气，然后以国际市场价格向德国等国出口利用俄罗斯能源生产的工业产品，从中获利。但是西方国家普遍把这一举动看作是对有亲西方倾向的乌克兰新总统尤先科施加的政治压力。美国国务院发言人肖恩·麦科马克（Sean McCormack）称俄罗斯"出于政治目的使用能源工具"；国务卿赖斯指责俄罗斯出于政治目的来限制对乌克兰的能源供应；[2] 副总统

---

[1] Pami Aalto, ed., *The EU-Russian Energy Dialogue: Europe's Future Energy Security* (Burlington: Ashgate Publishing, 2008), p. 1.

[2] Spokesman Sean McCormack, Daily Press Briefing, January 3, 2006, http://2001-2009.state.gov/r/pa/prs/dpb/2006/58647.htm; Secretary of State Condoleezza Rice, "Remarks at the State Department Correspondents Association's Breakfast," January 5, 2006, http://2001-2009.state.gov/secretary/rm/2006/58725.htm.

切尼则批评俄罗斯通过操纵能源供应或企图垄断能源运输,使其成为讹诈和恫吓的工具。① 而乌克兰的回应是,在通过其境内的天然气管道中截留了本应输往欧盟国家的 15% 的天然气。时值隆冬,欧盟国家的生产和生活因此受到了严重影响。在这种情况下,2006 年 3 月 8 日,欧盟委员会发布欧盟《能源绿皮书》,提出要成立欧盟能源单一市场和能源共同体。② 2007 年,俄罗斯与白俄罗斯之间又发生了类似的"断油"风波。③ 2009 年 1 月 1 日,由于相同的原因,俄罗斯再次中断了对乌克兰的天然气供应。

美国在俄罗斯向欧洲供应能源的问题上长期存在着担忧,这可以追溯到冷战年代。④ 在冷战时期,美国对苏联能源出口进行遏制主要是出于冷战思维和国家地缘政治利益的考虑。这种思维模式对冷战后时期的美俄关系仍有重要影响,美国仍然担心俄罗斯可能运用不断增长的经济力量控制其邻国并削弱美国与欧洲国家之间的联系。因此,在一系列发生在欧洲的与能源有关的争端中,美国都站在了俄罗斯的对立面。

近年来,布什政府和奥巴马政府以及美国国会已经多次谈及欧洲多个国家对俄罗斯的能源依赖问题。在 2007 年的听证会上,布什政府的官员质疑俄罗斯石油和天然气供应的可靠性,并批评俄罗斯政府对能源工业的干预。⑤ 2007 年 10 月,国务卿赖斯指出,如果俄罗斯把石油和天然气财富作为政治武器,或把其独立的邻国当作旧时的势力范围对待,那么俄罗斯

---

① Richard B. Cheney, "Vice President's Remarks at the Vilnius Conference," May 4, 2006, http: //www. presidency. ucsb. edu/ws/index. php? pid = 82411&st = &st1 = .

② 参见 2006 年欧盟《能源绿皮书》"A European Strategy for Sustainable, Competitive and Secure Energy," Brussels, March 8, 2006, http: //europa. eu/documents/comm/green_ papers/pdf/com2006_ 105_ en. pdf.

③ 2007 年 1 月 8 日,俄罗斯关闭了对白俄罗斯的石油阀门,理由是白俄罗斯"窃取"俄罗斯的过境石油。在断流 3 天后,俄罗斯恢复了供油。该事件导致德国、波兰、捷克、斯洛伐克和匈牙利等国的石油供应受到影响。

④ Robert Ebel, "Untapped Potential," *Harvard International Review*, Vol. 25, Iss. 1 (2003), p. 28.

⑤ Testimony before the Commission on Security and Cooperation in Europe of Gregory Manuel, Special Advisor to the Secretary of State and International Energy Coordinator, Matthew Bryza, Deputy Assistant Secretary, Bureau of European Affairs, and Steven Mann, Principal Deputy Assistant Secretary, Bureau of South and Central Asian Affairs, June 25, 2007, http: //csce. gov/index. cfm? FuseAction = ContentRecords. ViewWitness&ContentRecord_ id = 828&ContentType = D&ContentRecordType = D&ParentType = H&CFID = 18849146&CFTOKEN = 53.

很难得到什么好处。① 奥巴马政府在2009年俄乌天然气纠纷再度发生后也表示,透明的和市场化的天然气买卖和运输非常重要,能源供应多元化也非常重要。2009年4月,奥巴马任命理查德·莫宁斯塔(Richard Morningstar)担任国务院欧亚能源事务特使,负责处理欧洲、俄罗斯、乌克兰、土耳其、中亚以及里海地区重要的能源问题,并向国务卿提供欧亚能源问题的战略建议。

美国在保持与北约盟国及欧盟关系方面具有至关重要的利益,它认为从长远来看,如果这些国家对俄能源过度依赖,将危及美国在这方面的利益。美国的学术界更是担心俄罗斯会以能源为工具来限制其周边国家,如乌克兰、摩尔多瓦、格鲁吉亚的主权独立和亲西方倾向。② 为此,美国一方面努力与欧洲国家发展跨大西洋能源的对话关系,要求加强北约在美欧能源安全方面的作用;③ 另一方面则在不同的场合多次敦促欧洲国家采取能源多元化战略。在2007年的美欧峰会上,对于一些欧洲国家(如德国)不愿意对俄罗斯施加压力,要求它遵守欧盟市场规则,美国官员表示了不满。④ 美国不但希望欧洲国家减少对俄罗斯能源的依赖,而且希望里海地区的能源能绕过俄罗斯的输送管道而到达欧洲市场。近年来,美俄之间的利益冲突集中体现在向欧洲输送天然气的管道建设问题上。除了已经于2006年建成的"巴库—第比利斯—杰伊汉"石油管道外,美国大力支持的管道项目包括"纳布科天然气管道"(The Nabucco Gas Pipeline)、"南高加索天然气管道"(The South Caucasus Gas Pipeline)、"跨里海天然气管道项目"(The Trans-Caspian Gas Pipeline)等⑤:

---

① Secretary of State Condoleezza Rice, "Opening Remarks at the Office of the Historian's Conference on U. S. -Soviet Relations in the Era of Détente, 1969-1976," October 22, 2007, http: //2001-2009. state. gov/secretary/rm/2007/10/93788. htm.

② Steven Woehrel, "Russian Energy Policy toward Neighboring Countries," CRS Report for Congress, RL34261, March 22, 2010, p. 1.

③ 卢格参议员一直呼吁推动北约发挥能源安全方面的作用,参见"Senator Lugar's Speech to the U. S. - Ukraine Energy Dialogue Series," April 15, 2008, http: //lugar. senate. gov/energy/press/speech/ukraine. cfm; 另可参见 Paul Gallis, "NATO and Energy Security," CRS Report for Congress, RS22409, August 15, 2007, http: //www. fas. org/sgp/crs/row/RS22409. pdf.

④ Paul Belkin, "The European Union's Energy Security Challenges," CRS Report for Congress, RL33636, January 30, 2008, p. 27, http: //www. fas. org/sgp/crs/row/RL33636. pdf.

⑤ Thrassy Marketos, "Eastern Caspian Sea Energy Geopolitics: A Litmus Test for the U. S. -Russia-China Struggle for the Geostrategic Control of Eurasia," *Caucasian Review of International Affairs*, Vol. 3, No. 1 (Winter 2009), p. 3.

1. "纳布科天然气管道"是美、欧优先实施的能源项目,它的实施将威胁俄罗斯"南溪"项目(The South Stream pipeline)的实施。建设纳布科天然气管道的设想在2002年就已被提出,但此后由于气源、资金、国际能源市场的变化等原因,并未能立即付诸实践。但两次俄乌"天然气危机"之后,欧盟加快了纳布科天然气管道项目的实施进程。2009年5月8日,欧盟召开了"南部走廊:新丝绸之路"能源峰会,决定在政治、技术和资金方面支持以纳布科天然气管道为主的"南部走廊"天然气管道项目的建设。在欧盟看来,修建纳布科管道是第一步,在此基础上形成的"南部走廊"计划则是最终目标,其目的是保障相关国家的能源安全。2009年7月13日,奥地利、匈牙利、罗马尼亚、保加利亚政府与土耳其政府就共同建设该管道签署了协议,这意味着欧盟在摆脱对俄罗斯能源依赖的道路上迈出了重要一步。纳布科天然气管道计划在已建成的巴库—第比利斯—埃尔祖鲁姆天然气管道的基础上,经过阿塞拜疆、格鲁吉亚、土耳其把中亚和里海国家的天然气输往保加利亚、匈牙利、罗马尼亚和奥地利。管道以土耳其和伊朗边界为起点,与巴库—杰伊汉石油管道平行修建,长度约3300公里,其中2/3的管线经过土耳其境内。该管道计划于2011年开工,2014年开始供气,2019年全线建成,总投资近80亿欧元,输气量约为310亿立方米/年。对于纳布科管道方案来说,困难的问题在于如何保障气源。①

2. "南高加索天然气管道"西起阿塞拜疆的巴库,经格鲁吉亚的第比利斯,在埃尔祖鲁姆(Erzurum)小镇与土耳其基础设施相连接,因此也被称为巴库—第比利斯—埃尔祖鲁姆管道(Baku-Tbilisi-Erzurum pipeline),简称BTE管道,全长692公里。该管道项目的可行性研究经费由美国贸易发展署资助,已于2006年开始供气,主要为格鲁吉亚和土耳其供应阿塞拜疆沙赫—杰尼兹(Shah Deniz)气田所生产的天然气。

3. "跨里海天然气管道项目"是美国试图说服中亚国家铺设的一条横跨里海的海底管道,它与"巴库—杰伊汉"石油管道和"巴库—第比利斯—埃尔祖鲁姆"天然气管道相连接,为的是使来自里海地区的能源能够避开俄罗斯和伊朗而直接输往欧洲市场。早在1996年,美国就提出了有关

---

① 关于"纳布科管道"的详细情况,参见庞昌伟、张萌《纳布科天然气管道与欧俄能源博弈》,载《世界经济与政治》2010年第3期。

设想，但因土库曼斯坦和阿塞拜疆之间在一块油田的归属问题上存在争议以及俄罗斯和伊朗的反对而被搁置。2006年，由于俄乌"天然气危机"，对该计划的兴趣再次被点燃。2006年5月，欧盟表示支持跨里海天然气管道的建设。2007年，美国还向阿塞拜疆提供了对该管道可行性研究的资助。① 对此，俄罗斯和伊朗都表示修建通过里海海底管道只有在里海法律地位确定并且在得到沿岸各国同意之后方可实施，而且俄罗斯、哈萨克斯坦和土库曼斯坦于2007年5月12日签署了铺设里海沿岸天然气管道的协议，这对美国的计划是一个沉重打击。美国能源部长塞缪尔·博德曼（Samuel Bodman）5月14日表示，土库曼斯坦的天然气通过穿越俄罗斯的输送管道输往西方对欧洲不利。②

4. "白溪"天然气管道（White Stream Pipeline）的设计是从格鲁吉亚通过黑海海底抵达乌克兰。该管道将在黑海海底越过俄罗斯的"蓝溪"天然气管道。2009年4月，格鲁吉亚与"白溪"天然气管道公司签署了关于该项目的谅解备忘录。但该项目的资金、气源前景尚不十分明朗。

5. 美国还支持建设"意大利—土耳其—希腊"天然气管道（Italy-Turkey-Greece Interconnector gas pipeline）。其中连接土耳其和希腊的管道于2007年11月竣工，连接希腊与意大利的管道计划于2012年建成。该管道可能在未来与纳布科管道相连接。③

为了与美国的管道外交相抗衡，俄罗斯近年来也在积极推进新的管道项目，目的是保持俄罗斯天然气在欧洲市场的份额并向南欧、北欧扩展。除了建成通过黑海直接向欧洲供气的"蓝溪"管道外，俄罗斯在欧洲方向开始筹建"北溪"管道（Nord Stream）和"南溪"管道。其中"南溪"管道的路线设计与"纳布科"管道直接构成了竞争关系。

2005年，俄罗斯天然气工业股份公司与德国公司签署"北溪"管道建设的原则协议，并成立了一个合资"北溪管道公司"（Nord Stream AG）。"北溪"管道的目标市场是英国、法国、德国、丹麦、荷兰等。管道从俄

---

① 参见中国驻阿塞拜疆大使馆经济商务参赞处《美向阿跨里海能源管道可研项目提供经援》，http://az.mofcom.gov.cn/aarticle/jmxw/200708/20070805037888.html.

② 庞昌伟、柏锁柱：《"纳布科"项目与美欧俄及里海新兴资源国能源博弈》，载《国际展望》2010年第2期。

③ Steven Woehrel, "Russian Energy Policy toward Neighboring Countries," CRS Report for Congress, RL34261, March 22, 2010, p. 16.

罗斯的维波尔克穿越波罗的海到达德国,将俄罗斯的输气管道网与西欧的输气管道网直接相连,同时计划修建支线向英国、法国、瑞典及其他国家供气,该管道预计于2011年底投入使用。

2007年,俄罗斯天然气工业股份公司与意大利的埃尼(ENI)集团签订了"南溪"管道项目实施谅解备忘录,确定了双方的合作方向。"南溪"管道以俄罗斯的新罗西斯克为起点,穿越黑海到达保加利亚,再分为两条支线,一条经希腊通向意大利南部,另一条穿越塞尔维亚、匈牙利通向奥地利、德国等国。预计2015年该管道投入运营后将形成向欧洲腹地供气的管道网络,年输气量约为300亿立方米。2009年,俄罗斯分别同塞尔维亚、匈牙利、保加利亚、希腊、斯洛文尼亚和土耳其6个国家签署了"南溪"管道建设合作协议。

为了与"纳布科"管道争夺气源,俄罗斯还加强了对中亚国家能源生产和运输的控制,并以提高中亚天然气收购价格的方式维系对中亚天然气外销的主导权。另据俄罗斯媒体披露,2007年末俄罗斯工业与能源部和俄罗斯天然气工业股份公司就已经开始着手准备有关建立"天然气欧佩克"(Gas OPEC)的文件。这一动向令美国非常担心。2007年7月,美国国会众议院通过了HR500号决议案,指出俄罗斯多次利用石油和天然气对格鲁吉亚、乌克兰、白俄罗斯等国施加政治压力,表示美国强烈反对建立"天然气欧佩克"的企图。[1] 此外,作为石油出口大国的俄罗斯没有加入欧佩克的意向,只是作为观察员参加欧佩克峰会。俄罗斯与欧佩克难以在"限产保价"战略上形成合作,说明它不希望在能源领域受其他国家的主导。

布什政府对"南溪"管道和"北溪"管道的建设都持较强烈的批评态度。[2] 到奥巴马政府时期,可能出于调整和提升美俄关系的考虑,美国政府的态度有所缓和。美国国务院欧亚能源事务特使莫宁斯塔表示,美国至少应与俄罗斯就这个问题进行探讨;美国不反对"南溪"管道和"北溪"

---

[1] H. Res. 500, 110th Congress, July 11, 2007, http://thomas.loc.gov/cgi-bin/query/D?c110:2:./temp/~c110Na6ui1::.

[2] 参见 Testimony before the Commission on Security and Cooperation in Europe of Gregory Manuel, Special Advisor to the Secretary of State and International Energy Coordinator, Matthew Bryza, Deputy Assistant Secretary, Bureau of European Affairs, and Steven Mann, Principal Deputy Assistant Secretary, Bureau of South and Central Asian Affairs, June 25, 2007.

管道计划,不把"纳布科"管道看作是对"南溪"管道的竞争,俄罗斯也许还可以为"纳布科"管道提供天然气。① 他否认美国与俄罗斯正在进行一场争夺中亚能源供应的地缘政治"大博弈",因为能源安全不是一个"零和游戏"。② 为了增强双边合作,美俄于 2009 年 7 月又宣布成立了一个新的美俄双边总统委员会(U. S. -Russia Bilateral Presidential Commission),负责处理包括能源问题在内的一系列问题,并召开了能源工作组会议。③ 奥巴马政府还声称美国在欧洲能源安全问题上只应发挥辅助作用而不是领导作用,因为这毕竟是欧洲的问题,美国的任务应当是"倾听欧洲的意见、确定双方的共同利益和首要任务"。④

关于俄罗斯使用能源外交武器及其对欧洲能源安全的不利影响,美国国会给予了相当严密的关注和批评。国会多次举行听证会讨论这一问题。在参院外交委员会 2009 年 3 月关于对俄政策的听证会和 2009 年 5 月关于能源安全的听证会上,约翰·克里(John Kerry)和理查德·卢格(Richard Lugar)等参议员都对俄罗斯用能源供应达到政治目的表示关切。在 2009 年 2 月众议院外交委员会举行的关于美俄关系的听证会上,多位众议员对俄罗斯的政策提出了指责。⑤ 国会还通过了多项决议案直接批评俄罗斯的有关政策,如 2006 年 7 月的参议院 530 号决议案、2007 年 7 月的众

---

① 参见 Remarks by Ambassador Morningstar at the Center for American Progress: 2010 Outlook for Eurasian Energy, Washington, D. C., January 28, 2010, http://www.americanprogress.org/events/2010/01/av/morningstar_ remarks.pdf.

② 参见 Morningstar's Testimony before the Senate Foreign Relations Committee Hearing, "$150 Oil: Instability, Terrorism, and Economic Disruption," July 16, 2009, http://www.gpo.gov/fdsys/pkg/CHRG-111shrg52675/html/CHRG-111shrg52675.htm.

③ Fact Sheet: U. S. -Russia Bilateral Presidential Commission, July 6, 2009. 参见美国白宫网站:http://www.whitehouse.gov/the_ press_ office/FACT-SHEET-US-Russia-Bilateral-Presidential-Commission/.

④ Remarks by Ambassador Morningstar at the Center for American Progress: 2010 Outlook for Eurasian Energy, Washington, D. C., January 28, 2010.

⑤ U. S. Senate Committee on Foreign Relations, "Prospects for Engagement with Russia," March 19, 2009, http://frwebgate.access.gpo.gov/cgi-bin/getdoc.cgi?dbname =111_ senate_ hearings&docid = f: 51415.pdf.; U. S. Senate Committee on Foreign Relations, "Energy Security: Historical Perspectives and Modern Challenges," May 12, 2009, http://frwebgate.access.gpo.gov/cgi-bin/getdoc.cgi?dbname = 111_ senate_ hearings&docid=f: 51825.pdf.; U. S. House Committee on Foreign Affairs, "From Competition to Collaboration: Strengthening the U. S. -Russia Relationship," February 25, 2009, http://www.internationalrelations.house.gov/111/47667.pdf.

议院 500 号决议案、2008 年 7 月的参议院 612 号决议案等。① 2009 年 2 月，共和党众议员伊利安娜·罗斯—莱赫蒂宁（Ileana Ros-Lehtinen）还提出了众议院 61 号共同决议案，呼吁应以俄罗斯是否履行其国际义务及其对民主标准的承诺为前提条件，来决定俄罗斯是否可以继续拥有"八国集团"成员国的地位。②

除了上述问题之外，从宏观角度来看，美俄在能源安全方面的矛盾还表现在石油交易规则、世界经济秩序和国际金融体系等方面的分歧上。

首先，无论是美国这样的石油进口国还是俄罗斯这样的石油输出国，都试图通过各种手段对其石油市场实施某种干预。在油价方面，俄罗斯的经济发展和国家财政对石油出口的依赖程度非常高，高油价是俄罗斯所期盼的。③ 而美国虽然对高油价有一定的承受能力，④ 但在经济复苏期非常担心油价上升过快会导致美国的商品贸易逆差激增，并威胁到其经济运行的稳定性。⑤ 然而石油作为一种特殊的商品，影响其价格波动的因素很多，主要有石油消费需求、石油供应、石油库存、美元汇率、替代能源的发展及其他短期因素。⑥ 作为世界能源的头号消费国，美国在国际油价形成机制中发挥着特殊的影响力。例如，由于国际油价以美元计算⑦，美元汇率的变动对石油价格会产生直接的影响。美元贬值，通常造成油价上涨，而

---

① S. Res. 530, 109th Congress, July 14, 2006, http://www.gpo.gov/fdsys/pkg/BILLS-109sres530ats/pdf/BILLS-109sres530ats.pdf; S. Res. 612, 110th Congress, July 14, 2008, http://thomas.loc.gov/cgi-bin/query/z?c110:S.RES.612:.

② H. Con. Res. 61, 111th Congress, February 25, 2009, http://www.gpo.gov/fdsys/pkg/BILLS-111hconres61ih/pdf/BILLS-111hconres61ih.pdf.

③ 高油价对于俄罗斯经济的发展来说可谓是一把双刃剑，因为高油价在使俄罗斯经济崛起的同时也掩盖了俄罗斯能源经济的软肋，即产能不足和可持续发展乏力。参见孙溯源《俄罗斯对世界石油体系的挑战及其局限》，载《俄罗斯研究》2010 年第 3 期。

④ 参见戴家权、田大地《从美国对油价的承受力看"高油价"之持续》，载《国际石油经济》2005 年第 9 期。

⑤ James K. Jackson, "U.S. Trade Deficit and the Impact of Changing Oil Prices," CRS Report for Congress, RS22204, February 28, 2011.

⑥ 参见程伟力《影响国际石油价格因素的定量分析》，载《国际石油经济》2005 年第 8 期；Robert Pirog, "World Oil Demand and its Effect on Oil Prices," CRS Report for Congress, RL32530, June 9, 2005, pp. 1-2.

⑦ 1971 年，美国与沙特阿拉伯达成了一项协议，沙特同意把美元作为石油的唯一定价货币，随后欧佩克其他成员国也接受了这一协议。从此以后，石油美元成为国际金融体系的一个重要组成部分。因此，所谓"石油美元"（Petro-dollar），最初是指 20 世纪 70 年代中期石油输出国由于石油价格大幅提高后增加的石油收入，在扣除用于发展本国经济和国内其他支出后的盈余资金。

美元升值，则通常导致油价下跌。同时，美国还可以通过增加或减少战略石油储备来调控国内原油的供应与需求，这也会间接地影响国际原油价格。当然，不能把拥有这种影响力和主动使用这种影响力来获取额外收益混为一谈。石油并非美国绝对控制的资源，美国对国际油价也没有绝对控制权。此外，美国没有绝对的强制力使美元永远作为石油计价与结算的垄断货币，石油与美元的联系存在着不稳定性。近几年来，由于美元过剩、美国政府和私人部门过低的储蓄率以及过高的经常项目逆差，导致在石油计价和结算领域里美元的挑战者不断涌现。其中，两个潜在的挑战者就是欧元和卢布。

随着经济的快速增长，为了增加自己在当前国际石油体系中的发言权，俄罗斯开始尝试挑战包括石油交易货币、交易地点、定价权和保障当前石油交易规则的国际金融基础，努力打造"石油卢布"。2006年5月，普京总理提出了建立俄罗斯石油交易所的设想。2007年11月，普京宣布在圣彼得堡建立以卢布为结算货币的石油交易所。2008年3月，该石油交易平台正式开盘。[1] 对于保证美元作为石油交易货币地位的基础——世界经济秩序和国际金融体系，俄罗斯也表达了强烈的不满，主张建立能体现新兴经济体地位的多极化的世界秩序。[2]

然而，2008年金融危机爆发后，国际油价暴跌。[3] 由于俄罗斯经济对油气收入的依赖度过高，俄罗斯石油工业遭到了严重打击。[4] 俄罗斯限制外资的副作用在金融危机后也暴露出来，由于俄罗斯的外汇储备缩水，俄罗斯能源工业的发展面临严重的资金紧缺。俄罗斯变革石油交易规则的努力因此严重受挫。美元作为石油交易货币的地位没有发生动摇，而俄罗斯提议的国际金融秩序改革，也没有得到世界其他主要国家的认可和接受。

能源因素在美苏的双边关系与当今的美俄双边关系中都占据了重要位置，但美国当今的目标与冷战时期有明显的差别。冷战时期，美国的目标主要是利用能源这一武器瓦解自己的对手。冷战结束后，一方面美国需要

---

[1] Yekaterina Dranitsyna, "New Oil Exchange To Open in 2008," *The St. Petersburg Times*, November 16, 2007, http://www.sptimes.ru/index.php? action_ id =2&story_ id =23662.

[2] 孙溯源：《俄罗斯对世界石油体系的挑战及其局限》，载《俄罗斯研究》2010年第3期。

[3] 2008年下半年国际油价波动巨大，纽约市场原油期货价格曾于2008年7月11日创下每桶147.27美元的历史最高纪录，但到年底跌至每桶40美元左右，成为2004年12月以来的最低点。

[4] 在危机爆发前的2007年，俄罗斯油气出口已经达到出口总额的64%。

俄罗斯这个能源大国帮助其稳定国际能源市场,另一方面俄罗斯的能源工业也需要美国的技术和投资,能源属于美俄关系中双方互有所求的一个领域,因此能源对话与合作成为美俄关系中的一个重要方面。美俄在这方面能否进行有效的合作实际上是对两国政府所宣称的"战略伙伴关系"的一个检验。美国欧亚能源事务特使莫宁斯塔于 2009 年 9 月 30 日表示,美国总统奥巴马希望加强与俄罗斯在里海和黑海地区能源问题上的合作,表明奥巴马政府在与关键能源走廊有关的外交政策上与布什政府划清了界限。莫宁斯塔还称,"我希望并相信,我们将与俄罗斯取得更多的进展。我们希望在各种能源问题上与俄罗斯进行更多的接触",包括在这一地区建造新的天然气管道路线。[①] 当然,美国对俄罗斯的能源发展仍然保持着警惕,它不仅担心俄罗斯利用能源大国的地位控制美国的欧洲盟友,削弱美国的全球和地区领导地位,还担心俄罗斯与其他能源输出国组成价格同盟,控制世界能源价格。总之,在美国看来,加强与俄罗斯的能源合作和推动美欧的能源供应多元化是两项并行不悖的政策。

[①] "US Seeks Greater Energy Cooperation with Russia," *Georgiandaily*, September 30, 2009, http://georgiandaily.com/index.php?option=com_content&task=view&id=14939&lang=ka.

第七章

美国对加、墨、委的能源安全战略

美国能源政策的一个基本信念就是，获得安全的、可靠的和负担得起的能源供应对于美国国家经济安全至关重要。① 作为世界上最大的能源生产国和消费国，美国认为自己应当在应对全球能源挑战和确保未来安全的能源供应方面发挥领导作用。自从1973年石油危机以来，摆脱对政治上不稳定的中东地区石油的依赖，实现美国能源供应的多元化，成为美国能源安全的核心目标，对西半球的能源政策则是美国实现此能源安全战略目标的关键一环。

一 美国的西半球能源安全战略

冷战期间，以《泛美互助条约》为代表，美国的西半球政策以组建军事同盟为中心，冷战结束后，此政策被搁置一边，在西半球建立一个合作机制，与西半球各国签订自由贸易协定，构建北起阿拉斯加、南至火地岛的世界最大自由贸易区，占据了美国与西半球各国日程表的首要位置。② 美国对拉美各国的安全战略也转为以解决移民问题、禁毒、控制部分地区的叛乱、防止核武器扩散、控制环境污染等为中心目标。北边的加拿大则是美国长期的友好邻国和最大的贸易伙伴，美国与加拿大在外交政策上一直相互协调得很好，经贸关系是两国关系的中心议题。除了加拿大之外，墨西哥是对美国在西半球的外交、经济和安全最为重

---

① 卡论·哈伯特在国会听证会上的证词可见：State Department, "U. S. Official Outlines Western Hemisphere Energy Security Issues," *US Fed News Services*, *Including US State News*, Washington, D. C.: Mar. 2, 2006.

② 实际上，这个进程在冷战结束前的1987年就已经开始，当年美国与加拿大率先签订了两国间的自由贸易协定。详见后文论述。

要的另一个国家,经贸关系、移民、边境安全以及禁毒是主要议题。至于委内瑞拉,在查韦斯执政后的2002年罢工事件之前,美国对委内瑞拉的政策与其他拉美国家并无太大区别,总的来说,服从于其建立美洲自由贸易区的总体政策。2002年后查韦斯的一系列反美言论和与美国敌视的国家表示友好的举动,引起了美国的不满和防范,华盛顿开始将委内瑞拉视为在拉美地区的一大隐患,竭力对其进行外交围堵。总之,冷战结束后,在以自由贸易为核心的美国西半球政策的推动下,建立北美自由贸易区,并进一步达成关于美洲自由贸易区的协定成为了美国西半球战略的中心目标。其中,建立以市场经济为基础的美洲能源一体化市场是这个目标的一个重要组成部分。

现今美国西半球能源安全战略的出发点,也是最为重要的能源政策目标,就是确保美国能源供应的多元化,增加从传统能源供应国(加拿大、墨西哥和委内瑞拉三国)的能源供应量,促进节能,提高能源利用效率,促进能源使用的环境保护,推动可替代能源例如生物燃料的发展,以及确保国际能源供应体系的安全和稳定。[1] 而实现这一目标的途径,也是美国政府的既定政策就是建立一个以市场经济为基础的、不受政府控制的西半球能源一体化市场,保证美国安全、稳定的能源供应。通过北美自由贸易协定,美国已经将加拿大与墨西哥的能源市场统一到了一起,更好地整合了两国出口到美国的能源,主要是石油和天然气,由此保证了来自加拿大和墨西哥的长期稳定的能源供应。在拉美,美国试图通过组建美洲自由贸易区等方法,将各国能源市场统一起来。2006年3月2日,美国能源部负责政策与国际事务的助理国务卿卡伦·哈伯特(Karen Harbert)在国会作证时,全面阐述了美国西半球的能源安全战略:

> 美国承担对培育一个时代的责任,在这个时代中我们能够实现我们西半球范围内能源安全的共同目标。每一个国家都必须为实现能源安全做出选择。为了确保最有效的能源开发和能源使用,这些选择必须包括对以市场来定价和公开投资,以确保每一个国家实现其充分的

---

[1] "Energy in the Americas," Hearing before the subcommittee of the Western Hemisphere of the Committee of Foreign Affairs, House of Representatives, 110th Congress, Second Session, July 31, 2008, p. 16, http://www.foreignaffairs.house.gov/.

潜力。

我们相信,在依赖于市场来进行能源开发、运输和使用的基础上;通过允许私人资本确保最优化发展;使用最佳的技术和各种能源资源来提供应消费者最好的选择,我们将创建一个强大、稳定和繁荣的西半球。①

哈伯特指出,实现西半球能源安全的共同目标需要克服许多国家所面临的政治挑战,即政府对石油市场的干预以及对石油资源的垄断和控制,而要克服这些困难,实现西半球能源安全和繁荣,采取正确的能源政策是至关重要的。能源安全取决于各国的政策选择,有些西半球国家采取的政策不利于能源资源的最有效发展,限制了各国资本投资或投资的执行,或增加了国有能源工业的范围,这些都会限制这些国家获得投资资本的能力,限制其发展,并限制其能源供应及基础设施的发展。哈伯特同时也表示,美国同加拿大、墨西哥、巴西、哥伦比亚、秘鲁、中美洲国家以及特里尼达和多马哥的合作,显示了外国投资和以市场为基础的能源政策所能带来的好处,并指出美国最为担心的是有些国家所采取的国家主义的能源政策,认为这种国家干预的能源政策模式将会阻碍能源发展,使国家付出高昂的代价,因为这种模式看起来很爱国,但实际上却很少给该国公民带来繁荣和好处。

在证词中哈伯特还强调,能源安全同经济繁荣和国家安全不可分割地交织在一起,这也是布什总统2005年夏天的能源安全立法以及2006年国情咨文里提到的《先进能源计划》(The Advanced Energy Initiative)的核心概念。她还强调,美国的能源安全取决于整个西半球的繁荣和安全,即一个安全和繁荣的西半球对于美国的国家利益至关重要。整合的市场、相互连接的基础设施、用于开发一系列资源的技术的发展,以及有效的最终消费,将会创造一个强大和自信的西半球,并为美国以及西半球各国人民带来好处。美国之所以把西半球作为其能源安全战略的关键,原因很明显,这是因为西半球的石油储量非常丰富,是除了中东之外世界上第二大原油

---

① State Department, "U. S. Official Outlines Western Hemisphere Energy Security Issues," *US Fed News Services*, *Including US State News*, Washington, D. C.: Mar. 2, 2006, http://proquest.umi.com/pqdweb? did = 996398911&sid = 11&Fmt = 3&clientId = 46275&RQT = 309&VName = PQD.

储量。西半球生产着世界上约 1/4 的原油，1/3 的天然气，将近 1/4 的煤，以及 35% 的电力。估计西半球未探明的石油和天然气储量分别占到世界未探明石油和天然气储量的 30% 和 20%[1]；西半球的 13 个国家提供了美国原油和其他石油产品进口总量的 49%，即将近一半的美国原油和石油产品进口来自该地区，而美国全部的天然气进口都来自西半球国家。[2] 美国的前四大石油供应国中有三个都在西半球，2008 年加拿大是美国最大的石油供应国，占美国石油日进口量的将近 25%，墨西哥位居第二，占 12%，委内瑞拉居第四，占 10%。2011 年这三个国家对美国的石油进口占美国石油总进口量的 47%。此外，特里尼达和多巴哥是美国最大的液化天然气（LNG）供应国[3]，哥伦比亚和巴西也是美国重要的能源供应国。

二　美国对加拿大的能源安全战略

1987 年美国同加拿大签署的《美加自由贸易协定》（The Canada-United States Free Trade Agreement）（CUSFTA）和 1994 年生效的《北美自由贸易协定》（The North American Free Trade Agreement）（NAFTA）奠定了美国对加拿大的能源安全战略，通过这些协定，美国确保了来自加拿大的稳定而安全的石油和天然气供应。

（一）加拿大的能源概况

从 1947 年开始，加拿大就成为一个重要的石油产生国，这一年，在加拿大西部的阿尔伯塔省发现了大量的轻质原油储量。[4] 加拿大已探明的石油储量达到 1790 亿桶，其中 1730 亿桶是以油砂形式存在[5]，主要集中

---

[1] State Department,"U. S. Official Outlines Western Hemisphere Energy Security Issues," *US Fed News Services*, *Including US State News*, Washington, D. C.：Mar. 2, 2006, http：//proquest. umi. com/pqdweb? did = 996398911&sid = 11&Fmt = 3&clientId = 46275&RQT = 309&VName = PQD.

[2] Ibid.

[3] "Energy in the Americas," Hearing before the subcommittee of the Western Hemisphere of the Committee of Foreign Affairs, p. 16.

[4] Ian Rutledge, *Addicted to Oil*：*America's Relentless Drive for Energy Security*（New York, London：I. B. Tauris & Co. Ltd, 2006），p. 81.

[5] "Fact Sheet：U. S. -Canada Partnership Key to North American Energy Security," Department of Energy（DOE）documents/FIND, Lanham：Oct. 21, 2008. 关于加拿大能源的更多数据，参见美国能源信息署（EIA）网站, http：//www. eia. gov/countries/cab. cfm? fips = CA.

在阿尔伯塔省。2003 年,权威的《油气杂志》(Oil and Gas Journal)第一次承认加拿大油砂为"已探明储量"。[①] 这样,加拿大已探明的石油储量便达到了将近 1800 亿桶,成为仅次于沙特阿拉伯的世界第二大石油储量。2008 年加拿大石油总产量为 350 万桶/日,居世界第六,其中油砂产量是 120 万桶/日。到 2011 年,加拿大石油产量 360 万桶/日,仍居世界第六。[②] 据加拿大石油生产者协会预计,到 2012 年加拿大的油砂产量将达到 200 万桶/日,2017 年达到 300 万桶/日,2020 年为 350 万桶/日。在当今能源变得越来越不安全的时代,油砂正日益成为宝贵的资源,特别是对于美国来说。加拿大是全球少有的在石油、天然气和电力方面均为净出口国的国家之一,2011 年其石油净出口量为 134 万桶/日。[③]

(二) 美国对加拿大的能源战略

加拿大是美国单个最大的能源供应国,加拿大出口石油的 99% 都是输往美国的,占到 2011 年美国石油进口的 25%。根据美国能源署(EIA)的数据,2025 年美国从加拿大进口的石油将达到 270 万桶/日。[④]

早在 19 世纪末 20 世纪初,加拿大就开始成为美国一系列重要矿物资源的供应国,与美国的联系变为了加拿大经济的中心部分,从那时起,多年来加拿大一直是美国的一个主要原材料伙伴国。当加拿大 1947 年开始发展其石油产业时,美国和其他主要的石油公司在其中扮演了重要角色。在 20 世纪 70 年代以来国有化浪潮的影响下,80 年代早期,加拿大政府制定了国家能源政策,以寻求确保加拿大的能源安全,通过增加投资和生产自主来增加石油和天然气生产,以满足国内消费并限制出口。同一时期,美国正为其石油供应的脆弱性而担忧,并开始努力增加来自西半球的石油

---

① "Energy in the Americas," Hearing before the subcommittee of the Western Hemisphere of the Committee of Foreign Affairs, House of Representatives, 110th Congress, Second Session, July 31, 2008, p. 17, http://www.foreignaffairs.house.gov/.

② "Fact Sheet: U. S. -Canada Partnership Key to North American Energy Security," Department of Energy (DOE) documents/FIND, Lanham: Oct. 21, 2008.

③ 加拿大虽然是石油净出口国,它也进口相当数量的原油和石油产品,2008 年加拿大进口原油和石油产品达每天 120 桶。因为其东部主要工业区与西部石油产区没有有效的石油管道,东部地区从海外进口石油更为方便,主要从阿尔及利亚和挪威进口原油,从美国进口石油产品。见美国能源信息署网站,http://www.eia.gov/countries/cab.cfm?fips=CA.

④ 这些数据来源于美国能源信息署网站:http://www.eia.gov/countries/cab.cfm?fips=CA.

供应，这成为美国和加拿大两国关系紧张的根源。随着80年代中期世界范围内左翼民族主义的退潮，美国总统里根和英国首相撒切尔夫人信奉的强调自由市场经济的古典自由主义在西方兴起，加拿大也在1984年由"进步保守主义者"（progressive conservative）政党开始执政，这为1987年美国与加拿大签订《美加自由贸易协定》（CUSFTA）奠定了基础。

里根政府下美国同加拿大签订两国自由贸易协定在当时对于美国来说是一个防御性举动。美国的经济竞争力在20世纪七八十年代开始显著下降，创造一个安全的北美大陆能源市场，帮助美国在新的多极化世界中进行竞争，减少对海外石油的依赖，同时解决同加拿大长期以来的能源贸易争端，确保来自北美大陆的加拿大石油和天然气供应的安全，成为里根政府推动签署《美加自由贸易协定》的主要原因。这个目标对于美国政府非常具有吸引力。里根政府当时已经意识到石油供应及价格问题的严重后果，此时美国石油公司已经失去了它们此前对中东石油的控制，美国多个行业和消费者均遭受了早先石油供应和价格不稳定之苦，而北美大陆的能源自由贸易能够使美国从加拿大获得稳定和巨大的低成本的能源资源供应。

《美加自由贸易协定》第904条款最为关键，也最引人注目，该条款规定加拿大有义务每月将其生产石油和天然气的一定比例，即相当于过去36个月平均月出口量的石油和天然气，持续出口到美国，无论是在世界能源危机还是国家紧急情况下，都不例外。[①] 虽然反过来，美国在条款上也负有相同的义务，但由于美国出口到加拿大的能源比起其加拿大对美国的出口来说微不足道，该条款事实上是把加拿大纳入了北美大陆能源一体化市场，使加拿大把美国的能源安全置于优先于自己的地位。对于一些左派学者以及加拿大民众来说，这意味着加拿大经济主权的丧失，也对加拿大的能源安全造成了很大的伤害。该条款后来写入了1994年签署的《北美自由贸易协定》。正是通过此条款，美国获得了安全、稳定的加拿大能源供应。

同期，加拿大国有石油公司的经营状况出现了恶化，90年代加拿大开始了石油部门的私有化，但由于担心民族主义回潮和美国大石油公司的全面收购，加拿大政府最初只允许私有公司占有20%的股份，外国公

---

① Ian Rutledge, *Addicted to Oil: America's Relentless Drive for Energy Security*, pp. 82-83.

司所有权的总量不得超过 25%，个人持股不得超过 10%。随着北美自由贸易协定的签订，加拿大政府逐渐取消了这些限制，美国公司也开始大规模进军加拿大石油市场。1997 年到 2001 年间美国公司对加拿大石油公司的收购总额估计超过 400 亿加元。到 2001 年，加拿大国有石油公司已经不复存在，能源民族主义瓦解了，加拿大完全加入了美国主导的西半球能源一体化市场，加拿大也在当年超过沙特、委内瑞拉和墨西哥，成为美国第一大石油进口国，在其每日 276 万桶石油产量中，有 179 万桶出口到美国。①

对于加拿大来说，签署美加自由贸易协定有其自身的考虑。多年来，加拿大通过对资源和与资源相关的产品的出售，一直享有同美国的贸易顺差，但加拿大也认为，能源部门的增长率不会始终持续。如果加拿大仅仅依赖能源部门的话，加拿大生活水准的提高将会放缓，除非加拿大能够同美国达成一个不仅限于出口能源的自由贸易协定，至少通过这个自由贸易协定，确保加拿大出口到美国的资源和制造业产品不受到贸易歧视，这也是 80 年代以来加拿大经济增长较快带来的问题。这样，美国谈判者的目标是获得"安全的和更完善的"进入加拿大能源领域的通道，而加拿大政府则以"换取加拿大的资源及其下游产品更为开放和更安全地进入美国市场的通道"作为交换。通过《美加自由贸易协定》和《北美自由贸易协定》，加拿大实现了其中的一些目标，保护了部分能源出口免受来自美国的单方面行动的伤害，不过这是以把加拿大作为美国外围能源供应国的地位固定下来的方式获得的。美加自由贸易协定签署之后，加拿大能源发展经常以大宗商品的方式服务于美国市场，能源出口占了加拿大商品出口的 10%，其中超过 90% 是出口到美国的。②

加拿大国内对签署美加自由贸易协定的推动力，在很大程度上是来自本国的阿尔伯塔省。美加自由贸易协定只有在同时能够满足美国和阿尔伯塔省石油和天然气生产者的利益时，才能获得通过。阿尔伯塔省政府的努力成为美国与加拿大自由贸易协定最终得以达成的关键因素。关于该协定，参与谈判的加拿大官员认为其给予加拿大更为平衡的优势，可以通过

---

① Ian Rutledge, *Addicted to Oil: America's Relentless Drive for Energy Security*, pp. 84-85.
② Paul Ciccantell, "NAFTA and the Reconstruction of U. S. Hegemony: The Raw Materials Foundations of Economic Competitiveness," *The Canadian Journal of Sociology / Cahiers canadiens de sociologie*, Vol. 26, No. 1 (Winter 2001), p. 72.

保证市场准入来解决两国间的贸易冲突。然而该协定在加拿大国内受到了严厉批评，这些批评者认为，该协定在全球能源短缺的时期为美国提供了进入加拿大石油和天然气能源市场的保证，并使此前受到关税壁垒保护的加拿大行业丢失了不少工作机会，而经济重组和工作机会的流失成为20世纪90年代加拿大主要的经济和政治议题。[1]

尽管如此，《美加自由贸易协定》和《北美自由贸易协定》的最终通过奠定了两国紧密的能源合作关系。此后，两国能源关系持续发展。2005年3月，美国、加拿大和墨西哥三国领导人在加拿大召开了安全与繁荣伙伴峰会（Security and Prosperity Partnership Summit）（SPP），以推动北美在安全与经济方面的进一步合作，其中的一个工作组即北美能源工作组，目标是讨论北美面临的能源市场和技术方面的挑战。2006年5月，三国在峰会对话机制下提出了《北美能源安全倡议》（The North American Energy Security Initiative），目标集中在能源科技方面的合作、能源使用效率以及清洁能源技术上，具体工作由北美能源工作组负责。[2] 该工作组在成立的几年中很好地促进了整个北美大陆的能源、基础设施以及最终消费的最佳发展。[3]

加拿大已经成为北美能源一体化市场的重要部分，美国将加拿大视为其西半球以及全世界最重要的能源合作伙伴。很明显，与加拿大紧密合作，发展北美能源战略符合美国的整体能源安全战略。加拿大现在和将来的能源供应以及一体化的能源基础设施，将会进一步推动现存的两国战略合作关系。对于美国来说，加拿大这个西方民主国家是完美的贸易伙伴。首先，两国长期的睦邻友好关系是对来自加拿大稳定而可靠的能源供应的保障。相同的政治制度，对自由市场经济的共同信奉，共有的价值观，这些因素总体上确保了两国长期稳定的关系。两国自由贸易协定和北美自由贸易协定所带来的两国经济的一体化，更是将两国紧密联系在一起。同

---

[1] Paul Ciccantell, "NAFTA and the Reconstruction of U. S. Hegemony: The Raw Materials Foundations of Economic Competitiveness," *The Canadian Journal of Sociology / Cahiers canadiens de sociologie*, Vol. 26, No. 1 (Winter 2001), p. 72.

[2] 以上参见加拿大政府及加拿大总理网站：http://www.spp-psp.gc.ca/eic/site/spp-psp.nsf/eng/00045.html；http://pm.gc.ca/eng/media.asp?id=1084.

[3] 该对话机制的美国网站（www.spp.gov）提供的资料。该机制从2009年8月起停止运行，该网站也停止更新。来自美国和加拿大的批评者认为该机制的运作不透明、不民主、缺乏议会的监督，甚至可能导致北美三国合并成为欧盟一样的组织。

时，美加两国的政治关系也相当亲密，加拿大是美国最可靠的政治经济盟友。在两国的贸易关系方面，正如加拿大总理斯蒂芬·哈珀（Stephen Harper）所说，加拿大是美国在这个不稳定的、不可预测的世界上稳定的、可靠的贸易伙伴。其次，由于地理上相邻，美国从加拿大进口天然气的运输成本最为便宜。第三，来自加拿大的能源供应国际政治成本最低，而对于其他来自中东、中亚、非洲甚至是其拉美后院的能源供应，都需要美国花费相当大的国际政治成本去维持。例如2002年以来，乌戈·查韦斯（Hugo Chavez）领导的委内瑞拉采取敌视美国的政策，使得美国不得不花费更大的精力去维持美国从委内瑞拉和其他拉美国家能源供应的稳定；对中东石油的依赖多年来则使得美国对该地区的战略和政策受到很大的限制，已经成为美国决策者的一块心病。为了稳定的石油供应而对西方眼中的专制国家沙特阿拉伯采取容忍态度，更显出美国在世界上倡导人权和推广民主价值时的虚伪性和所持有的双重标准。而从加拿大进口石油却不存在这些问题。加拿大阿尔伯塔省驻华盛顿特使马加里（Gary Mar）的话反映出这一点，他表示，阿尔伯塔的石油通过安全的输油管达到美国，不需要美国士兵冒险去保护它。①

（三）前景及问题

加拿大的油砂和天然气已经成为当今美加两国能源关系中的主要关注问题。加拿大巨大的油砂储量对美国的能源安全极其重要，对北美能源安全也是如此。两国都希望美国继续成为加拿大油砂产品的首要市场，因此需要有足够的输油管道将越来越多的石油产品输送到美国市场，并需要有足够的炼油能力来处理更大数量的油砂原油。

加拿大在油砂开采方面不存在许多国家所面临的投资问题，加拿大已将其能源部门对私人投资开放，这样便能够以支付得起的价格得到开发这些能源储量所需要的技术。根据美国信息署2006年的数据，对加拿大油砂承诺的各方投资已达到250亿美元，到2010年油砂产量将实现180万桶/日，到2015年则将达到230万桶/日，届时加拿大生产的每三桶石油中就有两桶来自这些油砂油田。到2020年，对油砂的投资将会达

---

① Shantel Beach, "U. S. Targets Canada's Oil Sands," *Washington Report on the Hemisphere*, Vol. 30, Iss. 1/2 (Jan 29, 2010), p. 1.

到 1000 亿美元。①

然而，美加两国之间的能源合作并非不存在问题，在产量日益增加的同时，最大的挑战之一就是两国都需要确保这种巨大的资源开发以有效率和有利于环境保护的方式进行，因为油砂不能用传统的钻油技术来提取，开采同样单位的石油，油砂要比传统的石油储量花费更多的能源，即从油砂中提取沥青所涉及的技术需要消耗大量的水和碳。

加拿大政府、阿尔伯塔省政府以及油砂工业企业都明确承诺，它们将在达到目标的同时处理好来自环境问题的挑战。2007 年，阿尔伯塔省成为北美第一个通过立法强制主要工业的企业减少温室气体排放的政府。根据此法律，如果油砂开采矿区达不到标准，将会被罚款和收取环保费。通过这些努力，阿尔伯塔省油砂矿区的碳捕获和封存项目有望减少预计 2050 年温室气体排放水平的 50%，并将比 2005 年的碳排放水平减少 14%。2008 年 7 月，阿尔伯塔政府承诺对这些项目的启动投入 20 亿加元，到 2015 年有望每年减少 500 万吨的二氧化碳排放量。② 许多油砂生产公司也都在过去的 10 年里在减少成本和温室气体排放方面取得了巨大进步，而且还在继续为此做出努力。根据加拿大石油生产者协会的估计，自 1990 年以来，这些公司的一些项目已经减少了温室气体排放水平的 45%。它们也在努力提高能效，并开始进行碳捕获和提高油井的复原程度。③ 阿尔伯塔省的这些减少二氧化碳排放的做法在北美历史上是前所未有的，比较而言，在制订和执行环境保护法方面，阿尔伯塔省付出的努力远在油砂储量同样丰富的委内瑞拉和沙特阿拉伯之上。

然而，在减少碳排放方面，美加两国之间的矛盾产生于美国。尽管美国从美加石油贸易中获得了很大好处，但它还是要在能源谈判中设立一些对加拿大不甚友好的条款，即以加拿大为代价来减少美国的碳排放。加拿大，尤其是油砂主产区的阿尔伯塔省，一直在担心 2007 年以来美国国会关于环境的立法，担心如果美国国会通过关于开发清洁能源和鼓励使用生

---

① State Dept., "U. S. Official Outlines Western Hemisphere Energy Security Issues," *US Fed News Services*, Including US State News, Washington, D. C. : Mar. 2, 2006.

② Shantel Beach, " U. S. Targets Canada's Oil Sands," *Washington Report on the Hemisphere*, Vol. 30, Iss. 1/2 (Jan 29, 2010), p. 1.

③ "Fact Sheet: U. S. -Canada Partnership Key to North American Energy Security," *Department of Energy (DOE) documents/FIND*.

物燃料的立法,可能导致美国减少从加拿大进口油砂,并坚持如下立场:任何美国影响加拿大油砂出口的做法都应当在北美自由贸易区的大框架下进行。阿尔伯塔省长埃德·斯特尔马克(Ed Stelmach)说,加拿大指望着阿尔伯塔省丰富的石油储量来实现其经济繁荣,任何关闭该省石油产业的行动都将会触动整个加拿大;任何限制加拿大石油自由贸易的美国立法都将是卑鄙的,美国应当代之以友好的双边协定,应当在美加双方平等的基础上进行谈判。虽然加拿大政府接受目前的状况,但环境部长吉米·普伦蒂斯(Jim Prentice)表示:"无论是现在还是将来,最终唯一能有效保护环境的政策必须是考虑到加拿大经济的竞争力和保护加拿大工作的政策。"[1] 这表明,如果美国国会通过涉及限制加拿大油砂出口美国的立法,将激起加拿大政府的强烈反对。

奥巴马总统确实想要努力减少美国的碳排放,当国会在有关气候变化的立法止步不前之时,他想利用环境保护署的授权绕过国会充分反映出了这一点。同时,奥巴马政府认识到了加拿大油砂对美国的重要性,2009年9月,他与加拿大总理哈珀进行了会谈,他们都表示各自呈交的报告代表了双方迈出的重要一步,即以一种平衡和有效率的方式来实现共同的环境保护目标和可靠的能源供应。[2] 在美加双方的共同努力下,美国国会至今没有通过影响加拿大油砂出口的法案,而且2010年还有两条新的输油管道投入运营,从而有更多的加拿大油砂输往美国。

近期美加两国之间最主要的能源问题是,加拿大通向美国的第六条输油管道"拱心石XL"(Keystone XL)能否获得美国国务院的批准。这条输油管道将连接加拿大阿尔伯塔省和美国中西部及南部得克萨斯州的炼油厂。加拿大与美国之间现共有五条输油管道,其总输油能力为330万桶/日,如果"拱心石XL"最终获得批准,将增加80万桶/日的运输能力。由于该输油管道连接美国与外国,其修建计划需要向美国国务院申请总统许可。2012年1月,主要基于环保的考虑,美国国务院在奥巴马总统的同意下否决了该项目。这对加拿大油砂出口到美国是个重大打击,亦成为近

---

[1] Shantel Beach, " U. S. Targets Canada's Oil Sands," *Washington Report on the Hemisphere*, Vol. 30, Issue 1/2 (Jan 29, 2010), p. 1.

[2] Barack H. Obama, "Joint Statement by President Barack Obama and Prime Minister Stephen Harper of Canada on Accelerating Economic Recovery and Job Creation," *Daily Compilation of Presidential Documents*, Washington: Sep 16, 2009. p. 1.

期影响两国关系的主要问题。

如果美国认为它凭借自己同加拿大的长期友好关系就可以继续期望加拿大满足其对石油的永无止境的需求，即使美国国会通过损害加拿大利益的立法，加拿大也不得不继续把石油输送到美国，那将是个错误。加拿大可以有其他的选择，其中一个就是向太平洋彼岸的东亚输送石油。2009年12月，加拿大总理哈珀多年来第一次访问了中国，他对中国领导人说，加拿大是世界上最好的投资场所，加拿大的资源可以满足中国的能源需要。哈珀的讲话代表了加拿大阿尔伯塔省流行的看法。阿尔伯塔省驻华盛顿特使马加里表示，如果美国对阿尔伯塔省的能源供应不感兴趣，那么我们将转向世界上的其他地方。[1] 这些话并非说说而已，事实上，加拿大第二大管道营运商英桥公司（Enbridge）自2003年以来就在计划建设一条从阿尔伯塔省到加拿大太平洋海岸的输油管道，该管道长达1200公里，从阿尔伯塔省的埃德蒙顿出发，穿过落基山脉，直达基蒂马特港。[2] 它的建成将会打破美国对加拿大石油的垄断。现存加拿大境内的唯一输油管道是自北向南通往美国的管道，而这条新的输油管道能把加拿大的石油运送到亚洲市场，而那里迅速增长的经济和人口正需要大量的能源。这条新的输油管道被称作"北大门输油管道"，可以把加拿大的石油输送到印度、中国甚至日本。中国、韩国以及日本的炼油厂均已表示了对该项目的投资兴趣，目前相关谈判还在进行之中。[3]

中国对加拿大石油的投资正在日益增长。2005年9月，在联合国大会召开前夕，中国国家主席胡锦涛访问了加拿大，同一年，中石化公司购买了加拿大北极光油砂项目40%的股权，该项目有每年生产500万吨合成原油的能力。在北美的石油市场上，中国已经成为仅次于美国的加拿大第二

---

[1] Barack H. Obama, "Joint Statement by President Barack Obama and Prime Minister Stephen Harper of Canada on Accelerating Economic Recovery and Job Creation," Daily Compilation of Presidential Documents, Washington: Sep 16, 2009. p. 1.

[2] ［法］菲利普·赛比耶—洛佩兹《石油地缘政治》，潘革平译，社会科学文献出版社2008年版，第276页。

[3] 当然，英桥公司领导层也已经表示，只有在满足了美国其他州，尤其是美国中西部地区的石油供应之后，才会考虑"外部"市场。因为该条输油管道如果建成的话，同样能够很方便地将石油出口到美国加州。对于这些私营公司来说，只要能赚到钱，没有理由非得同国家政策对着干。这也反映出加拿大与美国的能源关系还是相当稳定和牢固的（参见［法］菲利普·赛比耶—洛佩兹《石油地缘政治》，第276—277页）。

大贸易伙伴。① 2009 年初，中国又购买了石化北极光油砂项目 10% 的股份，使其控股权达到了 50%。2009 年 8 月中石油公司宣布，它获得了阿尔伯塔油砂更大的份额，购买了阿尔伯塔省油砂公司的麦凯河和多弗 (Mackay River and Dover) 项目 60% 的股权，该项目涉及的地区大约有 50 亿桶原油的储量。② 2012 年 7 月 23 日，中海油宣布与加拿大油气公司尼克森达成协议，将以 151 亿美元现金收购尼克森全部股份，这成为迄今中国公司在加拿大石油市场上最大的交易。

虽然在同加拿大的石油贸易中美国还占有压倒性的优势，但中国的大规模投资可能将从中分走一大杯羹。如果美国能源立法对加拿大油砂出口形成损害，加拿大可能将加大同东亚特别是中国的合作。奥巴马政府否决拱心石 XL 输油管道项目与中海油收购尼克森公司两个事件形成了鲜明的对比，美国国内政治的斗争使得美国和加拿大传统友好的能源关系出现了裂痕，对加拿大油砂出口形成了损害。相比之下，在其能源出口市场多元化战略下，加拿大与中国的合作正走上轨道。在 2012 年 1 月奥巴马政府否决拱心石 XL 输油管道计划后，加拿大总理哈珀于 2 月访华，与中国签署相互投资保护协议，鼓励中国企业对加拿大油砂矿进行投资。

鉴于油砂的可获利性以及石油产业对于加拿大经济的重要性，任何对加拿大保护其石油产业决心的低估都将给美国带来不利。无论如何，有关气候变化的美国国内立法改革不仅会影响美国本国的未来环境，也会影响美国同其最大的贸易伙伴加拿大的关系。

不过，迄今为止，美国与加拿大之间的能源关系仍然相当稳固，两国紧密的地理、经济和政治联系决定了加拿大石油的最理想出口国仍然是美国。加拿大的拱心石 XL 计划路线已经得到了修改，以避开环境敏感地区。在两国石油利益集团的推动下，它很可能会在 2013 年获得批准的可能性很大。而且，随着墨西哥和委内瑞拉进口石油的下降，增加加拿大油砂的供应对于美国的石油安全具有重要意义。

另一方面，中国对加拿大油砂的投资也面临着问题。中海油收购尼克森的交易仍在等待加拿大政府的审核。而"北大门输油管道"自 2003 年

---

① [法] 菲利普·赛比耶—洛佩兹：《石油地缘政治》，第 277 页。
② Shantel Beach, "U. S. Targets Canada's Oil Sands," *Washington Report on the Hemisphere*, Vol. 30, Issue 1/2 (Jan. 29, 2010), p. 1.

计划修建以来一直未能启动。原因之一是投资方加拿大英桥公司更为重视美国的市场，随着2007年美国对油砂的需求大量增加，英桥公司把重点放在了向美国输油的拱心石LX项目上，将北大门输油项目推迟到了2014年，正式运营要到2017年以后。2005年英桥公司曾与中石油公司签订了合作协议，根据这一协议中石油将购买北大门输油项目中20万桶/日的输油量（该管道设计输油能力为52.5万桶/日），但由于北大门输油管道项目迟迟未能启动，中石油于2007年退出了该项目，并表示至少十年内不会开采其已在加拿大获得开采权的油砂矿。[①] 原因之二是加拿大环保团体以及沿途社区包括许多土著群体强烈反对这一项目。而且，即使北大门输油管道最终投入运营，其运输石油的一半按计划仍将通过基蒂马特港口出口到美国加利福尼亚州和华盛顿州。

三 美国对墨西哥的能源安全战略

（一）墨西哥能源概况

目前，墨西哥是世界第八大产油国，西半球第三大产油国，其2009年的石油日产量为300万桶，比2008年的318万桶有所下降，2011年石油产量下降到296万桶。2011年日出口石油134万桶，比2010年略有下降，2009年日出口石油123万桶，2008年为140万桶。到2011年底为止，墨西哥已探明的石油储量为102亿桶，大部分是重质油。石油部门是墨西哥经济最重要的部分，2011年石油出口收入占到墨西哥全国出口收入的16%，来自石油工业的利润占全部政府收入的大约34%。[②]

（二）美国对墨西哥的能源战略

墨西哥在1876—1910年的波菲里奥·迪亚兹（Porfirio Diaz）总统时期开始同美国发展原材料的贸易和投资关系，特别是墨西哥的北部地区。那时，墨西哥主要向美国出口金、银和铜矿产品，金、银和铜矿的开采和加工成为当时墨西哥最为发达的经济部门。墨西哥石油工业是20世纪早

[①] 骆毅：《加拿大通路计划搁置，中石油投资转向委内瑞拉》，《21世纪经济报道》2007年7月21日，http://finance.sina.com.cn/chanjing/b/20070721/14263807915.shtml。

[②] 以上数据来自美国能源信息署网站，http://www.eia.gov/countries/cab.cfm?fips=MX。

期由美国和英国资本建立起来的。由于美墨地理上的接近以及远离第一次世界大战而获得的安全，墨西哥在 1901—1920 年对美石油出口迅速增长。① 墨西哥国内 1917 年革命以及有关"全部矿产资源属于人民"的新宪法条款并未根本影响美国和英国石油公司的经营。1919—1926 年，墨西哥是位于美国之后的世界第二大石油生产国。1921 年墨西哥的石油产量达到了创纪录的 1.93 亿桶，占当时世界石油产量的 1/4。墨西哥当时还是世界第一大石油出口国，其 65% 的石油供出口，其中 3/4 是出口到邻近的美国，其世界第一石油出口国的地位一直保持到了 1928 年。②

1928 年后墨西哥油井遭受到盐水浸入，加之墨西哥革命的后续影响，美国和英国石油公司将其投资转移到了政治上更为稳定的委内瑞拉和其他地区，这些最终导致了 1938 年墨西哥石油工业的国有化。墨西哥国家石油公司（Petroteos Mexicanos）（PEMEX）被建立起来，它垄断了墨西哥石油和天然气的勘探和开采权。墨西哥是世界上第一个将其石油工业国有化的国家，它实行了国家对墨西哥最重要工业的控制，这种控制一直到最近都没有受到大的挑战和质疑。墨西哥国家石油公司也成为了墨西哥革命的标志，被视作墨西哥国家的尊严和骄傲。该公司一直在为墨西哥政府提供财政资金并为国内石油消费提供了大部分石油来源。

从 20 世纪 30—70 年代，美国同墨西哥的能源贸易和投资联系减弱甚至消失了，原因是革命后的墨西哥政府追求自力更生地发展经济，力图摆脱美国的控制，并将墨西哥北部经济更多地融入全国经济。从 70 年代末到 80 年代初，石油勘探显示出墨西哥已探明的石油储量有了巨大的增长。在石油储量和产量大幅度增加的基础上，墨西哥政府重新确立了以出口为导向的经济政策，谋求用石油出口所带来的财政收入来推动其工业化和其他发展项目。然而，这种以石油为基础的发展战略并不成功，为资助石油工业化和其他发展项目而欠下的巨额外债以及这些外债的高额利息引发了 80 年代的经济危机。这场危机使得墨西哥不得不将石油收入的很大一部分用于偿还外债，导致许多发展项目缺乏资金支持，从而给墨西哥社会的各个方面都带来了很大的负面影响。为此，墨西哥政府不得不开始经济

---

① Paul Ciccantell, "NAFTA and the Reconstruction of U. S. Hegemony: The Raw Materials Foundations of Economic Competitiveness," *The Canadian Journal of Sociology*, Vol. 26, No. 1 (Winter 2001), pp. 64-65.

② Ian Rutledge, *Addicted to Oil: America's Relentless Drive for Energy Security*, p. 98.

重组。

墨西哥国家石油公司也经历了改革，墨西哥总统卡洛斯·萨利纳斯（Carlos Salinas）试图通过公司重组和提高劳动力市场的灵活性，使国家石油公司更具国际竞争力。墨西哥政府也在 80 年代放松了贸易壁垒和投资限制，允许外国资本大规模投资于墨西哥的原材料业，包括锡、银、金及铅矿等。墨西哥与美国的能源和投资关系也重新得到加强。与此相伴随的是许多墨西哥国有公司的私有化。墨西哥经济单方面的自由化和出口导向很快就在它同美国谈判北美自由贸易区时达到了顶点。这不仅代表了美墨贸易和投资关系的急剧变化，也代表了 80 年代以来墨西哥政府重新整合美墨关系努力的顶点，墨西哥政府希望可以通过这种方法保持墨西哥经济的持续发展。

《北美自由贸易协定》像《美加自由贸易协定》一样，包括了许多关于能源的特别条款。尽管美国想要墨西哥接受与《美加自由贸易协定》中有关美加能源关系相同的条款，但与加拿大不同的是，墨西哥在同美国谈判北美自由贸易区时，坚决拒绝了类似于加拿大的"保证将一定比例的能源输送给美国"的条款，同时拒绝了对美国石油公司开放墨西哥石油勘探和开采的要求。[①] 墨西哥部分地保持了其对能源领域的控制，但美国也让墨西哥同意允许美国公司作为合同转包商和设备提供商进入墨西哥市场，并承诺开放部分石油化工领域。[②] 北美自由贸易区的一个关键部分就是重塑美国和墨西哥的经济关系，使墨西哥的原材料和能源与美国的工业紧密结合在一起。总体来讲，通过北美自由贸易协定，墨西哥的石油、天然气以及其他能源领域被更紧密地与美国经济整合起来。

美国同墨西哥关于能源的谈判几乎使得两国间的《北美自由贸易协定》谈判破裂，最后，虽然美国没有让墨西哥签署同加拿大相同的能源供应协定，但是结果却没有太大的区别，墨西哥仍然将绝大部分的石油出口到了美国。这是由于地理上的邻近，加之美国炼油厂的先进技术，美国成为墨西哥石油最佳的出口对象国，对美国出口石油成本最低，最为稳定。这样，2009 年墨西哥出口到美国的石油为每日 110 万桶，是仅次于加拿大

[①] Ian Rutledge: *Addicted to Oil: America's Relentless Drive for Energy Security*, p. 99.
[②] Paul Ciccantell, "NAFTA and the Reconstruction of U. S. Hegemony: The Raw Materials Foundations of Economic Competitiveness," *The Canadian Journal of Sociology*, Vol. 26, No. 1 (Winter 2001), p. 72.

和沙邦阿拉伯的美国第二大石油进口国,占美国石油进口的 12%。① 墨西哥对美国的石油出口全部用经过墨西哥湾的油轮运送到美国。对于美国来说,墨西哥距离美国比阿拉斯加还近,从墨西哥持续进口石油比开发阿拉斯加石油要划算得多。

(三) 前景及问题

近些年来,墨西哥石油产量持续下降,墨西哥最大的油田、曾经是世界最大油田之一的历史悠久的老油田坎塔雷尔(Cantarell)已经过了其高产期,其产量从 2004 年时的 212 万桶/日下降到了 2009 年的 63 万桶/日,下降幅度为 70%,其占墨西哥原油产量的比例也从 2004 年的 62% 下降到 2008 年的 24%。虽然另一个主要油田 KMZ 的产量在增长,已经成为墨西哥主要的产油区,部分抵消了坎塔雷尔(Cantarell)油田产量的下降,但专家估计其产量在几年后也将达到峰值。② 根据国际能源机构的估计,墨西哥石油产量将从 2008 年的 320 万桶/日下降到 2013 年的 260 万桶/日。③

墨西哥 2009 年的石油出口为 123 万桶/日,比 2008 年的 140 万桶有所下降。墨西哥的石油绝大部分出口到了美国,但对美出口近年来也在下降。2008 年美国从墨西哥的进口量是 130 万桶/日,到 2011 年下降到 110 万桶/日。许多分析家都认为,墨西哥的石油产量已经达到其峰值,在未来的几年将会继续下降。美国能源信息署在其《国际能源 2010 年展望》中预计,到 2015 年墨西哥将变为一个石油净进口国,2035 年其石油净进口量将达到 130 万桶/日。④ 墨西哥是美国第二大石油进口国,但由于其石油产量的下降,以及随着墨西哥经济发展而带来的国内石油消费量的增加,未来墨西哥对美国的石油出口将会持续减少,这种情况对于美国的石油安全战略来说至关重要,美国为此必须考虑未来几年或者几十年内墨西哥石油产量和出口量大幅度下降对美国能源供应所带来的巨大影响。

---

① 美国能源信息署网站,http://www.eia.gov/countries/cab.cfm? fips = MX。
② 同上。
③ "Energy in the Americas," Hearing before the subcommittee of the Western Hemisphere of the Committee of Foreign Affairs, House of Representatives, 110th Congress, Second Session, July 31, 2008, p. 17, http://www.foreignaffairs.house.gov/。
④ 美国能源信息署网站:http://www.eia.gov/countries/cab.cfm? fips = MX。

墨西哥宪法禁止外国对国内石油资源的控制和对上游的投资,《北美自由贸易协定》能源部分第一条款规定,两国相互尊重对方的宪法。墨西哥对于如何改革其能源部门有着自主决定权,但美国也一直希望通过拉美的一些政治经济精英来推动墨西哥能源法律的改革,使其向美国开放其石油领域。例如 2001 年 4 月,贝克研究所(James Baker III Institute)和外交关系委员会(The Council on Foreign Relations)联合发表了一份题为《美国战略能源政策》(U. S. Strategic Energy Policy)的独立报告,呼吁墨西哥的精英们推动其石油部门向国外开放投资,并提出了如何推动这一过程的建议,而负责这份报告的主要成员就是被赶下台的委内瑞拉石油公司前主席路易斯·朱斯蒂(Luis Giusti)[1],此人是委内瑞拉石油工业向外国资本实行开放政策的设计师。2008 年,墨西哥通过了新的历史性的法律以改革其石油部门,但墨西哥一直坚持,墨西哥的国家石油公司是墨西哥主权的象征,对整个国家的发展极其重要,墨西哥不会将其私有化。墨西哥对国家石油公司改革的目的是使之更好地运作,主要措施是让几位石油工业专家进入国家石油公司的管理层,创建新的咨询委员会,为公司的长期能源战略发挥独立的协调作用,并在政府中建立新的管理机构管理其能源部门,以加强墨西哥石油的勘探和开采能力,特别是那些开发难度较大的地区,阻止墨西哥的石油产量继续下降。改革也允许国家石油公司与私营公司签署服务合同。墨西哥国家石油公司在改革后有了更多的经营自主性,在采购和投资方面具有更多的灵活性。[2]

美国自美墨两国关于《北美自由贸易协定》谈判以来就呼吁在北美大陆市场一体化的基础上进行能源合作,对此墨西哥长期以来一直持怀疑态度,认为这不过是美国想夺取墨西哥石油资源的借口,因此,两国有效的能源合作机制一直未能建立起来,美国资本也很难进入墨西哥的石油领域进行投资。而 2008 年墨西哥新法律中有关能源领域改革措施的一些条款,却给两国的能源合作提供了契机,主要是在可替代能源方面。新法律中的一项条款要求墨西哥政府采取有力措施发展可替代能源。在美国方面,奥巴马政府执政以来一直大力推动可替代能源的开发,克林顿国务卿 2009

---

[1] Ian Rutledge, *Addicted to Oil*: *America's Relentless Drive for Energy*, p. 100.
[2] 美国能源信息署网站,http: //www. eia. gov/countries/cab. cfm? fips = MX。

年访问墨西哥时参观了一个墨西哥的可替代能源工厂①，这成为两国可能在此领域开展合作的象征性事件。

美国最近还将目光更多地转向了墨西哥的天然气资源。目前美国是对墨西哥的天然气净出口国。墨西哥的天然气储量也还算丰富，2010年已探明储量为13.2万亿立方米，居西半球第7位，居世界第31位。2008年墨西哥的天然气产量为1.79万亿立方米，而消费量为2.28万亿立方米。②墨西哥的天然气产量不足以满足其国内消费，需要从美国进口。近年来，墨西哥在天然气的输送、分配以及储存等方面也采取了一些自由化步骤，并成功地吸引了国内外对天然气的投资。两国边境有了进一步的相互开放，在墨西哥境内有了更多的跨境天然气管道和液化天然气中转库，美国公司也参与了其中的一些项目。这将有助于墨西哥在中期增加天然气的供应，并有助于它实现向美国出口天然气的长期目标。

四 美国对委内瑞拉的能源安全战略

（一）委内瑞拉的能源概况

委内瑞拉2010年的已探明石油储量为994亿桶，在南美洲各国中居第一位，居世界第七位。2011年，世界油气领域里的权威性杂志《油气杂志》首次承认了委内瑞拉奥里诺科地区大规模的超重油为石油储量，对委内瑞拉石油储量的统计因而被调整为2112亿桶，其石油储量的世界排名遂跃居世界第二位，仅次于沙特阿拉伯。2011年委瑞拉的石油产量为每日247万桶，居世界第13位。

委内瑞拉是世界上最大的石油出口国之一，也是西半球第一大石油出口国。2010年其石油净出口量列世界第八，达到每日170万桶。石油部门对委内瑞拉的经济至关重要，委内瑞拉出口收入中超过3/4的部分来自石油出口，政府收入的一半来自石油工业，石油部门的产值占委内瑞拉国内生产总值的约1/3。作为欧佩克的创始成员国，委内瑞拉是全球石油市场上的重要参与者。在天然气方面，2012年委内瑞拉已探明的天然气储量为

---

① Pamela Starr, "Mexico and the United States: A Window of Opportunity?" *A Pacific Council on International Policy Special Report*, April, 2009, p. 17, http://www.pacificcouncil.org/document.doc?id=35.

② Ibid.

195万亿立方米，在西半球仅次于美国居第二位。2008年委内瑞拉的天然气产量为1.1万亿立方米，而其消费量超过了产量，为1.2万亿立方米。委内瑞拉90%的天然气都是与石油伴生的，其天然气产量的70%都用在了石油部门，用来重新注入地下以提高油井产油量。①

（二）美国对委内瑞拉的能源战略

20世纪20年代壳牌和美孚石油公司等英、美石油公司因墨西哥革命、经营成本上升以及墨西哥油井的盐水渗入等原因，把投资的重点转向了委内瑞拉。自那时以来，美国与委内瑞拉之间的石油联系已持续了90年。到1928年，委内瑞拉已经超过墨西哥，成为世界第二大石油生产国，年产量达到1370万桶。委内瑞拉也是当时世界上最大的石油出口国，同年，美国从委内瑞拉进口的石油第一次超过了从墨西哥的进口量，此后，一直到20世纪70年代，委内瑞拉一直是美国主要的石油供应国。②

20世纪60年代，民族主义在全世界范围内兴起，委内瑞拉的石油民族主义是其中的代表。在国际上，委内瑞拉同沙特阿拉伯、伊拉克、伊朗以及科威特在1960年创立了此后左右世界石油市场的石油输出国组织——欧佩克。在国内，委内瑞拉领导人佩雷斯·阿方索（Perez Alfonzo）于同年创立了该国第一个国家石油公司，1971年委内瑞拉通过一条法律，规定所有外国石油公司的特许经营权在到期后将收归国有。最终，到1976年，委内瑞拉的国有化政策达到了顶峰，所有外国石油公司全部被国有化，并被并入了一个全新的国有石油公司——委内瑞拉国家石油公司（Petroleosde Venezuela，S. A.）（PDVSA）。

在经历了短暂的几年由石油生产带动起来的繁荣之后，委内瑞拉国家石油公司中腐败开始盛行，富有的石油阶级生活腐化，石油工业之外的投资和经济发展则完全陷于失败。随着1986年后世界石油价格的下滑，委内瑞拉经济陷入了严重的危机，被迫于1989年接受了国际货币基金组织的结构性调整计划，措施之一是将委内瑞拉的经济支柱石油工业向外国投资敞开大门。从1993年到1998年，委内瑞拉实行了"开放政策"（Apertura），在美国受过教育的石油工程师路易斯·朱斯迪（Luis Giusti）被任

---

① 以上数据来自美国能源信息署网站，http://www.eia.gov/countries/cab.cfm? fips = VE.
② Ian Rutledge, *Addicted to Oil: America's Relentless Drive for Energy Security*, p. 85.

命为委内瑞拉国家石油公司主席,他负责设计的为"适应即将到来的新的全球竞争时代"的开放政策,被认为是"私有化在委内瑞拉石油领域胜利的标志"。①

在美国石油资本的注入下,委内瑞拉的石油产量迅速增长,1991年到1997年,委内瑞拉的石油产量增加了33%,从250万桶/日增加到330万桶/日。同时,委内瑞拉对美国的石油出口也从1991年的100万桶/日增加到1997年的180万桶/日,占当时美国石油进口总量的17%。克林顿政府的国家安全委员会把它视为美国能源安全方面的新突破,声称:"我们正在摆脱对中东石油的依赖,这是个重大的变化,委内瑞拉现在已经是美国的第一大外国石油供应国。"②

与此同时,发生了一个重要变化,它决定了此后委内瑞拉与美国的石油关系,使两国的石油联系从此更加紧密,这就是委内瑞拉国家石油公司在美国投资炼油厂并同美国的主要石油公司建立了炼油联盟。由于此,相当一部分委内瑞拉增加的石油产量被吸引到了美国,大量进口到美国的委内瑞拉石油是由委内瑞拉在美国的下属炼油子公司雪铁戈(CITGO)来进行提炼加工的。③

同一时期,委内瑞拉与欧佩克的关系也破裂了,朱斯迪及其支持者对阿拉伯世界产油国充满了敌意,委内瑞拉石油公司也没有遵守欧佩克关于石油生产配额的规定。委内瑞拉石油公司的目标不仅仅是满足于作为美国的一个主要石油供应者,而是想通过扩大生产和降低油价,把美国国内的边缘石油生产者挤出市场,使自己的公司获得更大的市场份额。委内瑞拉石油公司的这种策略使得美国国内许多中小石油生产商感受到了极大的威胁。1999年,在一位俄克拉何马小石油商的组织下,美国部分国内石油商人组成了名为"拯救国内石油"(Save Domesticoil)(SDO)的组织,向美国商务部和国际贸易委员会状告以委内瑞拉为首,包括沙特阿拉伯和加拿

---

① Ian Rutledge, *Addicted to Oil: America's Relentless Drive for Energy Security*, p. 87.
② Ibid.
③ 1983年,雪铁戈公司被卖给Southland公司,负责为后者的7—11便利店加油站提供汽油。1986年9月,Southland公司将雪铁戈公司的50%的股权卖给了委内瑞拉国有石油公司PDVSA,PDVSA于1990年1月获得雪铁戈公司剩余的全部股份,雪铁戈也间接成为委内瑞拉石油公司美国公司间接全部拥有的子公司。通过这种方式,委内瑞拉国有石油公司PDVSA建立了与美国石油市场的紧密联系,由于能够提供安全和充足的石油供应,雪铁戈很快成为美国能源市场的一个重要因素(参见雪铁戈公司主页介绍,http://www.citgo.com/AboutCITGO/CompanyHistory.jsp.)。

大在内的外国对美国进行石油倾销,要求对来自上述国家的进口石油征收特别进口关税。

然而,低价的石油对美国经济整体发展和人民的福利都有好处,为此,美国国内的其他一些石油组织如美国石油协会(American Petroleum Institute)坚决反对拯救国内石油组织的做法。在这类组织的游说下,委内瑞拉对美国的石油出口依然如故,没有受到影响。但1998年查韦斯当选为委内瑞拉总统以及由此带来的委内瑞拉国内政治的变化,却成为影响委内瑞拉向美国提供石油供应的最重要因素。

与此前当政的委内瑞拉欧洲白人后裔不同,查韦斯是皮肤黝黑的土生土长的委内瑞拉人。1998年他以58%的支持率当选。查韦斯及其能源和矿业部长阿里·罗德里格斯·阿拉克(Ali Rodriguez Araque)就任前就是国家石油公司的反对者,他们也反对国家石油公司主席朱斯迪主导的石油开放政策。查韦斯一就任就解雇了朱斯迪,罗德里格斯则抨击国家石油公司在合资公司的组建中偏向外国资本,排斥委内瑞拉国内公司,宣布外国石油公司根据开放政策条款中的规定而享有的税收优惠违反了委内瑞拉宪法和税法,因此在合同到期之后将不再给予外国石油公司这些优惠。在对外石油政策方面,查韦斯同意遵守欧佩克的石油配额政策,减少石油产量。1999年底,世界石油价格开始大幅度回升。

2000年7月查韦斯再次当选为总统,赢得了第二个六年任期。在委内瑞拉投资的几大美国石油公司,包括埃克森(Exxon)、美孚(Mobil)、阿莫科(Amoco)、雪佛龙(Chevron)、康诺科(Conoco)、德士古(Texaco)以及菲利普石油(Phillips Petroleum),都期望新政府能够继续实行开放政策以来的对外资优惠政策。然而,2001年1月开始担任欧佩克秘书长的委内瑞拉的罗德里格斯却开始在委内瑞拉国内推动恢复政府对自然资源的全面控制,他改革了委内瑞拉的油气税收制度,从以前按利润征税,改变为按每桶石油的特定石油资源税或称石油矿区使用费(Royalty)来收取税收,以避免因复杂的利润税计算而导致逃税。这是委内瑞拉针对国家石油公司成为"国中国"的措施。根据新的法律,国家石油公司必须支付政府30%的石油资源税,同时政府必须在任何合资企业中拥有51%的股份。

在查韦斯执政的前两年,他对美国的政策比较温和,没有发表攻击美国的言辞。查韦斯和罗德里格斯对外国石油公司实行了例外,新的税收制度并不采取回溯原则,不适用于已经在委内瑞拉投资的外国石油资本,因此美国石油资本并没有遇到委内瑞拉政府施加的极端措施，这表明查韦斯并不希望委内瑞拉同美国的关系恶化。就美国一方来说，虽然1990年以后美国对中东石油的依赖有所下降，但到了2001年之后又开始回升，这样，委内瑞拉石油对美国能源安全战略的重要性变得更加突出。然而，"9.11"恐怖袭击之后，在布什政府将把在全球反恐怖主义作为美国首要的战略任务的情况下，查韦斯对欧佩克成员国伊拉克和利比亚的访问令美国十分反感，查韦斯一系列攻击美国的言辞，如"美国轰炸阿富汗是用恐怖对付恐怖"，以及在他的主导之下恢复政府对石油业的全面控制、取消外国投资者优惠的政策，使美国开始厌恶查韦斯领导的这个"流氓民主国家"。

查韦斯在国内推行的民族主义的左派改革措施，特别是他对委内瑞拉国家石油公司的改组，激起了以工商界为主的反对派的强烈反应。工会和工商界联合起来反对查韦斯控制石油部门的做法。2002年4月，委内瑞拉最大的工会发起了总罢工，以支持石油工人反对国家石油公司管理层变动的罢工。罢工引发了全国范围内的抗议，并得到了委内瑞拉军队里反对查韦斯派的支持。4月11日，查韦斯总统被迫暂时放弃政权，但两天后他就在军队的支持下恢复了其政权。2002年12月，工会和工商界发动了另一场反对查韦斯的总罢工，这场罢工的势头随着12月3日罢工者与委内瑞拉海岸警卫队发生暴力冲突以及白领经理人员的加入而减弱了。很快，罢工再次归于失败，1.8万名国家石油工人被解雇。[1]

小布什政府对查韦斯十分反感，然而，由于把主要精力都集中在了对伊拉克问题的辩论以及对战争的准备上，美国当时并没有太多关注发生在委内瑞拉国内的罢工事件，对有关委内瑞拉国内罢工事件的信息也缺乏足够的收集和分析，因而美国在"四月事变"中过早地做出了希望查韦斯下台的表态，并对委内瑞拉过渡政府表示了支持。布什政府的这一做法激化了查韦斯恢复政权后美国与委内瑞拉的紧张关系，查韦斯认为美国国务院在2002年支持了推翻查韦斯政权的行动。从那时起，两国关系陷入了历史上的低谷。在2003年再次挺过国家石油公司工人的罢工和2004年赢得了反对派发起的对总统执政的全民公决之后，查韦斯在国内的地位更加稳

---

[1] Michelle Billig, "The Venezuelan Oil Crisis How to Secure America's Energy," *Foreign Affairs*, Vol. 83, No. 5 (Sep. -Oct., 2004), p. 4.

固,对政府各部门的控制也更为有力,而反对派的力量则变得更加弱小。在这种情况下,查韦斯在国内外开展了一系列针对美国的行动,公开宣布要运用委内瑞拉的资源和影响力在地区和全球范围内削弱美国的力量。为了支持此项政策目标,查韦斯开始与美国的传统敌人如古巴接触;委内瑞拉在欧佩克内采取强硬态度,支持维持高油价;查韦斯还同伊朗伊斯兰共和国进行接触,伊朗前总统赛义德·穆罕默德·哈塔米(Seyyed Mohammad Khatami)三次访问委内瑞拉,双方签署了一系列经济合作协议。委内瑞拉对伊朗发展核能项目公开表示支持,并且表现出对发展核能技术的强烈兴趣。这些举动引起了美国决策者更大的不安。

在拉丁美洲,查韦斯更为活跃。21世纪初以来,国际油价的上涨使查韦斯拥有了把石油作为一个政治工具来使用的更多权势,委内瑞拉的石油出口收入在2005年达到了350亿美元,比1998年的130亿有成倍的增长。① 委内瑞拉以折扣价将石油卖给加勒比国家,以换取政治支持,此举成为加勒比国家反对美国在美洲国家组织中担任领导的原因之一,在这种情况下,布什政府不得不接受智利内政部长何塞·米格尔·因苏尔萨(José Miguel Insulza)担任该组织的秘书长;委内瑞拉还激烈反对美国支持的包括除古巴之外所有美洲国家的美洲自由贸易区(Free Trade Area of Americas)(FTAA)计划,同时却积极促成另一个把美国排除在外的地区集团。委内瑞拉与古巴率先订立了《地区社会和投资协定》,即拉丁美洲玻利瓦尔联盟(Alicmza Bolivariana Para Las Americas)(ALBA),这是反对美国支持的美洲自由贸易区的一个有力行动。查韦斯还为玻利维亚、厄瓜多尔和尼加拉瓜的左翼领导人提供财政支持,组建反对美国自由贸易和投资立场的联盟。玻利维亚在总统埃沃·莫拉莱斯(Evo Morales)的领导下加入了拉丁美洲玻利瓦尔联盟,并在查韦斯的建议下做出了将玻利维亚天然气储量国有化的决定。②

直到2003年,在美国的能源安全政策方面,美国一直视委内瑞拉为可靠的石油生产中心。多年来,委内瑞拉稳定地供应美国15%的石油和汽油产品,其数量甚至超过了沙特阿拉伯。对美国的石油供应多元化战略来

---

① Barbara Slavin, "Oil-Rich Countries Tap into New Political Power; Venezuela, Iran, Russia Discover How to Use Oil to Reshape Foreign Policy," [FINAL Edition], *USA TODAY*, Oct. 10, 2005. p. A. 6.

② Daniel P Erikson, "A Dragon in the Andes? China, Venezuela, and U. S. Energy Security," *Military Review*, Vol. 86, Iss. 4 (Jul. /Aug. 2006), p. 83.

说，委内瑞拉与墨西哥和加拿大极为关键。在美国人看来，委内瑞拉的石油供应有两大优势：第一，它十分可靠。委内瑞拉的石油储量曾经是中东地区之外最大的。作为欧佩克中既非阿拉伯也非中东国家的成员，在1973年阿拉伯产油国对西方进行石油禁运时，委内瑞拉继续向美国供应石油，它还在1991年海湾战争中向美国提供了额外的石油，以弥补因战争而产生的石油供应短缺。① 第二，委内瑞拉具有在地理上具有靠近美国的优势。从委内瑞拉把石油运送到美国海岸只需要六天，而沙特阿拉伯的石油至少需要一个月才能运抵美国，这就大大减少了运输成本，并使得委内瑞拉可以在世界其他地区发生供应问题时迅速补充对美国的石油供应。

正是多年来委内瑞拉对美国稳定的石油供应，使得美国决策者把委内瑞拉石油供应的稳定性看作是理所当然的，美国能源官员也没有认识到其中的潜在危险。虽然2002年4月第一次罢工发生时委内瑞拉石油出口的脆弱性已经初露端倪，但在华盛顿很少有人注意到这一情况，况且罢工很快就结束了。美国能源官员只是担心过可能在中东出现石油供应中断，而没有想到过来自南美的供应中断。毕竟，委内瑞拉作为美国稳定的石油供应国已经有80年之久，而且从来没有经历过完全的石油生产中断。关注委内瑞拉的美国政府和产业分析人士也低估了其石油供应中断的风险，同时低估了查韦斯为了政治而宁愿付出石油代价的决心。查韦斯没有做美国人预计他应做之事来避免石油生产的崩溃，这导致在2003年第二次罢工危机之后，委内瑞拉的石油生产、精炼以及出口均陷于瘫痪，时间长达三个多月，造成世界石油市场减少了2亿桶石油和汽油的供应，这是美国历史上经历的第一次不是来自于中东，而是来自于世界其他地区的大的石油供应中断。②

美国同委内瑞拉政治上的紧张关系以及2003年因委内瑞拉国内政治动荡而导致的美国石油供应中断，都促使美国决策者更加关注可能产生于委内瑞拉的美国能源安全问题。2004年查韦斯在赢得了反对派发起的旨在罢免他的全民公决后，更加不遗余力地攻击美国，他在许多国际场合同美国唱反调，例如在联合国国际原子能机构反对通过谴责伊朗的决议，还经

---

① Michelle Billig, "The Venezuelan Oil Crisis How to Secure America's Energy," *Foreign Affairs*, Vol. 83, No. 5 (Sep.-Oct., 2004), p. 3.

② Ibid, p. 4.

常发表公开言论，对布什政府及其成员恶语相加。美国官员也针锋相对，2005年赖斯在参议院审查其国务卿任命的听证会上，将委内瑞拉描述为拉美地区的"破坏性力量"，国防部长拉姆斯菲尔德则将查韦斯与希特勒相提并论。[1]

至此，美国已将委内瑞拉查韦斯总统视为其在拉美的最大隐患，开始游说其盟友发动反对查韦斯的外交运动。美国在迅速取得对伊拉克的军事胜利之后，也能够把更多的精力集中在委内瑞拉上。美国对查韦斯支持伊朗发展核武器尤为恼火，国务卿赖斯也提出委内瑞拉与古巴的关系"特别危险"，呼吁成立一个反对查韦斯的国际阵线。她在众议院国际关系委员会的一次听证会上表示，"国际社会支持和保护委内瑞拉人民的努力必须更加活跃"，并且称委内瑞拉政府正在试图影响邻近国家脱离民主化进程。[2] 时任参议院外交关系委员会主席的理查德·卢格（Richard Lugar）表示，石油是外交政策的新通货，委内瑞拉不仅不合作，而且以能够给美国制造麻烦而感到高兴，这对美国形成了巨大的挑战。卢格要求美国审计总署（U. S. Government Accountability Office）（GAO）研究美国应当怎样应付委内瑞拉石油供应中断的情况，因为查韦斯总统已经变成了一个拥有石油的小卡斯特罗。[3] 2006年美国情报总监约翰·内格罗蓬特（John Negroponte）在参议院情报特别委员举行的听证会上说："石油收入的增加使得查韦斯能够发动一场积极的外交努力，以提供有利的石油价格作为报偿来赢得盟友。"而且，"查韦斯还试图寻求与伊朗和朝鲜之间紧密的经济、军事和外交关系"。[4]

然而，自从2003年委内瑞拉的石油供应因罢工而中断以来，尽管美委两国的政治关系十分紧张，而且委内瑞拉经常在冲突发生时用减少石油供应来威胁美国，但实际上却从来没有因委内瑞拉中断对美国的石油供应而引发两国能源关系的危机，两国的石油贸易联系仍然得以维持，这是由

---

[1] Daniel P Erikson, "A Dragon in the Andes? China, Venezuela, and U. S. Energy Security," *Military Review*, Vol. 86, Iss. 4（Jul. /Aug. 2006）, p. 83.

[2] Humberto Mrquez: "Venezuela: Oil Wealth Helps Chavez Stand up to Washington," *Global Information Network*. New York: Feb. 21, 2006. p. 1.

[3] Barbara Slavin, "Oil-Rich Countries Tap into New Political Power; Venezuela, Iran, Russia Discover How to Use Oil to Reshape Foreign Policy," [FINAL Edition], *USA TODAY*, Oct. 10, 2005. p. A6.

[4] Humberto Mrquez, "Venezuela: Oil Wealth Helps Chavez Stand up to Washington," *Global Information Network*, Feb. 21, 2006. p. 1.

于美国与委内瑞拉之间还有着更为强大的经济和技术纽带将它们联系在一起。

首先,两国之间存在着紧密的石油联系。美国和委内瑞拉之间有着长时期的能源合作历史,而且这种合作关系是一种长期的互惠关系。委内瑞拉石油出口的 2/3 是出口到美国的,其中大部分是通过委内瑞拉国有石油公司在美国拥有的子公司雪铁戈来加工。这种关系在 20 世纪 80 年代就已经确立。雪铁戈是委内瑞拉石油公司最重要的石油经销公司,它在美国经营着八个炼油厂,日产量超过 100 万桶,拥有 2400 万桶石油储备,在美国南部、东南部和东部经营着 1.4 万个加油服务站。由于技术的限制,委内瑞拉如果要将其向美国市场出口的石油转向其他国家,会遇到很大的困难。委内瑞拉的石油是典型的高硫油,含硫量达到 4%—5%,甚至高于来自中东的高硫酸性油的含硫量。来自中东的低硫轻质油经提炼后可以产生 95% 的石油成品燃料,如汽油和航油,相比之下,委内瑞拉的重质油只能产生 65% 的石油成品燃料,而且需要经过复杂的提炼过程,否则,这些原油只能作为沥青来使用。[1] 因此,维系委内瑞拉与美国石油关系的最重要的纽带就是委内瑞拉国有石油公司在美国的雪铁戈精炼厂,及其提炼委内瑞拉重质油的无与伦比的能力。这样的炼油厂在世界上非常罕见,它们设在美国使得委内瑞拉将石油出口到美国变得十分经济,美国当然也可由此享有稳定和安全的石油供应。

其次,美国与委内瑞拉的石油关系还受到地理上的邻近所带来的石油运输低成本因素的影响。这对于维持两国石油关系相当重要。除了美国之外,要找到这样一个地理邻近而市场需求量巨大的理想石油出口市场,对于委内瑞拉来说是不可能的。如果委内瑞拉要把原油出口到中国,那就需要花费非常大的运输成本,结果对于委内瑞拉的石油供应者来说,利润会大大降低。据委内瑞拉国家通讯社 2006 年 5 月 10 日的报道,委内瑞拉同中国达成了合作建造 18 艘油轮的协议,以增加其石油出口国的多元化。[2] 但是,地理上的距离会造成昂贵的运输成本。此外,委内瑞拉石油属于高硫重质油,其附加值为负数。

---

[1] Daniel P. Erikson, "A Dragon in the Andes? China, Venezuela, and U. S. Energy Security," *Military Review*, Vol. 86, Issue 4 (Jul./Aug. 2006), p. 83.

[2] 张卫中:《委内瑞拉买了 18 艘中国油轮》,《环球时报》2006 年 5 月 15 日第 15 版。

最后，委内瑞拉政府寻找新的出口市场的想法很难实现。在世界市场上，石油是可替代商品，美国之外的其他国家在进口委内瑞拉石油时会考虑其成本。除了运输成本偏高的问题之外，包括中国在内的其他国家在进口委内瑞拉的石油时，也会遇到炼油技术和能力的限制，因此迄今没有一个国家能够像美国那样大规模进口委内瑞拉的石油。倘若委内瑞拉由于政治上的原因而切断同美国的石油贸易关系，那它就可能冒出口下降而引致的经济下滑的风险，而这对于查韦斯来说将是一个巨大的政治成本。就作为委内瑞石油进口国的中国而言，事实上，据中国海关总署的资料，2010年在中国的十大原油进口国中，除了排在第二位的安哥拉和第七位的俄罗斯之外，基本都来自中东和中亚，排在第10位的巴西是中国在拉美地区最大的进口国。① 委内瑞拉排名第11，对中国的石油出口数量仍然不大。

可能正因为此，查韦斯本人也缺乏中断同美国石油贸易的决心和能力。就在美国和委内瑞拉关系已经相当恶化的2005年，委内瑞拉外交部长表示，总统无意削减对美国的石油出口。查韦斯更是在2005年3月公开表示想弥补与美国的关系："我们希望继续每天向美国输送150万桶石油，希望继续与美国做生意！"他还说："我们的言辞有时候比较尖刻，但那只是针对他人的侵犯行径。"②

总之，美国和委内瑞拉长期以来形成的紧密的能源关系、市场因素和美国国内对委内瑞拉大量石油的炼油能力，使得在可预见的将来无论两国政治关系如何紧张，相对稳定的能源关系都可能会持续下去。

（三）前景及问题

查韦斯仍在继续其反美行动，石油是查韦斯对抗美国的主要武器。他现在所能设想出来的主要办法就是重塑世界石油产业，一方面继续在国内将私人企业经营的石油项目收归国有，排挤美国在委内瑞拉的石油势力；另一方面扩大对中国的石油出口，意在使中国取代美国，成为委内瑞拉石

---

① 这十大原油进口国依次为沙特阿拉伯、安哥拉、伊朗、伊拉克、苏丹、哈萨克斯坦、俄罗斯、阿曼、科威特和巴西（参见《2010年中国原油进口十大来源国统计》，http://www.cnpc.com.cn/ypxx/ypsc/scdt/yy/2010%E5%B9%B4%E4%B8%AD%E5%9B%BD%E5%8E%9F%E6%B2%B9%E8%BF%9B%E5%8F%A3%E5%8D%81%E5%A4%A7%E6%9D%A5%E6%BA%90%E5%9B%BD%E7%BB%9F%E8%AE%A1.htm.）。

② ［英］尼古拉斯·科兹洛夫：《乌戈·查韦斯：石油、政治以及对美国的挑战》，李致用译，国际文化出版公司2007年版，第32页。

油和天然气最主要的战略伙伴。2007年3月,查韦斯公布了一系列与中国达成的与石油有关的意向性协议,这些协议的价值约为130亿美元。根据协议条款,中国石油天然气集团公司(CNPC)将与委内瑞拉国有石油公司携手开发该国奥里诺科河地区最大的一块油田,为此西方石油公司在这一地区的石油开发项目则被查韦斯收归了国有。这里出产的石油将被委中两国新组建的油轮"超级舰队"运往中国,为此中国将专门建造三座炼油厂对其进行加工。查韦斯的目标是,到2012年时委内瑞拉对中国石油的供应量将从目前的15万桶/日增加到每日100万桶/日。[1]

然而,查韦斯的反美石油计划存在的第一大问题就是委内瑞拉国有石油公司与美国的紧密联系,即雪铁戈公司及其在美国的八座炼油厂。如果不能中断这种联系,委内瑞拉与美国的石油关系将会维持下去。查韦斯显然也知道这一点,自2005年以来,他不断表示要关闭这八座炼油厂或者出售雪铁戈旗下的炼油厂,以便在世界其他地方兴建炼油厂,并向美国以外的国家出口委内瑞拉石油。不过,他在这一点上表现得反复无常,2008年5月他又表示不会出售雪铁戈及其旗下炼油厂。[2] 到2010年12月时又说,"雪铁戈是笔很不好的生意,如果我们将它出售并将钱存到银行里,我们就可以收取利息作为分红"。[3]

实际上,查韦斯很难出售雪铁戈,因为这样做会面临很大的困难。石油界人士都表示,出售只会损害委内瑞拉石油工业,将给委内瑞拉经济及其石油工业带来很大损失,在目前的条件下,中断对美国的石油出口会给委内瑞拉经济带来毁灭性的打击,可能还会对查韦斯政权带来致命打击。这是查韦斯所承受不起的。而且,正如前雪铁戈总裁朱斯迪所说,即使委内瑞拉关闭了雪铁戈旗下八个炼油厂,美国也可以通过法律继续维持这些炼油厂的经营。[4] 而且,对于委内瑞拉来说,它很难为其重质油找到其他市场,因为世界上很少有炼油厂能像美国的雪铁戈公司所拥有的炼油厂一

---

[1] David Luhnow and Peter Millard:《试看查韦斯如何削弱美国》,《华尔街日报》中文版,2007年5月1日, http://chinese.wsj.com/gb/20070501/fea205924.asp?source=channel。

[2] 《委内瑞拉希望继续向美国出售石油——查韦斯》,《华尔街日报》中文网2008年5月16日, http://cn.wsj.com/gb/20080516/BUS022325.asp?source=NewSearch。

[3] Antonio Maria Delgado, "Chavez's Citgo Sale Would Impact Venezuela," *McClatchy Newspapers*, Dec. 7, 2010, http://www.petroleumworld.com/storyt10120802.htm.

[4] Humberto Mrquez, "Venezuela: Oil Wealth Helps Chavez Stand up to Washington," *Global Information Network*, Feb. 21, 2006. p. 1.

样具有提炼这些重质油的能力。

就向中国大规模出口石油而言，也面临着诸多困难。第一是炼油能力。中国也很难在短期内增加对委内瑞拉重质油的提炼能力，因为只有中国沿海的精炼厂能够处理含硫量超过3%的酸性油，而中国内陆的炼油厂则不能处理含硫量超过1%的石油。新建的三个炼油厂也不会对此有很大的帮助。在福建新建的炼油厂主要是用来提炼从沙特阿拉伯进口的石油，沙特拥有这个炼油厂25%的股份。另一个新扩充的青岛炼油厂也主要用来提炼沙特阿拉伯的石油。这使得中国提炼来自委内瑞拉石油的能力并没有多少增加的空间。

第二是运输能力。鉴于委内瑞拉距离中国路途遥远，向中国出口石油成本将会大大高于向美国出口石油。委内瑞拉有三个主要的石油运输通道，一是通过巴拿马运河的海运，二是修建穿过哥伦比亚的输油管道，将油输送到太平洋沿岸，第三个是通过南美最南端的合恩角。通过这些通道的运输都非常昂贵，而且难于操作。

第三就是查韦斯政府对石油工业管理不善以及对石油基础设施投资不足。查韦斯政府对社会支出的关注已使委内瑞拉国家石油公司PDVSA更像是委内瑞拉的扶贫部而非石油公司，该公司用于自身发展的资金所剩无几。自查韦斯执政以来，委内瑞拉的石油产量已经从310万桶/日减少到240万桶/日，其主要原因就是缺乏投资和勘探及开采技术。查韦斯宣布的大量投资计划，如在国内外兴建炼油厂等，从未被兑现过。朱斯迪对此评论道："他擅长分配石油，但却不擅长开采石油。与中国达成的这类交易需要周密规划，而他已证明那不是他的强项。"[①] 2006年2月，查韦斯政府宣布将把对中国的石油出口从15万桶/日增加到每日30万桶/日。但是，根据中国海关信息网公布的数据，2010年中国从委内瑞拉进口的原油为7549335吨，按照每吨原油＝7.33桶换算，日均只有15.2万桶。[②] 这就是说，查韦斯承诺的对中国出口原油的目标在4年之内远未实现。不过，从2011年开始，中国从委内瑞拉进口的石油有了大幅度的增长。根据中国海关信息网的数据，2011年1月中国从委内瑞拉的原油进口总量为1332158

---

① David Luhnow and Peter Millard：《试看查韦斯如何削弱美国》《华尔街日报》中文版，2007年5月1日，http：//chinese.wsj.com/gb/20070501/fea205924.asp?source=channel。

② 根据中国海关信息网提供的数据计算得出（参见中国海关信息网，http：//www.haiguan.info/）。

吨，比去年同期大幅增加了 226%，日进口石油达 31.5 万桶，排在当月中国原油进口国的第六位。但是委内瑞拉对中国出口的增长能否持续，尚不得而知。①

第四个原因来自中国方面。中国想要寻求的是长期稳定的石油供应。一方面，中国会特别关注来自委内瑞拉石油供应的可靠性和稳定性，另一方面，从能源来源多元化的战略角度讲，中国也会在有着更优良的石油质量、更方便的地理条件的中东和非洲地区进行投资的同时，保持对委内瑞拉石油投资的平稳增长。2010 年 4 月在双方签署的协议中，中国向委内瑞拉提供了 200 亿美元的融资贷款，作为委内瑞拉经济发展的长期投资资金，用于委内瑞拉的基础建设和工业项目。

尽管存在着以上一些困难，近几年来委内瑞拉的石油出口多元化战略仍然取得了一些成功。委内瑞拉对古巴和其他加勒比国家的优惠出口有了快速增长，对华石油出口的增长尤其迅速，从 2005 年的不到 1.9 万桶/日，增加到 2011 年的 23 万桶/日。② 从 2011 年开始，中国从委内瑞拉进口的石油有了大幅度增长，根据中国海关信息网的数据估算，2010 年约为 24 万桶/日，2011 年约为 23 万桶/日，到 2012 年 7 月增加到 45 万桶/日，两年的年增长率均超过了 36%③ 但离 2007 年查韦斯宣布的到 2012 年对中国石油出口增加到 100 万桶/日的目标仍相距甚远。

相比之下，委内瑞拉对美国石油出口自 2003 年以来一直在下降，已经从 2003 年 6 月的 162 万桶/日下降到了 2012 年 6 月的 79 万桶/日，9 年间减少了一半多。到 2011 年虽然美国仍然是委内瑞拉第一大出口国，但它对美国的出口占委内瑞拉出口的比例下降到了 40%，而对加勒比国家的出口占了 31%。随着近两年委内瑞拉对中国石油出口快速增长，其对中国出口的比例在迅速增加，2011 年已经达到了其出口的 10%。④

从美国的角度来看，虽然委内瑞拉与中国的石油关系不会很快给美国的利益带来威胁，但美国一直对委内瑞拉对中国石油出口的增加保持着极

---

① 根据中国海关信息网提供的数据计算得出（参见中国海关信息网，http://www.haiguan.info/）。
② 这些数据来自美国能源信息署：http://www.eia.gov/countries/cab.cfm? fips = VE。
③ 这些数字系根据中国海关信息网的数据计算得出（参见中国海关信息网 http://www.haiguan.info/）。
④ 这些数据来自美国能源信息署，http://www.eia.gov/countries/cab.cfm? fips = VE。

高的敏感性和警惕性。美国的一些思想库已经对中国崛起过程中对能源的巨大需求以及由此造成的对美国的影响进行过分析,[1] 其中一些分析指出,西半球也将是中国保障其能源需求的一个重要地区,对中国在委内瑞拉的投资应保持警惕。[2] 这就是说,在他们看来,中国能源需求的增长和委内瑞拉的石油政策都与美国的能源安全相关联。随着委内瑞拉对美国石油出口的下降,以及其驻地中国和加勒比国家出口的快速增长,他们的这种忧虑必然会继续加深。

五 加拿大、墨西哥和委内瑞拉在美国能源安全中的地位

根据美国西半球的能源安全战略,加拿大和墨西哥基本上已经被纳入了美国倡导的能源安全框架之内。在美国的能源安全战略中,加拿大的唯一问题是美国国会的能源环境立法可能置加拿大油砂主要产区阿尔伯塔省的石油生产于不利地位。美国国会的环境立法如果包含可能损害加拿大利益的条款,将会遭到加拿大的反对,也会破坏美国的西半球能源安全战略。目前,由于美国国内民主党和共和党之间的分歧,以及中期选举后民主党丧失了对众议院的控制权,美国有关环境的立法被搁置,奥巴马总统也及时与加拿大总理就此问题进行了充分的沟通。当然,即使出现最坏的情况,加拿大也可以做出自己的选择。加拿大正在通过修建阿尔伯塔省到太平洋沿岸的输油管道,为其石油大规模出口到亚洲市场做准备,而且加拿大也开始尝试吸引中国对其石油和天然气业的投资,这些都是影响未来美国从加拿大获得能源供应的因素。

墨西哥虽然在有关北美自由贸易协定的谈判中坚决拒绝了美国所要求

---

[1] Kenneth Lieberthal and Mikkal E. Herberg, "China's Search for Energy Security: Implications for U. S. Policy," NBR (National Bureau of Asian Research) Analysis, Volume 17, Number 1, April, 2006, http://www.nbr.org/; Mikkal Herberg and David Zweig, "China's Energy Rise: The U. S. and the New Geopolitics of Energy," April, 2010, Pacific Council on Internatioal Policy, from http://www.pacificcouncil.org/document.doc?id=159; 威尔逊中心 2010 年 11 月 12 日举办的关于"评估中国对美国与加拿大关系的影响"的论坛也对中国的崛起对美国与加拿大的能源关系所造成的影响进行了讨论,详情见威尔逊中心网站: http://www.wilsoncenter.org/。

[2] Mikkal Herberg and David Zweig, "China's Energy Rise: The U. S. and the New Geopolitics of Energy," April, 2010, Pacific Council on International Policy, p. 31.

的墨西哥必须保证对美国的石油出口的条款，但两国的能源关系依然非常密切。由于地理上的邻近以及设在美国的炼油厂的先进技术，美国是墨西哥石油最佳的出口对象国，墨西哥的绝大部分石油都出口到了美国。对于美国来说，来自墨西哥的能源供应存在的问题是：一是墨西哥油井经过近百年的开采产量在逐年下降；二是随着墨西哥本国经济的发展，其国内需求量逐渐增加。这些都造成墨西哥对美国的石油出口量呈现下降趋势。此外，美国一直希望墨西哥能够改变其国家石油公司对石油的垄断，使墨西哥的石油领域全面对私人投资开放。美国相信，借助于美国的投资和技术墨西哥可以提高其石油产量，美国的先进勘探技术也有可能帮助墨西哥发现更多的石油储量。但墨西哥一直对美国所倡导的北美能源统一市场和美国石油资本持怀疑态度，坚持不使其国有石油公司私有化。2008年墨西哥对国家石油公司的历史性改革也只是采取了一些措施提高其经营能力和运作透明度，以提高石油产量，基本上还是拒绝了美国的要求。只是在天然气和可替代能源的开发方面，墨西哥同美国进行了合作。

至于委内瑞拉，情况要复杂得多。委内瑞拉是美国传统的主要石油供应国，委内瑞拉向美国供应石油的历史超过90年。但查韦斯于1998年当政和2003年委内瑞拉国内的罢工事件是转折点，查韦斯领导下的委内瑞拉与美国的政治关系从此全面恶化，带有民族主义色彩的左派领导人查韦斯以石油为武器，同美国的敌对国家发展关系，在许多国际问题上采取同美国背道而驰的政策。

委内瑞拉的能源计划与美国西半球的能源安全战略是完全对立的。查韦斯通过向南美国家提供低价石油来换取它们的支持，抵制美国使能源市场一体化的美洲自由贸易政策，组建把美国排斥在外的地区集团。在国内，查韦斯一直通过将私人企业经营的石油项目收归国有，排挤美国在委内瑞拉的石油势力，实行国家对石油的控制。不仅如此，委内瑞拉还鼓励其他拉美国家使能源业国有化。在对外石油出口战略方面，委内瑞拉扩大了对中国的石油出口，意在使中国取代美国成为委内瑞拉石油和天然气最主要的战略伙伴。

然而，尽管由于查韦斯的全面反美政策导致两国关系陷入历史低谷，美国与委内瑞拉的石油关系却一直基本保持正常。虽然随着近几年来委内瑞拉石油出口多元化战略取得了一定的成效，以及其国内石油生产能力的下降，委内瑞拉对美国的石油出口呈下降趋势，但维系两国石油关系的因素仍然相当强大。这些因素主要是：第一，两国之间长期以来存在互惠的石油关系。委内瑞拉的石油出口的 2/3 是出口到美国，其中大部分是通过委内瑞拉国有石油公司在美国拥有的子公司雪铁戈来提炼。由于技术的限制，委内瑞拉如果要将其出口转向其他国家异常困难。第二，地理上的邻近使石油出口运输成本相对低廉。以上两个因素迫使委内瑞拉不得不维持对美国的出口，否则难免会冒使委内瑞拉石油产业遭到毁灭性打击的危险。从美国方面来讲，虽然它对查韦斯的反美言行深恶痛绝，但由于它也了解委内瑞拉石油产业至少在可预见的将来对美国市场的依赖性，因此它对于摆脱对委内瑞拉石油供应的依赖状况并没有紧迫感。结果，美国与委内瑞拉紧张的政治关系与正常的能源关系将可能在近期内并行不悖。

第 八 章

美国在中亚的能源政策及其中亚战略

自苏联解体，中亚五国（哈萨克斯坦、乌兹别克斯坦、土库曼斯坦、吉尔吉斯斯坦和塔吉克斯坦）独立以来，中亚逐渐成为全球关注的焦点和大国角逐的场所，欧亚格局乃至世界地缘政治格局也随之发生了变化。"9.11"事件之后，中亚成为美国全球反恐战略的关键一环，在全球政治格局中的地位进一步上升。中亚除了在地缘政治方面具有重要战略作用之外，还在国际能源安全中起着非常重要的作用，因为中亚地区蕴藏着丰富的石油和天然气等能源资源，而且能源产量和出口量也越来越大，对世界能源市场的影响与日俱增。中亚地区在地缘政治和能源安全方面的重要性则使其在美国全球战略中的地位显著增强。

一 中亚能源的现状

（一）能源储量

中亚—里海地区能源资源丰富，一度被看作是第二个中东。[1] 然而，经过近20年的勘探、开发，已发现的能源储量并没有当初估计得那么大，但该地区确实蕴藏着丰富的石油和天然气资源。在中亚五国中，哈萨克斯坦、土库曼斯坦和乌兹别克斯坦的能源相对比较丰富，尤其濒临里海的哈萨克斯坦和土库曼斯坦的油气资源储量更大。

从能源资源的储量来看，中亚地区是全球化石能源供应的一个新亮点。按照英国BP公司的统计，如表8—1所示，截至2011年年底，中亚

---

[1] 参见罗振兴《美国在中亚—里海地区的能源政策评析》，载《美国研究》2005年第2期。

地区已探明的石油储量为312.52亿桶，占世界的份额为1.89%。这表明，中亚石油储量不仅可以与北海和阿拉斯加相媲美，而且接近整个亚太地区的石油储量。[①] 自20世纪50年代以来，由于先后发现了伏尔加—乌拉尔（Volga-Urals）和西西伯利亚地区的石油，又由于里海—中亚地区在战时容易受到攻击，苏联削减了里海—中亚地区石油的勘探和生产，所以这一地区的能源资源在世界能源生产和供应中的地位并不突出。[②] 不过，当中亚国家独立后，这里的石油资源一下子成为世界关注的焦点。该地区的天然气资源也很丰富。根据BP公司的统计，如表8—1所示，截至2011年年底，中亚地区已探明的天然气储量为27.8万亿立方米，占世界储量的比例为13.34%，超过了美洲地区与亚太地区各自所占的世界份额。中亚地区能源资源的另一个显著特点是油气资源勘探还不甚充分，潜力巨大，有可能对世界油气供应格局带来非常重大的影响。按照美国能源信息局的估算，该地区石油的总储量可能高达1273亿桶，天然气总储量可能高达560万亿立方英尺，如果该数字最终被证明属实的话，这一地区将是除波斯湾之后，世界第二大未开发的油气产地。[③]

此外，中亚地区还有丰富的煤炭资源和铀矿资源。如表8—1所示，该地区的已探明煤炭储量为363亿吨，占世界总储量的4.22%，超过了中南美洲以及中东非洲各自储量所占世界的份额。其中，哈萨克斯坦占了绝大部分比例。该地区的铀矿资源也非常丰富，如表8—1所示，该地区已探明的铀矿储量达到了72.52万吨，占世界总储量的14%左右，仅次于澳洲，居世界第二位。

从地区内部来看，如表8—1所示，截至2011年底，哈萨克斯坦的能源资源最为丰富，它的石油储量在世界各国中列第12位，煤炭资源排第8位，铀矿排第2位，其石油、煤炭和铀矿都占了该地区绝大部分比例，天

[①] 这里的亚太地区是指除苏联地区和中东以外的所有亚洲和大洋洲等地的国家和地区。

[②] Gawdat G. Bahgat, *American Oil Diplomacy in the Persian Gulf and the Caspian Sea* (Florida: University Press of Florida, 2003), pp.140-142.

[③] 日本《每日新闻》1997年10月7日报道称，里海地区石油储量为6000亿桶；英国《世界能源统计评论》估计里海石油的最终可开采储量为160亿桶。英国石油工业界公认的该地区石油最终可开采储量（包括尚未发现的）为250—350亿桶（参见刘清鉴《围绕里海石油的纷争与角逐》，http://www.cass.net.cn/chinese/s24_oys/chinese/Production/projects22/016.html）。

然气也较为丰富，水能相对较少；① 土库曼斯坦则有丰富的天然气，在世界各国中排名第4位，它的石油资源也较为丰富，水能相对较少；乌兹别克斯坦的铀矿较为丰富，在世界排名第12位，天然气储量较大，也有少量的石油，水能相对较少；吉尔吉斯斯坦和塔吉克斯坦的天然气和石油资源都较为缺乏，需要进口，但其水能相对较为丰富。

表 8—1　　　　　　　　　　中亚五国能源资源储量

	石油（亿桶）	天然气（万亿立方米）	煤炭（亿吨）	铀矿（万吨）
哈萨克斯坦	300	1.9	336	62.9
土库曼斯坦	6	24.3	-	-
乌兹别克斯坦	6	1.6	19	9.62
塔吉克斯坦	0.12	-	-	-
吉尔吉斯斯坦	0.4	-	8	-
合计	312.52	27.8	363	72.52
占世界份额(%)	1.89	13.34	4.22	14

说明：石油和天然气皆为2011年的探明储量，哈萨克斯坦的煤炭为2011年的探明储量，乌兹别克斯坦和塔吉克斯坦的煤炭为2008年的探明储量，哈萨克斯坦和乌兹别克斯坦的铀矿为2011年的探明可开采储量（指探明开采成本在每公斤130美元以下的铀矿）。- 表示数据不可得或数量极少，可以忽略不计。

资料来源："BP Statistical Review of World Energy, June 2012," http：//www.bp.com/assets/bp_internet/globalbp/globalbp_uk_english/reports_and_publications/statistical_energy_review_2011/STAGING/local_assets/pdf/statistical_review_of_world_energy_full_report_2012.pdf; OECD, International Atomic Energy Agency, "Uranium 2011: Resources, Production and Demand" (QECD Publishing, 2012); CIA, The World Fact book, 2012, https：//www.cia.gov/library/publications/the-world-factbook/index.html; EIA, "International Energy Data," http：//www.eia.gov/countries/data.cfm.

（二）能源生产、消费和进出口

如表 8—2 所示，2011 年中亚地区的石油总产量为 9670 万吨，占世界总产量的比例为 2.42%，接近南美第二大石油生产国巴西的产量。2011 年中亚地区石油消费量为 1950 万吨，石油净出口量达到了 7720 万吨，主要出口地为俄罗斯、欧洲、中国和伊朗。其中，哈萨克斯坦是中亚地区最

---

① 哈萨克斯坦还有丰富的煤层甲烷气（coal-bed methane, CBM），蕴藏量估计达到 1.1—1.4 万亿立方米左右。

大的石油生产国，2011年产量达到了8240万吨（日产量达到了184.1万桶），是世界第12大生产国；其石油净出口量达到了7220万吨，接近于中国原油进口量的1/3，德国原油消费量的65%，是土耳其原油消费量的2倍多。2011年中亚地区的天然气产量高达1358亿立方米，占世界总产量的比例为4.15%；该地区天然气消费总量为833亿立方米，净出口量为525亿立方米，在通过管道出口的世界天然气总量中所占比例为7.56%。目前中亚地区天然气最大的消费国是乌兹别克斯坦，其2011年产量和消费量分别达到了570亿立方米和491亿立方米，最大的生产国和出口国是土库曼斯坦，其2011产量和出口量分别达到了595亿立方米和345亿立方米。土库曼斯坦的天然气产量在世界各国中排名第十三位。中亚地区的天然气主要输往伊朗、俄罗斯、欧洲和中国等地。[1]

表8—2　　　　　　　　2011年中亚油气生产、消费和净出口

	石油（亿吨）			天然气（10亿立方米）		
	生产	消费	净出口	生产	消费	净出口
哈萨克斯坦	0.824	0.102	0.722	19.3	9.2	10.1
土库曼斯坦	0.107	0.049	0.058	59.5	25	34.5
乌兹别克斯坦	0.036	0.044	−0.008	57	49.1	7.9
合计	0.967	0.195	0.772	135.8	83.3	52.5
占世界份额*（%）	2.42	0.48	4.07	4.15	2.58	5.12

　　*　占世界份额指这些国家的原油净出口占世界原油出口总量的比例或这些国家的天然气净出口占世界天然气出口（管道运输出口与LNG出口之和）总量的比例。

资料来源："BP Statistical Review of World Energy, June 2012," http://www.bp.com/assets/bp_internet/globalbp/globalbp_uk_english/reports_and_publications/statistical_energy_review_2011/STAGING/local_assets/pdf/statistical_review_of_world_energy_full_report_2012.pdf.

中亚地区的煤炭生产主要集中在哈萨克斯坦，铀矿生产主要集中在哈萨克斯坦和乌兹别克斯坦。2011年哈萨克斯坦煤炭产量为1.16亿吨，占世界煤炭总产量的比例为1.5%。2011年哈萨克斯坦的煤炭产量在世界各国中排名第10位。哈萨克斯坦煤炭产量大于消费量，2011年将近一半煤

---

[1] 2011年世界原油出口总量约为18.95亿吨，通过管道出口的天然气总量为6946亿立方米。

炭用于出口。① 中亚地区的铀矿产量在全球占有很重要的地位，2011年，中亚地区的铀矿产量为2.25万吨，占世界铀矿总产量的比例为41.11%，其中，哈萨克斯坦和乌兹别克斯坦的产量分别为1.95万吨和0.3万吨，占世界铀矿总产量的比例分别为35.62%和5.49%，分别位列世界第一位和第七位。②

（三）能源在中亚国家发展中的重要性

苏联解体以后，新独立的中亚国家由于地处内陆，基础薄弱，不仅面临着非常困难的政治和经济转型，而且它们的经济也因地区贸易的崩溃而限于苦苦挣扎之中。由于历史原因，这些国家对俄罗斯的政治和经济依赖都非常大，俄罗斯经济不景气也给这些国家的经济造成了很大的影响。尽管中亚各国拥有大量资源，该地区极有潜力重新发展成为贸易和商业的"新丝绸之路"，③ 但由于苏联解体后各国处于极其困难的转型之中，受分工水平大幅度下降、投资短缺、各种严重的腐败、落后的交通运输基础设施、高昂的关税、边境紧张局势以及合同执行的不确定性等不利因素的影响，这些国家经济下滑严重，在世界经济中的地位并不突出。根据国际货币基金组织的统计，中亚各国2006年出口商品和服务总量仅为379亿美元，进口商品和服务总量仅为377亿美元。自独立以来，中亚各国直到2001年为止，其人均GDP一直没有恢复到1990年的水平。如表8—3所示，1990—2001年，哈萨克斯坦、土库曼斯坦、乌兹别克斯坦、吉尔斯坦和塔吉克斯坦的人均GDP增长率分别为-1.9%、-6.1%、-1.5%、-3.9%和-9.9%。进入21世纪以来，中亚各国的经济呈现出了较快增长，其中，2000—2008年，哈萨克斯坦、土库曼斯坦、乌兹别克斯坦、吉尔吉斯斯坦和塔吉克斯坦的GDP年均增长率分别达到了9.4%、7%、6.4%、4.8%和8.8%（见表8—3）。

---

① 这里的净出口或进口量等于产量与消费量之差，没有考虑库存、运输损耗等因素，因此只是粗略的计算。

② World Nuclear Association, "World Uranium Mining," http：//www.world-nuclear.org/info/inf23.html.

③ 哈萨克斯坦和土库曼斯坦的经济以能源出口为主，塔吉克斯坦、土库曼斯坦和乌兹别克斯坦是重要的棉花生产商，其中，乌兹别克斯坦的棉花和金产量居于世界前列，大部分出口。此外，吉尔吉斯斯坦拥有一定数量的金矿和战略性矿产资源储量，它是重要的羊毛生产国，而且有发展旅游的潜力。塔吉克斯坦拥有世界上最大的铝加工厂之一。

表 8—3　　　　　　　　中亚各国人口与 GDP

年份	总人口（千人）			GDP（2005 年的价格和购买力平价，百万美元）				人均 GDP 增长率（%）
	1990	2001	2007	1990	2001	2007	2011	1990—2001
燃料净出口国								
哈萨克斯坦	16328	14858	15484	115863	91348	158840	216782	-1.9
土库曼斯坦	3668	4566	4977	13000*	21500	28490	43335	-6.1
乌兹别克斯坦	20515	25102	26900	53700*	62000	65910	95238	-1.5
燃料净进口国								
吉尔吉斯斯坦	4391	4927	5207	11086	7773	9945	13125	-3.9
塔吉克斯坦	5287	6312	7140	16937	6681	11101	16221	-9.9

* 该数字为 1993 年的估计数字。

资料来源：2011 年数据来自于 IMF,"The World Economic Outlook Database," http：//www.imf.org/external/pubs/ft/weo/2012/02/weodata/index.aspx；其余数据来源于联合国数据库，UNECE Statatistical Database, http：//w3.unece.org/pxweb/Dialog/TATISTICALDATABASE。

表 8—4　　　　　中亚各国 2000—2010 年的 GDP 增长率　　　　　　（%）

年份	2000—2008（年均增长率）	2000	2001	2002	2003	2004	2005	2006	2007	2008	2009	2010
燃料净出口国												
哈萨克斯坦	9.4	9.8	13.5	9.8	9.3	9.6	9.7	10.7	8.9	3.3	1.2	7.3
土库曼斯坦	7.0	5.5	4.3	0.3	3.3	4.5	13.0	11.4	11.6	9.8	6.1	9.2
乌兹别克斯坦	6.4	4.0	4.5	4.2	4.4	7.7	7.0	7.3	9.5	9.0	8.1	8.5
燃料净进口国												
吉尔吉斯斯坦	4.8	5.4	5.3	0.0	7.0	7.0	-0.2	3.1	8.5	7.6	2.9	-1.4
塔吉克斯坦	8.8	8.3	9.6	10.8	11.1	10.3	6.7	6.6	7.7	7.9	3.9	6.5

资料来源：UN, World Economic Situation and Prospects 2010, p.146, http：//www.un.org/en/development/desa/policy/wesp/wesp_archive/2010wesp.pdf；2009 年和 2010 年数据来自世界银行，http：//data worldbank.org/indicator/Ny.GDP.MKTP.KD.ZG。

能源在中亚国家发展中起着至关重要的作用，主要表现在四个方面。第一，能源对中亚各国的经济发展有着极为重要的影响。对于中亚地区的经济增长而言,自然资源的利用是关键,① 而加快该地区石油和天然气的勘探、开发和出口则是必要措施。对于燃料净出口国而言,能源行业不仅是主导行业,在经济增长中起着领头作用,而且是外汇创收和政府预算收入的重要来源。例如,哈萨克斯坦石油行业占其工业产出的比重超过了50%,2005年哈萨克斯坦的石油出口价值为174亿美元,占其总出口的比例超过了70%。2001年和2002年,来自石油的收入占政府收入的比例分别达到了25.8%和19.5%。石油和天然气行业也是土库曼斯坦的主导产业和出口收入最重要的来源。乌兹别克斯坦天然气出口收入仅次于棉花和金矿出口,由于其石油需要进口,能源行业的总体地位没有像在哈萨克斯坦和土库曼斯坦的经济中那么突出。对于燃料净进口国而言,能源则是制约它们经济发展的一个重要因素。例如,1992年石油和天然气进口支出占到了吉尔吉斯斯坦国家预算的50%,1994年该国39%的进口总支出用于购买石油和天然气等传统能源,但电力出口所得到的收入则起到了部分缓解作用。

第二,能源是中亚地区吸引外资的最重要的行业。在中亚地区,外资最感兴趣的是能源行业,相对于其他行业而言,转轨、腐败、基础设施落后等负面因素对能源行业吸引外资的影响较小。自苏联解体后,进入中亚地区能源行业的外资呈现出不断增加的趋势。其中,哈萨克斯坦吸引的外资占了中亚地区吸引外资总量的80%左右,这些外资主要集中在石油业,并且在独立以后平稳增加。21世纪初,最大的投资者来自于美国(到2005年其投资总量达到了120亿美元)、荷兰和英国。2003—2005年,美国的雪佛龙公司(Chevron)就向哈萨克斯坦的石油业投资了大约30亿美元。到2005年为止,外国投资者占了哈萨克斯坦石油产量的85%左右。②

第三,能源是影响中亚地区内部合作与冲突的一个重要因素。一方面,能源是促进中亚内部各国合作的一个粘合剂。中亚地区的化石能源的供应总的来说远远大于需求,因此,其化石能源主要供出口,但由于各国地处内陆,彼此接壤的能源需求大国并不多,能源对外输出(包括一些地

---

① Philip Andrews-Speed and Sergei Vinogradov, "China's Involvement in Central Asian Petroleum: Convergent or Divergent Interests?" *Asian Survey*, Vol. 40, No. 2 (Mar. -Apr., 2000), pp. 377-397.

② Library of Congress-Federal Research Division, "Country Profile: Uzbekistan," February 2007, http://memory.loc.gov/frd/cs/profiles/Uzbekistan.pdf.

区内部的能源贸易）往往需要跨境运输，一旦能源跨境管道建造完毕，这些国家往往就会形成相互依赖的关系，从而有利于促进双方的广泛合作，并抑制冲突。同时，中亚各国在能源方面互有进出口，形成了一定程度的相互依赖关系，有利于各国之间保持相互合作。另一方面，能源又是可能导致中亚地区内部纷争的一个重要因素。例如，在油气过境运输费用、电网用电分配、里海油气之争、水电资源合理使用等方面都有可能引发中亚地区内部的矛盾与冲突。

第四，能源是影响中亚地区与周边国家关系的极为重要的因素。一方面，对于周边能源需求增长迅速的能源进口国而言，中亚是极为重要的能源来源地，有利于能源进口国的能源进口多元化，而对于中亚主要的能源出口国而言，增加出口国，也有利于降低对俄罗斯的依赖，实现出口目的地的多元化。因此，对于双方而言，都是符合各自利益的双赢之举，从而有利于加强中亚与周边国家的合作，包括中国、土耳其、伊朗和印度等国的合作。[1] 同时，由于中亚地处内陆，能源出口大多要通过其他地区的国家，需要修建跨境长途运输管道，这些管道往往要通过周边许多国家，一旦建成，往往就会成为各方的融合剂，有利于促进各方的合作。例如，通往欧洲的管道要经过俄罗斯或阿塞拜疆、格鲁吉亚、土耳其等国，通往波斯湾要经过伊朗，通往印度和巴基斯坦要通过阿富汗等国。另一方面，能源也有可能是中亚地区与周边国家发生争执或冲突的重要因素。例如，里海法律地位未定，可能导致哈萨克斯坦和土库曼斯坦与俄罗斯、伊朗、阿塞拜疆等国之间发生争执或冲突。

中亚各国独立以来，首要的任务是确保主权完整和独立，维护政治和社会稳定以及经济快速发展。在能源领域里，主要有两方面的任务，一方面是吸引外资进入，努力开发、生产和出口能源，另一方面则是设法摆脱过度依赖俄罗斯的状况，尽量开辟新的出口管道和拓宽出口目的地。

二 美国在中亚的能源政策

对供应紧张的世界能源市场而言，中亚的能源是一个新的来源，有利

---

[1] Jim Nichol, "Uzbekistan: Recent Developments and U. S. Interests," September 17, 2009, http://assets.opencrs.com/rpts/RS21238_20090917.pdf.

于增强国际能源供应地区的多元化,提高国际能源安全。扩大中亚能源产量、将中亚能源输往全球能源市场,不仅符合美国国际能源战略和政策,而且也与中亚能源生产国的根本利益相一致。因此,中亚各国独立以后,美国迅速制定了相应的能源政策。

美国在中亚的能源政策力图实现以下几个目标:支持这些国家的独立,使这些国家与西方形成更为紧密的关系;打破俄罗斯对该地区石油和天然气外运线路的垄断,支持不同外运管道的建设;提高能源供应来源的多元化以增强能源安全;阻止伊朗与中亚的能源合作,防止伊朗扩大其对中亚经济体的影响。其中的重点是支持该地区能源外运管道多元化,建设各种绕开俄罗斯和伊朗的管道,使这里的石油或天然气直通世界市场。①

具体来看,美国的能源政策主要有以下四个方面的内容。

1. 支持该地区能源外运管道多元化,鼓励多条出口线路的建设。

中亚地处内陆,在独立以前,能源出口通道必须经过俄罗斯境内,而且管道数量很少,主要的管道是从哈萨克斯坦通往俄罗斯的油气管道。独立初期,由于缺乏其他能源出口通道(只有与伊朗北部的管道),而且在经济上对俄罗斯有很大的依赖,所以中亚的能源资源极易受到俄罗斯的控制。俄罗斯往往可以依靠管道垄断而压低中亚的天然气和石油价格,或者对油气过境出口征收高额的过境税费,以此来获利。② 如何打破俄罗斯对中亚能源外运管道的垄断,增加中亚能源出口通道,就成为中亚能源发展面临的瓶颈,也成为美国对其中亚能源政策考虑的首要问题,因为这一点对中亚各国能否实现真正独立和稳定发展至关重要。因此,在管道建设方面,美国的政策主要是大力支持该地区能源外运管道的多元化,不遗余力地鼓励多条出口线路的建设。

从现有管道、建成管道、已开工建设、计划建设或提议建设的输油

---

① 因为除了提高能源安全之外,该政策还将巩固新成立国家的主权,从经济角度看能加强它们的自生能力;同时,也能增强该地区与西方的关系(罗振兴:《美国在中亚—里海地区的能源政策评析》,载《美国研究》2005年第2期。Alan P. Larson, "Testimony before the Senate Foreign Relations Committee, Subcommittee on International Economic Policy, Export and Trade Promotion," April 8, 2003, http://www.state.gov/e/rls/rm/2003/19447.htm)。

② 俄罗斯不仅可以提高过境运费,而且可完全关闭管道以切断该地区能源的出口通道,例如1994年和1997年俄罗斯就曾两度关闭土库曼斯坦通往俄罗斯的天然气管道。

（气）管道来看（如表8—5和图8—1所示），中亚油气出口管道主要集中在以下四个方向：

一是自东向西的管道。自东向西的管道不仅被美国视为里海地区的油气输送摆脱俄罗斯控制的关键，也被视为增加欧洲能源供应多元化、缓解欧洲对俄罗斯能源严重依赖的关键。在苏联解体以前，该方向不存在任何管道。中亚各国独立以后，新建成的管道、已开工建设、计划建设或提议建设的管道共有6条，其中有3条输油管道分别是已建成的里海财团管道项目（Caspian Pipeline Consortium）（CPC）和巴库—第比利斯—杰伊汉管道（Baku-Tbilisi-Ceyhan pipeline）（BTC）、计划修建的跨里海石油管道（Trans-Caspian Oil Pipeline）。还包括3条输气管道，分别是已建成的南高加索天然气管道（South Caucasus Pipeline）（BTE），拟修建的纳布科天然气管道（Nabucco）和跨里海天然气管道（Trans-Caspian Gas Pipeline）。随着这些管道的相继建成和扩建，在中亚地区将形成新的能源输送网络，这将极大地改善中亚能源出口形势，使欧亚地区的能源政治格局发生根本性的变化，并将影响全球能源政治格局。

在这些管道中，通往欧洲的BTC管道，又被称为欧亚走廊（The Eurasian corridor），是中亚地区第一条绕过俄罗斯把中亚石油输往土耳其和欧洲的管道。该管道绕过了博斯普鲁斯海峡，而且不受俄罗斯控制，第一次大大降低了中亚地区对俄罗斯输油管道的依赖，而且主要是向美国在欧洲的盟友和土耳其供油，因此，一直被美国视为关键，得到了美国的大力支持。[1] 该管道西起阿塞拜疆的巴库，经格鲁吉亚的第比利斯到达地中海沿岸土耳其的杰伊汉（Ceyhan）港口，全长1768公里，设计能力为每天输送100万桶石油，总投资为39亿美元，已于2006年全部建成并投入运营。该管道主要输送阿塞拜疆和哈萨克斯坦的石油。除了输往欧洲以外，该管道还可以进一步通过以色列的亚实基伦（Ashkelon），经管道把石油运输到埃拉特（Eilat）的油气终端后，再输往东亚。BTC管道一度被人们视为不可能或不可行的项目，因为该管道技术复杂、成本高昂、最初的商业可行性并不充分，而且最为关键的是，该管道将穿越南高加索地区，这里是世界上地缘政治最为复杂的地区之一，政治极不稳定，而且俄罗斯对此极力

---

[1] Michael Klare, "Bush-Cheney Energy Strategy: Procuring the Rest of the World's Oil," *FPIF-PetroPolitics Special Report*, January 2004, http://www.fpif.org/papers/03petropol/politics.html.

反对。① 在这种情况下，可以说，没有美国竭尽全力的支持，这条跨国管道的建设便是不可能的。1998 年 10 月 29 日阿塞拜疆、格鲁吉亚、哈萨克斯坦、土耳其和乌兹别克斯坦五国共同签署的安卡拉宣言（Ankara Declaration）是推动 BTC 进程的一个关键标志，而时任美国能源部长比尔·理查德森（Bill Richardson）也参加了该宣言的签字仪式，表达了美国政府对 BTC 管道建设的强烈支持。美国的一些公司也积极参与了该项目的建设。2005 年 5 月 25 日，美国能源部长塞缪尔·鲍德曼（Samuel Bodman）代表美国政府出席了该管道部分段开始输油的典礼。当然，美国能源企业也在该管道中占有较大的份额，其中美国雪佛龙和康菲（Conoco Phillips）两家公司各占 8.90% 和 2.50%，合起来为 11.4%，仅次于阿塞拜疆的国家石油公司（SOCAR）和英国石油公司（BP）。② 目前，通过 BTC 管道所输送的哈萨克斯坦石油，首先需要通过油轮运送到巴库；未来，则有可能通过跨里海的石油管道直接输送到巴库。跨里海石油管道属于计划中的管道，从哈萨克斯坦的阿克套（Aktau）出发，穿过里海海底，到达巴库，连接 BTC 管道。此外，哈萨克斯坦还计划通过巴库—苏普萨管道（Baku-Supsa Pipeline，又被称为西线出口管道或西部厄尔利石油管道）输送该国的石油。

　　CPC 管道，即里海管道财团项目，将哈萨克斯坦石油产区与俄罗斯黑海港口新罗西斯克港（Novorossiysk）连接起来，石油到达港口后再用油轮运往世界市场。③ 这是俄罗斯境内唯一一条不是由俄罗斯管道巨头俄罗斯国家石油管道运输公司（Transneft）独家控制的石油出口通道，并且是阿特劳—萨马拉（Atyrau-Samara）之外的另一条出口管道。尽管该管道仍然经过俄罗斯境内，而且由于是与俄罗斯政府联合开发，仍会受到俄罗斯控制，但里海管道财团项目仍然得到了美国的支持，因为这是中亚国家独立之后新修建的第一条石油出口管道，为中亚能源出口提供了另一种可行的

---

① 阿塞拜疆与亚美尼亚因为纳戈尔诺—卡拉巴赫的归属而屡屡发生冲突、格鲁吉亚与俄罗斯因为南奥塞梯和阿布哈兹等问题也发生多次冲突，土耳其等国存在着库尔德分离主义问题，这些都对 BTC 的建设和维护构成了威胁。例如，2008 年 8 月 6 日，库尔德工人党（PKK）袭击了土耳其东部的埃尔津詹省，导致 BTC 管道因爆炸和大火而被关闭。

② 截止到 2008 年 12 月 31 日，BP 公司股份按地区分，英国持有 42%，美国持有 38%，剩下的 20% 为其他国家持有，也就是说，美国也占了相当大的股份。

③ 该管道的石油通过油轮运往以色列的亚实基伦（Ashkelon），再通过管道运输到埃拉特（Eilat）后，又可以经油轮送到亚洲市场，比传统的非洲路线要短，比经过苏伊士运河的石油运费更便宜。

选择，有利于扩大中央石油向世界市场的输出量。同时，由于美国能源企业拥有该管道的大量股份，美国可以从中获取商业利益。美国的雪佛龙公司所属的雪佛龙里海管道财团公司（Chevron Caspian Pipeline Consortium Company）在 CPC 中的股份为 15%，美国埃克森美孚所属的美孚里海管道公司占 7.5% 的股份，美国的奥瑞克斯（Oryx）公司所属的奥瑞克斯里海管道有限公司（Oryx Caspian Pipeline）（LLC）占 1.75%；三个公司合起来所占股份为 24.25%，仅次于俄罗斯所占股份（俄罗斯的 Transneft 占 24%，CPC 公司占 7%，合起来为 31%）。该管道全长 1510 公里，主要输送哈萨克斯坦的石油。它于 2001 年建成，目前输油能力为 2200 万吨/年，预计 2014 年扩建完毕后其输油能力将提高到 6700 万吨/年。[1]

南高加索天然气管道与 BTC 石油管道基本平行，它西起阿塞拜疆的巴库，经格鲁吉亚的第比利斯，在埃尔祖鲁姆（Erzurum）小镇与土耳其基础设施相连接，因此也被称为巴库—第比利斯—埃尔祖鲁姆管道（Baku-Tbilisi-Erzurum pipeline），简称 BTE 管道，全长 692 公里。该管道项目的可行性研究的资金是由美国贸易发展署资助，主要输送阿塞拜疆气田的天然气，输气能力为每年 200 亿立方米，已于 2006 年建成并投入运营。该管道由以英国 BP 公司（占总股份的 25.5%）和挪威国家石油公司（Statoil-Hydro）（占总股份的 25.5%）为大股东的南高加索管道公司所拥有，这些公司已计划进一步扩建，于 2012 年完成。[2]

南高加索管道尽管目前并不能直接输送中亚各国的天然气，但它可与计划中的跨里海天然气管道相连接，输送土库曼斯坦和哈萨克斯坦的天然气。跨里海天然气管道起止于土库曼斯坦的土库曼巴西（Türkmenbasy）和阿塞拜疆的巴库，输气能力可达每年 300 亿立方米，通过连接哈萨克斯坦田吉兹（Tengiz）到土库曼斯坦的土库曼巴西的管道，这条管道可以输送土库曼斯坦和哈萨克斯坦的天然气。通过跨里海天然气管道、南高加索天然气管道和纳布科天然气管道，土库曼斯坦和哈萨克的天然气还可输往欧洲。纳布科天然气管道从土耳其的埃尔祖鲁姆经罗马尼亚、保加利亚、匈牙利到奥地利的 Baumgarten an der March，全长 3300 公里，完全建成后

---

[1] 2009 年通过该管道出口的石油达到了 3460 万吨。里海管道财团项目的主要问题在于，随着输油能力的不断增加，会增加博斯普鲁斯海峡的拥挤，并可能因为油轮碰撞和石油溢出等引发环境污染。

[2] 伊朗国家石油的公司的子公司 Naftiran Intertrade Co. 也拥有 10% 的股份。

的输气能力为每年 310 亿立方米。美国支持修建纳布科天然气管道。美国欧亚能源特使理查德·莫宁斯塔（Richard Morningstar）和美国参议院外交关系委员会副主席理查德·卢格（Richard Lugar）参议员出席了 2009 年 7 月 13 日在安卡拉举行的土耳其、罗马尼亚、保加利亚、匈牙利和奥地利等五国政府间关于纳布科管道协议的签字仪式。莫宁斯塔高度评价了纳布科管道的潜力，认为它不仅有助于能源的多元化和安全，也将鼓励国际合作。他说，"纳布科开启了很多种可能，我们支持所有输送油气到世界市场的项目"。① 哈萨克斯坦也希望加入纳布科项目。②

表 8—5　　　　　中亚现有、已建和拟建油气出口管道

		名称	状态	油气来源	线路及长度	输送能力	美国政策	备注
由东向西管道	石油	里海管道财团项目管道（简称 CPC 管道）	建成（2001 年）扩建（2014 年）	哈萨克斯坦的田吉兹、卡什干和卡拉恰加纳克等油田	从哈萨克斯坦产油区至俄罗斯黑海港口新罗西斯克终端，全长 1510 公里	第一阶段为 2200 万吨/年；扩建后为 6700 万吨/年	支持	第一阶段投资 26 亿美元，俄罗斯境内唯一一条不是由俄罗斯管道巨头俄罗斯国家石油管道运输公司独家控制的石油出口通道
		巴库—第比利斯—杰伊汉管道（简称 BTC 管道），又称欧亚走廊	建成（2006 年）	阿塞拜疆阿泽里—奇拉格—丘涅什利油田和哈萨克斯坦卡什干油田	从阿塞拜疆的巴库途经格鲁吉亚的第比利斯至土耳其地中海港口杰伊汉，全长 1768 公里	100 万桶/天	强力支持	投资 39 亿美元，是苏联境内第二长的石油管道，可以进一步经以色列的亚实基伦（Ashkelon）到埃拉特（Eilat）的油气终端将石油输往东亚
		跨里海石油管道	计划中	哈萨克斯坦里海近海油田	从哈萨克斯坦的阿克套（Aktau）至阿塞拜疆的巴库，全长 700 公里		支持	成本 40 亿美元，须穿过里海海底，俄罗斯和伊朗基于环境的原因而反对。该管道延长线包括哈萨克斯坦国内计划修建的长 750 公里的 Eskene-Kuryk 管道
		巴库—苏普萨管道	建成（1998 年）计划扩建	阿塞拜疆、哈萨克斯坦	从巴库至格鲁吉亚的苏普萨，全长 833 公里	750 万吨/年		成本 5.56 亿美元，以后维修费又花费了 5300 万美元

① "U. S. Envoy: No role for Iran in Nabucco," *United Press International*, June 25, 2009. http://www.upi.com/Energy_Resources/2009/06/25/US-envoy-No-role-for-Iran-in-Nabucco/UPI-19901245939105/.

② "Kazakhstan to Join Nabucco Project," Trend Capital, Oct. 22, 2007, http://en.trend.az/capital/pengineering/1052602.html.

续表

	名称	状态	油气来源	线路及长度	输送能力	美国政策	备注
由东向西管道 天然气	南高加索天然气管道，（简称BTE管道）	建成（2006年）拟扩建（2012年）	阿塞拜疆沙赫杰尼兹（Shah Deniz）气田	巴库途经第比利斯至土耳其埃尔祖鲁姆小镇	初期88亿立方米/年，扩建后200亿立方米/年	支持	可连接跨里海天然气管道和纳布科管道、土耳其—希腊和希腊—意大利等管道
	跨里海天然气管道	计划中	土库曼斯坦和哈萨克斯坦	土库曼斯坦的土库曼巴西至阿塞拜疆的巴库	30亿立方米/年	支持	成本50亿美元，还计划修建连接哈萨克斯坦的田吉兹到土库曼斯坦的土库曼巴西的管道
	纳布科天然气管道，又被称为土耳其—奥地利天然气管道	计划中（2015年）	阿塞拜疆、土库曼斯坦、哈萨克斯坦、伊拉克和埃及	从土耳其的埃尔祖鲁姆经罗马尼亚、保加利亚、匈牙利至奥地利的Baumgarten an der March全长3300公里	初期建成后每年45—130亿立方米/年，完全建成后为310亿立方米/年	强力支持	成本79亿欧元左右（107亿美元）；初期建成后将继续扩建（2020年）；波兰正在研究从纳布科管道修建波兰支线的可能性；未来也有可能连接纳布科管道和蓝溪（Blue Stream）管道以输送俄罗斯的天然气
由西向东管道 石油	中哈石油管道	部分建成（2005年）全部完工（2011年）	哈萨克斯坦阿克托贝（Aktobe）地区的油田、库姆科尔油田、卡什干油田以及俄罗斯西西伯利亚的石油	从哈萨克斯坦里海沿岸的阿特劳至中国新疆的阿拉山口，全长2228公里	2000万吨/年	不反对	肯基亚克—阿特劳段长449公里，12万桶/每天，最终可达18万桶/天；阿塔苏—阿拉山口段长987公里，20万桶/天，2011年可提高到40万桶/天，造价7亿美元；肯基亚克—库姆科尔段长792公里，初期1000万吨/年
天然气	中土天然气管道	一期建成（2009年）二期修建中（2011年）	土库曼斯坦、哈萨克斯坦和乌兹别克斯坦	从土库曼斯坦经乌兹别克斯坦和哈萨克斯坦至中国，全长1833公里	400亿立方米/年	不反对	成本73亿美元左右，有可能延伸到日本；二期工程主要是修建连接哈萨克西部的支线（又称为中哈天然气管道），全长1300多公里

续表

		名称	状态	油气来源	线路及长度	输送能力	美国政策	备注
由东向西管道	天然气	布哈拉—塔什干—比什凯克—阿拉木图管道	已有（1971年）	乌兹别克斯坦	从乌兹别克斯坦的布哈拉经过吉尔吉斯斯坦至哈萨克斯坦的阿拉木图，全长1585公里	220亿立方米/年		有与中土天然气管道相连接的可能；由于吉尔吉斯斯坦国内部分管道维护状态不佳，计划修建第二条或更新现有的管道
由南往北或东北管道	石油	阿特劳—萨马拉管道	已有扩建（2009年）	哈萨克斯坦	从哈萨克的阿特劳至俄罗斯的萨马拉，全长695公里	扩建后可达1700万吨/年		扩建成本3750万美元，计划继续扩建，到2015年增加到2600万吨/年
	天然气	中亚中心天然气管道系统（简称CAC）	已有扩建（2010年）	土库曼斯坦、乌兹别克斯坦、哈萨克斯坦	从土库曼斯坦经乌兹别克斯坦和哈萨克斯坦至俄罗斯的萨拉托夫，全长2000公里	*450亿立方米/年		东部支线从土库曼斯坦东南气田出发，由CAC的1、2、4、5号管道组成；西部支线由CAC的3号管道和拟修建的里海沿岸管道（CCP）组成，建成后可达200亿立方米/年
由北往南管道	石油	内卡—贾斯克管道	修建中	阿塞拜疆、土库曼斯坦、哈萨克斯坦和俄罗斯	从伊朗的内卡至贾斯克，全长1515公里	100万桶/日		成本20亿美元左右；内卡—德黑兰段已在运营中，5万桶/天
		哈萨克—伊朗石油管道（简称KTI管道）	部分路段开始修建，但完工日期未定	哈萨克斯坦	从哈萨克经土库曼斯坦到伊朗哈尔克岛，全长1497公里	100万桶/日	反对	成本12亿美元
		跨阿富汗石油管道，又被称为中亚石油管道	提议中	土库曼斯坦、哈萨克斯坦和阿塞拜疆	从土库曼斯坦的土库曼巴西至巴基斯坦瓜德尔港口，全长1674公里	100万桶/天		由美国尤尼科公司提议修建，成本估计在25亿美元左右
		Korpezhe-Kurt Kui管道（简称KKK）	建成（1997年）扩建（2005年）	土库曼斯坦	从土库曼斯坦的科尔佩杰气田至伊朗的库尔特·库伊，全长200公里	初期为80—100亿立方米/年；扩建后为130亿立方米		初始成本1.9亿美元，扩建成本3—4亿美元。系中亚地区第一条不受俄罗斯控制的天然气出口管道

续表

	名称	状态	油气来源	线路及长度	输送能力	美国政策	备注
天然气	跨阿富汗管道（简称 TAP 或 TAPI）	计划中（2014年）	土库曼斯坦	从土库曼斯坦道勒塔巴德气田经阿富汗和巴基斯坦至印度的法自卡，全长1680公里	初期为270亿立方米/年；最终为330亿立方米	大力支持	成本76亿美元，亚洲开发银行提供融资；初始供气分配为阿富汗20亿立方米/年，巴基斯坦和印度各125亿立方米/年
	伊朗—亚美尼亚天然气管道	建成（2006年）扩建（2019年）	伊朗和土库曼斯坦	从伊朗的大不里士至亚美尼亚的Sardarian，全长140公里	初期为11亿立方米/年，扩建后23亿立方米/年	反对	成本2.2亿美元

* 也有媒体报道为300亿到400亿立方米/年（Vladimir Socor,"Russia Resumes Gas Imports from Turkmenistan," http：//www.atimes.com/atimes/Central_Asia/LA06Ag02.html）。也有报告称为130亿立方米（Shamil Midkhatovich Yenikeyeff,"Kazakhstan's Gas：Export Markets and Export Routes," Oxford Institute for Energy Studies, November 2008, http：//www.oxfordenergy.org/pdfs/NG25.pdf）。

资料来源："Atyrau-Samara to be expanded to 17 million tons a year by 2009," http：//silkroadintelligencer.com/2008/10/20/atyrau-samara-to-be-expanded-to-17-million-tons-a-year-by-2009/. http：//en.wikipedia.org/wiki/Main_Page；http：//www.eia.doe.gov/emeu/cabs/caspgase.html；http：//www.cpc.ru/portal/alias!press/lang!en-us/tabID!3357/DesktopDefault.aspx；Asia Africa Intelligence Wire,"Russian Oil Companies Look to Iran to Use Spare Pipelines, Surplus Output," June 13, 2003, http：//www.accessmylibrary.com/coms2/summary_0286-23537276_ITM.

二是向东的管道。向东的管道主要通往中国，也存在进一步通往日本的可能性。向东的管道主要有两条：一是中哈石油管道，即从哈萨克斯坦通往中国的石油管道，另一条是中土天然气管道，即从土库曼斯坦通往中国的天然气管道。这两条管道方向基本平行。① 中哈石油管道从哈萨克斯坦里海沿岸的阿特劳（Atyrau）至中国新疆的阿拉山口，全长2228公里。该管道主要分为三段：一是肯基亚克—阿特劳（Kenkiyak-Atyrau），该段长

---

① 中哈石油管道基本上是自西向东方向，中土天然气管道先是由南向北，再由西向东，但基本方向还是由西向东。

449 公里，初期输油量可达 12 万桶/日，最终可达 18 万桶/日；二是阿塔苏—阿拉山口（Atasu-Alashankou），该段长 987 公里，建造成本为 7 亿美元，目前输油量可达 20 万桶/日，预计到 2014 年后可提高到 40 万桶/日；三是肯基亚克—库姆科尔（Kenkiyak-Kumkol），该段长 792 公里，初期输油能力为 1000 万吨/年。中哈石油管道最大输油能力可达 2000 万吨/年。阿塔苏—阿拉山口段已于 2005 年 12 月完工并于 2006 年投入运营，肯基亚克—库姆科尔段也于 2009 年 7 月 11 日完工并投入运营。中哈石油管道目前主要输送哈萨克斯坦阿克托贝（Aktobe）地区的油田和库姆科尔（Kumkol）油田的石油，未来将主要输送哈萨克斯坦卡什干（Kashagan）油田的石油。该管道也可输送俄罗斯西西伯利亚的石油。俄罗斯西西伯利亚的石油通过鄂木斯克—巴甫洛达尔—奇姆肯特—土库曼纳巴德（Omsk-Pavlodar-Chimkent-Türkmenabat）石油管道输送到阿塔苏，再从阿塔苏的石油终端通过中哈石油管道运送到中国。

中土天然气管道从土库曼斯坦经乌兹别克斯坦和哈萨克斯坦到中国的新疆，全长 1833 公里，有可能进一步延伸到日本。中土天然气管道输气能力可达 400 亿立方米/年，土库曼斯坦 300 亿立方米/年，哈萨克斯坦 100 亿立方米/年。该管道修建成本为 73 亿美元左右。中土天然气管道一期工程已全部于 2009 年 12 月 14 日完工。这两条管道不仅可以部分满足能源消费增长很快的中国市场的需要，也在一定程度上保证了哈萨克斯坦和土库曼斯坦等国能源出口市场的稳定，大大增强了中亚能源出口市场的多元化。尤其是中土天然气管道，跨越中亚众多国家，堪称是国际合作的典范。这两条管道客观上符合美国支持中亚摆脱俄罗斯对其能源出口管道控制的政策大方向，但由于是通往中国，客观上会加强中国与中亚各国的关系，因此，美国没有明确表态支持，但可以肯定的是，美国也没有明确表示反对。中亚内部还有一条自西向东的布哈拉—塔什干—比什凯克—阿拉木图（Bukhara-Tashkent-Bishkek-Almaty）天然气管道，该管道从乌兹别克斯坦的布哈拉（Bukhara）经过吉尔吉斯斯坦到哈萨克斯坦的阿拉木图（Almaty），全长 1585 公里，是苏联时代就建成的，年输气能力为 220 亿立方米/年，有与中土天然气管道相连接的可能性。

三是向南的管道。中亚地区自北向南的管道主要有五条，包括三条石油管道和两条天然气管道。其中，三条石油管道分别是在建中的内卡—贾斯克管道（Neka-Jask）、计划中的哈萨克—伊朗石油管道（KTI）和提议中的跨阿富汗石油管道（Trans-Afghanistan Gas Pipeline）。内卡—贾斯克管道从伊朗位于里海沿岸的内卡（Neka）到位于阿曼湾的贾斯克（Jask），全长1515公里，可输送阿塞拜疆、土库曼斯坦、哈萨克斯坦、俄罗斯等国的石油，输送能力可达100万桶/日，成本估计为20亿美元左右。该管道的第一阶段从内卡到德黑兰（Neka-Tehran）的管道已经运行，输油量为5万桶/日。哈萨克斯坦和土库曼斯坦可将石油供应给伊朗北部使用，然后再从伊朗通过内卡—贾斯克管道将等额石油出口到世界市场，因此，内卡—贾斯克管道又被称为伊朗石油互换管道（Iran Oil Swap Pipeline）。哈萨克—伊朗石油管道（KTI），从哈萨克经土库曼斯坦到伊朗波斯湾哈尔克岛（Kharg Island），全长1497公里，管道建造成本预计在12亿美元左右，主要输送哈萨克斯坦的石油，输送能力可达100万桶/天，但这条管道由于遭到美国的竭力反对而暂时搁浅。阿富汗石油管道，又被称为中亚石油管道（Central Asian Oil Pipeline），由美国尤尼科公司（Unocal）所建议，成本估计在25亿美元左右。该管道从土库曼斯坦的土库曼巴西到巴基斯坦的阿拉伯海沿岸港口瓜德尔（Gwadar），全长1674公里，可以输送土库曼斯坦、哈萨克斯坦、阿塞拜疆等国的石油，输油能力可达100万桶/日。但修建向南穿越伊朗的管道将受到《1996年伊朗和利比亚制裁法案》以及后来的《伊朗制裁法案》的限制，该法案规定对投资于伊朗石油和天然气部门的非美国公司进行制裁。美国公司已经被美国法律禁止与伊朗发展商务往来。

其他两条天然气管道分别是计划中的跨阿富汗的天然气管道（Trans-Afghan natural gas pipeline）（TAP or TAPI）和已建成的科尔佩杰—库尔特·库伊（Korpezhe-Kurt Kui）天然气管道。跨阿富汗的天然气管道预计最快能在2014年初步建成。该管道从土库曼斯坦道勒塔巴德（Dauletabad）气田经阿富汗和巴基斯坦到印度的法自卡（Fazilka），全长1680公里，主要输送土库曼斯坦的天然气，初期为270亿立方米/年，最终可达330亿立方米/年，预计建造成本为76亿美元，亚洲开发行已承诺提供融资。初始供气分配为阿富汗20亿立方米/年，巴基斯坦和印度各125亿立方米/年。跨阿富汗天然气管道项目被视为现代丝绸之路，阿富汗政府预计能得到该项目收益的8%。

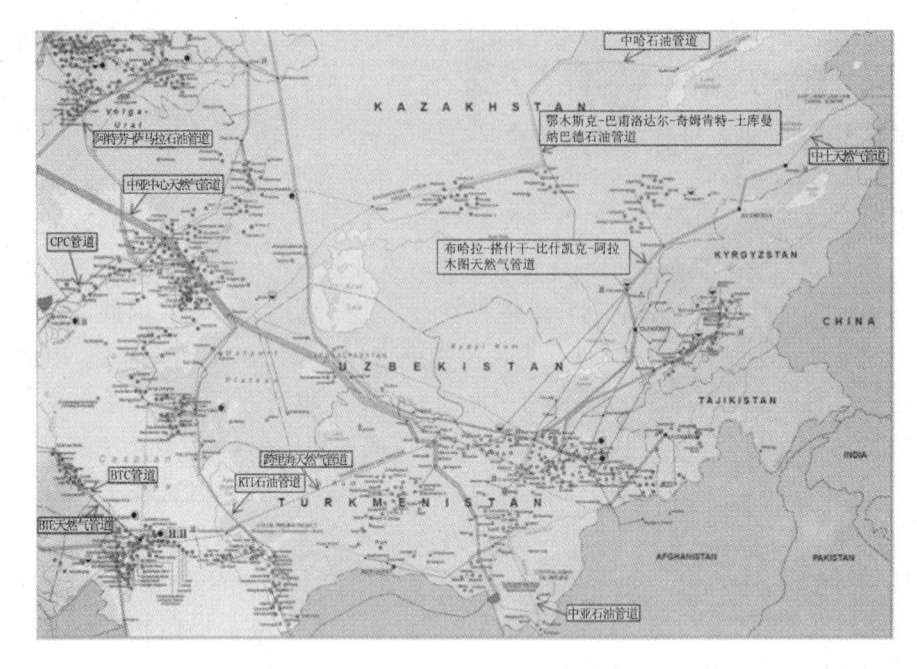

图 8—1　中亚能源外运主要管道示意图

资料来源：Shamil Midkhatovich Yenikeyeff（November 2008），Kazakhstan's Gas：Export Markets and Export Routes（Oxford Institute for Energy Studies），http：//www.oxfordenergy.org/pdfs/NG25.pdf. Retrieved 2010-1-23.

    1995年3月，土库曼斯坦和巴基斯坦签署了修建跨阿富汗天然气管道的谅解备忘录；1996年8月，为了修建该管道，美国石油公司尤尼科率先组建了中亚天然气管道有限公司（Central Asia Gas Pipeline，Ltd.）（CentGas）；1997年，土库曼斯坦、阿富汗、巴基斯坦和乌兹别克斯坦签署了修建中亚天然气管道的谅解备忘录；1998年1月，CentGas与塔利班政府签署了协议，但1998年6月和12月，俄罗斯国有天然气公司（Gazprom）和尤尼科先后退出了CentGas，项目暂时中止；1999年4月，巴基斯坦、土库曼斯坦和阿富汗同意重新启动CentGas项目，但由于阿富汗国内持续的战争以及美国和联合国对阿富汗的制裁，该项目不得不暂时冻结。[①] 塔利班政府垮台后，各方又开始计划修建该管道，土库曼斯坦、阿富汗和乌

[①] EIA, "Caspian Sea Region：Natural Gas Export Options," http：//www.eia.doe.gov/emeu/cabs/caspgase.html.

兹别克斯坦先后表示支持修建该管道。2002年，土库曼斯坦、阿富汗和巴基斯坦还就该管道相关事宜举行了三方会谈。2005年，亚洲开发银行提交了最终的可行性研究报告。2007年12月27日，土库曼斯坦、阿富汗和巴基斯坦三国达成修建该管道的新协议。2008年4月24日，巴基斯坦、印度和阿富汗签署了从土库曼斯坦购买天然气的框架性协议。①

目前该项目已经暂停，主要原因在于该地区越来越不稳定，尤其是通过阿富汗境内的管道必须通过塔利班仍实际控制的地区，这使得该管道的总体可行性受到质疑。美国对该管道的政策是，在塔利班执掌阿富汗政府时，坚决反对，在塔利班政府垮台后，表示大力支持。美国常务副国务卿伊丽莎白·琼斯（Elizabeth Jones）在2002年1月访问土库曼斯坦的阿什哈巴德（Ashgabat）时曾说道，如果私人企业认为修建跨阿富汗管道项目有好处而且商业上可行的话，美国将支持它们。② 2008年，美国驻土库曼斯坦大使的安·雅各布森（Ann Jacobsen）曾说："我们密切关注该项目，很有可能美国公司将加入其中。"③ 跨阿富汗管道将在一定程度上缓和亚洲能源需求增长最快的国家之一印度的需求，而且能够给阿富汗带来一定的收入，还将为中亚天然气开辟新的出口，因此，受到越来越多的重视。④

科尔佩杰—库尔特·库伊管道是从土库曼斯坦的科尔佩杰（Korpezhe）气田到伊朗的库尔特—库伊（Kurt Kui），科尔佩杰—库尔特·库伊管道全长200公里，主要输送土库曼斯坦的天然气，初期输送量为80—100亿立方米/年，扩建后可达到130亿立方米/年。该管道于1997年12月建成，初始成本为1.9亿美元，扩建成本为3—4亿美元之间。2001年12月，土库曼斯坦和亚美尼亚达成了相关协议，根据该协议，土库曼斯坦每年将通过科尔佩杰—库尔特—库伊管道和伊朗—亚美尼亚天然气管道向亚美尼亚供应706亿立方英尺的天然气。⑤

四是通往北部或西北部的管道。中亚往北或西北的管道主要有两条，

---

① "Trio Sign up for Turkmen Gas," Upstream Online, April 25, 2008, http://www.upstreamonline.com/live/article153168.ece. Retrieved 2010-01-28.

② EIA, "Caspian Sea Region: Natural Gas Export Options," http://www.eia.doe.gov/emeu/cabs/caspgase.html.

③ Ibid.

④ 但印巴不稳定局势也是影响该管道迟迟没有建成的因素之一。

⑤ EIA, "Caspian Sea Region: Natural Gas Export Options," http://www.eia.doe.gov/emeu/cabs/caspgase.html.

都是在苏联时代建成的。其中一条是石油管道，即阿特劳—萨马拉（Atyrau-Samara）管道；另一条是天然气管道，严格来说它是由多条管道组成的系统，即中亚中心天然气管道系统（Central Asia-Center gas pipeline system）（CAC）。阿特劳—萨马拉管道是从哈萨克斯坦的阿特劳到俄罗斯的萨马拉，全长 695 公里；主要输送哈萨克斯坦的石油，经过俄罗斯国家石油管道运输公司控制的管道系统到达波罗的海的石油终端出口。该管道 2009 年扩建后输送能力已达 1700 万吨/年，现计划继续扩建，到 2015 年增加到 2600 万吨/年。中亚中心天然气管道系统从土库曼斯坦经乌兹别克斯坦和哈萨克斯坦到俄罗斯的萨拉托夫（Saratov），全长 2000 公里，目前输气能力可达 450 亿立方米/年。该管道包括两条支线，东部支线和西部支线。其中，西部支线由中亚中心 3 号管道和拟修建的里海沿岸管道（The Caspian Coastal Pipeline）组成，里海沿岸管道又被称为里海管道（The Caspian Pipeline），建成后每年的输气能力可达 200 亿立方米。

除了打破俄罗斯对中亚能源出口管道的垄断，确保中亚各国的独立、生存和发展外，对于美国的利益而言，支持中亚地区能源出口通道多元化，能间接提高美国的能源安全，因为随着全球能源市场一体化程度的不断加深，美国能源安全和世界能源安全是密切相关的，而出口管道多元化会增加中亚能源对世界市场的供应，从而有利于提高世界能源安全和美国能源安全。另一方面，这也直接符合美国在中亚地区能源企业的利益，因为美国能源企业不仅可以在管道建设和运营方面获利，而且可以解决这些企业所开发的油气出口问题。

在上述管道中，美国最积极支持的是通往欧洲的东西方向管道的建设，包括 BTC 管道、纳布科管道、跨里海天然气管道和跨里海石油管道；阿富汗塔利班政府垮台后，美国也开始大力支持跨阿富汗天然气管道。尽管中亚地区往南通往伊朗，再由伊朗出口到世界市场的管道最为便捷，成本最低，但这样的管道一直受到美国的强烈反对。而对于从中亚向东通往中国的管道，美国则没有明确的支持或反对意见。由此可以看出，尽管美国支持中亚能源出口管道多元化，但其目的是希望将中亚地区的石油和天然气出口通道对俄罗斯的依赖降到最低程度，而且要防止任何出口管道通过伊朗，因此，其管道政策还是有所侧重的。美国积极支持向西通往欧洲的管道，尤其是通往欧洲的 BTC 管道的建设，不仅是因为该管道绕过了俄罗斯，而且因为它输送的石油和天然气主要是供应在美国的欧洲盟国。无论是克林顿政府还是小布什政府都积极支持该项目。克林顿在卸任之前，还飞往土耳其主持了一个关于拟投资30亿美元建设通往欧洲的BTC管道的地区协定的签字仪式，而布什总统则给BTC管道开幕式写去了贺信，并阐释了该管道对中亚和全球能源安全的意义。他说："通往欧洲的东西方向管道是新东西能源走廊的主要组成部分，将带来诸多长期利益，包括为该地区吸引新投资，提高全球能源安全，加强里海盆地国家的主权和独立，以及支持这些国家的经济合作和融入全球经济。"[①]

2. 维护美国能源企业在地区的商业利益。

美国能源企业在中亚各国独立后，纷纷进入哈萨克斯坦等能源资源丰富的国家，抢占了先机，占有了大量份额。早在1993年雪佛龙公司就开始参与哈萨克斯坦田吉兹（Tengiz）油田的开发，共同组建了合资企业，并签署了为期40年的协议，总投资达到200亿美元。在哈萨克斯坦的田吉兹油气田，美国的雪佛龙和埃克森美孚（Exxon Mobil）分别占了50%和25%的股份。田吉兹油气田是世界第六大油田，田吉兹和科罗廖夫（Korolev）油气田合起来的可开采石油估计在60亿到90亿桶之间。2008年田吉兹油气田平均每天生产37.7万桶原油，4.94亿立方英尺天然气和2.8万桶天然气凝析液（natural gas liquids）（NGL）。2008年9月，田吉兹油气田扩产完成，每天产量可达54万桶石油，7.6亿立方英尺天然气。2008年，雪佛龙完成了田吉兹油气田扩产项目的投资，该投资高达74亿美元。截止到2008年为止，田吉兹油气田已经累计投入超过200亿美元。美国企业在哈萨克斯坦获得的回报惊人，以雪佛龙为例，其在田吉兹油气田每桶石油的生产成本2006年、2007年和2008年分别仅为3.31美元、3.98美元和5.24美元，同期销售价却分别为每桶56.8美元、62.47美元和77.91美元，该油气田销售收入在2006年、2007年和2008年分别为28.61亿美元、33.27亿美元和49.71亿美元，同期净利润分别为17.49亿美元、20.51亿美元和31.42亿美元。

卡什干油田是近30年来世界发现的最大油田，石油储量在300亿到500亿桶之间，一般认为在380亿桶左右，可开采储量在40亿到130亿桶

[①] Spencer Abraham, "Remarks by Energy Secretary Spencer Abraham BTC Pipeline Groundbreaking Ceremony," http://www.energy.gov/engine/content.do? PUBLIC_ID=13423&BT_CODE=PR_SPEECHES&TT_CODE=PRESSSPEECH.

之间，一般认为在 80 亿桶左右。该油田预计开发总成本高达 1360 亿美元，2014 年形成商业性生产。其中，美国埃克森美孚和康菲（ConocoPhillips）公司分别持有 16.81% 和 8.4% 的股份，合起来占了股份的 25.21%。从国家来看，美国所占的股份是最大的〔其他国家所占比例为意大利的国家碳化氢公司（Eni）占 16.81%，法国的道达尔公司（Total）占 16.81%，哈萨克斯坦的国家石油和天然气公司（KazMunayGas）为 16.81%，日本的日本国际石油开发株式会社（Inpex）为 7.56%〕。①

卡拉恰干纳克（Karachaganak）油气田据估计蕴藏着 12 万亿立方米（42.4 万亿立方英尺）的天然气和 10 亿吨液态凝析油和石油（12.36 亿吨），美国雪佛龙公司所占股份为 20%。2008 年，该油气田的液态烃平均日产量为 22.4 万桶，天然气为 8.43 亿立方英尺。预计在整个 40 年的合同期，该油气田将生产 3 亿吨左右的液态烃（liquid hydrocarbons）和 8000 亿立方米的天然气。目前，美国雪佛龙公司是哈萨克斯坦最大的私人石油生产商，同时，它还是 CPC 管道最大的私人股权拥有者；它在阿特劳还建有一座聚乙烯管工厂，对它投入了 2400 万美元，该工厂是哈萨克斯坦第一家聚乙烯工厂。

能源投资一般规模较大、周期较长，而且要求同时对相关基础设施（如管道）等进行配套投资，因此，在一个国家政治、经济和社会形势都不甚明朗和稳定，法律还不完善、国际投资环境还不理想的情况下，如果没有投资国政府的强有力支持，国际能源企业是很难进行投资的。实际情况也正是如此。正是由于得到了美国政府的大力支持，美国的能源企业才能大举进入中亚地区。换句话说，大力支持美国能源公司参与该地区的能源开发以获取巨大的商业利益，实际上是美国在该地区极为重要的政策目标之一。

从哈萨克斯坦的情况来看，石油部门吸收了大量的外国直接投资，每年的规模平均在 30 亿—40 亿美元左右，例如 2003 年流入石油部门的外国投资为 40 亿美元左右，几乎为流入的全部外国直接投资，卡拉恰干纳克（Karachaganak）、田吉兹和卡什干（Kashagan）这三个项目和 CPC 管道，吸收了绝大部分资金，而这些资金大部分来自美国。2007 年上半年，美国的外国直接投资占哈萨克斯坦所吸收的外国直接投资总量的 24.6%。自

---

① 法国的道达尔公司和意大利的国家碳化氢公司也是在纽约股票交易所上市的企业。

1993年以后，美国公司在哈萨克斯坦投入了143亿美元左右，这些投资大部分集中在能源部门。① 在这方面，由于美国能源公司在世界上具有较强的竞争能力，美国一直强调该地区的能源部门应对外开放，要求该地区的国家实行自由贸易，并改善投资环境以吸引国际投资，尤其强调该地区的政府要遵守合同以及反对腐败的重要性。例如，在能源外运管道建设方面，美国政府一直主张，尽管地区政治的因素非常重要，但商业利益仍然是美国政府支持特定管道建设的决定因素之一。美国主张该地区这些大规模的基础设施项目都应当引入商业化竞争机制。为了使通往欧洲的东西方向管道的建设更具商业吸引力，美国政府不仅要求土耳其政府采取各种措施，而且主动提供政治风险担保措施以促进地区国家之间的合作。例如，帮助格鲁吉亚训练特种部队以镇压其国内叛乱，并为通往欧洲的东西方向管道在格鲁吉亚的部分提供安全保障等。此外，美国政府还鼓励该地区国家成立国家间工作小组，通过多边谈判的方式加强在放松管制、法律、关税等方面的合作，从而使通往欧洲的BTC管道作为欧亚走廊更具商业吸引力。

3. 强化美国与中亚能源生产国的能源关系，平衡美俄在该地区的竞争与合作关系。

在处理与中亚各国及周边的能源关系时，美国的政策重点是强化美国与中亚地区主要能源生产国的能源关系，而美国与哈萨克斯坦的能源关系是其中的重点，同时，平衡美俄在该地区的能源开发、管道建设等方面的竞争与合作关系。

加强与产油国家政府的合作一直是美国国际能源政策的重点，在中亚地区也不例外。强化美国与中亚地区主要能源生产国的能源关系也一直是美国在中亚地区能源政策的重点。美国与中亚地区主要能源生产国不断进行频繁的高层互访和互动，例如，1994年，哈萨克斯坦总统访问了美国，就修建到土耳其的管道进行了协商；1997年11月，美国第一夫人希拉里·克林顿访问了哈萨克斯坦、乌兹别克斯塔和吉尔吉斯斯坦，同年，哈萨克斯坦和吉尔吉斯斯坦的总统访问了美国；土库曼斯坦的总统于1998年访问了美国，并与美国石油公司（Mobil）签署了一项战略协定，共同开发位于该国西部的Garashsyzlyk油田；2005年国务卿赖斯访问了哈萨克

---

① Background Note: Kazakhstan, http://www.state.gov/r/pa/ei/bgn/5487.htm#relations.

斯坦等国；2006年副总统切尼访问了哈萨克斯坦、土库曼斯坦等国。此外，美国与中亚主要能源生产国建立了能源对话机制。2001年，美国与哈萨克斯坦建立了美国—哈萨克斯坦能源伙伴关系（The U. S. -Kazakhstan Energy Partnership）。① 美国政府与哈萨克斯坦政府之间建立了一个能源合作工作小组，就两国能源合作方面的事宜开展广泛的对话。在土库曼斯坦，美国政府为该国的天然气出口到土耳其打开了绿灯，尽管其天然气管道要穿过伊朗境内，但美国政府还是小心翼翼地为其辩解，称其并未违反《1996年利比亚和伊朗制裁法》。

平衡与俄罗斯在中亚能源领域里的竞争与合作关系也是美国在中亚能源政策的另一个重点。首先，美俄在中亚能源领域里存在着一定程度的竞争。中亚各国独立之初，在能源出口管道等很多方面都必须依赖俄罗斯，而美国的政策核心是要尽力降低中亚能源出口管道对俄罗斯的依赖，俄罗斯显然不愿意放弃对中亚能源出口管道的控制地位，因此，这必然会引起两国在中亚能源出口管道建设方面的相互竞争。② 例如，美国大力支持BTC管道、纳布科管道、跨里海管道的建设，而俄罗斯一方面以环境保护和成本高昂等各种理由加以反对，另一方面则大力扩建CPC管道、中亚中心天然气系统和阿特劳—萨马拉石油管道。两国在中亚外运管道方面的争夺相当激烈。俄罗斯认为纳布科项目从经济上看是不可行的，因为可能无法保证有充足的天然气供应。俄罗斯国家杜马能源委员会副主席伊万·格拉契夫（Ivan Grachev）质疑纳布科项目的可行性，并认为该项目的意图实质上是对俄罗斯施加压力。而俄罗斯与土库曼斯坦和阿塞拜疆的天然气交易，被观察家认为是俄罗斯旨在控制纳布科项目可能提供的供应。美国则认为，纳布科项目对美国非常重要，可以帮助欧洲盟友使其能源供应来源多元化，降低对俄罗斯的依赖度，美国副助理国务卿马修·布雷扎（Matthew Bryza）曾说："我确信纳布科管道一定会修建，因为它符合商业逻辑。"③ 他认为纳布科管道输送天然气的成本要低于其竞争对手南溪管道

---

① Background Note: Kazakhstan, http://www.state.gov/r/pa/ei/bgn/5487.htm#relations.
② 美国这一政策的另一个好处就是可以缓解欧洲对俄罗斯天然气供应的依赖。近年来，俄罗斯屡屡切断对乌克兰和欧洲的天然气供应，更加坚定了欧洲和美国支持建设纳布科管道的决心。
③ "Energy Issues in Europe, February 26, 2008," http://merln.ndu.edu/archivepdf/EUR/State/101800.pdf.

(The South Stream pipeline)。① 他声称："非常明显，纳布科比任何其他项目在商业上都更为合理。"② 同时，美国能源企业趁苏联解体、俄罗斯自顾不暇之机，大力进入中亚—里海地区进行油气开发，但随着俄罗斯经济政治形势逐步稳定，俄罗斯能源企业也逐渐参与到中亚能源的开发之中，两国在中亚能源开发方面也面临着一定的相互竞争。

另一方面，美俄在中亚能源领域里也存在着一定程度的合作。由于俄罗斯在中亚地区有着着重要的安全和经济等利益，而且一直是中亚地区最有影响力的大国，美国意识到在该地区不与俄罗斯保持一定程度的合作是非常困难的。③ 中亚各国独立以后，美国首先要考虑的是如何扩大中亚能源的出口量④，因此如何有效利用俄罗斯现有的管道，尽快建设新的出口管道就成为美国的优先目标。为此，美国在这方面保持了与俄罗斯的合作。例如，美国曾经资助了一项重要研究，以改进现有俄罗斯管道系统输送石油和天然气的能力，从而扩大中亚—里海地区的出口。又如，美国并没有阻止任何通过俄罗斯的管道的建设，相反，还支持里海管道财团项目的上马。⑤ 由于俄罗斯能源公司在哈萨克斯坦等国有很大的竞争优势，美国意识到要想完全排斥俄罗斯参与中亚地区油气的生产和运输是不可能的，因此在一定程度上也鼓励美国企业和俄罗斯公司在中亚地区的商业合作。

4. 阻止伊朗与中亚各国在能源领域里的合作。

以伊朗发展核武器等大规模杀伤性武器、进行武器扩散、支持国际恐

---

① 计划中的南溪管道，从黑海经保加利亚到意大利和奥地利，主要输送俄罗斯天然气，它可部分地取代拟扩建的从土耳其经保加利亚和塞尔维亚到匈牙利和奥地利的蓝溪管道（Blue Stream），被视为是纳布科管道的竞争对手。南溪管道预计在2015年完工。

② "U. S. Throws Weight behind EU's Nabucco Pipeline," Reuters, Feb. 22, 2008, http://uk.reuters.com/article/2008/02/22/eu-energy-usa-idUKL2212241120080222.

③ 事实上，由于俄罗斯是世界第二大石油生产国，也是石油储量丰富的国家，是美国石油前15位的大供应国之一，因而美国和俄罗斯在能源方面的合作是全方位的，在中亚—里海地区的合作只不过是其中极小的一部分，但这种合作也伴有很多竞争和对抗。2001年5月，美国总统布什和俄罗斯总统普京发表了美俄能源对话的联合声明，强调能源在双边关系中的重要性。随后，美国能源部和俄罗斯能源部共同创建了美俄能源工作小组，主要就加强美俄在全球能源市场、投资、能源技术、能源信息交流等五个方面的合作进行谈判等。

④ 这也符合在中亚进行能源开发的美国企业的利益。

⑤ 阿塞拜疆国际经营公司厄尔尼北部管道（The Northern Early pipeline）及CPC项目都要经过俄罗斯，其终点都是俄罗斯在黑海的港口。当然，这也是因为美国能源企业在CPC管道中占有相当大份额。

怖主义为由，美国通过了《1996 年伊朗和利比亚制裁法》（The Iran and Libya Sanction Act of 1996）和《2010 年对伊朗全面制裁、究责和剥夺权利法》（The Comprehensive Iran Sanctions, Accountability, and Divestment Act of 2010）等法律和各种行政规章，施加各种制裁手段来限制伊朗勘探、开发、精炼和通过管道输送其油气资源的能力的发展。[1] 根据美国上述相关法律，任何通往伊朗或通过伊朗的油气管道都属于被禁止的范围，因为这些管道会促进伊朗油气资源的开发。受美国制裁伊朗的法规的影响，在美国的强烈反对和制裁的威胁下，中亚很多国家不得不停止通往伊朗的管道建设。[2] 对于阻止建设中亚通往或通过伊朗的管道，美国的主要理由有两个：第一，修建该地区向南通过伊朗的能源外运管道，将妨碍通向西方的管道的建设和发展，而且伊朗石油和天然气产业的发展壮大，将会增加伊朗对中亚地区的影响力，进而增加该地区的不稳定性，从而不利于美国遏止伊斯兰原教旨主义的战略目标。第二，从能源安全的角度看，让更多的能源资源通过波斯湾毫无意义，因为波斯湾已经是一个非常拥挤且极不安全的能源通道。美国一些学者认为，正是利用《1996 年伊朗和利比亚制裁法》和《2010 年对伊朗全面制裁、究责和剥夺权利法》（The Comprehensive Iran Sanctions, Accountability, and Divestment Act of 2010）这一工具，克林顿政府和小布什政府才阻止了相关管道通过伊朗，并成功推进了 BTC 管道的建设。目前，哈萨克斯坦—伊朗的石油管道因美国的极力反对而受阻，伊朗曾试图参与纳布科管道建设也被美国所阻止。对于中亚能源外运通道而言，通过伊朗的管道通常是成本最为低廉的，但它却由于美国的阻挠和地缘政治的因素而不得不暂停修建。

三 美国中亚战略的演变

虽然美国的中亚能源政策自冷战结束以来，其基本目标一直未变，但是，随着美国在这一地区战略的变化，其能源政策的侧重点也随之发生了变化。

---

[1] Kenneth Katzman, "Iran Sanctions," December 24, 2009, Congressional Research Service RS20871, http://www.fas.org/sgp/crs/mideast/RS20871.pdf.

[2] 不仅如此，美国还阻止伊朗石油和天然气产业的发展，对外国企业与伊朗在能源方面的合作持反对态度。

美国在中亚地区的战略目标就整体来说包括：维持地区政治稳定；防止苏联时期的核武器扩散；防止伊斯兰原教旨主义扩散；增加中亚油气对世界市场的供应；促进民主；维护中亚各国的主权独立和完整；保护在中亚地区的盟友；维护美国在该地区的利益。在美国国家安全战略中，其中亚政策的基本目标是使中亚新独立的国家"西化"，将它们整合进西方经济、政治和军事机构（组织）之中。美国在中亚地区的"塑造"战略实质是整合该地区的各种力量，帮助各国制定相关法律，成立相应的机构，为市场经济和迈向民主的政治体制提供框架。① 然而，美国在不同时期对中亚地区的战略还是有差别的，根据其主要战略目标的不同，可以把它划分为三个重要的时期，即 1994—2001 年中亚—南高加索"西化"战略（或者欧亚战略）时期、2001—2004 年的反恐战略时期和 2005 年至今的中亚—南亚整合战略时期。

（一）1994—2001 年中亚—南高加索"西化"战略时期

在苏联解体后，老布什政府立即承认了中亚各国的独立，并寻求与中亚各国建立外交、政治和经济关系。到克林顿总统时期，其政府于 1997 年形成了比较完整的中亚战略。之所以称之为中亚—南高加索"西化"战略或者欧亚战略，是因为它以里海地区为核心，把中亚和南高加索地区视为一体，强调中亚和南高加索地区与欧洲的联系，而没有把中亚看作一个独立的地区。这一时期美国对中亚和南高加索地区的外交政策目标包括以下几个方面：巩固南高加索及中亚国家的主权独立；化解地区内部冲突，促进稳定；促进民主化；鼓励各国向西方靠拢；鼓励各国向市场经济转型和实行自由贸易；使哈萨克斯坦无核化；推行人权外交；防止伊斯兰主义在该地区的扩张；修建新的里海地区石油外运管道。

但在中亚各国独立初期，除了重视与哈萨克斯坦等国合作以防止中亚核扩散外，美国对该地区并没有太多的关注。1994 年 1 月克林顿在与叶利钦会晤后，称赞俄罗斯解决了格鲁吉亚政治危机，希望俄罗斯在该地区进一步发挥积极作用。在这次会晤一个月之后，哈萨克斯坦总统扎巴耶夫前往美国，表示希望美国帮助哈萨克斯坦兴建通往土耳其的输油管道，此

---

① President Willian J. Clinton, *A National Security Strategy for a New Century* (Washington D. C: The White House, 1997), pp. 18, 32-33.

时,美国为了对俄罗斯示好,表示希望哈萨克斯坦选择通过俄罗斯的管道。① 1994 年 9 月,克林顿改变了其在同年 1 月谈话时的态度,认为俄罗斯应当尊重新独立的国家,同时美国开始加大对中亚和高加索地区国家包括哈萨克斯坦、乌兹别克斯坦和阿塞拜疆的援助。这标志着美国开始重视中亚和高加索地区的战略地位。塔利班于 1996 年在阿富汗掌权后,恐怖主义形势日趋严重,为了应对来自阿富汗的恐怖主义威胁,美国逐渐加强了与乌兹别克斯坦、塔吉克斯坦、吉尔吉斯斯坦和土库曼斯坦在安全和军事领域里的合作。在美国的推动下,中亚五国先后加入了《北约和平伙伴计划》(NATO's Partnership for Peace Program),它们与美国分别签署了多项军事交流协议,并加强了双方的军事交流和联合演习。1999 年 10 月 1 日,军事上原先由美国欧洲战区负责的中亚五国转由中央战区负责。据不完全统计,在这一时期,美国向哈萨克斯坦、吉尔吉斯斯坦和乌兹别克斯坦三国军队提供的直接军事援助就高达 3000 多万美元。② 根据美国众议院 1999 年 3 月 10 日通过的丝绸之路战略法案(The Silk Road Strategy Act),美国在该地区的外交政策和国际援助的目标是支持该地区的经济和政治独立、民主建设、自由市场政策和地区经济一体化。同时,该法案强调应使用各种援助实现上述目标。③

在美国能源公司的游说下,美国政府逐渐开始关注里海地区的油气资源,这一地区的油气资源逐渐在美国对中亚—高加索地区的战略中取得了非常重要的地位,甚至可以说是核心地位。首先,克林顿总统于 1994 年命令当时的助理国务卿斯特罗布·塔尔博特(Strobe Talbott)组建里海工

---

① 许庭瑜:《美国在中亚地区石油安全政策》,http://nccuir.lib.nccu.edu.tw/bitstream/140.119/33694/8/53008103.pdf。

② 潘光:《"9·11"事件前后美国与中亚的关系:变化与挑战》,载《复旦学报》(社会科学版) 2005 年第 6 期。

③ 1999 年丝绸之路法案对 1960 年对外援助法案作出了修改,并作为 2000 财年国外活动、出口融资和相关项目拨款法案的一部分而成为法律(参见"The Silk Road Strategy Act of 1999," http://www.govtrack.us/congress/billtext.xpd?bill=h106-1152)。对于美国在中亚的战略,要注意区分官方套话和实际行动,也就是说,美国官方所宣称的政策与其实际行动(或政策)往往因为各种原因而存在显著差异。不同官员对同一政策的表述有时也存在非常大的差异。即使是同一官员,对于同一政策,在不同场合表达的含义有时也大相径庭。例如,斯蒂芬·塞斯坦诺维齐(Stephen Sestanovich),美国独联体无任所大使,认为美国政策并不是始于经济利益的分析,而是战略观点。他同时宣称,美国的最高目标是创造和维持民主政治机构。而更早一些,副国务卿斯特罗布·塔尔博特说美国的首要目标是解决在中亚和高加索地区的冲突。

作小组（Caspian task force），该小组由国务院、国家安全委员会、能源部、商务部和中情局等组成。该机构的主要目的在于除了保护在该地区美国能源公司的利益外，还要增加该地区能源外运管道以降低对俄罗斯的依赖，并阻止这些管道通过伊朗。其次，美国加大了对里海地区能源生产国的经济、技术和制度建设等方面的援助，并介入了影响该地区油气出口的种族冲突，例如克罗巴赫、阿布哈兹（Abkhazia）等。1997 年是美国中亚战略明晰化的一年。1997 年 7 月，助理国务卿陶伯特阐释了美国在里海—中亚的地区政策，认为里海—中亚地区是一个战略上至关重要的地区，同时是美国不能忽略的欧洲大西洋社会的一部分。他还指出，美国对里海—中亚地区的战略目标是：支持该地区国家摆脱对俄罗斯的依赖，保证它们的领土完整和主权独立，把解决该地区的冲突与石油资源开发同时进行，使该地区成为美国 21 世纪的战略能源基地，遏制并削弱俄罗斯与伊朗对该地区的影响。陶伯特指出：

> 如果高加索和中亚国家的改革持续下去并最终获得成功，那么这将鼓励苏联中其他新独立的国家取得类似进步。这也将有助于与中国、土耳其、伊朗和阿富汗等国家以及与巴基斯坦和印度的经济和社会联系越来越紧密的战略性关键地区的稳定。……如果经济和政治改革……不成功，如果内部和边境冲突不断酝酿和爆发，那么该地区将成为恐怖主义的发源地，宗教和极端主义的温床、战争的公开战场。如果这些事件发生在拥有 2000 亿桶石油储量的地区，那么，它对美国的意义尤其深远。[1]

他的演讲也清楚地表明进入该地区油气能源市场是美国在该地区最关键的利益。[2]

总体来说，1997 年，美国形成了较为清晰和完整的使中亚—南高加索地区"西化"的战略，其主要内容包括：政治上推动中亚高加索国家走

---

[1] Deputy Secretary of State Strobe Talbott, "A Farewell to Flashman: American Policy in the Caucasus and Central Asia", Address at the Johns Hopkins School of Advanced International Studies, Washington DC, 21 July 1997, http://findarticles.com/p/articles/mi_ m1584/is_ n6_ v8/ai_ 19715181/.

[2] Stephen Blank, "The United States and Central Asia," in Roy Allion and Lena Jonso: Central Asian Security: The New International Context (Washington DC, Brookings Institution Press, 2001), p. 130.

"西化"道路，依照"多元民主、保障人权、市场经济"模式建立现代化国家体制；经济上加强与中亚高加索国家的合作，共同开发里海能源，建设油气外运管道；在安全与外交方面，积极调解该地区内部民族宗教和领土争端，在有摩擦的国家之间采取中间立场，把解决该地区冲突看作是顺利开发油气资源的前提和保证。这一战略的核心是里海地区能源的开发和外运管道的建设，政治、经济、安全和外交基本上都是服务于能源利益这一目标的。小布什上任后，对中亚地区能源的关注不及克林顿政府。克林顿政府时期的重要能源官员简·H. 卡利奇（Jan H. Kalichi）就指出，小布什将国务院主管里海能源事务的职位由特别顾问（special advisor）调整为资深顾问（senior advisor）；另外撤销了在克林顿时代的机构"里海工作小组"。但在 2001 年"9·11"事件爆发前，小布什基本上是沿袭了克林顿时期的中亚战略，没有做大的调整。

（二）"9.11"事件后至 2004 年间的反恐战略时期

"9·11"事件后，美国调整了其全球安全战略，反恐成为其首要目标。中亚在美国全球反恐战略中明显上升到至关重要的地位，而且在美国的新防务战略中，中亚也成为美国关注的重要地区之一。这一时期，安全，尤其是反恐合作显然成为美国对中亚政策的主导。美国国防部于 2001 年 9 月 30 日发表的《四年防务评估报告》（The 2010 Quadrennial Defense Review）指出，美国防务政策的基础应从传统的威慑模式转变为以实力为基础的行动模式，在威慑失败的情况下，应果断地打败敌人。根据该报告，美国的基本安全利益包括阻止关键地区被敌对势力所控制，保持稳定的战略平衡，保持进入关键市场和获得战略资源的渠道，关注"贫弱国家"领土上出现的威胁，关注可维系的联盟，随时准备对突发性危机进行干预等。该报告认为，由于各种上升或衰败的力量互相纠缠，以及具有军事实力和发展大规模杀伤性武器潜力的激进乃至极端势力纷纷登台，中亚已经成为一个极易遭受军事冲突伤害的地区，可视为"不稳定的弧形地带"。[①] 由此可以看出，美国已认识到中亚对于美国的安全利益来说非常重

---

① The Department of Defense, "Quadrennial Defense Review Report," September 30, 2001, www.defense.gov/pubs/pdfs/qdr2001.pdf；另参见潘光《"9·11"事件前后美国与中亚的关系：变化与挑战》，载《复旦学报》（社会科学版）2005 年第 6 期。

要,这为美国在中亚进行较大规模的外交行动和军事介入提供了理论依据。2002年9月20日,小布什政府发表了其第一份《国家安全战略》(The National Security Strategy),与克林顿政府时期的《国家安全战略》相比,小布什政府国家安全战略在指导思想、强调重点、分析视角、技术手段等方面都有明显的不同,它表明美国将采用先发制人、预防性战争和单边主义的方法,对付威胁其安全的国家和非国家因素。①

在美国的全球反恐战略中,尤其是在阿富汗战争中,中亚成为了前沿阵地,首先是乌兹别克斯坦,然后是吉尔吉斯斯坦、塔吉克斯坦和哈萨克斯坦等都成为"前线国家"。美国中亚战略的重心也随之变为确保美国进入中亚地区,建立反恐基地。例如,美国助理国务卿伊丽莎白·琼斯(Elizabeth Jones)指出,美国在中亚地区的长期利益主要包括三个方面:阻止恐怖主义的扩散;支持中亚国家的经济、政治改革和法制建设;确保里海能源的安全和能源开发的透明度。② 2002年11月20日,美国务院中亚事务办公室发表的报告把美国在该地区的战略利益概括为安全、能源和内部改革三个方面。③ 可见,反恐已经上升为主要目标。为了确保反恐战略的实施,美国加强了与中亚各国的关系,不仅直接提供应中亚各国大量经济援助,而且敦促国际货币基金组织(IMF)等国际组织向中亚地区提供更多的经济援助;同时,美国还提供了军事援助和军事训练,帮助中亚国家抵御伊斯兰原教旨主义极端分子的袭击;双方还加强了相互交流,并频繁进行高层会晤。由于乌兹别克斯坦在反恐中的战略地位非常突出,美国加强了与乌兹别克斯坦在反恐方面的合作,2001年10月国防部长唐纳德·拉姆斯菲尔德(Donald Rumsfeld)为此访问了该国。乌兹别克斯坦、塔吉克斯坦和吉尔吉斯斯坦先后允许美军及北约国家利用各自的机场,土库曼斯坦和哈萨克斯坦也同意给予美国及其盟友有限的基地使用权,包括允许盟军飞机在紧急情况下降落在本国机场。而且,中亚五国都同意向美国

---

① *National Security Strategy of the United States* (Washington, D. C.: U. S. Government Printing Office, 2002), pp. 4, 5, and 19.
② A. Elizabeth Jones, "U. S. -Central Asian Cooperation," Testimony Before the Senate Foreign Relations Committee, Subcommittee on Central Asia and the Caucasus, Washington, DC, December 13, 2001, http://2001-2009.state.gov/p/eur/rls/rm/2001/11299.htm.
③ State Dept.'s Office of Central Asian Affairs, "Promoting Long-term Stability in Central Asia: U. S. Government Assistance One Year After '9·11'," http://www.america.gov/st/washfile-english/2002/November/20021120174239jthomas@pd.state.gov0.4453089.html.

及其盟友开放领空，并与美国建立情报共享机制，加强与美国中央战区的军事合作。随着大批美军进入阿富汗及其周边国家，并建立起一系列军事基地，美国深深卷入了中亚、南亚地区的军事冲突和各种纷争之中。[1] 这一时期是美国与中亚各国的短暂蜜月期，美国对中亚各国进行了全方位的援助，而中亚各国也竭尽全力地支持美国在阿富汗的反恐行动。而且，随着阿富汗战争的结束，中亚和南亚之间天然的地域联系也使得这两个地区有可能开展更为广泛的合作。

（三）2005年至今的中亚—南亚整合战略时期

中亚—南亚整合战略脱胎于"大中亚计划"。[2] 这一战略围绕阿富汗反恐战争和重建这一短期目标以及中亚和南亚地区整合这一长期目标，不再以中亚五国的欧亚属性和阿富汗的南亚属性为出发点，而更为注重阿富汗在中亚和南亚地区之间的桥梁作用，强调中亚和南亚之间的资源互补性，协调美国在中亚的长期军事存在等长远利益及机制安排和在南亚地区的利益，并以发挥哈萨克斯坦在中亚的领导作用、强化美国与哈萨克斯坦的伙伴关系为最重要的实施手段。

美国战略的改变与它陷入阿富汗反恐战争的泥潭和它与乌兹别克斯坦等国家关系的急剧恶化有关。在尚未完成在阿富汗的反恐任务之时，美国便以伊拉克可能拥有大规模杀伤性武器为由，于2003年3月20日发动了伊拉克战争。随着战争真相的逐渐显露，美国的反恐联盟逐步瓦解了，中亚的乌兹别克斯坦和哈萨克斯坦先后退出了反伊联盟。而伊拉克战争和战后重建也影响了美国在阿富汗反恐战争的进程，塔利班和基地组织试图卷土重来，阿富汗安全形势日趋恶化。同时，伊拉克战争以来，尤其是2005年以来，布什政府在中亚积极推动民主进程和改善人权，甚至不惜发动"颜色革命"，而且在乌克兰和格鲁吉亚的"颜色革命"取得了初步成功

---

[1] 潘光：《"9·11"事件前后美国与中亚的关系：变化与挑战》，载《复旦学报》（社会科学版）2005年第6期。

[2] "大中亚计划"由约翰·霍普金斯大学中亚高加索研究所所长弗雷德里克·斯塔尔（Frederick Starr）教授提出。该计划以阿富汗为中心，把中亚五国和阿富汗看作一个整体，称之为"大中亚"。斯塔尔认为，必须规划、协调和整合美国在中亚的双边、多边和地区性项目，建立有效的部长级和总统级定期会晤协商机制、成立相关的机构，实施"大中亚合作和发展伙伴计划"（参见潘光、张屹峰《"大中亚计划"：美国摆脱全球困境的重要战略步骤》，载《外交评论》2008年第2期）。

之后，又试图在中亚各国推而广之。① 由于美国的鼓励和支持，吉尔吉斯斯坦和乌兹别克斯坦先后受到了颜色革命浪潮的冲击，哈萨克斯坦、塔吉克斯坦和土库曼斯坦也受到不同程度的影响，中亚各国的稳定受到了极大的威胁。这造成美国与中亚国家的关系急转直下，由热转冷，乃至恶化。吉尔吉斯斯坦逐渐疏远了美国，乌兹别克斯坦则与美国反目，哈萨克斯坦也开始实施保障国家安全的立法修正案，对外国资助本国政党和候选人做出了严格的规定。上海合作组织成员国在阿斯塔那峰会发表的成员国元首宣言中，明确要求以美国为首的反恐联盟确定临时使用上海合作组织成员国相关基础设施及其驻军的最后期限。这不仅表明美国与中亚各国的关系陷入了低潮，也表明了美国在中亚推进民主运动和民主制度遭受了重大挫折。

美国与中亚各国关系的恶化严重影响到了它在阿富汗的反恐行动，这客观上要求美国尽快调整其中亚战略。正是在这种背景下，中亚—南亚整合战略逐渐形成。2005 年，美国国务卿赖斯在哈萨克斯坦国立欧亚大学的演讲中提出："阿富汗需要与中亚地区建立一种全面伙伴关系……一个安全繁荣的阿富汗能稳定中亚，并将中亚与南亚联系在一起，这对未来的经济的成功至关重要。"② 2006 年 2 月 16 日，负责南亚和中亚事务的助理国务卿包润石（Richard A. Boucher）在国会作证时也强调，南亚和中亚"正在开始改变全球力量平衡"，"确保美国南亚和中亚政策的成功，对美国的国家利益至关重要"。③ 同年 4 月 26 日，他再次在国会作证时进一步强调："我们必须整合中亚和南亚的市场，集中关注于建立一个可持续的经济体系。"④ 2006 年 2 月，美国国务院调整了部门机构设置，将原属欧洲局的

---

① 2005 年，小布什推出了"新布什主义"，其宗旨是在全球范围内"推进自由"和"铲除暴政"，即"寻求和支持民主运动和民主制度在各个国家和各种文化下的发展成为美国的政策，其最终目标是结束世界上的暴政"（参见郑羽《苏联解体以来美国对中亚政策的演变（1991—2006）》，载《俄罗斯中亚东欧研究》2007 年第 4 期）。

② Secretary Condoleezza Rice, "Remarks at Eurasian National University," Astana, Kazakhstan, October 13, 2005, http: //2001-2009. state. gov/secretary/rm/2005/54913. htm.

③ Ambassador Richard A. Boucher, "Pursuing Peace, Freedom and Prosperity in South and Central Asia," Remarks before the Senate Foreign Relations Committee, Washington, DC, February 16, 2006, http: //2001-2009. state. gov/p/sca/rls/rm/2006/61317. htm.

④ Richard A. Boucher, "U. S. Policy in Central Asia: Balancing Priorities (Part II)," Statement to the House International Relations Committee, Subcommittee on the Middle East and Central Asia, April 26, 2006, http: //2001-2009. state. gov/p/sca/rls/rm/2006/65292. htm.

中亚五国归入新成立的中亚南亚局,旨在整合中亚—南亚相关事务,这是美国中亚—南亚整合战略逐渐形成的标志性事件。赖斯对这种调整做了解释,指出把中亚事务归于欧洲局管辖,是针对苏联时代的人为产物,并没有考虑中亚的地区属性,中亚和阿富汗不再是"9·11"事件前的"危险的弧形地带",而是"充满机会的弧形地带",这次调整的目的则是整合中亚和南亚地区。① 2006 年 3 月小布什政府发表的《美国国家安全战略》称:"南亚和中亚是一个具有极大战略重要性的地区,美国在该地区具有前所未有的利益和价值。……同时,我们与南亚国家的关系可以为我们更深入的进入中亚打下基础。阿富汗将发挥其作为南亚和中亚的陆地桥梁的历史作用,连接这两个关键地区。中亚是我们外交政策的长期优先关注的地区。"② 这与 2002 年 9 月的美国《国家安全战略》只强调美国与大国之间的关系而不重视美国与各地区之间的关系形成了鲜明对比。至此,可以说美国的中亚—南亚整合战略已经初显轮廓。该战略主要有以下几个特点。③

1. 该战略的目标是整合南亚和中亚地区,加强美国与这一地区在贸易、交通、民主、能源和通讯等方面的联系,促进该地区所有国家的繁荣。

2. 该战略更加注重全方位发挥美国的援助在各个领域里的作用,强调美国要与该地区加强教育合作,以温和的方式推进该地区的民主化,并突出了三个优先考虑:在大规模杀伤性武器、导弹及相关技术、毒品走私等安全领域里的合作;在事关美国能源和商业利益方面的合作;在促进自由和经济改革方面的合作。按照包润石的说法,美国的中亚战略建立在三个相互联系的基柱之上:安全合作;商业和能源利益;政治和经济改革。④

---

① Secretary Condoleezza Rice, "Remarks at the State Department Correspondents Association's Inaugural Newsmaker Breakfast," Fairmont Hotel, Washington, DC, January 5, 2006, http://2001-2009.state.gov/secretary/rm/2006/58725.htm.

② The White House, "The National Security Strategy of the United States," Washington, DC, March, 2006, http://georgewbush-whitehouse.archives.gov/nsc/nss/2006/nss2006.pdf.

③ Richard A. Boucher, "U.S. Policy in Central Asia: Balancing Priorities (Part II)";潘光、张屹峰:《"大中亚计划":美国摆脱全球困境的重要战略步骤》;曾向红:《重塑中亚地缘政治环境:2005 年以来美国中亚政策的调整》,载《外交评论》2008 年第 3 期。

④ Richard A. Boucher, "U.S. Policy in Central Asia: Balancing Priorities (Part II)," Statement to the House International Relations Committee, Subcommittee on the Middle East and Central Asia, April 26, 2006, http://2001-2009.state.gov/p/sca/rls/rm/2006/65292.htm.

3. 该战略在一定程度上改变了小布什政府以往过多强调"民主化"的单边主义思路，试图立足于多边合作，一方面，在强调中亚与南亚地区之间合作的同时，继续加强中亚与欧洲之间关系；另一方面，承认中亚各国与俄罗斯、中国在历史、文化和语言等方面的联系。而中亚和南亚合作的重点主要集中在消除各种贸易壁垒、完善各国的基础设施、推动中亚向南亚输出石油、天然气和电力。

4. 该战略试图以阿富汗为战略枢纽，把中亚的哈萨克斯坦和南亚的印度与巴基斯坦作为重点，强调哈萨克斯坦是中亚经济发展的"发动机"，注重发挥哈萨克斯坦的"领头羊"作用，以推动中亚五国的合作；同时，也希望哈萨克斯坦在阿富汗重建中发挥更为积极的作用。

奥巴马总统上任后不久，就于2009年3月公布了其在阿富汗和巴基斯坦的"新战略"，并于2009年12月在西点军校的演讲中进一步阐述了实现其"新战略"的具体途径。这一"新战略"认为，美国的核心目标是破坏、瓦解和击败巴基斯坦和阿富汗的基地组织（al Qaeda），防止它们在未来卷土重来。除了采取继续增兵阿富汗的措施之外，美国还打算投入更多资源、采取更为全面和灵活的举措实现这一战略。这些举措主要包括：（1）摧毁阿富汗尤其是巴基斯坦的恐怖主义网络，削弱它们的计划或发动国际恐怖主义袭击的能力；（2）提高阿富汗政府的能力，在阿富汗进行国家重建；（3）提高阿富汗安全部队反叛乱和反恐战争的能力；（4）加强巴基斯坦的政府建设和经济建设；（5）在上述各个方面加强国际合作，尤其要重视联合国的领头作用。[1] 在国际合作方面，美国重点强调的是与其北约盟友及联合国的合作。美国希望与联合国合作，针对阿富汗和巴基斯坦的问题组建一个新的交流平台，该平台由所有关心该地区安全的国家所组成，这些国家包括美国的北约盟友和其他伙伴、中亚国家、海湾国家、伊朗、印度和中国。[2] 而实现"新战略"的具体途径可以概括为三点：增兵阿富汗；在阿富汗采取国际多边合作；加强与巴基斯坦的双边合作。这三个途径对应的是"新战略"的三个基本要素：以军事行动创造移交所需

---

[1] "White Paper of the Interagency Policy Group's Report on U. S. Policy toward Afghanistan and Pakistan," http：//www. whitehouse. gov/assets/documents/afghanistan_ pakistan_ white_ paper_ final. pdf.

[2] "What's New in the Strategy for Afghanistan and Pakistan," http：//www. whitehouse. gov/the_ press_ office/Whats-New-in-the-Strategy-for-Afghanistan-and-Pakistan/.

的条件；增派文职人员以强化正面行动；与巴基斯坦建立有效的伙伴关系。① 从奥巴马政府的各种政策和措施来看，美国仍将延续并深化"中亚—南亚整合战略"，与小布什时代相比，将更加注重多边主义和地区主义，更加强调哈萨克斯坦和巴基斯坦的作用，强化美国与该地区的安全合作和包括能源在内的经济合作，积极运用美国的"软实力"和"巧实力"以稳步推进该地区的民主化和"西化"进程。②

四 美国在中亚的能源安全政策与中亚战略的关系

早在克林顿政府时期，美国就把中亚—里海地区纳入了其国际能源政策关注的重点，小布什上任后于2001年5月发布的《国家能源政策》（The National Energy Policy）（NEP）报告也认为，里海是一个快速增长的新的能源供应地区，对保障美国的能源安全有重要作用。与中东等其他主要能源产地相比，中亚—里海地区在能源储量、政治、经济和安全形势等方面有着明显的不同，因此，美国在这一地区的能源政策与对其他地区的能源政策也存在明显的差别。美国传统基金会中亚与里海地区研究专家艾瑞尔·科恩（Ariel Cohen）曾经一针见血地指出，美国在中亚的利益可以用三个词来概括，那就是安全、能源与民主。③ 实际上，从苏联解体至今，

---

① "Remarks by the President in Address to the Nation on the Way Forward in Afghanistan and Pakistan," http：//www.whitehouse.gov/the-press-office/remarks-president-address-nation-way-forward-afghanistan-and-pakistan.

② 综合来看，巴基斯坦比阿富汗对美国利益的影响要大得多，特别是在阿富汗反恐战争结束之后。而且美国也已经开始将塔利班和基地组织区别对待，更多地将塔利班视为阿富汗的内部问题，不像基地组织那样对美国的安全利益构成直接威胁，这为政治解决阿富汗问题留下了回旋余地。在一些学者的眼里，基地组织是敌人（enemy），而塔利班只是可怕的对手（a formidable adversary）。美国助理国务卿菲利普·克劳利（J. Philip J. Crowley）在2010年1月29日答记者问时指出，塔利班是一个混合组织，内部存在着持不同意见的人。阿富汗内部存在着政治解决的机会（参见 Richard E. Friedman and Frank Schell, "Afghanistan：A Mission in Search of a Strategy," *U. S. National Security Strategy* 2010, Volume 19, Issue 1（Winter 2009）, http：//nationalstrategy.com/Portals/0/documents/Winter%202009%20NSFR/NSFR%20Winter%202009%20Final%20（New）.pdf; Philip J. Crowley, "Daily Press Briefing," Washington, DC, January 29, 2010, http：//www.state.gov/r/pa/prs/dpb/2010/01/136282.htm）。

③ Stephen Blank, "The United States and Central Asia," in *Central Asian Security：The New International Context*, edited by Roy Allion and Lena Jonso（Washington, DC, Brookings Institution Press, 2001）, pp. 130-131.

能源因素一直是美国中亚战略的有机组成部分，不过，在上述不同时期，美国在中亚的能源安全政策与中亚战略之间的关系是存在一定差异的，换言之，能源安全因素在美国不同时期的中亚战略中的地位是不一样的。

在1994—2001年间，能源是美国中亚—里海地区战略的核心组成部分。按照史蒂芬·布兰克（Stephen Blank）的说法，在该地区，美国能源政策基本上就是美国战略政策的全部内容。美国中央战区总司令安东尼·泽尼（Anthony Zini）将军曾表示，获得能源的目标推动着美国在该地区的所有政策。[①] 实际上，这是由当时的客观情况所决定的，这些条件包括：第一，中亚—里海地区的油气可能储量巨大，开发前景诱人，对它的开发有利于促进世界能源安全；第二，中亚新独立的国家由于正处于转型时期，而且经济衰退非常严重，只能依靠发展能源工业，吸引对投资环境相对不太敏感的外国能源企业到该地区投资；第三，美国、欧洲、日本、中国和俄罗斯等国的能源企业相继进入该地区，加剧了该地区的能源竞争，使得美国的政策制定者更为关注这一地区的能源；第四，加强能源开发、增加能源出口和新建油气管道不仅对能源安全和经济有着重要的意义，也有利于该地区各国的主权独立与完整，具有重大的政治意义。

这一时期美国能源政策主要表现在以下三个方面：一是大力支持美国能源企业在中亚—里海地区进行能源投资和开发。二是大力支持中亚—里海地区修建绕过俄罗斯和伊朗的能源外运管道，重点是BTC管道、BTE管道和跨里海油气管道的建设；强调中亚—里海地区的欧亚属性，通过能源外交的手段使该地区的国家向欧洲和大西洋地区靠拢。三是给予中亚—里海地区各国政治、外交和经济援助，确保美国能源企业的商业利益，增加中亚能源对世界市场的供应。毫无疑问，这一时期，能源外交是美国中亚战略的核心，美国大多数外交行动都是围绕着能源展开的。例如，美国政府与该地区能源生产国和其他国家在安全领域里的合作，主要目的是试图解决该地区的领土纠纷、政治和军事冲突等对油气供应和出口所带来的威胁。此时，中亚—里海地区的许多国家都被种族和分离主义冲突所困扰，而且是恐怖主义的土壤之一。从克林顿政府开始，为了保障该地区的能源

[①] Stephen Blank, "The United States and Central Asia," in *Central Asian Security: The New International Context*, edited by Roy Allion and Lena Jonso (Washington, DC, Brookings Institution Press, 2001), p. 136.

安全、促进地区和平和消除恐怖主义的土壤,美国制定并实施了很多军事援助项目来加强该地区内部的安全能力,包括提供武器、训练军队和联合演习等。这一点也可从美国政府机构的设置上看出来:为了处理中亚—里海地区的能源事务,克林顿政府曾专门要求国务院新设立了里海能源特别顾问一职。

1994—1995 年,美国完全拒绝了俄罗斯垄断中亚地区能源的主张,这标志着美国在跨里海地区的全面介入,反映了美国力图同时实现安全和能源这两个主要政策目标的一致性。一方面,能源与安全及防务问题紧密相关,阻止俄罗斯垄断该地区的能源,在一定程度上可以防止俄罗斯损害中亚和南高加索地区国家的独立和主权;另一方面,对于能源生产国而言,它们的油气是通往经济和政治独立以及繁荣的唯一道路,而美国企业也可以从开发该地区的能源中获利。尽管有不同的看法和持续不断的指责,但能源并没有孤立于美国的战略之外,相反,却与美国安全战略目标有着极其密切的联系。[1]

美国全面介入中亚和里海地区的能源问题主要表现在以下三个方面:第一,尽管乌克兰没有能力支付天然气费用,但美国仍敦促土库曼斯坦输送天然气到乌克兰;第二,如果俄罗斯关闭哈萨克斯坦对外输油管道的话,美国将帮助哈萨克斯坦,这是美国第一次做出这样的决定,意味着在俄罗斯和中亚国家之间如果由于使用俄罗斯管道系统而引发争端,美国将成为仲裁人。1995 年 5 月,美国能源部副部长威廉·怀特(William White)访问了中亚,敦促这些国家把它们自己定位为重要的油气生产商,并把俄罗斯和伊朗视为竞争对手。同样在 1995 年,国务院能源政策处的主任格林·瑞斯(Glen Rase)直截了当地抵制了俄罗斯支配里海地区的行动,认为俄罗斯关于共同管辖里海的谈话是"不采取行动的保证"。他进一步指出:"俄罗斯的立场绝不能被强加给那些更偏好正常划分里海的国家……华盛顿不会承认任何势力范围。"[2]

在 2001—2005 年的反恐战略时期,随着中亚地区在美国全球反恐战

---

[1] 许庭瑜:《美国在中亚地区石油安全政策》,http://nccuir.lib.nccu.edu.tw/bitstream/140.119/33694/8/53008103.pdf。

[2] Stephen Blank, "The United States and Central Asia," in Central Asian Security: The New International Context, edited by Roy Allion and Lena Jonso (Washington, DC, Brookings Institution Press, 2001), p.131.

略中的地位日益突出，能源外交在美国中亚战略中的地位有所下降。这一时期，能源在美国中亚战略中的优先地位排在安全（反恐）、政治（民主化和相关改革）这两个目标之后。① 能源在美国中亚战略中的地位之所以下降，主要有以下几个原因。

第一，"9·11"事件后，反恐战略成为美国外交的重点，中亚也不例外。而且，美国在阿富汗进行的反恐战争直接导致中亚在美国全球反恐战略中的地位日益突出，但与此紧密相关的乌兹别克斯坦、吉尔吉斯斯坦和塔吉克斯坦这三国的能源资源有限。由于能源在这三国与美国的关系上不占重要地位，能源因素必须让位于反恐战略这一目标。美国加强与这三国的关系，客观上使得能源在美国的中亚战略中的地位有所下降。

第二，这一时期，克林顿政府时期的能源政策取得了很大的成效，中亚能源外运管道的建设已经取得了很大进展，CPC 已开始运营，BTC 和 BTE 开始修建，而且美国能源企业在中亚—里海地区的能源开发中已经站稳脚跟，中亚已发现的油气田基本上被瓜分完毕；因此，能源政策的紧迫性已没有克林顿政府时期那么突出。

第三，随着中亚能源勘探和开发的全面展开，人们发现中亚—里海地区的油气资源储量并不如事先估计得那么高，远远不是第二个中东，因此，对中亚—里海地区能源的关注度逐渐下降，进一步加大能源政策力度的推动力也随之减弱。

第四，客观上，美国全球反恐战略需要俄罗斯等国的合作，而美国如果加紧与俄罗斯争夺中亚能源的话，不仅有可能影响美国与俄罗斯在反恐方面的合作，而且由于俄罗斯对乌兹别克斯坦、塔吉克斯坦和吉尔吉斯斯坦等国仍有较大影响力，也有可能影响美国与中亚国家在反恐方面的合作。正是基于以上原因，尽管小布什政府在这一时期仍沿袭了克林顿时期的能源政策，② 但它还是逐渐对能源政策做了微调。小布什政府将里海地

---

① A. Elizabeth Jones, "U. S. -Central Asian Cooperation," Testimony Before the Senate Foreign Relations Committee, Subcommittee on Central Asia and the Caucasus, Washington, DC, December 13, 2001, http://2001-2009.state.gov/p/eur/rls/rm/2001/11299.htm.

② 在能源方面，这一时期仍然强调的是中亚—里海地区能源的共同性，尽管从军事上看，中亚地区已早归中央战区管辖。和克林顿政府相比，这一时期的小布什政府更为强调支持这些国家的民主化和主权独立，加强它们与西方的联系，支持美国私人投资、通过供应商多元化提高西方能源安全，支持同盟国土耳其，反对修建穿过"能源竞争者"伊朗的管道或者反对给予伊朗在该地区不适当的影响力。

区能源特别顾问降为能源高级顾问,并在 2004 年废除了能源特别大使一职,并取消了克林顿政府时期的能源工作小组。根据《2007 年能源独立与安全法》(The Energy Independence and Security Act of 2007),美国国务院新设了国际能源事务协调官,帮助制定和协调美国的能源政策。2008 年 1 月,国务院设立了欧亚能源外交协调官的职务,并任命史蒂文·曼恩 (Steven Mann) 担任此职,他也是最后一任里海能源外交高级顾问。2008 年 3 月底,国务卿任命当时负责经济、能源和农业事务的副国务卿鲁本·杰弗瑞 (Reuben Jeffery) 作为首任国际能源事务协调官,任命拜登·格雷 (Boyden Gray) 为欧亚能源特使。这样,中亚和里海地区的能源外交事务便主要由欧亚能源外交协调官所主管。① 另一方面,与对哈萨克斯坦及土库曼斯坦的援助相比,美国大幅度增加了对乌兹别克斯坦、吉尔吉斯斯坦和塔吉克斯坦的经济援助。如表 8—6 所示,在 2002 年、2003 年和 2004 年这三年间,美国对乌兹别克斯坦、吉尔吉斯斯坦和塔吉克斯坦援助预算总额分别为 3.21 亿美元、1.74 亿美元、2.21 亿美元,都超过了同期美国对哈萨克斯坦 (1.64 亿美元) 和土库曼斯坦 (1580 万美元) 的援助。而在 1992—2001 年期间,美国对哈萨克斯坦的援助高达 7.97 亿美元,远远超过了对中亚其他国家的援助。

在 2005 年至今的中亚—南亚整合战略时期,与前一时期相比,美国在中亚地区的能源政策在中亚—南亚战略中的地位有所上升,其地位仅次于安全政策,是该战略的核心组成部分。② 之所以发生这样的变化,是由于以下因素的影响。

第一,小布什政府前一时期在中亚推行民主化改革和支持颜色革命,遭到了中亚国家的普遍反对,造成了美国在该地区的影响力急剧下降,美国与该地区的关系也遭受了沉重打击,因此,美国继续将经济政治改革置

---

① 2009 年 4 月,国务卿克林顿任命理查德·莫宁斯塔 (Richard Morningstar) 为欧亚能源特使。欧亚能源特使的职责是实现美国在欧亚的能源目标,重点处理欧洲、俄罗斯、乌克兰、土耳其及中亚与高加索之间的能源问题。

② 在安全、民主和能源这三个优先目标排序中,"9·11"事件至 2004 年这一时期是"安全、民主和能源",而在 2005 年至今则是"安全、能源和民主"。2006 年《美国国家安全战略》报告对排序的表述是"促进有效的民主和扩展自由市场改革;多元化全球能源来源;加强安全和取得反恐战争的胜利",也就是"民主、能源和安全"(参见 The White House, "The National Security Strategy of the United States," March 2006, http://georgewbush-whitehouse.archives.gov/nsc/nss/2006/nss2006.pdf)。但该报告仅仅是一种说辞而已。即使是这样,能源的地位也上升到第二位。

于优先地位已失去了可行性，能源政策的地位也就自然回升了。

表 8—6　　　　　　美国对中亚国家的援助预算额度　　　　　单位：万美元

中亚国家 \ 年份	1992—2001	2002—2004	2002	2003	2004
哈萨克斯坦	79661	16406	8934	4272	3200
吉尔吉斯斯坦	53937	17351	9566	3785	4000
塔吉克斯坦	34867	20209	14129	2580	3500
土库曼斯坦	20014	1580	1257	1806	780
乌兹别克斯坦	29081	32053	5722	23978	3875

资料来源：郑羽：《苏联解体以来美国对中亚政策的演变（1991—2006）》，载《俄罗斯中亚东欧研究》2007 年第 4 期。

第二，美国在阿富汗的反恐战争陷入了僵局，阿富汗重建工作进展缓慢，为了赢得阿富汗民众的人心，美国必须首先振兴阿富汗的经济。而要以最小的成本达到这一目标，自然需要采取国际合作和地区合作的形式，让美国的盟友和利益相关者也分担成本，并让它们获取相应的收益。修建跨阿富汗的油气管道和输电网络，把中亚能源出口到南亚的政策就成为共赢的优先选择，因为这不仅能够促进地区和国际合作，增加地区稳定性，而且有利于中亚能源出口的多元化，也满足了南亚的能源需求，并可以给阿富汗带来数量可观的过境费收入。

第三，加强中亚和南亚的能源合作，客观上可以为美国在俄罗斯、中国、印度、巴基斯坦、土耳其以及欧盟之间开展能源外交提供更大的空间。一旦跨阿富汗油气管道开通，便意味着中亚能源可以从东西南北四个方向中的任一管道出口，西向、东向和南向都是能源进口需求极大的地方，而俄罗斯则是能源出口国，与中亚在市场方面有可能发生竞争，这样，中亚的能源向哪个方向出口、出口多少自然就成为能源外交的重点，而由于美国的能源企业在中亚主要油气田基本上都占有较大的份额，加上美国超级大国的国际地位，美国便可以在一定程度上娴熟地施展其能源外交。这一能源外交手段在一定程度上可以牵制俄罗斯和中国，弱化上海合作组织，也可以加强美国与巴基斯坦、印度、欧盟、土耳其等盟友的关系。

第四，加强中亚和南亚在能源领域里的合作，可以说是强调中亚的亚洲属性的要求。实际上，"9·11"事件后的事实证明，中亚五国在民族、安全、能源等问题上都与高加索地区国家的情况迥然不同，美国必须对其原有政策进行调整，对两者区别对待。相反，中亚与南亚国家则有更多的相同属性，可能更容易开展合作。①

在能源领域，美国的中亚—南亚整合战略取得了一定成效。首先，跨阿富汗的天然气管道项目取得了明显进展。土库曼斯坦、阿富汗和巴基斯坦已于2002年签署了修建跨阿富汗天然气管道的新协议，2005年亚洲开发银行也提交了最终可行性研究报告；2008年4月20日，巴基斯坦、印度和阿富汗签署了从土库曼斯坦购买天然气的框架性协议。

其次，中亚—南亚电力合作也取得了一定的进展。目前，土库曼斯坦、塔吉克斯坦和乌兹别克斯坦都出口电力到阿富汗。美国也增加了对中亚—南亚电力合作的援助。美国贸易发展署（TDA）的中亚基础设施整合项目和美国国际开发署（USAID）的地区能源市场援助项目的主要关注点是，鼓励能源、交通运输和通讯项目，包括电力基础设施的发展和中亚、阿富汗以及最终包括巴基斯坦和印度的电力共享等的发展。② 从塔吉克斯坦的瓦克仕（Vakhsh）河上的水电站到阿富汗边境一个小镇的输电线路已于2009年7月开始修建；2009年5月，乌兹别克斯坦开始修建一条220千伏的输送线路到阿富汗的喀布尔。2008年8月4日，阿富汗、吉尔吉斯斯坦、巴基斯坦和塔吉克斯坦签订了一个政府间协议，修建一条500千伏的电力输送线路，该线路从中亚通过阿富汗到巴基斯坦，计划在2013年

---

① 实际上，随着俄罗斯、乌克兰及欧洲其他国家在天然气方面的争端不断上演，中亚天然气对维护欧洲的天然气供应安全的重要性日益突出，这也是为什么美国支持纳卡布管道的原因，这也说明美国并没有忽视中亚地区的欧亚属性。未来，美国在中亚—南亚整合战略中的能源政策将面临如何平衡中亚的欧亚属性和南亚属性的问题，如何平衡与俄罗斯在能源领域里的竞争与合作问题，如何处理中亚内部的能源争端，尤其是电力争端问题；如何处理能源与安全及民主之间的关系等。

② 在美国的支持下，亚洲开发行（ADB）于2006年发起了一个中亚—南亚地区电力市场（The Central Asia-South Asia Regional Electricity Market）（CASAREM），批准用300万美元进行可行性研究和项目设计研究，主要是研究巴基斯坦从吉尔吉斯斯坦和塔吉克斯坦进口电力的潜力，作为CASAREM项目的一个部分，它支持地区电力输送互联项目（a Regional Power Transmission Interconnection Project），到2010年修建220千伏的双路电力输送线。

完工。①

最后，美国与哈萨克斯坦的能源合作领域不断扩大，把注意力从集中在油气领域扩大到了更广泛的技术范围——能源效率、新能源电力、核能和环境问题。2005年9月，美国能源部副部长克莱·塞尔（Clay Sell）和哈萨克斯坦能源和矿产部长达成了共识，两国决定在以下领域里展开合作：油气项目开发；油气出口管道多元化；改善投资环境；加强电力部门市场化改革、增加投资（包括能源效率和可再生技术）、与能源相关的环境保护和管制；能源设施安全；商用核能技术，等等。两国还建立了石油泄漏应急政策计划工作组，在与环境相关的海洋科学方面以及哈萨克斯坦的设施安全方面进行合作。未来还计划将美哈能源合作扩展到清洁煤技术（80%的哈萨克斯坦的电力来自煤炭发电）和核能等方面（哈萨克斯坦计划在南部没有油气资源的地方建立一座核电厂）。②

中亚地区丰富的能源资源对于美国的能源安全和全球能源安全具有重要的影响，因此，美国在中亚的能源政策不仅是美国国际能源政策的一个重要组成部分，也是其中亚战略的核心组成部分。美国在中亚的能源政策可以概括为外运管道多元化、支持美国能源企业、平衡与俄罗斯的竞争和合作关系、阻止伊朗和中亚进行能源合作四个方面。但在不同时期，美国能源政策的侧重点是不同的，而且它也随着美国中亚战略的改变、能源政策本身在美国中亚战略中地位的变化而有所变。总体上来看，在1994—2001年的中亚—南高加索"西化"战略时期，能源是美国中亚战略的核心，是其最优先的目标；在"9·11"事件后至2004年的反恐战略时期，能源在美国中亚战略中的地位有所下降，排在安全和民主这两个目标之后；在2005年至今的中亚—南亚整合战略时期，能源在美国中亚战略中的地位有所上升，被排在了仅次于安全目标的位置，先于民主目标。

---

① Jim Nichol, "Central Asia: Regional Developments and Implications for U. S. Interests," Congressional Research Service 7-5700, January 11, 2010, http：//www. fas. org/sgp/crs/row/RL33458. pdf.

② Lana Ekimoff, "Statement of Lana Ekimoff Before the Subcommittee on Middle East and Central Asia House International Relations Committee," in Assessing Energy and Security Issues in Central Asia, http：//www. foreignaffairs. house. gov/archives/109/28967. pdf.

第九章

非洲石油：美国的新目标

美国对非洲能源资源的兴趣始于21世纪初，尤其是在小布什政府于2001年制定了新能源安全战略之后，其目的是使能源进口来源多元化，减少美国对中东地区石油的依赖。此后，冷战结束后非洲在美国战略格局中地位下降的趋势被扭转。奥巴马政府执政以来，也多次强调非洲的战略重要性，不过，他更倾向于谈论美国在非洲除能源之外的其他国家利益。例如，奥巴马总统在2009年访问加纳时说："达尔富尔的种族屠杀和索马里的恐怖主义分子并不仅仅是非洲的问题，他们是对全球安全的挑战，需要全球共同应对。""美国的非洲司令部关注的并不是在非洲大陆建立一个立足点，而是关注如何面对这些共同挑战，以促进美国、非洲和世界的安全。"[1] 但无论美国政治家如何强调美国对非洲存在的其他问题的关注，它对非洲石油的兴趣十分强烈，在各种关注中甚至是排在第一位的。2004年，一个美国国会授权的非洲专家咨询委员会提出了十年来使美国在非洲的利益不断增长的五个因素：石油、全球贸易、军事冲突、恐怖主义和艾滋病。[2] 总的来说，美国在非洲的能源战略是服务于美国的全球战略的，它的特点是实用色彩鲜明、手段灵活多样，针对重点国家制定特殊的政策。对于非洲国家来说，美国在非洲活动的影响既有积极的一面，也有消极的一面。

---

[1] "Remarks by the President to the Ghanaian Parliament," July 11, 2009, http://www.whitehouse.gov/the-press-office/remarks-president-ghanaian-parliament.

[2] Lauren Ploch, "Africa Command: U. S. Strategic Interests and the Role of the U. S. Military in Africa," *CRS Report for Congress*, RL34003, March 22, 2011, p. 15.

一 美国政府为何看重非洲石油

非洲是世界上的主要产油地区之一。到 2011 年底,非洲已探明的石油储量是 1324 亿桶,占世界总储量的 8%。① 非洲目前有 23 个石油生产国,尼日利亚、阿尔及利亚、利比亚、埃及和安哥拉五大产油国已探明的石油储量和产量占非洲总量的绝大部分。

其中,尼日利亚从 70 年代起成为非洲最大的产油国。截至 2011 年底,尼日利亚已探明石油储量约为 372 亿桶,居世界第十一位。② 由于缺乏勘探开发能力,尼日利亚石油工业的发展主要依靠与西方跨国石油公司的合作。因此,该国石油工业长期以来一直处于西方石油公司的控制之下。2008 年尼日利亚联邦政府财政收入的 85%,其国内生产总值的 20%—30% 来自于石油业,其 2008 年石油出口收入为 628.6 亿美元,约占出口总额的 91.5%。③ 尼日利亚的石油业问题较多,主要原因一是产油区部族冲突频繁、社会治安混乱、海盗现象严重;二是投资环境差,尼日利亚联邦政府与产油区在资源拥有和利益分配方面存在着严重分歧,决策缺乏透明度、腐败现象严重、基础设施落后等问题,长期制约着石油工业的发展。但尼日利亚优越的地理位置使其石油工业具有良好的发展前景,世界各国尤其是美国跨国石油公司都纷纷加大对其的投资。

阿尔及利亚是非洲油气的重要生产国,也是石油输出国组织中第二大天然气生产国。长期以来,油气工业一直是阿尔及利亚的支柱产业。截止到 2011 年底,阿尔及利亚的石油储量为 122 亿桶,占世界总储量的 0.7%。④ 该国地理位置优越,长期以来与欧盟政治经济往来密切。阿尔及利亚确立了民主政治体制,其社会政治形势稳定,各种经济法规不断完善,经济也持续保持着较高的增长速度,总的来说,具有较好的油气工业

---

① "BP Statistical Review of World Energy, June 2012," p. 6, http://218.249.165.36/download/28008837/35553915/2/pdf/233/179/1340762034921_435/statistical_review_of_world_energy_full_report_2012.pdf.

② Ibid.

③ 参见中国外交部网站:http://www.fmprc.gov.cn/chn/pds/gjhdq/gj/fz/1206_41/。

④ "BP Statistical Review of World Energy, June 2012," p. 6, http://218.249.165.36/download/28008837/35553915/2/pdf/233/179/1340762034921_435/statistical_review_of_world_energy_full_report_2012.pdf.

投资环境。

利比亚的石油储量约为 471 亿桶，占世界总储量的 2.9%。目前，利比亚石油储量居世界第九位，非洲第一位。[①] 1961 年，利比亚开始对外出口石油。此后，在外国石油公司的帮助下，利比亚石油产量逐步增长。在 1969 年卡扎菲领导的"9·1"革命后，利比亚与西方国家的关系逐渐恶化。此后，利比亚石油工业发展长期停滞。作为对卡扎菲主动放弃核武器发展计划的奖励，美国政府于 2004 年 4 月取消了对利比亚实施了近 18 年的经济制裁，并重开了美国在的黎波里的办事处。此后，利比亚首次在石油勘探领域向国外开放市场，其石油工业得到了迅速发展。[②] 2011 年，利比亚内战爆发后，美国的这一政策受到了冲击。由于美国和国际社会再次对利比亚实施制裁，美国在利比亚进行投资的公司，如康菲石油公司（Conoco Phillips）、阿美拉达赫斯公司以及西方石油公司的业务受到了打击，美国政府为此立即着手评估利比亚以及中东局势对美国石油供应的影响。[③]

安哥拉目前已探明的石油储量为 135 亿桶，占世界总储量的 0.8%，居非洲第三位。[④] 在美国和国际石油公司的参与下，安哥拉日益增长的海上石油工业也成为美国国外石油供应的重要增长来源。2000 年，安哥拉向美国出口了其每日 75 万桶石油产量中的 30 万桶。在此后 10 年中，其出口能力又获得了极大的增长。

埃及是北非传统的石油生产大国，截至 2011 年底，埃及已探明石油储量为 43 亿桶，石油产量是每日 73.5 万桶。[⑤] 1996 年，埃及石油日产量达到 92.2 万桶的峰值后，产量和出口量开始呈下降趋势，同时，埃及国内石油

[①] "BP Statistical Review of World Energy, June 2012," p. 6, http：//218.249.165.36/download/28008837/35553915/2/pdf/233/179/1340762034921_ 435/statistical_ review_ of_ world_ energy_ full_ report_ 2012. pdf.

[②] 其中，美国的西方石油公司（Occidental Petroleum）在利比亚获得了 5 个油田的勘探开采权，并与澳大利亚的石油公司分享另外 4 个油田的勘探开采权；阿美拉达赫斯石油公司（Amerada Hess Corp.）和雪佛龙德士古石油公司各获得一处勘探许可权。这三家美国公司都曾于 20 世纪 60 年代中后期开始在利比亚从事石油开采，并因为 1986 年美国政府对利比亚实施经济制裁而撤离了利比亚。

[③] Michael Ratner and Neelesh Nerurkar, "Middle East and North Africa Unrest: Implications for Oil and Natural Gas Markets," CRS Report for Congress, R41683, March 10, 2011, p. 2.

[④] "BP Statistical Review of World Energy, June 2012," p. 6, http：//218.249.165.36/download/28008837/35553915/2/pdf/233/179/1340762034921_ 435/statistical_ review_ of_ world_ energy_ full_ report_ 2012. pdf.

[⑤] Ibid., pp. 6-8.

消费量迅速增加，这使得埃及有可能在未来十年内成为石油净进口国。

除了上述五国之外，刚果、赤道几内亚、苏丹、乍得和加蓬等也成为新崛起的石油生产国。

非洲也是非常重要的天然气产区。到2011年底，非洲剩余的已探明天然气储量是14.5万亿立方米，占世界剩余已探明储量的7%。[1] 其中尼日利亚发现的天然气储量十分丰富，是世界第六大储量国。阿尔及利亚是世界上第七大储量国和第五大生产国。

非洲陆上油气资源主要分布在北非三大盆地和几内亚湾附近的盆地群；海上石油主要集中在几内亚湾一带。最近十年来，由于几内亚湾地区新油田的发现以及深海勘探技术的运用，非洲的石油储量和产量也不断增加，是世界上石油勘探和开采发展最迅猛的地区之一。几内亚湾将被打造成为第二个波斯湾。美国能源局发布的《2010年国际能源展望》指出："尽管尼日尔三角洲及其他石油产区仍有军事冲突，几内亚湾的深海钻井潜力非常大，当然并非没有挑战。"[2]

非洲石油运输主要通过海运。西非产油国受地理环境限制，管道系统较少，跨国管道系统更是少见。在北非，埃及拥有波斯湾石油出口的两条重要通道，苏伊士运河和苏伊士—地中海的苏麦德（Sumed）管道。目前，非洲大陆最长的石油管线是连接乍得多巴（Doba）油田和喀麦隆大西洋沿岸克里比港长达1070公里的乍得—喀麦隆石油管道。2001年，一个包括美国公司在内的国际财团在从乍得通向喀麦隆的管道项目上投资35亿美元。这是迄今为止非洲最大的基础设施项目。该项目已于2003年建成，它使乍得每天可以出口约25万桶石油。[3] 此外，美国国际开发署已经向西非电力联营及其跨国管道项目提供了技术支持，其中一些项目涉及了许多

---

[1] "BP Statistical Review of World Energy, June 2012," p. 6, http://218.249.165.36/download/28008837/35553915/2/pdf/233/179/1340762034921_435/statistical_review_of_world_energy_full_report_2012.pdf. p. 20.

[2] U. S. Energy Information Administration, "Is Offshore West Africa the World's Next Frontier for Oil?" *International Energy Outlook* 2010, July 27, 2010.

[3] 该管线的所有者是美国埃克森美孚石油公司、雪佛龙德士古石油公司和马来西亚国家石油公司组成的一个国际财团与喀麦隆和乍得政府合资成立的喀麦隆石油输送股份有限公司（Cameroon Oil Transportation Company S. A.）。该管线总造价为37.2亿美元，最大输油能力为25万桶/日。乍得因此每年获得20亿美元的石油收入，喀麦隆每年从石油管线获得5.5亿美元的过境费（参见新华网《全长1070公里的乍得—喀麦隆输油管道投入运营》，2003年7月16日，http://news.xinhuanet.com/world/2003-07/16/content_976074.htm）。

美国石油公司，它们正在为非洲地区跨国能源网的建设提供帮助。这一能源网络将使加纳和尼日利亚变成天然气和电力的主要出口国。西非天然气管道长 1033 公里。该项目耗资 7 亿美元，包括路上和海上两部分。它建成后将尼日利亚、贝宁、多哥以及加纳的天然气连成了一体。这一管道是由一个多方组成的财团出资修建，其中包括美国进出口银行提供的资金。2011 年 3 月该管道完工。

除此之外，非洲石油还具有以下一些特点：

第一，非洲各国企业基本实现了对国外直接投资的开放，使西方大国更容易进入非洲能源市场。非洲对外石油合作通常有两种方式：一种是分成制（production sharing），另一种是让与制（concession）。近年来，许多非洲产油国为了发展本国石油产业，先后颁布了优惠政策，放弃了国有公司的垄断地位，鼓励外国公司投资。它们在有关油气勘探开发的协议条款中规定的条件相对宽松，因而具有俄罗斯、里海甚至中东地区不具备的竞争优势。此外，许多国家都设立了油气投资机构，为外国投资者提供广泛服务，并在财政税收方面给予了一定的优惠。例如，尼日利亚鼓励外国石油公司投资海上油气田，并准备放弃在合资企业中的全部股本且引入产量分成合同方式；喀麦隆 1995 年重新修订了与外国公司联合开采石油的有关条款，允许外国合伙人取得高达 40% 的产量在国外销售，并把所得的收益保留在国外。[①] 因此，包括美国的雪佛龙德士古和埃克森美孚、英国的 BP 和英荷壳牌、法国的道达尔以及意大利的阿吉普等外国公司都争相进入了非洲石油市场。

第二，虽然非洲石油和天然气的储量不能与中东地区相提并论，但非洲石油含硫量低，很适合加工成汽车燃油。几内亚湾的石油品种多达 40 多种，大多属于低硫的高品质石油。而且这些石油大部分分布在近海海域，且多为浅层石油，比较容易勘探和开发。从勘探开发的成本来看，整个非洲地区石油的成本与中东地区相当，为 3.73 美元/桶。而世界其他地区的采油成本较高，美国为 13.3 美元/桶，加拿大为 7.17 美元/桶，欧洲为 8.29 美元/桶，拉丁美洲为 4.6 美元/桶，中东为 3.73 美元/桶，整个世界范围平均为 5.3 美元/桶。[②]

[①] 姚桂梅：《美国关注非洲石油》，载《中国社会科学院院报》2003 年 3 月 6 日第 3 版。
[②] 钟延秋、孙国庆、马凤成：《富有勘探开发潜力的非洲石油资源》，载《大庆石油地质与开发》2002 年第 1 期。

第三,非洲工业化程度较低,炼油能力非常有限,在世界总炼油量中所占份额较小。2011年非洲地区的炼油能力为每日331.7万桶,占世界总炼油能力的3.9%。[1] 另外,由于非洲地区工业化程度偏低,对石油的消耗比较低,因此石油出口成为大部分非洲产油国经济发展的主要支柱。近年来,非洲石油出口稳定,占世界总出口量的比重大于其石油储量占世界的比重。其中,尼日利亚出口石油中的44%、阿尔及利亚出口石油中的34%出口到了美国。

目前,美国从非洲进口的石油数量相当于从中东进口的石油数量。[2] 作为21世纪美国能源进口多元化政策中的重要一环,非洲石油的重要性既体现在美国总统以及美国各级政府官员的言行中,也体现在美国的国家能源政策中。

2003年7月7日,美国总统布什开始了为期6天的非洲之行,访问了塞内加尔、南非、博茨瓦纳、乌干达和尼日利亚5国。这是二战结束后第四位美国总统踏上非洲大陆。[3] 如果说老布什总统1992年访问索马里的主要意图是慰劳美国驻军,1998年克林顿的访问便开始显现出美国对非洲的商业兴趣。随同克林顿访问的代表团约有800人。克林顿提出要在美国和非洲之间建立一种面向21世纪的"新的伙伴关系",并允诺美国将恢复对非洲的援助水平,加强同非洲的贸易往来。2000年克林顿再次访问非洲时,国际油价问题是讨论议题之一。也就是说,美国开始寻求更好地利用非洲油气资源以满足美国经济的需求。

在小布什政府2001年发布的《国家能源政策》(The National Energy Policy)报告中,对非洲作了如下描述:"撒哈拉沙漠以南地区拥有世界石油储备的7%。目前该地区的产量占世界原油总产量的11%。西非和拉丁

---

[1] "BP Statistical Review of World Energy, June 2012," p. 16, http://218.249.165.36/download/28008837/35553915/2/pdf/233/179/1340762034921_435/statistical_review_of_world_energy_full_report_2012.pdf.

[2] Lauren Ploch, "Africa Command: U. S. Strategic Interests and the Role of the U. S. Military in Africa," *CRS Report for Congress*, RL34003, March 22, 2011, p. 16.

[3] 此前三位美国总统访问非洲的简况是:1987年3月31日至4月3日,吉米·卡特访问尼日利亚和利比里亚。1992年12月31日—1993年1月2日,乔治·布什访问索马里。1998年3月22日—4月2日,克林顿访问加纳、乌干达、南非、博茨瓦纳、塞内加尔和卢旺达。2000年8月25日—29日,克林顿访问尼日利亚和坦桑尼亚(见王军《背景资料:美国总统的非洲之行》,2003年7月9日,http://mil.news.sina.com.cn/2003-07-09/135952.html)。

美洲有望成为美国市场上增长最快的石油和天然气来源地。非洲石油质量高,含硫量低,适合按照严格的技术标准生产石油产品的要求,应使其在美国东部沿海的炼油中心的市场份额有所增加。"① 小布什政府的官员在不同场合强调了非洲能源对美国的重要性。例如 2002 年 6 月 20 日,美国众议院以"石油外交"为主题举行了听证会。出席听证会的布什政府的能源部长斯潘塞·亚伯拉罕(Spencer Abraham)提到他本人刚刚完成了参加美国—非洲能源部长会议的任务。在亚伯拉罕看来:

> 来自非洲的能源在我国的能源安全中起着日益重要的作用(占美国石油总进口量的 15%),也是非洲经济发展的支柱产业之一。我们对非洲国家致力于改善私有资本投资资源产业的环境并改善各种法规和政策以推动自然资源的最优化开发的毅力表示钦佩。在摩洛哥举行的美国—非洲能源部长会议上,美国和非洲国家再次确认了在非洲推行良治并在建立稳定的政策框架和推动私有资本投资于非洲能源产业两方面继续努力合作的细节。②

2002 年,负责非洲事务的助理国务卿沃尔特·H. 坎斯特纳(Walter H. Kansteiner III)在美国高级战略和政治研究所发起的有关非洲石油与美国国家安全的研讨会上说:"非洲石油对我们具有国家战略利益,并将随着形势的发展变得更加重要。"③ 美国国会对非洲石油也抱有兴趣,众议院非洲委员会主席埃德·罗伊斯(Edward Royce)在该研讨会上说:"非洲石油应当被看作是后'9·11'时代美国国家安全的一个优先议题。我认为,在后'9·11'时代我们都认识到我们传统的石油来源不像我们曾经认为的那样安全。非洲能源对非洲的发展也非常重要。"④ 研讨会之后,此

---

① The White House, National Energy Policy, chapter 8. 整篇报告的全文,见白宫官方网站:http://www.whitehouse.gov/energy.

② U. S. Government Printing Office, "Oil Diplomacy: Facts and Myths behind Foreign Oil Dependency," Hearing before the Committee on International Relations, House of Representatives, 107th Congress, 2nd Session, June 20, 2002, p. 12.

③ African Oil Policy Initiative Group (AOPIG), "African Oil: A Priority for U. S. National Security and African Development," Washington, D. C., May 2002, p. 3, http://www.iasps.org/strategic/africawhitepaper.pdf.

④ Ibid.

次会议成员又组成了"非洲石油政策起草小组"（AOPIG），发布了题为《非洲石油：美国国家安全与非洲发展的优先选择》的白皮书，敦促美国政府重新思考其对非政策，并详细论证了建立非洲司令部对于捍卫美国在西非的石油安全的重要性。

关于美国如何获取更多的非洲油气资源，美国能源政策报告提出了以下建议：

1. 重新给美国—非洲贸易与经济合作论坛和美国—非洲能源部长会议注入活力；加深双边和多边接触，为美国与非洲国家从事石油和天然气贸易、投资与合作创造更融洽的环境；推动地区能源供应的地理多元化，解决如透明度、合同履行和安全等方面的问题。

2. 重新组建美国—尼日利亚联合经济伙伴关系委员会，以改进美国石油天然气的贸易、投资与合作的环境，扩大美国在尼日利亚的能源市场份额。

3. 支持所有非洲石油生产国就石油资源开发采取更加透明和负责任的政策，并增强这些国家贸易和投资环境的稳定与安全。[①]

从以上节录可以看出，进一步开发非洲石油是美国政府推动油气资源进口多元化政策中的重要一环。与卡特总统1978年访问非洲时相比，非洲在美国外交中的重要性，已经从冷战争霸、关注非洲的贫穷落后和人道主义问题转变到了支持、开发非洲能源资源，并将能源作为美国对非洲外交的重要支点，使得非洲地区在美国全球油气资源进口多元化战略中的位置变得与西半球和里海地区同等重要。这三个地区正常的原油生产与出口的增长，均被看作是为减轻石油供应中断对美国和世界经济影响的一个重要因素。美国将在这些高度重要的地区从改善投资环境、促进必要的资金和技术流动等多种渠道入手，维持油气资源贸易的稳定。

二战结束后，非洲作为一个经济地区长期被美国看作是由殖民主义时期欧洲宗主国带领发展的地区。冷战前期，苏联在非洲大陆势力范围的扩张并没有引起美国在外交和战略层次上的高度关注。美国在非洲大陆与苏联争夺势力范围的基本政策是以消除贫困的名义向宣称反对共产主义的国家提供经济援助。冷战后期，美国对非洲的关注主要集中在南非和安哥拉等少数国家。美国关注的焦点是结束南非的种族隔离政策，围堵安哥拉与

---

① The White House, National Energy Policy, chapter 8. http：//www.whitehouse.gov/energy.

苏联和古巴之间的关系，抵制苏联的影响力在北部非洲地区的扩张。[1]

1991年初，苏联作为一个统一的国家尚未解体时，美国国务院发表了一篇短文，题为《美国和非洲：迈入两个新世界》。文章简要回顾了非洲大陆同美国500年的联系，并着意介绍了两个大陆之间在贸易上的往来。同时，该文还列举了19世纪美国的一些黑人外交家。[2] 这显示了美国对非洲政策调整的先兆。

克林顿政府执掌美国对外政策后不久便提出了"经济安全"和"经济外交"的概念。作为冷战结束初年美国对外政策调整的一部分，美国政府开始重视非洲。1993年，美国负责非洲事务的副国务卿参加了美非高峰会议。从第一届克林顿政府国务卿沃伦·克里斯托弗（Warren Christopher）以"美国与非洲的新关系"为题的政策演讲看，经济援助、帮助消除艾滋病、推动非洲人权进步、帮助非洲国家消除贫困、参与结束非洲内乱依然是美国对非洲政策的重心。[3] 1993年10月美国出兵索马里以平息那里的内乱，在摩加迪沙遭到军阀抵抗后不久，美国便开始重新评估美国军事行动与其国家利益的关系。索马里行动之所以在美国国内得不到支持，是因为美国各界看不出该国乃至整个非洲对美国的价值何在。

克林顿政府在第二任期继续重视美国与非洲的关系，第一次美国—非洲部长会议于1999年3月召开，有50个非洲国家的高级官员与会。国务卿马德琳·奥尔布赖特（Madeleine Albright）在会上做了"美国与非洲的更好关系"的政策演讲。该演讲显示，克林顿政府对非洲的基本政策依然是通过援助"将非洲带入国际经济体系"。1998年8月7日，美国驻肯尼亚和坦桑尼亚大使馆遭到了恐怖分子炸弹袭击，造成了包括12名美国人在内的224人死亡，数千人受伤。但这两起爆炸事件并没有改变非洲在美国整体对外政策中的地位。值得注意的是，随着国际恐怖主义活动开始直接损害美国在非洲的利益，奥尔布赖特强调要超越向非洲派出联合国维和部队的传统模式，支持非洲国家之间协同维持非洲社会、政治、经济稳定

---

[1] David Anderson, "America in Africa, 1981," *Foreign Affairs*, Vol. 60, No. 3 (Fall, 1981), pp. 658-685.

[2] "The United States and Africa: Two New Worlds," *U. S. Department of State Dispatch*, 2: 8, February 25, 1991, pp. 136-137.

[3] Warren Christopher, "The United States and Africa: A New Relationship," *U. S. Department of State Dispatch*, 4: 21, May 24, 1993, pp. 365-368.

局面的应急措施,将在非洲推动法律和秩序的努力作为实现非洲长治久安的一部分。①

作为一个市场,非洲在冷战结束后重新受到西方大国的关注。国际资本开始流回非洲。由于历史上的原因,欧洲国家在非洲市场独占鳌头。1995 年底,欧盟占非洲市场的 40%,美国仅占 7.7%。欧盟在非洲的投资占其全球总投资的 32%,而美国仅为 8%。1996 年 2 月,克林顿政府的商业部长哈罗德·布朗(Harold Brown)在访问非洲时多次表示,宗主国的时代已经一去不复返。"非洲的资源和市场对美国具有重要的战略意义。而长期以来我们忽视了非洲。现在是美国资本进入非洲市场的时候了。""现在是美国改变对非洲看法的时候了。贫穷、落后、战争与难民并不是黑非洲的全部。我从访问过的这些国家看到的是巨大的经济潜力和贸易机会。"②

非洲矿产资源十分丰富。全球最重要的 50 多种矿产品中,在非洲至少有 17 种矿产品的储量居世界第一。其中铂、锰、铬、铱等的储量占世界的 80% 以上;磷酸盐、黄金、钻石、锗、钴等约占 50% 以上。非洲的石油储量约为 90 亿吨,是世界八大产油区之一。法国和英国在非洲的长期殖民历史使得非洲至今依然是这两个国家重要矿产资源的主要供应地。③

20 世纪 90 年代中期,随着非洲产油国政治与经济状况的好转,西方国家的油气公司对开发非洲的兴趣越来越浓厚。根据美国《油气杂志》(Oil and Gas Journal)的报道,阿尔及利亚、埃及、西部非洲海上油田、尼日利亚、南非、刚果等是它们油气开发的主要目标。参与的西方公司来自美国和欧洲国家(英国、法国、意大利等)。与资源国的国有石油公司联营是这些西方公司拓展非洲市场的重要手段。④ 1996 年 2 月克林顿向国

---

① Madeleine Albright, "The United States and Africa: Building A Better Partnership," *U. S. Department of State Dispatch*, 10: 6, July, 1999, pp. 5-8.

② 转引自谈世中《非洲:地球上尚未开发的最后一个大市场》,载《国际经济评论》1997 年第 3—4 期。

③ John Milesi, *et al*, "An Overview of the Geology and Major ore Deposits of Central Africa: Explanatory Note for the 1:4,000,000 map 'Geology and Major Ore Deposits of Central Africa'," *Journal of African Earth Sciences*, Volume 44, Issues 4-5, April 2006, pp. 571-595.

④ David Knott, "Interest Grows in African Oil and Gas Opportunity," *Oil and Gas Journal*, Vol. 95, No. 19 (May 12, 1997), pp. 41-48.

会提交了《美国对非洲贸易和发展援助政策》的报告。同年4月克林顿政府又正式制定了以南非为重点的发展对非贸易、鼓励私人投资的五年经贸发展规划：头两年以南非及南部发展共同体12国，东非的乌干达，西非的科特迪瓦、加纳、中非的加蓬为主要的贸易和投资对象，后三年将贸易和投资扩大到非洲的其他国家。

美国对非洲市场的新兴趣引起了非洲主要宗主国法国的关注。1995年法国总统希拉克上任后，在半年内三次访问了非洲，1996年又进行了两次访问。其主要目的是与非洲建立新的合作基础，并突出与美国坚持的非洲政治民主化所不同的外交政策取向。希拉克表示："帮助非洲就是帮助法国自己。"①

也就是说，早在现任美国能源部长将非洲的油气资源与美国的国家安全联系在一起之前，美国便开始实施一系列政策措施，以推动美国与非洲的经济关系，并力图在与法国等原非洲宗主国的竞争中保护和扩大美国自身的利益。虽然在整体外交政策理念层面上小布什政府与克林顿政府相左，但在帮助美国油气公司从非洲产油国获得更多、更稳定的石油和天然气进口方面，美国外交政策的连贯程度大于分歧。②

二 "9·11"事件后非洲石油在美国能源战略中的地位

如果说冷战后的美国对非洲政策尚存在虽然有宏观的规划但实质行动远不及政策宣示的状况的话③，"9·11"事件大大提升了非洲在美国对外战略，尤其是能源进口多元化战略中的地位。正如《纽约时报》一篇报道所描述的："非洲曾是美国外交中被遗忘的继儿，但在华盛顿的决策者的

---

① 转引自谈世中《非洲：地球上尚未开发的最后一个大市场》，载《国际经济评论》1997年第3—4期。

② 有关美国对非洲政策演变的追踪研究，见曾强《美国对非洲政策的调整及其特点》，载《国际资料信息》2000年第9期；付吉军《克林顿第二任期内的对非政策》，载《亚非论坛》2001年第6期；李文刚《美国对尼日利亚的政策》，载《西亚非洲》2002年第6期；贺文萍《布什和克林顿访问非洲比较分析》，载《西亚非洲》2003年第5期。

③ Brian J. Hesse, *The United States, South Africa and Africa: of Grand Foreign Policy Aims and Modest Means* (Aldershot: Ashgate, 2001), pp. 23-25.

心目中其战略地位正在上升。究其原因,用一词足以来表达:石油。"①

"9·11"事件的制造者多数来自沙特阿拉伯等非洲国家。在"基地"组织从非洲到阿富汗、也门、沙特阿拉伯等国展开对美国的海外利益袭击的过程中,用以招募追随者的重要舆论工具之一便是美国等西方大国掠夺阿拉伯世界的自然资源。由于对于大多数中东石油输出国来说,原油是其单一的产业,随着石油开发资本的国际化,自然地理条件将继续制约对新产业的开发,这样,产油国内贫富不均而引起的社会动荡将是一个长期存在的现象。换言之,滋生对中东产油国统治阶层和美国、欧洲等中东石油进口国不满的结构性因素将长期存在。

自20世纪70年代的两次石油危机以来,美国便一直在努力摆脱对进口中东原油的依赖。"9·11"事件之后,这种努力的战略重要性达到了前所未有的程度。② 因此,作为美国寻求减少对波斯湾石油依赖计划的一部分,美国将注意力转向了西部非洲的产油国,特别是几内亚湾深水油区。

美国情报理事会(National Intelligence Council)对2004—2020年的非洲作出如下预测性研究:

> 恐怖主义将不是国际社会全面接触非洲的原因之一。对付非洲地区的恐怖活动可以采取直接而快速军事干预的手段来解决。未来20年非洲的石油和天然气出口将大规模增加,而且不需要在外交上有特别多的投入。非洲有潜力的油气资源均位于近海地带,油气产业与相关国家的其他产业联系不深,继续开采与油气田所在国的政治变化没有太深的关联。举例而言,在安哥拉的长期内战过程中,石油勘探和生产继续进行。另外,没有一个非洲产油国的油气储藏量大到了使国际社会认为十分重要的程度。尽管如此,作为一个整体,非洲油气资源的成功开采将有利于国际社会减轻对波斯湾油气资源的依赖。③

---

① James Dao, "In Quietly Courting Africa, White House Likes Dowry," *New York Times*, September 19, 2002, p. A1.

② 其实,在2001年5月布什便宣称,能源供应来源的多元化不仅对于能源安全,而且对国家安全都是重要的,过分依赖任何一个能源来源,特别是外国来源,都会使美国在价格波动、供应中断面前变得脆弱,甚至可能受到讹诈。

③ National Intelligence Council, Africa in 2020, January 9, 2004, pp. 20-21.

该研究所还预测，在美国的支持下，到 2015 年几内亚湾油区有可能向美国提供总进口量的 25%。① 2002 年 5 月，来自石油行业和政府各部门的某游说团体提交了一份白皮书，要求国会和政府加大在整个非洲地区的石油开采，并宣布几内亚湾为美国"重要利益所在地区"。

为此，"9·11"事件之后，美国向非洲国家发起了一场全方位的能源外交。从 2002 年开始，包括布什总统在内的美国政府高官们频繁出访非洲产油国，力图搞好与这些国家的外交关系，并通过召开能源部长会议和领导人会晤等方式，加强与非洲产油国的关系。2002 年 6 月 4 日，第三届"美国与非洲能源部长会议"在卡萨布兰卡举行，约 300 名来自能源部、非政府组织和私营部门的代表参加了这次会议。会议集中讨论了非洲能源业发展等方面的问题。②

2002 年 9 月中旬，在联合国大会期间，美国总统布什在纽约集体会见了加蓬、乍得、赤道几内亚、刚果、喀麦隆、圣多美和普林西比等十个非洲产油国的首脑，这在美国外交史上并不多见。③ 2003 年 7 月，布什还出访了塞内加尔、南非、博茨瓦纳、乌干达和尼日利亚非洲五国。④ 2008 年 2 月，布什又对贝宁、坦桑尼亚、加纳、卢旺达和利比亚非洲五国进行了访问，这些非洲国家大多是盛产石油、位置靠海、海运方便的国家。⑤

美国高级外交官对非洲产油国的访问更加频繁。2002 年 9 月，国务卿鲍威尔等高官访问了安哥拉、加蓬等西非产油国。⑥ 负责非洲事务的助理国务卿沃尔特·坎斯特纳继 2002 年 7 月访问苏丹、肯尼亚、尼日利亚和安哥拉等产油国之后，又于 10 月初访问了加蓬、科特迪瓦、圣多美和普

---

① 转引自 "Oil Puts Africa on the Map," *New Africa*, March 2003, p. 48.
② 参见美国能源部网站：http：//www.energy.gov/about/timeline2002.htm.
③ Public Papers of the Presidents of the United States, George W. Bush, "Remarks Prior to Discussions With Central African Leaders and an Exchange With Reporters in New York City," September 13, 2002, http：//www.presidency.ucsb.edu/ws/index.php?pid=62690&st=&st1=#axzz1O5ZsAjF8.
④ "President Bush's Africa Trip," *New York Times*, July 07, 2003, http：//www.nytimes.com/2003/07/07/opinion/president-bush-s-africa-trip.html.
⑤ Brett Schaefer and Anthony Kim, "President Bush's Trip to Africa: Solidifying U. S. Partnerships with the Region," February 15, 2008, http：//www.heritage.org/research/reports/2008/02/president-bushs-trip-to-africa-solidifying-us-partnerships-with-the-region.
⑥ Pierre Abramovici and Julie Stoker, "United States: The New Scramble for Africa," *Review of African Political Economy* Vol. 31, No. 102 (Dec. 2004), p. 685.

林西比等中西部非洲产油国。①

奥巴马就任总统之后,延续了布什总统对非洲国家的重视。奥巴马2009年7月中旬访问加纳,紧接着美国国务卿希拉里于8月对尼日利亚、安哥拉、肯尼亚、南非等非洲七国进行了访问,这凸显了奥巴马政府对非洲的外交攻势。②

除了保持与尼日利亚、安哥拉等传统产油国的关系外,美国还大力发展与赤道几内亚、乍得、喀麦隆等新崛起的非洲产油国的关系。赤道几内亚在1999年发现大油田后便迅速得到了美国的重视,目前,赤道几内亚近2/3的石油产量是由美国公司控制的,该国也成为美国在撒哈拉以南非洲仅次于南非、尼日利亚、安哥拉的第四大投资对象国。③ 对于石油储量居非洲第四位的苏丹,美国也曾准备通过抓住"9·11"事件后双边关系缓和以及协助苏丹解决内部冲突的历史机遇,介入其石油勘探和开采业务,只是后来因达尔富尔问题而受到影响。2002年9月,美国决定在圣多美和普林西比设立一个海军和空军基地,以保护美国的油轮进出。这也是美国表达其获取非洲石油的决心的行动。④ 未来,如果在圣多美和普林西比最终能够发现石油,它们和赤道几内亚都有可能成为美国石油的重要来源。此外,乍得—喀麦隆之间的石油管道建成投产后,乍得石油是美国进口的又一重要来源。⑤ 即使是以现有的速度增长,撒哈拉以南非洲所产石油也有可能继续向美国提供目前总进口量的15%的原油。

---

① Daniel Volman, "The Bush Administration and African Oil: The Security Implications of US Energy Policy," *Review of African Political Economy*, Vol. 30, No. 98 (Dec. 2003), pp. 573-584.

② Brian E. Muhammad, "Obama Then Hillary: U. S. Scrambles for Africa," *The Final Call*, August 21, 2009, http://www.finalcall.com/artman/publish/World_ News_ 3/article_ 6326.shtml.

③ 美国在赤道几内亚的投资约为70—80亿美元。2006年2月,美国负责非洲事务的助理国务卿弗雷泽(Jendayi Frazer)率团访问了该国。目前在赤道几内亚开采石油的主要是美孚、埃尔夫等美、法石油公司。其中,美国阿美拉达赫斯石油公司开发的奥库米(Okume)油田,使该国石油产量大增。

④ 圣多美和普林西比位于西非的几内亚湾,临近石油蕴藏地,自然条件优越,且能避开非洲大陆的反美情绪。鉴于圣多美和普林西比的地缘重要性,美国政府计划在这个面积仅1001平方公里的岛国建立一个美国雷达网和海军基地(参见 BBC News, "US Naval Base to Protect Sao Tome Oil," August 22, 2002, http://news.bbc.co.uk/2/hi/business/2210571.stm)。

⑤ 美国目前是乍得的第一出口目的国,约有2000多名美国石油技术人员在乍得工作。美国至今已向乍得政府提供了2.8亿非洲法郎的资金援助,并向乍得教育、环保、社会等部门小型项目提供物资或资金支持。

地理、技术和国际政治因素是促使美国看重非洲能源的另一些原因。

首先，地理是美国将视线转向非洲的重要因素。美国在非洲具有其他国家无可比拟的地缘战略优势。一方面，其他石油消费大国对西非各国的影响力相对较小；另一方面，从西部非洲的港口经大西洋向美国运输石油不会受到政治动荡的干扰。换言之，与波斯湾石油运输通道不同的是，没有一个国家能够倚仗地理这个天然屏障阻挠联系西非和美国之间的大西洋运输通道。而且，从地缘政治的角度看，随着距离的加大，日本、中国以及印度等国在西非的影响力会逐渐递减；而西非与美国的距离远比中东与美国的距离近，随着美国从非洲进口石油的增多，美国在非洲的影响力也会不断上升。因此，国际石油公司乐于将非洲大陆的石油输往美国。[1]可想而知，这种石油贸易地理上的优势，也是美国政府所乐于充分利用的条件。

其次，从技术层面看，深水油田（水下500米以上）所产的石油目前在全球的石油总产量中所占的比例依然很低。但是，其前景十分诱人。几内亚湾会是继巴西的坎波斯海盆和墨西哥湾之后的又一个重要深水产油地，是全球产出增长最高的地区。该油区的平均深水油田产量为4.87亿桶石油。在非洲的深水油田中，安哥拉和尼日利亚最为重要，其次为埃及、利比亚和毛里塔尼亚。

深水采油的成本自然要高于浅水采油。在20世纪80年代，深水采油的平均成本是14美元一桶。随着技术的进步，深水采油的成本已经下降了一半。在1000米以上的深水区采油也已成为可能。而且，与浅水采油不同的是，深水采油可以利用半固定或浮动井架。几内亚湾风浪较小，也为此提供了天然条件。

最后，非洲产油国在石油出口价格方面比较灵活。几内亚湾之所以具有吸引力的另一个因素是其周边产油国（安哥拉、喀麦隆、乍得、刚果、赤道几内亚、加蓬、圣多美和普林西比）均不是欧佩克成员国，因此，它们的日产量无需受到欧佩克产量配额的限制，有自己的石油定价体系。安哥拉、喀麦隆等国的原油价格是结合本国实际情况参照大西洋北海布伦特基准原油价格而制定的，波动性较大。加蓬曾是欧佩克成员国，但为了

---

[1] Enrique Palazuelos, "The Role of Transnational Companies as Oil Suppliers to the Unietd States," *Energy Policy*, Volume 38, Issue 8（August 2010）, pp. 4064-4075.

增产石油以满足对外汇收入的需求,它于1995年退出了欧佩克。非洲石油生产大国尼日利亚虽是欧佩克成员国,其石油生产受到欧佩克配额的限制,但尼日利亚与欧佩克矛盾较多,有退出该组织的迹象,因此其石油产量一般都超过配额。即使尼日利亚继续留在欧佩克,该国的原油生产能力也有望在未来的10年内提高一倍。

"美国政府有一个长期战略:削弱欧佩克控制市场油价变化的能量。其策略之一便是将部分国家从欧佩克分离出去。"[1]仅2002年下半年,小布什总统就与11个非洲国家的领导人举行了会谈,其中多数是产油国的领导人。国务卿鲍威尔在2002年底南非约翰内斯堡参加联合国可持续发展高峰会后顺访了加蓬和安哥拉。虽然这两个非洲国家都向美国出口大量石油,但很少有美国政府高级官员前来访问。鲍威尔是美国有史以来第一位访问加蓬的国务卿。美国还计划重开驻赤道几内亚的一家领事馆(20世纪90年代为了节约经费而关闭),在安哥拉建立一个持久性的大使馆舍。

布什政府的努力得到了国会的支持。美国国会众议院非洲委员会主席埃德·罗伊斯(Edward Royce)在讲到开采非洲石油的优势条件时说:"西部非洲没有其他国家那样的战略瓶颈。总体而言,美国与非洲产油国的政治关系良好。如果开发西非石油可以减轻美国对某一特定地区的依赖,那是一件好事。"[2]

为了把非洲培育成为美国进口石油多元化战略的重要基地,布什政府采取的是一个低调政策。美国对非洲的援助是其中一项非常重要的措施。有关非洲,美国政府官员公开谈论的更多的话题不是石油,而是如何帮助非洲国家政府结束地区冲突,减轻腐败,保护人权,改善学校等教育设施以及扩展社会服务。例如,"9·11"事件后美国加大了对非贸易和投资的力度。2001年10月底,美国在华盛顿召开"非洲增长与机遇论坛",并邀请了撒哈拉以南非洲35国的部长参加会议,这是布什政府全面发展对非贸易的重要标志。布什在会上宣布,美国将拨款2亿美元用于设立美国海外私人投资公司的扶持计划,为美国公司在撒哈拉以南地区投资提供贷款和政治风险担保。布什还宣布了《非洲发展和企业贸易计划》,以帮助

---

[1] James Dao, "In Quietly Courting Africa, White House Likes Dowry," *New York Times*, September 19, 2002, p. A1.

[2] "Oil Puts Africa on the Map," *New African*, March 2003, p. 48.

35个撒哈拉以南非洲国家向世界市场出口更多的产品。① 2002年3月，布什总统宣布启动"千年挑战账户"，承诺从2004财年开始在3年内大幅度增加对非洲的发展援助。② 最近几年，美国又加大了对产油国的援助力度，以加深对产油国的经济介入，加强对油气资源的控制。然而，那些没有油气资源的国家依然得不到美国的特别重视。

美国一方面希望非洲国家能稳定政局，发展经济；另一方面，也希望培养亲美的政府和政治势力。在援助方面，北非石油大国受到美国的特别青睐。自从几内亚湾发现石油以来，美国对撒哈拉以南非洲国家的援助呈现出非常明显的上升趋势。美非贸易基本上在《非洲增长与机遇法案》(The African Growth and Opportunity Act, AGOA) 的框架下进行，该法为48个撒哈拉以南非洲国家提供单方面贸易优惠条件，已符合条件的38个国家在15年内可按普惠制向美国免税出口6350种商品。③ 美非间还不断举办"美国—撒哈拉以南非洲贸易与经济合作论坛"(U.S.-Sub-Saharan Africa Trade and Economic Cooperation Forum)，通过举办美非工商领导人峰会拓展双方经贸关系。然而，正如英国的《经济学家》周刊所指出的那样，越来越多的美国官员访问非洲的真正目的只有一个：石油。④

当然，为了使非洲成为一个稳定的石油供应基地，美国政府也需要从改善产油国投资环境、建立反腐败机制，对产油国实施优惠关税政策，向美国石油公司提供财政和技术支持等方面促进这些国家的石油生产和对美国的石油出口。⑤ 美国帮助非洲产油国改善投资环境的政策包括：（1）帮助产油国提高政府管理水平。从1998年起，美国商务部开始帮助尼日利亚进行知识产权保护方面的改革；美国国际开发署专门向加纳提供政府财政收支管理技术方面的援助；财政部向塞内加尔派遣了一名常驻财政预算

---

① Public Papers of the Presidents of the United States, George W. Bush, "Remarks to the African Growth and Opportunity Forum," October 29, 2001, http：//www.presidency.ucsb.edu/ws/index.php?pid=64237&st=&st1=#axzz1OBwTC84y.

② Ted Dagne, "Africa: U. S. Foreign Assistance Issues," *CRS Report for Congress*, RL33591, August 3, 2010, p. 5.

③ The African Growth and Opportunity Act, http：//www.agoa.gov/build/groups/public/@agoa_main/documents/webcontent/agoa_main_002118.pdf.

④ "America is Increasingly Interested in Africa's Oil Reserves," *Economist*, October 26, 2002, pp. 59-60.

⑤ 王波：《美国石油政策研究》，世界知识出版社2008年版，第184页。

顾问；美国政府还建立了对非洲国家信用等级的评估项目，并要求这些国家财务账目公开，进行经济改革。（2）要求产油国石油收入透明。例如，在修建乍得—喀麦隆管道的项目中，美国政府牵头成立了一个独立的石油收入监管委员会，该机构负责监督、评估乍得石油收入的效率，以确保石油收入用于改善民生。美国还通过国际多边合作防止石油收入被侵吞，要求各国石油公司向本国政府公布其财务支出情况，各国不得为腐败政府领导人提供避难，不得为腐败官员发签证，鼓励世界银行和国际货币基金组织坚持对贷款国资金使用透明的规定。（3）对产油国财政提供支持和税收优惠。美国政府通过美国进出口银行、美国国际开发署等机构向石油公司提供信贷担保或贷款，支持它们的开发活动。2000年国会通过的《非洲增长与机遇法案》使撒哈拉以南的大部分国家可以免税向美国市场出口产品。产油国和有能力提供石油产品的非洲国家获得了更大的出口空间，当然与石油和石油制品相关的出口得到的优惠最多。[①]

从非洲产油国的角度来看，非洲只是美国能源战略的重要一环，美国的替代选择还有很多。虽然美国并不是非洲的唯一进口国，欧洲国家和新兴的发展中国家也在不断增加从非洲的石油进口量，但是美国在国际上的领导地位以及巨大的石油消费量是目前为止其他国家难以比拟的。非洲的石油输出国一方面希望从美国获得本国经济发展所需要的资金，另一方面也想要凭借美国的强大经济、政治和军事实力来提高自己在国际舞台上的地位，或维持其政权统治。美国对非洲的投资不仅给非洲带来了资金、技术和设备，而且也促使其他西方大国更加关注非洲。这对于非洲国家来说是更好地融入国际社会，摆脱动荡、贫困和落后的机会。非洲国家也开始借助这一有利地位，在国际舞台上展开了争取自身权利的斗争，非洲在世界舞台上的战略价值随之得以提升。西方大国鼓励其石油公司加大对非投资力度，在一定程度上弥补了非洲产油国资金和技术的不足，推动了这些国家经济总量的增长。由于此，近年来，非洲国家经济呈现了明显的稳定增长趋势。

美国和非洲国家的相互依赖还体现在油价问题的一致性上。石油价格直接影响着石油的开采量以及各石油进口国的政治经济利益。无论是美国还是非洲产油国，都不希望出现过高的油价。作为消费大国和进口大国，

[①] 王波：《美国石油政策研究》，世界知识出版社2008年版，第184—187页。

美国的经济是建立在廉价的石油之上的,所以它希望保证低廉的油价。当油价涨得过高时,美国就会给欧佩克施加外交压力,当石油价格过低时,美国也会给欧佩克施压,因为过低的价格会损害美国石油公司的利益。同样,对于非洲产油国来说,油价也不是越高越好。过高的油价会损害西方国家对非洲能源的投资,不利于消除贫困,这对贫穷的非洲国家造成的损害将大大超过给富国造成的损害。

虽然美国凭借其强大的经济和军事实力在非洲展开了积极的石油外交攻势,但法、英、日等其他西方大国从其自身的国家战略利益出发,也纷纷加入了对非洲石油的开发。欧盟是非洲最大的贸易伙伴。欧盟对非投资主要是欧洲投资银行(EIB)通过基础建设基金来支持欧洲企业对非洲基础建设的投资。欧盟在2006年还举行了欧非贸易论坛,邀请了欧非企业家参加,鼓励欧方对非投资和欧盟产品进入非洲市场。法国是老牌的非洲殖民地宗主国和能源消费大国,非洲的资源成为法国经济发展的支柱,因此,法国是美国在非洲的主要竞争对手。

目前,在外部环境方面,几内亚湾国家多属前法国殖民地,长期以来法国石油公司几乎独占尼日利亚等主要产油国的开采权。十多年来,美国利用几内亚湾国家的私有化、贸易投资自由化进程加紧进入那里石油产业的各个领域。2003年,在西非的14大石油公司中,美国公司就占了7家。[1] 在美国的攻势面前,法国石油公司在法语非洲地区失去了一些地盘。美法石油公司之间的争夺,是引发1997年刚果(布)内战的原因之一。美法石油公司在该国较量的结果是,法国石油公司仍占上风,美国公司也挤占了一定的市场份额,刚果(布)已成为美国第18大石油进口国。如今,美国公司在几内亚湾几乎与法国公司平分秋色,甚至在安哥拉、赤道几内亚、乍得等国的石油领域占了上风。在加蓬,其所产石油的46%是对美国的出口。在乍得,法国埃尔夫公司在多巴油田开发项目中被淘汰,美国石油公司占据了主导地位。[2]

在其他一些非洲产油大国,美国与其他国家跨国公司的竞争与合作情况如下:

---

[1] Douglas A. Yates, "Changing Patterns of Foreign Direct Investment in the Oil-Economies of the Gulf of Guinea," in Rudolf Traub-Merz and Douglas Yates eds., *Oil Policy in the Gulf of Guinea: Security & Conflict, Economic Growth, Social Development* (Bonn: Friedrich-Ebert-Stiftung, 2004), p. 45.

[2] 汪巍:《非洲石油开发与西方大国的争夺》,载《西亚非洲》2003年第4期。

在尼日利亚，壳牌、雪佛龙德士古、埃克森美孚、道达尔等石油公司占有绝大部分作业权，控制了近3/4的原油生产。壳牌集团一直在该国石油工业中占据核心地位。2003年，壳牌公司原油日产量曾达到99.9万桶，约占尼日利亚日产量的45.4%。然而壳牌公司的主要油田位于局势动荡的尼日尔河三角洲地区，受频频发生的武装袭击和人质绑架事件的影响，壳牌公司被迫连续削减产量，2007年其产量份额滑落至22%。[1] 2005年，美国的埃克森美孚公司在尼日利亚开发了厄尔哈（Erha）深水油田，日产为15万桶。2007年，该公司在尼日利亚的日产量为75.5万桶，约占尼日利亚石油产量的35%，超过了壳牌集团。2007年，美国的雪佛龙德士古公司在石油领域投资196亿美元，其中25%投入非洲，投资额超过10亿美元的石油天然气开发项目有30多个，其中8个在尼日利亚。[2]

安哥拉的大部分油田位于海上，美国是安哥拉石油开发的重要合作伙伴，雪佛龙德士古和埃克森美孚石油公司均在安哥拉投入巨资。埃克森美孚石油公司旗下的埃索安哥拉勘探生产公司（Esso Exploration & Production Angola）投资的基祖巴采油区（Xikomba）已成为西非最大的深水石油开发项目。[3] BP、壳牌和加拿大、澳大利亚、印度等国的石油公司均介入了安哥拉的石油开发。2002年投资27亿美元开发的、目前世界上最大的海上油田——吉拉索尔油田（Girassol），被探明约有10亿桶石油储量。各大跨国石油公司争相参与其开发，其中埃克森美孚占20%，BP占16.67%，挪威国家石油公司占13.33%，挪威海德鲁公司占10%。[4]

在阿尔及利亚，美国的安纳达科石油公司（Anadarko Petroleum Corporation）、伦敦苏格兰海上石油公司、丹麦马士基油脂公司与阿尔及利亚国家油气公司组成了阿尔及利亚最大的外资公司，产能约占阿尔及利亚总量的1/4。此外，道达尔、西班牙普索尔石油公司、越南石油公司都在阿尔及利亚获得了勘探区块。

---

[1] 《埃克森美孚取代壳牌成为尼日利亚最大石油生产商》，新华网，2007年11月20日，http://news.xinhuanet.com/fortune/2007-11/20/content_ 7110245.htm.

[2] 汪巍：《非洲石油勘探开发市场格局与竞争策略》，载《中外能源》2008年第13卷第2期。

[3] "ExxonMobil Begins First Deepwater Production Offshore Angola," http://www.gulfoilandgas.com/webpro1/MAIN/Mainnews.asp? id =200.

[4] 中国现代国际关系研究院经济安全研究中心：《全球能源大棋局》，时事出版社2005年版，第75页。

与殖民主义时期所不同的是，西方国家争夺非洲石油的方法集中于在非洲油气资源开发的机制上进一步控制非洲原油的生产权和销售权，产油国的国有资本所占份额相对缩小。在非洲首屈一指的产油国尼日利亚，国营石油公司原油产量仅占尼日利亚原油总产量的5%—6%。刚果（布）日产原油约26万桶，国营公司只能支配其中1/3的销售权，其余为西方石油公司按风险勘探协议获得的份额；赤道几内亚政府获得的分成仅占全国原油产量的1/5。当前非洲所产原油的约70%用于出口，主要是面向西方国家。①

西方石油公司对非洲油气资源开发的全面介入（融资、开采权、技术、销售等整个产业链）也是作为主权国的非洲产油国石油产业乃至整体经济政策发生变化的重要因素。国际油气公司参与国际油气勘探开发有四种主要方式：（1）购买储油（已经开发过的高产区和尚未开发但潜力很大的区块）；（2）兼并或购买有储量的公司的股份以获得储量及产量；（3）获得勘探开发区块的转让股份；（4）独自或组成集团向资源国申请勘探开发权。与世界上其他发展中地区相比，非洲目前是西方大国、跨国矿业公司控制程度较低的地区，而且目前已进入的公司也以欧洲和南非的跨国公司居多，而美国、加拿大的相对偏少。

总之，跨国公司目前已成为连接一个国家同另一国家之间的特殊媒介，甚至扮演了利益代言人的角色。跨国石油公司的一切活动都围绕着油气勘探开发、炼油与油品销售、化工、天然气贸易及发电、可再生能源的开发与利用等业务。石油的供应与消费，关系着一个国家的能源安全与经济安全，是一国生死攸关的战略资源。因此，不同于普通的跨国公司，跨国石油公司的国家化倾向更为明显，除追逐利益之外，还往往受国家战略需求的宏观指导，各跨国石油公司在非洲的角逐，其本质恰恰是各国在非洲的能源战略的博弈。②

三 美国非洲司令部的建立

为了保护美国在非洲的石油战略利益，美国要在每个能源丰富的地

---

① 汪巍：《非洲石油开发与西方大国的争夺》，载《西亚非洲》2003年第4期。
② 沈小钰：《论跨国石油公司在非洲的能源博弈》，载《国际关系学院学报》2010年第1期。

区保持军事存在,以便在出现各种危机时,特别是面对来自欧洲和亚洲国家的竞争时,能有效地控制能源供应地。当然,美国公司不可能在受到威胁的环境中开采石油,因此美国也决不能容忍非洲地区有恐怖主义组织活动存在。非洲地区虽然有丰富的石油,但该地区的投资环境却很不稳定。例如,尼日利亚在2006年曾因尼日尔三角洲地区的暴乱而导致石油减产17%。非洲地区的海疆安全问题尤为严重,2001—2008年撒哈拉以南的非洲共发生了683起海盗袭击事件,其中西非370起(尼日利亚仅在2006—2008年就发生了94起)、东非274起、中非10起、南部非洲21起。[①] "9·11"事件后,美国以"反恐"为由,大大加强了美非军事合作。2003年布什总统访问非洲五国时,承诺向这些国家提供1亿美元援助,以加强东非和非洲之角国家的反恐能力。2004年以后,美国与多个非洲国家的军事部门商讨过合作事宜。2005年7月,美国与阿尔及利亚等8个北非和西非国家联合举行了大规模实战反恐演习。2006年2月,美国防部长拉姆斯菲尔德对北非三国突尼斯、阿尔及利亚和摩洛哥进行了访问,讨论的核心问题就是反恐军事合作。美国还着手调整全球军事部署,计划在北非地区建立十余个小规模、具有快速反应能力的"前沿作战基地"。2005年初,摩洛哥和突尼斯同意美军在两国境内设立前沿作战基地。同时,美国还谋求在塞内加尔、加纳、马里等国部署小型军事设施,并加强了与几内亚湾地区国家的军事合作,以保护美国石油供应的安全。美军还在油轮经常过往的大西洋水域举行军事演习。

这些活动在2007年达到了高潮。2007年2月6日,小布什总统宣布美国将组建一个新的独立的非洲战区司令部(U. S. Africa Command, AFRI-COM),以适应保障海外安全、促进战略合作、构建伙伴关系、支持非军事任务和布置军事行动的需要。小布什任命美国欧洲司令部副司令威廉·E. 沃德(William E. Ward)将军出任美国非洲司令部司令。2007年10月,美国军方发表声明透露,美军非洲司令部已经开始部分运作。美国非洲司令部的建立,使美军战斗序列中的战区联合司令部从5个增至6个,改变

[①] 曹升生:《非洲石油与美国国家安全:基于非洲司令部的视角》,载《战略决策研究》2011年第2期。

了此前非洲分属于美国欧洲司令部、太平洋司令部和中央司令部的状态。[1]

对于组建这个新的司令部，布什的解释是："这个新的司令部将加强我们与非洲的安全合作，创造机会增强我们非洲伙伴的能力，加强我们为非洲人民带来和平与安全的努力，促进非洲发展、健康、教育和经济增长。"[2] 美国国防部指出，非洲司令部的职能是："与非洲国家和地区组织一起，通过改善安全能力、军事专业化和可靠的治理来加强地区安全和稳定，从而推进美国的战略目标。非洲司令部的军事行动目标在于震慑侵略和应对危机。"[3] 反恐和加强美国与非洲的安全合作是美国组建非洲司令部的主要理由，但并非是全部理由。美国通常会选择重点国家作为其推进对非政策的基石。美国近年在非洲加强军事合作的对象国要么具有重要的战略位置，要么拥有丰富的石油或矿产资源，或者两者兼而有之。因此，推动美国建立非洲司令部的一个重要动因就是石油。

正如前文所述，非洲石油蕴藏量颇丰。从石油地质和石油开采的经济性两方面评估，未来若要增加全球石油产量，就不得不将非洲纳入全球石油经济的版图。一般认为，虽然在非洲尚未发现像沙特阿拉伯以及伊拉克那样的超大型油田，非洲对全球的石油供应的贡献将在 2015 年后达到 20% 以上。[4] "9·11" 事件大幅度地提升了非洲在美国对外战略，尤其是能源进口多元化战略中的地位。2001 年 5 月，小布什政府的《国家能源政策》报告指出：在国内石油产量下降的大背景下，美国将依赖国外进口石油，实现石油来源的多元化是美国亟须解决的一个重要问题。含硫量低、符合高规格提炼要求的非洲石油有可能与南美、里海一道成为美国石油和天然气市场的重要来源地。一位美国国防部高级官员 2003 年曾声称："美

---

[1] Carmel Davis, "AFRICOM's Relationship to Oil, Terrorism and China," *Orbis*, Volume 53, Issue 1, January 2009, pp. 122-136.

[2] Public Papers of the Presidents of the United States, George W. Bush, "Statement on the Creation of the Department of Defense Unified Combatant Command for Africa," February 6, 2007, http://www.presidency.ucsb.edu/ws/index.php?pid=24489&st=&st1=#axzz1OPCSAlw7.

[3] Lauren Ploch, "Africa Command: U. S. Strategic Interests and the Role of the U. S. Military in Africa," *CRS Report for Congress*, RL34003, March 22, 2011, Summary.

[4] Jan Kjärstad and Filip Johnsson, "Resources and Future Supply of Oil," *Energy Policy*, Volume 37, Issue 2 (February 2009), pp. 441-464.

国军事力量（在非洲）的一个主要任务将是确保尼日利亚油田的安全。"①建立一个地区性司令部能让美国积极实施危机管理和预防，通过创造安全的环境来吸引大规模的投资，提高非洲的石油产量。这同时也标志着美国将长期介入非洲地区的稳定与发展。一位美国能源专家指出，由于非洲主要产油国位于动乱频繁的地区，单凭经济和外交手段不可能获取国外石油，因此依赖国外石油很可能伴随着美国在当地的军事存在。②

进入新世纪后，美国对非洲产油国发动了又一轮的外交"攻势"。2003年，美国能源部宣布本财政年度将对非洲石油投资100亿美元，而美国雪佛龙德士古石油公司称，未来5年它将在非洲石油开发领域投资200亿美元。由该公司主导、投资37亿美元的非洲最大的输油管道项目乍得—喀麦隆管线已于2004年竣工，并投入使用，这也是美国在非洲最大的一个投资项目。这一时期，非洲石油占美国进口石油的份额也从2000年的14.5%增加到2005年的18.05%、2006年的22%，而2005年、2006年中东石油分别占美国进口石油的17.6%、14%。③

与此同时，美国对非军事援助项目逐年增加。美国最大的对外军援项目中对非洲的援助部分从2000年的1200万美元上升到2006年的2400万美元。美国对非洲国家的军售也从2000年的980万美元上升到2006年的6000万美元。④ 至2007年2月，美国已同非洲国家建立了如下双边和多边军事—安全合作项目：(1)国际军事教育和培训计划（IMET）；(2)非洲危机行动培训和援助项目（ACOTA）与全球和平行动计划（GPOI）；(3)泛撒哈拉反恐计划（TSCTI）；(4)联合任务部队—非洲之角（CJTF—HOA）；(5)对外军事销售项目（FMS）；(6)非洲海岸和边界安全项目（ACBSP）；(7)其他防卫条款项目（EDA）；(8)基地使用协议；(9)在几内亚湾的海军行动口。⑤ 为确保其在非洲的石油利益，2006年上半年，北约曾在西非岛国佛得角境内举行代号为"坚定美洲豹—2006"的大规模

---

① Lauren Ploch, "Africa Command: U. S. Strategic Interests and the Role of the U. S. Military in Africa," *CRS Report for Congress*, RL34003, March 22, 2011, p. 16.

② Michael Klare, "Bush-Cheney Energy Strategy: Procuring the Rest of the World's Oil," *Foreign Policy in Focus* (PetroPolitics Special Report), January 2004, p. 10.

③ Ariel Cohen and Rafal Alasa, "Africa Oil and Gas Sector: Implications for U. S. Policy," *The Heritage Foundation Backgrounder*, No. 2052 (July 13, 2007), p. 3.

④ 韩学功：《美国非洲司令部"油"味十足》，载《中国石油石化》2007年第5期。

⑤ 尚玉婷：《美国对非洲的军事化能源政策》，载《国际资料信息》2008年第11期。

军事演习。这是北约军队首次在非洲开展军事活动。

中国在非洲影响力的扩大也是促使美国建立非洲司令部的重要因素之一。有些美国学者依据2006年中国公布的对非政策白皮书对中国挺进非洲的内容做了总结：第一，中国向非洲提供了大量的无条件援助和经济支持，这与西方主导的国际金融机构将接受援助与实现良好治理和打击腐败挂钩截然不同。中国运用债务减免来帮助非洲国家，中国还通过建立孔子学院、培训非洲专家等方式来加强双方文化联系和提升软权力，借此在中非精英之间构建了一种长期的信任关系。第二，中国通过形式多样的贸易峰会和武器销售来促进贸易。如2003年10月，第一次中非商业会议就达成了20个项目，总价值为6.8亿美元。中非贸易近年来飞速发展，2000年首次突破100亿美元，2006年为555亿美元，而到2012年有望达到24000亿美元。在军事合作方面，中国同布隆迪、赤道几内亚、埃塞俄比亚、厄立特里亚、苏丹、坦桑尼亚和津巴布韦等几个极具战略重要性的国家签订了合作合同，还在苏丹建立了一个轻武器加工厂。在维和方面，中国已成为重要的参与国，仅2007年就派遣了1315名军事人员参加七项维和行动。中国还成为非洲常规武器市场的主要供应国。这些努力的结果是：中国已在尼日利亚、安哥拉、阿尔及利亚等国获得石油开采权，中国公司也纷纷涌入非洲市场淘金。中国还同47个非洲国家建立了外交关系，非洲领导人在接待到访的中国领导人时依照的是以往招待西方领导人的规格，加蓬、苏丹、安哥拉和卢旺达等国家甚至视中国为第一伙伴。[1]

此外，中国从非洲进口原油的数量近十几年来显著增长。中国从非洲的安哥拉和利比亚进口原油始于1992年。此后，其进口来源国和进口量不断增加。自1993年开始，除1994年外，安哥拉一直是中国原油进口的头五位来源国之一。2001年起，苏丹也成了中国原油进口的重要来源国，目前是中国第六大原油进口国。2003年，中国从9个非洲国家进口的原油总量达到了2218万吨，是继中东地区之后中国原油进口的第二大来源地。基于联合国所提供的货物贸易统计数据，到2009年，对中国原油的出口占非洲原油总出口量的比例，已经由2003年的7%上升到15%。相比之

---

[1] Joshua Eisenman and Joshua Kurlantzick, "China's Africa Strategy," *Current History*, May 2006, p. 221.

下，同期美国所占份额从29%下降到26%。①

在21世纪，特别是2006年中非合作论坛北京峰会召开以来，中国与非洲在能源领域的关联这个话题在欧美的国际问题和非洲研究界受到了空前的关注。国际媒体更是一边倒地认为中国与非洲地区的外交和经济交往，系因能源需求而引起，中国将保障和扩大从非洲获取的能源作为最高目的。由于非洲地区的能源开发在历史上一直是欧美国家的公司占绝对优势，欧美国家对中国与非洲在能源领域里交往的关注，其出发点当然是保障自身的能源供应和扩大对非洲国家外交及国内政治的影响。

中国在非洲利益和影响力的扩大引起了美国政府和一些学者的担忧。前面提到的"非洲石油政策起草小组"发布的《非洲石油——美国国家安全与非洲发展的优先选择》白皮书，详细论证了建立非洲司令部对于保护美国在西非的战略利益的重要性和必要性。报告尤其指出："倘若美国在外交上不关注西非，在军事上不为之设置一个司令部，那么这个机会就会被诸如中国、利比亚、基地组织等敌手所利用。"②

非洲人则用怀疑的眼光来看待非洲司令部的建立。石油、中国和反恐是美国建立非洲司令部计划中的主导因素，而在众多非洲人的眼中，非洲发展问题居于美国战略中的次等地位，并从属于这三个主要目标。许多非洲国家认为，非洲问题应当通过非洲联盟由非洲人自己来解决，而不应受到外国的干涉。美国希望推动非洲司令部如期进驻非洲大陆，但这一计划遭到非洲绝大多数国家的拒绝。南非、阿尔及利亚、尼日利亚、利比亚等地区大国明确表示反对。利比里亚是唯一公开主动要求成为非洲司令部所在地的非洲国家。非洲人对于美国非洲司令部意图的恐惧使得五角大楼放弃了最初将非洲司令部设在非洲大陆的计划。具有讽刺意味的是，非洲司令部在过去5年多中都设在德国的斯图加特。一位美国国务院官员坦诚地表示："在走向非洲时，我们面临重大的形象问题，非洲的公众舆论反对与美国同床共枕，他们不信任美国。"③ 作为在非洲驻军最多、对非洲国家直接军事干预最多的国家，法国也对设立"美军非洲司令部"持反对态度。欧洲舆论对美国举动的评价以负面为主。英国的路透社、德国的《法

---

① 北京大学国际关系学院留学生 Andrzej Kauf 在这些数据的统计过程中做出了贡献。
② African Oil Policy Initiative Group (AOPIG), "African Oil: A Priority for U. S. National Security and African Development", Washington, D. C., May 2002. pp. 6-16.
③ 瓦莱丽·里德：《美国非洲司令部面临形象难题》，载《国际资料信息》2008年第1期。

兰克福汇报》均认为，美国此举除了反恐之外，意在确保获取非洲的能源。欧洲对外关系学会高级研究员丹尼尔·考斯基认为，美国在非洲设立司令部对欧洲国家在非洲的安全利益构成了严重挑战，因而主张由北约欧洲成员国与美国共同组建非洲联合司令部。①

四 美国对苏丹达尔富尔问题的政策与石油

苏丹是非洲大陆面积最大的国家，长期以来经济落后，是联合国宣布的世界最不发达的国家之一。但是，苏丹拥有丰富的石油资源，其潜在石油储量可达80—120亿桶。苏丹的石油储备大部分位于在穆格莱德和迈鲁特盆地南部，现已探明储量达67亿桶。② 多年来，苏丹的中央政府对其社会缺乏有效的治理。其邻国也以政治动荡、贫困为普遍特征。此外，西方石油公司进入苏丹从事勘探开发活动，也受到从发展的角度看，石油等自然资源的开发利用给苏丹带来的可能不是繁荣而是"资源诅咒"（resource curse）看法的阻碍，被认为不符合西方社会对其公司在非洲活动的要求的潮流。这样，战后多年来，对苏丹石油的开发进展一直很有限。③

20世纪60年代初，美国雪佛龙德士古公司进入苏丹，在长达10年的勘探开发中，探明了1.8亿吨石油储量。70年代，雪佛龙德士古公司一直在苏丹从事石油勘探开发。1983年，南方油田的发现再度引起苏丹内战。次年该公司开始撤离苏丹，并最终放弃了开采权。1997年，美国开始制裁苏丹，禁止美国公司与苏丹发生经济联系。但"9·11"事件后，鉴于苏丹采取同国际社会合作反恐的积极姿态，美国明显加强了改善与苏丹关系的步伐，美国与苏丹的关系有了很大的转变，开始由紧张逐步走向缓和。其标志是总统特使约翰·丹福斯（John Danforth）正式访问苏丹，并提出了实现苏丹国内和平的四点意见。④ 然而，美国与苏丹

---

① 刘飞涛：《美国对非军事战略探析》，载《国际问题研究》2008年第3期。
② *BP Statistical Review of World Energy*, June 2009, p. 6.
③ Pádraig Carmody, "Cruciform Sovereignty, Matrix Governance and the Scramble for Africa's Oil: Insights from Chad and Sudan," *Political Geography*, Volume 28, Issue 6 (August 2009), pp. 353-361.
④ Ted Dagne, "Sudan: Humanitarian Crisis, Peace Talks, Terrorism, and U. S. Policy," *CRS Report for Congress*, IB98043, March 19, 2002, p. 3.

有所好转的关系在 2003 年苏丹达尔富尔危机爆发后,再次出现了转折和倒退。

达尔富尔位于苏丹西部,与利比亚、中非、乍得等国接壤。它包括三个省,面积 50 多万平方公里,人口 600 多万。该地区居民种族部落繁多,主要是北部信奉伊斯兰教的阿拉伯人和南部信奉基督教的土著黑人。达尔富尔问题是历史上各种因素长期积累的结果。首先,欧洲殖民当局在当地采取"扶植一派,打压一派"的统治政策,造成不同种族、部落间不平等、不信任的关系。20 世纪 70 年代以来,达尔富尔地区的自然条件日益恶化,阿拉伯人和黑人争夺水草和土地资源的矛盾日益加剧。这种争夺又因近年来石油资源的发现和开采而进一步激化。2003 年 2 月,达尔富尔地区的黑人居民组成了"苏丹解放军"和"正义与公平运动",以苏丹政府未能保护他们免遭阿拉伯民兵袭击为由,展开反政府活动。战乱在该地区造成 3 万多人死亡、120 万人流离失所。联合国将达尔富尔地区列为目前世界人道主义危机最严重的地区之一。苏丹境内局势因此而成为国际热点之一。

大约从 2004 年起,达尔富尔问题开始上升为一个国际热点问题。2004 年 7 月,美国国会通过决议,认定达尔富尔冲突为"种族灭绝"行动,并要求政府采取行动迫使联合国对苏丹实行制裁措施。美国总统小布什 2005 年 7 月接受记者采访时表示,美国"是一个将那里的情况视为种族灭绝大屠杀的国家……我们对达尔富尔的局势给予十分严重的关注"。[①]美国国务卿康多莉扎·赖斯(Condoleezza Rice)则认为,达尔富尔地区的人道主义危机规模空前,有些人在苏丹显然犯有反人类罪,必须将犯下这些罪行的人绳之以法。在美国的大力推动下,2005 年 3 月 31 日,联合国安理会通过了 1593 号决议,将达尔富尔问题交由国际刑事法院检察官调查。2008 年 7 月 14 日,该法院检察官指控苏丹总统奥马尔·哈桑·艾哈迈德—巴希尔(Umar Hassan Ahmad al-Bashir)犯有种族灭绝罪、危害人类罪和战争罪,请求国际刑事法院对巴希尔签发逮捕令。2009 年 3 月 4 日,国际刑事法院以涉嫌战争罪和危害人类罪为由,对巴希尔签发逮捕令。尽管从国际法的视角,向苏丹这个国际刑事法院成员国以外的元首发出逮捕

---

① 转引自王建伟《中美在处理苏丹达尔富尔问题上的冲突与合作》,载《美国问题研究》2008 年第 1 期。

令是具有争议的行为，但这毕竟是复杂的国际政治多种力量磨合的结果。[1]

促使美国政府关注达尔富尔问题的因素有很多。例如小布什竞选连任的需要，宗教团体、人权组织等院外游说集团的压力等。但在美国对达尔富尔问题关注的背后，还是若隐若现地显出石油的影子。随着近些年世界市场对石油需求的不断增加，苏丹的石油资源日益成为各石油消费国和大石油公司争夺的对象，这是达尔富尔问题之所以举世瞩目的重要原因之一。

首先，美国近年来对达尔富尔问题的高度关注与其非洲战略调整是一致的。小布什政府上台后，非洲在美国外交政策中的地位不断提升。2006年，小布什任命辛蒂·考维尔（Cindy Courville）担任美国达尔富尔问题特使。考维尔在2007年接受采访时表示，她的任命显示了美国与非洲为在这个具有重要战略意义的大陆寻求政治稳定和经济繁荣而日益发展的合作关系。她表示，美国在非洲有经济利益——美国石油进口总量的近15%来自非洲大陆，同时也希望非洲大陆取得政治稳定和经济繁荣。[2] 在这样一个大背景下来观察，美国对达尔富尔问题的重视就不难理解了。

2004年8月8日，苏丹驻阿尔及利亚大使召开新闻发布会，指出"美国捏造达尔富尔危机的真实目的是为了非洲大陆的石油"。他说，美国对于达尔富尔冲突的报道不真实，实际上是想给苏丹政府施加压力，削弱苏丹政府，为自己的扩张野心做准备。[3] 这种说法并不是空穴来风。由于美国认为苏丹政府与攻击美国的国际恐怖主义有牵连，早在20世纪90年代美国就将苏丹列入支持恐怖主义国家的名单，并对苏丹实施了经济制裁。这样一来，美国的石油公司就被排除在了苏丹的石油工业之外，而苏丹的石油行业的主导权则最终被中国、马来西亚、印度、加拿大等国所获得。对此，美国石油公司并不甘心，它们谋求重返苏丹。

此外，美国对中国持续不断地在苏丹获得颇具规模的石油利益感到不满，这也是美国希望主导达尔富尔问题政治解决的原因之一。由于较晚才

---

[1] Sarah Nouwen and Wouter Werner, "Doing Justice to the Political: The International Criminal Court in Uganda and Sudan," *European Journal of International Law*, Volume 21, Number 4 (November 2010), pp. 941-965.

[2] 转引自王建伟《中美在处理苏丹达尔富尔问题上的冲突与合作》，载《美国问题研究》2008年第1期。

[3] 同上。

进入世界石油市场,而且西方石油公司又早已垄断了绝大部分全球优质石油储量,中国希望分享现有的油气资源的努力必然会受到诸多因素的制约,因此中国只能到新兴的产油国和地区去寻找石油来源。1995 年,中国企业开始进入苏丹进行石油开发。1997 年,中国石油天然气集团公司控股40%的大尼罗河石油作业公司(Greater Nile Petroleum Operating Co.)成立,开始开发雪佛龙德士古等跨国公司退出的苏丹南部的石油。其中,最重要的是中石油参与的1/2/4 区(黑格利、团结和基康油田)石油项目,以及在这些项目区中建设输油管道,管道的另一端是红海沿岸的苏丹港,石油从那里装船运往中国。① 苏丹石油项目是中石油公司在海外最大、最成功的合作项目,也是中国在海外拥有的最大、最完整的石油产业链,覆盖了勘探、采油、输油管、炼油厂和港口等各个领域。② 据统计,目前中国共有 100 多家公司、3 万多人在苏丹各地工作。从长远看,中国在苏丹投资的战略意义关系到中国的整个非洲石油开发战略。在这个过程中,苏丹经济得到快速发展。从 1999 年苏丹开始出口石油算起,苏丹在十年中就发展成一个新兴的石油生产国和出口国。对于中国在苏丹的角色,美国等西方国家指责中国鼓励和纵容了实行种族屠杀、破坏人权的苏丹政府。

从 2005 年到 2011 年,美国主导完成了苏丹的一系列政治进程。2005年,苏丹政府同南部苏丹人民解放运动签署了《全面和平协议》,成立了包含南部力量在内的苏丹民族团结政府,结束了持久的内战。根据《全面和平协议》,在 6 年过渡期结束后的 2011 年,苏丹南部将进行决定其最终地位的全民公投。协议签署后,美国坚持要求苏丹政府兑现协定。苏丹与美国外交官多次接触,表示愿与美国改善关系。但美国坚持将改善美苏关系与落实《全面和平协议》挂钩。③ 实际上,美国对公投的结果早有预期。2010 年 1 月,美国国务卿希拉里·克林顿发表声明,敦促苏丹国内各政治

---

① 中国石油天然气集团公司国别报告:《中国石油在苏丹》,第 5 页。http://www.cnpc.com.cn/resource/cn/other/pdf/09% e4% b8% ad% e5% 9b% bd% e7% 9f% b3% e6% b2% b9% e5% 9c% a8% e8% 8b% 8f% e4% b8% b9.pdf.

② Peter S. Goodman, "China Invests Heavily In Sudan's Oil Industry," *Washington Post*, December 23, 2004, p. A01.

③ 2009 年以来,美国总统苏丹问题特使斯科特·格雷申(Scott Gration)多次访问苏丹,敦促苏丹落实《全面和平协议》,实施公投(参见 "Special Envoy Scott Gration on His Recent Visit to Juba and Khartoum," Special Briefing by Scott Gration, Special Envoy to Sudan, Washington, DC, September 15, 2010, http://www.state.gov/s/sudan/rem/2010/147194.htm)。

派别加倍努力,以确保《全面和平协议》得到切实落实,确保大选顺利举行以及阿布耶伊(Abyei)地区归属与北南苏丹划界问题得到妥善处理。[①] 奥巴马在与外国领导人会谈时,多次要求他们与美国一起向苏丹施压,强调美国与苏丹关系的未来取决于一次成功的公投。[②]

在国际社会的关注下,苏丹南部公投终于在 2011 年 1 月 9 日至 15 日如期进行。在南部的 390 万选民中,98.83% 的人投票支持与信奉伊斯兰教的北部地区分离。[③] 此次公投改变了苏丹的地理和政治版图,使苏丹一分为二,形成以喀土穆为首都的苏丹和以朱巴(Juba)为首都的苏丹南部(新国家名称尚未定)两个国家,而苏丹大部分石油资源蕴藏在南部。[④] 在这种背景下,南部苏丹的独立意味着外资石油公司将不得不与苏丹南、北政府分别重签协议。考虑到这些石油公司的上中下游资产将被一条新国界拆分,利益纠纷会不可避免,这对中石油等中资公司在当地的投资与合作将是一个严重考验,特别是由于苏丹南部比北部更加亲西方。美国作为南部苏丹独立的最大支持者,很可能将重返苏丹。而欧洲的石油公司、服务公司和二级承包商由于并没有全面撤出苏丹,在南部苏丹独立后,其重返的步伐甚至可能会快于美国。

---

① Secretary of State Hillary Rodham Clinton, "Remarks on the Five Year Anniversary of The Comprehensive Peace Agreement in Sudan," January 8, 2010, http://www.state.gov/secretary/rm/2010/01/134969.htm.

② Public Papers of the Presidents of the United States, Barack Obama, "Remarks at a United Nations Ministerial Meeting on Sudan in New York City," September 24, 2010, http://www.presidency.ucsb.edu/ws/index.php?pid=88506&st=&st1=#axzz1PDQQPcps.

③ 《苏丹南部公投委员会正式宣布公投结果》,新华网,http://news.xinhuanet.com/world/2011-02/08/c_121054289.htm.

④ 苏丹石油产量主要集中于南部(约占70%),而石油炼化和出口基础设施却基本建在北方。

第十章

中美关系中的能源问题

能源已经成为讨论中美关系时必不可少的话题。从能源的视角开始讨论中美关系时，不论是中美两国国内抑或是国际上的研究，都认为这是一个两国间"重要"而又"敏感"的功能性领域。的确，对于世界上两个最大的经济体来说，充足、稳定的能源供应都极为重要。当两国为维持来自境外的能源供应而努力时，它们有能力给对方造成正面或者负面的影响。因此，双方能在对方的能源安全努力中发挥什么样的作用，是一个十分敏感的问题。这种敏感来源于双方的战略互信依然处在需要得到有效维护和促进的过程中。2005年8月，基于两国元首间达成的共识，中美两国正式启动了一年两次的战略对话（2008年改为战略与经济对话），在这一机制之下，能源成为中美在战略和政治层面进行深入沟通的经常性话题，从能源的这一突出地位我们不难看出，如何优化对两国在能源领域里互动的管理，已经变成了中美两国政府间的经常性议题。

本章写作的基本认知是：有必要对中美在能源领域的互动做全局性的观察，以求对能源问题在双边关系中的敏感性做出适切的判断。做出一个全景性的观察，有利于避免把对方的恶意行为作为制定自身能源政策和能源外交的基本假设，从而导致国内政治、经济和外交资源的浪费。从这个认知出发，本章将回顾中美在能源领域的交往过程，试图描绘出1971年双边战略关系的根本性取向从对抗转为共存以来两国在贸易、能源开发、能源利用等方面交往的图景。这样做的目的是推动能源成为使双边关系能够良性互动而非反向而行的领域。

一 从合作开发到相互关注

在战后中美经贸关系的演变过程中，能源始终是一个重要领域。朝鲜战争爆发后，美国对中国实施了包括能源在内的贸易禁运，直到1971年中美贸易关系开始解冻。1973年第一次海湾石油危机爆发，美国经济受到冲击，中国则于同年开始向日本等亚洲资本主义邻国出口原油。① 在当时的美国能源安全研究界，热点话题之一便是中国作为一个潜在的石油出口大国对美国石油供应安全的意义。虽然由于长期缺乏交往，美国并不了解中国的石油地理和石油工业，但不少研究者依然期待中国能成为美国海外石油进口的重要新来源之一。②

1978年，中美建交谈判进展加快。两国政府的能源政策主管机构以及能源企业开始探索在中国从事能源开发的合作途径。1978年1月，应美国能源部长詹姆斯·施莱辛格（James Schlesinger）的邀请，中国石油公司代表团访问了美国。③ 同年7月和9月，美国的宾索石油公司、菲利普斯石油公司分别派代表团访问了中国。④ 10月底，施莱辛格率领美国能源代表团对中国进行了为期两周的访问，并就扩大两国能源合作的可能性同中国方面举行会谈。施莱辛格指出，他是"作为美国总统的代表""为了进一步发展我们的共同利益"而访问中国，并准备就能源研究和发展的五个具体方面的合作问题进行讨论。⑤ 代表团访问期间，受到了当时主管中国石油工业、经济工作的副总理以及最高领导人的接见。

自1978年中国共产党第十一届三中全会以后，中国逐步扩大了对外开放的步伐，对开展与美国的经济技术合作非常重视，希望美国能在资金和贷款方面提供优惠条件。而美国政府对中国的改革开放持支持态度，相继采取了一些措施来放松对中国的出口限制。这对中美能源合作是有利的。中美双方对推进能源合作的积极性都很高，两国政府签订了很多协议，合作领域集中在石油、煤炭、水利、和平利用核能等方面。从那时以

---

① Vaclav Smil, "Energy in China: Achievements and Prospects," *The China Quarterly*, No. 65 (Mar., 1976), pp. 69-70.

② 例如，Kim Woodward, *The International Energy Relations of China* (Stanford: Stanford University Press, 1980); Laurence J. C. Ma, "Oil from the Wells of China," *Geographical Review*, Vol. 70, No. 1 (January 1980), pp. 99-101.

③ 《外事往来》，载《人民日报》1978年1月4日第4版。

④ 《外事往来》，载《人民日报》1978年7月15日第4版；《外事往来》，载《人民日报》1978年9月11日第4版。

⑤ 《宋振明部长举行宴会，欢迎施莱辛格和他率领的美国能源代表团》，载《人民日报》1978年10月25日第2版。

来的30多年中，中美两国政府间的能源开发和能源技术合作框架一直持续下来，合作内容不断得到扩展和深化。两国的能源政策官员、能源技术以及能源政策研究人员之间形成了多层次、多议题的信息交流和共同研究网络。[1]

1979年初，中美宣布建立正式外交关系不久，邓小平访问了美国。在访问期间，中国的石油出口是他与美国各界讨论中美贸易前景时必定涉及的话题之一。邓小平表达了"如果中国有一天成为一个主要的石油输出国"的愿望。[2] 访问期间签订的中美两国政府间科学技术合作协定，确立了双方在包括能源技术在内的科技领域里合作与交流的框架。与框架协定同时签署的执行协议之一是美国能源部与中国国家科学技术委员会牵头的高能物理合作研究（至今仍在进行）。同年，中国开始向美国出口原油，并开始着手制定相关立法，以使包括美国在内的国际能源企业参与中国境内的能源开采和加工成为可能。1979年中美两国还签署了19个合作协议，包括化石能源、气候变化、聚变能源、能源效率、可再生能源、和平核能技术和能源信息交流等。[3]

1982年，中国开始邀请外国能源公司投标开发近海油气资源，许多美国公司踊跃参与竞标。至1984年初，13家美国公司在开采中国海洋石油方面参与签订了12个石油勘探合同，投资近6亿美元。[4] 此后，两国能源企业间的互动，从在中国的陆上和海洋从事合作开采扩展到美国能源公司通过其他多种方式，如持股方式，参与中国能源的上、中、下游市场的开发，以及中国的能源公司进入美国金融市场融资等。[5] 事实上，如何更广

---

[1] 至今国内外还没有产生全面回顾、评析中美政府间能源合作历史的研究成果。重点回顾克林顿政府期间两国政府主持或支持的能源合作项目的文章是：Kelly Sims Gallagher, "U. S. -China Energy Cooperation: A Review of Joint Activities Related to Chinese Energy Development Since 1980," BCSIA Discussion Paper, Discussion Paper 2001, Cambridge, MA: Belfer Center for Science and International Affairs, November 2001；另外，参阅查道炯《中美能源合作：挑战与机遇并存》，载《国际石油经济》2005年11月。

[2] 例如，新华社：《邓副总理对美国报纸和杂志的主编和发行人说：中美贸易前景广阔》，载《人民日报》1979年2月5日第1版。

[3] "Common Challenge, Collaborative Response: A Roadmap for U. S. -China Cooperation on Energy and Climate Change," Asia Society Center on U. S. -China Relations and Pew Center on Global Climate Change, January 2009, p. 50.

[4] 永真：《具有广阔前景的中美经济贸易关系》，载《人民日报》1984年4月25日第6版。

[5] 汪巍：《美商在华石油领域拓展业务的现状与前景》，载《天然气与石油》1998年第1期。

泛地参与中国的能源市场仍然是美国能源企业关注的议题之一。1983年，中美两国签署了《核物理和磁聚变协议》，目标是利用聚变获得能源来源。1985年签署的《中美化石能源研究与发展合作议定书》则是第一个关于化石能源的双边议定书，现已包括5个附件。[①]

这一时期的中美能源合作属于起步阶段，两国政府在促进合作中发挥了重要作用，表现为美国政府放松对华技术出口限制，中国政府放开石油开采权等。由于这时中国对能源的需求有限，因此双方的合作项目规模比较小，美国对中国的兴趣更多的是一种战略需要。

1989年"北京政治风波"发生后，中美关系暂时出现了倒退。由于美国对华实施的制裁，中美能源合作也受到了影响，很多已经签订的协议不能正常执行。到1989年底，美国商务部取消了向中国销售5亿美元的核电厂装置的出口许可证。1992年，两国签订的价值180亿美元的项目《超导超级对撞机合作执行协定》最终未获美国国会通过。[②] 不过，由于中美能源合作符合双方的利益，不久之后中美能源合作又焕发了新的活力。

90年代中美能源合作的领域进一步扩大，除了在石油、煤炭、天然气等领域的合作得到加强外，新能源的开发、清洁能源的利用、环境保护等成为中美能源合作中重要的组成部分。中国巨大的能源需求成为美国企业家的关注重点，美国的一些大型能源公司纷纷到中国投资。中美能源合作表现出很大的互补性。1994年，中国政府允许外国企业开发中国塔里木油田后，美国企业和英、日两国企业联合参加了开采油田东南地区5个矿区中的3个。1995年2月，美国能源部长黑兹尔·R.奥利里（Hazel R. O'Leary）率美国政府和工业界联合能源代表团来华。代表团成员包括总统办公室、商务部、环保署、环保基金会、进出口银行的官员以及摩根银行、花旗银行、通用汽车公司和能源部门50个公司的经理。美国能源部与中国多个部委签署了系列双边协定，覆盖的领域包括：双边能源咨询谅解备忘录、反应堆燃料研究、可再生能源、能源效率发展、可再生能源技术开发、煤层气收集与利用、区域气候研究等。1997年，中国国家计划委员会和美国能源部签署了《中美能源和环境合作倡议书》，针对城市空气质量、

---

① "Common Challenge, Collaborative Response: A Roadmap for U. S. -China Cooperation on Energy and Climate Change," Asia Society Center on U. S. -China Relations and Pew Center on Global Climate Change, January 2009, p. 50.

② Ibid.

农村通电、能源资源以及清洁能源和能源效率等多个领域。1998 年 6 月，中国国家发展计划委员会和美国能源部的代表签署了《中美和平利用核技术合作协定》，为中美两国在核技术利用、清洁能源的开发和使用以及其他领域的合作铺平了道路。①

进入 21 世纪后，中美两国续签了多项中美能源合作框架性协议，合作领域进一步增多，双方在能源合作中逐渐形成对话机制。

总体来看，30 多年来，中美经贸关系的结构基本稳定。美国没有采取措施干扰中国把所获得的海外能源供应安全运输到国内市场。基本充足的能源供应是中国经济得以持续增长的必要保障条件之一。美国对华投资的代表性项目有：由中国海洋石油总公司和美国雪佛龙德士古石油公司合作开发的渤海渤中 25—1 油田一期工程，这是渤海海域的第三个上亿吨级整装大油田，可采储量 2 亿桶，生产期 20 年，日产约 1.6 万桶；1998 年，中联煤层气有限公司与美国雪佛龙德士古公司签署中国第一个煤层气产品分成合同以来，先后与美国、澳大利亚的 10 家外国公司签署了 21 个煤层气对外合作合同，合同区面积为 3.38 万平方公里，合同区内预测煤层气资源量近 3.7 万亿立方米。②

中美能源合作的历史轨迹显示出双方角色定位的逐渐变化。在实施改革开放政策之初，原油和成品油是中国换取外汇的拳头产品。举例而言，1979 年中国对美国的出口总额为 6 亿美元，其中最大宗的产品便是原油（7200 万美元），其次是成品油（2100 万美元）。③ 当时，中国特别需要用石油出口所换取的外汇从包括美国在内的国外市场购买如石油、采矿、运输、建筑、电子等方面的技术和设备。这些设备的进口有利于扩大境内原油开采和加工的能力、扩大成品油出口能力、减少进口成品油的外汇开支。这种局面至 80 年代中期才开始改变，其直接原因是国内石油产能增长速度放缓以及国内石油需求迅速增长。同时，加工品在整体出口商品中

---

① Robert S. Price, "A Chronology of U. S. -China Energy Cooperation," The Atlantic Council of the United States, 2008, pp. 6-10; "Common Challenge, Collaborative Response: A Roadmap for U. S. -China Cooperation on Energy and Climate Change," Asia Society Center on U. S. -China Relations and Pew Center on Global Climate Change, January 2009, pp. 51-53.

② 吴贵辉：《对中美全球能源及油气合作的看法》，第六届中美石油天然气论坛，2005 年 6 月 29 日，第 7 页，http://www.usea.org/Archive/Onsite%20Powerpoints%20-%20LORI%20only/Wu%20Guihui%20Chinese.pdf.

③ Clyde Fansworth, "Talks Set on China Trade Ties," The New York Times, September 16, 1980, p. D3.

的分量上升，石油不再是中国出口创汇的主要商品。①

如今，美国仍然是中国原油和成品油出口的目的国之一，中国也继续从包括美国在内的市场进口成品油。但是，就各自的总体石油供应而言，中美在石油方面相互依存的程度极低（参见图10—1、图10—2、图10—3、图10—4）。

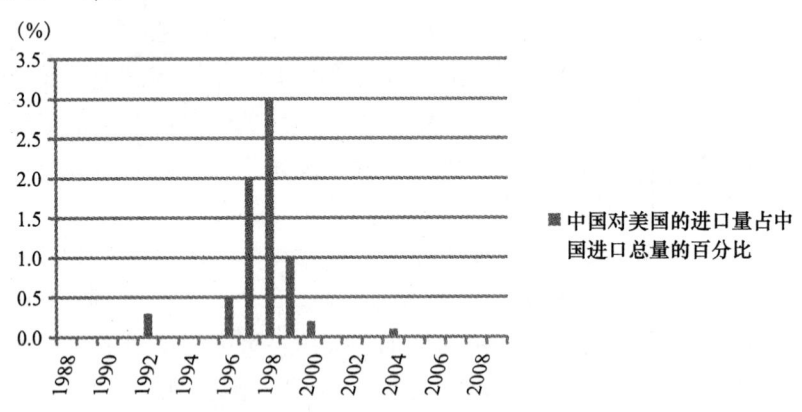

图10—1　中国对美国原油的进口量占中国原油进口量的百分比（1988—2009）
资料来源：《中国海关统计年鉴》，中国海关出版社1989—2010年版。

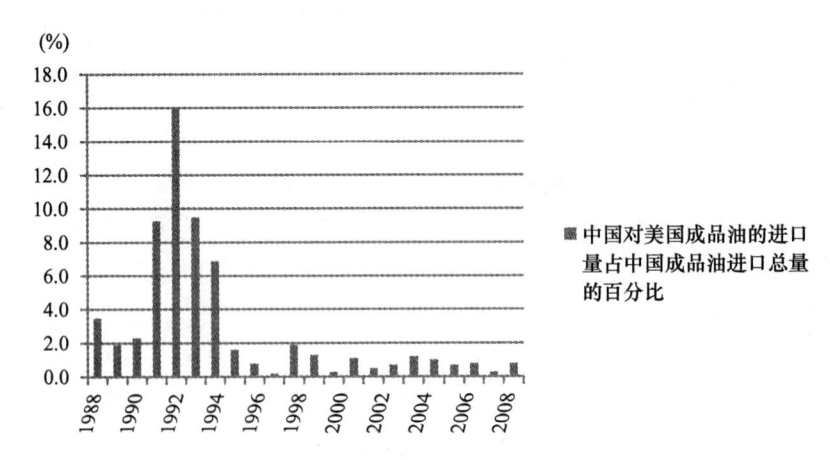

图10—2　中国对美国成品油的进口量
占中国成品油进口总量的百分比（1988—2009）
资料来源：《中国海关统计年鉴》，中国海关出版社1989—2010各年版。

---

① Larry Chuen-ho Chow, "The Changing Role of Oil in Chinese Exports, 1974-89," *The China Quarterly*, No. 131 (1992), pp. 750-765.

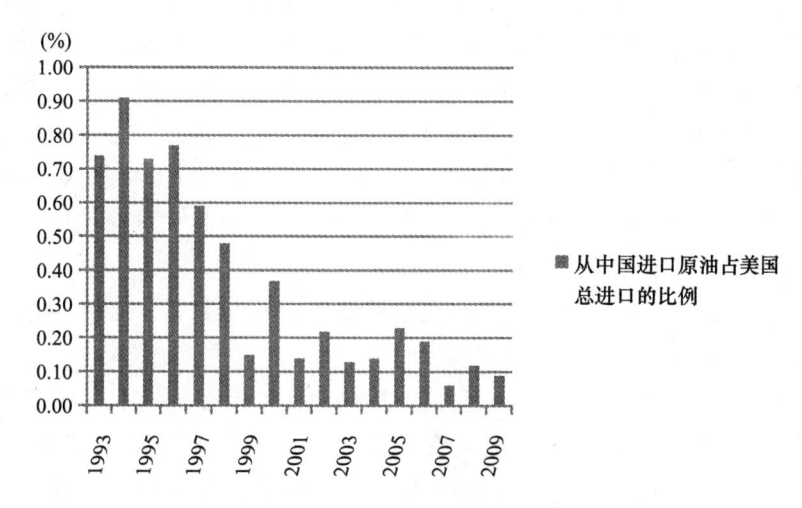

图 10—3　从中国进口原油占美国总进口的百分比（1993—2009）

资料来源：中国对美原油出口数据来自《中国海关统计年鉴》，中国海关出版社 1994—2010 各年版。美国年度进口数据来自美国商务部网站，http：//www.census.gov/foreign-trade/statistics/historical/petr.txt.

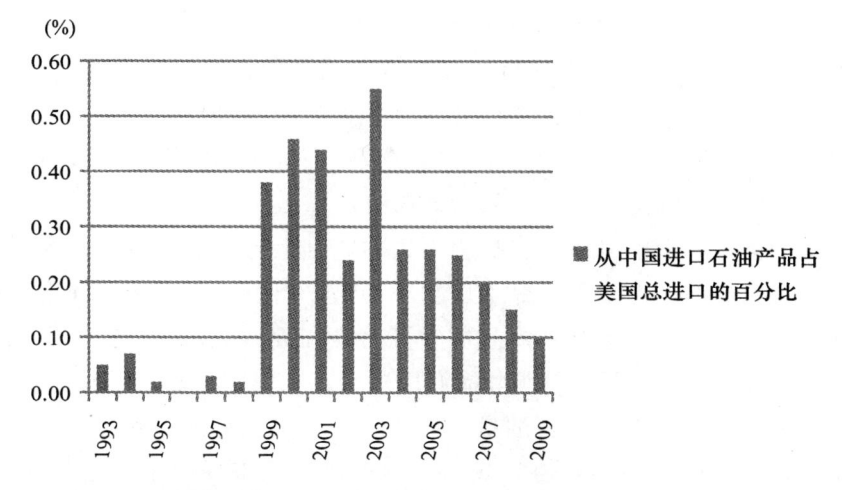

图 10—4　从中国进口石油产品占美国总进口的百分比（1993—2009）

资料来源：中国对美原油出口数据来自《中国海关统计年鉴》，1994—2000 各年版。美国年度进口数据来自美国商务部网站，http：//www.census.gov/foreign-trade/statistics/historical/petr.txt.

改革开放初期，中国主要依靠出口原油换取外汇，由于中国原油提炼能力有限，中国同时需要从美国等市场进口成品油。即使在这一时期，中国对美国原油的出口还不到美国原油进口总量的1%；中国从美国进口的成品油也只占中国进口总量的16%。以后，随着中国经济的不断发展，中国对原油的需求大幅度增加，中国开始大量从阿曼等国进口原油，而从美国进口的原油最多只占到中国原油进口总量的3%。随着中国自身提炼技术的提高，中国成品油的产量和出口量不断增加，但是中国对美国成品油的出口，甚至不足美国进口总量的0.5%。

在可预见的未来，美国成为中国的重要石油供应来源，或者中国成为美国的重要供应来源的可能性仍然很低。

中美双方更多的是在关注对方的能源政策如何影响自身的能源供应安全以及与之相关联的国家安全和国际政治课题。近年来，美国政府、能源企业、政策研究机构、媒体一直在讨论如何应对中国为了满足国内能源消费而在全球范围内寻找新的供应来源的努力。在美国的能源政治研究界，中国已经被认定为有可能对美国的能源和外交利益产生负面影响的国家，即使中国对美国维护其能源供应安全并不构成直接威胁，美国也有必要警惕中国。[①] 2003年，美国国会美中经济与安全审查委员会在召集多位能源问题专家和官员参加听证会后，向国会提交报告称，中国在中东及世界其他地区既与美国竞争石油来源，也与美国进行合作。为了实现使其石油进口来源多元化的目标和增强经济安全，中国与若干石油供应国签订了能源协定，这些国家包括被美国列为支持恐怖主义的国家，如伊朗、苏丹等。报告认为，这将严重破坏美国的全球防扩散政策。另一方面，中国也可以在更为多边的基础上与美国及其他国家进行合作，寻求新的能源供应。令美国担心的是，当前煤炭在中国能源消费中仍占主导地位，这会导致严重的空气污染和温室效应。而且，目前世界上的主要石油进口国都是国际能源机构（IEA）成员国，而中国是还未参加该组织的国家中消耗石油最多的国家。中国总是采用单边的方法来获取更多的石油资源。这使它成为影响世界能源市场的主要因素之一，对欧佩克成员国的石油定价产生额外的影响。总之，报告断定："中国日益增长的能源需求，特别是对石油进口的依赖，对美国构成了经济、环

[①] 例如 Robert E. Ebel, *China's Energy Future: The Middle Kingdom Seeks Its Place in the Sun* (Washington, DC: Center for Strategic and International Studies, 2005).

境和地缘战略等方面的挑战。"① 2005 年夏天，中国海洋石油公司与美国雪佛龙石油公司竞争收购加州联合石油公司（优尼科），在美国政治界引发了激烈的争论，这为能源问题在中美经贸关系（乃至整体中美关系）中的高度敏感性提供了生动的佐证。

在美国，2005 年 8 月生效的《能源法》第 1837 款规定，美国能源部会同国防部以及国土安全部全面评估中国满足能源需求的行为对美国的政治、战略、经济以及国家安全的影响。据此，能源部于 2006 年初发表了它对中国能源政策的评估报告。该报告的基调是，中国的海外油气并购并没有增加中国的能源供应安全，也没有降低美国的能源供应安全。关于中国油气公司的"走出去"活动，由于中国公司的海外股份油的绝大部分是向国际市场出售，中国的海外油气开发是在增加国际石油市场供应。② 但这仅仅是美国行政部门一个部的判断，对有关能源问题和中美关系的讨论并不具有决定性的影响。美国国会中一直存在着妖魔化（demonizing）中国的倾向，其中重要的原因之一是一些国会议员依据利益集团的游说者所提供的信息来做出判断。而由于中美两国在能源贸易层面上的相互依赖程度极低，美国国内在能源问题上缺乏慎重对待中国的经济和政治的利益集团。③

在中国，政府的能源政策并不包括明确地认定威胁中国能源供应安全的某个国家或外在因素的内容，而是强调中国主要利用境内能源储藏来满足未来需求，可见中国是维护全球能源安全的积极因素。④ 中国政府也认识到，石油供应安全是全球面临的一个共同问题，任何单个国家，即使是世界上最强大的国家，都不能单方面保证自己的能源安全。可以举出的例子是：胡锦涛主席在 2006 年八国集团的峰会上提出了"互利合作、多元发展、协同保障"的新能源安全观。⑤ 2007 年 12 月，中国发布了最新的

---

① China's Energy Needs and Strategies, Hearing before the U. S. -China Economic and Security Review Commission, 108th Congress, First Session, October 30, 2003, pp. iii-iv.

② U. S. Department of Energy, *Energy Policy Act 2005*, Section 1837: *National Security Review of International Energy Requirements*, February 2006.

③ Zha Daojiong, "Energy in Sino-American Relations: Putting Mutual Anxiety in Context," *Strategic Analysis*, Vol. 31, No. 3 (May/June 2007), pp. 1-16.

④ 例如，马凯《驳"中国能源威胁论"》，载《求是》2006 年第 26 期。

⑤ 新华社：《胡锦涛：树立和落实新能源安全观》，http：//news. xinhuanet. com/mrdx/2006-07/18/content_ 4847784. htm.

《中国的能源状况与政策》白皮书，首次较全面地阐述了中国的能源战略和政策：坚持节约优先，立足国内，多元发展，依靠科技，保护环境，加强国际互利合作，努力构筑稳定、经济、清洁、安全的能源供应体系，以能源的可持续发展支持经济社会的可持续发展。① 此外，在政策研究和媒体评论中很少出现美国是中国未来的能源安全能否获得有效保障的主要威胁来源的言论。尽管如此，在中国，对能源安全外部环境的判断存在着下述看法：美国试图在全球范围内控制能源开发；美国操纵国际油价的变化。② 也就是说，判断负面影响中国的能源和外交利益的来源时，至少包括了对美国意图的关注。

总之，能源问题既与中美经贸关系相关联，又超出了经贸关系本身，已经变成了中美关系中的长期性、结构性议题。而且，与能源相关的议题越来越多，越来越复杂。

二 演变成为冲突

在能源领域中美相互关注对方的根本性原因在于两国国内经济与社会平稳发展的需求。美国作为世界头号能源消费大国，其历届政府都把制定能源安全政策放在战略高度予以重视，布什政府就曾委托副总统切尼担任能源规划小组组长，对美国新时期的能源战略提出了全面构想，其首要目标就是确保能源安全，由此可见能源安全在美国政策中的重要性。虽然中国还远未达到美国的工业化程度，但中国正处于向工业化快速转型的过程之中，而且，随着全世界产业结构的调整和制造业产业向中国的转移，再加上中国基于人口而具有的巨大经济规模，中国能源需求的增速将保持在一个较高的水平上，能源安全问题将日渐突出。这些不同决定了中国的能源政策更多地倾向于解决能源基础性矛盾，例如：农村电网改造；清洁能源推广使用；增加农村优质化石能源供应；发挥小水电、风力和太阳能发电等。

在进行深入分析之前，我们不妨先简单比较一下中美两国当前的能源

---

① 中华人民共和国国务院新闻办公室：《中国的能源状况与政策》，2007年12月，http://www.gov.cn/zwgk/2007-12/26/content_ 844159.htm.

② 颇具代表性的评论，见丁一凡《美国评论：自由帝国的悖论》，北京大学出版社2006年版，第143—147页。

结构和能源供需结构。

中国目前是世界上第二大能源生产国和消费国。从能源资源上来看，中国的能源资源总量比较丰富，但人均能源资源拥有量较低；能源资源分布广泛，但不均衡；且能源资源开发难度较大。改革开放以来，中国能源工业迅速发展，为保障国民经济持续快速发展做出了重要贡献，能源供应能力明显提高，节能效果显著，消费结构有所优化，在环境保护方面取得了进展，市场逐步完善。2006 年，中国的一次能源消费总量为 24 亿吨标准煤。由于中国高度重视对能源消费结构的优化，煤炭在一次能源消费中的比重从 1980 年的 72.2% 下降到 2006 年的 69.4%，其他能源比重从 27.8% 上升到 30.6%。其中可再生能源和核电比重从 4.0% 提高到 7.2%，石油和天然气的比重有所增长。终端能源消费结构的优化趋势十分明显，煤炭能源转化为电能的比重从 20.7% 提高到 49.6%，商品能源和清洁能源在居民生活用能中的比重显著提高。但同时，随着经济的较快发展和工业化、城镇化进程的加快，中国能源需求不断增长，构建稳定、经济、清洁、安全的能源供应体系面临着重大挑战，突出表现在：资源约束突出，能源效率偏低；能源消费以煤为主，环境压力加大；市场体系不完善，应急能力有待加强。[1] 与 2006 年相比，2011 年中国人均一次能源消费量达到 35.6 亿吨标准煤，提高了 31%；天然气消费量 1227.5 亿立方米，提高了 110%；用电量 47854.1 亿千瓦时，提高了 60%。中国在 1993 年成为净石油进口国，1996 年后中国经济发展中的能源弹性系数有了较大幅度的增长，中国的石油对外依存度不断上升。根据中国海关的统计，2011 年中国净进口原油 25378 万吨，成品油 4060 万吨，比 2010 年分别增长了 6.0% 和 10.1%。[2] 到 2011 年，中国对进口石油的依赖度已经达到了 56.5%。

从美国方面来看，美国是世界上已探明石油储量最多的国家之一，也是世界第一大石油消费国。作为头号发达国家，在经历了 20 世纪 70 年代的石油危机之后，美国开始注重提高能源利用率和节能，能源弹性系数持续下降。90 年代末生产每 1 美元 GDP 所需能源较 1970 年下降了 44%，年人均石油消费量从 1978 年的 31 桶减少至 2000 年的 26 桶，降幅为 20%。

---

[1] 中华人民共和国国务院新闻办公室：《中国的能源状况与政策》，2007 年 12 月，http://www.gov.cn/zwgk/2007-12/26/content_844159.htm.

[2] 中国海关统计：《2012 年 12 月全国进口重点商品量值表》，http://www.customs.gov.cn/publish/porta10/tab40602/module108994/info348299.htm.

2008年美国政府公开承诺,要大力发展可再生能源,逐步降低对进口石油的依赖,保障经济发展、能源安全和国家安全,并减少温室气体排放;①美国拥有较高的新能源开发技术和节能技术,但2010年美国的能源消耗结构表明,它仍然严重地依赖于不可再生能源,其中石油占37%,煤炭占21%,天然气占25%,核能占9%,可再生能源占8%;在可再生能源中太阳能占1%,生物质能占53%,风能占11%,水电占31%,地热占3%。② 目前美国的石油进口量占世界消费总量的27%,在经历了两次石油危机的痛苦之后,美国对外国石油的依存度仍然高达53%。

由于对能源有着较高程度的需求,且受到技术力量的限制,目前世界上可再生能源对经济的贡献度仍然有限。传统的化石燃料仍然是能源的主要来源。在这一点上,中美两国是类似的。相比之下,中国仍然严重依赖煤炭(在整个消费结构中的比重约为69%),石油的消费量近年来增长迅速,占到了约22.3%。③ 对于不可再生能源的严重依赖不可避免地使各国不断寻求更多的能源支持,包括大量进口能源。

可以说,中国和美国都是把经济持续增长置于首要任务的大国,各自都拥有大量的境内能源供应来源,但又同时高度依赖境外石油供应以满足国内需求。历史上,中、美两国的能源安全战略没有衔接,双方一般是在不考虑对方能源安全战略的情况下在国外获取能源并努力保障其供应。也就是说,两国之间并没有在能源安全战略方面展开合作的习惯。而在中国的能源需求随着经济快速增长而大幅度提高之前,美国也没有在能源安全方面同中国合作的需要。

从经济学理论的角度看,应对外部环境影响和冲击的最有效的途径是控制国内能源消费上涨的规模。节能降耗最有效的杠杆是价格;能源价格水平并不是问题,而是应对能源供应安全问题的有效工具。虽然两国政府

---

① President Bush Attends Washington International Renewable Energy Conference 2008. 参见美国白宫网站:http://georgewbush-whitehouse. archives. gov/news/releases/2008/03/20080305. html; Fact Sheet: Increasing Our Energy Security and Confronting Climate Change through Investment in Renewable Technologies. 参见美国白宫网站:http://georgewbush-whitehouse. archives. gov/news/releases/2008/03/20080305-2. html.

② *Renewable Energy Consumption in the Nation's Energy Supply*, 2010, http://www. eia. gov/renewable/annual/preliminary/pdf/preliminary. pdf.

③ 参见《世界与中国的能源数据比较》,中国国家能源局网站,http://nyj. ndrc. gov. cn/sjtj/t20051128_ 51344. htm.

都把节能降耗、开发替代能源资源作为能源政策的重要切入点,其各自的国内民众为此付出经济代价的意愿并不高。这其中的原因之一是:能源消费支出对个人和家庭而言是不可支配收入。多年来,美国经济为实际工资水平增长停滞所困,中国经济则受到以消费为拉动力的内需不足的约束。这样,对于中美两国而言,政府的能源政策选择所面临的现实挑战是:采取导致能源消费价格较大幅度上升的公共政策,都是下策中的下策。在这种经济和社会背景下,讨论如何应对来自境外的能源供应安全挑战是国内政治中成本风险较低的选择。

中美两国的另外一个类似特点是,两国政府支持其境内能源企业获取境外能源资源的政治和外交资源都很充足,而且动用这些资源的意愿和毅力相当高。虽然美国政府不断指责中国在走能源重商主义(mercantilist)道路,它同时却一直在毫不犹豫地支持美国自己的能源企业获取有价值的境外商业机会,包括与已经在第三国获得开采权的他国能源企业进行竞争。中国政府也没有因为来自包括美国在内的大国的关注或质疑而放松通过外交途径支持能源企业"走出去"的力度。[1]

颇具讽刺意味的是,作为高度依赖进口的大国,中国和美国都不得不应对国际石油贸易体系中的政治风险。除了主要产油地区(如中东、非洲)的政治与社会稳定问题之外,一个出口国(哪怕是小国)与进口国(包括大国)之间的互动存在着一种不对称的权力关系。由于进口国在上游开发所涉及的市场准入条件方面需要出口国的首肯和保护,出口国手中便掌握了一个有力的杠杆,可以用来影响进口国的外交决策选择。从理性的角度看,中国和美国的自身利益拓展了它们在应对来自出口国的资源外交措施时携手合作的空间。然而,现实情况却并非如此。从全球层面看,开辟新的能源生产来源是保障所有进口国能源供应安全的有效途径,但具体到一些美国认为有问题的国家,这个逻辑在美国就行不通了。美国政府特别关注中国参与伊朗、缅甸、苏丹、委内瑞拉等"问题国家"的能源开发。

一个典型的例子是伊朗凭借其地缘政治、石油和天然气蕴藏量的优势,大力开展政治性能源外交,在联合国安理会常任理事国、欧盟及其主

---

[1] David Zweig and Bi Jianhai, "China's Global Hunt for Energy," *Foreign Affairs*, Vol. 84, No. 5 (Sep. - Oct., 2005), pp. 26-29.

要成员国、日本等进口大国之间寻找有利于自己的国际政治空间。虽然美国近年来试图更广泛地吸纳中国参与伊朗核问题的国际谈判,但美国持反对中国(同时反对日本)参与伊朗大型能源项目开发的明确立场。中国对伊朗投资的领域主要集中在石油天然气工业、水利、石油化工等,而中国从伊朗进口的产品中,能源产品占了很大比重,伊朗已成为中国主要的原油进口国之一。[1] 2002 年,中伊两国政府分别签署了《原油贸易长期协定》和《在石油领域开展合作的框架协议》。[2] 2004 年 3 月,中国与伊朗签署了价值 1 亿美元的从伊朗进口液化天然气的协议,以中国投资伊朗的石油和天然气开发以及管道建设作为交换条件。2006 年底,中国又与伊朗签订 160 亿美元的天然气开采大宗合同,内容包括开发伊朗北帕尔斯天然气田和建设液化天然气输送设施。2007 年 12 月,中石化集团公司与伊朗国家石油公司签署了总价值达 1000 亿美元的亚达瓦兰油田(Yadavaran Oilfield)开发合同。该油田是世界上迄今为止未开发的最大油田之一。根据合同,中石化集团公司将用 4 年时间投资 20 亿美元对其进行开发,并在未来 25 年之内每年从伊朗回购 1000 万吨液化天然气。[3]

然而在美国一方,根据美国国会通过的《伊朗制裁法案》(Iran Sanctions Act),美国禁止外国公司对伊朗的能源产业进行大规模投资,并对违反制裁法案的外国公司进行报复。[4] 美国对其欧洲盟国与伊朗进行经济合作已经十分不满,中国石油企业在伊朗进行大规模投资,更是招致美国的反对。2006 年底,当中国海洋石油总公司和伊朗签署价值 160 亿美元的合同时,立即遭到美国国会的抗议。众议院国际关系委员会主席汤姆·兰托斯(Tom Lantos)表示,将审查该谅解备忘录。他认为,中国需要得到警告。如果中国执行这一协议,就会招致严厉惩罚;[5] 2007 年,中石化集团公司与伊朗国家石油公司签署亚达瓦兰油田开发合同的第二天,美国国务院发言人杰西卡·西蒙(Jessica Simon)就表示,与伊朗的大笔交易,特

---

[1] 近年来中伊贸易的主要商品目录可参见中国驻伊朗大使馆经商处网站:http://ir.mofcom.gov.cn/aarticle/zxhz/tjsj/200903/20090306110232.html; http://ir.mofcom.gov.cn/aarticle/zxhz/tjsj/200903/20090306110233.html.
[2] 刘强:《伊朗国际战略地位论》,世界知识出版社 2007 年版,第 191 页。
[3] 《中石化与伊朗正式签署亚达瓦兰油田开发合同》,中国网,2007 年 12 月 11 日,http://www.china.com.cn/economic/txt/2007-12/11/content_9367859.htm.
[4] 参见 Kenneth Katzman, "Iran Sanctions", *CRS Report for Congress*, RS20871, July 20, 2011.
[5] 沈丁立:《2007:防扩散与中美关系》,载《国际问题研究》2007 年第 2 期。

别是涉及石油和天然气的交易将损害国际社会在伊朗问题上的努力。[1] 对此，中国外交部发言人秦刚称："这是一个中国公司本着平等互利的原则同伊朗方面在能源领域进行的商业合作。既然是商业合作，政府没有必要，也不应该对此多作评论。"[2] 中国政府认为中国同其他国家开展能源合作不针对第三方，也符合合作双方的根本利益。

在中国海外能源战略中，缅甸也具有重要的战略位置。目前，中国的主要石油公司在缅甸的石油项目已经全面铺开，中缅石油勘探开发项目区块的总开采面积已经超过渤海。2007年，中国石油天然气公司与缅甸石油天然气公司签署了在缅甸若开邦近海、总面积为1万平方公里的AD—1、AD—6和AD—8三个区块勘探石油天然气的产量分成协议。[3] 从2004年起，中缅两国还设计了一条中缅之间的输油管道，以防止中国的能源通道过度集中于马六甲海峡。经过六年的谈判与磨合，2009年12月，中国石油天然气集团公司与缅甸能源部签署了中缅原油管道权利与义务协议，并于2010年开工建设。[4] 但众所周知，缅甸与美国关系长期处于紧张状态。从1988年开始，美国就以缅甸存在人权、民主问题以及大量输出毒品等为由，长期对它实行经济制裁和外交孤立，并不断扩大制裁。1997年，克林顿总统签署命令，禁止美国商人对缅甸进行新的投资。2003年，布什总统签署了《2003年缅甸自由与民主法》（Burmese Freedom and Democracy Act of 2003），继续禁止缅甸政府高层官员入境并冻结其在美财产，禁止从缅甸进口商品。[5] 2008年，布什再次签署法案，扩大对缅政府的制裁。[6] 2007年初，美国起草、美英在联合国共同提出有关缅甸问题的决议草案，指责缅甸国内存在人权、艾滋病和毒品等问题，并对地区安全构成了威

---

[1] Chris Buckley, "China Defends Commercial Oil Deal with Iran," *Reuters*, Dec. 11, 2007, http://in.reuters.com/article/2007/12/11/china-iran-oil-idINPEK11077920071211.

[2] 参见2007年12月11日中国外交部发言人例行记者会，http://www.mfa.gov.cn/chn/gxh/tyb/fyrbt/jzhsl/t388977.htm.

[3] "Myanmar Oil, Gas Sector Absorbs Fresh Foreign Involvement in Year-Open of 2007," January 16, 2007, http://english.peopledaily.com.cn/200701/16/eng20070116_341829.html.

[4] Jim Bai and Chen Aizhu, "China Starts Building Myanmar Oil Pipeline Project," *Reuters*, Nov. 2, 2009, http://www.reuters.com/article/200"9·11"/03/china-myanmar-pipeliine-idUSPEK3457220091103.

[5] *Burmese Freedom and Democracy Act of 2003*, http://www.gpo.gov/fdsys/pkg/BILLS-108hr2330enr/pdf/BILLS-108hr2330enr.pdf.

[6] Michael F. Martin, "U.S. Sanctions on Burma," *CRS Report for Congress*, R41336, January 11, 2011；刘阿明：《美国对缅甸政策的调整及其前景》，载《现代国际关系》2010年第2期。

胁,要求缅甸政府尽快改善国内状况。2007年1月12日,联合国安理会对该决议草案进行表决,中国和俄罗斯作为安理会常任理事国投了反对票,结果草案未获通过。

在非洲,随着非洲石油地位的提升,这里逐渐成为中美能源竞争的热点地区。[1] 一方面,近年来非洲已成为美国最大的石油进口基地,另一方面,中国从非洲进口的石油量也在大幅度增长,撒哈拉以南的非洲地区为中国提供了大约30%的石油,成为中国第二大原油来源地区。2005年,安哥拉、苏丹、刚果和赤道几内亚都处于中国石油进口来源国的前10位。[2] 安哥拉一度取代沙特阿拉伯成为中国最大的石油进口国,而苏丹生产的石油有一半出口到中国。中非关系也发展良好,2000年10月,首届中非合作论坛会议在北京举行,开创了中国与非洲国家进行集体磋商的多边合作机制。2006年初,中国政府对外发布首份洲域性的政策文件——《中国对非洲政策文件》。[3] 同年11月,中非合作论坛北京峰会顺利召开。但是,美国等西方国家批评中国在非洲的活动是在非洲搞"新殖民主义"、"掠夺非洲资源",认为中国在扩大对非洲经贸关系时只注重经济利益,而忽视了非洲国家的民主和人权状况,中国不附带任何条件的经济援助客观上支持了非洲的所谓"失败国家",削弱了非洲国家致力于民主改革的努力。[4] 围绕着苏丹达尔富尔问题,美国指责中国不顾该地区的人权和法治,在获取能源的同时向苏丹输送武器。这在前面的章节中已经谈到。对此,中国政府认为,中非经贸合作的主流是良好的,问题是非主流的,中非之间的问题主要是纯粹的经济问题,是可以加以控制并得到解决的。[5]

拉丁美洲石油对减轻中国过度依赖中东石油方面的战略价值也日益显现。从1993年起,中国的石油公司先后对秘鲁、委内瑞拉、厄瓜多尔、

---

[1] Michael Klare and Daniel Volman, "The African 'Oil Rush' and US National Security," *Third World Quarterly*, Vol. 27, No. 4 (2006), pp. 621-625.

[2] Zhao Hong, "China-U. S. Oil Rivalry in Africa," *The Copenhagen Journal of Asian Studies*, Vol. 26, No. 2 (2008), p. 105.

[3] 《中国对非洲政策文件》,可参见 http://news.xinhuanet.com/politics/2006-01/12/content_4042317.htm.

[4] Albert J. Bergesen, "The New Surgical Colonialism: China, Africa, and Oil," Paper presented at the annual meeting of the American Sociological Association Annual Meeting, Sheraton Boston and the Boston Marriott Copley Place, Boston, http://citation.allacademic.com/meta/p_mla_apa_research_citation/2/3/7/1/9/pages237190/p237190-1.php.

[5] 罗建波:《非洲非政府组织与中非关系》,载《现代国际关系》2008年第4期。

哥伦比亚、玻利维亚等国投资，从事油气资源的勘探和开发。在素有南美洲油库之称的委内瑞拉，1997年，中国石油天然气公司获得了马拉开波湖上的英特尔坎波油田（Intercampo Oilfield）和东委内瑞拉盆地的卡拉科尔（Caracoles Oilfield）油田20年的开采权。① 2004年12月查韦斯总统访问中国及2005年1月曾庆红副主席访问委内瑞拉时，两国共签署了五项能源合作协定。2001年7月，中国石油天然气公司与委内瑞拉石油公司签署了一项向中国提供乳化油的30年协议，双方将共同投资3亿美元，在委内瑞拉东部兴建一个年产650万吨乳化油的工厂。② 2008年11月，中国政府首次发表了《对拉丁美洲和加勒比政策文件》，该文件涵盖了经济、外贸、金融等多个领域，其中能源与原材料合作是中拉关系发展的核心和重点。③ 然而，拉美是美国传统的势力范围，其石油出口主要面向美国市场。有些美国战略家已开始担心随着中国进入拉美，美国的石油市场份额会下降并受到来自中国的竞争。④ 更重要的是，美国担心中国与拉美合作的加强将使委内瑞拉等拉美国家减少对美国的依赖，增强这些国家与美国讨价还价的能力。委内瑞拉总统查韦斯曾说，委内瑞拉的石油生产被美国控制了100年，"现在我们自由了，我们要把石油提供给伟大的中国"。⑤ 考虑到美国与委内瑞拉糟糕的双边关系，一些美国政治家担心委内瑞拉与中国的能源协议终将使委内瑞拉把石油出口从美国转到中国。

与此同时，我们必须看到，研究者所谈论的"冲突"包含了多重内涵。最直接的冲突是中美两国的能源公司共同竞争第三国的同一个能源项目。不过，如果这种竞争不是由于两国的外交偏好所致，我们便没有理由将之视为中美两国冲突的一部分。在中国的能源公司"走出去"的过程中，会遇到另外一种情况：美国已经在对某个国家（例如：苏丹、伊朗、

---

① Bo Kong, *China's International Petroleum Policy* (Santa Barbra, California: Greenwood Publishing Group, 2009), p. 84.

② 该项协议中，中石油投资70%，委内瑞拉石油公司投资30%，计划2003年年底完成该项目，从2004年开始每年向中国提供650万吨的乳化油（参见刘强《中国与拉美石油合作探讨》，载《拉丁美洲研究》第2005年第1期）。

③ 《中国对拉丁美洲和加勒比政策文件》，可参见 http：//news.xinhuanet.com/newscenter/2008-11/05/content_ 10308177.htm.

④ Kerry Dumbaugh and Mark P. Sullivan, "China's Growing Interest in Latin America," *CRS Report for Congress*, RS22119, April 20, 2005.

⑤ Juan Forero, "China's Oil Diplomacy in Latin America," *The New York Times*, March 1, 2005, http：//www.nytimes.com/2005/03/01/business/worldbusiness/01oil.html.

缅甸）实施经济制裁，而中国与这个国家之间有正常的双边关系。在这种情况下，冲突的起因并不是能源，而是国际政治与国际法。当两个国家处于条约规定的战略同盟关系时，一国有义务做出参与另一国针对第三国的制裁行动。这是国际政治的基本逻辑。而从国际法的角度，只有在联合国通过了全面制裁一个国家的决议时，所有成员国，不论其与被制裁对象国的双边政治关系性质如何，都有义务执行这一决议。由此可见，中国并没有义务执行美国单方面针对某个国家而发起的制裁。事实上，中美之间在能源问题上的"冲突"，确切地说，美国不断表达对中国"走出去"的不满，中国则不厌其烦地批驳中国能源/环境威胁论缺乏道理，基本上属于后一个范畴。

人们讨论更多的议题是，未来在能源领域中美之间产生或由于能源问题而引发军事冲突的可能性，包括由谁来保障海上能源运输通道的安全。这些讨论进一步印证了能源问题在中美关系中的敏感性。[1] 但美国也有一些专家认识到，美国需要对中国进行石油遏制的观点是不明智的。例如，美国海军军事学院教授托马斯·巴奈特（Thomas Barnett）曾说："美国为什么要堵截中国的石油通道呢？中国是美国最重要的贸易伙伴之一，是美国跨国公司最重要的劳力资源。虽然中美之间的经济竞争在未来会变得更加激烈，但这种竞争并不能通过军事对立来解决。"美国战略与国际问题研究中心能源项目负责人罗伯特·E.艾贝尔（Robert E. Ebel）指出，美国对中国石油禁运是不可能的，"因为美国没有能力影响中东和中亚的石油天然气生产"。[2]

三 能源对话与中美经贸关系

如今，在能源政策和能源外交两大领域里，中美两国政府之间并不缺乏沟通渠道。在双边层面上，业已建立的集中讨论或涉及能源问题的政府间对话机制共有五套，由两国政府的能源、外交、国防部门负责组织（见表10—1）。中美同时参与了多边机制下关于能源问题的讨论，如联合国的

---

[1] Hongyi Harry Lai, "China's Oil Diplomacy: Is It a Global Security Threat?" *Third World Quarterly*, Vol. 28, No. 3 (2007), p. 520.

[2] 转引自夏立平《当前美国国际能源战略及中美能源合作趋势》，载《美国问题研究》第四辑，时事出版社2005年版，第220页。

专门组织和一年一度的亚太经合组织论坛。此外，中美两国都是 2006 年启动的亚太清洁发展与气候新伙伴计划的成员国（该计划的成员国包括中、美、日本、韩国、印度、澳大利亚）。该计划的运行，无疑有助于推动节能减排。2006 年底，美国参与了由中方发起的五国（中、美、日、韩、印度）能源部长会议。

表 10—1　中美政府间涉及能源问题的对话与能源合作机制

对话与合作机制的名称	中美负责部门	开始年份	召开会议次数（至 2011 年底）
中美科技合作联委会	中国科技部 美国科技白宫办公室	1980	20
石油天然气工业论坛	中国发改委 美国能源部、商务部	1998	11
经济发展与改革对话会	中国发改委 美国国务院	2003	9
能源政策对话	中国发改委 美国能源部	2005	4
中美战略经济对话*	中美国家元首特别代表	2006—2008	5
中美战略与经济对话		2009	4

＊ "中美战略经济对话"于 2009 年被"中美战略与经济对话"所取代。
资料来源：作者整理。

其实，早在 1979 年中美建立正式外交关系之前，能源便开始成为中美两国政府共同推动的合作项目之一。1978 年 10 月，美国能源部长施莱辛格来访问中国，探讨建交后美国参与中国在煤炭生产、水电站建设、可再生能源利用和在核能领域共同开发的可能性。1979 年 5 月国务院副总理康世恩率中国石油和电力部门部长访问美国，在同美国能源部长的会谈中，康世恩强调两国进行能源合作的重要性，并承诺促进石油、电力和煤炭发展等领域里的合作。1982 年 11 月，第一届中美能源资源环境会议在北京举行。此后，中美两国的能源技术研究和学术机构之间就能源领域的合作展开了形式多样的多个合作项目。这些合作的基本模式是：从中美两国的科学家和学者在个人层次上的交流开始，在条件成熟时把交流提高到这些个人所在的研究或管理机构层次，再由这些机构推动各自政府提供政府间合作协议或协定的政策支持。政府间达成的协议或协定又反过来推动了更广泛的机构和人员之间的合作与交流。

从政府政策支持的层面看,1979 年 1 月国务院副总理邓小平在访美期间与美国总统卡特签署的《中美政府间科学技术合作协定》,开启了两国交往中一个十分重要且富有活力的领域。① 该协定每 5 年续签一次,最近的一次续签是 2011 年 1 月。② 根据该协定,两国政府部门先后在高能物理、空间、环境保护、核安全、能源效率等 30 多个领域签署了 34 项合作议定书或谅解备忘录。这个数量是中国与发达国家间双边科技合作协定中最多的。中美科技合作与两国商务、经济合作并列为中美两国经济关系的三大支柱。为了规划和协调两国政府间的科技合作活动,双方建立了科技合作联合委员会。联委会的中方主席为科技部部长,美方主席为总统科技顾问兼白宫科技政策办公室主任。至今每隔两年轮流召开的联委会已举行过 13 次。

近年来,能源问题在中美关系中的战略地位有所上升,体现在:2004 年 1 月,美国能源部长斯潘塞·亚伯拉罕(Spencer Abraham)来华访问,这是继 1995 年美国能源部长奥利里访华后又一位美国能源部长来到中国。双方决定在北京设立旨在加强两国能源和核能安全合作的办公室,并于 2005 年 6 月底正式成立该办公室。③ 双方共同出席了中美两国合作建设的节能示范工程——中美节能示范大楼的竣工典礼。该节能示范工程是根据中美两国政府在 1998 年 7 月达成的协议,其建成双方历经五年合作建设的结晶。中国科技部长徐冠华还与亚伯拉罕共同签署了《2008 年北京夏季奥运会清洁能源技术合作议定书》,该议定书为中美两国在 2008 年北京奥运会清洁能源技术方面的合作建立了基本框架。④ 这一年,美国能源部与中国国家发改委同意开始进行中美能源政策对话(The U. S. -China Energy Policy Dialogue),双方签署了美国能源部与中国国家发改委关于工业能源

---

① Robert S. Price, "A Chronology of U. S. -China Energy Cooperation," The Atlantic Council of the United States, 2008, pp. 2-3.

② 《〈中美科技合作协定〉续签》,新浪网,http://tech.sina.com.cn/d/2011-01-21/17115119002.shtml.

③ 《中美举行首次能源对话,美宣布在华设能源办公室》,新华网,http://news.xinhuanet.com/world/2005-07/01/content_3161640.htm.

④ 《徐冠华部长与美国能源部亚伯拉罕部长共同为中美节能示范大楼剪彩——并在双边会谈后签署有关协议》,中华人民共和国科技部网站,http://www.most.gov.cn/tpxw/200401/t20040112_11206.htm.

效率合作的谅解备忘录。① 2005 年 7 月，中美两国政府在华盛顿举行了首次能源政策对话，对话的内容包括清洁能源、石油天然气、核电、节能和提高能效等方面。2006 年 9 月，第二次中美能源政策对话在杭州举行，双方就能源政策、发展规划和战略目标交换了信息，围绕能源安全、能效与节能、可再生能源等主题进行了讨论。双方同意，将提高能效和发展新能源与可再生能源作为未来一段时期内两国能源合作的重点领域。2007 年在召开第三次中美能源政策对话期间，中国国家发改委和美国能源部签署了《关于工业能效合作的谅解备忘录》。2009 年 9 月第四次中美能源政策对话就两国最新能源政策、中美清洁能源联合研究、洁净煤技术、非常规天然气开发、核能及可再生能源等事关中美能源发展的重大政策性问题进行了深入探讨，签署了三项协议：《中美化石能源技术领域开发和利用合作协议书》、《中国石油天然气集团公司与美国康菲公司合作开发中国页岩气意向书》、《神华集团和美国西弗吉尼亚大学关于开展煤炭直接液化二氧化碳捕获和封存技术合作的协议》。此外，从 1998 年至 2011 年，中美石油天然气工业论坛（The U. S. -China Oil & Gas Industry Forum）已经举办了 11 次，为促进石油和天然气的商业合作提供机会并为商业政策的商讨提供了桥梁，两国在开采页岩气资源中，分享了先进技术和机会，有助于双方更好地了解全球能源市场。②

中美能源合作还从互利合作上升到两国国家战略发展的层面，其重要标志是在 2005 年在外交事务副部长级别官员间展开的中美首次战略对话中即包括了能源安全的内容。2008 年 6 月，在第四次中美战略经济对话中，双方签署了《中美十年能源环境合作框架》文件（U. S. -China 10-Year Energy and Environment Cooperation Framework）。该文件确立了 5 个合作目标，建立了 5 个工作小组，启动了每个目标下开展实质性合作的行动计划，包括发电与传输节能，交通运输节能与减排，水和大气污染治理以及森林湿地自然资源保护等。③ 在中美十年能源环境合作框架下各地方和

---

① Robert S. Price, "A Chronology of U. S. -China Energy Cooperation," The Atlantic Council of the United States, 2008, pp. 15-16.
② 参见中美石油天然气工业论坛官方网站：www. uschinaogf. org/。
③ 关于"中美十年能源环境合作框架"的具体情况可参见：《中美能源环境十年合作成果情况说明》，2008 年 12 月 4 日，http://tyf. ndrc. gov. cn/WebSite/ChinaUSA/Upload/File/201004/20100429144447578125. pdf。

机构之间开展具体合作的平台被称为"绿色合作伙伴计划"(Eco Partnerships),该计划鼓励中美两国各级地方政府之间,企业之间,学术、研究、管理、培训机构之间,以及其他机构之间自愿结成绿色合作伙伴关系,依托有特色、创新型的节能环保具体项目开展技术合作、经验交流及能力建设等形式的合作活动,包括对创新政策和做法的试点示范,以及创新技术的开发、试验及推广。① 在2008年12月第五次中美战略经济对话中,中美建立了生态合作伙伴关系,签订了多个合作协议。在这次会议中,中美双方还宣布设立一个能源效率目标(即第六大优先合作领域)。双方经过磋商,于2009年11月在奥巴马总统访华期间就能效行动计划达成一致。

目前,能源合作依然是中美最重要的对话渠道——中美战略与经济对话的核心议题之一。2011年4月19—20日,举行了中美能源和环境十年合作框架联合工作组第七次会议,双方在十年合作框架下讨论了绿色发展议题,表示要继续推进清洁水、清洁大气、清洁高效电力、清洁高效交通、保护区和湿地保护、能效等行动小组的合作;在第三轮中美战略与经济对话前,中美举办了第二届中美能效论坛,宣布将于双方商定的时间举办能源政策对话、油气工业论坛、可再生能源产业论坛及先进生物燃料论坛;就落实近期中国科学院和美国能源部签署的能源科学合作议定书举行磋商并探讨了可能的联合行动方案。该议定书建立了促进中美双方在高能物理、核能科学(包括核裂变和核聚变相关科学)、基础能源科学、生物科学和环境科学研发领域的科技合作框架。②

2011年5月,第三次中美战略与经济对话后,双方发表了《第三轮中美战略与经济对话框架下战略对话成果清单》,该文件涉及了能源、环境、科技、交通、林业、气候变化等多领域的合作成果:中美重申将继续在中国国家发展改革委员会和美国环境保护署之间开展合作,在《关于加强应对气候变化能力建设合作备忘录》框架下加强制定温室气体排放清单的能力建设;欢迎在落实《中美关于加强气候变化、能源和环境合作的谅解备忘录》方面取得的进展。决定在"中美能源合作项目"支持下,进一步促进双方在电力特别是电力管理系统和电力项目决策等领域开展合作,期待

---

① 参见中美十年能源环境合作框架项目的官方网站:http://tyf.ndrc.gov.cn/NewsInfo.aspx?NId=172。

② 参见《2011年中美战略与经济对话框架下战略对话成果清单》,中华人民共和国中央政府网站,2011年5月10日,http://www.gov.cn/jrzg/2011-05/11/content_1861799.htm。

中国国家电网公司和美国贸易发展署资助的两项智能电网技术研究取得成果；中国国家能源局和美国联邦能源管理委员会决定就两国能源监管经验和实践共享信息；决定加强大规模风电项目研究的规划与部署及风电项目并网等方面的合作和分析。落实在《中国国家能源局和美国国务院关于在页岩气领域合作的备忘录》方面所取得的积极进展，决定继续深入探讨有关合作；双方在中美能源合作项目下落实中美关于在中国使用航空生物燃料谅解备忘录所取得的进展，决定根据资金状况，继续深入探讨有关合作；优先考虑并积极推动为发展第二代生物燃料开展非粮原料体系建设研究与合作项目；决定适时共同举行中国可持续航空生物燃料产业战略研究、验证和使用的启动仪式。双方再次确认将按照2010年5月第二轮中美战略与经济对话以及《中美能源安全合作联合声明》中确定的互利合作、多元发展、协同保障的原则保障能源安全。两国重申了在稳定国际能源市场、保障能源多元供应及合理高效使用能源方面合作的共同目标。双方一致认为通过市场机制满足未来能源需求仍是中美两国的首要和最佳选择。在《中美能源和环境十年合作框架》和《中国国家发展改革委与美利坚合众国国务院关于绿色合作伙伴计划框架实施的谅解备忘录》框架下，双方又签署了6对新的绿色合作伙伴关系。双方同意在转变经济增长方式、调整经济结构的过程中，发挥各自优势，在铁路、电网等基础设施以及清洁能源、绿色经济、科技创新等领域加强合作，扩大两国地方政府、企业等各层面的交流与合作。①

能源对话还扩大到了非政府组织，它已成为中美思想库、企业和个人共同参与的重要领域。例如，2006年底，美国大西洋理事会与中国现代国际关系研究院、清华大学共同召开了中美能源安全战略与合作会议。参加者包括两国政府、国际组织、非政府组织和大学中的外交政策分析专家与能源问题专家，议题包括能源、与能源相关的地缘政治问题、能源供求的长期预测等，探讨的能源种类包括石油、天然气、核能和可再生能源等。②

---

① 《2011年中美战略与经济对话框架下战略对话成果清单》，新华网，http://news.xinhuanet.com/world/2011-05/11/c_121403425.htm.

② U. S. -China Energy Security Cooperation Dialogue Cosponsored by the Atlantic Council of the United States and the China Institutes of Contemporary International Relations, Beijing, 31 October-1, November 2006, http://www.acus.org/files/publication_pdfs/1/Issue%20Brief%20on%20Dec%202011-12%202007%20U%20S%20-China%20Energy%20Security%20Cooperation%20Dialogue.pdf.

2007 年，亚洲协会美中关系中心和皮尤全球气候变化中心联合实施了一项"中美能源及气候联合行动计划"项目，并于 2009 年 1 月联合发布了《中美能源与气候变化合作路线图》。这份吸收了中美两国数十位科技界、商界、政界、公民社会和政策制定与专家意见的路线图，力荐中美两个大国在减少温室气体排放，从而减缓气候变暖可能引起的灾难性后果方面开展新的全面合作。①

2011 年 1 月，成立于 2009 年的中美清洁能源联合研究中心正式启动，在中美两国都设立了总部。双方表示，中美两国都是能源生产和消费大国，在能源科技领域具有较强的互补性，该中心将为两国相关单位参与双边能源科技合作提供平台和支持，对加强中美科技合作发挥积极作用。中美两国将共同投入 1.5 亿美元作为该中心的启动资金。

通过对话与合作，中美在能源领域取得了较大的成绩。中美能源合作不断扩大和深化。中美正在开展合作的领域包括战略石油储备、煤炭利用、核电技术领域、能源安全、提高能效和节能、发展可再生能源、发展清洁能源、和平利用核能等。合作方式包括合作研究、技术合作、项目共建等。

据了解，2006 年 9 月，美国企业在中国境内正在执行的油气勘探开发合作项目有 20 个，累计投资约 50 亿美元。其中，2005 年美国石油公司参与中国海上合作开发的油田项目原油产量就达 1553 万吨，占中海油总产量的 56%。在 2007 年 12 月结束的第三次中美战略经济对话中，双方签署了加强发展在生物质资源转化燃料领域里合作的谅解备忘录；双方将制定和实施全国范围内的电力行业二氧化硫排放交易项目，美国将为该项目、基础性水污染管理项目以及采用清洁燃料和机动车政策等提供技术支持。

中美两国政府间在能源领域里的沟通还停留在"对话"（表述各自立场）的层面，距相互协调行动还有一段距离。尽管如此，在 2006 年 9 月第二次"中美能源政策对话"之际，中国高级能源政策官员提到了探索中国和美国公司合作购买第三国能源资产的可能性，而美国官员对此显示了

---

① "Common Challenge, Collaborative Response: A Roadmap for U. S. -China Cooperation on Energy and Climate Change," Asia Society Center on U. S. -China Relations and Pew Center on Global Climate Change, January 2009.

明显的兴趣。① 事实上，中国和美国的能源公司已经在世界上的许多国家开展合作。这类合作以中国的公司为美国公司提供能源开采和劳务服务为主，而且中美两国的能源公司已经越来越多地相互收购股份。两国政府下一步需要鼓励的是公司在第三国项目上联合持股或联合经营，这样做，有利于降低境外开采的经济和外交成本，扩大全球能源供应。

在能源开发和能源利用所涉及的设备和技术贸易领域里，中美之间的贸易量有很大的增长空间。能源利用，尤其是节能领域，是中国政府鼓励外商投资的领域。近年来，中国政府大幅度降低了能源开采设备进口的关税水平。对于包括美国企业在内的国际企业而言，中国应对国内能源和环境保护挑战所做的努力，恰恰为它们提供了商业机遇。事实上，中美政府间经济对话的一个重要课题便是理顺具体政策，促进能源和环境领域里的贸易。中美两国在第二次中美战略经济对话结束后的联合情况说明中包括了以下内容：

> 中国与美国同意本着务实的原则，积极参与 WTO 框架下贸易与环境议题的多边谈判，就削减或酌情取消环境产品和服务的关税和非关税壁垒问题进行探讨。中美两国将在以下领域加强合作：推进清洁煤技术，争取在中国合作开发 15 个大型煤层气（CMM）项目，完成中国加入未来发电计划政府指导委员会的工作，提供政策激励消除先进煤技术完全商业化的成本障碍，并将推进碳捕获和储存技术的研究与开发，制定中国国家燃油低硫化政策。中美两国共同宣布双方就自愿采取节能产品认证（能源之星）达成一致。两国签署《美国核管制委员会和中国国家核安全局关于 AP1000 型核电机组核安全合作谅解备忘录》。②

在包括油田工程在内的能源服务领域，存在着中国企业继续并扩大参与美国石油开发市场的空间。与此同时，美国金融市场仍将是中国能源企业获得海外融资途径的最重要来源之一。

---

① 刘波、谷重庆：《在能源上，中美两国存在广泛的合作领域：专访美国能源部助理部长凯伦·哈伯特》，载《21世纪经济报道》2006年9月25日第1版。
② 参见中华人民共和国中央政府网站：http://www.gov.cn/ztzl/zmdh/content_ 626548.htm。

对于包括美国在内的国际企业而言，中国为确保能源供应和保护环境所致的努力，恰好为它们提供了商机。关于这一点，2011年1月，美国白宫估计，中国国家主席胡锦涛1月访美期间签署的中美贸易协定将为美国增加235000个工作岗位。而美国进步中心（The Center for American Progress）认为，中美合作推广碳捕获和封存技术，到2022年将直接或间接为美国创造940000个工作岗位。美国能源部的《中美清洁能源合作进步报告》（U. S. -China Clean Energy Cooperation Progress Report）评论说，"我们同中国的清洁能源伙伴关系将帮助美国大量出口，创造美国国内就业，确保我们国家处在技术创新的前沿。"[1]

然而，不能忽略，竞争是企业行为的本质。知识产权保护等与技术转让相关的课题将会继续制约相关领域里美国向中国出口的广度和深度。此外，虽然美国政府建立起了多个机构（例如，对外援助署、贸易与发展局、进出口银行、海外私人投资公司）促进节能、环保技术的出口，但是，由于美国政府对这些机构开展与中国相关的业务设置了种种限制，美国企业无法获得政府提供的经济优惠。[2] 从一个角度来看，这种现状意味着中美之间的能源贸易受政治干扰的程度更低。从另外一个角度看，这也意味着中方有必要继续与美方探讨下述问题：如果美方有意将对华能源出口量的扩大作为缩小两国贸易差额的一部分，那么美国政府会如何改变其相关政策。

在国际关系层面，能源问题已经演变成了一个与气候变化紧密相关的课题。到目前为止，中美两国目前都拒绝接受国际条约约束下的有害气体量化减排目标。但是不能排除未来中国的减排政策和减排进度会成为中国制成品进入美国市场的新条件之一。在美国，以减少二氧化碳、二氧化硫等破坏大气环境的有害物排放为重点内容的工业领域里的环保目标在企业界和国会越来越受到重视。美国对外贸易政策中的重要特点之一是，要求主要贸易伙伴在同一个竞争平台上参与美国商品市场的竞争。中国的有害

---

[1] Rebecca Lefton, "U. S. -China Energy Dealmaking, Recent Presidential Summit Yields Solid Results," January 21, 2011, http: //www. americanprogress. org/issues/green/news/2011/01/21/8974/ u-s-china-energy-dealmaking/.

[2] Kelly Sims Gallagher and John P. Holdren, "U. S. Government Policies Relating to International Cooperation on Energy," http：//belfercenter. ksg. harvard. edu/publication/2597/us_ government_ policies_ relating_ to_ international_ cooperation_ on_ energy. html.

气体排放政策有可能成为美国对中国进口设限的理由之一。此外，在多边谈判中，美国政府也有可能要求将中国对美和全球范围的产品贸易量的增长与中国所应承担的应对气候变化的责任相挂钩。

四　能源合作：挑战与机遇并存

中美两国都面临着能源安全的挑战，都不能单独解决能源短缺和气候变暖等全球性问题。两国在全球石油供应、保持全球石油市场价格稳定低廉、节能和发展新能源、保证海上运输线特别是关键国际水道的安全，以及应对全球气候变暖等方面有广泛的共同利益。双方利益交汇点多，互补性强，合作前景宽广。具体地说，中美在能源和环境领域里的合作主要在以下几个方面取得了一定进展。

第一，在智力支持方面。美国能源基金会于1999年启动了中国可持续能源项目，同年在北京设立了办事处。作为能源基金会的分支机构，办事处以能源政策研究领域的非政府组织身份与中国政府和政策研究机构联系。中国可持续能源项目为中国提高能效和开发可再生能源的政策制定和实施提供支持。该项目在国家政策制定和地区实施方面并重，致力于加强中国的能力建设，对节能和可再生能源发展的机遇进行分析，并制定有助于把握这些机遇的政策。截至2008年，对该项目的投资已达到5000多万美元，其中包括380笔拨款，在19个省份制定并实施了80多个政策制定和实施项目。[①]

第二，在核能领域里的合作。虽然两国在1985年就签署了《中美和平利用核能合作协定》，但该协定一直未能真正实施。1997年江泽民主席访美期间中美就《中美和平利用核技术合作协定》达成了一致。1998年，中国签署了关于加强国际原子能机构保障监督的附加议定书，中美和平利用核能协定正式生效。2003年，中美完成了核技术转让政府担保的外交换文；中国国家原子能机构与美国能源部签署了《中美核技术转让政府担保的意向性声明》。2004年1月，中国国家原子能机构与美国能源部签署了《关于在和平利用核能、核不扩散和反恐领域合作的意向性声明》。这些协议和声明的签署，为中美两国在和平利用核能领域里的合作奠定了法律基

[①] 苏明等：《中美能源对话与合作研究》，载《经济研究参考》2008年第55期。

础。虽然从理论上说，中美双方在核能领域里合作的障碍已经全部消除，从小布什政府决定在不附加前提条件下同印度展开核能合作这一事实与美国向中国转让核电站技术的复杂过程的对比来看，中美在核能领域里的合作依然有一段路程要走。2007 年 7 月 24 日，中国国家核电技术有限公司与美国西屋联合体在北京人民大会堂签署了第三代核电技术转让及核岛设备采购合同。此次引进的第三代核电技术，即 AP1000 先进压水堆技术，采用了独特的"非能动"安全系统设计。与以往的核电技术相比，新技术简化了系统设备数量，降低了发生核事故的概率，提高了核电站运行的安全性和可靠性。这一合同的正式签订，标志着中美核能合作上了一个新台阶，有利于深化中美两国的能源和贸易合作，也有利于推动世界核电产业的发展。① 2009 年 4 月，中国三门核电站一期工程开工建设。这座核电站是至 2008 年，中美两国已就最大的能源合作项目，它在全世界率先使用第三代先进压水堆核电。②

第三，煤层气项目。中美两国在中国合作开发的 15 个大型煤层气项目已签署了合作合同，其中进展最快的两个正处于项目开发方案的编制阶段，方案编制完成后，中国方面将上报国家发改委批复，之后将进入开发期。其余 13 个项目现仍处于勘探期。这 15 个煤层气项目中有 11 个在山西，其余 4 个分别设在安徽、江西、陕西和云南。项目的中方合作者为中联煤层气有限责任公司，在美方合作者中，雪佛龙公司参与 4 个项目的合作，格瑞克能源公司参与 5 个项目，远东能源公司参与 3 个项目，美中能源公司、奥瑞安能源国际有限公司、亚美大陆煤层气有限公司分别参与 1 个项目的合作。项目采用风险产品分成合同的合作模式，勘探资金和前期勘探风险由外方独自承担，在开发期之后，由中外方共同投资，投资收益则由中美双方根据合同权益比例分成。根据合同，项目进入开发期后将优先回收前期勘探投入。③

第四，在清洁能源领域里的合作。2009 年年底奥巴马对中国进行国事

---

① 参见《中美企业签署第三代核电技术转让合同 曾培炎出席》，中华人民共和国中央政府网站，2007 年 7 月 24 日，http://www.gov.cn/ldhd/2007-07/24/content_695136.htm。
② 《中美最大能源合作项目三门核电站一期开工》，新浪网，http://news.sina.com.cn/c/2009-04-19/213217642072.shtml。
③ 苏明等：《中美能源对话与合作研究》，载《经济研究参考》2008 年第 55 期。

访问时，签署了建立中美清洁能源联合研究中心的意向。① 随后，在 2010 年首届中美战略与经济对话上，两国确定了清洁煤及碳捕获利用、建筑节能以及电动汽车开发 3 个重点合作领域，并着手安排双方大学、企业和研究院（所）承担重要的清洁能源领域的研究项目。2010 年 1 月，在胡锦涛主席对美国进行国事访问期间，双方启动了各个领域工作计划的签署仪式，在该仪式上签署了两国企业之间的 16 个清洁能源合作项目。这些项目的总额达到了 200 多亿元人民币，中美两国间能源领域的科技合作有力地推动了两国在经济和商贸方面的合作。②

第五，能源和环境合作是中美科技合作的重要组成部分。国际能源机构、世界能源展望（WEO）和美国能源部能源信息署（EIA）都对 2000～2030 年期间的世界能源消耗做出了预测，基本上认为到 2030 年，世界电力需求将比 2000 年增加 70%。届时，尽管可再生能源与核电能力将占总需求的 25%，但 75% 的电力仍将来自于化石燃料，其中煤电仍然占到总量的 40%。据国际能源机构的预测，按照现在的速度，到 2030 年全球二氧化碳的排放将从 2005 年的 265 亿吨上升到 437 亿吨，这一水平的二氧化碳排放量将使空气中二氧化碳的浓度在 2030 年达到 495ppm，而科学家们认为 450ppm 的二氧化碳浓度将危及人类的生存。这一水平的二氧化碳排放量也将使 2030 年的温度比 1900 年上升 1.5 摄氏度，造成冰川的融化和物种的灭绝，并将使人类的生存遭到极大的挑战。尽管如此，如果全世界能够一起行动起来参与类似阿波罗计划的拯救地球的全球计划，那么通过节能、碳税、可再生能源和核能开发的有效组合，预计可以使二氧化碳的排放量减少一半。如果做到这一点，全球的二氧化碳水平可以保持在 460ppm，气温也将仅仅比工业化前高 1.2 摄氏度。这样，人类仍然可以使全球气候保持在一个可控的状态。不言而喻，作为世界上两个能耗最大的国家，在面对这样一个严峻的气候变化挑战时相互合作，具有重大的意义。③

中美能源与环境合作的主要目标是推动提高中国市场的能效。例如，1985 年，中美双方签订了《中美化石能源研究与发展合作议定书》，1994

---

① 参见中美清洁能源联合研究中心网站：http：//www.us-china-cerc.org/。
② 万钢：《中美科技界共同努力推动社会的可持续发展》，载《科技日报》网站，华盛顿 2011 年 5 月 11 日，http：//www.hljkjt.gov.cn/gnwkj/gnkj/201105/t20110512_189454.htm。
③ 苏明等：《中美能源对话与合作研究》，载《经济研究参考》2008 年第 55 期。

年两国政府又推动了液化煤和环境保护方面的技术交流。1997 年 3 月，美国副总统阿尔·戈尔（Al Gore）访华期间，中美开始将环境合作纳入能源合作的范畴。同年 10 月，江泽民主席访美，两国签署了《中美能源和环境合作倡议书》。① 1998 年 6 月，美国总统克林顿访华，两国就签署《中美城市空气质量监测项目合作意向书》达成一致。2000 年 4 月中国科技部与美国能源部续签了《中美化石能源合作协定》和《中美能源效率和可再生能源科技合作协定》。这些协定和协定的执行使得中美两国的科研部门和能源开发公司在煤炭、石油、天然气、可再生能源、能源效率、电动汽车、多燃料汽车等方面，通过技术援助、培训、政策分析、资源和市场评价及信息交流等方式，展开了富有成效的合作与交流。

2006 年美国、澳大利亚、中国、印度、韩国和日本 6 国启动了"亚太清洁发展与气候新伙伴计划"，承诺为减少温室气体排放，增加传统能源使用效率，推动可再生能源利用做出努力。在该计划下，美国和澳大利亚愿意出资金，中国和印度则需要减排技术。②

2007 年 3 月，中国标准化研究院中国标准认证中心与美国环保署正式签署了"能源之星"协调互认谅解备忘录。据此，中标认证中心将与美国环保署选择部分产品进行试点，开发相互认可的统一的节能认证技术规范，协调认证实施程序，实现企业通过一次申请，可获得中国和美国两国的认证；并在试点的基础上逐步扩大协调互认的产品范围。此次签署的"能源之星"协调互认谅解备忘录，是两国在提高能效方面合作的一个最新成果。③

2007 年 4 月，美国商务部国际贸易署组织了一个由商务部助理部长率领的清洁能源贸易代表团访问中国和印度。该署称代表团此行涉及清洁能源技术领域的诸多方面，其中包括可再生能源、生物燃料、节能降耗、清洁煤炭和分布式发电等，其目的是帮助上述领域的美国公司和到访国的潜在合作伙伴建立联系。在该代表团访问中国期间，中美政府还合作举办了

---

① Public Papers of the Presidents of the United States, William J. Clinton, October 29, 1997, "Joint United States-China Statement," http://www.presidency.ucsb.edu/ws/index.php?pid=53470&st=&st1=#axzz1W8w7dJmW.

② 参见"亚太清洁发展与气候新伙伴计划"官方网站，http://www.asiapacificpartnership.org/chinese/default.aspx.

③ 参见中国标准化研究院网站《中标认证中心节能认证与美国环保署能源之星签署协调互认备忘录》，http://www.cnis.gov.cn/zdly/kcxxf/cgfb/200707/t20070705_1971.shtml.

首次中美清洁能源技术产业论坛,为两国政府和产业界在此领域里的合作与交流提供平台。①

此外,中美还在节能机制方面进行了合作。在致力于节能的过程中,除了技术因素外,新节能机制的建立也非常重要。通过科学的新机制能把现有技术转化为节能的效益。一些在美国实践效果显著的新节能机制,例如合同能源管理(Energy Performance Contracting)(EPC)、需求侧管理(Demand Side Management)(DSM)等机制,都值得中国借鉴和学习。

合同能源管理是市场化新节能机制的一个重要内容。能源服务公司是市场经济下的节能服务商业化实体,是合同能源管理的实施主体。通过专业化的能源服务公司,按照"合同能源管理"方式为客户企业实施节能改造项目,不仅可以帮助众多企业克服在实施节能项目时所遇到的障碍,包括项目融资障碍、节能新技术/新产品信息不对称障碍等,还可帮助企业全部承担或者部分分担项目的技术风险、经济风险和管理风险等;可以加速各类具有良好节能效益和经济效益项目的广泛实施。更重要的是,基于市场运作的能源服务公司会千方百计地寻找客户实施节能项目,努力开发新节能技术和节能投资市场,从而使自身不断发展壮大,最终形成一个基于市场的节能服务产业大军。

电力需求侧管理是指对用电一方实施的管理。这种管理是国家通过政策措施引导用户高峰时少用电,低谷时多用电,来提高供电效率,优化用电方式的办法。这样可以在完成同样的用电功能的情况下减少电量消耗和电力需求,从而缓解缺电压力,降低供电成本和用电成本,使供电和用电双方得到实惠,从而达到节约能源和保护环境的长远目的。美国在世界上率先开展电力需求侧管理,其采取的主要做法是首先通过制定法规,强制电力公司实施电力需求侧管理项目。其次通过系统效益收费、能源相关税收、政府直接出资等手段进行政策推动。国际能源机构 2004 年的一份报告显示,自从 20 世纪 70 年代石油危机以来,发达国家通过采用包括电力需求侧管理在内的多种提高能效的措施,使得单位 GDP 能耗降低了约 50%。最为典型的是 2001 年美国加州通过采用一系列提高能效和负荷管理措施,削减高峰负荷 5700MW,从而成功渡过了电力危机的难关,避免经济损失 160 亿美元。在电力需求侧管理方面,中美双方在河北等一些地

---

① 苏明等:《中美能源对话与合作研究》,载《经济研究参考》2008 年第 55 期。

区进行了试点，但发现还是存在着一些政策缺失。在这一方面，双方可以总结经验，结合中国国情，进行更深入的合作。

此外，在能源企业融资合作方面，中美共同利用世界银行、亚洲开发银行等国际金融机构贷款和发行债券筹款等方式，来帮助中国节能减排。在中美两国政府高层之间、中美两国政府职能部门之间，以及能源与环境研究机构之间已经建立起了合作机制。①

下面，我们将具体分析一下在中美能源合作方面所面临的挑战。

第一，在中国能源领域的下游消费的技术层面，具体而言，在由美国能源部主导的美国能源与环境研究和技术推广机构与中国的对口能源研究和开发机构之间，已经建立起了一个卓有成效的合作机制，并取得了相当丰富的成果。如何进一步提高中国的能源消费效率无疑是中国社会和经济发展过程中所面临的重要挑战，为此，中国有必要继续利用中美政府间业已达成的协定和协议，促进中美两国的能源研究机构和技术应用企业之间展开更为广泛、深入和有效的合作。这种合作符合中国建立节约型社会的发展目标，也是落实 2005 年 7 月中国与美国、日本、韩国、澳大利亚和印度六国发表的《亚太清洁发展和气候新伙伴计划意向宣言》的一个有效途径。毕竟，中国、美国、印度和澳大利亚是世界上最大的四个煤炭生产国；中国是世界上最大的煤炭消费国，降低温室气体排放既是落实中国领导人提出的"科学发展观"的重要措施，同时也是中国应负的国际义务。然而，中美在提高能效、清洁能源合作开发以及环境保护层面的合作还比较狭窄，合作规模较小，而且偏重于基础性、学术性的科学研究，工程项目类的合作较少。此外，两国在技术、效率等合作领域里仍摩擦不断，尤其受到美国技术出口管制和资金的限制。在 2008 年爆发的全球性经济危机中，奥巴马政府开始倡导"一石三鸟"的能源政策：刺激经济，减少温室气体排放，提高能源安全。但美国贸易代表办公室批评中国说，中国政府给予了新能源企业大量补贴，而且中国在新能源项目招标中排斥美国企业。2010 年 10 月，美国宣布启动对中国与清洁能源有关的政策和措施的 301 调查。②

---

① 肖炼：《中美能源合作前景及对策研究》，载《亚非纵横》2008 年第 4 期。
② United States Launches Section 301 Investigation into China's Policies Affecting Trade and Investment in Green Technologies, The Office of the U. S. Trade Representative, http：//www.ustr.gov/node/6227.

另外，中美在各自承担节能减排义务的理解上存在着差异。美国等西方国家一贯强调，如果中国、印度等国不减排，它们的努力将毫无意义，这就构成了对中国的减排压力。[①] 而中国则认为在一国经济的起步阶段，减排通常是以发展为代价的，对于没有完成工业化的国家来说，气候谈判的实质乃是为发展而战，合理的排放权意味着合理的发展权，因此，中国强调发达国家与发展中国家应当承担"共同的但有区别的责任"。为此，中国不接受强制的"量化"减排要求。这种观点上的交锋在2009年12月举行的哥本哈根世界气候大会上表现得非常明显。[②]

随着中国成为一个石油净进口国，特别是伴随着近年来国际上对中国石油进口量的上升与国际贸易油价上升二者之间关联的关注，中美两国在能源领域的上游和中游之间的矛盾也开始显露出来。

第二，在上游层面，中美两国之间已经出现了美国基于地缘政治的战略考虑而对中国获得稳定的海外能源供应施加压力的现象。例如，自1979年以来，美国一直对伊朗实行经济制裁，而中国同伊朗之间的贸易往来也由于美伊政治关系长期不能正常化而受到来自美国的压力。2003年12月，中国石化集团在伊朗卡山区块风险勘探中成功打出高产油气井后，中国石化集团继续努力在伊朗竞争其他区块的开采权。然而2004年，中国石化集团受到了美国驻华大使馆的劝阻。从国际石油经济稳定发展的角度来看，伊朗等中东国家对外开放其油气上游领域的开采权后，包括中国在内的外国公司投资这些国家的油气上游领域，会提高中东产油国出于政治目的而采取限制油气输出量的成本，这是因为相关中东国家不得不考虑限制措施对其双边经济和政治利益的负面影响。但是，由于美国本身长期不从伊朗进口石油，从美国的对外政策出发，它也试图限制中国从伊朗获得上游开采权。

---

① 1997年7月，在美国签署《京都议定书》之前，美国参议院就以95票对0票一致通过了《伯德—海格尔决议案》（Byrd-Hagel Resolution）。该决议案规定，美国不应当签署任何会对美国经济造成严重损害，且对发展中国家没有限制性目标和时间表的国际协议（参见 Susan V. Lawrence and Thomas Lum, "U. S. -China Relations: Policy Issues," *CRS Report for Congress*, R41108, January 12, 2011, p. 15.）。

② 参见 Joanna Lewis, "The State of U. S. -China Relations on Climate Change: Examining the Bilateral and Multilateral Relationship," Woodrow Wilson International Center for Scholars, China Environment Series, No. 11 (2010/2011), http://legacy.wilsoncenter.org/topics/pubs/CES%2011%20pp.%20207-47.pdf.

除了中东地区以外，2005年8月初，中国海洋石油总公司通过撤回其对美国加州联合石油公司（优尼科）收购要约的方式退出了对优尼科的竞购。在这一事件中，中海油公司按优尼科所定的程序加入了对优尼科的收购竞标，其提出的以现金收购优尼科全部流通股的要约，总价为185亿美元，超出美国雪佛龙公司竞价约10亿美元。从客观上讲，中海油并购优尼科将在迅速发展的亚洲市场上形成一家实力强大、业绩优异的石油天然气公司，这符合两家公司股东和员工的利益。中海油同意了一系列措施，以增加交易的确定性和优尼科股东对中海油报价的信心，主动请求美国外国投资委员会进行审查，并主动承诺对优尼科在美国的资产采取措施，从而满足美国外国投资委员会的要求。即使并购成功，优尼科在美国境内所生产的石油和天然气也将继续在美国市场销售。然而，美国媒体、政策界甚至公众对此的反对声异常强烈，当时的民调显示，七成以上的美国人不同意中海油的收购。41位美国国会议员联名写信给布什政府，要求严格审查这项并购案。[①] 这给布什政府造成了极大的压力，布什总统本人也对中海油收购优尼科表示了其暂不介入的立场。6月30日，美国国会众议院通过了一个决议案，声称中海油并购优尼科将"威胁美国的国家安全"，如果优尼科同意被中海油收购，那么该交易应立即交由美国总统布什审核。[②] 同一天，众议院还通过了一项修正案，该修正案阻止美国财政部主持的外国投资委员会动用联邦资金来审查中海油收购案。[③] 除了这两项议案外，美国国会还在接下来的两个月中连续提出了另外几个相关修正案。7月20日，在距优尼科公司股东投票决定是否接受雪佛龙公司的收购协议仅剩21天时，参议院又批准了舒默参议员提出的一项修正案：在国务院就某一国家的投资环境向国会提交报告之前，不允许联邦政府批准有该国政府控股企业参与的并购案。此修正案不会禁止所有交易，但要求国务院在外国控

[①] Kam-Ming Wan, Ka-fu Wong, "Economic Impact of Political Barriers to Cross-border Acquisitions: An Empirical Study of CNOOC's Unsuccessful Takeover of Unocal," *Journal of Corporate Finance* (2009), p. 4, http: //www.hkimr.org/cms/upload/seminar_ app/sem_ paper_ 0_ 191_ cnooc_ JCF_ final_ 05.11.09. pdf.

[②] H. Res. 344, http: //www.gpo.gov/fdsys/pkg/BILLS-109hres344eh/pdf/BILLS-109hres344eh. pdf.

[③] H. Amdt. 431 to H. R. 3058 (Transportation, Treasury, Housing and Urban Development, the Judiciary, the District of Columbia, and Independent Agencies Appropriations Act, 2006), http: //thomas. loc. gov/cgi-bin/bdquery/z? d109: HZ431:

股公司和美国企业之间的并购交易发生 30 天前就此问题递交报告。① 这等于对外资收购美国企业设置了新的障碍。7 月 27 日，美国国会又对《2005 年能源政策法案》进行修正，其中第 1837 款要求在中海油收购优尼科前，对中国不断增长的能源需求进行为期 120 天的评估。② 美国国会不断加强的压力最终迫使中海油于 8 月 2 日放弃竞购计划。③

这一事件凸显了地缘政治思维在美国政界（尤其是国会）对中国的油气公司扩大其在境外上游领域里业务范围的担忧。优尼科的海外资产遍布东南亚、非洲和中亚，中海油或其他中国公司大规模进入这些地区的油气开采环节，在美国政治界容易引起地缘政治方面的联想。此外，美国媒体也对中国在南美洲和非洲国家获得上游开采权的努力表示担忧。这从一个侧面折射了地缘政治思维如何广泛影响美国对中国石油企业开拓国际市场过程的关注。

一位长期研究中美关系的美国学者提出的问题，显然代表了美国的政策研究精英们对中国油气产业在上游领域走向国际化所产生的疑惑：为什么中国不依赖国际能源贸易市场，偏偏要到与美国不友好和美国认定的政治上有问题的国家（例如伊朗和苏丹）去开采石油和天然气？④ 这个问题包含了对承担中国国内石油市场管理的中国政府与企业关系的误解。同时，这个问题也隐含着另一重假设，即中国的油气公司是作为政府外交政策的代理人在从事海外经营的。事实上，中国的经济体制改革的一项重要内容便是将原来由企业所承担的政府责任从企业剥离开来。早在 1998 年 3 月，中国政府就重组了石油工业，组建了中国石油、中国石化和中海油三大全业务的石油集团。这次改组意味着中国的国有油气企业开始了从分业经营到混业经营的转变。混业经营的重要策略之一便是像跨国油气企业巨头一样，通过获得海外资源的开采权，从一个开采运营商变成一个整个油气产业链的经营商。至于国有油气企业的海外活动与政府外交政策之间的关系，由于保障足够的能源供应是每一个政府的职责，中国政府为中国的

---

① S. Amdt. 1304 to H. R. 3057 (Foreign Operations, Export Financing, and Related Programs Appropriations Act, 2006), http：//www. govtrack. us/congress/amendment. xpd? session = 109&amdt = s1304.

② Energy Policy Act of 2005, Section 1837, http：//www. govtrack. us/congress/bill. xpd? bill = h109-6.

③ 参见 Dick K. Nanto, et al., "China and the CNOOC Bid for Unocal: Issues for Congress," *CRS Report for Congress*, RL33093, February 27, 2006, pp. 1-3.

④ 这是这位美国学者直接向本章作者本人提出的问题。

油气企业开拓境外市场提供外交政策支持也是正常的政府行为。

与美国的政策研究精英们的关注点不同的是,中国的油气政策研究界近年来在关注另一个问题:随着中国对进口油气资源依赖程度的提高,政府有没有必要通过恢复和建立一个中央政府的能源政策机构,来达到系统协助中国的油气企业开拓海外市场的目的?

在上述问题上出现的美国对中国的不理解或误解更多地起源于中美两国之间在国际能源开发政策方面的交流还不够充分。而这种理解上的不充分又恰恰是中美政府间就能源安全议题展开战略对话所必需面对的问题。与此同时,中美之间有必要从对话走向在全球范围内的合作。

第三,在中游层面,像其他依赖中东油气资源的国家一样,中国从美国通过维护霍尔木兹海峡运输水道的畅通中得益,也从来没有挑战过美国在中东地区的军事利益。但是在如何应对印度洋和南海(特别是马六甲海峡)水域的海盗现象和该地区可能出现的恐怖主义袭击,以维护这个重要的国际运输水道的畅通方面,中国与美国之间在方法上存在着差别。美国国防部等机构从马六甲海峡所受到的挑战和潜在威胁中看到的是加强美国在该地区军事存在的机遇。而在中国一方,基于对拥有马六甲海峡主权的国家的尊重,从中国长期坚持的在处理国际事务中尊重主权的原则出发,中国并没有将马六甲海峡航行的畅通当做一个国际军事挑战来处理。

第四,在维护国际石油市场稳定的问题上,美国和国际能源机构的其他成员国主要是通过动用战略石油储备来应对石油价格的波动。美国认为,这种做法也同样会使中国受益。中国作为能源消费大国没有自己的石油战略储备,无论对于国际石油市场还是对于中国自身来说都是一个隐患。为此,美国希望通过国际能源机构来加强与中国石油战略储备建设的交流与合作。在中国不断增加战略石油储备的情况下[1],美国还希望中国增加战略石油储备的透明度。小布什政府希望中国领导人明确提出中国在什么情形下以及怎样动用能源储备,希望同中国就确定中国石油储备的释放原则而共同努力,要求中国不要随意用石油储备作为调节价格的杠杆。[2] 对于美国人对中国战略石油储备使用问题的深切关注,中国曾明确表示,

---

[1] 截至2010年底,中国的战略石油贮备量已突破1.78亿桶,商业储备1.68亿桶。按照规划,到2012年第二批基地建成后,中国战略石油储备量将达2.74亿桶(参见《我国石油战略储备将加速推进》,中国新闻网,http://www.chinanews.com/ny/2011/08-16/3259835.shtml)。

[2] 唐彦林:《国际政治背景下的中美能源战略合作》,载《国际论坛》2009年第4期。

中国只在紧急情况下动用能源储备，并没有使用它来影响市场价格的意图。2009年7月，在首轮中美战略与经济对话中，中美双方同意在战略石油储备，提高能源市场透明度等领域开展对话。① 国际能源机构近年来也开始频频邀请中国加入，甚至愿意为中国修改国际能源机构成员国条件的规定，即前提必须是经济合作与发展组织的（OECD）的成员。② 虽然中国与国际能源机构的合作已经相当密切，但中国目前仍担心加入该组织会束缚中国自主的能源战略，并卷入国际能源机构与欧佩克的争执中。③

中国经济已经成为全球经济链条中的一个举足轻重的部分。从世界经济稳定发展的需要来看，中国经济的发展如果不受能源供应不足的拖累，对整个世界经济是有利的。相对于供应而言，其实当前中国能源消费模式和利用效率问题更为突出。调整经济增长方式和能源消费模式是中国能源安全保障的重要议题。在能源运输通道问题上，中国面临的主要威胁是海盗、恐怖主义、非法武装袭击、运输事故等，而不是美国的禁运。从这个逻辑出发，美国停止对中国的油气公司开拓海外市场施加阻力也符合美国的利益。但是，地缘政治思维可能导致美国的相关政策走向对中国更广泛的限制，这是因为一个更加强大的中国被认为将会构成对美国国际经济和政治地位的挑战。

鉴于此，中美两国之间下一阶段的能源合作议题应是，如何在继续推动中国提高能源效率的同时，通过磋商、对话展开在上游和中游领域里的合作。这些合作议题应包括：

1. 在中国的油气公司开拓海外开采市场时，如何协调中美两国的国际政治和国际经济利益？

2. 如何创造一个良好的双边外交政策环境，以利于中国的油气公司同

---

① 关于首轮中美战略与经济对话的成果，可参见 http://tyf.ndrc.gov.cn/Article_List.aspx?columnID=3。

② Carola Hoyos, "China Invited to Join IEA as Oil Demand Shifts," *Financial Times*, March 30, 2010, http://www.ft.com/intl/cms/s/0/0f973936-3beb-11df-9412-00144feabdc0.html#axzz1W6bGUQUY。

③ 除了中国不是经济合作与发展组织成员国外，中国加入国际能源机构的障碍还包括：国际能源机构要求各成员国保持不低于其90天石油进口量的石油储备量，而中国目前的石油储备量约为30天；按照《国际能源纲领协议》的规定，成员国需定期向秘书处报告该国石油公司的财务、资本投资、原油成本等情况，以供国际能源机构决策时参考。而在供应中断期间，国际能源机构还要求石油公司直接向其提供有关信息。这种"信息通报义务"对于中国来说需要一个适应过程。

在美国注册的跨国石油公司在中国、美国以及第三国进行合作开发？这些合作应当在市场规则的基础上包括油气产业链的所有环节。

3. 中美两国如何通过双边和多边渠道维护世界主要产油地区和国家的政治与社会稳定？

4. 中美两国如何认定海上石油运输通道等国际公共品，并为维护其高使用效力而共同努力？

5. 中美之间如何在民用核能利用技术和政策层面走向实质性合作，以推动核能在中国能源供应中的比重较快增长？

总之，作为两个在能源消费和生产以及国际政治中具有影响的大国，中美之间下一阶段的能源合作不能仅仅继续局限于中国能源的下游领域，还必须在上游和中游展开合作。地缘政治思维是指导一个国家对外政策的重要理论，为此，我们没有理由指望美国就中国的海外油气开发放弃这种思维。但是，我们却有必要将目前所面临的挑战变成机遇，通过多层次的对话，主动寻求与美国在双方有争议的议题上的沟通，寻求减少摩擦的可能性，并走向建立在双方共同利益上的合作。

从本章所提供的粗线条回顾中不难看出，"能源问题"纷繁复杂，难以用一个简单的"合作"或"冲突"来定性。当我们从国际政治研究的习惯性思维出发，审视在互动过程中受到地缘政治因素干扰较少的部分时，我们可以得出一个基本的观察：在下游（能源利用）领域，中美之间良性互动的程度高于在第三国上游（外资进入勘探开发）领域的互动。需要指出的是，这种情形在所有大国之间都存在，并不是中美两国间独有的现象。

中美两国都是全球贸易体系中的大国，都从一个开放的全球和地区贸易体系中获得了巨大的利益。与此同时，不论是中国还是美国，都会从双边、地区和全球范围内的贸易体系向封闭方向的倒退中遭受巨大的损失。这一点是两国应对各自的能源问题所处的共同外在环境。尽管中美在能源（尤其是石油）供应方面的相互依赖程度很低，避免使能源问题演变成为对中美经贸关系的制度性损伤，符合两国的自身利益。节能降耗是中国应对能源问题挑战的必由之路。中美政府间的政策对话如果能遵循中国所减少的能源消费等同于全球能源供应扩大的理念来进行，修订各自贸易法规中不利于能源生产设备的贸易、节能产品的进出口等内容，将有助于两国企业在能源和与之相关的领域里的协作，也有助于降低双方在能源外交领域里的摩擦。不仅如此，能源问题在中美经贸关系乃至整体中美关系中的敏感度也会大大降低。如果中美能源对话能够促进两国能源企业联合在第三国竞标，还会有助于降低扩大全球能源供应量的经济和外交成本，也会有利于中美政治关系的改善。

主要参考文献

英文参考文献

109th U. S. Congress. "Energy Diplomacy and Security Act of 2007," S. 2435. http://www.govtrack.us/congress/bill.xpd?bill=s110-193.

"The 2004 Democratic Party Platform: Stronger at Home, Respected in the World." http://www.ontheissues.org/dem_platform_2004.htm.

"The 2004 Republican Party Platform: A Safer World and a More Hopeful America." http://www.presidency.ucsb.edu/papers_pdf/25850.pdf.

Aalto, Pami, ed. *The EU-Russian Energy Dialogue: Europe's Future Energy Security*. Burlington: Ashgate Publishing, 2008.

"About OSTP." http://www.whitehouse.gov/administration/eop/ostp/about.

"About PCAST." http://www.whitehouse.gov/administration/eop/ostp/pcast.

"About the Energy Department." http://www.energy.gov/.

Abramovici, Pierre and Julie Stoker, "United States: The New Scramble for Africa," *Review of African Political Economy*, Vol. 31, No. 102 (Dec., 2004), pp. 685-690.

Adam, David. "Exxon to Cut Funding to Climate Change Denial Groups." *The Guardian*, May 28, 2008, p. 3.

"Address to the Nation on Energy and Economy Progress." Jan. 13, 1975. http://www.presidency.ucsb.edu/ws/index.php?pid=4916#axzz1H4BA2emS.

The African Growth and Opportunity Act. http://www.agoa.gov/build/groups/public/@agoa_main/documents/webcontent/agoa_main_002118.pdf.

African Oil Policy Initiative Group (AOPIG). "African Oil: A Priority for U. S. National Security and African Development." Washington, D. C., May 2002.

http://www.iasps.org/strategic/africawhitepaper.pdf.

Albright, Madeleine. "The United States and Africa: Building a Better Partnership." *U. S. Department of State Dispatch*, 10:6, July 1999, pp. 5-8.

Alnasrawi, Abbas. *OPEC in a Changing World Economy*. Baltimore: The Johns Hopkins University Press, 1985.

"America is Increasingly Interested in Africa's Oil Reserves." *Economist*, October 26, 2002, pp. 59-60.

Anderson, David. "America in Africa, 1981." *Foreign Affairs*, Vol. 60, No. 3 (Fall, 1981), pp. 658-685.

Bahgat, Gawdat. *American Oil Diplomacy in the Persian Gulf and the Caspian Sea*. Florida: University Press of Florida, 2003.

Balzer, Harley. "Vladimir Putin on Russian Energy Policy." *The National Interest*, December 1, 2005. http://nationalinterest.org/article/vladimir-putin-on-russian-energy-policy-600.

BBC News. "Caspian Pipeline Dream Becomes Reality." September 17, 2002. http://news.bbc.co.uk/2/hi/2263611.stm.

BBC News. "US Naval Base to Protect Sao Tome Oil." August 22, 2002. http://news.bbc.co.uk/2/hi/business/2210571.stm.

Beach, Shantel. "U. S. Targets Canada's Oil Sands." *Washington Report on the Hemisphere*, Vol. 30, Iss. 1/2 (Jan 29, 2010), pp. 1-4.

Belkin, Paul. "The European Union's Energy Security Challenges." *CRS Report for Congress*, RL33636, January 30, 2008.

Benedetto, Richard. "Energy Plan Focuses on Production Cheney's Ambitious Outline Is Friendly to Oil, Critics Say:" *USA Today*, May 1, 2001, p. A1.

Berthoud, John. "Will Republicans Adopt Jimmy Carter's Energy Policy?" *Human Events*, Vol. 61, Iss. 40 (Nov. 21, 2005), p. 7.

Bichler, Shimshon and Jonathan Nitzan. "Putting the State in Its Place: US Foreign Policy and Differential Capital Accumulation Middle East 'Energy Conflicts.'" *Review of International Political Economy*, Vol. 3, No. 4 (Winter 1996), pp. 608-661.

Bill, James A. "Resurgent Islam in the Persian Gulf." *Foreign Affairs*, Vol. 63, No. 3 (Fall 1984), pp. 108-127.

Billig, Michelle. "The Venezuelan Oil Crisis How to Secure America's Energy." *Foreign Affairs*, Vol. 83, No. 5 (September/October 2004), pp. 2-7.

"Bingaman Bill Drives Cleaner Electricity Generation in America's Power Sector." March 1, 2012. http://www.bingaman.senate.gov/news/20120301-02.cfm.

Blank, Stephen. "The United States and Central Asia," in *Central Asian Security: The New International Context*, edited by Roy Allion and Lena Jonso, pp. 219-246. Washington DC: Brookings Institution Press, 2001.

Bolsen, Toby. "Public Opinion on Energy Policy, 1974—2006." Institute for Policy Research, July 7, 2007.

Boucher, Richard. "Pursuing Peace, Freedom and Prosperity in South and Central Asia." Remarks before the Senate Foreign Relations Committee, Washington, DC, February 16, 2006, http://2001-2009.state.gov/p/sca/rls/rm/2006/61317.htm.

Boucher, Richard. "U.S. Policy in Central Asia: Balancing Priorities (Part II)." Statement to the House International Relations Committee, Subcommittee on the Middle East and Central Asia, April 26, 2006. http://2001-2009.state.gov/p/sca/rls/rm/2006/65292.htm.

Bronson, Rachel. *Thicker than Oil: America's Uneasy Partnership with Saudi Arabia*. New York, NY: Oxford University Press, 2006.

"BP Historical Data: BP Statistical Review of World Energy, 2009." http://www.bp.com/liveassets/bp_internet/globalbp/globalbp_uk_english/reports_and_publications/statistical_energy_review_2008/STAGING/local_assets/2009_downloads/statistical_review_of_world_energy_full_report_2009.pdf.

"BP Statistical Review of World Energy, 2010." http://www.bp.com/sectiongenericarticle.do?categoryId=9023771&contentId=7044470.

"BP Statistical Review of World Energy, June 2012."http://218.249.165.36/download/28008837/35553915/2/pdf/233/179/1340762034921_435/statistical_review_of_world_energy_full_report_2012.pdf.

Broder, John M. "Obama Affirms Climate Change Goals," November 18, 2008. http://www.nytimes.com/2008/11/19/us/politics/19climate.html?ref=us.

Bronson, Rachel. Thicker than Oil: America's Uneasy Partnership with Saudi Arabia. New York, NY: Oxford University Press, 2006.

Bruce, Nigel, Rogelio Perez—Padilla, and Rachel Albalak. "The Health Effects of Indoor Air Pollution Exposure in Developing Countries." WHO/SDE/OEH/02. 05 (World Health Organization, 2002).

Bush, George. "Remarks to Department of Defense Employees." *August* 15, 1990. http://www. presidency. ucsb. edu/ws/index. php? pid = 18768&st = &st1 = #axzz1H4BA2emS.

Bush, George. "Statement on Signing the Energy Policy Act of 1992." http://www. presidency. ucsb. edu/ws/index. php? pid = 21653#axzz1H4BA2emS.

Carmody, Pádraig. "Cruciform Sovereignty, Matrix Governance and the Scramble for Africa's Oil: Insights from Chad and Sudan." *Political Geography*, Volume 28, Issue 6, August 2009, pp. 353-361.

Carter, Jimmy. *Keeping Faith: Memoirs of a President.* Arkansas: The University of Arkansas Press, 1995.

Carter, Jimmy. "State of the Union Address, 23 January 1980." http://www. jimmycarterlibrary. gov/documents/speeches/su80jec. phtml.

Center for Public Integrity. "American Coalition for Clean Coal Electricity." March 2009. http://projects. publicintegrity. org/climatelobby/Details. aspx? ID = 2908.

Chanin, Clifford and Gregory Gause. "U. S. -Saudi Relations: Bump in the Road or End of the Road?" *Middle East Policy*, Vol. X, No. 4 (Winter 2003), pp. 115-120.

Chapman, Duane. "Gulf oil and International Security: Can the World's Only Superpower Keep the Oil Flowing?" in *Energy Security and Global Politics: The Militarization of Resource Management*, edited by Daniel Moran and James A. Russell, pp. 75-94. New York, NY: Routledge, 2009.

Christopher, Warren, "The United States and Africa: A New Relationship." *U. S. Department of State Dispatch*, 4:21, May 24, 1993, pp. 365-368.

Chester, Edward W. *United States Oil Policy and Diplomacy: A Twentieth-Century Overview.* West Port, Connecticut & London, England: Greenwood Press, 1983.

Christ, David B. "Gulf of Conflict: A History of U. S. -Iranian Confrontation at Sea." Policy Fous#95, the Washiongton Institute for Near East Policy, June 2006.

CIA. *The World Factbooks*, 2009. https://www.cia.gov/library/publications/the-world-factbook/geos/kz.html.

Ciccantell, Paul. "NAFTA and the Reconstruction of U. S. Hegemony: The Raw Materials Foundations of Economic Competitiveness." *The Canadian Journal of Sociology /Cahiers canadiens de sociologie*, Vol. 26, No. 1 (Winter, 2001), pp. 57-87.

Clinton, William. "A National Security Strategy for a New Century." Washington D. C: The White House, 1997.

Cohen, Ariel and Rafal Alasa. "Africa Oil and Gas Sector: Implications for U. S. Policy." *The Heritage Foundation Backgrounder*, No. 2052, July 13, 2007.

Cordesman, Anthony H. *The Gulf and the Search for Strategic Stability: Saudi Arabia, the Military Balance in the Gulf, and trends in the Arab-Israeli Military Balance*. Boulder, CO: Westview Press, 1984.

Council on Foreign Relations, *National Security Consequences of U. S. Oil Dependency*. Independent Task Force Report, No. 58, 2006.

Crane, Keith. et al., *Imported Oil and U. S. National Security*. Santa Monica, CA: RAND Corporation, 2009.

Chow, Edward C. "U. S. -Russia Energy Dialogue: Policy Projects, or Photo Op?" *Foreign Service Journal* (December 2003), pp. 31-39.

Chow, Larry Chuen-ho. "The Changing Role of Oil in Chinese Exports, 1974—89." *The China Quarterly*, No. 131 (1992), pp. 750-765.

Climate Action Report, Submission of United States of America under the United Nations Framework Convention on Climate Change (1994) (hereinafter Climate Action Report).

Congressional Quarterly Service. *Congress and the Nation*, Volume III, 1969—1972. Washington: Congressional Quarterly Service, 1973.

Copulos, Milton R. "Why Reagan Should Keep His Word and Shut down D. O. E." March 30, 1983. http://www.policyarchive.org/handle/10207/

bitstreams/9071. pdf.

Crystal, Jill. *Oil and Politics in the Gulf: Rulers and Merchants in Kuwait and Qatar*. New York: NY, Cambridge University Press, 1990.

Crow, Patrick. "President Clinton Far from Dynamic on U. S. Energy Policy Action. " *Oil & Gas Journal*, Vol. 92, Issue 38 (Sept. 19, 1994), pp. 21-25.

Crow, Patrick. "Clinton's BTU Tax: An Unmourned Death. " *Oil & Gas Journal*, Vol. 91, Issue 24 (June 14, 1993), p. 23.

Dagne, Ted. "Africa: U. S. Foreign Assistance Issues. " *CRS Report for Congress*, RL33591, August 3, 2010.

Dagne, Ted. "Sudan: Humanitarian Crisis, Peace Talks, Terrorism, and U. S. Policy. " *CRS Report for Congress*, IB98043, March 19, 2002.

Daily Press Briefing by Spokesman Sean McCormack, January 3, 2006. http://2001-2009. state. gov/r/pa/prs/dpb/2006/58647. htm.

Daniel P. Erikson. "A Dragon in the Andes? China, Venezuela, and U. S. Energy Security. " *Military Review*, Vol. 86, Iss. 4 (Jul/Aug 2006), pp. 83-89.

Dao, James. "In Quietly Courting Africa, White House Likes Dowry. " *New York Times*, September 19, 2002, p. A1.

Davis, Carmel. "AFRICOM's Relationship to Oil, Terrorism and China. " *Orbis*, Volume 53, Issue 1 (January 2009), pp. 122-136.

Deering, Christopher J. and Steven S. Smith. *Committees in Congress*. Washington D. C. : CQ Press, 1997.

Delgado, Antonio Maria. "Chavez's Citgo Sale Would Impact Venezuela. " *McClatchy Newspapers*, Dec. 7, 2010, http://www. petroleumworld. com/storyt10120802. htm.

The Department of Defense. "Quadrennial Defense Review Report. " September 30, 2001, http://www. defense. gov/pubs/pdfs/qdr2001. pdf.

Department of Energy. "National Security Review of International Energy Requirements. " *DOE Report to Congress*, Feb. 7, 2006. pp. 1-69.

Deutch, J. , Schlesinger, J. R. and D. R. Victor. "National Security Consequences of U. S. Oil Dependency: Report of an Independent Task Force. " 2006. http://www. cfr. org/content/publications/attachments/EnergyTFR. pdf.

Dobbins, James, Seth G. Jones, Benjamin Runkle, and Siddharth Mohandas. *Occupying Iraq: A History of the Coalition Provisional Authority.* Santa Monica, CA: RAND Corporation, 2009.

DOE. "Energy Security: A Report to the President of the United States." DOE/S0057. Washington, DC: March 1987.

DOE. "Guidance on Implementation of the Department's Public Participation Policy." DOE 1210.1, July 29, 1994.

Dolan, Chris J., John Frendreis and Raymond Tatalovich. *The Presidency and Economic Policy.* New York: Rowman & Littlefield Publishers, INC, 2008.

Donnelly, John and Mike Farley. "Energy Department Completes First Emergency Sale of 17.3 Millions Barrels of Strategic Reserve Crude Oil." April 3, 1991. http://www.fossil.energy.gov/programs/reserves/spr/1991drawdown/040391_pressrel.html.

Dranitsyna, Yekaterina. "New Oil Exchange to Open in 2008." *The St. Petersburg Times*, November 16, 2007. http://www.sptimes.ru/index.php?action_id=2&story_id=23662.

Ebel, Robert E. *China's Energy Future: The Middle Kingdom Seeks Its Place in the Sun.* Washington, DC: Center for Strategic and International Studies, 2005.

Ebel, Robert. "Untapped Potential." *Harvard International Review*, Vol. 25, Iss. 1 (2003), pp. 26-32.

EIA. "2004 U.S. Energy Consumption by Energy Sources." August 2005. http://www.eia.gov/cneaf/solar.renewables/page/trends/table1.html.

EIA. "Annual Energy Outlook 2011: Early Release Overview." 2011. http://www.eia.doe.gov/forecasts/aeo/.

EIA. "Annual Energy Review." 2008. http://www.eia.doe.gov/aer/pdf/aer.pdf.

EIA. "Coal Production in the United States—An Historical Overview." 2006. http://www.eia.doe.gov/fuelcoal.html.

EIA. "Crude Oil Production." 2009. http://tonto.eia.doe.gov/dnav/pet/hist/mcrfpus2a.htm.

EIA. "The Domestic Oil and Gas Recoverable Resource Base: Supporting Analysis for the National Energy Strategy. " SR/NES/90-05, Washington, D. C., 1990.

EIA. "International Energy Outlook 2005. " http://tonto. eia. doe. gov/ftproot/forecasting/0484(2005). pdf.

EIA. "International Energy Outlook 2008. " http://www. eia. doe. gov/oiaf/ieo/nat_gas. html.

EIA. "International Total Primary Energy Consumption and Energy Intensity: Primary Energy Consumption per Real Dollar of Gross Domestic Product. " 2011. http://www. eia. doe. gov/emeu/international/energyconsumption. html.

EIA. "Natural Gas Supply, 2009. " http://www. eia. doe. gov/neic/infosheets/natgassupply. html.

EIA. "Natural Gas Basic Statistics. " http://www. eia. doe. gov/basics/quickgas. html.

Eisenman, Joshua and Joshua Kurlantzick. "China's Africa Strategy. " *Current History*, May 2006, pp. 219-224.

Ekimoff, Lana. "Statement of Lana Ekimoff before the Subcommittee on Middle East and Central Asia House International Relations Committee. " in *Assessing Energy and Security Issues in Central Asia*. http://www. foreignaffairs. house. gov/archives/109/28967. pdf.

Elder, Miriam. "Russia Threatens to Seize Swathe of Arctic. " *The Daily Telegraph*, September 18, 2008. http://www. telegraph. co. uk/news/world-news/europe/russia/2976009/Russia-threatens-to-seize-swathe-of-Arctic. html.

El-Gamal, Mahmoud A. and Amy Myers Jaffe. *Oil, Dollars, Debt, and Crises: The Global Curse of Black Gold.* New York, NY: Cambridge University Press, 2010.

Empirical Study of CNOOC's Unsuccessful Takeover of Unocal. " *Journal of Corporate Finance*, 2009. http://www. hkimr. org/cms/upload/seminar _ app/sem_paper_0_191_cnoc_JCF_final_05. 11. 09. pdf.

Ender, Richard L. *Energy Resources Development Politics and Policies*. New York: Quorum Books, 1987.

"The Energy Department's Chart." http://www.energy.gov/nationalsecurity/index.htm.

Energy Information Administration. "Petroleum Navigator." http://tonto.eia.doe.gov/dnav/pet/hist/rclc1d.htm.

Energy Information Administration (EIA). "World Oil Transit Chokepoints." www.eia.doe.gov/cabs/World_Oil_Transit_Chokepoints/Background.html.

"Energy in the Americas," Hearing before the subcommittee of the Western Hemisphere of the Committee of Foreign Affairs, House of Representatives, 110th Congress, Second Session, July 31, 2008. http://www.foreignaffairs.house.gov/.

Energy Policy Act of 2005, Section 1837, http://www.govtrack.us/congress/bill.xpd?bill=h109-6.

"EnergyPolicy from Nixon to Clinton: From Grand Provider to Market Facilitator." http://www.thefreelibrary.com/Energy+policy+from+Nixon+to+Clinton%3A+from+grand+provider+to+market...-a017422520.

"Energy Security: Historical Perspectives and Modern Challenges." U.S. Senate Committee on Foreign Relations, May 12, 2009. http://frwebgate.accecss.gpo.gov/cgibin/getdoc.cgi?dbname=111_senate_hearings&docid=f:51825.pdf.

Entelis, Johan P. "Oil Wealth and the Prospects for Democratization in the Arab Peninsula: The Case of Saudi Arabia." in *Arab Oil: Impact on the Arab Countries and Global Implications*, edited by Naiem A. Shebiny and Mark A. Tessler, pp. 141-156. New York: NY, Praeger, 1976.

"EPA Administrator Wrapsup First Official Visit to China." Oct. 14, 2010. http://www.epa.gov/international/regions/Asia/china/mission2010.html.

Epstein, Joshua M. *Strategy and Force Planning: The Case of the Persian*

Gulf. Washington, D. C. : Brookings, 1987.

"A European Strategy for Sustainable, Competitive and Secure Energy." Brussels, March 8, 2006. http://europa. eu/documents/comm/green _ papers/pdf/com2006_105_en. pdf.

"ExxonMobil Begins First Deepwater Production Offshore Angola." http://www. gulfoilandgas. com/webpro1/MAIN/Mainnews. asp? id = 200.

"Fact Sheet: U. S. -Canada Partnership Key to North American Energy Security." Department of Energy (DOE) documents/FIND, Lanham: Oct. 21, 2008. http://proquest. umi. com/pqdweb? did = 1582192451&sid = 2&Fmt = 3&clientId = 46275&RQT = 309&VName = PQD.

"Fact Sheet: U. S. -Russia Bilateral Presidential Commission." July 6, 2009. http://www. whitehouse. gov/the _ press _ office/FACT-SHEET-US-Russia-Bilateral-Presidential-Commission/.

"Fact Sheet: United States-Russia Commercial Energy Relations." May 24, 2002. http://georgewbush-whitehouse. archives. gov/news/releases/2002/05/20020 524-20. html.

Fansworth, Clyde. "Talks Set on China Trade Ties." *New York Times*, September 16, 1980, p. D3.

Farhar, Barbara. *Proceedings of the World Renewable Energy Congress: Linking the World with Renewable Energy*. London: Elvesier, 2004.

Federal Trade Commission. "Investigation of the Petroleum Industry." Report Submitted to the U. S. Senate, Permanent Subcommittee on Investigations, Oct. , 12, 1973. http://openlibrary. org/works/OL1219036W/Investigation _of_the_petroleum_industry.

Ferullo, Mike. "Richardson Defends Clinton Administration Energy Policy." June 27, 2000. http://archives. cnn. com/2000/ALLPOLITICS/stories/06/27/rich

ardson. energy/index. html.

"First Joint Synthesis Report." Brussels/Moscow, September, 2001. http://ec. europa. eu/energy/international/bilateral _ cooperation/russia/doc/reports/progress1_en. pdf.

"Four Years of Energy Dialogue with RussiaHave Yielded Positive Results."

Brussels, December 13, 2004, http://europa. eu/rapid/pressReleasesAction. do? reference = IP/04/1467&format = HTML&aged = 0&lang uage = EN&guiLanguage = en.

Freedman, Lawrence. *A Choice of Enemies*: *America Confronts the Middle East*, New York, NY: Public Affairs, 2008.

Freedman, Lawrence and Efraim Karsh. *The Gulf Conflict* 1990—1991: *Diplomacy and War in the New World Order*. London: Faber and Faber, 1993.

Friedman, Richard and Frank Schell. "Afghanistan: A Mission in Search of a Strategy. " http://nationalstrategy. com/Portals/0/documents/Winter%2020 09%20NSFR/Chapter%2010. pdf.

"From Competition to Collaboration: Strengthening the U. S. -Russia Relationship. "

 U. S. House Committee on Foreign Affairs, February 25, 2009. http://www. internationalrelations. house. gov/111/47667. pdf.

Gallagher, Kelly Sims, ed. *Acting in Time on Energy Policy*. Washington. D. C. : Brookings Institution Press, 2009.

Gallagher, Kelly Sims. *U. S. -China Energy Cooperation*: *A Review of Joint Activities Related to Chinese Energy Development since* 1980. BCSIA Discussion Paper, Discussion Paper 2001. Cambridge, MA: Belfer Center for Science and International Affairs, November 2001.

Gallagher, Kelly Sims and John P. Holdren. "U. S. Government Policies Relating to International Cooperation on Energy. " http://belfercenter. ksg. harvard. edu/publication/2597/us_government_policies_relating_to_internation al_c ooperation_on_energy. html.

Gallis, Paul. "NATO and Energy Security. " *CRS Report for Congress*, RS22409, August 15, 2007.

Garthoff, Raymond L. *Detente and Confrontation*: *American-Soviet Relations from Nixon to Reagan*. Washington, D. C. : Brookings, 1986.

Gelb, Bernard A. "Caspian Oil and Gas: Production and Prospects. " *CRS Report for Congress*, RS21190, September 8, 2006.

"Global Challenges, The Shale Gas Revolution. " January 2012. http://

www. albazie. com/global-challenges/shale-gas-revo-jan-2012.

Goldman, Marshall I. *The Enigma of Soviet Petroleum: Half Full and Half Empty?* London: Allen and Unwin, 1980.

Goldthau, Andreas and Jan Martin Witte, eds. *Global Energy Governance, The New Rules of the Game.* Berlin: Global Public Policy Institute; Washington, D. C. : Brookings Institution Press, 2010.

Goodman, Peter S. "China Invests Heavily in Sudan's Oil Industry. " *Washington Post*, December 23, 2004, p. A01.

Goodwin, Craufurd, ed. *Energy Policy in Perspective, Today's Problems, Yesterday's Solution.* Washington, D. C. : Brookings Institution, 1981.

Griffin, James M. *A Smart Energy Policy: An Economist's Rx for Balancing Cheap, Clean, and Secure Energy.* New Heaven: Yale University Press, 2009.

Grygiel, Jakub J. *Great Powers and Geopolitical Change.* Baltimore: The Johns Hopkins University Press, 2006.

H. Amdt. 431 to H. R. 3058. P. L. 109-115, Transportation, Treasury, Housing and Urban Development, the Judiciary, the District of Columbia, and Independent Agencies Appropriations Act, 2006. http://thomas. loc. gov/cgi-bin/bdquery/z? d109:HZ431.

H. Con. Res. 61, 111th Congress, February 25, 2009, http://www. gpo. gov/fdsys/pkg/BILLS-111hconres61ih/pdf/BILLS-111hconres61ih. pdf.

H. R. 2454: American Clean Energy and Security Act of 2009. http://www. govtrack. us/congress/bill. xpd? bill = h111-2454.

H. Res. 500, 110th Congress, July 11, 2007. http://thomas. loc. gov/cgi-bin/query/D? c110:2:. /temp/ ~ c110Na6uil :.

H. Res. 344. http://www. gpo. gov/fdsys/pkg/BILLS-109hres344eh/pdf/BILLS-109hres344eh. pdf.

Haghshenass, Fariborz. "Iran's Asymmetric Naval Warfare. " Policy Fous#87, The Washington Institute for Near East Policy, September 2008.

Haslam, Jonathan, "A Pipeline Runs Through It. " *The National Interest*, Issue 92 (Nov/Dec 2007), pp. 73-79.

Haynes, Peter. "Al-Qaeda, Oil Dependence, and US Foreign Policy. " in *Energy*

Security and Global Politics: *The Militarization of Resource Management*, edited by Daniel Moran and James A. Russell, pp. 62-74. New York, NY: Routledge, 2009.

Hearing on Energy and Security Issues in Central Asia, Committee on House International Relations, July 25, 2006, http://commdocs.house.gov/committees/intlrel/hfa28967.000/hfa28967_0f.htm.

Heller, Mark. "The Soviet Invasion of Afghanistan." *Washington Quarterly*, Vol. 14, No. 1 (Summer1980), pp. 36-59.

Henderson, Simon. "Relying on the Saudis: The Challenge for U.S. Oil Policy." Policy Watch #869, The Washington Institute for Near East Policy, May 12, 2004.

Henderson, Simon. "Saudi Arabia and Oil: Coping with the Challenge of Osam bin Laden." Policy Watch#951, The Washington Institute for Near East Policy, January 28, 2005.

Henderson, Simon. "Al-Qaeda Attack on Abqaiq: The Vulnerability of Saudi Oil," Policy Watch #1082, The Washington Institute for Near East Policy, February 28, 2006.

Henderson, Simon. "Energy in Danger: Iran, Oil and the West." Policy Fous# 83, The Washington Institute for Near East Policy, June 2008.

Henderson, Simon. "Iraqi Oil: Baghdad Looks for a Bigger Role." Policy Watch #1541, The Washington Institute for Near East Policy, June 24, 2009.

Herberg, Mikkal and David Zweig. "China's Energy Rise: The U.S. and the New Geopolitics of Energy." April, 2010, Pacific Council on International Policy. http://www.pacificcouncil.org/document.doc?id=159.

Herrmann, Richard K. "The Middle East and the New World Order: Rethinking U.S. Political Strategy after the Cold War." *International Security*, Vol. 16, No. 2 (Autumn 1991), pp. 42-75.

Hesse, Brian J. *The United States, South Africa and Africa*: *of Grand Foreign Policy Aims and Modest Means*. Aldershot: Ashgate, 2001.

Hewett, Edward A. *Energy, Economics, and Foreign Policy in the Soviet Union*. Washington D.C.: Brookings Institution, 1984.

"History of OSTP," http://uscode.house.gov/download/pls/42C79.txt.

Howard, Michael. "Reassurance and Deterrence: Western Defense in the 1980s." *Foreign Affairs*, Vol. 61, No. 2 (Winter 1982/1983), pp. 310-315.

Hoyos, Carola. "Exiles Call for Iraq to Let in Big Oil Companies." *Financial Times*, April 7, 2003. http://www.euractiv.com/en/climate-change/obama-climate-goals-lack-ambition-ipcc-chief/article-178574.

Humberto Mrquez. "Venezuela: Oil Wealth Helps Chavez Stand up to Washington." *Global Information Network*. New York: Feb 21, 2006. p. 1.

Huth, Paul and Bruce Russett. "What Makes Deterrence Work? Case from 1900 to 1980." *World Politics*, Vol. 36, No. 4 (July 1984), pp. 496-526.

Huth, Paul and Bruce Russett. "Deterrence Failure and Crisis Escalation." *International Studies Quarterly*, Vol. 32, No. 1 (March 1988), pp. 29-46.

Huth, Paul. "Extended Deterrence and the Outbreak of War." *American Political Science Review*, Vol. 82, No. 2 (June 1988), pp. 423-444.

IEA. "Key World Energy Statistics, 2008." http://www.iea.org/textbase/nppdf/free/2008/key_stats_2008.pdf.

IEA. "World Energy Outlook, 2004." http://www.iea.org/textbase/nppdf/free/2004/weo2004.pdf.

IEA. "World Energy Outlook, 2009." http://www.worldenergyoutlook.org/docs/weo2009/WEO2009_es_english.pdf.

"IEA's Tanaka: Spare Oil Capacity Will Tighten Again." *Reuters*, August 27, 2008. http://uk.reuters.com/article/2008/08/27/iea-tanaka-idUKLR61810520080827.

Ikenberry, G. John. "The State and Strategies of International Adjustment." *World Politics*, Vol. 39, No. 1 (October 1986), pp. 53-77.

Ikenberry, G. John. *Reasons of State: Oil Politics and Capacities of American Government*. Ithaca, New York: Cornell University Press, 1988.

Ikle, Fred C. and Albert Wohlstetter. *Discriminate Deterrence: Report of the Commission on Integrated Long-Term Strategy*. Washington, D.C.: U.S. GPO, January 1988.

Independence Task Force of the Council on Foreign Relations. "National Security Consequences of U.S. Oil Dependency." Report No. 58, Oct., 2006, pp. 1-80.

IPCC. "Climate Change 2007: Synthesis Report: Summary for Policymakers." http://www.ipcc.ch/pdf/assessment-report/ar4/syr/ar4_syr_spm.pdf.

Ivanoich, David. "Nobelist a Novel Pick for Energy Chu Brings Colorful Science Background and Work on Climate Change to Post." Dec. 15, 2008. http://www.chron.com/disp/story.mpl/hotstories/6166749.html.

Jackson, James K. "U. S. Trade Deficit and the Impact of Changing Oil Prices." CRS Report for Congress, RS22204, February 28, 2011.

Jacobson, Michael. "Sanctions against Iran: A Promising Struggle." *The Washington Quarterly*, Vol. 31, No. 3 (Summer 2008), pp. 69-88.

Jentleson, Bruce W. *Pipeline Politics: The Complex Political Economy of East-West Energy Trade*. Ithaca: Cornell University Press, 1986.

Johnson, Robert H. "The Persian Gulf in U. S. Strategy: A Skeptical View." *International Security*, Vol. 14, No. 1 (Summer 1989), pp. 122-160.

"Joint Statement by President George W. Bush and President Vladimir V. Putin on the New U. S. -Russian Energy Dialogue." *Public Papers of the Presidents of the United States, George W. Bush*, May 24, 2002. http://www.presidency.ucsb.edu/ws/index.php?pid=63535&st=&st1=.

"Joint Statement by President George W. Bush and President Vladimir V. Putin on Development of the U. S. -Russian Energy Dialogue." *Public Papers of the Presidents of the United States, George W. Bush*, November 22, 2002. http://www.presidency.ucsb.edu/ws/index.php?pid=64640&st=&st1=.

"Joint Statement by President George W. Bush and President Vladimir V. Putin: U. S. -Russian Energy Cooperation." *Public Papers of the Presidents of the United States, George W. Bush*, February 24, 2005. http://www.presidency.ucsb.edu/ws/index.php?pid=64969&st=&st1=.

Jones, Elizabeth. "U. S. -Central Asian Cooperation." Testimony Before the Senate Foreign Relations Committee, Subcommittee on Central Asia and the Caucasus, Washington, DC, December 13, 2001. http://2001-2009.state.gov/p/eur/rls/rm/2001/11299.htm.

Kalicki, Jan H. and David L. Goldwyn, eds. *Energy & Security: Toward a New*

Foreign Policy Strategy. Woodrow Wilson Center Press, 2005.

Kalicki, Jan H. "Caspian Energy at the Crossroads." *Foreign Affairs*, Vol. 80, Iss. 5 (Sep/Oct 2001), pp. 120-134.

Katzman, Kenneth. "Iran Sanctions." Congressional Research Service RS20871, December 24, 2009. http://www.fas.org/sgp/crs/mideast/RS20871.pdf.

Katzman, Kenneth. "Iran: U.S. Concerns and Policy Responses." Washington, D. C.: Congressional Research Service, August 20, 2010.

Klare, Michael. "Bush-Cheney Energy Strategy: Procuring the Rest of the World's Oil." *FPIF-Petro Politics Special Report*, January 2004, http://www.fpif.org/papers/03petropol/politics.html.

Klare, Michael. *Rising Powers, Shrinking Planet*. New York: Metropolitan Books, 2008.

Klare, Michael T. and Daniel Volman. "Africa's Oil and American National Security." *Current History*, May 2004, p. 226-231.

Kneeland, Douglas, E. "Reagan Presses Carter on Charge of Misleading on Energy." *New York Times*, Sept. 12, 1980, p. D14.

Knott, David. "Interest Grows in African Oil and Gas Opportunity." *Oil and Gas Journal*, Vol. 95, No. 19 (May 12, 1997), pp. 41-48.

Kohl, Wilfrid L. ed., *After the Oil Price Collapse, OPEC, the United States, and the World Oil Market*. Baltimore and London: The Johns Hopkins University Press, 1991.

Kohl, Wilfrid L. "The New Context of Energy Security Post 2003." in *Power Politics: Energy Security, Human Rights and Transatlantic Relations*, edited by Esther Brimmer, pp. 3-14. Washington, D. C.: Center for Transatlantic Relations, 2009.

"Kuwait Oil Field, World's Second Largest, 'Exhausted.'" *Bloomberg News*, November 9, 2005. http://www.energybulletin.net/node/10878.

Lackner, Helen. A House Bulit on Sand: A Political Economy of Saudi Arabia. London: Ithaca Press, 1978.

Lafeber, *Walter. The American Age, United States Foreign Policy at Home and Abroad since* 1750. New York: W. W. Norton & Company, 1989.

Larson, Alan P. "Testimony before the Senate Foreign Relations Committee, Subcommittee on International Economic Policy, Export and Trade Promotion." Washington, DC, April 8, 2003. http://www.state.gov/e/rls/rm/2003/19447.htm.

Lavelle, Marianne. "The 'Clean Coal' Lobbying Blitz. As Climate Change Hearings Begin on Capitol Hill, a Coal Industry Group Flexes New-Found Muscle." April 21, 2009. http://www.publicintegrity.org/investigations/climate_change/articles/entry/1280/.

Lazzari, Salvatore. "Energy Tax Policy: History and Current Issues Updated." CRS Report for Congress, Order Code RL33578, June 10, 2008. http://www.fas.org/sgp/crs/misc/RL33578.pdf.

Lieberthal, Kenneth and Mikkal E. Herberg. "China's Search for Energy Security: Implications for U.S. Policy." NBR (National Bureau of Asian Research) Analysis, Volume17, Number 1, April, 2006. http://www.nbr.org/.

Licklider, Roy E. *Political Power and the Arab Oil Weapon: The Experiences of Five Industrial Nations*. Berkeley: University of California Press, 1988.

Lindblom, Charles. *Politics and Markets: The World's Political Economic Systems* (New York: Basic Books, 1977).

Little, Douglas. *American Orientalism: The United States and the Middle East since 1945*. London & New York: I. B. Tauris, 2003.

Long, David. *The United States and Saudi Arabia: Ambivalent Allies*, Boulder, CO: Westview Press, 1985.

Lowry, William R. "Disentangling Energy Policy from Environmental Policy." *Social Science Quarterly*, Vol. 89, No. 5 (2008), pp. 1195-1211.

Luft, Gal and Anne Korin. *Energy Security Challenges for the 21st Century, A Reference Handbook*. Santa Barbara, California: ABC-CLIO, LLC, 2009.

Ma, Laurence J. C. "Oil from the Wells of China." *Geographical Review*, Vol. 70, No. 1 (January 1980), pp. 99-101.

Maechling, Charles. "Pearl Harbor: The First Energy War." *History Today*, Vol. 50, Iss. 12 (December 2000), pp. 41-47.

Marketos, Thrassy. "Eastern Caspian Sea Energy Geopolitics: A Litmus Test for the U.S.-Russia-China Struggle for the Geostrategic Control of Eurasia." *Caucasian Review of International Affairs*, Vol. 3, No. 1 (Winter 2009), pp. 2-19.

Mason, Jeff. "Obama Vows Climate Action despite Financial Crisis." November 18, 2008. http://www.reuters.com/article/vcCandidateFeed2/idUSN18276285;

Maloney, Suzanne. "Access to World Petroleum and Humans Rights Policies in the Middle East: Has the Search for Energy Supplies Conflicted with Human Rights Advocacy?" in *Power Politics: Energy Security, Human Rights and Transatlantic Relations*, edited by Esther Brimmer, pp. 23-35, Washington, D. C. : Center for Transatlantic Relations, 2009.

Maull, Hanns. "Oil and Influence: The Oil Weapon Examined," in *The Evolution of Strategic Thought*, edited by Patrick M. Cronin, pp. 328-382. New York, NY: Routledge, 2008.

McDermott, Matthew. "Dirty Clean Coal Lobby Gave $240,000 to Obama Presidential Campaign." *Business & Politics*, April 23, 2009, p. A2.

McNaughter, Thomas L. *Arms and Oil: U. S. Military Strategy and the Persian Gulf.* Washington, D. C. : Brookings, 1985.

McNew, David and Getty Images. "Obama's Energy Plan: Trying to Kill 3 Birds with 1 Stone." February 17, 2009. http://www.stratfor.com/analysis/20090217_obamas_energy_plan_trying_kill_three_birds_one_stone.

Milesi, John, et al. "An Overview of the Geology and Major Ore Deposits of Central Africa: Explanatory Note for the 1:4,000,000 Map 'Geology and Major Ore Deposits of Central Africa'," *Journal of African Earth Sciences*, Volume 44, Issues 4-5, April 2006, pp. 571-595.

"Modernizing Multilateralism and Markets." Speech by Robert B. Zoellick, President, The World Bank Group, The Peterson Institute for International Economics. Washington, DC, October 6, 2008. http://siteresources.worldbank.org/BRAZILEXTN/Resources/Zoellickspeech6October2008.pdf.

Modi, Vijay and Others. "Energy Services for the Millennium Development Goals." Washington and New York: The World Bank and the United Nations Development Programme, 2005.

Moran, Daniel and James A. Russell, eds. *Energy Security and Global Politics:*

The Militarization of Resource Management. New York, NY: Routledge, 2009.

Morningstar's Testimony before the Senate Foreign Relations Committee Hearing. "$150 Oil: Instability, Terrorism, and Economic Disruption." July 16, 2009. http://www.gpo.gov/fdsys/pkg/CHRG-111shrg52675/html/CHRG-111shrg52675.htm.

Morse, Edward L. and James Richard. "The Battle for Energy Dominance." *Foreign Affairs*, Vol. 81, No. 2 (March/April 2002), pp. 16-31.

Mufson, Stephen and Juliet Eilperin. "House to Vote on Senate's Offshore Drilling Plan." *Washington Post*, December 5, 2006, p. A5.

Muhammad, Brian E. "Obama Then Hillary: U. S. Scrambles for Africa." *The Final Call*, August 21, 2009. http://www.finalcall.com/artman/publish/World_News_3/article_6326.shtml.

Mundo, Philip. "Interest Group and the Prospects for Energy Policy in the United States." *Paper at the Annual Meeting of the Western Political Science Association*, March 20, 2008, pp. 14-21.

Murkowski, Frank. "An Advocate for Producers; Interview with Senator Frank Murkowski." *Petroleum Independent*, Jan., 1995, p. 34.

Murray, Donette. *US Foreign Policy and Iran: American-Iranian Relations since the Islamic Revolution.* New York, NY: Routledge, 2010.

Naff, Thomas. ed. *Gulf Security and the Iran-Iraq War.* Washington, D. C.: National Defense University Press, 1985.

The National Assessment Synthesis Team (NAST). "Climate Change Impacts on the United States: The Potential Consequences of Climate Variability and Change." 2000. www.usgcrp.gov/usgcrp/Library/nationalassessment/00Intro.pdf.

National Intelligence Council. *Africa in* 2020, January 9, 2004, pp. 20-21.

The National Petroleum Council. "'Hard Truths' about Global Energy Detailed in New Study." 2006, July 18. http://www.npc.org/7-18_Press_rls-post.pdf.

"NBC/Wall Street Journal Polling," *NBC/Wall Street Journal*, July 21-24, 2006.

"NEC's Role in White House." http://www.whitehouse.gov/nec.

Neuhart, Pipl. "Why Politics is Fun from Catbirds' Seat." *U. S. A. Today*, Jan. 22, 2004. http://www.usatoday.com/news/opinion/columnist/neuharth/2004-01-22-neuharth_x.htm.

Nichol, Jim. "Central Asia: Regional Developments and Implications for U. S. Interests." Congressional Research Service 7-5700, January 11, 2010. http://www.fas.org/sgp/crs/row/RL33458.pdf.

Nichol, Jim. "Uzbekistan: Recent Developments and U. S. Interests." September 17, 2009. http://assets.opencrs.com/rpts/RS21238_20090917.pdf.

Nitzan, Jonathan and Shimshon Bichler. "Bringing Capital Accumulation Back in: The Weapondollar-Petrodollar Coalition-Military Contractors, Oil Companies and Middle East 'Energy Conflicts.'" *Review of International Political Economy*, Vol. 2, No. 3 (Summer 1995), pp. 446-515.

Nixon Message to Congress on Energy Resources. June 4, 1971. http://www.bobsuniverse.com/BWAH/37-Nixon/19710604a.pdf.

Nixon Address on Energy Shortage. Nov. 7, 1973. http://www.bobsuniverse.com/BWAH/37-Nixon/19731107b.pdf.

Noble, Ian. "Adaptation to Climate Change and the World Bank." Presentation at UNFCCC seminar

"Development and Transfer of Environmentally Sound Technology, for Adaptation to Climate Change." *Tobago*, June 14-16, 2005.

Noel, Pierre. "The New US Middle East Policy and Energy Security Challenges." *International Journal*, Vol. 62, No. 1 (Winter 2006/2007), pp. 43-54.

Nouwen, Sarah and Wouter Werner. "Doing Justice to the Political: the International Criminal Court in Uganda and Sudan." *European Journal of International Law*, Volume 21, Number 4 (November 2010), pp. 941-965.

Obama, Barack H. "Joint Statement by President Barack Obama and Prime Minister Stephen Harper of Canada on Accelerating Economic Recovery and Job Creation." Daily Compilation of Presidential Documents, Washington: Sept. 16, 2009. pp. 1-2.

"Obama's Climate Goals Lack Ambition, Says IPCC Chief." January 19, 2009. http://www.euractiv.com/en/climate-change/obama-climate-goals-lack-ambition-ipcc-chief/article-178574.

"Obama's Revolution on Climate Change." http://www.buzzle.com/articles/242092.html.

Office of the Press Secretary, the White House. "President Bush's Agenda: Building a Better America." February 9, 1989. http://bushlibrary.tam

u. edu/research/public_papers. php? id = 51&year = 1989&month = 2.

"OilPuts Africa on the Map." *New African*, March 2003, pp. 48-49.

Olson, Mancur, *The Logic of Collective Action: Public Goods and the Theory of Group* (Boston: Harvard University Press, 1965).

"Opening Remarks at the Office of the Historian's Conference on U. S. -Soviet Relations in the Era of Détente, 1969-1976." October 22, 2007. http://2001-2009.state.gov/secretary/rm/2007/10/93788.htm.

O'Reilly, Marc J. and Wesley B. Benfro. "Evolving Empire: America's 'Emirates' Strategy in the Persian Gulf." *International Studies Perspectives*, Volume 8, Issue 2 (May 2007), pp. 137-148.

Palazuelos, Enrique. "The Role of Transnational Companies as Oil Suppliers to the Unietd States." *Energy Policy*, Volume 38, Issue 8, August 2010, pp. 4064-4075.

Palmer, Michael A. *Guardians of the Gulf: A History of America's Expanding Role in the Persian Gulf, 1833-1992.* New York, NY: The Free Press, 1992.

Parra, Francisco. *Oil Politics, A Modern History of Petroleum.* New York, NY: I. B. Tauris & Co. Ltd. , 2004.

Paton, Nick and Ewen MacAskill. "US Begins Secret Talks to Secure Iraq's Oilfields." *The Guardian*, January 23, 2003, p. 2.

Pascual, Carlos and Jonathan Elkind, eds. *Energy Security, Economic, Politics, Strategy, and Implications for the 21st Century, A Reference Handbook.* Washi

ngton, D. C. : Brookings Institute Press, 2010.

Perry, George L. "The War on Terrorism, The World Oil Market and the US Security." Analysis Paper 7, Brookings Institute, Nov. 28, 2001. http://www.brookings.edu/ ~ /media/Files/rc/papers/2001/1024terrorism_pe rr y/20011024. pdf.

Pirog, Robert. "Russian Oil and Gas Challenges." *CRS Report for Congress*, RL33212, June 20, 2007.

Pipes, Daniel. "The Scandal of U. S. -Saudi Relations." *The National Interest* (Winter 2002/03), pp. 35-46.

Pirog, Robert, "World Oil Demand and its Effect on Oil Prices," *CRS Report for Congress*, RL32530, June 9, 2005.

Ploch, Lauren. "Africa Command: U. S. Strategic Interests and the Role of the U. S. Military in Africa." *CRS Report for Congress*, RL34003, March 22, 2011.

"Polling on US Energy Policy," *New York Times* (June 26, 2006), p. A8.

"Power Politics, Oil and Gas, An Assertive Russia Will Flex Its Energy Muscles." *Economist*, Dec. 30, 2006. http://www.economist.com/node/8406861? story_id = E1_RQDGRGT&CFID = 168340916&CFTOKEN = 78830417.

Prados, Alfred B. "Saudi Arabia: Background and U. S. Relations." Washington, D. C. : Congressional Research Service, June 14, 2010.

"President Bush's Africa Trip." *New York Times*, July 07, 2003, http://www.nytimes.com/2003/07/07/opinion/president-bushvs-africa-trip.html.

"President Clinton's 21st Century Approach to America's Energy Needs." Sept. 23, 2000, http://clinton4.nara.gov/WH/new/html/Tue_Oct_3_130025_2000.html.

President Gerald R. Ford's Address before a Joint Session of the Congress Reporting on the State of the Union." January 15, 1975, http://www.ford.utexas.edu/library/speeches/750028.htm.

"The President's Address to the Nation Outlining Steps to Deal with the Emergency, November 7, 1973." http://www.ena.lu/address_given_richard_nixon_november_1973-02-11710

"The President's News Conference with President Vladimir Putin of Russia." *Public Papers of the Presidents of the United States, George W. Bush*, November 13, 2001. http://www.presidency.ucsb.edu/ws/index.php? pid = 64429&st = &st1 = .

"Press Statement by Secretary of State." December 27, 2010. http://www.state.gov/secretary/rm/2010/12/153716.htm.

"Prospects for Engagement with Russia." U. S. Senate Committee on Foreign Relations, March 19, 2009. http://frwebgate.access.gpo.gov/cgibin/getdoc.cgi? dbname = 111_senate_hearings&docid = f:51415.pdf.

Quandt, William B. *Saudi Arabia in the 1980s: Foreign Policy, Security and Oil.* Washington, D. C. : Brookings, 1981.

Quinlivan, James T. "Coup-Proofing: Its Practice and Consequences in the Middle East." *International Security*, Vol. 24, No. 2 (Autumn1999), pp. 131-165.

Raczka, Witt. "A Sea or a Lake? The Caspian's Long Odyssey." *Central Asian Survey*, Vol. 19, No. 2 (2000), pp. 189-221.

Ratliff, William. "Russia's Oil in America's Future: Policy, Pipelines, and Prospects." *Essays in Public Policy*, No. 111, 2003.

Ratner, Michael and Neelesh Nerurkar. "Middle East and North Africa Unrest: Implications for Oil and Natural Gas Markets." *CRS Report for Congress*, R41683, March 10, 2011.

Reagan, Ronald. "Statement on Signing Executive Order 12287, Providing for the Decontrol of Crude Oil and Refined Petroleum Products." January 28, 1981, http://www.reagan.utexas.edu/archives/speeches/1981/12881b.htm.

Record, Jeffrey. "The U. S. Central Command: Toward What Purpose?" *Strategic Review*, Vol. 14, No. 2 (Spring 1986), pp. 41-48.

Regens, James L. and Robert W. Rycroft. "Administrative Discretion in Energy Policy Making: The Exceptions and Appeals Program of the Federal Energy Administration." *The Journal of Politics*, Vol. 43, No. 3 (Aug. 1981), pp. 875-888.

"Remarks at a Briefing on Energy Policy." *Public Papers of the Presidents of the United States, George Bush*, February 20, 1991. http://www.presidency.ucsb.edu/ws/index.php? pid = 19318&st = &st1 = .

"Remarks at the State Department Correspondents Association's Breakfast." January 5, 2006. http://2001-2009.state.gov/secretary/rm/2006/58725.htm.

"Remarks by Ambassador Morningstar at the Center for American Progress: 2010 Outlook for Eurasian Energy." Washington, D. C., January 28, 2010, http://www. americanprogress. org/events/2010/01/av/morningstar_remarks. pdf.

"Remarks at a United Nations Ministerial Meeting on Sudan in New York City." *Public Papers of the Presidents of the United States*, Barack Obama, September 24, 2010. http://www. presidency. ucsb. edu/ws/index. php? pid = 88506& st = &st1 = #axzz1 PDQQPcps.

"Remarks by the President to the Ghanaian Parliament." July 11, 2009. http://www. whitehouse. gov/the-press-office/remarks-president-ghanaian-parliament.

"Remarks on the Five Year Anniversary of The Comprehensive Peace Agreement in Sudan." January 8, 2010. http://www. state. gov/secretary/rm/2010/01/13 4969. htm. .

"Remarks Prior to Discussions With Central African Leaders and an Exchange With Reporters in New York City." *Public Papers of the Presidents of the United States*, George W. Bush, September 13, 2002. http://www. presidency. ucsb. edu/ws/index. php? pid = 62690&st = &st1 = #axzz1 O5ZsAjF8.

"Remarks to the African Growth and Opportunity Forum." *Public Papers of the Presidents of the United States*, George W. Bush, October 29, 2001. http://www. presidency. ucsb. edu/ws/index. php? pid = 64237&s t = &st1 = #axzz1 OBwTC84y.

Report of National Energy Policy Development Group. National Energy Report. May 2001, http://www. wtrg. com/EnergyReport/National-Energy-Policy. pdf.

"Report to the President on Accelerating the Pace of Change in Energy Technologies through an Integrated Federal Energy Policy." November, 2010, http://www. whitehouse. gov/sites/default/files/microsites/ostp/pcast-energy-tech-report. pdf.

Rice, Condoleezza. "Remarks at Eurasian National University," Astana, Kazakhstan, October 13, 2005. http://2001-2009. state. gov/secretary/rm/2005/

54913. htm

Rice, Condoleezza. "Remarks at the State Department Correspondents Association's Inaugural Newsmaker Breakfast," Fairmont Hotel, Washington, DC, January 5, 2006, http://2001-2009. state. gov/secretary/rm/2006/ 58

725. htm.

Romanova, Tatiana. "Energy Dialogue from Strategic Partnership to the Regional Level of the Northern Dimension," in *The EU-Russian Energy Dialogue: Europe's Future Energy Security*, edited by Pami Aalto, pp. 63-92. Burlington: Ashgate Publishing, 2008.

Rosenbaum, Walter A. *Energy, Politics and Public Policy.* New York: Congressional Quarterly Press, 1981.

Ross, Dennis. "Considering Soviet Threats to the Persian Gulf," *International Security*, Vol. 6, No. 2 (Fall 1981), pp. 159-180.

Ross, Michael L. "Does Oil Hiner Democracy?" *World Politics*, Vol. 53, No. 3 (April2001), pp. 325-361.

Rühl, Christof. "Global Energy after the Crisis." *Foreign Affairs*, Vol. 89, Issue, 2 (Mar/Apr 2010), pp. 63-75.

Rutledge, Ian. *Addicted to Oil, America's Relentless Drive for Energy Security.* London, New York: I. B. Tauris & Co. Ltd, 2005.

S. Amdt. 1304 to H. R. 3057. "Foreign Operations, Export Financing, and Related Programs Appropriations Act, 2006. " http://www. govtrack. us/congress/amendment. xpd? session = 109&amdt = s1304.

S. Res. 530, 109th Congress, July 14, 2006. http://www. gpo. gov/fdsys/pkg/BILLS-109sres530ats/pdf/BILLS-109sres530ats. pdf.

S. Res. 612, 110th Congress, July 14, 2008. http://thomas. loc. gov/cgi-bin/query/z? c110:S. RES. 612:.

Safran, Nadav. *Saudi Arabia: The Ceaseless Quest for Security.* Cambridge, Mass. : Harvard University Press, 1985.

Schaefer, Brett and Anthony Kim. "President Bush's Trip to Africa: Solidifying U. S. Partnerships with the Region. " February 15, 2008. http://www. herita ge. org/research/reports/2008/02/president-bushs-trip-to-africa-solidifying-us-partnerships-with-the-region.

Schlesinger, Arthur M. Jr. *The Coming of the New Deal: The Age of Roosevelt*. Bost on: Houghton Mifflin Company, 1958.

Schneider, William. "It's Cheney vs. Carter in New Energy War." *National Journal*, Vol. 33, Issue 19 (May 12, 2001), p. 1450.

Schubert, Samuel R. "Revisiting the Oil Curse." *Development*, Vol. 49, No. 3 (September 2006), pp. 64-70.

"Securing America's Energy Future." *Major Staff Report to Committee on Government Reform*, May 8, 2006, pp. 1-41. http://www. hsdl. org/? view&doc = 65746&coll = limited.

Seen Project, July 23, 2003. http://www. seen. org. BushEO. shtml.

"Senator Lugar's Speech to the U. S. - Ukraine Energy Dialogue Series." April 15, 2008. http://lugar. senate. gov/energy/press/speech/ukraine. cfm.

TheShape of Obama's Energy Policy. http://wotnews. com. au/like/the_shape_of _obamas_energy_policy/2705725/.

Shaw, John A. and David E. Long. *Saudi Arabian Modernization: The Impact of Change on Stability*. New York: Praeger, 1982.

Sherwell, Philip. "Barack Obama's Climate Change Policy in Crisis." http://climaterealists. com/index. php? id = 5200.

Singer, Clifford E. *Energy and International War: From Baby to Baghdad and Beyond*. Hackensack, NJ: World Scientific Publishing Co. Pte. Ltd. , 2008.

Slavin, Barbara. "Oil-Rich Countries Tap into New Political Power; Venezuela, Iran, Russia Discover How to Use Oil to Reshape Foreign Policy." *USA Today*, Oct 10, 2005. p. A. 6.

"Special Envoy Scott Gration on His Recent Visit to Juba and Khartoum." Special Briefing by Scott Gration, "Special Envoy to Sudan," Washington, DC, September 15, 2010, http://www. state. gov/s/sudan/rem/2010/147194. htm.

Speed, Philip Andrews and Sergei Vinogradov. "China's Involvement in Central Asian Petroleum: Convergent or Divergent Interests?" *Asian Survey*, Vol. 40, No. 2 (Mar. -Apr. , 2000), pp. 377-397.

Sperry, Paul. "White House Energy Task Forcepapers Reveal Iraqi Oil Maps."

July 18, 2003. http://www.wnd.com/? pageId=19844.

Stagliano, Vito A. *A Policy of Discontent, The Making of A National Energy Strategy, Executive Energy Massage.* Tulsa, Oklahoma: Penn Well Corporation, 2001.

Starr, Pamela. "Mexico and the United States: A Window of Opportunity?" *A Pacific Council on International Policy Special Report*, April, 2009. http://www.pacificcouncil.org/document.doc? id=35.

State Department Noon Briefing by State Department Spokesman Richard Boucher, October 31, 2003. http://www.america.gov/st/washfile-english/2003/October/20031031160850snommiS0.2933466.html.

State Department. "U.S. Official Outlines Western Hemisphere Energy Security Issues." *US Fed News Services, Including US State News*, Washington, D.C.: March 2, 2006. http://proquest.umi.com/pqdweb? did=996398911&sid=11&Fmt=3&clientId=46275&RQT=309&VName=PQD.

State Department. "Bureau of Energy Resources." November 16, 2011. http://www.state.gov/r/pa/prs/ps/2011/11/177262.htm.

State Department's Office of Central Asian Affairs. "Promoting Long-term Stability in Central Asia: U.S. Government Assistance One Year after '9·11.'" http://www.america.gov/st/washfile-english/2002/November/20021120174239jthomas@pd.state.gov0.4453089.html.

Statement by the Press Secretary. December 27, 2010. http://www.whitehouse.gov/the-press-office/2010/12/27/statement-press-secretary-12272010.

"Statement on U.S. Measures Taken against the Soviet Union Concerning its Involvement in Poland." *Public Papers of the Presidents of the United States, Ronald Reagan*, December 29, 1981. http://www.presidency.ucsb.edu/ws/index.php? pid=43403&st=&st1=.

"Statement on the Creation of the Department of Defense Unified Combatant Command for Africa." *Public Papers of the Presidents of the United States, George W. Bush*, February 6, 2007. http://www.presidency.ucsb.edu/ws/index.php? pid=24489&st=&st1=#axzz1OPCSAlw7.

Stegemeier, Richard J. "Clinton's Plan Has Admirable Goal, But…" *Oil & Gas*

Journal, Vol. 91, Iss. 14 (April 5, 1993), p. 36.

Stein, Janice Gross. "Extended Deterrence in the Middle East: American Strategy Reconsidered. " *World Politics*, Vol. 33, No. 3 (April 1987), pp. 326-352.

Stein, Janice Gross. "The Wrong Strategy in the Right Place: The United States in the Gulf. " *International Security*, Vol. 13, No. 3 (Winter 1988-1989), pp. 142-167.

Stein, Jonathan B. *The Soviet Bloc, Energy and Western Security*. Lexington, Mass.: Lexington Books, 1983.

Stevenson, Richard W. "Supply vs. Demand Ideas Separate Gore and Bush. " *New York Times*, Sept. 29, 2000, p. A20.

Suskind, Ron. *The Price of Loyalty: George W. Bush, The White House and the Education of Paul O' Neill*. New York: Simon and Schuster, 2004.

Sustainable Energy and Economy Network, "Groups Demand Repeal of Bush Immunity for U. S. Oil Companies in Iraq," July 23, 2003. http://www.seen.org/BushEO.shtml.

Talbot, Strob. "A Farewell to Flashman: American Policy in the Caucasus and Central Asia. " Address at School of Advanced International Studies, the John Hopkins, July 21, 1997. http://findarticles.com/p/articles/mi_m1584/is_n6_v8/ai_19715181/.

Testimony before the Commission on Security and Cooperation in Europe of Gregory Manuel, June 25, 2007. http://csce.gov/index.cfm? FuseAction = ContentRecords. ViewWitness&ContentRecord _ id = 828&ContentType = D&Con tentRecordType = D&ParentType = H&CFID = 18849146&CFTOKEN = 53.

Texans for Public Justice. http://tpj.org/page_view.jsp? pageid = 203.

"Towards a European Strategy for the Security of Energy Supply. " November, 2000. http://eur-lex.europa.eu/LexUriServ/LexUriServ.do? uri = CELEX:52000DC0769:EN:HTML.

"UK Feared Americans Would Invade Gulfduring 1973 Oil Crisis. " *Guardian*, January 1, 2004. http://www.guardian.co.uk/politics/2004/jan/01/uk.past3.

"The United States and Africa: Two New Worlds. " *U. S. Department of State Dispatch*, 2:8, February 25, 1991, pp. 136-137.

USGCRP. "Global Climate Change Impacts in the United States. " 2009. http://www. globalchange. gov/publications/reports/scientific-assessments/us-impacts/download-the-report.

U. S. Department of Energy. Energy Policy Act 2005, Section 1837: National Security Review of International Energy Requirements, February 2006.

U. S. Department of Energy. "Energy Timeline 1939-1950. " http://www. energy. gov/about/timeline1939-1950. htm.

U. S. Department of Energy. "Energy Timeline, from 1971 to 1980. " http://www. energy. gov/about/timeline1971-1980. htm.

U. S. Department of Energy. "Energy Timeline, 1981-1990. " http://www. energy. gov/about/timeline1981-1990. htm.

U. S. Department of Energy. "Energy Timeline, 1991-2000. " http://www. energy. gov/about/timeline1991-2000. htm

U. S. Department of Energy. "Energy Timeline, 2001. " http://www. energy. gov/about/timeline2001. htm

U. S. Department of Energy. "Energy Timeline, 2002. " http://www. energy. gov/about/timeline2002. htm.

U. S. Department of Energy. "Energy Timeline, 2004. " http://www. energy. gov/about/timeline2004. htm.

US Department of Energy. Profile of the Strategic Petroleum Reserve, Fossil Energy-gov, February 25, 2003.

U. S. Energy Information Administration. "Is Offshore West Africa the World's Next Frontier for Oil?" *International Energy Outlook* 2010, July 27, 2010.

U. S. Energy Information Administration. "Monthly Energy Review. " Dec. 22, 2010. http://www. eia. gov/aer/txt/ptb0501. html.

U. S. Energy information Administration. "Shale Gas Production. " December 4, 2009. http://www. eia. gov/dnav/ng/ng_prod_shalegas_s1_a. htm.

U. S. Energy Information Administration. "Venezuela. " http://www. eia. doe. gov/cabs/venezuela/oil. html.

U. S. Energy Information Administration. "What Is Shale Gas and Why It Is Important?" July 9, 2012. http://www. eia. gov/energy_in_brief/about_shale_gas. cfm.

U. S. Government Printing Office. "Oil Diplomacy: Facts and Myths behind Foreign Oil Dependency." Hearing before the Committee on International Relations, House of Representatives, 107th Congress, 2nd Session, June 20, 2002.

U. S. House of Representatives, Committee on Appropriations. "Summary: American Recovery and Reinvestment Conference Agreement." February 13, 2009. http://www. appropriations. house. gov/pdf/PressSummary 02-13-09. pdf.

"U. S. Interests in the Central Asian Republics." Hearing before the Subcommittee on Asia and the Pacific of The Committee on International Relations, House of Representatives, February 12, 1998. http://commdocs. house. gov/committees/intlrel/hfa48119. 000/hfa48119_0. HTM.

"U. S. Military Orders Less Dependence on Fossil Fuels." October 4, 2010. http://www. nytimes. com/2010/10/05/science/earth/05fossil. html? pagewanted = 2&_r = 2&th&emc = th.

"U. S. -Russia Commercial Energy Summit." *Baker Institute Study*, No. 21 (February, 2003).

U. S. Russia Commercial Energy Summit Fact Sheet, September 27, 2003. http://georgewbush-whitehouse. archives. gov/news/releases/2003 /09/20030927-8. html.

"US Seeks Greater Energy Cooperation with Russia." *Georgiandaily*, September 30, 2009. http://georgiandaily. com/index. php? option = com_content&task = view&id = 14939&lang = ka.

"Vice President's Remarks at the Vilnius Conference." May 4, 2006. http://www. presidency. ucsb. edu/ws/index. php? pid = 82411&st = &st1 = .

Victor, David G. and Nadejda M. Victor. "Axis of Oil?" *Foreign Affairs*, Vol. 82, Iss. 2 (Mar/Apr, 2003), pp. 47-61.

Volman, Daniel. "The Bush Administration and African Oil: The Security Implications of US Energy Policy." *Review of African Political Economy*, Vol. 30, No. 98 (Dec., 2003), pp. 573-584.

Wagstyl, Stefan. "Kremlin Frets about Blame in Litvinenko Case." *Financial Times*, *December* 12, 2006, p. 2.

Wan, Kam-Ming, Ka-fu Wong, "Economic Impact of Political Barriers to Cross-border Acquisitions: An Empirical Study of CNOOC's Unsuccessful Takeover of Unocal." *Journal of Corporate Finance* (2009). http://www.hkimr.org/cms/upload/seminar_app/sem_paper_0_191_cnooc_JCF_final_05.11.09.pdf.

Wald, Matthew L. "Clinton to Seek Using Farm Products in Lieu of Fossil Fuel." *New York Times*, Aug. 12, 1999, p. 17.

Walter A. Rosenbaum. *Energy, Policy and Public Policy.* Washington, D.C.: Congressional Quarterly INC., 1981.

Waltz, Kenneth N. "Testing Theories of Alliance Formation: The Case of Southwest Asia." *International Organization*, Vol. 42, No. 2 (Spring 1988), pp. 275-316.

The White House. "Energy & Environment." http://www.whitehouse.gov/issues/energy-and-environment.

The White House. National Energy Policy. http://www.whitehouse.gov/energy.

TheWhite House. "The National Security Strategy of the United States." Washington, DC, March, 2006. http://georgewbush-whitehouse.archives.gov/nsc/nss/2006/nss2006.pdf.

The White House Office of the Press Secretary. "Text of a Letter from the President to Senators Hagel, Helms, Craig, and Roberts." March 13, 2001. http://www.gcrio.org/OnLnDoc/pdf/bush_letter010313.pdf.

Wittkopf, Eugene R., Christopher M. Jones and Charles Kegley. *American Foreign Policy: Pattern and Process.* Oxford: Oxford University Press, 2004.

Woehrel, Steven. "Russian Energy Policytoward Neighboring Countries." *CRS Report for Congress*, RL34261, March 22, 2010.

Woods, Kevin M. and Mark E. Stout. "Saddam's Perceptions and Misperceptions: The Case of 'Dersert Storm,'" *Journal of Strategic Studies*, Vol. 53, No. 1 (February 2010), pp. 5-41.

Woodward, Bob. *Bush at War.* New York: Simon and Schuster, 2003.

Woodward, Kim. *The International Energy Relations of China.* Stanford: Stanford

University Press, 1980.

Zha, Daojiong. "Energy in Sino-American Relations: Putting Mutual Anxiety in Context." *Strategic Analysis*, Volume 31, Number 3 (May/June 2007), pp. 491-506.

Woolsey, James. "Implications of U. S. Dependence on Middle East Oil," Policy Watch #882, The Washington Institute for Near East Policy, July 7, 2004.

Yates, Douglas A. "Changing Patterns of Foreign Direct Investment in the Oil-Economies of the Gulf of Guinea," in *Oil Policy in the Gulf of Guinea: Security & Conflict, Economic Growth, Social Development*, edited by Rudolf Traub-Merz and Douglas Yates, pp. 38-50. Bonn: Friedrich-Ebert-Stiftung, 2004.

Yergin, Daniel. "Ensuring Energy Security." *Foreign Affairs*, March-April 2006, p. 69.

Yergin, Daniel. *The Prize: The Epic Quest for Oil, Money and Power*. London: Simon & Schuster, 1991.

Zahariadis, Nikolaos. *Markets, States, and Public Policy: Privatization in Britain and France*. Ann Arbor: University of Michigan Press, 1995.

中文参考文献

Alberto Clô:《石油经济与政策》,王国樑、潘国潮译,石油工业出版社2004年版。

托伊·法罗拉、安妮·杰诺娃:《国际石油政治》,王大锐、王翥译,石油工业出版社2008年版。

W. F. 汉里德、G. P. 奥顿:《西德、法国和英国的外交政策》,徐宗士等译,商务印书馆1989年版,第250页。

米·谢·戈尔巴乔夫:《戈尔巴乔夫回忆录》,述弢等译,社会科学文献出版社2003年版。

丽贝卡·梅茨勒:《能源政策或令奥巴马失去支持》,载《中国能源报》2012年5月3日,http://www.cma.gov.cn/2011xwzx/2011xqhbh/2011xdtxx/201205/t20120504_171746.html。

斯蒂芬·赫德兰:《危机中的俄罗斯:一个超级能源大国的终结》,载《俄罗斯研究》2010 年第 2 期。

尼古拉斯·科兹洛夫:《乌戈．查韦斯:石油、政治以及对美国的挑战》,李致用译,国际文化出版公司 2007 年版。

罗伯特·基欧汉:《霸权之后:世界政治经济中的合作与纷争》,苏长河、信强、何曜译,上海人民出版社 2006 年版。

瓦莱丽·里德:《美国非洲司令部面临形象难题》,载《国际资料信息》2008 年 1 期。

小约瑟夫·奈:《理解国际冲突:理论与历史》(第五版),张小明译,上海世纪出版集团 2005 年版。

C·3. 日兹宁:《俄罗斯能源外交》,王海运、石泽译审,人民出版社 2006 年版。

彼得·施魏策尔:《里根政府是怎样搞垮苏联的》,殷雄译,新华出版社 2001 年版。

菲利普·赛比耶-洛佩兹:《石油地缘政治》,潘革平译,中国社会科学出版社 2008 年版。

Luhnow, David and Peter Millard:《试看查韦斯如何削弱美国》,《华尔街日报》中文版 2007 年 5 月 1 日, http://chinese.wsj.com/gb/20070501/fea205924.asp? source = channel。

托·斯泰格利埃诺:《美国能源政策:历史、过程与博弈》,郑世高、刘晓青、孙旭东译,石油工业出版社 2008 年版。

迈克尔·伊科诺米迪斯、罗纳德·奥里戈尼:《石油的颜色,世界最庞大产业的历史、金钱和政治》,苏晓宇、彭静宁译,华夏出版社 2010 年版,第 93 页。

丹尼尔·耶金:《石油金钱权力》(上下册),钟菲等译,新华出版社 1992 年版。

《2011 年中美战略与经济对话框架下战略对话成果清单》,新华网, http://news.xinhuanet.com/world/2011-05/11/c_121403425.htm。

《埃克森美孚取代壳牌成为尼日利亚最大石油生产商》,2007 年 11 月 20 日, http://news.xinhuanet.com/fortune/2007-11/20/content_7110245.htm。

曹升生:《非洲石油与美国国家安全:基于非洲司令部的视角》,载《战略决策研究》2011 年第 2 期。

主要参考文献　439

崔丕:《美国的冷战战略与巴黎统筹委员会、中国委员会(1945—1994)》,中华书局 2005 年版。

程伟力:《影响国际石油价格因素的定量分析》,载《国际石油经济》2005 年第 8 期。

《从领导小组到专家委员会有进步,决策还需"情报眼"》,中国外交部网站,http://ph. china-embassy. org/chn/zgxw/t401451. htm。

戴家权、田大地:《从美国对油价的承受力看"高油价"之持续》,载《国际石油经济》2005 年第 9 期。

《邓副总理对美国报纸和杂志的主编和发行人说:中美贸易前景广阔》,载《人民日报》1979 年 2 月 5 日第 1 版。

邓向辉:《非洲能源国际竞争与中非能源合作》,2010 年中央党校博士学位论文。

丁一凡:《美国批判:自由帝国扩张的悖论》,北京大学出版社 2006 年版。

《俄罗斯拒绝连接两大天然气管道建议》,2010 年 3 月 16 日,http://finance. stockstar. com/JL2010031600001719. shtml。

冯连勇、王曼丽:《俄罗斯〈产品分成协议法〉评述》,载《俄罗斯中亚东欧研究》2005 年第 5 期。

冯玉军、丁晓星、李东:《2020 年前俄罗斯能源战略》(上),载《国际石油经济》2003 年 9 月。

冯玉军、丁晓星、李东:《俄罗斯新能源外交及其影响》,载《现代国际关系》2002 年第 9 期。

付吉军:《克林顿第二任期内的对非政策》,载《亚非论坛》2001 年第 6 期。

韩学功:《美国非洲司令部"油"味十足》,载《中国石油石化》2007 年第 5 期。

韩召颖编著:《美国政治与对外政策》,天津人民出版社 2007 年版。

贺文萍:《布什和克林顿访问非洲比较分析》,载《西亚非洲》2003 年第 5 期。

《胡锦涛抵美进行访问　将签署经贸能源等合作文件》,新华网,2011 年 1 月 19 日,http://news. xinhuanet. com/world/2011-01/17/c_12991294. htm。

《胡锦涛:树立和落实新能源安全观》,新华社网站,http://

news. xinhuanet. com/mrdx/2006-07/18/content_4847784. htm。

李翠亭:《解读利益集团在美国政治博弈中的作用》,载《武汉大学学报》(哲学社会科学版)2007 年 11 月第 6 期。

李文刚:《美国对尼日利亚的政策》,载《西亚非洲》2002 年第 6 期。

刘波、谷重庆:《在能源上,中美两国存在广泛的合作领域:专访美国能源部助理部长凯伦·哈伯特》,载《21 世纪经济报道》2006 年 9 月 25 日第 1 版。

刘飞涛:《美国对非军事战略探析》,载《国际问题研究》2008 年第 3 期。

刘卿:《论利益集团对美国气候政策制定的影响》,载《国际问题研究》2010 年 3 月。

刘清鉴:《围绕里海石油的纷争与角逐》,http://www. cass. net. cn/chinese/s24_oys/chinese/Production/projects22/016. html。

罗英杰、常思纯:《俄罗斯能源外交浅析》,载《贵州师范大学学报》(社会科学版)2003 年第 5 期。

罗振兴:《美国在中亚—里海地区的能源政策评析》,载《美国研究》2005 年第 2 期。

马凯:《驳"中国能源威胁论"》,载《求是》2006 年第 21 期。

《美国石油协会宗旨》,http://www. trust-trade. com. cn/html/Importandexport/20080305/2520. html。

潘光:《"9·11"事件前后美国与中亚的关系:变化与挑战》,载《复旦学报》(社会科学版)2005 年第 6 期。

潘光、张屹峰:《"大中亚计划":美国摆脱全球困境的重要战略步骤"》,载《外交评论》2008 年 4 月总第 102 期。

庞昌伟、柏锁柱:《"纳布科"项目与美欧俄及里海新兴资源国能源博弈》,载《国际展望》2010 年第 2 期。

庞昌伟、张萌:《纳布科天然气管道与欧俄能源博弈》,载《世界经济与政治》2010 年第 3 期。

《全长 1070 公里的乍得—喀麦隆输油管道投入运营》,2003 年 7 月 16 日,http://news. xinhuanet. com/world/2003-07/16/content_976074. htm。

钱学文等:《中东、里海油气与中国能源安全战略》,时事出版社 2007 年版。

裘新生、王国清编著:《苏联石油地理》,科学出版社 1987 年版。

"萨哈林—1"号项目的网站:http://www.sakhalin1.com/Sakhalin/Russia-English/Upstream/about_history.aspx。

"萨哈林—2"号项目网站:http://www.sakhalinenergy.com/en/aboutus.asp。

尚玉婷:《美国对非洲的军事化能源政策》,载《国际资料信息》2008年第11期。

沈小钰:《论跨国石油公司在非洲的能源博弈》,载《国际关系学院学报》2010年第1期。

《苏丹南部公投委员会正式宣布公投结果》,http://news.xinhuanet.com/world/2011-02/08/c_121054289.htm。

苏明等:《中美能源对话与合作研究》,载《经济研究参考》2008年第55期。

《宋振明部长举行宴会,欢迎施莱辛格和他率领的美国能源代表团》,载《人民日报》1978年10月25日第2版。

孙溯源:《俄罗斯对世界石油体系的挑战及其局限》,载《俄罗斯研究》2010年第3期。

谈世中:《非洲:地球上尚未开发的最后一个大市场》,载《国际经济评论》1997年第3—4期

《外事往来》,载《人民日报》1978年1月4日第4版。

《外事往来》,载《人民日报》1978年7月15日第4版。

《外事往来》,载《人民日报》1978年9月11日第4版。

万钢:《中美科技界共同努力推动社会的可持续发展》,《科技日报》网站,华盛顿2011年5月11日,http://www.hljkjt.gov.cn/gnwkj/gnkj/201105/t20110512_189454.htm。

王波:《美国石油政策研究》,世界知识出版社2008年版。

王建伟:《中美在处理苏丹达尔富尔问题上的冲突与合作》,载《美国问题研究》2008年第1期。

汪巍:《美商在华石油领域拓展业务的现状与前景》,载《天然气与石油》1998年第16卷第1期。

汪巍:《非洲石油开发与西方大国的争夺》,载《西亚非洲》2003年第4期。

汪巍:《非洲石油勘探开发市场格局与竞争策略》,载《中外能源》2008年第13卷第2期。

王军:《背景资料:美国总统的非洲之行》,2003 年 7 月 9 日,http://mil. news. sina. com. cn/2003-07-09/135952. html。

《印度开展石油外交 加快与伊朗和俄罗斯合作》,人民网,2005 年 1 月 11 日,http://world. people. com. cn/GB/1029/3111543. html。

王一旸:《政党对美国能源立法的影响,1991—2008 年》,中国国家图书馆论文库,2010 年 4 月。

《委内瑞拉希望继续向美国出售石油——查韦斯》,《华尔街日报》中文网,2008 年 5 月 16 日,http://cn. wsj. com/gb/20080516/BUS022325. asp? source = NewSearch。

辛华编译:《苏联共产党第二十三次代表大会主要文件汇编》,生活·读书·新知三联书店 1978 年版。

徐洪峰、李林河:《美国的中亚能源外交,2001—2008》,知识产权出版社 2010 年版。

许庭瑜:《美国在中亚地区石油安全政策》,http://nccuir. lib. nccu. edu. tw/bitstream/140. 119/33694/8/53008103. pdf。

杨洁勉:《〈美国国家安全战略〉报告和大国关系》,载《美国研究》2002 年第 4 期。

姚桂梅:《美国关注非洲石油》,载《中国社会科学院院报》2003 年 3 月 6 日第 3 版。

永真:《具有广阔前景的中美经济贸易关系》,载《人民日报》1984 年 4 月 25 日第 6 版。

袁新华、燕玉叶:《俄美能源伙伴关系前瞻》,载《学术探索》2004 年第 1 期。

袁新华:《普京领导下的俄罗斯能源战略与外交》,2005 年华东师范大学博士学位论文。

查道炯:《中美能源合作:挑战与机遇并存》,载《国际石油经济》2005 年第 11 期。

张卫中:《委内瑞拉买了 18 艘中国油轮》,载《环球时报》2006 年 5 月 15 日第 15 版。

张志新:《美国国家经济顾问委员会》,载《国际资料信息》2005 年 10 月第 10 期。

张志新:《美国总统经济顾问委员会》,载《国际资料信息》2005 年 8 月第 8

期。

郑羽、庞昌伟:《俄美关系中的能源因素》,载《国际经济评论》2003年第3期。

郑羽:《苏联解体以来美国对中亚政策的演变(1991—2006)》,载《俄罗斯中亚东欧研究》2007年第4期。

郑羽:《中俄美在中亚:合作与竞争》,社会科学文献出版社2007年版。

曾向红:《重塑中亚地缘政治环境:2005年以来美国中亚政策的调整》,载《外交评论》2008年6月总第103期。

曾强:《美国对非洲政策的调整及其特点》,载《国际资料信息》,2000年第9期。

中国驻阿塞拜疆大使馆经济商务参赞处:《美向阿跨里海能源管道可研项目提供经援》,http://az.mofcom.gov.cn/aarticle/jmxw/200708/20070805037888.html。

张永蓬:《布什政府对非洲政策特点》,载《西亚非洲》2002年第5期。

《世界与中国的能源数据比较》,中国国家能源局网站,http://nyj.ndrc.gov.cn/sjtj/t20051128_51344.htm。

《中国去年人均能源消费为美国1/5》,2010年8月12日,http://news.hexun.com/2010-08-12/124566367.html。

中国石油天然气集团公司国别报告:《中国石油在苏丹》,http://www.cnpc.com.cn/resource/cn/other/pdf/09%e4%b8%ad%e5%9b%bd%e7%9f%b3%e6%b2%b9%e5%9c%a8%e8%8b%8f%e4%b8%b9.pdf。

中国现代国际关系研究院经济安全研究中心:《全球能源大棋局》,时事出版社2005年版。

钟延秋、孙国庆、马凤成:《富有勘探开发潜力的非洲石油资源》,载《大庆石油地质与开发》2002年第1期。

周琪:《美国人权外交政策》,上海人民出版社2001年版。